Ruy Guerra
paixão escancarada

Ruy Guerra no Festival Cine Ceará, em Fortaleza, 1996.

Vavy Pacheco Borges

Ruy Guerra
paixão escancarada

© desta edição, Boitempo, 2017
© Vavy Pacheco Borges, 2017

As imagens não creditadas neste livro fazem parte do acervo pessoal de Ruy Guerra. Apesar dos esforços, nem sempre pudemos identificar os fotógrafos. Caso se manifestem, daremos o devido crédito em futuras reimpressões.

Direção editorial Ivana Jinkings
Edição Isabella Marcatti e André Albert
Assistência editorial Thaisa Burani
Preparação Thais Rimkus
Revisão Clara Altenfelder
Coordenação de produção Livia Campos
Capa e tratamento de imagens Antonio Kehl
sobre fotografias de Pablo Baião (capa) e Pierre Zucca (quarta capa)
Diagramação Crayon Editorial

Equipe de apoio
Allan Jones, Ana Yumi Kajiki, Artur Renzo, Bibiana Leme, Eduardo Marques, Elaine Ramos, Frederico Indiani, Heleni Andrade, Isabella Barboza, Ivam Oliveira, Kim Doria, Marlene Baptista, Maurício Barbosa, Renato Soares, Thaís Barros, Tulio Candiotto

CIP-BRASIL. CATALOGAÇÃO NA PUBLICAÇÃO
SINDICATO NACIONAL DOS EDITORES DE LIVROS, RJ

B73r

Borges, Vavy Pacheco
Ruy Guerra : paixão escancarada / Vavy Pacheco Borges. -- 1. ed. -- São Paulo : Boitempo, 2017.
il.

Inclui bibliografia e índice
cronologia e caderno de fotos
ISBN: 978-85-7559-556-5

1. Guerra, Ruy, 1931-. 2. Diretores e produtores de cinema - Brasil - Biografia. 3. Cinema - Brasil - História. I. Título.

17-41455

CDD: 927.91430233
CDU: 929:791.43.071.2

É vedada a reprodução de qualquer parte deste livro sem a expressa autorização da editora.

1ª edição: julho de 2017

BOITEMPO EDITORIAL
Jinkings Editores Associados Ltda.
Rua Pereira Leite, 373
05442-000 São Paulo SP
Tel./fax: (11) 3875-7250 / 3875-7285
editor@boitempoeditorial.com.br | www.boitempoeditorial.com.br
www.blogdaboitempo.com.br | www.facebook.com/boitempo
www.twitter.com/editoraboitempo | www.youtube.com/tvboitempo

Para Daniel Garric e Oscar Pacheco Borges, com saudades.
Para Eduardo e Inácio Smith, com esperança.

E para Ruy Guerra, com meu grande *kanimambo* pela boleia em sua vida.

"O bom da memória é que ela nos deixa mentir sem faltar com a verdade."
Ruy Guerra, apresentação da edição de 2006 de *Quarup*,
de Antonio Callado

Sumário

Introdução – Ruy Guerra e eu, ou como essa história começou 13
   À espreita de um leão 13
   A caçada 20
   Como contar sobre o leão? 28

LIVRO 1 – UMA VIDA DE ROMANCE

Parte I – Em "terras de África": o espaço das origens

1. Em Maputo: do fundo do "pântano" 39

2. Em Lourenço Marques 47
   "Child is the father of man" 47
   Um rebelde, mas não sem causa 60
   Um adeus à África 72

3. Entre Maputo e o mundo 79
   Moçambique livre 79
   Uma imagem para Moçambique livre 85
   Fazendo história 90
   Registrando a história 98
   Acelerando a história 107
   Mais um adeus à África 114

Parte II – No Velho Mundo

1. Tornando-se cineasta 125
   Um salto no escuro? 125

O valor de uma bandeirinha 129

Monsieur Guerra à l'Idhec 133

Amigos e colegas.. 138

A cigarra encantada... 143

A longínqua terra natal 147

2. Tornando-se internacional 155

Em busca de trabalho 155

Um pé aqui, outro acolá 161

Parte III – No Novo Mundo: "anos dourados", "anos de chumbo"

1. Brasil: passado, presente e... 179

"É sal, é sol, é sul" (Roberto Menescal) 180

"Balanço Zona Sul" (Wilson Simonal) 185

Nacional/internacional 189

Um estranho no ninho 209

O galego sedutor.. 219

Notas # e notas $ 231

Na cena teatral 234

O discípulo do comunista Godard... 239

Da metáfora... 243

... à realidade 249

De volta ao palco 255

2. O cineasta viajante 259

Ventos de mudanças 259

Engajado e arrojado 264

Fabulando 267

Dentro da história do Brasil... 269

Triste final de década 282

Parte IV – Onde é o meu lugar?

1. *Soy loco por ti, América*.. 287

Viva la Revolución! 287

El amigo Gabo 291

"*Me alquilo*" para filmar 298

2. A nada "santa terrinha"...307

3. Em transição: olhando a contemporaneidade.............317

4. É aqui mesmo 327

Um pai como os outros? 327

Tornando-se *cult* 333

Mais atos sagrados 336

Duas ou três coisas que sei dele (parodiando J.-L. Godard) 343

LIVRO 2 – UM HOMEM DA PALAVRA E DA IMAGEM

"Entre les deux, mon cœur balance" 349

Parte I – A palavra

1. Falada, escrita 353

2. Procurando Ruy em sua produção escrita 357

Na prosa 357

No teatro 364

Na poesia 368

Nas letras musicais 378

Parte II – A imagem em movimento

1. "O cinema é a única linguagem universal" 391

Fazer cinema 394

Da palavra à imagem 398

2. Linguagem fílmica 403

3. A filmografia de Ruy Guerra 413

Essa filmografia e eu 413

O olhar político: didático? militante? 417

Realismo mágico ou simplesmente realismo? 423

4. O cineasta Ruy Guerra 425

Cronologia 429

Filmografia 435

Acervos consultados 437

Entrevistas feitas pela autora entre 2007 e 2012 439

Bibliografia 443

Agradecimentos 449

Índice onomástico 453

Sobre a autora 463

Em Ressano Garcia, na fronteira de Moçambique com a África do Sul, setembro de 2011. Da esquerda para a direita: Adriano Fagundes, Janaina Guerra, Ruy, Dandara Guerra, Diogo Oliveira, Vavy Pacheco Borges e Bruno Laet.

Introdução
Ruy Guerra e eu, ou como essa história começou

[A tarefa do biógrafo] começa diante do espelho, pois ele busca um outro,
para encontrar no outro um pouco de si mesmo [...]. Quem deseja saber sobre
o biografado? O leitor ou o próprio biógrafo?

Fani Hisgail, *Biografia: sintoma da cultura*, 1997

À espreita de um leão

Foi durante os incomparáveis, os inesquecíveis anos 1960 que Ruy Guerra entrou em minha história, embora àquela altura ele ainda não soubesse disso. Um convite para dirigir um filme e o amor por uma mulher, duas constâncias em uma vida marcada por rupturas e descontinuidades, o levaram a voar, "nas asas da Panair", de Paris para o lado de cá do Atlântico. O jovem moçambicano, aos quase 27 anos, formado em cinema, desembarcou no aeroporto Santos Dumont, no Rio de Janeiro, em 9 de julho de 1958. Os brasileiros viviam o final dos então esperançosos anos JK, sob a presidência de Juscelino Kubitschek. *Anos dourados*, como em meados da década de 1980 Gilberto Braga batizou sua minissérie sobre o período. Naquele julho de 1958, com a conquista da taça Jules Rimet, certa euforia tomava conta de boa parte da população brasileira. Era a primeira vitória numa Copa do Mundo de futebol; e nós torcemos e festejamos pelo rádio, ao contrário de Ruy, que a assistiu pela televisão francesa. Ele acabou por vender sua passagem de volta e, com outros cineastas iniciantes, tentou mudar o cinema brasileiro. Como disse Ruy, meio século depois: "Era um momento em que todos os sonhos pareciam possíveis...". Na década de 1960, período de desagregações, dissoluções e mudanças, ele e muitos jovens de nossa geração – aqueles *prafrentex* – inovaram também na forma de viver o cotidiano.

Fui o descobrindo aos poucos, através de seus primeiros filmes. Surpreendi-me com *Os cafajestes* (1962), enorme sucesso de público e de crítica; vibrei com o Urso de Prata, do Festival de Berlim, pela primeira vez oferecido a um filme brasileiro, seu *Os fuzis* (1964) – dois bons exemplares daquilo que a mídia do momento chamava de "cinema moderno" e que alçaram Ruy à categoria de renomado cineasta internacional.

No Rio de Janeiro, desde maravilhosas férias na adolescência e mocidade, sempre experimentei um sabor meio mágico. Nos anos 1950 e 1960, a antiga Corte imperial, que mesmo após a fundação de Brasília mantinha ares de capital federal, era o centro de mexericos e boatos políticos, ponta de lança de artes e costumes. Meu marido e eu frequentávamos o apartamento de Daniel Garric, correspondente do jornal francês *Le Figaro*, um homem extrovertido, generoso, apaixonado pelo Brasil e pela música brasileira. Em sua casa em Copacabana, conhecemos inúmeros *VIPs* (*very important people*, sigla que então surgia). Em meio ao burburinho sessentista da Zona Sul carioca, sem ganha-pão fixo, despojado, meio *hippie*, Ruy levava, como ele mesmo resume, uma longa "vida de mochileiro". Entre 1965 e 1966, morou com nosso amigo jornalista.

Nelson Motta descreve, em *Noites tropicais*, o ambiente: um primeiro andar na esquina das ruas Hilário de Gouveia e Barata Ribeiro, de cujas janelas dominavam copas de árvores que hoje alcançam o quinto ou o sexto andar.

> Depois da praia, era um dos *points* favoritos, *open house* que começava com mariscadas e entrava pela noite com cerveja e violão. Ruy era charmoso e educado, baixinho e de traços finos, tinha uma imagem viril e corajosa, opiniões diretas e apaixonadas, cultura europeia e espírito aventureiro.

Impressionou-nos por seu jeito simples e pelo contato fácil. Muito vital, parecia interessado em tudo e em todos – sem sombra de dúvidas, em todas. Uma pulseirinha feita com pelo de rabo de elefante lembrava sua origem africana. Fazia-se notar por sua barba e sua cabeleira, uma verdadeira juba leonina. Ruy conta que, adolescente, ao ver um fio de cabelo seu no microscópio do liceu, assustou-se: "Parecia um pedaço de pau!".

Pela mídia, eu ficava sabendo das sucessivas premiações para seus filmes em festivais nacionais e estrangeiros. Muito ligada em música popular, gostava de cantar as letras que ele compunha para parceiros renomados. Com amigos, curtimos um show em boate paulistana que Ruy dirigiu para Baden Powell. Como tantos, fiquei indignada com a censura a *Calabar: o elogio da traição*, parceria com Chico Buarque; assisti a *Fábrica de chocolate*, peça sobre o tema quente da tortura escrita por Mario Prata e dirigida por Ruy no Teatro Ruth Escobar. E acompanhei pela mídia seus romances notórios: Nara Leão, a musa da Bossa Nova; Leila Diniz e sua "revolucionária" gravidez (da qual Ruy foi o parceiro) – tão simbólica para as mulheres de minha geração; e Cláudia Ohana, com quem ele teve uma segunda filha. Durante a primeira metade dos anos 1990, li muitas de suas crônicas para o jornal *O Estado de S. Paulo* e me identifiquei com sua transparência e suas posições políticas.

Historiadora e professora universitária, deslizei suavemente da história política para estudos biográficos. A primeira personagem que biografei, nos anos

INTRODUÇÃO   15

1990, foi uma ilustre desconhecida do grande público, Gabrielle Brune-Sieler, que viveu no Rio de Janeiro entre o final dos tempos imperiais e o início da era republicana. Quando terminava de escrever essa história, senti vontade de enfrentar uma biografia como realmente sonhava, ou seja, que me permitisse "mergulhar na alma" de alguém; não me lembro se fui eu que cunhei essa expressão ou se a adotei de alguma leitura, apesar de minha reticência à noção de alma. Gradualmente, ajustei a mira. Teria que ser alguém em atividade, com quem eu pudesse conviver, a quem fosse possível perguntar o que quisesse – desejo que resultava da frustração de não ter podido fazer isso com Gabrielle. Alguém de vida pública, pois assim eu escaparia da mesma penúria de fontes com a qual me defrontei quando não consegui descobrir as malas de documentos que minha primeira personagem teria deixado. Vivendo um momento introspectivo e cansada de pesquisar outros tempos históricos, queria alguém de minha geração, esperando, de lambuja, ver aflorar no processo do trabalho momentos de minha própria trajetória.

Acertei no atacado e no varejo. Durante a pesquisa, adorei reviver fases já distantes, com seus filmes, músicas, fatos, fofocas. E, no detalhe, tive algumas surpresas. Na distante África meridional, onde nascera e vivera até os vinte anos, Ruy tinha lido as mesmas revistas de quadrinhos que eu; alguns dos mesmos livros de aventuras que meu irmão, meus filhos, meu marido; usara o mesmo tipo de pulseirinha de prata com nome gravado que minhas irmãs e eu. A mãe dele, como a minha, adorava romances de Pearl S. Buck e o jogo de chinês *mahjong*. Alguns dos ditos educativos com que meu pai procurava me formar foram os mesmos com que o pai dele o bombardeara. Os mesmos filmes de Hollywood ficaram em nossa memória. Uma adolescente de classe média em São Paulo, Brasil, e um adolescente, de família de funcionário público de alto escalão, em Lourenço Marques (atual Maputo), capital de Moçambique, que na época ainda era colônia portuguesa.

O cinema foi outra de minhas paixões, desde criança. Hollywood foi um dos responsáveis pelo romantismo de muita menina-moça dos anos 1950, e eu era uma delas. Para minha avó, fui uma adolescente "cinemeira demais". Divertia-me e ainda me divirto com musicais melosos, comédias ingênuas, aventuras de piratas ou do Tarzan; com filmes de Esther Williams, que me provocava inveja com seus mergulhos, dos quais emergia com um sorriso radiante aferrolhado no rosto salpicado d'água; com algumas chanchadas brasileiras da Atlântida. Interessada nos amigos de meu irmão mais velho e atendendo a meu lado moleque, comecei a gostar de filmes de guerra e dos faroestes, que chamávamos de "filme de mocinho e bandido".

Mais tarde, o cinema europeu foi se impondo em minha visão do mundo e da vida. Pelo que lembro, irrompeu com Anthony Quinn berrando "*È arrivato*

Zampanò!" em *La Strada*, de Fellini. Não poderia dizer em que ordem sofri os variados impactos: dos italianos e seu neorrealismo, suas comédias ousadas; dos renovadores Michelangelo Antonioni, Luchino Visconti...; dos *angry young men* ingleses; de alguns franceses e poloneses; de Ingmar Bergman. Depois de assistir àqueles que nos tocavam profundamente, levávamos "papos cabeça" tentando entender ou mudar o país e o mundo – ou a nós mesmos, o que é quase tão difícil quanto.

Desde que me recordo, a política foi para mim outra paixão. Pertenço a uma geração em que uma parte anelava por "salvar" o Brasil. Criei-me em família ligada à União Democrática Nacional (UDN), partido de viés conservador e moralista que surgiu para se opor a Getúlio Vargas no final da ditadura do Estado Novo; encarapitada nos ombros de meu avô materno, balancei muito lenço branco em comícios. Anos depois, entre outras influências, o Cinema Novo fez parte de minha mudança de rumo político. Durante a ditadura militar, estar presente a uma tumultuada *avant-première* de *Terra em transe* (1967), de Glauber Rocha, podia ser sentido como uma tomada de posição política, algo conceituado como resistência. Nessa época, fui definitivamente fisgada por aulas fascinantes sobre cinema em um breve curso ministrado por Paulo Emílio Sales Gomes no Instituto Goethe, localizado então na badalada rua Augusta, onde hoje funciona o anexo do Espaço Itaú de Cinema. Meu olhar de espectadora começou a se aguçar, e comprei meus primeiros livros sobre aquilo que, além de divertimento, passou a ser visto por mim também como arte.

Como tem sido mais que suficientemente lembrado, a década de 1960 foi marcada no mundo ocidental pelo ideal de uma revolução política e social com "R" maiúsculo e pela concretização de uma revolução comportamental, sobretudo com as conquistas dos movimentos femininos, com a liberdade possibilitada pela pílula anticoncepcional. A tomada de poder a ferro e fogo por Fidel Castro e seus barbudos tornou-se um mito – e tantos deixaram crescer uma barba por isso! Che Guevara morto, sua foto enfeitou paredes de moradias de filhos da burguesia, por nós tão denegrida e da qual, obviamente sem admitir, fazíamos parte. Muitos de nós, em diferentes graus e formas, expressávamos desejos de transformações: maior liberdade política, diminuição das diferenças sociais, redistribuição das terras concentradas nas mãos de poucos, novas experiências nas formas de comportamento, certo anticonsumismo.

Algumas respostas concretas dadas a essas questões que nos moviam nem de longe foram satisfatórias. Inúmeras análises têm surgido para tentar compreender e explicar como e por que os desenvolvimentos e os resultados foram tão diversos daqueles que nossos desejos nos levavam a esperar; as decepções causadas pelas experiências de líderes, propostas, partidos e governos dariam uma longuíssima lista. A história não se detém nem volta atrás; a vida segue sempre adiante, fica sempre no rascunho. Não me vejo como aquelas pessoas paradas no tempo que franceses chamam de "*soixante-huitards*" nem como alguém que acredita numa perenidade do capitalismo, algo que a história do mundo mostrou não ser possível seja lá para que sistema for. Sonhos utópicos? O que seria do mundo sem utopias?

Tinha uma certeza: era nesse campo ideológico que eu queria trabalhar. Passei a espreitar em busca de algum personagem que me entusiasmasse. Paixão por cinema e pelo Rio de Janeiro, posições políticas semelhantes e o acaso – entendido como tudo aquilo de que não se conseguem precisar razões ou causas – me levaram a fixar a mira em Ruy Guerra. Um acontecimento fez o papel de dedo do destino: em agosto de 2006, o Centro Cultural Banco do Brasil de São Paulo (CCBB-SP) apresentou uma retrospectiva substantiva de sua obra. A curiosidade por filmes que eu ainda não havia visto e a lembrança daquela figura simpática com uma vida de romance me levaram inúmeras vezes ao centro paulistano.

Tive uma *overdose* de Ruy Guerra. Do dia 1º ao dia 20 daquele mês foi possível assistir a todos os seus longas-metragens, alguns médias ou curtas, palestras sobre sua produção, shows com músicas de suas parcerias, uma encenação de diálogo da peça *Calabar*. E ainda degustar uma exposição multimídia sobre sua vida. Levei para casa e devorei um guia distribuído sobre sua filmografia, com entrevistas, depoimentos sobre seu percurso e sua pessoa e levantamento de sua produção, o que me serviu depois de vade-mécum. Em um dos artigos, Eric Nepomuceno – que se apresenta como "bissexto amigo" – descreve o cineasta como "uma espécie de bicho-papão de pelúcia", o que me intrigou e estimulou.

Ruy Guerra compareceu ao fechamento do evento na volta do Festival de Gramado, onde presidira o júri dos filmes latino-americanos. Assim que o avistei, ainda de longe, tive a impressão de que ele diminuíra; no entanto, mesmo em uma idade em que entradas, carecas e coroinhas dominam, sua cabelereira impressionava. No alto do estrado, olhos a brilhar, sorriso nos lábios, Ruy falava muito, dando a impressão de que sua força vital era grande, mesmo aos 75 anos. Começou com algo *à la* Oscar Wilde: "Perguntem o que quiserem, não há perguntas indiscretas, só respostas". Encontrei anotações que fiz nessa tarde:

> Auditório eletrizado que ele mantém na ponta dos dedos; é o *grand finale* da mostra... Seria um Papai Noel tropical se os cabelos não fossem tão longos e a figura, pequena. Alisa os cabelos da frente para trás o tempo todo... Sorri e faz sorrir... Fica sério quando precisa... Encanta pelo vigor da comunicação, pela rapidez de raciocínio.

Contador de histórias nato, ator, deliciou a plateia, excedendo o tempo previsto e terminando cercado por parte dos presentes, fato que vi se repetir muitas vezes.

Ao escutá-lo, tive a certeza de que pesquisar sua vida seria uma aventura interessante. Foi quando me decidi. Como era lei, eu precisaria de autorização. Meio sem graça, com um conhecido friozinho na barriga mesclado com a coragem que em geral me faz ir atrás do que me interessa, arrisquei-me; racionalmente me sentia apoiada na onda de biografias que assola editoras estrangeiras e nacionais, assim como no narcisismo de todos nós (pergunto-me se é realmente maior nos ditos "famosos"). Esperei-o fora do auditório e me apresentei como historiadora da Unicamp, amiga de Daniel Garric. Não se lembrava de mim, algo que eu já esperava e que não me desencorajou; não sou figura pública e, afinal, lá se iam uns quarenta anos de nosso primeiro encontro. Ansiosa por saber se já estava comprometido com algum biógrafo, ouvi satisfeita que não. Mostrou-se cortês, receptivo, pediu-me que enviasse meu currículo e um projeto. Ao mesmo tempo, foi peremptório: não gostaria de ver sua vida "toda arrumadinha", tampouco queria que tivesse – pediu desculpas se me ofendia – "qualquer traço de pieguice".

Entusiasmada, em pouco mais de um mês esbocei um pré-projeto e o enviei. Como em nossas vidas o público e o privado se misturam inextricavelmente, deixei claro que planejava vê-lo como um todo: artista produtor de cultura, mas também filho, irmão, namorado, amante, marido e ex-marido, pai, avô, amigo, colega, professor, cidadão. Para mim, seria fundamental essa visão do conjunto. Além disso, deixei bem claro: o que me atraíra não era apenas o cineasta reconhecido internacionalmente, mas, sobretudo, alguém com uma vida cheia de *glamour*.

De nada adiantou minha pressa. Passei oito meses esperando uma resposta, intervalo durante o qual me vi obrigada a treinar tato e paciência, qualidades imprescindíveis a esse tipo de contato. Já tinha previsto dificuldades, temendo que ele não quisesse se expor tanto a fim de ressuscitar tudo aquilo que poderia me interessar. Na espera, perturbou-me vê-lo afirmar na mídia, mais de uma vez, que retrospectivas de sua obra o faziam sentir como se sua vida tivesse terminado, como se estivessem encerradas suas possibilidades de trabalho.

Mandei alguns e-mails, a maioria sem resposta, e comecei a descobrir como Ruy é relapso nesse terreno. Trocamos telefonemas tão breves que, a certa altura, após uma série de respostas ainda mais lacônicas, anunciei-lhe, seguindo um conselho amigo, que, como sentia que minha proposta não lhe interessava, eu não o incomodaria mais. Para minha surpresa e alegria, ele rechaçou vivamente aquela conclusão. Tempos mais tarde, explicou-me que, escaldado por outros pedidos, estava testando a seriedade de minhas intenções. Uma bela hora, em um dos telefonemas, disse-me: "Chega de nos encontrarmos entre duas portas". Então, propôs uma conversa em seu apartamento carioca. Durante a pesquisa, estive, entre o Rio e Petrópolis, em vários locais em que Ruy Guerra viveu ou se hospedou. Certa vez, quando uma produtora portuguesa lhe perguntou onde morava, ele respondeu mostrando um pesado chaveiro que lhe permitia partilhar casas de filhas, ex-mulher e mais uma ou duas de suas amizades bem próximas.

No temido e desejado encontro, começou perguntando por que eu me interessara por ele. Respondi que ele sabia melhor do que eu como sua vida era variada, interessante, emocionante; expliquei como o via enquanto parte de importantes lances do século XX – e isso pareceu justificar minha escolha. Eu tinha em mente colonialismo e descolonização, ditaduras e censuras, Nouvelle Vague e Cinema Novo, MPB, parcerias com Chico Buarque e Gabriel García Márquez, presença em Cuba e no Nuevo Cine Latino-Americano. Quatro horas passaram voando, algo que se repete quando se conversa com Ruy. Fez-me falar bastante de mim (não preciso que insistam muito) e sobre como pensava trabalhar sua história. Mostrou-me uma biografia de seu agrado: um livrinho sobre Kant, no qual vida e obra são analisadas de forma indissociável. Brinquei que ele não precisava de mim, uma vez que "já estava inscrito na história de nosso tempo"; eu é que precisava dele, pois necessitava de algo desafiador. E sublinhei: a empreitada, se aceita, deveria ser um prazer para ambos.

Entremeava em minhas falas o seguinte bordão: "Se você me concedesse o direito de pesquisar sua vida, eu faria tal... ou tal". Ele me ouvia atentamente, parecia me estudar; ao conhecê-lo melhor, percebi que, naqueles momentos, Ruy escutava seus instintos. Eu me sentia estranha. Como diria minha avó, era como se eu fosse um "cavalheiro do tempo de dantes" pedindo uma contradança a uma dama: "Você me concederia sua vida?". De repente, ouvi, meio baixo: "Está concedida". "O quê?", perguntei; quando ele repetiu a frase, dei um pulo de alegria no sofá. Quando aludo a esse momento, Ruy discorda: "Eu não concedi, você conquistou". Certa vez, explicou a uma amiga nossa que aceitara "porque ela não desistiu nem pressionou demais". Geralmente não tomamos atitudes por um único motivo, embora às vezes nos pareça que sim. Além de um compreensível desejo de holofotes – afinal, um cineasta *cult*, tão premiado –, gosto de pensar que o toquei ao expressar minha necessidade vital de um desafio, algo que Ruy conhece bem, por sofrer do mesmo mal.

Aconselhou-me a começar consultando sua filha mais velha, Janaina, que "sabe mais dele que ele mesmo". Fez questão de dizer em alto e bom som que seu tempo para mim seria limitado devido a suas atividades profissionais, advertência que ao longo da pesquisa reiterava quando era de seu interesse. Prometi-lhe que me esforçaria para que a invasão em seu cotidiano fosse a menor possível, que ficasse tranquilo, pois escrever sua história seria trabalho meu, não dele. Prometi ainda que não consumiria sua vida como um produto, não iria expô-lo sem considerações éticas.

A caçada

Atirei-me animada à pesquisa. Comecei por entrevistas e consultas em São Paulo, onde moro. Desloquei-me pelos espaços principais onde Ruy viveu, com muita ponte aérea São Paulo-Rio de Janeiro, alguns voos transatlânticos para Lisboa, Paris, Moçambique, Cuba. Viagens que me levaram além do que tinha lido e ouvido sobre meu personagem. Ia atrás não somente de fatos e testemunhos orais e escritos, mas de uma experiência pessoal que me permitisse maior proximidade com seus ambientes, seus sentimentos, as características de seu comportamento. Fomos nos aproximando por conversas antes dos deslocamentos para levantar nomes, apresentar contatos ou incumbências – ou na volta, a fim de contar notícias, mostrar fotos, entregar presentes enviados.

Na segunda vez em que estive em seu apartamento, Ruy afirmou que se via como "uma pessoa profundamente estruturada, tenho minhas perspectivas e minhas ideologias. Não estou perdido nesse mundo". Colocou no chão da sala um engradado de bebidas atolado de fotos absolutamente embaralhadas, como as lembranças em nossa memória. Durante horas, procurou situá-las, uma a uma, para ele mesmo e para mim. Um ano depois, quando ofereceu no Teatro Poeira um curso trimestral de cinema, pedi permissão para frequentar as aulas. Foi minha introdução a seu cotidiano e o momento inicial das entrevistas cariocas.

Seguir seu percurso de vida – pregresso e atual – mostrou-se a aventura esperada; com a descoberta não somente de sua personalidade e sua obra, mas de espaços e tempos para mim novos e não tão novos, de algumas pessoas com quem criei laços afetivos. Espiadas introdutórias sobre o que se passa atrás das telas intensificaram minha paixão pelo cinema. Necessitando conversar a respeito das descobertas, senti de imediato prazer em dividi-las com ele; depois, gradualmente, a interlocução se estendeu a familiares e amigos de Ruy.

Aproveitando brechas em meio a férias em Lisboa, colhi depoimentos da irmã, do irmão, da cunhada e de mais algumas pessoas íntimas. Nas visitas seguintes à cidade, ao perceber melhor suas raízes, descobri traços de uma formação europeia, com seu tradicional acento na cultura. Retomei contatos com parentes e amigos da infância e da mocidade vivendo em Portugal e com parceiros de trabalho e amizades de um período lisboeta em meados dos anos 1990. A leitura inicial da imprensa moçambicana na Biblioteca Nacional me desvendou uma vida surpreendente na colônia durante os anos 1940 e 1950, sobre a qual Ruy e seus amigos de infância e juventude falavam bastante, mas que tinha me soado como uma visão idealizada, algo que costuma acontecer nesse tipo de rememorações. Comecei a ter comichões para me deslocar até Moçambique.

Paris foi fundamental para me inteirar sobre o período da formação profissional de Ruy no Idhec, Institut des Hautes Études Cinématographiques.

Encontrei arquivados no Ministère des Affaires Culturelles provas, trabalhos e, graças ao amor francês pela história, até reprimendas de indisciplina; cópias do material suscitaram em Ruy lembranças que partilhei. Não consegui contatar a maioria dos cineastas com quem trabalhara de 1950 a 1980, mortos alguns, outros fora da cidade. Certos colegas de classe e de trabalho me descreveram um homem com uma nítida, única e apaixonada meta: fazer cinema.

Difícil medir o que significou, neste meu adiantado da vida, ir pela primeira vez à África, algo que eu desejava havia tempos, sem coragem de concretizar. Desde menina, o que me atraía no campo do exótico não era o Oriente, mas a África. Uma África hollywoodiana, que me fazia curtir calafrios através dos filmes de aventuras, vibrando com safáris e romances. Mais tarde, uma África em seu holocausto permanente, que me emociona até hoje através dos filmes de denúncias sobre a situação de seus povos. Além da estranheza, de uma forma ou de outra o *continente negro* sempre me provocou certo temor e uma distante solidariedade.

Freudiana, tinha certeza de que lá estava o começo de tudo. Recém-chegado do festival de cinema Dockanema em Maputo, Moçambique, Eduardo Escorel me intimou, outros me encorajaram, sendo Ruy o mais entusiasta, ao afirmar que adoraria "o povo, seu sorriso". Para me preparar, li ensaios sobre história política, literatura e poesia moçambicanas, guias de turismo, conversei com amigos e colegas de trabalho de Ruy, com brasileiros que lá já tinham estado. Meu filho mais velho me fez visualizar Maputo pelo Google; espiamos a planta urbana com suas cidades Baixa e Alta, como outras metrópoles portuguesas.

Por minhas anotações esporádicas de pesquisa, percebo que, desde os primeiros meses de trabalho, querendo compreender a pessoa de Ruy e nossa relação, comecei a pensar nele como *o leão*. Nascido nas aludidas *terras de África* em um 22 de agosto, meio brincando, meio a sério, o ateu materialista confesso se define como "leão, ascendente leão". Suspeito que, bem lá no fundo de meu inconsciente, cinema e leão estiveram juntos há muito tempo, desde o leão da Metro das matinês de minha infância e adolescência. Antes do início da sessão, a figura do animal enchia a telona com toda sua imponência – naquele tempo, somente telas bem grandes. Quando ele acabava de dar seus dois ou três rugidos, frequentemente uns gaiatos gritavam "Vira! Vira!", fingindo comandar o movimento silencioso da enorme cabeça leonina. Entre amigos íntimos, passamos a nos referir a Ruy como "o leão", e ele parece gostar disso. Antes de partir para Moçambique, escrevi-lhe que iria "atrás das pegadas do leão". Em 2012, Werner Herzog, em prosa com Ruy no Copacabana Palace, olhou-o fixamente e soltou: "*Ruy, you look like a lion!*" [Ruy, você parece um leão!].

Em minha memória da pesquisa – cheia de momentos de prazer de natureza vária –, a descoberta de Moçambique está registrada como o ponto mais alto. Ao pousar a primeira vez em Joanesburgo, porta de entrada para a África austral, os seis graus de temperatura me ensinaram a, desse dia em diante, não generalizar falando em "calor africano". Embora me tivessem alertado que, sob certos aspectos, eu pensaria estar no Nordeste brasileiro dos anos 1940/1950, encontrei um mundo muito diferente de tudo que já conhecia, no qual logo passei a me sentir bem devido à beleza local e ao acolhimento que recebi por parte dos amigos de Ruy.

Maputo é habitada por ínfima minoria branca e enorme maioria negra. O povo encanta pelo sorriso aberto e pela fala mansa, pela delicadeza no contato. Ao se deparar com aquele tipo de realidade, é difícil evitar a má consciência do branco colonizador, sobre a qual um brasileiro que lá vive já me advertira. A violência inerente à gritante disparidade socioeconômica torna certas zonas difíceis de ser frequentadas, como é comum em grandes cidades ocidentais. As mulheres nas ruas parecem ser as que mais trabalham, com cestas e trouxas na cabeça, crianças penduradas. Enrolam-se nas multicoloridas capulanas, algumas de irresistível beleza. A natureza é presença forte: a flora é, em parte, semelhante à nossa, aliada a uma fascinante fauna. Eu me deparava por todo o lado, num cruzamento permanente de temporalidades, com o Ruy caçulinha amado e protegido; com o adolescente contestador e querido pelas garotas; com o filho pródigo já quarentão, cineasta famoso de volta à terra natal na década de 1970, em meio aos abalos de uma revolução nacional e socialista.

A realidade cubana me era mais próxima. Na ilha, a estada foi breve, mas vivida intensamente por tudo o que tinha representado em meu passado, pelo povo e pela música comunicativos, por Habana Vieja, pelas andadas ao longo do Malecón, por daiquiris e *mojitos*. Ruy Guerra marcou presença nos festivais de cinema e na Escuela Internacional de Cine y TV (EICTV), em San Antonio de los Baños, onde estreitou sua colaboração com Gabriel García Márquez, o Gabo. Lá ele meio se autoexilou no início dos anos 1990, após o então presidente brasileiro Fernando Collor, com a extinção da Embrafilme, ter provocado uma asfixia temporária na produção cinematográfica nacional. Em dezembro de 2009, com a sensação de chegar atrasada algumas décadas, desembarquei em La Habana em pleno Festival del Nuevo Cine Latinoamericano. Além de testemunhos de amigos e colaboradores e do acesso à documentação sobre sua obra, tive *insights* acerca do Ruy terceiro-mundista, latino-americano, cubano de coração, apaixonado pela ilha mesmo quando ela "saiu da moda", como confessou em agenda. E nunca mais tirei da cabeça uma frase do cineasta espanhol Fernando Trueba, escrita entre tantas outras na parede da Escuela: "*La vida es una película mal montada (y con un final de mierda)*".

Ao iniciar a pesquisa, vasculhando um sebo, encontrei por acaso um livro sobre Orson Welles, redigido pela americana Barbara Leaming no início da década de 1980. Ela passou a ser meu padrão ideal de relação biógrafo/biografado.

O cineasta tinha lhe sugerido que se tornasse uma personagem da biografia: "Você não é Deus. Não olha lá de cima aqui para baixo". Barbara morava em uma cidade diferente de seu personagem; relata conversas telefônicas de até quatro horas, intermináveis almoços e jantares a dois. As prosas eram, sobretudo, a respeito de Orson Welles, "personagem que às vezes discutíamos como se fosse um irresistível amigo comum sobre quem gostávamos de fofocar sem parar". Acabei por conhecer bem esse tipo de diálogo, que, não fosse o cansaço das partes, poderia se tornar interminável. E, assim como os dois americanos, sem estranhamentos nem pruridos de nenhum lado, por vezes em conversas com Ruy eu o trato como uma terceira pessoa ausente, em especial quando comentamos suas inúmeras fotos.

A maior parte de sua documentação profissional está confiada, desde 1989, ao Museu de Arte Moderna do Rio de Janeiro (MAM-RJ). Vasculhei-a pela primeira vez acompanhada por seu filho Adriano, também interessado em descobrir mais sobre o pai. Em setembro de 2008, ao se mudar para um espaço menor, Ruy confiou-me seu acervo pessoal: "Estará mais bem guardado com você". São três caixas, cada uma com cerca de dez quilos de papéis, fartura que tem sido ocasionalmente enriquecida – por exemplo, por um *pen-drive* contendo todas as crônicas que escrevera para o jornal *O Estado de S. Paulo,* por cópias da quase totalidade de suas poesias etc. Ruy foi deixando, vida afora, muita documentação em casas de amigos – e a esta altura muita coisa já sumiu (houve até um episódio em que, em uma escala de voo internacional, roubaram-lhe uma maleta cheia de escritos e poemas próprios). Apesar disso, impressiona o tanto que conseguiu acumular, a despeito dos inúmeros deslocamentos por diversas moradias em três continentes.

É lugar-comum dizer que, para o artista, sua obra é mais importante que tudo. O acervo de Ruy evidencia essa afirmação e, sobretudo, a inextricável ligação entre seu cotidiano e seu trabalho. O volume maior vai de 1950 a 1980, quando as cartas eram o meio de comunicação mais usado; há alguns poucos faxes esmaecidos, quase ilegíveis. A correspondência é a recebida por ele – a chamada "passiva" –, embora existam cópias de cartas que escreveu articulando contatos de trabalho. Entre habituais e esperadas missivas, fotos, agendas e passaportes antigos, misturam-se desenhos e bilhetinhos de Ruy, de seus filhos e seus amigos, recibos de pagamentos, notas de compras e de restaurantes, receitas culinárias e de remédios. Há ainda certificados, procurações, contratos, projetos rascunhados, revistas com críticas de filmes e entrevistas dadas por ele ou trabalhos a seu respeito elaborados por terceiros.

As agendas e os convites de várias décadas atrás – para jantares e coquetéis de empresas e embaixadas, para homenagens, *avant-premières*, lançamentos de livro – registram nomes de figuras brasileiras e internacionais famosas na cultura e na política. Para minha enorme surpresa, estão presentes também, em cartõezinhos com votos de boas-festas, ilustres desconhecidos, como jornaleiros e lixeiros. No meio dessa bagunça, encontrei o pré-projeto que eu enviara, com uma frase manuscrita: "Investigar essa pessoa para ver possibilidade". Surpreendem-me, desde então, em Ruy, o respeito e a fascinação, certa fixação mesmo pelo papel. É daqueles que, ao pegar um livro, sente prazer no cheiro do objeto. Mais tarde, em outra mudança, ele me confessou a dificuldade em rasgar papéis, mesmo aqueles sem nenhuma relevância. Comentou, empregando, como gosta de fazer, uma imagem bem forte: "É como se estivesse rasgando minha própria pele".

Uma parte do acervo estava organizada em dossiês, mas a mudança apressada confundiu tudo. Devido à umidade carioca, tive que mandar higienizá-los, e o caos ficou ainda maior. Espalhei durante dias o material em minha sala para uma primeira ordenada por gênero e por ordem cronológica, processo que aperfeiçoei ao longo do tempo. E fui lendo, lendo, lendo, durante dias e noites, por vezes até altas horas. Perturbavam-me tantas emoções, muitas suscitadas por pessoas hoje mortas e ali tão assustadoramente cheias de vida. Vislumbrei, pouco ou muito incomodada, meio século de paixões e sonhos, com descobertas e alegrias, desencontros, frustrações, decepções. Devorei agendas e caderninhos nos quais, além dos esperados compromissos e despesas, Ruy despejava seus amores e seus demônios, rabiscava pequenos poemas, que chamei de epigramas ou aforismos, isto é, pitadas filosófico-políticas sobre o mundo, a vida, a arte, desenhava, com traços fortes, pequenos esboços de figuras humanas. Os registros são bastante irregulares: por vezes contínuos e detalhados, por vezes com intervalos de meses. Além da finalidade precípua, parecem ter funcionado como uma espécie de diário, ao mesmo tempo um sintoma e um remédio, um alívio, para as preocupações de quem neles se confessava.

Nosso diálogo se incrementando, depois de pouco tempo eu já o provocava: "Existem três listas em sua vida que não vou conseguir completar – a primeira é dos locais em que morou; a segunda, a mais triste, dos projetos não realizados; e a terceira, a mais surpreendente, das mulheres que amou e que o amaram". Ao me passar o material, afirmou: "Você vai ter muito com que se divertir!". Após o mergulho nas leituras, retruquei: "Nem de longe o tanto que você se divertiu!". Algumas vezes, um pouco assustada com o teor íntimo de alguns papéis, repeti: "Acho que você não tem ideia de tudo o que me passou". E ele: "Não tem importância, tudo isso já faz tanto tempo...". Ou ainda: "Não tenho nada a esconder".

Minha relação com Ruy inicialmente me intimidava – e não pouco. Não porque o visse como certo mito, como parece ser para aqueles que se interessam pelo cinema de autor no Brasil. Eu tinha escrito um artigo teórico sobre a relação entre biógrafos e biografados, precisara me posicionar em relação a minha primeira personagem. Dessa vez, entretanto, o outro polo da relação era uma pessoa em plena atividade. Alguém com muita energia e força de vida, mesmo com mais de setenta anos. Os dois polos percebiam que aquela era uma relação inusitada. O desejado *mergulho* no personagem Ruy Guerra foi rápido, direto, profundo; um daqueles mergulhos feitos a partir de um trampolim bem alto. Mas a relação com a pessoa de Ruy era difícil, desigual, delicada. Fiquei sentada à beira da piscina por longo tempo, pondo os pés na água, molhando o pescoço e os pulsos, temerosa da baixa temperatura, pensando em como aquecê-la.

Logo que começou a perceber meu lado profissional, Ruy se admirou com como eu "ia fundo" na pesquisa. "Sem querer querendo", como o personagem Chaves da TV mexicana, propiciei reaproximações com amizades antigas, das quais ele não tinha notícias havia tempos, algo que me confessou lhe dar prazer. Aos poucos, ele foi passando de Ruy Guerra a simplesmente Ruy. Em nossa convivência de civilidade, ele procurava se proteger. Por vezes, protestava que se sentia "um rato de laboratório", "um inseto espetado numa cortiça, examinado sob uma lente de microscópio". Em um jantar, às altas da madrugada, em Petrópolis, meio arreliado, arreliando, soltou: "Ela é a dona da minha memória!". Rapidinho, eu me defendi: "Não, senhor, você já tinha uma imagem pública décadas atrás". Em movimentos contraditórios, concedia-me intimidade e depois cortava, processo que me desorientou, até que aprendi que não tinha jeito, seria assim mesmo. Por exemplo, Ruy gosta muito de falar de sua vida e suas experiências, mas "quero contar o que quero na hora que quero".

No citado curso de cinema que me levou para trás das telas, iniciou-se, segundo Ruy, minha "experiência carioca", que incrementou minha antiga paixão pela cidade. A convivência com pessoas do mundo da arte, com outro ritmo, outros comportamentos, foi uma lufada de ar fresco em minha vida. Será que porque cariocas (algumas por escolha e não nascimento) ou porque muitas delas bem mais jovens? Provavelmente os dois. Até então, eu tinha vivido como escolhera: entre família, amigos, profissão. Em meio ao curso, brinquei com Ruy sobre o fato de me divertir muito com a vida dele. Certa noite, ao jantar sozinha em frente ao mar do Leblon, com um copo de vinho tinto, me dei conta de que estava me divertindo era com minha própria vida.

Durante suas aulas, meu conhecimento de atores e filmes antigos me permitiu brincar de ponto e contraponto com o professor sobre nomes que lhe faltavam ou dos quais eu discordava; esse diálogo de complementação tornou-se uma constante entre nós, dois cinéfilos da mesma geração. De volta ao hotel, eu fazia um tipo de lição de casa, procurando preencher as lacunas das discussões. Entre gozações e risadas do professor e dos colegas, recebi o apelido de SuperVavy, em velada, mas carinhosa, ironia carioca em relação a minha eficiência paulista. Com a proximidade, ganhei a confiança de Ruy, comprovada pelo já citado empréstimo de seu acervo pessoal e por constantes anúncios da firme decisão de que somente leria o produto final de meu trabalho depois de publicado. A única exigência que fazia, brincando a sério, era a de que o livro "parasse em pé". Passou a me enviar cópias de sua produção recente, o que facilitou minha percepção de seu processo de criação.

Entre nós, estabeleceu-se um tipo de pingue-pongue jovial, irônico, intelectual, humorístico, rápido, com cortadas desconcertantes. Percebi ser uma das formas de comportamento de Ruy com as pessoas com quem gosta de se relacionar. Dessa espécie de jogo – ou de qualquer outro a que se entrega séria e apaixonadamente –, ele quer sair vencedor a todo custo. Brinco que, para Ruy, perder é somente peso, pois ele tem horror a gordura. Alguns tinham me avisado: "Não adianta querer ganhar uma discussão com Ruy; a gente desanima, ele não, e a coisa não acaba". É verdade. Terminei descobrindo que ao lado dele você pode curtir, se divertir, se irritar, ficar bravo ou sentido, mas dificilmente se chateia. E, se estiver aberto para tal, você aprende algo – e não somente sobre cinema.

Jantando entre amigos, Ruy me provocou: "Se depois eu não concordar com alguma coisa, posso protestar, não é?". Eu, meio rindo, meio assustada: "Vai interditar minha biografia, como o Roberto Carlos?". "Lógico que não." De imediato, tranquilizou-me: "Que fique bem claro, com o material que lhe passei você pode fazer o que bem quiser". Por ocasião do debate sobre as biografias que se intensificou na mídia em 2013, Ruy raciocinou: "O problema é que a Constituição garante, por um lado, a liberdade de expressão e, por outro, o direito à privacidade". Defendeu a liberdade de expressão do biógrafo e o direito que o biografado tem de recorrer, caso a invasão da privacidade apresente fatos falsos, contados de forma injuriosa ou com detalhes íntimos que nada acrescentem à imagem que o biógrafo queria apresentar. Espero escapar ilesa.

Desde que a conheci, em Lisboa, em 2007, a irmã de Ruy – Maria Clara Guerra Martins, Lalá ou Lara –, já octogenária, mas vital como ele, abriu para mim sua casa, seu coração e suas lembranças de família de maneira tão afetuosa e emocionada que me conquistou em definitivo. Distantes a maior parte da vida, os dois ficaram cerca de dezoito anos sem se ver. Passei a lhe enviar notícias, fotos, recortes da mídia sobre o irmão caçula, tão amado quanto relapso. Depois de anos de contato, ela me disse ao telefone: "Você é uma querida que nos une a todos". Quando contei a Ruy, ele usou uma metáfora: "Agora você é uma plataforma por onde todos passam". Nesse nível, penei muito para evitar cruzamentos de informações, de opiniões, de confissões – e nem sei se fui tão bem-sucedida como gostaria.

Nossa relação foi se tornando ao mesmo tempo mais solta e mais densa, nuançando e aprofundando meu olhar sobre sua pessoa. Nossas conversas passaram a girar por vezes em torno de mim; foram papos bons para minha forma de me comportar, tão diferente da dele. Quando, ao telefone, Ruy me percebe séria ou tensa demais, ele brinca: "Você está precisando vir aqui pro Rio reforçar seu lado carioca!". Para ele, o recurso do humor é importante, é um olhar recuado sobre o mundo.

Em várias ocasiões e de variadas formas, procurei mostrar-lhe minha gratidão por aceitar a parceria nessa contradança de ritmos variados, em que nossos compassos não são iguais e nem sempre acertamos o passo. Desde o início, a maioria dos tropeços ocorreram quando eu precisava invadir seu tempo, ainda que pelo telefone. Logo no primeiro encontro, ele me prevenira sobre sua falta de disponibilidade – interna? externa? –, além de sua "dificuldade em agendar encontros com muita antecedência". Tive de me ajeitar: era ele meu objeto de trabalho, não o inverso. Sabia que não podia reclamar do leão, mas às vezes não conseguia. Pegá-lo desocupado é bastante difícil. Roteiros, aulas, correção de provas, reuniões com colaboradores e produtores. Quando não está estudando, criando ou ensinando a fazer o cinema em que acredita, Ruy está relaxando, o que para ele é igualmente sagrado. Compreendo que seja ciumento em relação a seu tempo; já o vi recusar pedidos de entrevistas para a mídia – ou dificultar tanto a ponto de desanimar quem o convidava – a fim de não ter que abrir mão daquilo que estava com vontade de fazer. Poucas razões, ou quase nenhuma, levam Ruy a hipotecar um presente prazeroso em função do futuro. Como escreveu: para ele, "o futuro é o presente adiado".

A imagem de um leão serve para simbolizar muita coisa além da onipresente figura do Imposto de Renda brasileiro. Em relação a Ruy, além da evidente ligação com dia e local de nascimento, a imagem teve e tem para mim mais de uma faceta. A mais imediata é a majestade do animal; já vi essa imagem aplicada a ele e a outros cineastas. A mim, agrada imaginá-lo como um dos inúmeros cineastas-feras de sua e de outras savanas. Passei a sentir certo orgulho dele e custei a aceitar esse sentimento que crescia conforme eu tomava conhecimento dos trabalhos em variados níveis sobre sua obra no Brasil e no exterior.

No entanto, um leão sempre amedronta, chega a apavorar. Com o passar do tempo e com uma maior convivência entre nós, eu achava que tinha ultrapassado a fase dos sustos com os rugidos, superado temores de patadas e arranhões das garras leoninas. Um quase nada, entretanto, às vezes me desequilibrava. Inúmeras vezes Ruy pediu menos seriedade à historiadora paulistana, que não levasse tudo a ferro e fogo, que tivesse paciência com seu mau humor. "Você sabe bem como posso ser duro com as palavras." Aquilo que Ruy fala é o que naquele instante ele sente ou deseja – e, radical como é, invariavelmente o faz com bastante intensidade. E aquilo que enuncia de forma tão peremptória, entretanto, pode não ser a mesma coisa depois de meia hora, uma hora, um dia, uma semana. Ou o pode ser em definitivo. Percebi isso a duras penas.

Não somente tratar com um leão tornava as coisas complicadas. Dentro de mim, havia uma permanente dicotomia: entre o Ruy meu personagem, que eu, como historiadora – respeitadas a ética e a veracidade dos fatos –, poderia construir quase a meu bel-prazer, e o Ruy em carne e osso, aquele leão indomável. Ao longo de nossa relação – como todas, real e imaginária –, procurei aproximar esses dois Ruys. Missão impossível? Por vezes, tive a impressão de conseguir, mas essa sensação não durava. Nossa relação não usual acabou por se desenvolver bem, por uma razão simples: nós dois estávamos tremendamente interessados no Ruy Guerra. Quando lhe contei ao telefone essa descoberta, peguei-o de surpresa, e ele deu uma sonora gargalhada, o que não é comum.

Por fim, acostumei-me a me relacionar com sua parte não amestrada – que temos todos, em maior ou menor grau. Chico Buarque escreveu que Ruy Guerra é "o brigão mais doce do Brasil". Seu advogado e amigo Luiz Roberto Nascimento Silva me falou de sua "doçura por trás da capa dura". A filha Dandara, aludindo a sua constante atitude brincalhona, contou que, ainda criança, espantou-se: "Não entendo como as pessoas têm medo do papai, ele é tão bobo". Até hoje, porém, nem esse constante espírito jocoso nem as ditas doçura ou suavidade facilitaram que alguém domasse esse leão. Amigos próximos que o acompanham há muito tempo garantem que houve uma notável esmaecida dos rugidos, uma diminuição das patadas. Como observou uma aluna e amiga íntima, "aos poucos, ele foi ficando mais Ruy e menos Guerra". Amadurecimento ou amaciamento proporcionados pela vida? Um amigo meu, cético, ironiza: "A gente não amadurece, a gente se conforma...".

Como contar sobre o leão?

Durante os anos de pesquisa, eu me apresentava e era apresentada como "a biógrafa do Ruy Guerra". Esse é um rótulo com o qual não me sinto confortável. Um biógrafo pode ser visto como alguém contratado para contar a vida de uma pessoa do jeito que ela ou seus familiares desejarem – a tal biografia chapa-branca. Por minhas leituras teóricas, percebi que o biógrafo pode ser considerado um *voyeur*, um linguarudo profissional, um ladrão que rouba tudo o que acha de mais precioso em uma casa e o exibe depois com o maior orgulho. Tentava me convencer de que essas imagens nada agradáveis nem de longe me diziam respeito.

Algo me incomodava desde meu primeiro trabalho – e muito: aquilo que usualmente se espera, que uma biografia seja a história de uma vida "do berço ao túmulo", dividida em fases subsequentes, partes e capítulos enfileirados de forma linear e cronológica. Espera-se que revele o "verdadeiro sentido" da vida narrada; que seja um relato neutro, elaborado por juiz imparcial, com claro quadro de valores; que apresente uma visão unívoca do personagem, de certa forma solene, porque aparentemente definitiva. Nada a ver esse tipo de obra com minha formação de historiadora. Além do mais, biografias trazem, em geral, embutida a impressão de uma história encerrada. Como contar a história de uma vida não terminada, de um biografando vivo e falando de seus planos futuros? Em sala de aula, Ruy me arreliou: "Quando ela publicar o livro, eu saio na rua, mato alguém, aí quero ver como fica a história dela!".

Sei que tentar mergulhar em alma humana é, como li em algum lugar, "pretensão enlouquecida". Curiosa quase insaciável, sou ainda uma grande teimosa, características necessárias à minha profissão. Minha temeridade passou a me assombrar conforme foram se amontoando documentos, fotos, centena e meia de entrevistas, pilhas de recortes de jornais sobre Ruy, sobre cinema, sobre direção e produção de filmes, notas diárias do alerta Google – aquela pesquisa que alguém faz por você e que me permitiu acompanhar o que surgia diariamente sobre Ruy na internet. Tanta informação, inesgotável – conseguiria eu um dia dar conta de tudo aquilo?

Conhecer o outro, como a si mesmo, é uma missão que não acaba. E sei que nacionalidade, cultura, educação e classe social não nos permitem destrinchar por completo o ser humano que somos. Temos que respeitar a individualidade e seus mistérios, tão lembrados pelos poetas. Dentro desses limites, fui percebendo os momentos e os aspectos mais significativos de meu objeto Ruy Guerra; com tanta pesquisa e convívio, não creio que traços importantes de sua vida nem de sua produção tenham me escapado. Meu técnico de som, Júlio Brasileiro, ao passar as entrevistas do gravador para o computador, se surpreendia com alguns detalhes relatados. Tentei explicar-lhe que, como canta Caetano Veloso, "de perto ninguém é normal". E ele, rapidinho: "Ainda mais de tão perto assim!". Na Zona Sul carioca, povoada por "globais", Ruy é um dos famosos; inúmeras vezes o vi ser reconhecido por pessoas de tipos bem variados. Durante a pesquisa ou a redação, assistia na televisão à projeção de seus filmes, o via destacado em jornais, revistas, em retrospectivas, em mesas-redondas. Mito e realidade se amalgamavam em minha mente. Enquanto isso, nossa intimidade era faca de muitos gumes. Será que algum mito resiste a tanta proximidade?

Um belo dia, embora restassem ainda nomes indicados a contatar, coloquei um fim na busca. Ao fazer o que os historiadores chamam de "faxina", foi muito difícil deixar de lado, por razões éticas ou de espaço, tantos achados. Ruy brincava comigo: "O livro vai ter oitocentas páginas?". Logo no início, tinha me dito, sério: "Minha vida vai ser um romance, não é?". E eu: "Sua vida é um romance". Qualquer vida permite escrever-se em romance, mais interessante ou menos, dependendo de como for narrada. Ruy gosta de chamar atenção para a fragilidade da memória, para a pouca distância entre a realidade e a ficção, cujos limites tantas vezes se confundem. Sua relação com a noção de verdade ou de memória foi marcante em nossa convivência. Acabou por acentuar minha prática de historiadora relutante a certezas absolutas, atenta à pessoa ou ao sujeito que fornece informações ou opiniões.

Eu dizia a entrevistados: "Não estou à procura de um herói, mas de um homem". Procurei aceitar a forma de ser de meu personagem como a de todos nós, seres humanos: entre razão e coração, educação, genética e experiências de vida, somos fragmentados, incongruentes, paradoxais, muitas vezes incompreensíveis para os outros e até para nós mesmos. Para ele, como para todos nós, são fundamentais tensões entre o que se deseja e o que se vive, o que se planeja e o que resulta de nossos projetos. Se as características pessoais geram algo de bom para a própria pessoa, para outrem, para o mundo, elas são qualidades; senão, são defeitos. Ruy Guerra, portanto, não poderia surgir no resultado como modelo de coerência, continuidade ou racionalidade, nem mesmo dividido entre defeitos e qualidades. Meu objetivo aqui não foi explicar Ruy, mas estabelecer relações que possibilitem compreendê-lo.

Sobre meu trabalho, Ruy não deu palpites, apenas indicou-me que ouvisse não somente seus familiares e amigos, mas que "escutasse também o outro lado". Foi dureza, pois o maior número daqueles do "outro lado" negaceava meus pedidos de entrevista. Complicações para marcar um encontro que acabava por não se concretizar mostravam que aquela pessoa não queria me dizer o que pensava sobre Ruy. Somente uns poucos corajosos deixaram isso explícito: não desejavam entrar na biografia de um cineasta de tal porte falando mal dele. Uma antiga namorada disse não querer falar para depois não tomar uma bronca, caso se cruzassem.

Em estudo teórico aprendi como a empatia, fundamental a esse tipo de trabalho, poderia ser também decepcionante. Acredito que, sem empatia, seria impossível usar o tempo necessário para um trabalho satisfatório; mas precisava ficar atenta ao sentimento. Entre depoimentos lidos ao acaso, Sérgio Cabral contou como chorou copiosamente ao escrever o capítulo da morte, já tão longe no tempo, de seu biografado Pixinguinha; Ruy Castro confessou seu tórrido caso de amor com Carmen Miranda. Historiadores, por dever de formação, têm de buscar a maior objetividade possível. Minha prática diante do Ruy personagem era procurar descobrir e entender o como e o porquê de meu inevitável envolvimento e, a partir disso, me situar na posição mais equilibrada possível. Fui seguindo adiante meio instintiva, meio racionalmente. O tempo todo, eu me perguntava ansiosa em que medida empatia e boas relações construídas com ele e sua família me constrangeriam no tratamento que daria ao personagem. Acabei mais à vontade do que imaginava. Uma frase de Cacá Diegues, entrevistado logo no início da pesquisa, me acompanhou o tempo todo: "Se você fizer uma biografia chapa-branca, ele não vai te respeitar".

INTRODUÇÃO   31

O trabalho de pesquisa e elaboração seguiu meus já conhecidos procedimentos do ofício do historiador; na exposição do resultado final eliminei, no entanto, as notas de rodapé. Depois de anos consumindo, produzindo e orientando trabalhos acadêmicos, optei por abrir mão dessas referências a obras, páginas e outras informações, essenciais num trabalho daquela natureza. Quis aliviar a leitura, a qual desejo que seja mais solta, mais próxima de um romance, como vejo a vida de Ruy ou qualquer outra. Um leitor ou pesquisador interessado em se aprofundar, em refazer meus caminhos de autora, poderá resolver sua curiosidade através das indicações de fontes usadas, no final da obra.

O que se segue é o resultado de versões criadas por Ruy, pelos entrevistados, por escritos de repórteres, críticos e estudiosos. Tudo o que vem entre aspas ou, quando se trata de trechos mais longos, destacado do texto principal são termos ou frases exatamente como os li ou escutei. Entretanto, tanto para uma historiadora como para uma cinéfila, é fundamental o que não é explicitado, o que está nas entrelinhas ou "fora do quadro", como dizem os cineastas. Em falas e silêncios, percebi sentimentos – embutidos, esboçados ou claros – de afeto, admiração, identificação, idealização ou crítica, desapontamento, irritação, ressentimento, despeito, rivalidade, hostilidade, agressividade. Indiferença, praticamente nunca. Por mais dados que tenha levantado, por mais vozes que tenha escutado e tentado colocar na história – uma cacofonia ruidosa –, tudo se expressa no monólogo de minha voz, revelando meu olhar sobre a pessoa e a vida de Ruy Guerra.

Penso que este livro pode ser lido na ordem que o leitor preferir, sem grande prejuízo. A primeira e mais volumosa parte é a narração não linear do percurso de vida de Ruy Guerra; ao final, uma cronologia ajuda o leitor a se situar. A segunda parte é meramente introdutória ao conjunto de sua obra, seja a escrita, menos conhecida e pouquíssimo comentada, seja a cinematográfica, razão de seu renome.

Em análises do gênero, é apontado um permanente jogo de espelhos entre biógrafo e biografado, que se reflete no fato de que certas biografias revelem tanto sobre o primeiro quanto sobre o segundo. Li ainda que é o biografado quem se apropria da alma do biógrafo, não o contrário. Acho que o leitor vai se dar conta, em maior ou menor medida, da pertinência dessas observações.

LIVRO 1

Uma vida de romance

[rascunho riscado e ilegível] (...em política, outra) Sobre!

Vivo sobre um corpo de mulher
q faz de mim gato e sapato
q me foge e me despolhe
e brinca de gato e rato

Vivo sobre três continentes
e isso não me contém
a raiva q trago nos dentes
não sei se me faz mal ou bem

Vivo sobre a sombra de um túnel
do outro lado do sol
e neste claro difícil
me sustenho num bemol.

Manuscrito original do poema "Vivo sobre um corpo de mulher", escrito em sua agenda durante a produção de *A queda*. Meados dos anos 1970.

Vivo sobre um corpo de mulher
que faz de mim gato e sapato
que me foge e me desfolha
e brinca de gato e rato

Vivo sobre três continentes
e isso não me contém
a raiva que trago nos dentes
não sei se me faz mal ou bem

Vivo à sombra de um túnel
do outro lado do sol
e nesta clave difícil
me sustento num bemol.

Ruy Guerra

PARTE I

EM "TERRAS DE ÁFRICA":
O ESPAÇO DAS ORIGENS

Estação da Caminhos de Ferro de Moçambique, em Maputo, anos 2010. Projetada por Gustave Eiffel, foi o local do primeiro emprego de Ruy. Ao fundo, à direita, o Cais Gorjão, onde rodou seu primeiro filme.

1
Em Maputo: do fundo do "pântano"

*[...] esse é um dos lados bons de quem já muito viveu: o de misturar o real
e o imaginário, em tornar o imaginário tão real como a realidade da memória,
a memória tão viva como os sonhos sonhados ou a sonhar.
Nem só de mazelas é feita a velhice.*

Ruy Guerra, "A idade e o sonho" (crônica dos anos 1990)

Após um quarto de século distante e tendo acabado de completar oitenta anos,
Ruy Guerra voltou à terra natal. José Luís Cabaço, antigo ministro da Informação
de Moçambique, com quem Ruy trabalhara na década de 1980, havia anos nutria
o sonho de ver de volta ao país o amigo e colaborador. Convidara-o duas ou três
vezes a dar uma aula magna na universidade em que era reitor, porém, segundo
Ruy, os convites eram sempre para agosto, e ele não tinha condições de deixar seus
compromissos. Isso não deixava de ser verdade, mas havia também certo medo
das emoções de um retorno e alguma relutância em viajar, algo compreensível
após tantos deslocamentos vida e mundo afora. Em setembro de 2011, no entanto, Ruy finalmente se animou e foi receber uma homenagem no Dockanema,
festival de documentários organizado pelo produtor Pedro Pimenta.

Em junho de 2009, eu tinha estado em Maputo com Pedro, ex-aluno de Ruy
e sócio de José Luís em uma produtora cinematográfica. Pedro alimentava o
mesmo desejo que o parceiro em relação a Ruy. Com olhar sorridente, meio
irônico, meio sedutor, me disse:

> Vamos começar a trabalhar já, você acaba de ser oficialmente nomeada curadora de
> uma homenagem a Ruy Guerra em Maputo, que acontecerá daqui a um ano. Tra-
> ga os filmes, traga o Ruy, traga os documentos que forem relevantes e faremos uma
> megaexposição. Já temos o projeto. E, se puder, traga também o Chico Buarque.

Foram dois anos até Ruy ceder à pressão afetuosa dos organizadores. A
Universidade Técnica de Moçambique (UDM) e o embaixador brasileiro em
Moçambique, Antônio Souza e Silva, foram os maiores apoios para concretizar
a homenagem.

Em 2011, então, Ruy desembarcou em um país diferente daquele que conhecia da época colonial, quando lá vivera seus primeiros vinte anos, e do período pós-revolucionário, quando lá passou mais uma década, ainda que de forma intermitente.

Desde minha primeira visita, com aflição e tristeza, constatei na capital de fortes contrastes uma mistura quase inseparável de luxo e lixo. Ela é, hoje, como analisa José Luís Cabaço, antropólogo da terra, "um típico exemplo de cidade pobre da extrema periferia mundial", pois "a divisão internacional do trabalho relegou Maputo à condição de prestadora de serviços e condenou a maioria de sua população à sobrevivência pela informalidade". Capitais estrangeiros recentemente aportados ao país vão lá buscar, como é de se esperar, remuneração. Em contrapartida, uma parcela do Ocidente vai ao chamado Continente Negro para tentar minorar os problemas que, durante o período dito colonial, o capitalismo gerou em suas terras.

Joaquim Chissano, segundo presidente moçambicano (1986-2005), questionou em discurso a razão da atração dos visitantes pelo país. Concluiu que se deve às habilidades na troca cultural e às mestiçagens. Hoje se aterrissa em Maputo em um aeroporto recém-construído por chineses – o que é um paradigma da presença desses imigrantes na cidade, uma vez que eles se destacam entre os maiores investidores locais. A cidade é cosmopolita desde seus inícios, num Índico que já contava com trânsito intenso antes mesmo de ser singrado pelos navegadores portugueses. Na última década do século XV, Vasco da Gama aportou em Moçambique atrás do caminho marítimo para as Índias. As presenças indiana, muçulmana e chinesa são bem anteriores à portuguesa. O oceano, em boa parte devido às monções que enfunavam as velas dos navios, tem histórico de intenso trânsito mais que milenar, o que acabou permitindo que as culturas da região criassem uma convivência de aceitação entre si. O escritor Mia Couto não se cansa de mencionar as diferentes mestiçagens, as diferentes nações que existem em seu país.

Pelas variações da história, o nome da região onde se encontra Maputo passou por diversas alterações – Xilunguini, Ka'phumo, Baía da Lagoa (ou Delagoa Bay), Baía do Espírito Santo – até que, em 1782, os colonizadores portugueses fundassem a feitoria de Lourenço Marques, homenageando um personagem sobre o qual não se sabe muito além do fato de que, em 1544, explorara comercialmente a parte sul do atual território moçambicano. Foi apenas em 1976, após a independência nacional, que a cidade passou a se chamar Maputo.

Por volta dos anos 1900, começou a se efetivar a colonização portuguesa de Moçambique, que, mais longe da metrópole do que outras terras dominadas, como Angola, tornara-se uma espécie de colônia de degredo. Lourenço Marques foi traçada a régua e esquadro por engenheiros militares: um tecido urbano

EM MAPUTO: DO FUNDO DO "PÂNTANO" 41

quadriculado cortado por largas avenidas e passeios arborizados. Jacarandás que tecem tapetes lilases, tabebuias levemente rosadas e frangipanas brancas com rosa, tão marcantes que em título de romance Mia Couto chamou seu país, que se estende longitudinalmente à beira do oceano, de *A varanda do frangipani*. Há também muitas acácias, em todos os tons de vermelho, com raízes que arrebentam o calçamento e que geraram um dos apelidos da capital, "cidade das acácias", além de figueiras, plátanos, carvalhos e os onipresentes coqueiros e palmeiras.

A colônia portuguesa onde Ruy nasceu era, de certa forma, um pequeno e orgulhoso mundo branco. Uma *continental atmosphere* caracterizou a cidade durante as primeiras décadas do século XX, quando dividiam o mesmo espaço negros nativos, colonizadores indianos e portugueses, ingleses, bôeres, alemães, gregos, judeus, chineses... A cidade era socialmente compartimentada em bairros por cor e origem dos habitantes.

A Inglaterra imperialista cobiçou por dois séculos o território que hoje é moçambicano. Encostada, a África do Sul marcava forte presença com turistas loiros de fala inglesa que passavam férias nas praias da capital. Os mais favorecidos instalavam-se no Polana Hotel, construído em 1922, mesmo ano da abertura do Copacabana Palace, do Rio de Janeiro, com o qual se assemelha e é comparado, mas ao qual é superior pela magnificência dos jardins e pela vista do Índico. Os visitantes menos favorecidos iam com *roulottes* (*trailers*) e barracas. E todos deixavam no país libras e rands. Na primeira metade do século XX, circulava o periódico *The Lourenço Marques Guardian*, que defendia os interesses ingleses; foi comprado nos anos 1940 pela diocese de Lourenço Marques e transformado em jornal católico. No sentido inverso, partia uma numerosa força de trabalho: moçambicanos a tentar a vida nas minas sul-africanas, fenômeno que se prolonga até nossos dias. Para o visitante atual, a mão de trânsito inglesa surpreende e revela essa marcante proximidade.

Logo após a independência e a tomada do poder, em 1975, os revolucionários da Frente de Libertação Moçambicana (Frelimo) levaram a cabo uma nacionalização da nomenclatura geográfica do país. Foi então que, por causa do rio que deságua ao lado, a capital foi rebatizada Maputo. A mudança do nome de ruas e avenidas denunciou os novos horizontes políticos. A rua onde fica o Miradouro – florida pérgola de buganvílias que, como canta o poeta da terra Rui Knopfli, abre "suas vistas serenas e abertas" sobre o mar e a Cidade Baixa – era a aristocrática Duques de Connaught; tornou-se a revolucionária rua Friedrich Engels. Karl Marx, Vladímir Lênin, Mao Tsé-tung, Agostinho Neto, Julius Nyerere e Salvador Allende emprestaram nome a avenidas. Patrice Lumumba desbancou Miguel Bombarda, e Robert Mugabe tomou o lugar da Fonte Luminosa. Para mim um então ilustre desconhecido, Kim Il-Sung – que mais tarde descobri ser o temível primeiro ditador da Coreia do Norte – tomou posse da rua do general

Rosado. Percebe-se hoje nos arborizados bairros residenciais, onde Ruy nasceu e circulou, uma pobreza orgulhosa em sua decadência. Há bairros dotados de sonoros nomes africanos, como Malhangalene, Maxaquene, Mafalala, Xipamanine, Mavalane, Polana, Bagamoyo, Alto Maé, muitos deles originados dos régulos que lá viveram. O parque Vasco da Gama ganhou nome africano, jardim Tunduru, e o parque José Cabral foi intitulado parque dos Continuadores, em honra às crianças filhas da Revolução. Na primeira visita, apaixonei-me pela cidade-feitiço. Dois anos depois, retornando com meu biografando para a homenagem que ajudei a organizar, revivi esse encantamento.

A aproximadamente cada quarto de século, com motivações diversas, Ruy retornou à terra onde nasceu. Tendo saído de Lourenço Marques em março de 1951 para estudar cinema em Paris, voltaria apenas em 1975 para a festa da Independência. Deixou Moçambique para aprender a filmar, voltou na primeira vez porque sabia filmar e, em 2011, para ser festejado como um dos "fundadores" do cinema nacional. Nos retornos, um denominador comum: a enorme emoção no reencontro com suas raízes e seu passado, perceptível já anteriormente, de forma atenuada ou pungente, em entrevistas, crônicas, poemas ou conversas. Esse sentimento ficou marcado também na primeira pergunta que Ruy me fez ao telefone, em julho de 2009, enquanto eu estava em Maputo, e ele, em Petrópolis: "As acácias estão floridas?".

Ao voltar em setembro de 2011, por duas vezes um nó lhe travou a garganta, impedindo o incansável contador de casos e sedutor de plateias, olhos marejados, de articular qualquer palavra. A primeira ocorrência foi no dia seguinte à chegada, na longa entrevista que deu ao *Notícias*, hoje principal jornal da cidade e para o qual, adolescente, ele escrevera. A segunda foi na sessão de honra, no teatro do então Instituto Nacional de Cinema, com o qual colaborou a partir de 1977.

Os três filhos o acompanharam. "São de mães diferentes", como esclareceu em fala na homenagem: Janaina, filha de Leila Diniz; Adriano, filho de Ângela Fagundes; e Dandara, filha de Cláudia Ohana. Era evidente o grande prazer que experimentava em estar com a prole na terra natal, em exibir uma parte de sua vida e de seus afetos para a outra. Ele e o amigo José Luís, que o hospedava, ficavam até altas horas da madrugada lembrando casos, experiências e sentimentos de infância e juventude. Tinham muito em comum, esses dois filhos de portugueses na colônia. Apesar dos dez anos de diferença de idade, frequentaram os mesmos locais – escolas, cinemas, clubes – e conheceram as mesmas pessoas. Sobretudo, experimentaram a mesma revolta contra a opressão colonial e o racismo e, depois, participaram juntos do movimento revolucionário para construir uma nova nação. Ao voltar ao Rio de Janeiro, Ruy qualificou a viagem como tão perfeita que nem a perda das malas do grupo – que, por fim, apareceram – atrapalhou.

Assediado por pedidos de fotos, filmagens, entrevistas, o leão não rugiu nem mostrou as garras. Circulou em Maputo, de carro, identificando edifícios, lembrando momentos e fatos, mas nada preocupado em visitar os locais em que vivera. Deixava-se levar, ronronando de contentamento, alheio ao cronograma apertado; só miava pouco e baixinho quando perguntavam se estava muito cansado. Propus levá-lo para ver a última casa em que morara, a qual, em minha primeira visita à cidade, devido à troca do nome das ruas, fiquei tão feliz em localizar. E ele: "Pra quê? Pra ficar olhando com cara de bobo?". Meio desapontada, percebi que os locais do passado que lhe interessam eram aqueles guardados na memória. Acabei compreendendo. Ruy escrevera em crônica: "Coisas da infância é melhor a gente não apurar, deixar nessa nebulosa, para não estragar com exatidões que nada acrescentam à emoção". Visitou somente o que para ele era o mais marcante e inalterado marco de seu passado, a imponente estação dos Caminhos de Ferros de Moçambique, talvez o símbolo da imagem paterna. Considerada uma das dez mais bonitas do mundo, data do final do século XIX e foi projetada por Gustave Eiffel, o mesmo que dá nome à famosa torre parisiense. Foi lá que lhe ofereceram uma festa, lá que escolheu ser filmado para documentário, mostrando com prazer a antiga sala de trabalho do pai e a sala onde ele mesmo trabalhara durante quase um ano.

Quis rever poucas pessoas, sobretudo aquelas com as quais seus laços tinham sido fortes. Por exemplo, seu mais antigo amigo então em vida, João Mendes, irmão do poeta Orlando Mendes. O encontro foi filmado no antigo parquinho bucólico atrás do Liceu, hoje Café dos Professores, à sombra de uma árvore mais que centenária. Do alto da lucidez de seus 86 anos, João Mendes agradeceu a Ruy a oportunidade de lembrar a trajetória dos dois, "sem saudades, pois ainda estamos no mesmo percurso". Em uma conversa que valeu como uma verdadeira aula de história, lembrou as lutas políticas da libertação afro-moçambicana, analisando depois a atualidade do país. Ruy regozijou-se nos encontros com antigos alunos, hoje colegas cineastas; também com alguns daqueles que levara para trabalhar na Maputo revolucionária e que lá permaneceram.

Sabendo de sua presença pela mídia, inúmeras pessoas com que cruzava ocasionalmente ou nas homenagens queriam abraçá-lo; algumas, ele não tinha a menor ideia de quem fossem e se surpreendia ao saber que "fizera parte da vida delas". O mais curioso foi um encontro inesperado durante uma filmagem na estação dos Caminhos de Ferro. Um moçambicano de pouco mais de trinta anos fez questão de saudá-lo, surpreendendo a todos ao contar que também se chamava Ruy Guerra. Explicação: o pai admirava demais um dos filmes de Ruy, sobre a luta anticolonial moçambicana.

Chamei a atenção de Ruy sobre aquela forma de voltar à cidade tanto tempo depois. Retrucou: "Uma cidade são as pessoas". Isso me lembrou de um artigo que publicara em 1949, "Lourenço Marques, uma cidade moderna". No texto, após descrever as construções urbanas importantes, retoma afirmação de O. Henry no conto "O ladrão escrupuloso", na qual se lê que o importante em uma cidade é ouvir sua "voz". O Ruy de dezoito anos concluiu com o escritor americano:

> Cada cidade tem como que uma voz, uma voz que conta a sua vida interior, uma cidade não é como muitos pensam, um amontoado de casas e ruas, e que descrevendo essas casas e ruas está descrita uma cidade, é mais que isso, é algo gigante formado por pequenas ilhas, e esse ser tem um sentir, um sentir que não é o mesmo das outras cidades, um sentir que varia de acordo com as pequenas vidas que o compõem.

Para mim foi importante acompanhar essa visita de Ruy a um passado tão distante na memória. Nos anos 1990, em crônica sobre a criação artística, ele usa a metáfora do "pântano" para certo tipo de memória.

> Na verdade ninguém esquece nada, apenas não é capaz de se lembrar [d]aquilo que pensa que esqueceu. Tudo fica por aí, desarrumado, passeando por onde quer, encapuzado em algum lugar da cabeça, fora de alcance imediato. [As lembranças] não surgem do passado acessadas pela vontade da memória, mas por um mecanismo de que você não tem controle sobre os comandos que o acionam. Irrompem bruscamente ou afloram com languidez, como encontros inesperados com dimensões de você mesmo que pareciam desfeitas. [...] Essa memória avessa não vem pronta [...] mas aparece como uma estrada de brumas, que é preciso palmilhar. É como viver uma nova aventura, com o toque de estranheza de um *déjà-vu*. Você lembrou de coisas, fatos, cheiros, sons, num quebra-cabeça que é necessário reconstituir, que exige um esforço de vontade – mas em que ela não é garantia de sucesso. Você lida com fragmentos, fantasmas, imagens difusas, que se delineiam e esfumam. É um espasmódico jogo de espelhos embaçados, em que a memória e o esquecimento se confundem nas suas virtualidades intrínsecas, num jogo de sedução, em que você é simultaneamente o algoz e a vítima.
>
> Quando se entra nessa jornada o regresso é inconcebível. O túnel em que nos enfurnamos exerce uma atração indomável. E nessas andanças em que o passado escamoteado vai se formatando, sem garantias de veracidade, o imaginário – só possível pela ausência da rígida firmeza da memória – vai cobrindo lacunas e vazios, como uma falsa verossimilhança.
>
> É do esquecimento, húmus, que se alimenta a imaginação, flor do pântano.
>
> É do esquecimento que os escribas, no seu mesquinho labor, arrancam a proeza do texto – ou nele se sufocam.

A relação de Ruy com o passado é um dos traços marcantes da personalidade desse homem que vive voluntariamente no presente. Ruy confessou não ser lamuriento; talvez um pouco duro em relação ao passado, o que deve ser uma defesa – não é amargura, segundo ele. Aquilo que chama de defesa marcou seus relacionamentos posteriores. Deve ter sido muito difícil sua passagem de uma vida familiar protegida em Lourenço Marques para o mundo ingrato da imigração europeia, mesmo tendo se dado no ambiente que escolhera e que o estimulava profissionalmente. Duro o abandono do aconchego familiar que lhe permitira descobrir a paixão maior a que dedicaria sua vida adulta. Uma ruptura necessária e violenta.

No Rio de Janeiro, em 1986, escreveu uma tirada filosófica: "Eu tenho o prazer da memória/ Que é a maneira mais amarga/ De se morrer a vida". Seu passado se faz presente em falas e escritos, em casos que pontuam de forma constante conversas, em relatos de experiência, em exemplificações de raciocínios. Concordo com o que diz Chico Buarque no prefácio para *Vinte navios*, livro de crônicas do parceiro e amigo: Ruy é "avesso a nostalgias". Percebo nele uma recusa deliberada daquela melancolia que pode – ainda que ocasionalmente – nos acometer quando já vivemos a maior parte de nosso percurso. Decisão consciente e racional, mas que óbvia e infelizmente não funciona o tempo todo. Nesses momentos, Ruy reage se fechando, inalcançável. E resiste, uma parede firme. Em 2001, por exemplo, disse em entrevista a Margarida Cardoso: "É sempre um lado um pouco utópico de saber se encontrar dentro do passado, e eu acho que meu encontro não é com o passado, é mais com o futuro".

Querida mãezinha   25/1/44

Então a minha mãezinha chama-me ingrato ao filho que nunca a esqueceu? Já vejo que não recebeu a minha carta. Quando ri chegarem as cartas fiquei todo contente e quando olho vejo as linhas que me escreveu com um título que não gostei muito. Bom, falemos de outra coisa. Temos tomado sempre o remédio. Ao almoço o "Tuaté" e quinino e ao jantar a Tricalcina. O 1º frasco de "Tuaté" está quasi no fim. O Ellário há-de ir ver se a o limbo e mandar fazer os calções. Sabe uma coisa mãezinha? A D. Eugénia é muito má. Já me comprou um capacete e não nos deixou pagar bem assim como o corte de cabelo. Nós já dissemos que a mamã não nos deixa cá vir mais.

A viagem para cá foi explêndida. Temos tomado banhos na Maia. À tarde vamos sempre ao clube. A Julieta continua a ser campeã de ping-pong. A Suzette fez anos no dia 19. Agora já está velha tem 16 anos. A Helena foi no dia 22 Sexta-feira no Tobarrime e Volta com o Tio Hamilton que foi cá colocado na 5ª feira. A D. Eugénia têm me dado Tanto mimo que estou insoportável. O Sr. Teixeira continua na mesma.

Vavá manda muitos beijos de Todos. E para si, papá e Tata' muitos beijos do

Ruy

Carta escrita por Ruy em 25 de janeiro de 1944, aos doze anos, relatando suas férias à mãe.

2
EM LOURENÇO MARQUES

Não sei se o que escrevo tem a raiz de algum
pensamento europeu.
É provável... Não. É certo, mas africano sou.
Pulsa-me o coração ao ritmo dolente
desta luz e deste quebranto.
Trago no sangue uma amplidão
de coordenadas geográficas e mar Índico.

Rui Knopfli, "Naturalidade", em *Memória consentida*

"Child is the father of man"

Ruy gosta de fantasiar que se lembra dos pingos da chuva caindo no teto de zinco de sua casa no dia em que nasceu, na então ainda Lourenço Marques, capital da colônia portuguesa de Moçambique, a 22 de agosto de 1931, às 2h40; na certidão de nascimento, o nome grafado com "y": Ruy Alexandre Guerra Coelho Pereira. Em 1931 houve a Exposição Internacional Colonial de Paris, na qual se podia fazer "*le tour du monde en un jour*"; nessa ocasião, o Império português – Moçambique inclusive – exibiu-se para o mundo. No mesmo ano, inaugurava-se em Lourenço Marques o Cinema Scala, que teria papel marcante na vida de Ruy. "O destino gosta de coincidências", escreveu ele em um roteiro, oitenta anos mais tarde.

Naquele tempo, as pessoas não nasciam em maternidades. Assim, Ruy veio ao mundo em uma daquelas casas "de madeira e zinco" na chamada "cidade de cimento", a qual se opunha à "cidade de caniço" e suas palhotas – contraste que, de alguma maneira, simbolizava a hierarquia socioeconômica. Hoje demolida, a casa familiar situava-se em frente ao portão do Palácio do Governo-Geral na Ponta Vermelha, atual residência oficial da Presidência da República. Uma foto da mãe, Clara Guerra, com 28 anos, grávida de Ruy, em pé em frente à casa, dá ideia de como era a construção (ver p. 176). Ela e o marido, Mário João Coelho Pereira, portugueses, tinham ido separadamente para a terra africana no começo da década de 1920: primeiro, ele, em busca de trabalho; depois, ela, então com 21 anos, atrás do amor distante.

Num tempo de famílias numerosas, Mário, nascido em Lisboa, foi um dos filhos de José Maria Pereira Júnior – conhecido pintor e desenhista, imponente figura de 1,82 metro de altura – e de sua segunda mulher, Adelaide da Conceição Coelho. Dizem que o pintor, em seus dois casamentos, teve 34 filhos, dos quais 28 foram confirmados, sendo o pai de Ruy o penúltimo. Dois vieram para o Brasil, onde deixaram descendentes; um deles, Eurico, arquiteto, escolheu como destino São Paulo, tendo trabalhado na construção da catedral da Sé. O sobrenome Pereira indicaria origem judaica, da qual a família suspeita, mas não tem referências seguras. Sob a alcunha de Pereira Cão, o avô de Ruy pintou numerosos painéis figurativos em azulejos e afrescos de temática histórica ou religiosa, contribuindo para o aparecimento da geração de pintores historicistas e nacionalistas portugueses. Convivia com a nobreza, para quem realizava trabalhos, em especial para o penúltimo monarca português, o rei Carlos I. Caçavam juntos e, segundo tradição familiar, como o pintor gostava de imitar o latido dos cães, a rainha Amélia lhe teria posto tal alcunha; há também a explicação de que a alcunha se deveria a seu temperamento difícil. Suas obras estão espalhadas por todo o país, entre muitos locais, como a Câmara Municipal de Lisboa, o Palácio das Necessidades, o Palácio Nacional de Queluz e a Igreja da Madre de Deus (do hoje Museu dos Azulejos). Quadros dele enfeitam as casas da família.

Clara, também lisboeta, era de família provinciana, abastada e oriunda da aldeia de Maxial, perto da cidade de Torres Vedras, não distante da capital portuguesa. Seu pai, Antônio Luís Guerra, casado com Ricarda Laureano, era construtor civil e proprietário de dois grandes prédios em Lisboa. O sobrenome Guerra tem origens na Galícia; os irmãos, exceto Clara, usavam como sobrenome Luís Guerra. O pai de Ruy falava aos filhos bem mais que ela sobre a família de origem. Para Clara, o casal paterno era provinciano, muito ligado às aparências. Ela, então, não gostava de seu ambiente familiar: mãe extremamente egoísta e irmãs que destoavam de sua personalidade repleta de iniciativa e interesses pessoais, mais livre, mais independente, mais interessada em cultura. Suas fotos mostram uma bonita donzela em poses usuais na época: ao lado de um piano, olhando pensativa para um livro ou a sorrir recatadamente. Aos 21 anos, decidiu casar-se com Mário, mas a família não apoiou a escolha. Ela se casou por procuração em Lisboa. Somente o irmão Anselmo – um bonitão conquistador, *bon-vivant*, sócio de um café na lisboeta rua da Prata – a acompanhou até o cais no momento em que, de forma corajosa, Clara partiu ao encontro do próprio destino. Aparentemente, a razão da oposição foi o fato de Mário ser divorciado; depois que a nova família se constituiu na África, revelou-se que Mário teria tido, antes, um filho em Lisboa.

O casal teve uma filha, Maria Clara, seguida de dois meninos, Mário Luís e Ruy Alexandre. Os dois primeiros, loiros, olhos claros; o caçula, moreno, olhos escuros. Ruy se lembra de uma brincadeira meio cruel, comum entre irmãos, provavelmente gerada por ciúmes: os dois mais velhos insinuavam que ele era bastardo. Na verdade, ele se assemelhava à mãe, enquanto os outros dois eram mais como o pai. Segundo a irmã, seu nome foi escolhido por Clara, que tinha um primo Rui; já para Alexandre, não se sabe de onde veio a inspiração. É impressionante o número de Ruis em Moçambique; e, em Portugal, o nome parece perder apenas para Manoel e Joaquim. Na infância, era Ruca para a família e na escola; Ruquita para a irmã superprotetora; segundo Ruy, quando ela o chamava por outro modo era porque estava brava com ele.

Mário pai obteve sucesso profissional e, como ouvi em Maputo, constituiu uma família "não de ostentação, mas de finesse". Tesoureiro-chefe dos Caminhos de Ferro, "um quadro médio alto do funcionalismo colonial", foi o grande provedor familiar. Os Caminhos de Ferro de Moçambique eram fundamentais na região, pois, além de transportar passageiros, exportavam a produção de colônias vizinhas, como as Rodésias, Niassalândia, Congo Belga e África do Sul. Ruy se lembra de, bem miúdo, acompanhar o pai para fazer os pagamentos mensais. Segundo Mário Lage, filho de outro alto funcionário, os dois iam com os pais no comboio especial de carruagem com balcão, levavam lanchinhos e faziam muita "pândega". Diz Ruy que o pai conhecia pelo nome funcionários país afora; contava as quantias a pagar de forma impressionantemente rápida, "igualzinho a Charles Chaplin no filme *Monsieur Verdoux*". Às vezes os filhos partiam de férias em vagão especial; dada a importância do meio de transporte naquela época na África, suponho que a prole se sentia tão especial quanto o comboio.

Quando Ruy nasceu, o pai tinha 34 anos. "Papá" é descrito pelo caçula como baixo, mas muito forte, bastante vital, sorriso atraente, belos e "assustadores olhos azuis, os quais lhe tinham valido o apelido de Ñhngonhama, o Leão". Dado seu cabelo muito crespo, hoje Ruy o vê como "mulato sarará", caracterização de que a irmã, desgostosa e chocada, discordava. Ainda em Portugal, fora campeão de boxe amador. Em Moçambique nada disso, pois a mulher não apreciava esporte violento; o filho Mário o acompanhava nas exibições da luta na cidade. O pai gostava também de jogar xadrez com amigos; um deles era o pai de Virgílio de Lemos, poeta amigo de Ruy que menciona o fato em um de seus poemas.

Para ele e para a família, Mário queria só do bom e do melhor. Vestia-se com apuro, ternos claros, sapatos e cintos de muito bom couro, botas por vezes altas, malas, tudo "de primeira ordem". A filha guardou lindas peças compradas por ele, que era também quem fazia as compras da casa e tinha mania de ordem. Adorava ópera e cantava no banheiro, algo que Ruy, implicante, lembrou como um "pesadelo matinal" – sentiu-se, no entanto, obrigado a confessar que certo dia, por volta dos doze anos, talvez quinze, ele mesmo se pegou trauteando *O barbeiro de Sevilha*.

Esse filho implicante, quando garoto, era assíduo leitor da versão brasileira de *Seleções*, da *Reader's Digest*. Adorava a coluna "Meu tipo inesquecível" e garantiu a Mário que um dia escreveria sobre ele: "Estava sendo sincero e lembro com saudade o brilho de alegria nos seus olhos com a minha declaração de amor". Esse pai querido e muito presente era também truculento, dono do temperamento explosivo que a prole masculina herdou. Confessou em uma das inúmeras cartas à filha:

> Ferrabrás como eu sou, sei, sou capaz de matar, mesmo um meu semelhante, num momento de provocação ou por capricho de palavra dada. Mas também sempre que me tocavam no coração eu fiz os maiores sacrifícios, mesmo os que não desejava fazer, enveredando de mim próprio por esta fraqueza do meu coração sentimental.

Em outra correspondência, menciona ter um "temperamento piegas". Ruy acha que o pai se preocupava em agradar as pessoas por gostar de ser gostado. Preocupava-se permanentemente com a saúde, chegava a rolar pelo chão com fortes dores no estômago. Amigo de médicos e cirurgiões, acreditava mais que tudo na "faca".

As cartas paternas deixam explícita sua paixão pela mulher e pela prole, sua preocupação permanente, seu cuidado por vezes sufocante com os filhos e talvez com a esposa. Dizem que: "*dans l'amour il y a toujours un qui aime et l'autre qui se laisse aimer*". Pelo que li e ouvi sobre o casal, suponho que foi Mário o mais apaixonado, aquele que expressava mais seus sentimentos, seus cuidados. Talvez Clara fosse mais exigente na relação, como em geral as mulheres que sabem o que querem. Talvez se limitasse a receber certa espécie de culto que o marido parece ter lhe devotado, por vezes tumultuoso ou furibundo, o qual talvez ela sentisse como exagerado, invasivo. Para o filho mais velho, profundamente ligado à mãe, o pai era "muito influenciável". Para Ruy, a mãe nunca se sentiu integrada no mundo africano colonial.

Já viúvo, em carta, Mário relembra o cotidiano do casal que convivera por cerca de trinta anos:

> [...] aqueles ralhos diários, daquelas contrariedades caseiras [...] aquelas indiferenças às minhas dores físicas feitas com escárnio faziam de mim um homem forte, pois revoltado eu reagia e por orgulho ferido tudo me passava [...], ela é que me dava alento para esta vida estúpida que tenho há quase trinta anos metido neste claustro dos Caminhos de Ferro, ela me dava vida para a ganância do dinheiro, que só com os meus eu desbarato, sem ligar ao esforço [...], seu poder hipnótico sobre mim era enorme; reconheci isso em sua vida e agora mais do que nunca.

O casal não apreciava uma vida social intensa; por exemplo, não eram sócios do elegante Clube Naval à beira do Índico, no qual Ruy lembra entrar como penetra pelo mar. Costumavam ir a termas na África do Sul. Nessas viagens, a mãe aproveitava para abastecer-se das roupas que tanto apreciava. O pai, vivendo na colônia, aceitava o *status quo* sem se deter em indagações. Na visão atual do filho, era aquele liberal para quem deveria haver mais justiça social; entretanto, seu nome consta de um documento policial de 23 de novembro de 1950 que se encontra no arquivo da Torre do Tombo de Lisboa, ignorado pela família. Assinado pelo famoso delegado Roquete (antigo goleiro da seleção portuguesa de futebol), mostra parte de uma lista de possuidores de Caixa Postal – a de número 645 – que supostamente receberiam propaganda contra o governo da nação. Mário foi anticlerical e maçom, suspeita filiação, como se lê em outro documento policial. Ruy escreveu em crônica:

> Já era eu um adolescente inquieto quando um dia [o pai] me revelou ser maçom (logo, acreditava no Grande Arquiteto), me mostrando orgulhosamente as suas insígnias, com as quais queria ser enterrado. Desejo não realizado, por eu ter guardado esse segredo e estar longe no momento da sua morte. Guardo preciosamente essas relíquias comigo e penso que ele não me levaria a mal não ter podido cumprir essa promessa, se soubesse o carinho que lhes tenho.

Uma comenda de tafetá laranja com símbolo maçom enfeita seu apartamento no Rio de Janeiro.

Para Ruy, Clara era "minha enigmática mãe", "minha frágil mãe", de "sorriso meigo" e "triste". Segundo o filho, ela se supunha constantemente doente, temia ter um câncer. Ruy confessou-me que a "adorava"; afirmação desnecessária pois patente em sua prosa. Morena, olhos castanhos escuros, compleição miúda e magra, é descrita por filhos e amigos como muito bonita. Para o caçula lembrava Joan Bennett ou Hedy Lamarr, atrizes das décadas de 1940 e 1950. Elegante, segundo a filha, de "saltos de cunha" (altos) de várias cores. Não muito sociável, seu cotidiano era simples: as manhãs para cuidar da casa com os empregados e, dever cumprido, as tardes para o lazer na sala. Colocava um grande incenso de jasmim no chão, em meio à penumbra – estores baixados, pois detestava o calor da terra – recostava-se no sofá, pernas dobradas, descalça, vestida com calças negras de cetim e cabaia de brocado, seda florida ou, como na lembrança de Ruy, com um quimono oriental de seda com dragões dourados bordados. Tomava xícaras e xícaras de chá com uma colher de açúcar, debruçada sobre romances e revistas de literatura, de moda ou catálogos de lojas que o marido assinava para ela. Mário filho, companheiro permanente para seu chá das cinco horas; Ruy, em farras na rua com amigos.

Era apaixonada por leitura. Seus autores preferidos eram os russos, gosto que transmitiu ao filho adolescente radical: um amigo escreveu que Ruy, "depois que leu Dostoiévski, nunca mais dormiu direito". Clara lia muito Balzac, mas tinha paixão por mitos chineses, estimulada quem sabe por sua apreciada Pearl S. Buck. Expressava de forma bem definida opiniões em várias áreas. À mesa, nos impasses, a filha alinhava-se ao pai; Mário filho, à mãe; e Ruy não tomava posição. Ruy explica que eram dois clãs que se enfrentavam e disputavam seu apoio; ele ficava de fora, por ter sido excluído do assunto ou por assim preferir.

Faz parte das fotos que Ruy guardou uma sua, tirada aos dois anos, com uma dedicatória à mãe, escrita pelo pai: "De Ruy Alexandre, sempre rabugento". Em crônica, ele lembrou:

> Eu tinha três gloriosos anos e já então eu saía desinibido, pelado e feliz sob a chuva, para me espojar na sarjeta da rua junto com papel amassado, guimbas de cigarro, cocô de mula e outros obstáculos do turbilhão, sob o olhar distante da minha silenciosa mãe, que ficava atrás dos vidros da janela, o sorriso triste um pouco menos triste, me vendo enfrentar bravamente a enxurrada, agora mais lama que água, mais merda que lama. Ficava ali atrás das vidraças e eu sabia que não era para me vigiar: talvez estivesse sonhando com a China, mas eu preferia crer que era para se orgulhar das minhas proezas, e esse sorriso ambíguo me acompanha até hoje.

O casal não educou os filhos na religião cristã; a irmã, aluna de colégio de freiras no curso primário, ensinou Ruy a repetir o padre-nosso e a ave-maria, que é tudo o que ele sabe nesse campo. Em crônica explicou:

> Venho de uma família tradicionalmente católica, meus pais eram tementes a Deus [...]. Lembro-me da doce imagem de minha mãe, de longa camisola, ajoelhada aos pés da cama nas suas orações; ou quando nas noites de forte tempestade desligava o quadro da eletricidade e nos abraçava, a mim e meus irmãos, segurando pedaços de seda (dizia ela que a seda anularia o efeito do raio se fôssemos atingidos), murmurando assustadas preces, que aparentemente resultaram, porque nunca fomos atingidos pela fúria dos céus.

Dita mais moderna que o marido, Clara, nas fotos com um Ruy adolescente, passa uma imagem forte, de aparência segura, apesar de ser lembrada como miúda e frágil. Dela, o caçula herdou traços físicos, o colorido da pele e dos olhos, certos aspectos do temperamento, a paixão pelo livro. Ruy costuma brincar que devido à mãe percebeu que "não se tem que tentar entender as mulheres, tem-se que as aceitar": sua mãe "era uma portuguesa que morava na África, mas vivia na China, tomava chá de quimono chinês e lia os russos".

Um tipo de carinho materno especial – como levar o filho ainda pequeno de madrugada para a cama do casal, escondido do pai – transformou-se depois numa atitude de muita conversa e debate, muito apoio e estímulo às escolhas do adolescente que ele se tornou. Advertia-o muitas vezes: "Toma cuidado; mas, se achar que deve fazer, faz". Simpática, acolhia de braços abertos os amigos de Ruy; Virgílio de Lemos a descreveu em entrevista como "mulher morena de rara beleza para nós, adolescentes com um sentido estético apurado". Como Rui Knopfli deixou escrito em artigo de 1956 em *A Voz de Moçambique*,

> a precocidade intelectual de que Ruy sempre deu mostras traduz, em larga medida, a influência e o estímulo que junto dele exerceu a Mãe, espírito cultor e de grande sensibilidade, sempre atento e disponível aos nossos problemas, que sabia discutir serenamente, com uma camaradagem despojada desse tom conselheiral [sic] que, não raro, reveste o convívio das pessoas mais velhas.

Naquele mesmo ano, em momentos de desespero durante um período sem trabalho em Madri, quatro anos após a morte da mãe, Ruy meditou sobre a forte ligação materna no poema "Sem fim":

> Minha mãe, te pergunto:
> Qual era a cor de meus pontapés no teu ventre?
> Qual era a música dos meus olhos quando nos ligava o cordão umbilical?
> Qual era a forma do meu choro
> Quando me separaram de ti?

Em sua primeira fase africana, Ruy nunca viu um leão, mas muitas vezes "sonhava com um correndo atrás dele". A irmã Lalá, guardiã do folclore familiar, coruja do irmão menor, contou-me histórias "giríssimas" (engraçadas) sobre ele criança. Quase seis anos mais velha, ocupou-se dele desde pequenino. Lembrou que, quando Ruy tinha três ou quatro anos, os irmãos iam com a babá Rosa banhar-se na praia da Polana. Levavam um cesto de piquenique repleto de "sandes" e, em garrafas térmicas, Toddy quente (diretamente do Brasil). Divertiam-se nos "baloiços", chupavam pirulitos de açúcar queimado, fascinavam-se pelo "monhé das cobras", um tipo de encantador indiano com uma cesta cheia dos répteis, tão famoso entre as crianças que se tornou título de livro de poesias de Rui Knopfli. Um caçula é muitas vezes imbatível no coração da família: numa visita a Lisboa em 2011, a irmã exibiu aos amigos e familiares, deliciada, um bem conservado babador de seu querido Ruquita.

O pai forçava a mandíbula de Ruy, enjoado para comer. Hoje, o filho afirma que, se alguém pega em seu cangote, seu reflexo imediato é a fúria. Por outro lado, gravou na memória um dito paterno: "Comer por já ter comido não é doença de perigo". O pai quis acostumá-lo ao hábito saudável de tomar leite ao deitar-se, dando-lhe em troca uma "quinhenta", uma notinha de meio escudo. Ruy passou a gostar de leite; porém, a fim de ganhar o dinheiro, não confessou. Um tempo depois, Mário imaginou que seria bom para o filho tomar sangue quente de boi, tirado na hora do abate. Isso foi demais, e Ruy se submeteu ao tormento uma única vez. O pai era tão preocupado em prevenir enfermidades – talvez assustado pelas inúmeras perdas de irmãos ou por medo das doenças que grassavam na África – que por vezes entupia os filhos, entre outros medicamentos, de quinino e de bismuto, substâncias que parecem ter lhes prejudicado os dentes.

Ruy adolescente, o pai o deixou totalmente amarelo e sem forças devido à quantidade de Atebrin administrado contra malária; o filho permaneceu tanto tempo de cama que aprendeu a fazer crochê. No final das férias, em geral os pais davam às crianças vermífugos; Ruy, maiorzinho, os tomava com cerveja. De estatura sempre baixa – chega a brincar que um dia foi anão –, graças à intervenção de um primo médico escapou por pouco de um arriscado tratamento de injeções para crescer. Aos dezenove anos, atingiu seu um metro e setenta.

Em crônica, descreveu seu amor por Tigre, cão que apareceu durante sua infância. Para Ruy, foi o animal que os adotou – saiu correndo e latindo atrás do carro da família, que seguia em férias nas montanhas da Cidade do Cabo. Até que o pai o pegou e colocou no inesquecível Plymouth "verde, com para-lama preto, chapa 2835". Meio século depois, em crônica, Ruy procurou entender o que então tinha se passado em seu coração:

> Um sentimento confuso, que foge às palavras, e que na sua forma mais simples e direta mistura indissoluvelmente meu pai com o Tigre. Como se um fosse o prolongamento do outro, na minha afetividade de criança. Como se os dois fossem uma só coisa, isto com a tranquilidade do absurdo: nunca encontrei nada tão igual a meu pai como aquele cachorro. Relembro os dois dentro do mesmo carinho de menino de cinco anos. Vejo os seus doces sorrisos emparelhados, as suas truculências inofensivas, os seus rosnados, a sua quente proteção. Tempos atrás essa identidade me bateu com uma força inesperada, ao ver o retrato de um amigo meu, com seus dois filhos, quando ainda eram pequenos. Enroscados, rindo, emaranhados, como só um animal peludo sabe ser com as crias. Senti no cheiro do passado o cheiro inequívoco de Tigre, deitado no tapete da sala, me servindo de travesseiro. Senti seu calor e me vi rindo nos braços do meu pai, jogado para o alto, com uma regressão tão clara que chegou a ser aterradora. A partir de então soube que Tigre e meu pai estavam para sempre indelevelmente unidos na minha afetividade, igualmente unidos no seu amor por mim e no meu amor por eles.

Mário procurava de muitas formas estimular qualquer tipo de habilidade que o filho pudesse desenvolver. Coleções de selos e de moedas deram "em águas de bacalhau". Encorajou Ruy a aprender violino, conseguindo que o filho detestasse o instrumento pelo resto da vida. Mas a gaita de boca ou harmônica foi uma descoberta prazerosa conservada até hoje; Ruy tem uma gaveta cheia delas, tocando somente em momentos de muitíssima descontração. Contou em crônica que o pastor alemão Rex, o segundo cão da família,

> me perseguia pela casa protestando ao som das minhas tentativas de tocar gaita. Por mais que o enxotasse, ele se colava a mim com os seus uivos desesperados, o que obrigava minha Mãe a me exilar no fundo do quintal, onde eu e o Rex nos digladiávamos, cada um na sua teimosia. Na gaita e nos latidos.

Rex morreu de um "ataque de esgana", uma dessas doenças de cachorro para a qual os veterinários na época eram impotentes, o que fez Ruy "chorar sentidamente, uma das primeiras grandes dores de que tenho memória".

Foi nas revistas de quadrinhos *O mosquito* e *O papagaio* – nas quais descobriu o herói belga Tintim, "na sua luta, mundo afora, contra as forças do mal" – que Ruy começou sua carreira de leitor. Relembrou que usava calças tipo golfe, iguaizinhas às de Tintim. Foi fã do brasileiro *Tico-tico* e seus Reco-Reco, Bolão e Azeitona. Crescidinho, enveredou pelos gibis de Flash Gordon, Zorro, Fantasma. Quando o pai arrematou para ele de segunda mão a coleção inteira de Jules Verne em leilão, leu tudinho "sem falhar um só volume". Foi apaixonado pelo Tarzan da coleção Terra Mar e Ar. Porém, entre os heróis, o mais querido foi sem sombra de dúvidas Sandokan, personagem criado pelo italiano Emilio Salgari, predileção que partilhou com Federico Fellini, Umberto Eco, Jorge Luis Borges, Luis Fernando Verissimo e outros.

> A morte de Sandokan, o indomável Tigre da Malásia, com o seu turbante de rubis e a sua cimitarra justiceira, acompanhado do fiel amigo Gastão, um português que mais tarde tive a tristeza de saber ser italiano, francês, alemão, conforme o país em que era traduzido, foi talvez o meu primeiro e real contato com o irremediável.

Não se conformava com o fato de que Sandokan e Tintim, que andavam para tudo que é lado, não viessem se aventurar em Moçambique.

Mário deu-lhe uma bancada para consertos. Ruy martelou-se já no primeiro prego, cortou a coxa com a serra. Lembrou que, "quando chegava ao momento dos tais trabalhos manuais, as mãos emperravam. A tesoura e as cartolinas coloridas se tornavam tiranas, a cola me lambuzava todo e os objetos, fossem eles quais fossem, adquiriam uma identidade misteriosa". Adolescente, segundo a irmã e as amigas, desenhava lindamente. Mais de uma vez lamentou ter uma cultura musical "muito precária". Ao que parece, seu aprendizado se reduziu ao contato com uma daquelas coleções populares de música clássica que o pai comprou e dividiu entre os três filhos. A parte de Ruy foram discos de *Scheherazade*, de Rimsky-Korsakov, e alguns Grieg e Jean Sibelius.

Admirador da França, Mário assinava para a mulher a revista *L'Illustration Française*. Procurando introduzir os filhos na cultura francesa, presenteou o caçula com as fábulas de La Fontaine ilustradas por Gustave Doré, volume que Ruy ainda guarda. Quando estourou a Segunda Guerra Mundial, em 1939, ao regressar do trabalho, Mário "tomava um rápido banho, mastigava qualquer coisa e ligava o rádio. O ouvido colado, papel e lápis na mão". Quando a França caiu sob o poder alemão, Ruy viu o pai, de pé, cantar emocionado a Marselhesa. Procurava fazer a família torcer pelo destino de seu amado país. Ao final, vibraram todos com a vitória norte-americana, parte dos Aliados, cujos feitos admiravam por relatos da revista *American Vanguard*, importada e distribuída pela embaixada dos Estados Unidos no local.

A família nunca teve casa própria em Lourenço Marques. Os preços de venda e aluguel eram caros, e não havia tanta oferta. Mudaram-se muitas vezes, talvez em função do custo; certa vez o pai os deslocou exatamente na mesma rua, algumas casas adiante. Ruy computa onze casas durante seus vinte primeiros anos de idade. Em uma delas, perto da morgue do Hospital Miguel Bombarda, lembrou-se de observar o movimento dos enterros.

O salário paterno garantia à família um nível de vida com o que havia de melhor. Não faltavam produtos da metrópole, levados pelos navios mercantes das duas companhias de navegação de Lisboa. De carga ou mistos, eram navios de fabricação alemã, escocesa, inglesa, belga. As chegadas a Lourenço Marques provavelmente eram como festas. Transportavam em média setecentos passageiros. Aposentados na década de 1970, chamavam-se *Império*, *Pátria*, *Angola*, *Quanza* (rio angolano), *Moçambique*, *Índia*. Ruy escreveu em crônica sobre o "*Niassa*, o transatlântico dos meses ímpares que chegava alvissareiro trazendo sempre o azeite de oliveira e bacalhau". A família usufruía das mercadorias oriundas da África do Sul e, através desta, também da Inglaterra, da França, da Argentina e do Brasil. O comércio local era animado; na imprensa, há registros sobre "concursos de montras" (vitrines).

A cada cinco anos, os funcionários coloniais tinham direito à chamada "licença graciosa", férias de três ou quatro meses para reatar os laços com a metrópole. A família fez esse deslocamento uma única vez, quando Ruy estava com quatro ou cinco anos. Não sendo pequenas as despesas de uma longa viagem em família, ele supõe que o pai não queria ir a Lisboa "fazer feio". Mário fazia questão de proporcionar-lhes férias formidáveis e muito variadas. No verão, chalés alugados na praia da Polana, onde logo adiante ficava o Palmar, com um mato cheio de macacos e jiboias. Iam à praia com lanternas catar grandes caranguejos; com o calcanhar, faziam buracos na areia para desencavar as amêijoas.

Algumas vezes passavam tempos em sítios fora de Lourenço Marques ou em *farms* sul-africanas para "vida e alimentação saudável". Ruy registrou suas primeiras férias sem os pais:

Eu devia então ter os meus cinco anos de idade, ano pra lá, ano pra cá, e passei vários períodos na chácara da Machava, onde moravam dona Hortênsia e seu Souza. Foram momentos de minha infância de que guardo imagens de uma felicidade indescritível, solto entre as árvores, pegando sem remorso e com nembo – uma espécie de chiclete de figueira-brava –, chiricos e tutas, pássaros tontos e cantantes [...], piteiras espinhentas que carregávamos para dar de comida aos porcos. O dia era curto para a aventura de perseguir os ratos de milho nas suas tocas, de pelo gostoso de acariciar, sedoso e colorido. Meus companheiros de alegria eram quatro irmãos, de idade em escada, filhos do caseiro negro que se ocupava de tudo, menos da cozinha, o reino de dona Hortênsia [...], recordo que nunca faltavam bolos, biscoitos, doces [...]. A Machava era a primeira estação de trem para quem saía da então Lourenço Marques (parte de Maputo atual) [...]. Os trens [...] passavam umas duas vezes por dia, não mais, e ao seu apito eu corria esbaforido com meus companheiros pelo caminho de terra que se abria até à linha férrea, o coração pulando de uma emoção sempre renovada na esperança de descortinar o sorriso de meu pai, que para mim, naqueles tempos, vivia inexoravelmente encerrado naquelas carruagens fugidias.

Por volta de seus doze anos, em férias com o irmão em outro sítio – de dona Eugênia e seu Teixeira –, escreveu à mãe uma carta, conservada até hoje, meio rasgadinha, com dobras no papel bege envelhecido. Clara não tinha recebido a anterior que o filho lhe escrevera e, por isso, cobrava notícias chamando-o de "ingrato". Ruca protestou: como tratava assim "o filho que nunca a esqueceu?". A primeira novidade contada é que estava tomando direitinho os remédios. Pouco falava sobre o dia a dia, mas constatava que "dona Eugênia tem me dado tanto mimo que estou insuportável". E se despedia: "Tatá [até logo], mamã, para si, papá e Lalá, muitos beijos do Ruca".

Por vezes, a família toda tirava férias prolongadas em cidades sul-africanas como Pretória, Cidade do Cabo, Joanesburgo, Nelspruit – que o menino acreditava se chamar "Nice Fruit" [boa fruta], pois de lá provinham muitas das frutas que comiam. Em seus comboios, o pai ia encontrá-los nos finais de semana. Em outras ocasiões, eram apenas a mãe e seu caçulinha que se detinham por mais tempo nessas localidades. Certa vez, "em busca de mais saúde para a mãe", os dois permaneceram seis meses na Cidade do Cabo. Foi nessa época que Ruy começou a aprender a língua inglesa; aos dezesseis anos, voltou para lá por mais um tempo, também com a mãe, a fim de aperfeiçoar o idioma. País rico e mais moderno pela influência americana, Ruy lá experimentou em um bar de navio seu primeiro cachorro-quente e sua primeira Coca-Cola; lembra-se até hoje de seu encanto ao ver a garrafa.

O pivô das recordações do lazer familiar, porém, é uma casa de "pedra à vista" na Namaacha, vilegiatura serrana perto da cadeia de montanhas Libombo, que faz fronteira com Suazilândia, a uma hora e pouco de Lourenço Marques. Era a "Sintra d'África"; fazia um frio que enfrentavam com aquecedor a petróleo. Em 2009, quando a visitei, era uma cidadezinha decadente, totalmente desprovida do charme que deve ter possuído na época. O pai começou a construção quando Ruy tinha seis anos. Lá viveram inúmeros fins de semana e férias, e são numerosas as fotos de reuniões com amigos tiradas na escada do terracinho na entrada. Em minha visita, meio século depois, cozinha e banheiro pareciam inalterados, assim como dois painéis de azulejos azuis e brancos na sala. Atestam as origens familiares; segundo ouvi, um foi pintado pelo avô, outro, por um tio-avô. A irmã recordou os antigos candeeiros de ferro forjado, os puxadores de latão, o fogão de caldeira. De acordo com ela, "a casa, com tubos niquelados e madeira, era mais moderna por gosto da mãe".

No anexo no jardim – hoje em ruína – havia biblioteca, mesas de pingue--pongue e de *mahjong*. Na casinha de boneca, vi enjaulados dois cães com ar feroz. Na parede, uma inscrição em azulejo registra o espírito paterno: "Se queres alegria, semeia e cria". Com a revolução, a família acabou perdendo a casa por se ausentar do país e pelas confusões da burocracia depois de 1975. Sua lembrança talvez explique em parte a paixão que Ruy nutre pelas sucessivas casas que aluga nas adjacências da serra de Petrópolis.

Em todos os lares coloniais, havia mão de obra africana, serviçais por vezes tão numerosos quanto os familiares. Três figuras marcaram Ruy: Rosa, a "mãe negra", o guerreiro Lambo e o "moleque da casa" Faustino. Segundo Ruy, a vivência cotidiana que com eles entreteve embasou afetivamente sua racional recusa do racismo.

Rosa foi, de longe, a mais importante: "Ao nascer, os meus olhos vagos de bebê assustado se tranquilizaram na meiga nebulosa de uma mãe branca e uma mãe negra. Uma me pariu, a outra me criou". Conta que a família de Rosa era descendente de um dos régulos importantes, o polêmico chefe africano Gungunhana (Ngungunyane), visto pelos colonizadores como inimigo, por sua própria tribo como herói da resistência e por outras tribos como chefe imperialista. Há, no acervo, um retrato de Ruy recém-nascido, no colo de Rosa; ele diz se lembrar do calor de seu corpo quando o transportava na capulana, pano colorido no qual as *mama África* carregam a prole. Ela dormia por vezes aos pés da cama do menino Ruca, seu *wananga* ("filho" em changana ou ronga, idioma da região de Lourenço Marques de onde ela provinha). Com Rosa, Ruy aprendeu parte do idioma – esquecido na adolescência, algo pelo que não se perdoa. Consciente da diferença racial, ela evitava os beijos que o filho branco queria lhe dar.

Ainda jovem, Ruy dedicou-lhe um conto que, publicado na imprensa, tornou-o malvisto pelas autoridades coloniais racistas, pois denunciava como o estatuto servil era mais forte que os laços afetivos que os uniam. Mais tarde, falou sobre Rosa em versos. Quando foi a Maputo para a festa de Independência, reviu-a velhinha, magrinha; os amigos contaram que muitas vezes se referia a ela como sua mãe negra.

Lambo não falava português; auxiliou na construção da casa na Namaacha, da qual foi guardião. Magro, forte, alto, imponente, com um bigode de chinês, ralo, longo, escorrido. Ruy e ele construíram juntos sua palhota. Ele foi um iniciador marcante para o menino: "Inúmeras vezes [...] saí para a caça com o velho guerreiro suázi, que me ensinava os caminhos do mato, os perigos da mamba, a leitura das sombras do macaco-cão, as águas de beber, as marcas a deixar, os rastros a esquecer". Havia animais, alguns perigosos, na região: cobras, macacos, tarântulas. Sua morte por tuberculose foi um impacto para o garoto, que o lembrou muitas décadas passadas com lágrimas nos olhos.

A terceira figura marcante foi Faustino, um faz-tudo, cargo então chamado de "moleque". Foi evocado pelos irmãos como "elétrico, risonho, imprevisível, carinhoso". Recordaram – rindo como também devem tê-lo feito em garotos – a história de um banho que Faustino deu nas gatinhas Katucha e Chaninha, as quais, em seguida, segundo Ruy por sugestão da irmã, foram colocadas no forno para secar; lembraram ainda quando o moleque "conscienciosamente" engraxava Nestor, o cágado de estimação. Tendo assistido à exibição das primeiras experiências de filmagem de Ruy, Faustino somente conseguia olhar embasbacado, sem atinar nem identificar nada do que via.

Ruy cursou a escola primária na Rebelo da Silva, instituição pública, laica. Ficava na Pinheiro Chagas, uma das principais avenidas de Maputo, frequentada pela maior parte dos filhos das famílias portuguesas do elegante bairro Polana. Hoje em estado lamentável, com pintura descascada e vidros quebrados, chama-se Três de Fevereiro, data dos heróis revolucionários. Escreveu em crônica: "Na minha escola, onde faltava muita coisa, nunca faltou a palmatória de madeira chanfuta, pesada como ferro e que não flutua, a famosa e execrada 'menina dos cinco olhos' pelos seus buraquinhos na cara redonda, que nos escaldava as mãos a qualquer ignorância".

Como costuma acontecer, nos encontros entre Ruy, ex-colegas e amigos a que assisti, todos se deliciavam com conversas sobre tempos passados. Sobre o caril dominical em família – de amendoim, de frango, de camarão –; sobre as mangas verdes comidas com sal; "sabor longínquo, sabor acre/ da infância a canivete repartida/ no largo semicírculo da amizade", como lembra em poema Rui Knopfli. Foi, no dizer de um deles, "uma infância livre"; Lourenço Marques assegurava um espaço de vida tranquilo para essa segunda geração de brancos portugueses, em meio a um "bem-estar colonial", como definiu Ruy. Seus pais não impunham horários para que voltasse para casa. Um exemplo da liberdade e do apoio concedidos: certa noite, a família jantava sossegada quando uma flecha foi lançada contra a porta da casa por colegas de Ruy, desafiando-o para uma luta; em vez de se aborrecerem, os pais o estimularam a sair e topar a brincadeira.

Entre as aventuras lembradas, destacam-se aquelas nas chamadas "barreiras", isto é, as descidas dos morros cobertos de mato entre as cidades Alta e Baixa. Lá as crianças se escondiam, cavavam buracos ou subterrâneos, despencavam correndo em lutas de capa e espada, de arco e flecha, de mocinho e bandido; jogavam um tipo de pique chamado "marraio", disputavam cabo de guerra. Fumavam "uns pauzinhos sem gosto de nada", apenas para fingir. Maiores, divertiam-se nos jogos de futebol nos terrenos baldios. Relembrando essa fase em crônica, Ruy contou:

> O meu fascínio pelos piratas perdura e sempre foi a minha fantasia preferida de menino. Nada me fazia bater mais forte o coração que empunhar uma espada de pau com copos de lata, que eu mesmo laboriosamente fabricava [...] ou passar o lenço na cabeça e sair por aí, como um Tyrone Power de *O cisne negro* ou Errol Flynn de *O capitão Blood*. E a geografia que aprendi foi a das Caraíbas, [...] até hoje tenho o som da voz do capitão Morgan interpretado por Laird Cregar (quem lembrou dele?) quando desfiava as suas conquistas sobre o quarteto Cuba, Haiti, Porto Rico, Jamaica. E a palavra Tortugas, essas ilhas dos bucaneiros, eram o meu verdadeiro "Abre-te, Sésamo" para o reino da imaginação.

Jogavam cartas, um sete e meio no final das tardes atrás do Liceu ou à noite nas esquinas debaixo de lampiões, nos quais "faziam batota", isto é, espiavam as cartas dos outros refletidas nos óculos dos parceiros. Os cacifes eram livros usados, mas "impreterivelmente com capa", sendo os mais cobiçados aqueles do apreciado Sandokan. Havia ainda a brincadeira intelectualizada de escrever histórias, sobretudo inspiradas nos seriados que liam ou viam no cinema. Ruy, muito competitivo, lembrou que o Cegonha era quem mais escrevia e quem, quase sempre, ganhava.

Um rebelde, mas não sem causa

Aos onze anos, Ruy entrou para o Liceu Salazar – hoje Liceu Josina Machel, em homenagem à esposa de Samora Machel, morta na luta armada. Devido a uma reforma curricular, cursou uma linha meio mista de matérias "histórico--filosóficas" com outras "científicas". Nos documentos, sempre "Rui" com "i", não mais "y", segundo ele devido a seu espírito de rebeldia contra algo mais "aristocrático" ou estrangeiro. Contou que era o "melhor em português". Lembrou que sabiam de cor todas as linhas férreas portuguesas e nada sobre Moçambique. Em meio à "malta do liceu", Ruca, como lá era chamado, foi – ao que tudo indica e ele contou de boca cheia – um "exuzinho". Já na primeira longa entrevista que tivemos, descreveu entusiasmado e em detalhes seu cotidiano escolar. Reconheceu que tinha espírito de porco; desejando ver o circo pegar fogo, colegas pediam para ele criar caso com professores. Lembrou transgressões aventureiras, como arrancar da cerca gradeada que protegia o liceu as bolas de chumbo em forma de coração. Apesar das inúmeras notas vermelhas e de ser tão reivindicador, não foi expulso.

Sua maior queridinha na época, Margarida, ou Guida, cursava letras germânicas. Eram colegas de turma apenas nas aulas de filosofia e organização política da nação, as quais tratavam de temas quentes, sobretudo a última disciplina, contra a qual se colocavam os alunos mais conscientes em relação à política. Ela me contou que muitas vezes Ruy chegava antes da aula sem nada preparado, sentava a seu lado e pedia-lhe um resumo do que seria tratado; em seguida, brilhava em classe. Caso o professor resistisse a algum contra-argumento seu, ele, que passava horas e horas na biblioteca, corria para buscar o livro de onde tirara seu ponto de vista e praticamente o esfregava na cara do professor.

O ensino do liceu foi fundamental para o posicionamento político do grupo de amigos que foi se estruturando informalmente em torno de certos gostos e ideias em comum. O curso durava sete anos, e os professores por vezes ficavam com os mesmos alunos mais de um ano, lecionando diversas matérias. Havia alguns mestres "degredados de Portugal pela ditadura", "cabeças pensantes críticas" que os faziam ler muito, o que levou vários jovens a questionar o *status quo*. Ruy teimava em provocar os professores salazaristas pelo que representavam; fazia parte de todas as manifestações de insatisfação e revolta no liceu. Segundo ele, não agia contra o diretor, que era admirado, pois não deixava a polícia invadir o prédio.

Por escrito ou em conversas, relembrou alguns mestres. O mais marcante talvez tenha sido Rola Pereira – um repetidor, como se dizia, um professor particular que deu aulas de matemática a Ruy porque o menino ia mal na matéria. Rola preparou-o psicologicamente para se entrosar com a matemática ao dizer-lhe que era uma matéria "para tolos": conseguiu fazê-lo tirar a maior nota da classe. Um verdadeiro orientador de jovens, estimulou-o a ler filosofia e discutia com ele os poemas de Fernando Pessoa. Entre aqueles do liceu, Ruy lembrou "o gordo dr. Jardim, meu mastodôntico professor de filosofia, sempre inexoravelmente de branco, com terno de duas peças de linho endurecido à goma"; "o dr. Rosas, sonolento professor de ciências naturais"; Bernardo Garcia, professor de inglês, cujas iniciais geraram o apelido Bee Gee (pronunciado "Bi Gi"); gordão, ficava refestelado contando piadas sem graça, mas das quais os alunos riam, instaurando a bagunça. Havia ainda Chinó, um exigente extremado que não permitia que os alunos fossem à aula sem casaco ou bata. Ruy se negava a se vestir como exigido e desafiava o professor a ponto de este tê-lo expulsado da sala de aula. Teimoso, conseguiu que o mestre fosse obrigado a rever a exigência, pois o conselho do liceu declarou sua recusa legítima. Achava-o, então, um "velho reacionário"; hoje o lembra como "até que simpático". De volta a Maputo em 1981, recordou em poema o professor de educação física, "o rigoroso capitão Ismael Jorge (como o gostaria de ver!), braços jogados para trás e vozes no comando da ginástica, agora no Corpo de Bombeiros, continua por aí firme, como um imbondeiro de noventa anos, dizem...".

Constantemente Ruy destaca como os portugueses nascidos nas colônias eram "cidadãos de segunda classe que nunca chegariam a general nem a presidente". Lembra a raiva que lhe provocava a dominação política, a irritação por ser obrigado a fazer parte da Mocidade Portuguesa, espécie de serviço patriótico ao qual eram recrutados e que, entre outras exigências, os forçava a desfilar com as "cinco quinas no peito e braço estendido na praça Mouzinho de Albuquerque" (hoje praça da Independência). Segundo amiga, Ruy não teria tirado foto de despedida do liceu para não ter que envergar o uniforme da Mocidade. Virgílio de Lemos e ele contaram como se orgulhavam de ter impresso um número contestador do jornal da Mocidade. A ousadia hoje parece ínfima: publicaram poetas malvistos naquele ambiente acanhado e repressor, entre os quais consta Jorge de Lima.

Os adolescentes na década de 1950 foram marcados pela imagem de James Dean, imortalizado em 1955 no filme de Nicholas Ray *Rebel Without a Cause* (em português, *Juventude transviada*). Num estudo francês sobre a virilidade, pode-se ler que o ator se tornou, "com sua imaculada *t-shirt*" colada como uma segunda pele, um modelo masculino, "Uma beleza inédita, que ficava entre a descontração natural, a virilidade desenvolta e a margem rebelde". Ruy até hoje afirma que o traje em que se sente melhor é *jeans*, camiseta básica branca e botas. Uma amiga ressaltou que ele era "sempre muito bem lançado [...], usava shorts brancos curtinhos e uma *t-shirt* bem justa, para mostrar os peitorais, com as manguinhas dobradas, para mostrar os deltoides [...]; andava bem esticado para parecer maior". Outra recordou seu constante uso de botas – fosse no inverno, fosse no verão. Ruy começou a usar calça comprida mais tarde do que colegas, mas lembra que não achava nada ruim: de calção, podia sentir a pele das garotas quando se encostava em suas pernas "sem querer".

Característica comum a alguns garotos de sua idade, Ruy foi muito brigão. Um amigo uns cinco ou dez anos mais novo lembrou-se de tê-lo visto inúmeras vezes metido em pancadarias. Um adolescente rebelde e, "como sempre, nunca em casa", segundo escreveu a mãe à irmã casada vivendo em Macau. Em poema dos anos 1950, sobre um suposto diálogo com a mãe:

Tive 12 anos
Por que me lembro que os girassóis são amarelos,
Os pássaros cantam,
Os candeeiros da rua tragam
De um pedaço de luz
A noite que nos esmaga.
Tive 18 anos também,
Por que me lembro dos papelinhos feitos navios,
Carregados de nomes e certeza, "La Passionária", "Neruda",
E quando as ondas do mar os afogavam
Eu ria,
Por que só os meus barcos morriam.

Entre os amigos da adolescência, formou-se um notório trio: os três Ruis, liderado pelo Guerra; mais o Knopfli, quase dois anos mais velho, que depois virou poeta e diplomata; e ainda o Guedes da Silva, "muito magro, como se desenhado por Modigliani", depois advogado e tradutor. A irmã relembrou ter oferecido ao trio pulseiras de prata gravadas com o nome de cada um, mais tarde mencionadas por Knopfli em poema. Segundo ela, os outros Ruis chegavam às vezes a carregar o material escolar do irmão; enquanto, na lembrança de um quarto colega, o Guerra e o Knopfli viviam discutindo "feito cão e gato".

A mocidade de Lourenço Marques era muito esportista. Ruy, *mufana*, tentou de tudo: natação na piscina da Associação dos Velhos Colonos, tênis também na associação e nas quadras do Jardim Vasco da Gama, futebol somente até uns doze anos, por problema de raquitismo nas pernas, beisebol no terreno vazio ao lado de casa, pingue-pongue. Rodava de bicicleta por toda a cidade. A malta apostava descer sem freios pelo Caracol, ladeira muito inclinada que até hoje serpenteia do Miradouro, na Cidade Alta, até a Cidade Baixa. Por vezes as disputas terminavam com eles espetados em piteiras (ou agaves), arbustos cheios de espinhos no final da rua. Ruy praticou saltos ornamentais. Imitando o pai, aos doze anos lutou boxe com o amigo João Giraldes, mal sabendo que assim se preparava para as inúmeras brigas nas noites de boemia em Paris e no Rio de Janeiro. Na Mocidade Portuguesa, tinha-se que escolher uma atividade prática, e ele se decidiu pelas aulas de equitação no serviço militar na Malhangalene ou Carreira do Tiro. Passados sessenta anos, foi surpreendido no Rio por uma moça que encontrou: a neta de seu instrutor.

A vida dos adolescentes em Lourenço Marques me foi apresentada como muito melhor do que se fosse passada em Portugal sob a ditadura salazarista, pois o rígido controle da moral e dos costumes era bem mais frouxo na distante colônia. Gilberto Freyre, em sua visita à cidade em 1952, registrou que "uma liberdade quase inglesa nas relações dos rapazes com as moças da burguesia dá também a Lourenço Marques um toque de modernidade que contrasta com certos arcaísmos orientais ou mouros ainda vivos noutras áreas luso-tropicais". Ruy e amigos recordaram essa liberdade, esse companheirismo entre rapazes e garotas. Nos finais de tarde, iam namorar no Miradouro. Em poema, Rui Knopfli rememora: "Pavoneavam-se as meninas e nós,/ Idem, flexionando músculo por músculo/ Miradas discretas em redor./ Rotina diária, sempre cumprida sem atropelos". Nas tardes mais frescas, com a brisa do Índico chegando ao Miradouro, os garotos amarravam um suéter leve nas costas; não para esquentar, explicaram-me, mas para "gingar" (pavonear-se).

Havia ainda os encontros no "parquinho bucólico" atrás do liceu ou em frente à pastelaria Cristal; no Clube Naval, no salão de chá perto do cine Scala, em chás dançantes no Ateneu e na Associação dos Velhos Colonos. Bailavam samba, baião e suingue, então na moda; porém Ruy repete que nunca foi um grande dançarino. Encontravam-se na praia da Polana, vestiam os trajes de banho nas cabines embaixo do lindo pavilhão então existente, pescavam no pontal, nadavam atentos aos tubarões. Iam às vezes à praia do Xai-Xai, distante uns duzentos quilômetros.

Contou em crônica que, ainda criança, sofrera a primeira das inumeráveis paixões que se seguiriam: Suzete, que, por ter quatro anos a mais, era "velha" e, por não querer nada com ele, "malvada e vaidosa". Registrou também o nome da primeira namorada, Ita, e o de Karen, "uma valkíria loira", alta, grande esportista, que o emulava com seu exemplo. Era, desde então, um apaixonado pelo gênero, embora, segundo ele, ficasse "na retranca". Conclui-se que não foi perseguidor de "rabos de saia", como se dizia em minha adolescência; talvez aceitasse bem satisfeito e orgulhoso ser centro de atenções, pois, segundo amigas, vivia cercado por garotas. Uma dessas amigas, ao ser entrevistada, relembrou que, "onde estivesse, Ruy se impunha; entrava e as mininhas iam todas atrás, ele era um chamariz com seu ar intelectual". A colega Guida foi uma paixão secreta aos dezoito anos. Embora tivesse ouvido dele a promessa de que, quando filmasse, "seria sua estrela", afirmou, aos oitenta anos, nunca ter desconfiado de que Ruy estivesse apaixonado por ela. Entretanto, confessou-me nunca ter esquecido seus "olhos muito castanhos, grandes, vivazes, seu ar gaiato e inteligente nem suas pernas tortas". Ruy, por sua vez, descreveu as longas conversas que tinham antes e depois das aulas, as voltas a pé da escola, quando carregava o material da amada. No entanto, não teve coragem de ousar nada, pois "ela namorava um altão, jogador de basquete", enquanto ele era "tão baixinho...". Desencavou do fundo da memória o nome do gigante rival, Pina, a cujos jogos ele e Guida assistiam juntos. Guida quis saber que destino teve o anel que Ruy tirara de seu dedo e levara embora há mais de meio século. Ele me surpreendeu desenhando-o em seu formato de prego; não tinha, porém, a menor ideia de onde fora parar. Ficou, isso é certo, incrustado na memória de ambos.

Ruy e amigos moçambicanos, juntos ou de per si, nunca foram, em seus depoimentos para esta biografia, além de meros comentários sobre o prazer em espiar as meninas no recreio ou nas aulas de ginástica. As amigas em Maputo, em contrapartida, contaram sobre namoros, beijinhos e alguns amassos mais ousados no fundo de parques e jardins, sobretudo da Associação dos Velhos Colonos. Na lembrança delas, Ruy era muito discreto, "muito malandro, não era de forçar ninguém". Virgílio de Lemos deixou registrada em poema uma noite de Carnaval no luxuoso hotel Polana:

Desgarradas aventuras quentes
Ruca do meu Jubiabá bem apimentado [...]
sedutor cossaco Rui poeta militante [...]
De bem calçados dezessete anos
[...] Escutem uma de nossas amigas:
"Rui, do you come from Russian south or barbarian steps?"
[...] e Rui, de olhos de Chaplin bem castanhos
não pode senão esboçar um sorriso amarelo de aquiescência.

Os escritos da geração dão uma ideia sobre a vida sexual dos jovens na época. Há poemas sobre o tema, sobre iniciações com as "pretas", por exemplo, em Rui Knopfli. Ou ainda sobre encontros nas palhotas miseráveis da cidade de caniço. Há relatos sobre zonas do meretrício, "Selva" e "Lagoas", sobre a rua Araújo, na zona portuária da prostituição, aonde afluíam sobretudo os clientes marinheiros. Ouvi de Ruy, uma única vez: "Nos anos 1940 era com as putas". Segundo testemunhos masculinos, Ruy afirma – ou se vangloria? – que em sua vida "nunca pagou uma mulher".

Mário, quando via no boletim do filho uma nota vermelha em matemática, dizia que "cabeça não é só para usar chapéu". Confessa o filho: "Bom aluno cábula fui, não nego". Não somente não nega, como parece disso se orgulhar. Terminado o liceu, forçado pelo pai preocupado em disciplinar o adolescente difícil, passou cerca de um ano trabalhando na administração dos Caminhos de Ferro, com nomeação oficial e tudo. Lembra, rindo, como lhe foi fácil obter o posto, filho de quem era. Pensa que o pai teria gostado de vê-lo empregado lá de forma permanente. Foi seu único emprego fixo até os anos 1990, quando começou a lecionar cinema. Segundo ele, tinha todo tipo de regalias. Como batia mal à máquina, passava boa parte do tempo lendo. Devorou, em inglês, com auxílio de dicionários, o mestre russo Eisenstein. Adorava voltar a pé do trabalho na hora do almoço – o pai ia de carro –, desde a Cidade Baixa até sua casa, na parte alta. No caminho, muitas vezes parava na livraria Minerva –

praticamente a única grande livraria na cidade a chegar até os anos 1950 –, onde se abastecia para leituras intermináveis. Fundada por figura ainda famosa, o Carvalhinho, saudado hoje nos encontros dos amigos. e cujo busto enfeita a centenária loja da Baixa, hoje descaracterizada. A livraria se propôs, desde a fundação em 1908, fazer chegar em qualquer lugar do país um título encomendado. Os livros proibidos entravam por baixo do pano e eram vendidos clandestinamente para pessoas de confiança. Toda literatura política, os clássicos marxistas, quase tudo provinha do Brasil. Também outra livraria – acertadamente intitulada Progresso – abastecia o jovem sedento de leituras.

Apaixonado por livros, Ruy emprestava-os a Lisete, moradora do andar de cima de sua casa, por uma cestinha que tinham instalado. Segundo ela, o primeiro foi um Charles Dickens; ele esperava a devolução para o empréstimo seguinte. Havia no grupo de Ruy uma recusa à produção cultural da ditadura salazarista. A que vinha do Brasil era muito importante, não só porque o país era uma ex-colônia, mas pelas semelhanças com a cultura e o espaço brasileiros: clima, presença do negro, ritmos, aromas e sabores. Romancistas mais lidos, Jorge Amado e Érico Veríssimo; poetas, Jorge de Lima, Manuel Bandeira, Carlos Drummond de Andrade. Ruy destaca que liam algumas revistas brasileiras, como *O Cruzeiro*, *Cena Muda* (na qual leu críticas de Alex Viany, depois seu amigo) e até *Alterosa*, revista de literatura mineira, mais rara. Lia tanto que a mãe, preocupada, o mandava pelo menos ficar no quintal durante a atividade, pois assim tomaria um pouco de sol.

Aos dez ou doze anos ele passara a escrever. Para guardar os textos, o pai presenteou-o com uma capa de couro verde-escura; em letras douradas, seu pseudônimo: Alex Roney. Começou com seriados, ficção científica. Colegas e amigos testemunham essa paixão desde o jornalzinho da escola, seguido de publicações na imprensa de Lourenço Marques. Assinava sempre Rui, com "i". Recebeu prêmios por artigos, um deles de 25 escudos com o conto "Negro João há de morrer no mar". O texto foi apresentado no *Diário de Notícias* como revelando

> uma poderosa intuição para a literatura, e não é o primeiro exemplo da capacidade literária de Rui Guerra, motivo por que nos sentimos à vontade elogiando-o. Que Rui Guerra prossiga sem desfalecimentos, libertando-se de possíveis influências (Jorge Amado não estará a pesar no espírito do novel literato?), e temos a certeza [de] que será um valor real das Letras de Moçambique.

Desde essa época, escrever poemas tornou-se um prazer que o acompanhou ao longo dos anos.

Em 1964, por ocasião do Urso de Prata para *Os fuzis*, Knopfli exaltou o xará em artigo de *A Voz de Moçambique*:

Logo nos primeiros anos do liceu, o miúdo franzino que era, manifestava uma intensa inquietação intelectual e um espírito ferozmente individualista, de uma originalidade que chegava a roçar pelo exotismo. Hoje penso muitas vezes se o Ruy não teria sido o nosso primeiro *beatnik*, um *beatnik* muito *avant la lettre*. [...] Enquanto a maior parte de nós repartia as "atividades espirituais" pelos episódios do Scala – a "África Negra" e o "Reino Submarino" [...], Ruy Guerra, que de uma e outra coisa participava ativamente, entretinha ainda o comércio privado, e talvez um pouco prematuro, de um Dostoiévski de cabeceira, responsável pelas súbitas melancolias que, com frequência, lhe emprestavam uma sisudez imprópria da idade. Mas ele era um tipo especial, considerávamos nós. E era-o de facto. Por muito que, em juízo, possa pesar a natural incipiência, as suas primeiras páginas – que intitulávamos de contos, mas que, pelo estilo, mais se adequavam ao que se convencionou chamar poemas em prosa – traíam uma genuína perturbação metafísica e um clima de caos orientado que evoca, irresistivelmente, o da Greenwich Village de hoje, um precursor *malgré lui*, dos Ferlingheti e dos Ginsberg.

E ainda mais:

A juventude que despertava para os mistérios da vida nesse após-guerra de 1945 afeiçoou os seus sonhos na esperança ingénua de um mundo melhor, tema tratado, com um mínimo de variantes, em dezenas de laudas, em prosa e verso, que todos cometemos. O afluxo de uma arte e de uma literatura de valor deliberadamente humanístico, o impacto e a surpresa causados pelos grandes afrescos sociais da mais viva literatura brasileira dessa época – Graciliano, Amado e Lins do Rego –, a secura lapidar do novo conto americano – Hemingway, Faulkner, Steinbeck, Caldwell, Gold, Saroyan – e a ascensão vitoriosa do movimento neorrealista português tiveram sobre nós influência marcante e decisiva. Ruy escreveu, então, alguns contos que harmonizavam notavelmente elementos de carácter local e um estilo remanescente da *short story* americana, mas onde acabava por triunfar a sua individualidade originalíssima.

Os percursos de escritor e de cineasta desde cedo se entremearam. Ruy começou a assistir no cine Madjed a seriados como *O arqueiro verde*, *África negra* e *O círculo vermelho*. Knopfli testemunhou no mesmo artigo:

A breve termo os velhos heróis da infância perdiam o seu significado: Spike Holland e o Arqueiro Verde, Terry e os Piratas, Red Ryder, Alan Parker e Fu--Man-Chu, Wild Bill Hickok – diluíam-se no fundo da memória. A quadrilha do Losango Azul desmembrava-se aos poucos, mas definitivamente. Orson Welles e Picasso, Fernando Pessoa e Eisenstein polarizavam as atenções. O escopo dos nossos interesses se alargava. A escola de Van Lewton entrava na ordem do dia, com Siodmak, Wise, Robson, Litvak e Zinnemann: o cinema era a arte por excelência do século XX, decretávamos.

O período de 1940/1950 foi de muito cinema em Moçambique, diversão apreciada por europeus, asiáticos e nativos africanos. Os principais jornais reservavam espaço para os filmes exibidos. Em 1949, Lourenço Marques tinha por volta de meia dúzia de salas de exibição e um teatro que mostrava filmes regularmente. Ruy afirma constantemente ter sido formado dentro do cinema americano, pois o país recebia pela África do Sul, além de alguns filmes ingleses, a produção hollywoodiana pouco depois de lançada. Os filmes chegavam "já censurados pelo puritanismo calvinista" sul-africano; mesmo assim, às vezes eram exibidos alguns proibidos na mais atrasada metrópole sob uma rígida moral. Em Moçambique, os cartazes eventualmente apresentavam borrões para esconder partes do corpo feminino ou tarjas pretas sobre armas; no quadro ditatorial em que viviam, o público nem se dava conta, não pensava em protestar. Exibiam-se poucos filmes franceses e do neorrealismo italiano; Ruy cita *Ladrões de bicicleta* (Vittorio de Sica, 1948), *Roma, cidade aberta* (Roberto Rossellini, 1945), *Paisà* (também de Rossellini, 1946), *Milagre em Milão* (também de De Sica, 1951). Muitos filmes indianos passavam nos cinemas frequentados por essa população e pelos nativos, que não podiam frequentar as salas reservadas aos brancos.

Aos poucos Ruy foi pendendo cada vez mais para o cinema. Explica em crônica:

> O cinema não foi para mim uma vocação fulminante. Entrou muito cedo na minha vida, como um deslumbramento, mas ficou nisso mesmo: nas matinês de sessão dupla de bang-bang e musicais nos sábados à tarde no Cinema Scala; nas explosões de alegria, acompanhando a gritaria de toda a sala quando surgia como inesperado complemento de programa um desenho animado [...] ou na expectativa da sessão extra das dez da manhã [...]. Lembro também da minha emoção na inauguração do Cinema Manoel Rodrigues, com o seu luxo desmesurado para os meus olhos de menino. Tive de pôr um paletó para a sessão inaugural, numa calorenta tarde moçambicana, e o meu coração bateu mais forte quando as pesadas cortinas se abriram e começou a projeção [...] foi nessa sala que muitos anos depois eu vi o meu primeiro filme europeu, um filme francês de que recordo apenas algumas imagens fantasiosas mas de que me escapa o nome, e também o único filme brasileiro que por lá passou, onde o Grande Otelo lutava contra a correnteza, creio que em *Pureza*. Mas era o Scala o meu reino. [...] ali veria, numa sessão a portas abertas destinadas a furar o veto da censura, o *Citizen Kane* de Orson Welles.

A paixão era tanta que ele enfrentou horas de trem até Joanesburgo para assistir a *Punhos de campeão* (1949), de Robert Wise, e *O encouraçado Potemkin* (1925), de Eisenstein.

Aos dezesseis anos, a primeira experiência: meses e meses filmando a realidade portuária do cais Gorjão, o mais importante escoadouro da região da África Austral. Teve dificuldades para conseguir uma câmera; obteve por fim uma oito milímetros emprestada do pai de amigos – os quatro irmãos Graça. O pai a comprara para filmar as corridas de touro que anualmente aconteciam na cidade, deixando-a sem uso na maior parte do tempo; hoje essa câmera – pequena, compacta, de corda – enfeita o escritório de Ruy, presenteada décadas depois por um dos irmãos, Antônio. Vaquinhas entre os amigos cobriam o custo das películas. Ruy registrou a vida dos trabalhadores negros alimentando-se, descansando ou dormindo sob vagões de trens; revelou que aquelas imagens "lembravam campos de concentração". É curioso contrastar sua visão com uma descrição na imprensa da época sobre um dia no porto de Lourenço Marques:

> O pessoal deixa o trabalho às cinco horas para repousar da fadiga deste dia de intenso trabalho e voltar no dia seguinte [...] com a mesma vontade de servir. [...] Os negros cantam pela ponte afora satisfeitos a caminho da pousada, onde os espera a boa refeição da tarde.

Os trechos filmados eram enviados à África do Sul para revelação e, por vezes, não voltavam. Os movimentos negros já atuantes no país vizinho, o governo colonial sul-africano, ou talvez mesmo o português, provavelmente interditavam o material. Ruy passou a revelá-los por conta própria, estudando nos manuais como fazer isso. Em geral com ajuda do amigo Ricardo Rangel, posteriormente notório fotógrafo moçambicano, já auxiliar de laboratório na Baixa. Mário Rolão, outro amigo, já hábil serralheiro, montou com Ruy um tambor para funcionar como câmara escura, com varetas de madeira para enrolar o filme, mergulhando-o em seguida na solução para revelação. Por ser um filme reversível, era um processo complicado, passava por banhos de diferentes temperaturas; às vezes era necessário usar gelo.

Mário e Clara colaboravam permitindo a montagem no quarto do filho, o qual vivia na maior bagunça, janelas fechadas para não voarem os pedacinhos de filme espalhados por todo lado. *Cais Gorjão* parece ter tido uma única exibição, doméstica; o que unia os pedaços colados derreteu, e eles se soltaram todos; infelizmente não sobreviveu um único rolinho. Segundo Ricardo Rangel, Ruy rodou ainda em oito milímetros um banho da "malta" na praia dos Navios Perdidos, na Catembe. Quis Ruy, em registro bem diverso, ilustrar *A tempestade*, uma música de Jean Sibelius, "miniaturizando uma florestazinha, uma casinha, com chuva etc."; mas esse foi o primeiro projeto da longa lista dos não concretizados.

Knopfli registrou no aludido artigo:

Ruy Guerra embrenhava-se pelos alçapões da montagem e escrevia longos e febris artigos sobre a técnica do filme. Dormia atrás de uma avantajada pilha de *L'Écran Français*, tendo à cabeceira *Film Sense* e *Film Form* e uma pequena Revere cinzenta de oito milímetros.

Aos dezoito anos, Ruy publicava na imprensa críticas de filmes, em troca das quais ganhava entradas grátis para o cine Scala, concedidas pelo gerente Figueiredo. A irmã contou orgulhosa ter-lhe comprado os primeiros livros e revistas sobre o tema. Um amigo quatro anos mais jovem, entrevistado, recordou-se de subir e descer com Ruy durante toda uma tarde uma avenida central da cidade, escutando-o discorrer sobre *Ladrões de bicicleta* e *Milagre em Milão*:

> era um intelectual muito motivado já para o cinema, como outros que havia em Lourenço Marques [...]. Devia gostar muito de se comunicar com pessoas mais novas, e eu fiquei encantado, ele era muito doce, muito tranquilo. Eu gostava tanto de falar com ele... e nunca me esqueço das explicações que ele dava.

Virgílio de Lemos classificou-o em entrevista como um menino prodígio, talentoso, o pequeno gênio que "lutava para se tornar um Orson Welles".

Gradualmente, Ruy ia se impregnando da arte na tela, se envolvendo. Relembrou que naquela época um amigo mais velho, Lídio Rocha, pediu-lhe que o ajudasse a adquirir uma filmadora de dezesseis milímetros. Sua emoção ao efetuar a compra foi enorme; brinca que, hoje, se comprasse um estúdio inteiro, não se sentiria tão entusiasmado. No álbum de despedida do liceu da famosa Guida – que preciosamente o exibiu em 2008 –, palpitava nos registros dos colegas, discordando, provocando. Embora não tenha deixado um texto próprio, uma das discordâncias anotadas por ele é altamente reveladora: "A única linguagem universal é a da imagem, o cinema". Contrapunha-se, assim, à afirmação do colega, de que seria a amizade. Registrou também: "Não queremos vidas-sonhos!!! Queremos uma vida bem agarrada à terra, com desilusões, desesperos, mas certezas também!". Meio século depois, quando lhe foram reportadas essas palavras, Ruy comentou: "Isso sou bem eu!".

Dando-se conta da sociedade colonial repleta de contradições e violências em que vivia, ele manifestava em escritos e filmagens seu mal-estar e sua revolta. Contra o colonialismo e o racismo, contra a hierarquização social. Em entrevistas posteriores, abordou diversas vezes o período. Classificou o colonialismo vivido como, ao mesmo tempo, "suave e muito violento". Como a cidade e a população eram pequenas, a vida era relativamente fácil, tinha-se bastante tempo para conviver, conversar, trocar ideias. Tudo se sabia. Ele passou a fazer parte dos malvistos e vigiados e, como amigos e colegas mais próximos, sofreu detenções e interrogatórios pela polícia especial da ditadura, chefiada por um famigerado

Roquete (a Pide – Polícia Internacional e de Defesa do Estado – só se instalou em Moçambique após a saída de Ruy, em 1954). Gaba-se de ter conseguido encerrar uma das temíveis sessões dizendo que precisava ir ao cinema para escrever sua crônica; deve ter, no mínimo, irritado Roquete, que o dispensou reclamando de sua apresentação em *shorts* e botas de cano curto.

Os jovens eram denunciados por "infiltrados" no grupo, enviados pela Pide de Lisboa. Um deles, lembrado por Ruy como um gordinho que suava muito, aproximou-se da irmã Maria Clara, cortejando-a. Para disfarçar sua condição, pediu-lhe que guardasse na casa da família livros subversivos. A irmã resolveu escondê-los na gaveta de vegetais da geladeira, o que muito assustou a mãe, perturbada desde uma vez em que um jipe da polícia aparecera para levar Ruy a um interrogatório. Descobriram mais tarde que o "traidor" era filho de uma amante de alguém da Pide na metrópole. Anos depois, na Cidade Baixa de Lisboa, a irmã viu do outro lado da rua o tal gajo; soltou um grito para ele, que fugiu – e assim acabou a história. Havia outro casal de espias que ficou conhecido como "suingueiro", pois eram exímios bailarinos.

O grupo dos apelidados "intelectuais" ou "revolucionários" tinha certa importância na cidade. Ruy era dos mais jovens. Diz e rediz nunca ter feito parte de movimentos organizados ou institucionalizados. Vi reproduzido em artigo do *blog* Buala que Eugénio Lisboa, amigo de adolescência de Ruy, menciona, no livro *Indícios de oiro*, que os dois Ruis – Guerra e Knopfli –, junto com Hermínio Martins (hoje ilustre professor no Saint Anthony's College de Oxford, Inglaterra), "embaixo de frondoso cajueiro, criaram o primeiro Partido Comunista Moçambicano". Para Ruy, isso deve ter sido alguma manifestação inócua daquele ímpeto contestatório de que nem se recorda; na distante metrópole, o Partido Comunista Português era algo longínquo, ainda que representasse a única organização que se opunha ao detestado fascismo salazarista. Afirma que seu único ato militante concreto foi ter assinado, com mais uns cinco companheiros, um daqueles abaixo-assinados de mimeógrafo, distribuído na rua. Provinha do Movimento de União Democrática (Mude), liderado por João Mendes, impulsionador e aglutinador político do grupo.

Documentos da censura portuguesa, guardados na Torre do Tombo, registram um processo sobre Ruy que só terminou em 1966. Neles está atestado que Ruy era membro de uma sociedade secreta, Jovens Democratas Moçambicanos; para a Pide, ele teria sido "aliciado" por Hermínio Martins. Segundo Ruy, Hermínio era um jovem gordinho três anos mais moço, nada politizado, embora um gênio nos estudos. Os policiais cometeram vários erros de informação, ainda que tenham escrito em um português impecável! Devido a essas ações contestatórias, muitos do grupo próximo a Ruy, inclusive o líder, João Mendes, tiveram de deixar Moçambique.

O governo fascista português adotara naquele momento o conceito de luso-tropicalismo trabalhado por Gilberto Freyre, segundo quem a colonização portuguesa seria atípica, por serem os portugueses especialmente bem-dotados como colonizadores. A experiência de miscigenação na península Ibérica durante séculos os teria impedido de agir de forma racista; e, pela fé católica, a metrópole portuguesa teria levado a "civilização europeia" para todo o império. Esse conceito justificava a soberania imperial lusitana e foi a razão de um convite efetivado pela ditadura, em 1952, para que Gilberto Freyre viajasse às colônias portuguesas. Claro que para Ruy e amigos o lusotropicalismo era inaceitável.

Um adeus à África

Quando o filho estava com quase vinte anos, um final trágico roubou Clara à família: em junho de 1951, sobrevoando a Libéria rumo a Lisboa, ela morreu em um desastre de avião. Era sua primeira viagem aérea. Depois de mais ou menos quinze anos, resolvera ir a Portugal para ver a mãe moribunda. Sua última carta para a filha Maria Clara, então em Lisboa, diz:

> Resolvi ir-me e deixar o Ruca e a casa entregues à Rosa. Faz-me bastante confusão, vais-te admirar de minha resolução, mas já que resolvi ir quero ir o mais cedo possível. Vou no avião da Pan American, no dia 21, que chega aí no 23 às 12:50. Podes te admirar da minha coragem, eu, que dizia não gostar de aviões, quero ver a avó, visto que sei agora que ela se lembrou assim de mim.

As duas, mãe e filha, morreram no mesmo dia. Em 2012, uma festa na aldeia ancestral de Maxial reuniu os descendentes de Antônio Luís Guerra e Ricarda Laureano, avós maternos de Ruy, que tinham gerado oito filhos. Eram 104 membros das duas famílias. O desastre e a coincidência das mortes foram lembrados em conversas.

Ainda hoje não é fácil localizar um avião desaparecido. As manchetes do dia 21 do jornal *Notícias* de Lourenço Marques anunciam trinta passageiros e nove tripulantes dentro do avião desaparecido, sendo quatro portugueses. No dia 24, estampa-se que "ainda há esperanças"; relata-se que no avião estava Clara Guerra Coelho Pereira, casada com Mário Coelho Pereira, pagador geral (tesoureiro) dos Caminhos de Ferro de Moçambique, que ia a Lisboa por ter recebido a notícia de que a mãe se encontrava gravemente doente. No dia 26, noticia-se que o avião "ficou completamente destroçado contra um monte da Libéria. [...] As quarenta pessoas devem ter tido morte instantânea". E completa a reportagem:

> Os voos estavam em linha regular desde 1946, essa fora a primeira queda desse tipo. [...] De luto está nossa terra. Pereceram em horríveis circunstâncias pessoas

que nos eram familiares, que quase todos nós conhecíamos. É, pois, com a maior profunda mágoa que acompanhamos nestas horas amargas a família a quem o brutal acidente atingiu.

Ruy se inteirou da notícia em exemplar do jornal exposto na vitrine do cine Scala (em frente ao qual, poucos anos mais tarde, o pai sofreria um enfarte fulminante). Um amigo lembrou-se de tê-lo visto sentado no passeio, estupefato, imóvel, como uma figura congelada, com uma camisa de gola preta alta. O alcance do golpe foi amplo. Quinze anos depois, Knopfli escreveu no já tão citado artigo de 1964:

> Foi então que a vida começou a dar coices e a escancarar a sua falta de sentido. Um desastre de aviação roubou-nos a mãe de Ruy Guerra. Em três dias de angústia e horror, fizemo-nos adultos. Estranhamente – só me apercebi disso na perspectiva dos anos –, essa morte teve, para todos nós, uma dimensão que transcende os limites da tragédia que a circunscreve: unindo-nos indelevelmente, ela marcou a dissolução do grupo e o fim, irremediável, da nossa juventude. Um a um, daqui partimos cheios de angústia e de presságios. Em Lisboa, no espanto da grande metrópole, num ou noutro encontro em que nos reunimos os três – eu, o Guedes e o Ruy –, num café da Guerra Junqueiro, perto da Alameda, nos adivinhávamos – já no desencanto da *recherche du temps perdu*.

Passados mais de cinquenta anos, Virgílio de Lemos me presenteou em Paris com um belo retrato de Clara Guerra e comentou, com os olhos cheios de lágrimas, a beleza morena que ela esbanjava. Passou-me também um poema que fizera para o amigo e companheiro:

> O avião em que viajava tua serrana mãe
> Quebrou suas asas
> ao sobrevoar Kilimanjaro.
> Explica-me meu metálico rei
> Íbis sagrado dos céus
> como cegaste em tua rota
> Para o Cairo?
> O Querosene ardeu e
> Centenas morreram
> Nas brasas, sonhos e
> Alegrias, lágrimas
> De esperança, vidas
> que a vida deserdou:
> Sonhos d'ébano e
> Sangue de paixões!

Íbis sagrado na vertigem
Do espaço de amor
A libertar. Kilimanjaro d'espanto
E Rosa chorou tua
Mãe serrana bem morena
Bela
Mulher portuguesa
Meu querido "menino Ruy"

A vida na casa da rua Major Neutel de Abreu ficou bastante difícil. O pai apareceu com a cabeça branca de um dia para o outro. Nas cartas trocadas entre pai e filhos após a morte da mãe, referem-se a ela constantemente como "a querida". O pai confessava à filha seu desespero na viuvez: "Eu choro sem o Ruy ver, a não ser à mesa, e às vezes o coitado diz logo: – Então, pai!". Em outra carta: "Tive um novo ataque de choro, agora frequente, que a Rosa e depois o Ruy, que chegou em seguida, tiveram que intervir". Em outra, ainda:

> Teu irmão Ruy [...], como sabes, vive mais fora de casa do que nela e pouca companhia me faz, não querendo eu puxá-lo à minha tristeza e pequenos nadas que o devem e bem compreendo aborrecer, pois no tempo que tenho para o nosso triste lar, só há silêncio e pensamentos reservados ao que todos advinham [sic].

Os três irmãos eram conhecidos na escola como os Guerra, e o pai era às vezes chamado de senhor Guerra, o que muito o irritava; Ruy lembrou que, viúvo, o pai nunca mais se perturbou com esse tipo de confusão. Sem a mulher, debruçou-se cada vez mais sobre o único que quedava no lar, pois Mário Luís partira havia alguns anos para estudar veterinária na metrópole, e a filha fora embora de Moçambique com o marido. A essa altura, os dois remanescentes da família se descobriram e se aproximaram bastante, segundo posteriores confissões dos dois lados a Lara, filha e irmã. O caçula estava na força da idade, porém o pai se preocupava: "o Ruy está mais forte, tem tomado os tônicos que a querida recomendou pra ele comprar". É evidente o exagero da superproteção.

> O teu irmão Ruy, criado como foi à vontade, sem uma rigorosa educação de tratamento básico para a sua saúde na alimentação, que lhe tenho tantas vezes apontado como deficiente, não há forma dele se querer corrigir, por mais que eu lhe peça, que lhe implore. Sinto que terá muito que sofrer, é fraco de constituição e de epiderme, de certo porque lhe faltam os vegetais, frutas, sumo de tomate, de feijões e principalmente de um pouco de peixe, só ambicionando, como sabes, a carne em bifes e batata frita. Tenho lhe prestado os maiores carinhos que me é possível, para ele lentamente ir se acostumando a outra espécie de tratamento [...] sinto que se contraria quando insisto para comer do que não aprecia, e eu

não teimo para que não o veja aborrecido comigo, pois não tenho mais ninguém a quem me agarrar e a alma da querida ficaria satisfeita com o meu procedimento. Como não gosta de peixe e come ainda assim sardinhas de lata, eu as vou impingindo, não lhe falta o queijo, marmelada ou uvas, agora melões, tudo à farta, felizmente, mas já enjoou do fiambre, do caril, dos pastelões, massas etc. Como gosta de favas, tenho trazido aos quatro quilos para comer dois dias seguidos, e ele adora esse pitéu, refilando quando leva coentros a mais ou chouriço.

Segundo a filha, o pai também dizia se preocupar com esse assunto, pois, para ele, "quem é ruim para comer é ruim para trabalhar". A superproteção era incansável:

Esteve o mês passado com um ataque de paludismo que ficou de cama quatro dias, veio um médico, mas eu tratei com um tal cuidado e ansiedade até altas horas da noite pra ver-lhe a febre, que ele até me beijava de vez em quando. A essa altura consegui dar-lhe um purgante de duas pílulas, dois laxativos e depois não quer mais, apesar de me prometer de vez em quando tomar. Depois disso comprei-lhe um par de sapatos, que calçados dois dias fizeram nascer, acima dos calcanhares, uma chaga em cada pé, com o eczema úmido que durou uns seis dias, disse-lhe que o eczema é deficiência no sangue, mas ele riu, eu é que fazia os tratamentos, ligamentos, lavava o pé, etc. E ele quando eu lhe disse que fosse ao Posto Médico, respondia que eu fazia muito melhor o tratamento que o enfermeiro [...] irá comigo tratar dos dentes e em seguida a um grande tratamento no paludismo para não haver surpresas na metrópole com a figadeira.

Os cuidados eram de toda natureza:

Faz vida de natação nos Velhos Colonos, mas não vejo ele preparar-se para o exame de história em Lisboa [...]. Come-me a pinha [engana-me] constantemente com o cinema e em tudo que quer [...]. Vai seguir também o seu ideal de estudo em Paris, como prometi a sua mãe, que ficou satisfeita com a minha resolução [...]. Comprei-lhe uma camisola azul-escura de gola alta e já três pares de calças também, mas capricha em andar um pouco relaxado, apesar de eu lhe pedir tanto pra se vestir melhor: o maldito cabelo também, como sabes, um inferno, o que é que lhe hei de fazer? Este rapaz é uma criação da época tresloucada que atravessamos [...], tenho lhe pedido para escrever aos irmãos e à tia, mas não compreendo este fenômeno, é capaz de passar noites inteiras em conversa com os amigos ou então no quarto a fazer romances, mas escrever [cartas] não é com ele. Já conto, se ele for para a França, nunca vou saber de sua vida.

Meses depois, voltou ao tema:

Foi hoje a primeira vez que eu zanguei com ele, [...] por ele nem em cinco meses ter escrito uma linha a qualquer de vocês é inacreditável, já disse que a inteligência que ele tem é fruto de um desequilíbrio, de um [palavra rasgada], pois [em] tal coisa ninguém acreditaria.

A superproteção ia incrivelmente longe:

Ontem, dia 24, Ruy ficou livre da vida militar, trabalhei tanto para isso que nem calculas; há um mês que mexi quase Lourenço Marques inteiro, porque agora é dificílimo devido às exigências do governo militar para a defesa do continente africano, dizem eles [...] tanto fiz, tanto batalhei, tanto prometi, tanto chorei, chorei na presença dos militares por causa da alma da sua mãe, e o meu receio de não poder dar educação que toda gente se comoveu, só faltou me ajoelhar junto do tal médico novo que já não sabia o que fazer comigo lá e aí acabei conseguindo aquilo que não seria possível [para] a querida, fiz a sua vontade.

Ruy tinha elaborado para convencer o pai uma teoria relacionando a aprovação no liceu e o serviço militar. Não queria fazer o único exame que faltava, o de história, pois tendo já sido aprovado em tudo no liceu, se fosse pego para servir teria que cursar para ser oficial; caso contrário, cursaria apenas para ser sargento, um estágio mais rápido. O pai escreveu:

Eu sofria com essa teoria e quase lhe afiançava que ficaria livre como ficou, pois ataquei tanto toda gente interessada no caso que nem mesmo o governador teria tido tantos exemplos, tanto empenho [...] nas prendas que tenho que oferecer devo gastar perto de dez contos, mas ao menos consegui com aquilo que garanti à querida, e isto me fez bem à consciência, apesar de que a tropa talvez o fizesse, quem sabe, um outro homem, de melhor preparação para a vida [...], mas esta tragédia aos dois tirou-nos parte da vida, e ele não contava com os exames em setembro [...] fico desobrigado daquilo que combinei com a pobre mãe, que aprovou o meu programa na frente dele, ele não ir para a França sem ter o sétimo ano, e já disse que volta comigo [de Lisboa] se não tirar história, mas que tem a certeza do contrário; eu fiz-lhe ver que mesmo fraco que fosse na matéria teria aqui passado, como passou em matemática, pois a impressão do grande desastre em Lourenço Marques foi tal que contagiou toda a gente aqui, a ponto de parecer que a cidade estava de luto. Teu irmão triunfou em matemática e teria isenção da vida militar pela impressão que toda a gente estava, [...] [pelas] milientas [sic] coisas que se diziam da minha vida de família e da dor que passávamos.

Até hoje alega lembrar-se do que dizia o atestado médico que o isentou: "Sujeito a ataques de asma rebeldes à terapia usual".

Em meio ao triste ambiente na casa, o jovem aprontava-se para deixar o país em busca da formação profissional. Como havia o problema da matéria em que precisava ser aprovado, iria antes a Lisboa e de lá rumo a Paris. O pai se propôs a ir junto, pois "teu irmão [é] verdadeiramente inexperiente para resolver dificuldades, [...] eu sigo de avião depois de o meter a bordo com a tralha toda que leva". Reclama que Ruy não bateu um prego em toda a mudança. Queixa-se das muitas coisas que o filho quer levar, como por exemplo um baú com estátuas macondes (da tribo do norte de Moçambique), de pau preto e de pau tipo balsa, pintadas de negro e vermelho. Eram os anos 1950, a estatuária africana não era conhecida como hoje. Ao passar pela alfândega francesa, em seu francês macarrônico, Ruy teve dificuldades para explicar que aquilo era arte e sua propriedade: "*Moi... collectioneur... Afrique...*".

Nascera emigrante, como muitos nacionais da metrópole ou de colônias. A chamada "geração da diáspora" ou "geração de 1950" manifestava-se da forma que podia, usando a cultura como via de expressão de sua revolta política contra o colonialismo e o racismo. Permaneceu como referência para aqueles que seguiriam, depois, o mesmo caminho. Ruy lembrou que alguns constituíram "uma geração que em sua maioria deixou o país e se distinguiu no campo de artes, filosofia [...], devido ao contexto político e social em que nascemos e fomos criados [...] não por acaso ou por condições psicológicas individuais apenas". Muitos partiram na mesma época, outros somente depois da Independência, em 1975. Para a França, poetas como Noémia de Sousa, seu marido Gualter Soares e Virgílio de Lemos; para a Itália, a artista plástica Bertina Lopes; para a antiga metrópole, os poetas Rui Knopfli, o jornalista e escritor Edmundo Simões, o ensaísta Eugénio Lisboa, o poeta Fonseca Amaral, os filósofos José e Fernando Gil (este último foi depois para Paris); para a Inglaterra, o filósofo Hermínio Martins. Entre os que ficaram, alguns tornaram-se renomados no próprio país, como o poeta José Craveirinha e o fotógrafo Ricardo Rangel.

Ruy não se despediu da querida Guida, que, como não mais o encontrava, achou que ele tivesse sido preso. Ele se foi, mas permaneceu a fama de rebelde politizado, destemido, apaixonado por escrever e filmar. Poemas lhe foram dedicados. Alguns escreveram memórias, romanceadas ou não, com citações a ele. Como António Graça, que se refere a Ruy em seu romance como Sílvio.

Os documentos de seu processo pela Pide permitem datar seus passos nessa viagem para a detestada metrópole. Saiu de Lourenço Marques em 17 de fevereiro de 1951 no transatlântico de origem escocesa *Império*, da Companhia Colonial de Navegação de Lisboa. Sessenta anos depois, ao ser lembrado do nome do navio pela amiga e companheira de viagem Lita (Marília) Afonso, esposa do amigo João Giraldes, Ruy retrucou rápido: "Só podia mesmo se chamar assim". O navio transportava quase oitocentos passageiros; chegaram a Lisboa em 7 de março.

A ida de Ruy fora anunciada à Pide lisboeta. Alguns policiais subiram a bordo antes da descida dos passageiros e chamaram Ruy pelos alto-falantes. Ele esperava no salão central para a apresentação dos passaportes. No navio, jovens moçambicanos estudantes em Lisboa ou Coimbra, dado não haver universidade em Moçambique (muitos se profissionalizavam em universidades da África do Sul). Entre esses, Lita Afonso. Ela contou que o grupinho sabia que era atrás de Ruy que estava a Pide; ele saiu de lá algemado, mas teve tempo de passar-lhe alguns livros que poderiam incriminá-lo, entre os quais ela recorda apenas *Seara vermelha*, de Jorge Amado. Maria Clara se lembra de ter ficado preocupada ao ver no convés apenas o pai, todo de negro em seu luto, e nada do irmão. Em terra, após exame de bagagens e interrogatório, Ruy foi solto; segundo a irmã, nada quis relatar à família.

Com o processo judicial pesando sobre ele, Ruy demorou muitos anos a voltar para Portugal. De acordo com o que escreveu longo tempo depois em crônica, tendo "a língua como pátria, como o Poeta" (Fernando Pessoa) e o "sentimento do mundo, como o Outro" (Carlos Drummond de Andrade), rodou continentes atrás de sua necessidade quase que vital de filmar. Essa busca foi o fio condutor de seus deslocamentos no espaço e da continuidade de suas atividades no tempo. Passado meio século, escreveu o amigo "bissexto" Eric Nepomuceno no catálogo da Mostra do Centro Cultural Banco do Brasil São Paulo que, concretizada essa primeira arrancada, o mundo se tornou para Ruy "um quintal imenso, o quintal da infância em Moçambique, um lugar impreciso de onde ele está sempre chegando e para onde está sempre indo". Isso fez e faz com que, em muitas das vezes que a ele se referem, apresentem-no como "cidadão do mundo".

Em entrevista publicada em 2002, Ruy destacou de forma definitiva: "A força de meus valores básicos, no contexto familiar e no contexto da colonização e de meus conceitos políticos, foi formada em Moçambique". Para muitos, certa força que emana de sua personalidade pode ter origem no continente africano, nas violentas experiências coloniais e racistas. Sua vivência no país ressurge na poesia que traz à luz, nas histórias que conta, reconta ou registra por escrito e, por vezes, de uma forma geral e não explícita, em suas imagens cinematográficas. Histórias sobre sua mãe negra, as cobras da Namaacha, os leões do Gorongoza, ritos e mitos de animais e outros inúmeros casos.

3
ENTRE MAPUTO E O MUNDO

Ao deixar Moçambique em inícios de 1952, Ruy certamente sabia que não seria fácil voltar. A saudade bateu forte enquanto viveu "nos países frios de mulheres loiras", como registrado em crônica. Ou nos momentos em que a terra natal ficava mais presente, por exemplo quando perdeu o pai. Talvez as saudades também recrudescessem quando encontrava amigos moçambicanos mundo afora. Ao chegar ao Brasil o sentimento deve ter amainado bem, pois ele reencontrou "os trópicos de minha infância". Entrevistado em 1974, no Rio de Janeiro, afirmou:

> Eu estou ligado aos problemas políticos africanos [...] como estou ligado aos problemas do Vietnã, aos problemas do sudoeste asiático, a determinados problemas da América do Norte, isto é, numa colocação mais abstrata [...]. Agora, não estou ligado visceralmente à África em certo nível de consciência. [...] Num nível mais profundo eu devo estar ligado, porque nasci lá, vivi lá, e com uma certa formação cultural [...] uma ligação mais atávica, aquela que você nem tem consciência, quer dizer, a tua ligação uterina, que é a mais importante. [...] Saudades? Mas a saudade é uma coisa construída. Se eu tivesse saudade, depois de uma ausência de vinte anos, eu já estaria morto.

Ruy é claramente um homem do presente, um homem do momento. Formado cineasta, queria acima de tudo fazer cinema – no Velho Mundo, no Brasil, onde fosse. E, a duras penas, estava conseguindo.

Moçambique livre

Na década de 1950, com o fim da Segunda Guerra Mundial, intensificou-se enormemente a luta dos países africanos contra as potências colonizadoras europeias. Surgiu o pan-africanismo, a defesa de uma liberdade comum para além das fronteiras nacionais criadas pelo mundo europeu colonizador. Em 1963, a Organização das Nações Unidas (ONU) designou 25 de maio como Dia da África, até hoje comemorado. Nesse momento, reuniram-se 32 chefes de Estado com ideias contrárias à subordinação a que o continente durante séculos esteve submetido. Havia o desejo e a intenção por parte dos africanos de se unir para enfrentar a situação causada pela chamada "partilha da África". Incapazes de resolver os conflitos surgidos, os golpes de Estado se tornaram prática. E, para dizer o mínimo, os indicadores econômicos estavam longe de ser animadores, assim como a instabilidade militar e as múltiplas epidemias.

Segundo José Luís Cabaço, membro secreto da Frente de Libertação Moçambicana (Frelimo), a ideia de Moçambique independente para todos ganhou forma nos decisivos anos de 1959 a 1961. Em 1962, doze anos após Ruy ter ido embora, diferentes grupos da luta anticolonial uniram-se para formar a frente. A luta armada iniciou-se em 1964, ano do golpe militar e civil no Brasil, no momento em que Ruy ganhava renome internacional com *Os fuzis*. No final dos anos 1960, com material muito simples, uma Super-8 fornecida pela Rússia, o Departamento de Informação da Frelimo filmava suas atividades cotidianas nos campos de preparação. Cineastas engajados – italianos, alemães, ingleses, norte--americanos, iugoslavos – acorreram a essa tarefa. Convidado, em constantes negociações para as próprias produções, Ruy não aceitou o chamado.

Nesse momento, um jornal de Lourenço Marques publicou nota sobre suas atividades cinematográficas em Paris, com leve menção a Ruy ser simpatizante de "atividades terroristas". O irmão Mário, naquele momento de volta a Lourenço Marques, ficou indignado. Escreveu uma longa carta ao jornal, expondo origem e posição da família em Moçambique, glórias profissionais do irmão desde a época em que era estudante em Paris, negando as insinuações da ligação de Ruy com o chamado "terrorismo". Aconselhou-se com um renomado advogado local, Rui Baltazar dos Santos Alves, que o fez desistir de qualquer trâmite, pois "poderia prejudicar o irmão". Mário não tinha a menor ideia de que ambos, cada vez mais distantes, sobretudo após a chegada de Ruy ao Brasil, estavam em polos políticos totalmente opostos. A correspondência entre eles, abundante na década de 1950, foi rareando e desapareceu no começo dos anos 1970. Mário tampouco sabia das ligações do advogado consultado com a Frelimo: Rui Baltazar foi depois ministro da Justiça no governo revolucionário.

No início dos anos 1970, Ruy morava no Rio de Janeiro com o ator e xará moçambicano Rui Polanah, para ele "o índio oficial do cinema brasileiro". Quando o conheci, no final de sua vida, Polanah era uma figura doce, todo coração. Como bons irmãos, Ruy e Rui durante quarenta anos se quiseram bem, se divertiram e trabalharam juntos, ainda que tivessem algumas brigas, com episódios de profundo afeto e de rompimento. Polanah passou por interrogatórios durante a ditadura militar brasileira, e sua companheira foi presa. Sua casa na travessa Dona Carlota, número dezenove, em Botafogo (rua hoje desaparecida), era território livre para os chamados subversivos e frequentemente encontrava-se vigiada pela polícia. Recebiam, além de muitos amigos da esquerda brasileira, correspondência e visitantes de uma África em ebulição. Quando o visitei em seu apartamento carioca, também em Botafogo, mostrou-me com orgulho um cartaz na parede, no qual estava escrito: "Frelimo – primeiro tiro, 1964".

Dez anos depois, em 1974, deu-se o golpe militar que derrubou a ditadura portuguesa. Para os principais dirigentes do 25 de abril, a Revolução dos Cravos nasceu do avanço das lutas de libertação das colônias de ultramar. A guerra colonial levou alguns militares a uma reflexão profunda sobre o conflito. Perceberam a necessidade da iniciativa de derrubar o governo a tempo de evitar uma derrota na guerra e se tornarem bode expiatório do regime, como acontecera em 1961 em Goa. Parte dos amigos de Ruy que tinham permanecido em Moçambique engajou-se ativamente no movimento de libertação da colônia; entre os cabeças, Marcelino dos Santos e Jacinto Veloso – este, ex-militar da aviação portuguesa. Em Portugal, um dos líderes da Revolução dos Cravos foi o moçambicano Otelo Saraiva de Carvalho. Então capitão, depois candidato derrotado à presidência de Portugal em 1976 e em 1980, preso duas vezes por atividades ditas terroristas, com um percurso agitado de posições políticas extremadas à esquerda. Dez anos mais jovem que o amigo Ruy Guerra, em 2000 foi um dos atores no filme português *Monsanto*, dirigido pelo cineasta e que gira em torno de um personagem que volta da guerra colonial.

A República Popular de Moçambique, inaugurada em 25 de junho de 1975, viveu um período de transição socialista, *grosso modo* indicado como tendo acontecido entre 1975 e 1990. No poder, a Frelimo converteu-se em partido e, em seu III Congresso, em 1977, declarou-se oficialmente marxista-leninista. Samora Machel, enfermeiro, guerrilheiro e dirigente da luta armada, liderou de forma carismática o país por quase doze anos. Até hoje é um grande herói republicano, popular, admirado e amado pelos que com ele trabalharam ou sob o comando dele viveram. Filmes da época mostram seus concorridíssimos comícios, nos quais moçambicanos de diferentes tribos escutavam fascinados seus discursos, entremeados por sonoras gargalhadas. O líder, querendo preparar "seu povo" para a nova vida, estabelecia um diálogo repetindo perguntas e reptos revolucionários, aos quais a multidão respondia em uníssono. O principal repto era "Viva a Revolução Moçambicana! A luta continua!", cuja última parte faz escola até hoje (um irreverente e iconoclasta cineasta da terra ironizou em 2009 que ele emendava cinicamente em surdina: "Na cama e na rua"). Até na forma de relacionamento se inovava: "camarada" tornou-se o tratamento entre os membros da Frelimo. Ruy utilizava o termo em entrevistas e documentos. Em 2011 em Maputo arreliou-me algumas vezes com um "camarada Vavy".

Tudo era política; a revolução se apossou até das tradicionais capulanas que envolvem as mulheres africanas – começaram a aparecer modelos ornamentados com dizeres revolucionários. Era fundamental a construção de uma identidade para a novel nação, composta até então de etnias, tribos, clãs e cerca de 23 idiomas e seus dialetos. O novo governo, nascido de um movimento revolucionário, sonhava com uma "ordem nova", que supunha um "homem novo". Essa era uma das tônicas de diretivas e discussões políticas já antes da vitória, desde os acampamentos em Bagamoyo, a uns cinquenta quilômetros da capital da limítrofe Tanzânia (antiga Tanganica, independente desde 1962). Uma nova subjetividade e novos comportamentos, além de novos ideais, dariam base a uma sociedade socialista. Queria-se substituir as relações de exploração vigentes no sistema colonial português, baseadas, segundo os revolucionários, em racismo, obscurantismo, tribalismo, sexismo, corrupção. Se por um lado era criticada a alienação colonial das raízes africanas, por outro o governo Samora, em sua tentativa de tornar moderna a nação em esboço, proibia sem sucesso costumes tribais tradicionais, como a poligamia e o lobolo (uma espécie de dote visto pelos de fora da cultura como uma venda da mulher). Mais tarde essa atitude foi revista.

Entre outros, Mia Couto escreveu que "a Frelimo, ao longo dos primeiros anos de governo, era cega e arrogante em relação a práticas religiosas tradicionais e a valores mais antigos". No entanto, isso não parece ter impedido a liderança popular de Samora. O carismático presidente apregoava uma violenta recusa de tudo que era do colonizador e não uma recusa do branco, como procurava deixar claro. Expressava-se em português, reforçando a escolha da Frelimo por essa língua nacional. Ao procurar acalmar o tribalismo, não queria melindrar as tribos utilizando um e não outro idioma; durante os comícios, havia a seu lado um tradutor para os idiomas natais. O português era a única língua falada no país que possuía termos condizentes com a necessária e desejada modernização; todavia, até hoje a imensa maioria da população não se exprime no idioma.

Segundo José Luís Cabaço,

> o momento da Independência [...] é um momento de grandes cortes, afetivos e umbilicais, para a criação de um novo corpo. [...] As pessoas tinham necessidade, àquela altura [...] de mudar a imagem que se viam no espelho [...]. Samora teve muito essa percepção e ele alertou muito, fez muitos discursos a esse propósito.

Nessa construção da identidade nacional para um país de iletrados, o presidente atribuiu à imagem na tela um papel básico. Até o surgimento da Televisão Experimental de Moçambique (TVE), em fevereiro de 1982, o cinema teve enorme importância. Abriu-se, assim, um espaço profissional, em sua terra natal, para o politizado cineasta Ruy Guerra.

Antes da tomada de poder, em uma breve carta de 3 de abril de 1975, escrita em Paris, Augusto A. de Alencar informava Ruy sobre um telex do amigo comum Jacinto Veloso, que estava na direção da Frelimo e foi por mais de dez anos o homem forte do governo Samora. O intermediário repetia o pedido de Veloso: que Ruy lhe telefonasse imediatamente, "não sei exatamente o que o Velas quer com você, mas pediu-me para localizá-lo, 'pois precisamos dele aqui'". À mão, Ruy anotou em cima da carta ter telefonado para Paris no dia 5 de maio.

No ano anterior, a jornalista moçambicana Teresa Sá Nogueira tinha entrevistado Ruy em casa de Polanah. Uma cópia do texto mais duas fotos fazem parte do material censurado pela Pide. Em maio do ano seguinte, dirigindo o Departamento de Imprensa do Ministério da Informação de Moçambique, ela escreveu a Ruy:

> Há um montão de trabalho a fazer aqui. Não sei o que tu estás a fazer no Rio que não vens a correr para junto de nós. [...] Há também várias propostas para se fazer um fundo de cinema, que seria possível e realizável com a tua presença, que daria crédito e segurança ao troço, entendes? [...] A malta aqui gostaria que estabelecesses o teu campo de pouso em L.[ourenço] M.[arques]. Já viste que estás à mesma distância da Europa que o Rio, e que aqui tens muito mais possibilidades de trabalho, sem chateações.

A irmã Maria Clara insistiu, em "uma carta muito louca", para que Ruy não deixasse de ir à festa da Independência, que aconteceria de 21 a 29 de junho. Tinha aderido de coração ao novo estado de coisas. Corajosa, idealista, a partir dessa época parece ter assumido uma nova vida. Ao saber do 25 de abril, pegou os dois filhos adolescentes e saiu à rua em seu carro, os três festejando, sem temer qualquer possível represália da Pide. Depois do novo governo instalado, ela colaborou como diretora em uma escola de alfabetização na avenida Kenneth Kaunda (antes, Nossa Senhora de Fátima), onde ainda hoje se veem palmeiras e coqueiros plantados por ela e seus alunos. Trabalhou como gerente de loja de artesanato do Ministério da Cultura. Poucos anos antes, numa emancipação de uma exclusiva vida familiar, tinha passado a pintar quadros a óleo figurativos, de inspiração africana, cores fortes, assinando como Lara, nome recém-adotado. Teve duas exposições, ganhou prêmios; algumas das pinturas fazem parte do acervo do Museu da Arte Moderna de Maputo, outras enfeitam paredes das casas da família. Em 1984, mudou-se para Lisboa, mesmo a contragosto e, em 2006, confessou sentir-se "desterrada", pois era moçambicana, não portuguesa.

Por pressões externas e internas, a identidade moçambicana deve ter se reacendido em Ruy. Suponho que, para ele, não tenha sido difícil se decidir. Com um empréstimo bancário, comprou para si e para Polanah dois bilhetes aéreos. Faz parte de seu acervo pessoal o telegrama que enviou à irmã avisando da chegada de ambos no dia 20 de junho pela South African Airways, voo 146. Havia um quarto de século que não punha os pés em solo africano. Ao descer no aeroporto, os visitantes deparavam-se com uma faixa: "República Popular de Moçambique: zona libertada da humanidade".

Ruy ficou na casa da irmã, com o marido dela e dois filhos adolescentes, na rua Fernão Lopes, número 189, em Sommerschield, belo bairro da "cidade de cimento". A irmã era casada com Domingo Martins, psiquiatra com quem Ruy simpatizava desde o namoro dos dois: ainda adolescente, "íamos muito ao cinema juntos". Logo após a chegada, durante horas a irmã informou-o sobre os inúmeros desaparecidos naqueles 25 anos, alguns dos quais ele nem mais sabia quem eram.

À espera no aeroporto, entre outros, um dos maiores amigos da adolescência, Carlos Silva. Ruy não o reconheceu e não teve coragem de indagar quem era; dias depois, ao ver uma foto dele com outro jovem, ambos abraçados "de raquete de tênis e calça curta", subitamente o identificou. Não que Carlos tivesse sumido de sua vida. Por ocasião da trágica morte de Leila Diniz anos antes, uma carta enviada pelo amigo ao Rio dizia: "Fiquei abaladíssimo da notícia, foi como se o tempo recuasse repentinamente e se nos encontrássemos naquela terrível semana quando do desaparecimento de tua querida mãe". Carlos escreveu ainda sobre como, grandes amigos adolescentes, "lutávamos no chão do teu quarto"; lamentou ainda não terem se encontrado em Paris em 1968.

Ruy rememorou a história em crônica 23 anos depois:

> A emoção do regresso era grande, para não dizer desmedida. Voltava aos lugares de minha infância num momento de euforia nacional, com meus frágeis e descabidos sentimentos de um menino tardio [...] é difícil afastar a emoção, ao risco do melodrama, quando se é confrontado com experiências vivas, como as das imagens do estádio da Machava em Maputo [...], onde vi desfraldar pela primeira vez a bandeira da República Popular de Moçambique, ovacionada por muitos e muitos milhares de moçambicanos. Uma emoção que arrancou lágrimas furtivas do Ruy Polanah, velho companheiro de sempre...

E ainda:

> E agora estava eu ali, para me reencontrar com a minha terra natal e, principalmente, comigo mesmo [...], logo minha história pessoal foi-se impondo e iniciei uma involuntária romaria aos lugares da minha juventude. Sentia uma irresistível necessidade de confrontar imagens da memória afetiva com a realidade.

Como costuma acontecer nesses casos, decepcionou-se com o tamanho da estação dos Caminhos de Ferro, provavelmente metáfora da imensidão de sua imagem paterna – e também com o tamanho da casa da família em Namaacha. Sua visita ao refúgio querido se deu

> com um sentimento que não procuro descrever [...]. Mas, passada a água nos olhos, tive um sorriso que contudo pode parecer descabido ao ver as mudas de macieiras, cerejeiras, amendoeiras, que o meu pai mandara buscar de navio em Portugal e plantara com serapilheiras e fé. Continuavam lá, atrofiadas árvores inadaptadas, miúdas, mesquinhas, mirradas, iguais a quando eu as deixara pela última vez, e já então motivo de chacota da minha parte diante da teimosa esperança de meu pai de que ainda vingariam no frio das montanhas e dariam frutos nostálgicos da metrópole, colhidos no pé, em terra africana.

Escreveu sobre os sentimentos provocados pela "violência de uma vertiginosa viagem na saudade"; sobre não ter ido até "a velha cascata que não revisitei para não me surpreender de a encontrar igual a ela mesma, como se o tempo não tivesse passado e o vazio de meus pais fosse uma absurda imagem de filho pródigo". Também não procurou em Maputo o túmulo do pai morto havia vinte anos.

Levara consigo material para registrar em fotografia o momento histórico com que ele e amigos tanto tinham sonhado:

> Eu sabia que aquele era um momento de exceção na minha vida, como o era também na vida do país. [...] O país estava em festa. [...] os rostos felizes nas ruas, as raças misturadas [...]. Essa alegria eu fotografei obsessivamente a cores e em branco e preto. Das mil e tantas fotos que tirei, raras foram as dos festejos oficiais. Era o rosto iluminado das mulheres, homens e crianças o que me fascinava. Rostos de mil dentes e nos olhos um brilho inesquecível de quem acredita num outro futuro.

Algumas imagens lhe geraram embaraços, pois fotografou uma escolta do governo dormindo em cima das motos. Os militares pegos em flagrante o invectivaram, tentando sem sucesso confiscar sua máquina.

Uma imagem para Moçambique livre

Polanah voltou ao Brasil logo após a festa de Independência e jamais retornou a Moçambique, pois "minha pátria é onde estou bem". Ruy retornou ao Rio depois de quinze dias. Nesse momento, o trabalho não estava nada fácil para ele no Brasil; com muitas dificuldades no início dos "anos de chumbo", terminou em 1970 *Os deuses e os mortos* e, quatro ou cinco anos depois, rodou *A queda*.

Moçambique começava a ser invadido pelos chamados "cooperantes". Em razão de acordos do governo Samora com países socialistas, técnicos de várias especialidades desembarcavam em Maputo: russos, alemães orientais, iugoslavos, cubanos, romenos, búlgaros, coreanos e chineses. De imediato ou ao longo da década, também apareceram membros da *intelligentsia* internacional de esquerda de diversas nacionalidades, muitos ligados ao campo da arte. No exílio, brasileiros como José Celso Martinez Corrêa, Miguel Arraes Filho (Guel, cuja família estava na Argélia), Juarez da Maia. O cubano Santiago Álvarez, chefe da delegação de cinema de seu país; o chileno Rodrigo Gonçalves; os canadenses Ron e Ophera Hallis; do Reino Unido, Simon Hartog e Margaret Dickinson; da Holanda, Ike Bertels. Embora houvesse certa xenofobia da parte de estratos altos e médios – medo da ocupação de cargos, inveja dos salários em dólares e das benesses –, os moçambicanos não ousavam se opor aos estrangeiros colaboradores. Em impasses decisórios, esses últimos ouviam diretas ou indiretas por não serem moçambicanos. Alguns contaram que o termo "cooperante" chegou, em meados de 1980, a ser malvisto.

Recentemente começaram a ser publicados estudos sobre o cinema em Moçambique. Seus objetivos no governo Samora foram definidos desde 1975, na I Conferência Nacional do Departamento de Informação e Propaganda da Frelimo. O governo condenou a projeção de filmes que negassem a realidade moçambicana, que mostrassem ideologias reacionárias, violência gratuita ou pornografia. Foram nacionalizados os canais de distribuição e criou-se uma comissão de classificação de filmes. Destacou-se a imperiosa necessidade de um cinema verdadeiramente moçambicano, que tratasse de temas como o colonialismo, a luta armada, as várias fases da revolução. Eram grandes as ambições na implantação da nova sociedade socialista. A tela cinematográfica deveria funcionar como uma lousa, explicando ao povo a revolução, conscientizando-o e fortificando a autoridade revolucionária. Finalidade, portanto, pragmática e pedagógica.

Até 1975, o cinema fora produzido por portugueses. Com o fim do sistema colonial, praticamente não sobraram quadros para quase nenhuma atividade, incluído o cinema. Em 1976, o governo criou o Instituto Nacional de Cinema de Moçambique (INC), submetido ao Ministério da Informação, cujo primeiro titular foi Jorge Rebelo. Preocupado com a propaganda para massas, ele atribuiu importância ao rádio; aquele era o momento dos radinhos de pilha de preço acessível, fáceis no manejo. Ainda assim, Rebelo foi responsável por prover o INC com equipamentos cinematográficos de primeiríssima linha, em boa parte selecionados por Ruy. Segundo cineasta entrevistado, ex-aluno de Ruy,

> podemos dizer que, pela mão dele [Rebelo], Moçambique era um dos poucos
> países africanos que fazia som sincronizado direto. Isso não existia. Os outros

faziam os sons com as plaquetas, e nós já fazíamos com bip eletrônico, que é um sistema que marca o ponto de sincronismo. Todas as pessoas perguntavam-nos como... Em 1978, tínhamos uma das melhores mesas de montagem, com alta qualidade vinda da Alemanha, da França.

Em 1980, com a nomeação de José Luís Cabaço para o Ministério da Informação – ele, apaixonado pelo cinema –, a área passou a receber ainda mais verba, e mais filmes passaram a ser concretizados. No INC (atualmente Inac, Instituto Nacional de Audiovisual e Cinema), hoje guardam-se latas de bobinas daquela filmografia e algum maquinário importado dos mais modernos (câmeras Arriflex, Attons, moviolas). Em 1994, o prédio sofreu incêndio de origem não bem explicada e parte do acervo foi destruída. Em 2009, havia paredes chamuscadas e uma ala do segundo andar do prédio estava sujeita às intempéries do clima. Assim como a cinematografia em Moçambique, que era sujeita ao bom e ao mau tempo da política.

Nas discussões de cúpula sobre a implantação do audiovisual, são apontadas quatro presenças mais significativas: Jean Rouch, Jean-Luc Godard e sua mulher Anne-Marie Miéville e Ruy Guerra. Rouch, um dos fundadores do chamado "cinema-verdade", antropólogo documentarista, realizou um périplo africano de sessenta anos. Em Maputo, contou com a intermediação da embaixada francesa e da Universidade Eduardo Mondlane. Visitou o país em 1976 e 1977, sugerindo um treinamento para filmes tipo cartão-postal em Super-8, mais baratos, de revelação mais rápida. Para isso, seria necessária a criação de um estúdio na universidade; seu arquivamento também seria bastante complicado. A experiência não foi além de vários filmes Super-8, retidos em Moçambique. Ele e Ruy nunca se cruzaram.

Com Godard foi diferente. O cineasta iconoclasta, inovador, tentou ir ao Vietnã do Norte em meados dos anos 1960, esteve em Cuba em 1968, passou alguns meses em 1970 na Jordânia para fazer um filme inacabado, *Jusqu'à la victoire*, do qual usou trechos em outros filmes. O *affaire* com Moçambique, segundo seu biógrafo Richard Brody, começou em Genebra, em setembro de 1977, quando Godard assistiu a uma conferência sobre a nascente república. Ele foi a Moçambique inicialmente "para ver" e, também como Ruy Guerra, a convite de Jacinto Veloso. No acervo de Ruy há um bilhetinho em papel quadriculado, escrito à mão – começando com *Salut* e terminando com *Amitiés* –, dirigido a "Ruy Guerra, *chambre* 424". Godard convidava Ruy para almoçar e "nos ajudar a encontrar Veloso ou sua *entourage* para saber o que ele conta fazer conosco".

Talvez o governo Samora estivesse esperançoso dos holofotes que o famoso cineasta poderia atrair no plano internacional. Desde os primeiros contatos, Ruy foi pensado como intermediário entre Godard e o governo – mas ele mesmo achava que o cineasta europeu precisava de liberdade para trabalhar, não queria limitá-lo. Contou ter dito:

> Eu posso ser responsável pelo projeto, só que minha responsabilidade vai ser no sentido prático, sem nenhum tipo de orientação, nem política nem cultural. Têm que aceitá-lo com suas provocações, com sua identidade, suas visões, enfim, com todas as suas propostas – que eu acho necessárias, que acho bom. E acho que nem todas as áreas do poder vão gostar daquilo que ele vai fazer.

Assinava embaixo da presença dele em Moçambique:

> Por muito que o Godard faça de errado dentro da perspectiva interna, ele vem trazer uma visibilidade ao processo de Moçambique [...]; o facto de deixarem ele filmar, o facto de ele questionar certas coisas, o facto de ele ser irreverente vai dar uma visão muito mais aberta do processo [...], independente do valor do filme.

Para Ruy, de certa forma estaria mexendo com "certo puritanismo que tinha o processo da Frelimo e [talvez] se pudesse começar um debate sobre estas questões". Em nenhum momento se deu um choque pessoal entre os dois. Pelo contrário.

> Eu conhecia pouco o Godard – e conheço pouco até hoje –, mas fiquei com uma imagem pessoal dele muito boa. Tinha aquele lado da Suíça – que eu nem sabia na época, uma pessoa que gosta muito de dinheiro –, mas em contrapartida é uma pessoa extremamente sensível [...], no comportamento pessoal era uma pessoa frágil, atenta, teimosa.

Certa vez em Maputo, quando Godard chegou e foi procurá-lo, Ruy estava doente, largado na cama num pequeno hotel da Cidade Baixa. O famoso cineasta, segundo Ruy sério, seco, pouco afável, foi extremamente delicado e solidário, ficando quieto no quarto de Ruy por algumas horas, como se velasse o febrão até melhorar.

O filme que Godard desejava fazer em Moçambique não se realizou. Ele deixou sua versão sobre a experiência no número especial 300 da revista *Cahiers du Cinéma*, publicado em maio de 1979. Em meio ao relato, destaca a encruzilhada em que imagina Ruy. Parece invejar a potencialidade e a possibilidade de ação política do cineasta moçambicano. Lembra um jantar de ambos com diversos amigos de Ruy num "antigo Yatch Club" (certamente o Clube Naval):

> Sem querer colocar Ruy como vedete, a situação na qual se encontra é interessante. Apaixonante. Paixão das massas e do indivíduo pelo espetáculo animado. Situação talvez única de Ruy, até neste instante, na história do Terceiro Mundo e da produção de filmes. Enquanto cineasta, realizou muitos "grandes" filmes de audiência internacional, e há nele o desejo profundo de contar histórias, de

contar a felicidade e a infelicidade através de rostos, de gestos de homens e mulheres, de filmar as aventuras de personagens ordinários ou fabulosos. Mas agora, enquanto filho do país, e do país na infância de sua independência, despertado em plena noite colonial, ele precisa ficar com os olhos abertos e não se deixar levar, se perder. [...] Nos movimentos precisos e finos de Ruy, cheios de força desajeitada, que procuram ser docemente medidos, sente-se que aqui, nesta parte do mundo, ele tem enfim a oportunidade de encontrar uma resposta.

Quando Cabaço assumiu o ministério, nos papéis recebidos diretamente de Rebelo nada havia sobre qualquer acordo com Godard. O ministro começava, naquele momento, as discussões sobre a instalação da televisão para Moçambique. Godard apresentou-lhe uma proposta. Desejava lançar, a par da experiência da televisão tradicional que Cabaço estava estudando, uma televisão alternativa na região do lago Niassa, no norte do país, que ele e sua companhia Sonimage criariam. O pré-projeto entusiasmou o ministro: seria uma boa experiência para ver como o camponês reagiria, como se relacionaria com a imagem. Foi elaborada uma proposta, a qual foi aprovada, endossada e submetida ao Conselho de Ministros; no acervo de Ruy, as cópias datam de 1980. Seria uma televisão "livre das influências capitalistas ocidentais e burguesas".

Godard estava animado para trabalhar com pessoas que jamais tivessem visto uma imagem em movimento. A coisa seria mirabolantemente criativa e cara: fornecer aos moçambicanos material para filmarem sua própria realidade. Queria ir às aldeias comunais na região do Niassa e ensinar a população a manipular as máquinas, para que filmassem livremente o que desejassem. No citado artigo, afirmava que "tem-se de dar a conhecer às outras pessoas que Moçambique existe. Por isso, tem-se de mostrar para algumas partes de Moçambique outras partes de Moçambique. Talvez a primeira vez que se mostre seja mal mostrada, talvez não…". Tudo seria baseado no vídeo, meio tecnológico que começava a surgir. Segundo o biógrafo Antoine de Baecque, Godard levou a Maputo – e lá as deixou ao partir – algumas câmeras Hitachi e magnetoscópios portáteis Nivico; somente um *cameraman* em todo Moçambique, Carlos Jambo, possuía uma câmera dessas.

Ruy, porém, pensava diferente. Percebia que, assim como Godard, praticamente todo o mundo do cinema naquele momento estava fascinado pela tecnologia digital do vídeo, suas câmeras, seu suporte magnético; entretanto, não via condições para essa novidade no Moçambique pós-revolucionário. Advogava que se deveria usar o suporte óptico, dezesseis milímetros, em função dos custos, de sua maior solidez, de as máquinas de filmar aguentarem mais. Ruy relatou um jantar em que os dois discutiram o tema. Foi no badalado restaurante La Coupole, na Rive Gauche parisiense, que encontrou o cineasta, que jantava com seu engenheiro eletrônico e amigo: "Godard me cobrou, um pouco afirmando: 'Você é contra a tecnologia, as câmeras leves, magnéticos e tal'. Eu disse: 'Não sou contra, de maneira nenhuma, acho é que ainda não há condições técnicas em Moçambique'.". Ruy lembrou-lhe de que em Moçambique havia um único engenheiro eletrônico que "tomava conta dos computadores estatais, e aquilo com a umidade não funcionava e havia problemas sobre esse aspecto. Imagina nós lá, como é que você vai fazer? Aquilo tudo vai parar, num muito curto prazo". Sua concepção prevaleceu. Pedro Pimenta observou, em 2009: "Foi Ruy Guerra quem trouxe um pouco de bom senso a tudo isso".

Conforme se lê em biografia de Godard, o cineasta e acadêmico africano Manthia Diawara construiu uma versão que exagera o poder de Ruy no caso Godard.

> Muitos veem Godard como um herói da liberação da imagem. Um criador, um ícone do cinema. Inicialmente, Guerra deu as boas-vindas a Godard, dizendo "ótimo, vamos trabalhar juntos", e tudo começou bem. Depois, Guerra achou que Godard estava gastando muito dinheiro em produção e teorização, não filmando. Com Godard é sempre muita *mise en scène*, teorizando sobre como posicionar a imagem na frente da câmera, que câmera usar, como fazer, um nunca acabar. Então, ficaram impacientes com Godard. Até que o contrato foi desfeito no final do ano. Sem amarguras.

Segundo Cabaço, o projeto não se realizou porque o governo se recusou a desembolsar as três ou quatro centenas de milhares de dólares que constituiriam a parte do Estado; a mesma cifra seria desembolsada pela Sonimage, companhia de Godard e sua mulher Anne-Marie Miéville.

Para o biógrafo Richard Brody, Godard não tinha clara sua relação com o país, não conhecia a língua, como estrangeiro nada sabia sobre "os camponeses iletrados e visualmente inexperientes". O projeto, nesse momento, demonstra seu interesse pelo "estado do mundo", além de evidenciar a "perda de confiança de certos produtores", revelar em que medida Godard "tinha se tornado um *outcast* do cinema ocidental". A experiência, porém, deixou profundas marcas em seu trabalho subsequente no cinema e no vídeo. Além disso, como já foi dito, ele reaproveitou cenas filmadas em Moçambique.

Fazendo história

Alguns alvitraram que Ruy teria voltado ao país recém-independente por entender ser esse seu dever patriótico. Na revista *Le Nouvel Observateur* de junho de 2000 há uma reportagem sobre *les vies de Ruy Guerra*. Referindo-se a esse momento, o repórter diz: "Dez anos se passam, marcados por alguns filmes engajados, sem que se saiba exatamente se Guerra se tornou um revolucionário que faz cinema ou um cineasta que faz a revolução".

Ruy era um homem maduro, de 44 anos, cineasta experimentado e de prestígio internacional; tinha seu passado em Lourenço Marques, agora Maputo, cidade revolucionária de ponta-cabeça. À enorme paixão por fazer cinema somou-se a vontade de fazê-lo em seu país, em plena revolução nacional e socialista. Certamente gostaria de influir no campo da cultura em sua terra natal, como fizera no Brasil. Na época, Ruy costumava citar a frase do amigo artista plástico e poeta António Quadros: "A África precisa tanto de imagens quanto de proteínas". E foi como cineasta que participou de um movimento de implantação da revolução. Em entrevista recente, disse ter voltado a Moçambique

> numa missão de resposta à minha juventude [...]. Sentia-me obrigado a estar lá, mas era uma obrigação profundamente agradável. Redimi-me um pouco de estar ausente das lutas da Independência [...], tinha saído [doze anos] antes e começado a vida noutro caminho. E também muito feliz de ter sido requisitado pela Frelimo.

Parece plausível ver nessa volta uma militância madura, que se realizou por meio do cinema.

Em entrevista no Rio de Janeiro, em setembro de 1974, mostrava-se desanimado com a falta de possibilidades de filmar no Brasil: "Evidentemente tenho mais possibilidades de produção na Europa, especialmente na França". Tentou coproduções europeias no Brasil, namorou o livro *Quarup*, de Antonio Callado, e outros projetos. Para um "cineasta do subdesenvolvimento", como se autointitulava, as concretizações eram poucas, por isso os projetos tinham sempre que ser muitos.

Uns seis meses depois da volta dos festejos da Independência, Ruy queria retornar a Maputo para trabalhar, então tentou contato com o amigo Jacinto Veloso. Este lhe respondeu que aparecesse em fevereiro de 1977 para o III Congresso, pois o evento "merecia um documentário completo"; poderia pôr "à disposição uma aparelhagem Super-8 sonora completíssima, da melhor que há, ainda não estreada". Prometia-lhe visto de entrada, programa de visitas; entretanto, uma colaboração efetiva detalhada aguardava resposta oficial do escalão superior. Ruy foi, não filmou nada e, como na visita anterior, tirou muitas fotos. Acabou doando todas para a Frelimo, algo que lamenta, pois nunca mais as viu.

Veloso o aconselhou a se apresentar ao ministro Rebelo. Ruy gosta de contar a prosa formal com uma das "cabeças teóricas da revolução". Diz ter mencionado a necessária liberdade que a arte exige e os limites que diretivas de um partido revolucionário impõem. Temia "provocar algumas coisas que nem sempre são bem-vistas pela filosofia oficial da Frelimo"; não queria experimentar

92 RUY GUERRA: PAIXÃO ESCANCARADA

possíveis choques nem ser visto como reacionário. O ministro ouviu tudo em silêncio e perguntou apenas quando ele estaria disposto a retornar a Maputo. Ruy disse que era questão de ir ao Rio, despachar algumas providências e tomar o avião de volta. Rebelo: "Então venha logo". Essa prosa preambular, contudo, não livrou Ruy dos embaraços temidos. Infelizmente, Rebelo, em 2009, não me concedeu uma entrevista; por telefone, afirmou não ter muito a dizer sobre Ruy Guerra, "tivera com ele pouquíssimo contato". A mesma atitude teve Polly Gaster, cooperante inglesa, depois chefe de produção do INC (hoje naturaliza-da moçambicana), muito próxima a Rebelo. Segundo um cineasta local, ela, comunista das bem ortodoxas, era uma feroz controladora de seus subordinados: "Como era possível criar com aquela fera abrindo a porta a toda hora, espiando para ver se estávamos trabalhando?". E ainda: "Ela sacudia na nossa cara o livri-nho vermelho do Mao...".

No início desses quase dez anos em que andou por Maputo, Ruy esteve bastante ligado ao INC, embora não tenha ocupado nenhum cargo administra-tivo. Sua função maior foi a preparação de quadros e a adequação para produção de filmes pela compra de máquinas, material etc. Deveria também estabelecer contatos internacionais; para isso, foi-lhe atribuída uma credencial que o levou a diferentes missões de serviço fora do país. Gabriel Mondlane, um dos ex-alunos que se tornou especialista de som, recordou em 2009, em entrevista: "Não havia ainda nenhum cineasta com a mesma dignidade e que pudesse representar o país. Era ele quem tinha *know-how* e, a essa altura, viajava em nome da Repú-blica Popular de Moçambique. Era tipo um embaixador". Honras e sustos si-multâneos: em crônica, Ruy conta como, em conexão de viagem ao Japão, ficou retido dois ou três dias em um quarto de hotel na área internacional do aero-porto de Joanesburgo, considerado *persona non grata*.

Pedro Pimenta afirmou:

> Ruy Guerra, convidado para pensar como estruturar um cinema moçambicano – pois localmente não se tinha competência nem experiência –, teve uma in-fluência mais marcante do que qualquer outro. Permitiu que o governo tomasse uma decisão sobre o modelo de cinema aqui. Depois, trabalhou na criação de uma infraestrutura técnica que permitisse a produção e a realização de filmes que seriam difundidos no circuito da exibição. E nossa relação com ele foi fun-damental, marcou uma maneira de fazer cinema que até hoje perdura. No sen-tido de um cinema de autor, que procura estabelecer uma forma de linguagem relacionada com o público daqui e que não seja necessariamente uma cópia do que já se fez em outros lados.

O diretor Camilo de Souza testemunhou:

Hoje, aqui em Maputo, tirando os bem jovens, somos todos filhos do Ruy Guerra pela maneira como ele organizou as coisas para nossa formação [...]. Ele dizia: "Se nós mandarmos as pessoas para o Idhec, vão ficar lá anos, habituadas a outras coisas, outros equipamentos, outras tecnologias... Vão chegar aqui e dizer que, se não têm isso ou aquilo, não podem filmar".

Ruy rememorou: "Os futuros cineastas eram mandados para o INC como seriam mandados para uma fábrica de salsichas ou para os Caminhos de Ferro". Um ex-aluno testemunhou: "A princípio, quando Ruy Guerra chegava, ficávamos fascinados como crianças". Foram destacadas suas aulas práticas de produção aos sábados, suas sessões de filmes seguidos de discussão. Ruy tinha um vasto leque de conhecimento dos filmes que rodavam pelo mundo, ele viajava muito, trazia filmes de outros países. Segundo lembra outro ex-aluno, "quando chegava, já ia falando 'eu trouxe aqui um filme novo'". Assistiam a filmes brasileiros, búlgaros, soviéticos, cubanos e a uns poucos americanos. Viam também filmes de Ruy. "Podíamos ver o filme em silêncio e depois comentar, mas também podíamos ver o filme várias vezes e comentar no meio. [...] Não era um cineclube, era uma equipe que produzia." Um olhar técnico.

Muitos outros especialistas acorreram ao país, como delegações de Cuba, da Iugoslávia, da Alemanha oriental, da Coreia do Norte. Contou outro ex-aluno: "Obviamente, para nós, meninos totalmente inexperientes, esses nomes eram uma espécie de Deus". O numeroso pessoal técnico levado por Ruy para formar os moçambicanos fez escola. Eram do Brasil, da França. Na quase totalidade, os brasileiros já trabalhavam com audiovisual; tinham posição à esquerda, queriam deixar um país sob ditadura militar. Entre outros, na primeira fase no trabalho com o INC, Murilo Salles, Cris Altan, Vera Zaverucha, Antonio Luiz Mendes Soares, Alberto Graça, Jacques Schwarzstein. Depois, na segunda fase, ligada à empresa Kanemo – paraestatal criada pelo governo moçambicano com a parceria de Ruy Guerra –, como superintendente Labieno Mendonça, o Labi, Xuxo Lara, Marta Siqueira, José Sarmento. Labi, por sua vez, levou Mario Borgneth e Chico Carneiro.

Com finalidade pragmática, o governo pretendia exibir em todo o território filmes educacionais e informativos sobre as lutas de Independência e descolonização, lutas dos trabalhadores. Um motivo de orgulho para Ruy: *Os fuzis* foi um dos primeiros exibidos. Mas também passavam filmes recreativos, dando continuidade ao tipo de cinema apreciadíssimo pelos indianos e pela população africana. Pedro Pimenta contou em sua entrevista que

kung fu e cinema indiano davam dinheiro que nunca mais acabava. Um filme indiano popular era seis meses em sala, sessões sempre cheias. O filme indiano, clássico, com muita dança, muita música, poucos beijos, pouca nudez, tinha um público totalmente conquistado [...]. Havia os países socialistas, com cinematografias desconhecidas aqui, uma fonte importante; depois abrimos novos territórios, ou seja, cinema brasileiro, latino-americano, cubano, africano. E como era uma altura de grande dinamismo, fazíamos coisas lindas. Por exemplo, *Padre padrone* [Pai patrão] (1977), dos irmãos Taviani, ganhou Palma de Ouro em Cannes em 1977, e a primeira estreia após Cannes foi em Maputo. Nós tínhamos cacife para isso naquela altura. Éramos jovens, ousados e tínhamos o dinheiro.

Como primeira medida para cumprir os objetivos desejados, o governo criou o noticiário *Kuxa Kanema* [nascimento do cinema]. Em geral com dez cópias, que apresentavam imagens do cotidiano do país. Variava de frequência e duração, de onze a trinta minutos; circulava pelas dez zonas do território em caminhonetes doadas e antigos veículos reformados. Na segunda fase sob comando do ministro Cabaço, o noticioso adquiriu uma rotina de produção, com orçamento fixo; a cada sábado havia um novo jornal. Foi a primeira oportunidade para as comunidades do interior terem contato com imagens em movimento. Nesse jornal, muitos dos alunos de Ruy tornavam-se cineastas.

Para ele, que não participou do dia a dia do jornal, contou-se com "um êxito extraordinário de público moçambicano, porque se viam (na tela); independentemente de uma análise estética ou política, o importante era ver a imagem de Moçambique, as histórias moçambicanas". Serviu ainda para "criar uma autonomia de produção [...], conseguir pôr imagens fabricadas no próprio país". Recordou:

O importante naquele momento era nós criarmos uma base de autonomia de infraestrutura e era também romper com o tabu de incapacidade de produzir filmes. Não nos interessava muito o aspecto daquilo que estava sendo feito. O importante era fazer. Cada vez que se arrancava cinco metros de filme num mês, era uma vitória incrível. Era preciso produzir certo número de minutos, mês, ano, e criar uma regularidade dentro disso.

O fotógrafo Edgar Moura trabalhou no início do noticiário. Sua estada africana deveria durar dois anos, mas foi abreviada para nove meses. Ele não se adaptou à situação revolucionária: o momento era muito militante, muito ideológico, "não se tinha liberdade nenhuma, estávamos lá para fazer o que o governo queria". Em seu livro sobre suas atividades profissionais, ele nem menciona esse período.

Como se vê por fotos, às vezes Ruy estava sem barba e bigode e muitas outras vezes aparecia com volumosa cabeleira. Essa aparência, somada ao charuto, fez com que, sem que estivesse a par, alguns alunos se referissem a ele de forma afetuosa como "índia velha". Gabriel Mondlane me contou:

Era a primeira vez que a gente ia entrar no mundo artístico e o Ruy era uma pessoa com uma velocidade fora do comum. [...] conseguia falar de quatro ou cinco projetos de uma só vez. [...] Uma das coisas que a gente estranhava era a questão dos charutos, que víamos pela primeira vez [...] A gente não sabia muito bem que tipos de drogas circulavam no mundo; cada vez que ele falava, pegava aquilo e fumava. Quase que mastigava o charuto, dava uma sensação de que aquilo era uma droga de um superpoder, associávamos à velocidade de pensamento que ele tinha. [...] Até que um dia em uma filmagem ele decidiu fazer a prova de que aquilo não era droga nenhuma. [...] Os jovens sempre querem copiar as pessoas mais velhas, eu peguei aquele charuto, levei para casa e fumei aquilo dando umas gingadas. Deu um problema terrível na minha casa, acharam que eu estava fumando uma droga. Fiquei enjoado, mas contente, porque queria ficar igual ao Ruy.

Contou ainda:

Quando ele gritava, a gente aprendia. Ele gostava muito de dar aulas, quando a gente estava com ele não tinha intervalo nenhum, era direto. [...] Ele fazia uma espécie de ateliê em que, por exemplo, as pessoas que estavam no som, como era meu caso, outras no laboratório, outras na montagem, nos juntávamos todas. Para ele, nessa coisa de cinema, não precisa ter uma especialidade, falava: "Aqui quem quer fazer cinema tem que respeitar A, B, C e D, então tem que saber de tudo". Ele dava muito sofrimento ao pessoal da montagem, tomava café e fumava, trabalhava muito e eles eram obrigados a ficar com ele. As pessoas reclamavam muito para nós. Ruy era muito exigente, e nós sabíamos que qualquer pessoa nova tem medo do seu professor, medo de reclamar de alguma coisa. Algumas pessoas não entendiam exatamente essa agressividade que ele dava no trabalho dele.

Não foram poucas as dificuldades, hoje embaçadas ou diminuídas pela distância temporal. Américo Soares, primeiro diretor do INC, foi apontado como muito ativo e lutador. Quando largou o cargo, em meados de junho de 1979, registrou em carta para Ruy:

O problema fundamental não reside na mudança deste ou daquele elemento, mas sim na definição correta de uma política global, onde o cinema por força de lei se inscreve. [...] Não vejo como poder criar, em certo prazo, condições concretas favoráveis ao desenvolvimento de uma cinematografia nacional.

E acrescentou que "foi recomendado pelo Partido que não se esperasse muito do cinema nos próximos três anos". Como no INC todos eram funcionários do Estado, não se podia mandar ninguém embora, não havia instrumento de pressão, e as pessoas se acomodavam.

Ruy chocou-se frontalmente com Pedro Pimenta durante o tempo em que este esteve no comando do INC. Pimenta explicou, com ironia:

> Sou de natureza muito arrogante [...], rapidamente achei que tinha que matar o meu pai; no caso cinematográfico, o Ruy Guerra. [...] Achava que era possível ter a minha visão, sobretudo que, por mais prestígio que ele tivesse, não tinha o direito de chegar aqui de paraquedas e ordenar uma rotina, uma forma organizativa etc. [...] Eu, em meus 23 anos, estava como responsável da produção do país. Tinha recursos porque o sistema me dava recursos. Quando Ruy regressava e alterava a ordem que eu tinha batalhado – ah, não, desculpa, mas não.

Há, no acervo pessoal do cineasta mais velho, carta de Pedro narrando detalhes de fofocas e intrigas internas: "[Dizem que] o INC está dominado por brasileiros, agentes de Ruy Guerra. Pedro Pimenta, ele próprio, é um agente de Ruy Guerra". Durante minha pesquisa escutei histórias de três cadeiras quebradas por Ruy. Uma delas justamente em uma disputa com Pedro, atirada contra a parede do INC durante uma das longuíssimas reuniões sobre rumos a tomar. Pedro, rindo, disse ter descontado o prejuízo dos proventos de Ruy, que disso não tem a menor lembrança.

Licínio Azevedo comentou:

> Ruy coloca sempre a personalidade dele à frente de tudo. É uma pessoa que teve assim uma vida traumatizante. Mãe que morreu num acidente de avião, depois a Leila Diniz. É uma pessoa com a qual, na época, eu não ousaria discutir, polemizar, pois ele me lançaria uma cadeira na cabeça depois de alguns segundos. Quando começava alguma discussão, me sentava na última cadeira para ficar perto da porta de saída.

Para Camilo de Souza,

> Ruy ferve em pouca água. Eu, que tenho todo o respeito por ele, uma vez tivemos uma briga no aeroporto de Paris. Uma briga bem complicada. Ele me falou: "Vocês pensam que eu estou brincando em Maputo? Eu não estou brincando, o que estou fazendo lá é a sério e, se não puder fazer como penso, não tem retorno, vocês não me verão nunca mais".

Logo no início, Ruy embarcou de cabeça, colocando todas as energias no projeto para um "cinema móvel": "Me fascinava a ideia de uma plateia completamente virgem. Durante quase um ano, trabalhei com a formação das aldeias comunais". Montou uma equipe para organizar esse planejamento. Pensou em exibir películas que existiam nos arquivos desde os tempos coloniais. Uma vez que tudo fora nacionalizado, o INC era proprietário de todo o sistema de distribuição e exibição (com exceção de duas salas). Contou: "Fiz um levantamento de todos os filmes que existiam no INC. Uns trezentos, quatrocentos filmes [...], a maior parte porcaria, desde filmes do Tarzan misturados com outros antigos. Propus que houvesse contatos com embaixadas". Não conseguiu em Moscou nenhum dos clássicos maravilhosos que tanto queria exibir, que há por dez dólares em Nova York; a burocracia soviética enviava somente filmes didáticos, a seu ver, sem o menor interesse artístico.

Sugeriu a criação de "uma comissão que elaborasse os filmes a ser passados. Um representante das aldeias comunais, um representante da própria Frelimo, que seria obrigatório, e uma pessoa encarregada do INC". Pretendiam estabelecer vários polos de exibição, fosse aproveitando qualquer tipo de espaço existente, fosse criando outros. Fizeram um levantamento de todas as salas de cinema de Moçambique; utilizariam também unidades móveis, como se fazia com o *Kuxa Kanema*:

> Meu projeto foi longamente elaborado com a ajuda de vários elementos que criaram umas telas que resistiam ao vento com construção fácil, que fosse possível servir para as aldeias comunais, custo muito barato, e instalação de um sistema de distribuição de tela.

Como sói acontecer nessas situações, no topo do governo revolucionário havia diversas correntes. Embora levado pelo entusiasmo revolucionário, Ruy não era um homem de gabinete – e tudo isso lhe custou muito esforço. Daí sua grande desilusão ao ver o projeto ficar no papel, apesar de ter sido considerado por alguém – que Ruy não sabe precisar o posto – "o melhor projeto para as aldeias comunais". Até hoje, não se conforma.

> Foi cortado sumariamente, sem nenhum tipo de discussão, até de forma que me magoou; depois eu soube [...] que o ministro Rebelo tinha feito uma declaração lá no encontro do comitê, sem debate, sem coisa nenhuma, dizendo que eu queria passar filmes do Tarzan e filmes reacionários, não sei o quê. O representante das aldeias comunais ainda tinha querido falar, ele cortou a palavra [...]. "É um projeto reacionário." [...] Cortou sumariamente, assim, em meia dúzia de palavras, um trabalho que tinha levado quase mais de ano e meio a fazer.

Pedro Pimenta reforçou:

> Na altura, a nossa preocupação eram as massas populares. No INC, queria-se implantar o cinema móvel, como já tinha em Cuba, na Argélia etc. Quando o projeto foi finalmente submetido ao governo, acho que – pela primeira vez na dinâmica do entusiasmo pós-Independência – o governo começou a questionar a relação custo-benefício, o que será que esses cinemas iriam mostrar, e a se

perguntar "como é que nós vamos controlar isso, como é que se vai dar conta do impacto que pode ter na sociedade?". Em algum quarto, altas horas da noite, alguém deve ter dito: "Camaradas, atenção".

Pimenta analisou o impacto em Ruy:

Creio que deve ter sido a primeira vez que o Ruy Guerra percebeu os limites da abertura política de que gozavam alguns de seus amigos de infância; sentiu um travão em suas ideias. Havia outras contradições políticas a gerir e nem sempre os seus amigos tinham a última palavra. Certamente aqueles amigos pensaram: "Não podemos ganhar em todas as frentes, vamos parar nessa".

E concluiu: "Ruy não é um militante. A militância dele é o cinema. Nesse sentido, acho que ele ensinou muita gente aqui".

Licínio Azevedo explicou:

Não aconteceu porque o governo queria saber sobre cada filme: por que era pra passar o Charles Chaplin e o Fellini não podia etc.? Tinha que dar a programação de cada lugar, cada filme, cada coisa que iria passar. O Ruy não podia se responsabilizar por tudo isso. Ele tinha ideias maravilhosas, mas eles não estavam preparados para recebê-lo. Aquela coisa muito ortodoxa, do partido.

Registrando a história

Em sua tese, a estudiosa Ross Gray afirma que a influência de Ruy foi "decisiva na visão e nas políticas do INC", "elemento central para explorar as intersecções entre o cinema enquanto arte das massas, as raízes da memória coletiva e a prática revolucionária". Em entrevista durante festejos da Revolução dos Cravos, em 1976, Ruy afirmou: "Não nego a necessidade do cinema político em certos contextos; pode ser válido". Naquele momento, engajado que estava na experiência da descolonização de sua terra natal, seus filmes lá produzidos foram gerados em função da construção da nação, da valorização da cultura moçambicana. Segundo se dizia na época, ele procurou criar condições para se fazer cinema, distribuí-lo e exibi-lo "em atitude anti-imperialista".

Por iniciativa própria, realizou documentários de curta-metragem, todos tratando da realidade do país. O primeiro é *Operação búfalo* (1978), sobre o abate ecológico de búfalos na região do Gorongoza, um enorme parque nacional. Em meia hora, o filme cobre o percurso do búfalo desde seu hábitat natural até vitrines das lojas em que seu couro ou seus chifres são comercializados. Os búfalos dos "tandos" (savanas) do Marromeu viviam numa região delimitada pelo delta do rio Zambeze, região central do país. Sendo uma área protegida, de tempos em tempos se formava um excedente populacional, que afetava o equilíbrio ecológico por não permitir a renovação dos pastos naturais. Já no período colonial, teve um abate periódico. Ao saber que aconteceria novamente, Ruy resolveu filmá-lo.

Contou um membro da equipe entrevistado:

Foi uma filmagem cheia de aventuras. Nós fomos junto com os caçadores, a operação era extremamente arriscada, envolvia helicópteros, jipes com gente de armamento. Não era somente um jipe, eram muitos que entravam nas manadas, enquanto no ar um helicóptero selecionava os mais velhos, que deveriam ser abatidos. Aconteceram acidentes. Alguns búfalos ficaram assanhados e vinham atrás do nosso carro. Era um fogo cruzado do pessoal nos jipes e no helicóptero. Gostávamos, mas também tínhamos medo, era extremamente perigoso e aventuroso. Você tinha que gravar o som ou a imagem, era uma coisa entre a vida e a morte. Os búfalos corriam todos ao mesmo tempo, e nós no meio da manada. Os caçadores estavam lá a nos defender, mas a vontade era de saltar fora.

O filme mostra bem essa agitação; talvez a ideia de tamanho perigo não seja tão evidente. Mais relatos:

Estávamos andando em um carro à noite e tinha um búfalo ferido no meio da mata. Um búfalo ferido pode ser muito mau. Vínhamos para o acampamento e apareceu outro do meio da mata, parou na frente do carro e ficou atacando o carro, nós esperando dentro mais ou menos uns quinze, vinte minutos, até que o animal decidiu ir embora. Outro dia [...] estávamos a passar e estava cheio de animais, não só búfalos, uma biodiversidade incrível. O Ruy decidiu filmar aquele espetáculo, era tão lindo [são as cenas iniciais do filme]. Fomos arrumar o equipamento perto do carro, colocamos as câmeras e quando fomos rodar tinha um leão a menos de vinte metros de nós. O leão queria caçar aqueles animais que a gente iria filmar, mas saímos todos a correr. O motorista do carro olhava o leão, ele não rugiu, só levantou e mexeu a juba olhando para nós tipo "o que vocês estão fazendo aí?". O motorista arrancou, fomos apanhando o carro em movimento. Isaac Sobas, assistente de câmera, era muito jovem, tinha corrido largando a câmera, teve que voltar para buscar e voltar correndo com aquilo. O leão não fez nada, só olhando. Eu gritava: "Calma, Isaac". Ele fez uma poeirada arrastando o tripé a uma velocidade totalmente maluca, chegou ao carro em movimento, o motorista não queria parar. Ruy disse: "Para, vamos pegá-lo". Nós ajudamos rapidamente e fomos embora.

Ruy registrou com o pessoal do INC um festival de danças regionais e intitulou o filme de *Danças moçambicanas*. Para um antigo aluno,

o Festival de Dança e Cultura foi a coisa mais bonita que aconteceu em Moçambique até hoje do ponto de vista cultural, quando Graça Machel era a ministra da

Cultura. Eram grupos de todo o país, aquela coisa tradicional, grupos e grupos lá do mato, vinham pela primeira vez à cidade. Foi filmado a cores, 35 milímetros.

O cineasta português (nascido em Angola) José Fonseca e Costa também registrou o festival e rapidamente terminou seu filme. Há em carta enviada a Ruy referências a "ele ter ganho uma nota altíssima com a realização do filme". Na estreia, diante de todo o Conselho de Ministros e do presidente da República Popular do Congo, Samora fez elogio público a essa rápida concretização, o que foi interpretado como uma cobrança indireta à perene e inevitável lentidão do trabalho do INC. Em meados de 1978, ao encerrar sua colaboração em Maputo, Jacques Schwarzstein escreveu uma carta a Ruy, que se encontrava no Rio de Janeiro, informando ter deixado o filme prontinho; como faltava o texto narrativo, "é capaz de levar até um ano para sair. Fiz o que pude no meio das porradas que levei continuamente". Em 2011, na visita de Ruy a Maputo, uma busca pela cópia em nada resultou, e isso o deixou inconformado.

Um povo nunca morre (1980) mostra a transladação da Tanzânia para Maputo dos restos mortais de combatentes da Frelimo. Pedro Pimenta contou:

> Numa ocasião qualquer, um 3 de fevereiro, Dia dos Heróis, Ruy filmou o regresso dos restos dos corpos dos heróis. Só filmou e foi-se embora, aquilo nunca foi montado. Mais tarde, às vésperas de um novo 3 de fevereiro, Ruy está aqui por acaso. Queria montar o filme para a festa em cima da hora. Eu dizia que não ia dar tempo, e ele, que ia dar. Em 48 horas, virando noites, ele mesmo cortando e tal, fez uma versão que passou na televisão e que marcou aquele momento. Mais tarde ele terminou melhor o filme.

Em visita à província de Cabo Delgado, bem ao norte do país, Ruy tomou conhecimento, por meio de Camilo de Souza, de uma homenagem anual a um famoso massacre de africanos num local chamado Mueda. Durante reivindicação junto a autoridades portuguesas, tinham sido assassinados membros da tribo Maconde – para a Frelimo, cerca de quinhentas ou seiscentas pessoas. O governo revolucionário passara a considerar o episódio o momento fundamental do início da luta anticolonial. Toda a comunidade local participava de uma representação teatral em torno do posto policial onde se dera a reivindicação dos "indígenas" e de que resultara o massacre. O espetáculo era uma interpretação carnavalizada do fato histórico, maneira encontrada pela população para não deixar esvair a memória de seus mortos. Não havia uma linha divisória entre participantes e espectadores, mas o grupo contava com alguns atores principais.

O longa-metragem *Mueda, memória e massacre* (1979) documenta essa celebração. Em entrevistas e em sua prática cinematográfica, Ruy reitera sua visão sobre as tênues fronteiras entre documentário e ficção. *Mueda* é descrito como

Entre Maputo e o mundo 101

o primeiro longa de ficção do Moçambique independente, mas parece desafiar qualquer categorização. Ruy ressaltou que, nesse filme, a própria representação comemorativa é uma ficção; disse ter se batido muito pelo aspecto ficcional para entusiasmar alunos/colaboradores.

> Entre os quadros do INC estava se criando uma mentalidade meio tecnicista [...]. Eu estava tentando fazer a cabeça deles, explicando que mais importante do que a técnica [...] era o olhar sobre a realidade. [...] Quando o filme ficou pronto, fiz questão [de] que fosse inteiramente concluído em Moçambique. Podia se mandar revelar na Inglaterra, podia ser feito a cores, mas não. Quis fazer a preto e branco, ser revelado aqui, ser feito o som aqui com todas as indigências, para mostrar que se podia fazer um produto completo em Moçambique.

Décadas depois, ao relembrar as dificuldades de rodagem, disse, categórico: "Filmes podem ser sujos, malfeitos – e extremamente importantes. Era isso que eu estava buscando".

"Fiz esse projeto rapidamente, numa semana. Pedi uma audiência ao ministro Rebelo e disse: 'Bom, já que o meu projeto [do cinema móvel] foi cortado, quero fazer um filme assim, assim e assim'." E continuou:

> Porque me interessava saber como pensavam sobre a própria história individual em relação ao facto coletivo que é aquela peça encenada todos os anos na mesma data do massacre [...], me interessava muito saber por que se divertiam tanto, me interessava saber por que era um acto de alegria uma coisa tão cruel e pessoal.

Na época, escreveu na agenda um pequeno poema que chamou de "Mueda": "Só um povo/ Que faz da guerra de libertação/ Um ato cultural/ Pode fazer/ Da memória de um massacre/ Uma festa".

Ruy não tinha o menor conhecimento sobre a forma teatral da comemoração, que se alterava a cada ano. Praticamente não houve roteiro nem *mise en scène*, tampouco a menor interferência dramatúrgica por parte dele. Filmou "em voo cego, sem entender o que falavam, sem saber o que ia acontecer". Alguns dos chefes falavam português, mas a rigidez dos costumes tribais complicava as coisas. Ruy e equipe relataram a filmagem como heroica, dadas as condições de trabalho; além da dificuldade de comunicação, a falta de comida, a dificuldade de hospedagem. Valente Dimande em entrevista contou: "Havia um gerador que tinha pertencido aos militares. Precisavam carregar as baterias à noite, ficavam ligadas e faziam barulho. Tinha vela, candeeiro". Camilo de Souza narrou em entrevista: "Não era possível fazer esse filme sem a câmera na mão. Acho que foi bem concebido. O *cameraman* era Fernando Silva, mas o diretor de fotografia foi o Ruy".

Camilo relembrou também:

Estava tudo organizado para filmarmos e, de repente, um dos atores, o principal, desapareceu. Estava na província ao lado, mas para chegar lá, eram horas e horas de viagem. Não se podia ir direto, as estradas estavam ainda minadas devido à guerra colonial [...]. Eu saí ao meio-dia para buscar o ator, cheguei no dia seguinte à noite. Tinha levado um motorista comigo. Era uma estrada de terra batida; com uma sacolejada, o motorista bateu o olho no volante. Tive que deixá-lo num hospital no caminho e, quando cheguei a Lichinga, pedi que mandassem um carro para buscar o ator. Nem telefone havia naquele local. Quando apareci com o ator, foi uma grande festa, Ruy estava preocupado. Minhas mãos estavam completamente inchadas, deformadas de guiar tantas horas.

Dimande descreveu, ainda, como Ruy os dirigia com mão de ferro: "Faça o que eu estou a dizer, não aquilo que tu vês".

Tem que fazer o que ele diz, porque ele já idealizou, já está na cabeça dele, ele está a ver, sabe o que vai fazer com aquilo. Ele conversava com as pessoas quando as pessoas não agiam corretamente. [...] Claro, também éramos miúdos. Ele nos mimava um pouco, mas às vezes rugia. Só anos depois passamos a ter consciência de por que ele gritava. Às vezes tu tens a oportunidade de estar com uma grande figura e não aproveitas.

Em 1984, em um filme inglês sobre o cinema moçambicano, o ministro Jorge Rebelo apresentou a visão oficial: havia a liberdade de criação para os cineastas apoiados pelo INC desde que não fizessem filmes pornográficos reacionários. Não foi o caso em *Mueda*. Como o governo revolucionário desejava oficializar o massacre como marco inicial da luta anticolonial, não seria qualquer versão que o partido aceitaria. Ruy explicou: "Quem fazia a ligação [entre as partes do filme] era um antigo combatente, que na época era o governador de Cabo Delgado, [Raimundo] Pachinauapa. Muito carismático, muito interessante, falava bem. Mas ele fez isso fardado com o uniforme da Frelimo". Rebelo teria lhe dito que o filme estava bom, entretanto havia

uma coisa que é delicada para nós. É que o general Pachinauapa está fazendo declarações fardado, isso oficializa a versão dele. Não que a versão dele não seja verdadeira, mas nós não tivemos ainda um debate interno para podermos oficializar esta versão.

Perguntou a Ruy se era possível substituir as intervenções do governador por outro personagem. Ruy respondeu: "Tecnicamente, claro que é possível, implica filmar outra pessoa dizendo um texto. [...] Vai ser difícil encontrar alguém que tenha esse carisma, essa capacidade. Era um discurso improvisado, era fascinante ouvi-lo falar". Por uma daquelas sincronias da vida, durante minha entrevista em 2009 com Jacinto Veloso, apareceu um senhor em visita a Maputo. Era Raimundo Domingos Pachinauapa. No entanto, como eu ainda não sabia de toda a importância dele na história, e como o tempo de todos parecia curto, a ocasião passou em branco.

Para o governo, havia ainda mais um problema no filme. Ruy tinha colocado uma entrevista com o antigo chefe português do posto onde acontecera o massacre, e essa pessoa tinha permanecido sem qualquer problema em Moçambique. A Frelimo exigiu que sua intervenção também fosse retirada. Rui comenta que

> achei um erro total. Justamente o chefe do posto do massacre, que tinha sido reconhecido por não ter participação digamos efetiva no massacre, simplesmente era uma presença oficial. O fato de estar em Moçambique anos depois, ter sido aceito pela Frelimo, acho uma prova de generosidade política, de compreensão, de abertura [por parte da Frelimo].

Ruy teve que engolir as alterações, ilustrando, assim, uma de suas frases favoritas: "Eu colaboro sempre com o inevitável". Contudo, conseguiu tirar o corpo fora dessa segunda versão; voltou para o Brasil logo em seguida, alegando compromissos de trabalho. Será que haveria outro jeito, considerando as circunstâncias externas e internas? Naquele momento, falando para a revista *Tempo*, não se manifestou contra a posição partidária. Décadas depois, em entrevista explicou a Margarida Cardoso:

> A Frelimo não queria que se questionasse nada. Aquela linha oficial era muito rígida, de um grande puritanismo político em todos os níveis. Aquele formalismo, uma vontade de mostrar que não era um país de selvagens; então, tinha que se estar de casaco e gravata e não sei o quê – eu nunca usei gravata. Havia toda uma série de ideias fáceis, muito rudimentares, mas que tinham validade dentro daquele momento ou que se achava que tinham validade, com as quais eu não estava muito de acordo. Não batia de frente, mas não deixava de expressar a minha posição.

Reviu sua conduta:

> Eu estava chegando ao país como os antigos colonizadores nas terras virgens [...]. Esse conflito poderia ser extremamente rico, mas não deixava de ser forte, de ter uma certa arrogância na postura. A postura do conhecimento, a postura de um sujeito que está num estágio cultural interno considerado mais avançado e que vem trazer alguma coisa.

Em entrevista, Cabaço afirmou que os quadros da Frelimo "estavam à espera de um filme épico sobre o massacre", esperavam "que retratasse com alguma fidelidade ou pelo menos segundo a memória deles, de protagonistas". O filme, todavia, "tem partes que é para rir, pois toda a dramaturgia popular tem essa dimensão. O colono é ridicularizado, o administrador... e isso foi malvisto, pois queriam o filme do massacre, não de uma memória. Uma coisa séria, com muito sangue e tal". Em carta, Américo Soares, ainda diretor do INC em meados de 1979, informou a Ruy como o órgão tentou sem sucesso convencer o governo a não alterar sua versão original.

Licínio Azevedo já tinha feito trabalhos em África. Acabou indo morar em Maputo, atraído por Ruy; hoje é o mais conhecido cineasta de Moçambique, com documentários sobre temas do país que adotou. Seu primeiro trabalho cinematográfico foi em *Mueda*, na refilmagem. Para ele, Pachinauapa contara a versão histórica correta, na qual os massacrados foram exclusivamente membros de uma tribo, os macondes; não havia ninguém do resto do país; portanto, não era um fenômeno nacional. Para ele, possivelmente foi esse fato que provocou a censura política; se isso fosse retratado de forma aparentemente oficial, a interpretação do episódio poderia incrementar o problema do tribalismo, que tanto complica a definição das nações africanas.

> Eu não sabia absolutamente fazer cinema nem tinha interesse. Não sei por que cargas-d'água inventaram que um homem do rádio, Gulamo Khan, deveria ser o narrador. Um gordo que contava historias tradicionais [...]. Tinha que dar a entrevista lendo um texto decorado, contando a versão oficial. Meu trabalho na época era de jornalista, fazer perguntas, ouvir histórias, mas de filmar eu não entendia nada. Nada sobre lentes, luz e não sei o quê. Caiu fora a história bonita do Pachinauapa, que Ruy havia filmado de uma bela maneira, cinematográfica. Meu papel era dirigir, mas eu não sabia dirigir. Quem fez a câmera foi o Luís Simão, creio. Gulamo debaixo de um cajueiro, entrava a luz do sol na cara dele, não se via, a imagem era um horror. Aquilo não foi o Ruy quem filmou, ele não estava nem presente.

Para Cabaço, *Mueda* traz "um salto de qualidade ao cinema moçambicano e dá-lhe representatividade, visibilidade etc.". O filme ganhou prêmios em festival russo; foi exibido em festivais de Hong Kong, Los Angeles, Sydney, Melbourne; e recebeu crítica elogiosa na revista americana *Variety*, da qual Ruy muito se orgulha. Continua sendo periodicamente exibido ao redor do mundo em função de ocasiões em que há interesse pela África. Por exemplo, em 2015 participou de exposições em Berlim, Varsóvia, Bratislava; derivado desta última, o livro *Uhuru*, de Catarina Simão, traz detalhes relacionados ao filme. No mesmo ano, *Mueda* foi objeto de tese de doutoramento em Paris, na Sorbonne Nouvelle.

Em 1982, deu-se a última filmagem de Ruy em Maputo, a qual foi especialmente significativa do ponto de vista histórico. Havia inúmeros colaboradores do regime colonial que não quiseram deixar o país depois da Independência. Tinham procurado nova inserção social e eram conhecidos como "comprometidos", pessoas que, de uma forma ou de outra, fizeram parte do aparelho repressivo ou administrativo. Para Cabaço, naquele momento aquilo constituía um problema grave:

> Construir um país em que os quadros mais qualificados, do ponto de vista da administração estatal etc., são os quadros que serviram no tempo colonial e que tinham vários níveis de compromissos para poder chegar aonde tinham chegado. Não todos, mas a grande maioria.

Pelo tenso clima pós-revolucionário, cheio de pressões, rivalidades, por seu comprometimento, esses indivíduos poderiam estar sujeitos à chantagem por parte dos inimigos do regime. Como lembrou Cabaço, tratava-se de "uma sociedade que sai de um conflito, era preciso expurgar o pecado original".

No momento de guerra civil, devido às pressões externas dos vizinhos, o governo Samora percebeu a necessidade de aliviar as tensões internas. Para isso, sugeriu que cada um dos comprometidos se declarasse publicamente como tal; deveriam colocar em seu local de trabalho foto e referências ao tipo de colaboração no passado colonial. O governo procurou deixar claro que haveria possibilidade de mudança de situação para os que assim desejassem. Segundo Cabaço, o processo, que deveria ser mais breve, se arrastou. Líder político habilidoso, Samora ressaltava que, em outro ambiente revolucionário, esses homens, sendo considerados traidores, estariam diante de um esquadrão de fuzilamento, sem processo de reabilitação. O estágio final deveria ser um julgamento coletivo público.

Foi esse julgamento o tema do último filme moçambicano de Ruy. Contou que estava no Rio de Janeiro e foi convocado por telegrama pelo ministro Cabaço. A filmagem seria feita com uma equipe do INC, e todos os integrantes seriam alunos seus. Iria se chamar *Raízes da traição*; depois de pronto, Ruy achou melhor *Os comprometidos – actas de um processo de descolonização*. Essa experiência parece ter inspirado a Comissão de Verdade e Reconciliação criada na África do Sul por Nelson Mandela, presidida por Desmond Tutu, segundo interpretação de Albie Sachs, militante e juiz da Corte Constitucional do país, relatada a um ex-dirigente moçambicano.

No filme, vê-se uma espécie de enorme galpão – o Liceu Josina Machel, que conta com anfiteatro com plateia e balcão; dois andares cheios, em sua quase totalidade figuras masculinas, solenes, os primeiros mais visíveis de terno e gravata. Os comprometidos traziam uma placa no peito, na qual se lia a sigla da organização colonial para a qual tinham colaborado. A filmagem utilizou

29 rolos: "Foi uma loucura ir atrás de película suficiente, utilizou-se filme usado e tudo o mais que se conseguiu desencavar". Alguns lamentaram a queima do parco e sofridamente obtido estoque de películas existente no INC, que poderia provavelmente durar ainda um ano.

O filme registra Samora, ator político impecável, histriônico às vezes, no papel de animador da cena do julgamento. Há um palco onde ficam ele e membros do comitê político da Frelimo. Uma enorme faixa suspensa acima anuncia: "Quando libertamos Moçambique, os comprometidos também ganharam uma pátria". Samora abre a sessão com a repetição do mote "A luta continua", seguido de alguns "Independência ou morte". Puxa uma das canções do tempo da luta armada, a qual o público acompanha, em idioma changana. O refrão, repetido em diferentes toadas, diz: *Kanimambo* [obrigado] *Frelimo*. Samora chama cada comprometido e pede-lhe que conte sua vida. Além da cantoria, risadas, choros. No acervo de Ruy, há bilhetinhos de Cabaço localizando alguns indivíduos "trombudos", "que não se riem", indicando fileira e roupa e pedindo a Ruy que faça com que os fotógrafos e a televisão os registrem. Ao final, momento altamente simbólico, foram quebradas as placas com os nomes. Foi assim considerado encerrado esse longo processo de reintegração.

Ruy comentou, décadas depois: "Era uma catarse, um processo psicanalítico do colonialismo, uma festa, tudo misturado".

> Fiquei impressionado porque ele [Samora] sabia quando ia cumprimentar alguém, "mas você é fulano tal, é filho de fulano de tal, da região tal, o seu tio não sei o quê". Conhecia as famílias, as pessoas, os cargos. [...] Era capaz de ser firme e extremamente sedutor ao mesmo tempo. [...] Para mim, Samora Machel foi um dos grandes políticos deste século, sem a menor dúvida.

Na verdade, segundo outro depoimento, Samora invectivava aqueles que realmente conhecia.

Gabriel Mondlane contou:

> Participei junto com Valente Dimande; um trabalho completamente maluco, desses que se fazem sem reunião prévia, em que não se sabe o que vai acontecer. A gente tinha que filmar tudo, chegar aqui e ali com os microfones, com aqueles inconvenientes todos, horas e horas, o dia inteiro. Apesar de ser muito duro para nós fisicamente, tivemos outra aprendizagem do que era o país.

Valente Dimande lembrou: "Tinha que ter dois operadores. Um que gravasse todo o som limpo e outro que devia correr o palco enorme a cada vez que alguém falasse. Tinha hora de início, para terminar não tinha hora".

Assim que acabou o processo, Ruy deixou Maputo, envolvido com a rodagem de *Erêndira* (1983), no México. Embora filmado por membros do INC, a revelação deveria ser feita pela nova firma paraestatal, a Kanemo, da qual Ruy compunha a direção. Durante muitos meses, "uma sala repleta dos rolos filmados" permaneceu intocada na empresa. Chamado pela direção e vendo o conteúdo dos originais, o ministro Cabaço teria insistido em sua montagem, afirmando que Samora precisava ver aquilo. Ruy acompanhou a montagem indiretamente, por carta ou durante suas visitas temporárias: "Fiz várias viagens para deixar instruções, definir os eixos de montagem". Essa presença/ausência se prestou a mal-entendidos; para um cineasta moçambicano, o "impulsivo" Ruy filmava, filmava e depois dizia: "Montem". Inicialmente, Marta Siqueira e Mario Borgneth se encarregaram da montagem. Mario afirmou ter passado mais de um ano com esse trabalho. Houve um impasse entre ele e Ruy: segundo Ruy, Mario desejava aparecer nos créditos como responsável pela direção-geral, com o que ele não concordava. A saída encontrada foi atribuir a realização a Ruy, a supervisão geral da finalização a Mario e a montagem a Marta Siqueira.

Os episódios passaram na TVE como série, sempre à mesma hora, imediatamente antes ou depois das notícias. Segundo Cabaço,

> Samora ficou entusiasmado quando lhe falei da ideia de transformar o filme em série de TV. Eu mesmo, então ministro, tratei do assunto com a Kanemo e depois com a TVE, que não queria passar devido à deficiente qualidade dos materiais com que o filme tinha sido feito. Gravei em casa diretamente da emissão – ainda por cima em videocassetes usados, que era o que tinha –, e a qualidade ficou muito ruim; as imagens das minhas gravações desapareceram em um ano. Houve alguns setores que me pressionaram para acabar com a série, mas Samora, consultado por mim, não deixou.

Um entrevistado afirmou que poucos episódios foram mostrados mais de uma vez, mas depois retirados do ar, porque se tratava de um tema sensível e que incomodava muita gente, mexia com as pessoas.

Ao que parece, esses rolos não existem mais – talvez tenham desaparecido no incêndio do INC, em 1991. A montagem final parece ter sido com 44 episódios de uma hora ou sessenta episódios com quarenta minutos cada um. Ruy possui em seu acervo apenas três episódios. Cenas do filme podem ser vistas na internet, no documentário *Treatment for Traitors* (1983), realizado pela documentarista holandesa Ike Bertels, que as adquiriu no INC/Inac.

Acelerando a história

Por meio da intensa correspondência de Ruy com produtores brasileiros e internacionais, percebe-se como, nas décadas de 1970 e 1980, quando trabalhava de forma intermitente em Moçambique, ele articulava alguns projetos. Filmou nesse período no México, em Portugal, no Rio de Janeiro. Em meio a esses compromissos, ia a Maputo no mínimo duas ou três vezes ao ano. Eram breves estadas, em geral com a passagem paga, outras aproveitando deslocamentos entre os três continentes; entre 1980 e 1981, permaneceu na cidade natal por volta de catorze meses. Carta de amigo no final de 1981 afirma que "o ministro quer você aqui por um período mínimo de três meses a partir de outubro. As pessoas de modo geral também acham que você deve passar um período grande aqui". Ruy não recebeu, durante toda a sua colaboração em Moçambique, um salário regular, mas somas variáveis conforme o trabalho realizado.

No início dos anos 1980, sua colaboração passou a outro patamar: Ruy tornou-se elemento-chave na implementação de uma nova fórmula de produção de filmes com a criação da produtora Kanemo. A empresa se organizou sob tríplice parceria. Do lado moçambicano, a maior parte pertencia à Socimo (Sociedade Comercial e Industrial Moçambicana), empresa governamental que lidava com comércio exterior, fazia compras estatais de carros, roupas, comidas; as comissões dessas compras ficavam para o Estado, em espécie de socialismo centralizado. Uma pequena parte, por volta de 10%, pertencia ao INC. O terceiro parceiro era a brasileira Austra, produtora criada por Ruy com sede no Rio de Janeiro.

Jacinto Veloso narrou em entrevista: "Foi uma iniciativa minha, pensei que seria uma boa coisa fazer isso exatamente com o Ruy Guerra para legitimar uma ideia muito antiga". A produção do INC não ia adiante, dificílima, arrastada, com dificuldades de material e de infraestrutura, os funcionários do Estado com muita burocracia, muita dependência da Frelimo. Labi, dirigente brasileiro da Kanemo em Maputo, aventou que Samora teria compreendido que uma empresa privada, capitalista, contaria com muito mais chance de veicular aquela informação que se pretendia através da mídia internacional. Veloso escolheu uma bela casa, em estilo português dos anos 1940, confortável, grande, com um bonito jardim, na Cidade Alta, rua Patrice Lumumba, número 477, com ampla vista para a Baixa e a baía. A sede da pioneira experiência deixou uma saudosa lembrança não só em Ruy: Mario Borgneth, um dos mais ativos participantes da empresa, contou ter chorado ao revisitar a sede 25 anos depois.

Para Ross Gray,

> Guerra propôs o estabelecimento de uma companhia que pudesse comercializar filmes como "qualquer outra companhia ocidental", trazendo assim ao socialismo a competência e a qualidade que o sistema capitalista podia oferecer [...]. A companhia faria uma interface com o mercado aberto transnacional [...] adaptando assim as formas de luta do *front* cultural em um mundo que cada vez mais se caracterizava por uma globalização. A Socimo estava imbricadamente ligada

às forças de segurança [...]. Jacinto Veloso, ministro de Estado da Segurança e amigo próximo de Guerra, agiu como um escudo da Kanemo contra ataques internos e externos.

Pedro Pimenta incluiu um novo personagem na criação da Kanemo:

> O Cabaço, ao assumir, abriu novas perspectivas. Convenceu o governo de que era interessante pensar num cinema que não fosse só produzido no quadro de instituição do Estado. [...] E que desse um novo rumo ao relacionamento com o Brasil. Numa estratégia meio em longo prazo. Todo o pessoal foi selecionado pelo Ruy Guerra [...]. A Kanemo era uma paraestatal, se quisermos classificá-la, tinha uma agilidade que o Estado não tinha. Para nosso cinema entrar em outra fase tinha que ter [existido uma empresa] que funcionasse pelas próprias pernas. E terá sido outro impacto importante de Ruy Guerra aqui. Com toda a justiça.

Sol de Carvalho, cineasta moçambicano, analisou de forma menos positiva, pois fazia parte dos cineastas que ficaram fora do experimento:

> Kanemo é um conceito reaplicado, aquilo que o Ruy já queria fazer anteriormente no INC e não fez por causa desse seu não exercício do poder. Ruy procurava a oportunidade de fazer seu lugar ao sol e concluir uma coisa em que ele acreditava. Cabaço precisava do Ruy porque ele era moçambicano e tinha um circuito internacional muito à mão. Era a fome com a vontade de comer.

Deixando-se de lado, mencionou: "Realizadores clássicos como Camilo, Licínio, Patraquim ficaram um bocado fora desse processo".

Chico Carneiro, até hoje fixado em Maputo, afirmou:

> Pelo que entendi, na época a criação da Kanemo tinha dois objetivos: o primeiro era ter uma empresa que trabalhasse em moldes capitalistas dentro de um país socialista. O que acontecia antes? Um ministério precisava de um filme, o da Saúde, por exemplo. Pedia ao Ministério da Informação, que era o dono do INC. Faziam um filme, e quanto esse custava ninguém sabia, tal era a troca de papéis entre os ministérios. E muitas outras organizações que precisavam de filmes também acabavam vindo ao INC, uma coisa meio desordenada. A Kanemo foi criada pra pegar essa faixa de mercado que precisava de filmes e que tinha dinheiro para pagar. E também para utilizar a capacidade ociosa do INC. E ainda possibilitar coproduções nacionais, sobretudo projetos que Ruy Guerra teria para fazer, tendo como base Moçambique. [...] A Kanemo era uma empresa poderosa para os padrões da época, mesmo no Brasil. Muito bem equipada. Tinha, por exemplo, uma grua zero-quilômetro marca Cinejib, último lançamento na Europa, que nem no Brasil havia na época; se não me engano, participou no Rio de Janeiro de *Ópera do malandro*. Três bons projetores HMI, dois carros novinhos,

duas câmeras de filmagem dezesseis milímetros. Era para produzir, produzir, produzir. Fizemos documentários e filmes.

Em 2009, João Ribeiro, cineasta jovem, que não viveu aqueles tempos, contou que ainda circulava por Maputo – sabe-se lá como – boa parte desse antigo material da Kanemo.

Chico Carneiro enumerou a produção assinada pelo pessoal da Kanemo, toda sem participação direta de Ruy. O primeiro filme foi sobre um projeto da Unicef de apoio à colocação de água no planalto de Mueda. Depois, quinze documentários e filmes educativos, encomendados pelo governo moçambicano, pela Unicef e pela Cruz Vermelha. Entre eles, *Karingana* (1985), sobre o querido poeta nacional José Craveirinha; e *Maputo mulher* (1984), um confronto de duas ideologias no diálogo entre duas mulheres, a moderna vivenciando a revolução e a mais antiga representando o passado. Lamentou-se:

> Hoje me arrependo de, ao sair da Kanemo, não ter roubado o material; na verdade, a palavra seria "salvaguardado", pois hoje estaria aqui [...]. Peguei o que era meu, mas o arquivo fantástico de fotografias que fizemos de todo o país durante os anos, *slides*, material lindíssimo, tudo perdido.

Pode-se questionar: desaparecidos no incêndio do INC? Ou desinteresse, descuido?

Além da montagem do filme sobre os comprometidos, há outro longa-metragem realizado pela Kanemo igualmente importante do ponto de vista histórico: *Fronteiras de sangue*, de Mario Borgneth. Patrocinado de forma prioritária pelo governo moçambicano, conseguiu apoio de outros Estados que tinham interesse na divulgação da verdadeira origem das guerras na África. O filme cobre a história de várias colônias que se tornaram independentes. Foi vendido para televisão europeia; passou em Brasília, muitos anos depois, em um Dia da Consciência Negra.

Os membros mais importantes da Kanemo – Labi, Mario Borgneth e Chico Carneiro – acompanharam encontros e deslocamentos de Samora e entrevistavam chefes de Estado em visita a Maputo. Em entrevista, Labi lembrou, entre nostálgico e orgulhoso:

> Nós éramos os meninos do presidente, ou seja, ninguém nos tocava [...]. Fomos os únicos a ter acesso ao cadáver do Samora Machel para filmar; filmamos um rolo depois do exame médico-legal, quando a família veio vê-lo antes da lacração do caixão. Viajei uma semana depois para o Zimbábue, revelei lá o filme a cores, não deixei fazer cópia, e esses negativos ficaram em meu cofre por dois anos, até o dia em que saí de Moçambique e entreguei em mãos para o arquivo oficial: "Aqui está a prova [de] que o Samora estava morto". [...] Que

estrangeiro teve esse privilégio de confiança? Os moçambicanos cineastas e jornalistas morriam de ciúme.

Como todo o prestígio que tinham se alicerçava basicamente – conforme Labi mesmo reconheceu – no nome de Ruy Guerra, ele e colegas da Kanemo herdaram o ciúme que Ruy despertava naqueles anos. Inúmeros mal-entendidos e represálias levaram Ruy a aconselhar Labi a elaborar relatórios, até mesmo a gravá-los, com temor de que alguém desaparecesse com os papéis, como narrou em entrevista:

> vivíamos num país em guerra, o continente africano vivia em lutas [...], você trabalhava com um infiltrado ao lado. Podia ser seu pupilo ou seu aluno, mas à noite ele sabotava sua máquina para que no dia seguinte não funcionasse. Cansei de pegar isso, mas, sem provas, não tinha como denunciar. E quando você levava a questão ao partido [Frelimo], como o cara denunciado era também do partido, você era o estrangeiro branco de olho azul. Tinha muito racismo dissimulado, você era anulado.

Reconhece outros motivos para ciúmes e inveja:

> Por outro lado, tínhamos certos confortos. Num país pobre e miserável, só você ter uma grade de cerveja que o restaurante mandava levar na sua casa no final de semana era um privilégio assustador [...], quem tinha divisas, quem era estrangeiro podia comprar uma garrafa de uísque por noite.

Em outra entrevista, décadas mais tarde, através da perspectiva histórica, Ruy reviu:

> Obrigatoriamente eu era um "corpo estranho", na medida em que, sendo moçambicano, não tinha tido aquela vivência durante 25 anos, era um momento em que havia uma afirmação da "negritude". Embora oficialmente houvesse um grande esforço para evitar qualquer questão racial, havia um problema racial latente. Os quadros mais preparados eram quadros brancos, e a linguagem moçambicana também era branca, e os quadros que atingiam posições de mais decisão também eram brancos. Da parte dos negros, embora aceitassem, [achavam] que estávamos usurpando um lugar que lhes pertencia por direito. Isso cria uma dinâmica difícil. No dia a dia, no contato pessoal, isso não se sente de forma clara, mas no processo é uma coisa muito sensível. Aquela postura em que Samora Machel insistia muito [...], de separar o branco do colonizador, a imagem do colonizador de cara branca, é difícil na prática não aparecer isso. Então são valores muito difíceis de trabalhar; estando numa posição com algum poder, é mais delicado. Há certas posições que você toma e que você sabe que são interpretadas de outra forma.

Jacinto Veloso, tentando explicar a Kanemo, resumiu:

Infelizmente, isso criou problemas, porque havia pessoas que não gostavam, não sei muito bem, só sei que [...] não foi da forma que nós queríamos que fosse. [...] Depois, o INC quis ficar com aquilo e nós fomos os gestores dessas atividades. Então, acabou. A Kanemo acho que é um episódio interessante, pois o próprio Ruy considerou que poderia ser um bom instrumento para desenvolver atividades aqui, formar pessoas e fazer trabalhos com nível internacional [...]. Foram forças externas e hostis que paralisaram a empresa, mas, da nossa parte, mais que tranquilos, não pesa nada na consciência. Ruy saiu-se muito bem, e o que ele queria fazer eram coisas construtivas, positivas.

Para Cabaço, a Kanemo foi aos poucos se extinguindo, pois "houve uma paralisia geral do país, paralisia econômica, paralisia social, o que obviamente refletiu no cinema".

Retrospectivamente, a posição clarividente de Ruy na criação da empresa foi destacada por algumas pessoas – uma lucidez que pode ser entendida como originada em sua grande paixão por filmar e em sua experiência fora da África. Para Pedro Pimenta, "Ruy, na sua capacidade visionária, entendeu como [o] modelo do Instituto de Cinema [...] tinha chegado ao fim de um ciclo". Ruy explicou:

Queria se estabelecer uma dinâmica menos burocrática no ato de fazer filmes e poder capitalizar recursos que seriam difíceis de capitalizar dentro do processo de um instituto oficial do governo. Portanto, com uma margem de capital, digamos, privado, tinha mais agilidade e não comprometia, de certa forma, determinadas coisas que não eram obrigatoriamente aprovadas pelo governo, [...] se houvesse algum tipo de responsabilidade, não teria passado pelos quadros superiores que deviam aprovar tudo. E os quadros superiores, em especial os de segundo escalão de qualquer governo, são sempre extremamente medrosos em relação ao primeiro escalão. Acham que pensam com a cabeça dos quadros superiores, então são muito mais radicais. Quando eu conseguia chegar ao nível ministerial, resolvia logo as coisas, sem problema; mas, quando se está no segundo e no terceiro escalões, você não resolve nada porque (eles) têm medo de tudo e aí, pelo sim, pelo não, é melhor cortar do que assumir responsabilidades. Era um pouco uma maneira de tirar uma velocidade maior e não ficar sujeito a essa burocracia.

No acervo profissional de Ruy no Museu de Arte Moderna do Rio de Janeiro, uma detalhada documentação de finanças, contratos, serviços e maquinário aguarda quem um dia quiser saber a história detalhada da Austra; esse material atesta a busca de Ruy e sua equipe por contatos e ideias para desenvolver as atividades comuns da firma em Maputo e no Brasil. Kunio Suzuki, brasileiro exilado que participou das lutas da Frelimo, era o responsável pela Tropic, associada da Socimo no Brasil que controlava as finanças da Austra. Ele avaliou a atuação de Ruy da seguinte maneira:

> A impressão que tenho é de que Ruy era uma pessoa que se preocupava em fazer um trabalho para Moçambique, e isso tinha alguns custos lá. [...] Eu, como procurador e tendo participação especialmente na parte financeira, via sempre os relatórios dele, via o que precisava de equipamento ou instalações de cinema. Nunca achei que tirasse proveito da situação ou que fizesse usos indevidos; acompanhei-o sempre, e ele respondia a toda e qualquer questão apresentada.

Foi essa fórmula pioneira da Kanemo, que, com as mudanças no rumo do país, acabou prevalecendo. João Ribeiro forneceu sua visão:

> Independentemente de ter essas participações do Estado e [de] o Estado na altura ser socialista, monopartidário com linhas claramente definidas, a Kanemo apareceu em Moçambique fazendo coisas diferentes [...], uma linha um pouco mais artística, outra abordagem. Nessa altura, iniciava-se a transformação do audiovisual em Moçambique. A televisão aparecia como projeto experimental, de forma muito rudimentar. As pessoas se acumulavam em pequenos espaços para ver televisão, uma coisa nova. Juntavam-se nos bares, na casa dos vizinhos, o que as afastou um bocado do cinema; estavam todas meio bêbadas pelo fenômeno televisão. A Kanemo adaptou-se rapidamente a isso. Com o grupo de pessoas que Ruy Guerra tinha trazido – pode-se dizer que foi um visionário –, trouxe também equipamento de vídeo. Então, além da televisão, havia um equipamento de vídeo dentro da Kanemo. [O equipamento da própria TVE era] muito mais antigo, muito mais pesado e de muito mais difícil acesso, enquanto a Kanemo tinha um equipamento mais prático. E a Kanemo à frente começou a produzir algumas coisas para essa televisão experimental, não só com títulos pequenos, comentários, reportagens, mas também publicidade e coisas assim. Começou a ser uma espécie de segunda casa de informação, quando o cinema tinha sido até então o único sítio. Começaram a surgir novos nomes, novas pessoas que trabalhavam como assistentes de câmera, assistentes de luz, de som, de edição, pessoas que hoje são realizadores e continuam a trabalhar na área.

O projeto da TVE foi levado a cabo com a colaboração de italianos. A decisão de montar a TV foi tomada no Conselho de Ministros em meados de 1980 e esta começou a funcionar em 3 de fevereiro de 1982. A tela didática para se comunicar com a população deixou de ser cinematográfica e passou a ser televisiva. Ruy acompanhou parte desse início.

Fui com o ministro José Luís Cabaço para Roma, logo depois de chegar a Maputo, buscar as primeiras coisas para televisão. Assisti à primeira emissão de televisão, estava lá desde os primórdios, quando parecia uma coisa absolutamente impossível [...]. Tudo numa escala de precariedade, de amadorismo total.

Mais um adeus à África

Entre 1964, ano do primeiro tiro da Frelimo, e 1974, Revolução dos Cravos, Lourenço Marques recebeu muitos investimentos por parte da metrópole, temerosa de perder a colônia. Logo após a Independência, o medo – uma das maiores armas políticas – gerou a retirada dos "retornados". Voluntariamente ou expulsos, os ditos "colonialistas" tiveram que deixar o país em 24 horas e com somente vinte quilos de bagagem, peso que uma companhia aérea permitia, medida popularizada pelo Decreto 24/20. Eram pouco mais de oitocentos estrangeiros, quase todos portugueses; alguns foram para a África do Sul, muitos, para a agora ex-metrópole. A crônica "Rua 513.2", de João Paulo Borges Coelho, retrata lados difíceis desse momento histórico: "Todos se moviam. Todos partiam: para fora do país, do campo para a cidade, de uns bairros para outros, mudando até de rua e de casa".

Sucedeu-se um imediato e inevitável desmantelamento do sistema de produção e distribuição. A escassez de produtos, gêneros e alimentos era onipresente. Tempos conturbados de lojas vazias, filas, cartões de racionamento, rondas de vigilância noturna. Competições e disputas inevitáveis com a troca de chefias devido ao deslocamento dos quadros, a troca de proprietários nas casas abandonadas e estatizadas. Os espiões do partido queriam ir contra o "desvio dos bens do Estado" e controlavam conversas, inclusive telefônicas. Tudo que se possa imaginar de mal-entendidos e suspeitas, ameaças veladas e acusações, acordos para privilégios. Inspeções e delações não facilitavam o cotidiano das relações humanas, já muito perturbadas. Um dos reptos revolucionários era "A cobra mata-se no ovo". Imperava a autocensura. Durante a guerra, eram considerados traidores ou inimigos do país aqueles que abusavam dos bens do Estado e do dinheiro público, aqueles que faziam contrabando. Ordens de expulsão seguiram-se a denúncias de sabotagem econômica, comportamentos racistas, pequenas fraudes etc. O novo governo se comportava de forma extremamente moralista, fosse na honestidade em relação ao dinheiro público, fosse em relação ao comportamento nas relações humanas. Houve inúmeros enviados para "campos de reeducação" e "campos de trabalho".

O cotidiano na cidade tornou-se cada vez mais complicado durante a década seguinte. Aproximadamente um ano depois, começaram conflitos armados, provocados por aqueles que Samora chamava de "bandidos armados". Eram do leste, recrutados na Rodésia do Sul e aliados da África do Sul. Esses países vizinhos entraram em guerra contra Moçambique por medo de sua experiência socialista e marxista. Além disso, o governo Samora dava guarida aos inconformados rebeldes anti-*apartheid* sul-africanos (grupados no Congresso Nacional Africano – CNA) e aos movimentos que lutavam contra o regime racista minoritário da Rodésia do Sul. Depois de 1983, a luta virou efetivamente uma guerra civil, pois membros da oposição interna, agrupados na Renamo (Resistência Nacional Moçambicana) se associaram às forças dos Estados vizinhos. Anos de combates arrasaram o interior do país. Apesar de Maputo não ter sido invadida, os *raids* chegavam perto – até a vizinha Matola –, e o medo de incursões era grande. Impossível não se emocionar com o premiado romance de Mia Couto *Terra sonâmbula*, que descreve a desolação nacional. Nos piores momentos, é lembrado que somente se achava para comer um peixe, o carapau, e muito, muito repolho. A terrível situação atingiu seu ponto máximo quando a guerra acabou, e por um tempo Moçambique foi "o país mais pobre do planeta".

Durante 1981 e 1982, Ruy permaneceu vários meses em Maputo – e esse foi um dos momentos férteis para sua veia poética. Entre os temas constantes, escreveu a respeito da presença incontornável da violência no cotidiano.

E tu, lua?
Como tens o desplante de aparecer
com teus imaculados véus de noiva,
sorridente
casta
sobre esses campos do Kunene
plantados de assassinos?
E tu, lua?
Como é que finges nada ter a ver
quando acaricias
sensual
esses corvos louros fardados de aço,
quizumbando sorrateiramente
nos milheirais?
E tu, lua?
Com que cara passeias teus cabelos
de vênus platinada
nas tripas expostas
das mulheres
homens e crianças
que os teus amantes sangrentos do *Apocalipse Now*,

por prazer transformaram
nos teus braços
em carnavais de sangue?
E tu, lua?
Já paraste para pensar
o que vai sair desse teu ventre,
inchado dos gritos de incautos namorados
que mergulham nos êxtases dos teus pântanos de leite,
nessas noites cúmplices em que emprestas
as tuas foices de luz
para indicar os caminhos do assassinato
aos teus amantes Boers?

Chico Carneiro deu um exemplo do constante medo que os acompanhava:

> A Kanemo era perto da casa onde Labi vivia, na qual Ruy estava hospedado. O ministro Cabaço passou na empresa para visitar, e Labi o convidou: "Vamos lá pra casa para jantar". Ruy foi na frente com o ministro, batendo papo. Labi estava ocupado e me pediu que fosse preparar alguma coisa. Cheguei à casa, entrei pelos fundos, Ruy e o ministro tinham entrado pela frente. Na cozinha, comecei a tomar umas providências. Daqui a pouco vejo Ruy se aproximando meio sorrateiramente. Quando me viu, soltou um aliviado: "Ah, és tu, Chico, ainda bem, tô apavorado, chegamos aqui não tinha ninguém, tô na sala com o ministro, de repente ouço barulho e o segurança tinha ficado do lado de fora".

Ruy teve diferentes endereços na cidade. Ora ficava no luxuoso Polana Hotel, a cavaleiro do Índico, ora no bem situado Hotel Cardoso, com vista ampla da Baixa e da baía. Hospedava-se também na central Pensão Martins, em hotel na Baixa, em apartamento que o governo lhe fornecia. Ou na casa dos colaboradores mais próximos, como o moçambicano Fernando Silva e, depois, Labieno. Ruy ficou tanto em casa de Labi que este, certo final de ano, lhe mandou um cartão de boas-festas assinado "da turma da Pensão da Dona Maria". Labi lembrou: "Ruy trouxe dos Estados Unidos uma dieta, nós dois fizemos; ele corria, fazia condicionamento"; "passávamos noites jogando baralho, fumando, tomando uísque".

Pai saudoso da então filha única, levou-a duas vezes para perto de si. Primeiro, quando ela estava com sete anos; Janaina lembrou que adorava vê-lo na sala de montagem do INC, brincar na moviola e com as latas de filmes. Depois, quando ela tinha de onze para doze anos. Nessa segunda vez, a adolescente não queria viajar, pois era época de Copa do Mundo, e ela achava que o Brasil iria ganhar e queria estar entre os brasileiros. "Sou eu que decido", declarou o pai. Ficaram no Polana Hotel; hóspede oficial, Ruy, no entanto, fez questão de pagar a parte da filha.

Há registros em cartas e entrevistas de muitos bons momentos daqueles que viveram o entusiasmo idealista do movimento. Uma dissertação de mestrado defendida em São Paulo versa sobre a memória dos cooperantes brasileiros, destacando uma união entre eles, exilados ou fugitivos da ditadura brasileira; para alguns, Moçambique era o segundo, terceiro, por vezes quarto asilo político. Apesar de todas as dificuldades do cotidiano pós-revolucionário e das diferenças culturais chocantes, muitos se referem a esse período como "os melhores anos de nossa vida". Talvez pelo ideal que os levara, pela beleza daquela terra à beira do Índico, por seu povo em geral afável, pela mocidade de que então desfrutavam – provavelmente por um pouco de tudo isso.

O grupo de que Ruy fazia parte deve ter tido experiências semelhantes. À exceção da escassa alimentação, a vida noturna talvez não fosse tão diferente daquela do pessoal carioca da música e do cinema. Na cidade desde sempre cosmopolita, não foram poucas as reuniões, nos hotéis Polana e Cardoso, no Clube Naval, em bares e restaurantes como o Piripiri, na casa de alguns deles. Nesses encontros, os "camaradas", em geral jovens "cooperantes" desejosos de participar das transformações, discutiam apaixonadamente os caminhos a trilhar. Mas não só. Em torno da bebida ou da comida que conseguiam, dançavam, cantavam e, apesar do moralismo do novo governo, rolava em alguns meios a condenada, mas indefectível, maconha.

Segundo entrevista do fotógrafo Funcho (que Ruy chamou ao Brasil depois para trabalhar em *Ópera do malandro*),

> éramos notívagos. Coisas de jantares prolongados, que não atrapalhavam a capacidade incrível de trabalho do Ruy. [...] ele era uma pessoa que tinha muitos amigos, muitos o conheciam, era fácil encontrá-lo em sítios aqui e acolá, sempre muito à vontade, sem cerimônia, como se estivesse em casa.

Chico Carneiro recordou a noite em que Ruy trouxe do Brasil sua recém-terminada *Ópera do malandro*, à qual assistiram juntos na casa do casal brasileiro Marta e Xuxo Lara. Luís Bernardo Honwana, romancista e ministro da Cultura, contou sobre as conversas amigas com Ruy em noitadas em sua casa. Sendo ele apaixonado por música brasileira, Ruy levava ou enviava gravações de discos de seus parceiros Chico Buarque, Milton Nascimento, Francis Hime, Egberto Gismonti; de Elis Regina, do Quinteto Violado, de vários sucessos da MPB. Os dois fizeram tentativas malsucedidas para levar para Maputo Milton Nascimento, Chico Buarque e grupos de danças. Honwana termina uma carta para Ruy assinando como "amigo moçambicano subcolonizado pelo Brasil nesta confusão de raízes culturais e troncos de cajueiro em que a gente não sabe de vez em quando qual é o nosso galho".

Nesses dez anos, a relação de Ruy com as mulheres foi a costumeira, paixões começando e acabando. O Ruy galanteador, sedutor, parece ter sido discreto em Maputo; nenhuma entrevista tocou no tema. No entanto, em carta de março de 1979, Fernando Silva, assistente de direção, hospedeiro, amigo muito próximo, ironizou:

> Além de seu secretário, sou também agora confidente amoroso. Deixa que eu te diga: deixaste Maputo num alvoroço, se a OMM (Organização das Mulheres Moçambicanas) não faz um comentário oficial, vais com muita sorte (estou a brincar). [...] Mais giro foram os comentários da festa da Ana, ficaste com a fama (e proveito) de seres o homem mais malandro e mulherengo que por aqui passou.

A ligação amorosa mais importante no decênio não se deu em Moçambique. Foi a entrada de Cláudia Ohana na vida de Ruy, em 1982-1983, a partir da filmagem de *Erêndira*. Quando nasceu, no Rio de Janeiro, a filha dos dois, do outro lado do Atlântico vieram votos de felicidades. No acervo, um telegrama do amigo Cabaço: "O nascimento de Dandara é mais uma razão para lutarmos pela revolução"; uma carta do escritor angolano Pepetela: "Já contribuíste para os 200 milhões de brasileiros no ano 2000, isso é um gesto de coragem em plena crise".

Como o cenário eram as "terras de África", havia aventuras de outra natureza. O lado selvagem colore boas lembranças em crônica:

> Uma vez – resultado da minha burrice e inconsciência –, fiquei sozinho no meio da selva africana. Fazia parte de uma operação ecológica na Gorongoza, região central de Moçambique, e num final de tarde saí do acampamento para correr. De camiseta, calção e berrantes tênis Nike, avancei ridiculamente pelo imenso descampado, ponteado aqui e ali por grupos mais fechados de árvores. Cronômetro em punho, ia medindo os tempos intermediários e nem me dei conta [de] que a noite se aproximava quando subitamente o rugido de um leão me paralisou. [...] Gorongoza é uma das maiores reservas de animais selvagens do mundo, coalhada de leões, elefantes, búfalos, antílopes e o mais que se possa imaginar. O rugido do leão se ouve a grande distância e aquele provavelmente não se encontrava perto, mas me deu a súbita consciência do perigo que corria, sozinho, a pé, desarmado, longe do acampamento. Estava exausto e tinha programado voltar caminhando tranquilamente, mas o pavor me deu forças para fazer o caminho do regresso numa carreira desabalada, tendo a todo o momento a sensação [de] que um leão ia surgir da mata e me abocanhar. Lamento não ter tido a frieza de ter medido o tempo da minha corrida de volta porque estou

certo de ter batido um recorde pessoal. Quando cheguei ao acampamento, me arrastei até a tenda dos caçadores profissionais que bebiam tranquilamente seu uísque e protestei, ofegante, por eles me deixarem sair assim incautamente selva adentro. Um deles, trinta anos de experiência, limitou-se a encolher os ombros e a responder placidamente: "Os leões preferem as gazelas ao homem". Escapei porque não era um petisco.

Há também lembranças agradáveis guardadas pela família Jacinto Veloso das férias passadas com Ruy na praia de Pomene, ao norte do país, meio distante de Maputo. Jacinto lembrou-se dos dois a catar caranguejos no mangal, Ruy a descobrir pela primeira vez ostras que subiam pelas árvores; lembrou-se de como Ruy gostava de fazer piada, como era criativo e inventivo. A mulher, Tereza, foi mais prolixa:

> O local era e é maravilhoso, com toda certeza [...]. Como as condições de segurança não eram muito boas, nenhum turista vinha. Tinha sido uma estância turística de portugueses que a abandonaram. Os empregados tomaram aquilo para gerir e, como não havia abastecimentos [...], os próprios hóspedes iam caçar coelhos ou pescar. A gente programava a nossa comida, havia lá cabritos, mas faltava galinha e outras coisas. [...] Tinha uma parte central administrativa com refeitório e cozinha e depois tinham uns quantos bangalôs. [...] A casa e a cozinha eram como nossas. Foi muito bom o convívio. Do que me lembro, Ruy é uma pessoa extremamente inteligente, sensível, parecia que já o conhecia de muito tempo, amigos de longa data, apesar de conhecê-lo àquela altura. [...] Ofereceu-me um livro sobre a filosofia zen; eu estava muito longe de saber o que era isso. Na verdade, mais tarde me interessei muito por essas áreas orientais e ficava em dúvida: como Ruy tinha adivinhado que eu ia gostar desse tipo de coisa? [...] São poucas as lembranças, mas muito fortes. De uma grande amizade e de uma grande ternura, de uma grande tranquilidade, nada de estresse. Ele com uma fita amarrada, o cabelo ainda preto, é assim que eu me lembro dele.

Samora Machel marcou Ruy: "Samora era mesmo muito grande. Tinha uma visão bem aberta de tudo". A admiração parece ter aumentado com a convivência, por menor que tenha sido. Relembrou em entrevista:

> Filmei a chamado dele um encontro, em Pemba ou Nampula, dos chefes que tinham participado da revolução e que estavam descontentes porque não tinham sido nomeados quadros importantes... Gente do povo, do campo, analfabeta. [...] Quando cheguei para filmar, vi aqueles quadros todos da Frelimo, aqueles macondes com tatuagens tribais, mal-humorados. Era uma reivindicação, um afrontamento que iam ter com o Samora. [...] Eles se recusaram [...] a ser filmados. [...] Samora Machel chegou e pediu que eu saísse com a câmara, eram

oito ou nove horas da manhã [...], quando chegou na hora do almoço mais ou menos, não sei... disse: "Entra, vamos filmar". [...] Samora convenceu-os da importância de ter um registro. Não sei o que se passou, porque foi tudo falado em línguas regionais, falava um, falava outro. [...] Esse material ficou em bruto, nunca foi montado.

Outro fator da admiração:

Eu me lembro do festival de música e dança; vinham das diferentes regiões, tinha havido um longo processo de escolha até às aldeias menores, [...] com aquelas músicas e canções regionais. Quando entraram no estádio para um ensaio geral, entraram todos a passo como se fossem militares. Todos tum, tum.

Estava presente também a mulher de Samora, Graça Machel, e o reitor Ganhão, seu braço direito. Ruy ficou horrorizado ao ver "entrar aquilo tudo perfilado, os bailarinos caminhando como se fossem da Mocidade Portuguesa entrando no estádio". Samora deve ter pensado algo semelhante; Ruy ouviu-o falar com Ganhão, dando ordens, "e daí saíram todos e passados uns quinze minutos entraram dançando".

Deixou claro qual era um grande problema seu no momento:

Tive várias oportunidades de conversar com o pessoal de primeiro nível, mas, no que se passava para o segundo escalão, era tudo aquela coisa de um fundamentalismo, era interpretar o pensamento do chefe, e a interpretação dos dogmas [...]. Então as coisas iam se empobrecendo, a dinâmica da realidade ia sendo fechada dentro daqueles paradigmas, daqueles postulados básicos que não eram para ser aplicados daquela maneira. Mas não havia como romper isso, porque não havia gente para isso. [...] Samora Machel era um sujeito completamente contrário a isso.

Aos poucos foi percebendo que seu papel em Moçambique se esgotava. Era alguém que queria, mais que tudo, filmar e vivia uma década de muitas propostas. Com tantas conexões internacionais, com premiações importantes, não poderia radicar-se em Maputo. As dificuldades que o país atravessava e os entraves para fazer cinema lá, mais as dificuldades pessoais, falaram mais alto. A história – sempre no rascunho – segue inexoravelmente adiante, e a revolução aos poucos se transformava. A admiração de Ruy pelo grande vulto da Independência moçambicana não parece maculada pelas críticas às ambiguidades e às dificuldades de um processo revolucionário daquele porte. A morte de Samora – em 19 de outubro de 1986 – ficou na memória moçambicana como marco do final da primeira fase do país independente. Também para Ruy a data é a referência do final de sua cooperação com o cinema moçambicano. O cineasta

Adolfo García Videla enviou-lhe do México um bilhete: "*Lamento muerte de Samora Machel, a quien tanto estimabas*". Como muitos dos admiradores de Samora, Ruy não acredita que a queda do avião que provocou sua morte tenha sido um acidente. Quando se toca no assunto, cita a frase que ouviu do amigo Gabriel García Márquez: "Avião de presidente não cai".

Naquele momento, em entrevista a Sol Carvalho, para *O Tempo*, explicou:

> Na realidade o que se passa é o processo de uma pessoa que nasceu num país na época colonial, saiu por diversas razões [...] depois de muitos anos no exterior procura reconverter-se ao seu país de origem [...], sempre um processo difícil, porque um longo exílio, de trinta anos, implica novos hábitos, criar novas raízes noutro local.

Cerca de dez anos depois, reiterou à cineasta portuguesa Margarida Cardoso:

> Você pensa que vão ser feitas transformações no sentido daquilo que você deseja; quando começa a ver que essas transformações vão ser feitas em muito longo prazo, num prazo além da tua própria trajetória pessoal, você começa a questionar a validade da tua presença. Foi o que aconteceu um pouco comigo.

Em crônica, relembrou "uma emoção que vem da tristeza do fracasso do generoso projeto de uma sociedade não racista e socialista, roída pela guerra, pelo banditismo, pela ingenuidade, pela corrupção e pelos interesses políticos e econômicos mais poderosos das potências internacionais". Mesmo tipo de análise, mesmo sentimento de desilusão se encontra em crônica na imprensa moçambicana escrita trinta anos depois por Fernando Couto, pai do escritor Mia Couto. Desiludido, lembrou a cerimônia da Independência e como estava "feliz pelo nascimento de um país que, afinal, não iria ser o que eu, ingenuamente falando, tinha sonhado". A meu ver, representa o pensamento da maioria do grupo por mim entrevistado em Maputo. Um deles, o cineasta moçambicano José Cardoso, terminando um livro de crônicas, sintetiza:

> Entristecem-me as recordações [...] condicionadas ao período da construção apressada de uma revolução que nasceu anêmica, com alarmante déficit de glóbulos vermelhos, e que por isso agonizou e entrou em coma prematuro, sem que tivesse havido tempo para uma transfusão de emergência que lhe permitisse sair do coma efêmero e fazer história!

Em 1981, em Maputo, Ruy escreveu em sua agenda:

> A vontade de reescrever
> Não os versos
> A vida.

No mesmo ano compôs o poema "Meu país":

Eu tenho como país,
Uma asa negra de vento.
Eu tenho como país,
Migalhas de acácias rubras.
Eu tenho como país,
Espadas fugazes de madrugadas.
Eu tenho como país,
Um veludo satânico de mulher.
Eu tenho como país,
Uma bússola gangrenada de esperança.
Na verdade eu só tenho como país
Essa insônia teimosa dentro de um sonho vivo.

E assim, mais uma vez se foi do país.

Hoje Ruy é inúmeras vezes interrogado sobre as razões desse segundo abandono. Não creio que tivesse escolha. O homem maduro, o cineasta que acreditava no poder da imagem em movimento, tomou sua decisão. Segundo Labi, "a pátria de Ruy é o cinema". E foi o cinema que, em 2011, passado outro quarto de século, fez com que ele, ainda que por poucos dias, retornasse mais uma vez a sua terra natal.

PARTE II

No Velho Mundo

Ruy escolhe o campo da objetiva durante exercício curricular de direção no Idhec. O plano era tirado de cena do filme *Edouard et Caroline* (1951), de Jacques Becker. Paris, França, junho de 1953.

1
Tornando-se cineasta

Um salto no escuro?

A França é fundamental para compreender a história do cineasta Ruy Guerra; quando fala sobre o país, ele repete: "Tenho uma relação de amor e ódio com a França". Nos momentos em que tal relação não está bem, ainda acrescenta: "Mais de ódio que de amor". Paradoxo inevitável? Durante os anos 1950, foi lá que Ruy se profissionalizou e, nas décadas seguintes, conquistou trabalho, prestígio e fama.

Durante alguns anos pagou altos preços para se profissionalizar e tentar depois trabalhar. Seu eixo central no Velho Mundo foi Paris. Os primeiros tempos de formação devem lhe ter sido custosos. Embora branco, Ruy saíra de uma África que começava sua luta pela descolonização. E deixou para trás uma vida protegida por inúmeros afetos, carência difícil de repor em pouco tempo. Além disso, precisou despender sua parte da herança da mãe; sua parte da herança de uma das avós e de um tio materno solteiro, Anselmo; várias quantias enviadas pelo pai; e, finalmente, a parte que lhe coube da herança paterna. Pagou igualmente caro no processo de adaptação. Talvez não quanto ao clima – é impetuoso, de sangue quente, diz hoje que gosta do frio, habituado que se tornou durante esses anos –, mas quanto ao modo de vida francês. O que chama de "cartesianismo nacional" foi e é motivo de grande incômodo. Afirma que fez ótimos amigos lá, mas não gosta do povo: "São exigentes demais com quem não fala francês", "não entendem piada", "o país parece um museu", "a comida é pesada" (foi criado com a portuguesa, mais simples, "rural, camponesa").

Sofreu ainda na adaptação ao idioma. Ao escrever, em crônica, sobre o pai, recordou que "muito pequeno, sentado em seu colo, fui carinhosamente levado a aprender uma canção num idioma estranho, que mais tarde soube ser o francês". Em Paris, descobriu que a música, ligada ao início da Segunda Guerra

Mundial, se chamava "J'attendrai". Desde a adolescência, Ruy tinha se acostumado à voz rouca e debochada de Maurice Chevalier. Ao chegar à cidade, falava um francês, como diz, "macarrônico de liceu", que não dava para muito mais do que pedir *un café crème* ou *un calvados*, espécie de conhaque de maçã que o atraía por ser a bebida constante do dr. Ravic, herói personificado por Charles Boyer no filme *O Arco do Triunfo* (1948, de Lewis Milestone). Porém, aparentemente não se acanhava. Ia para a frente da sala de aula e falava, falava sem se importar se professores ou colegas o compreendiam. Com persistência, com a ajuda de amigos que o corrigiam "até em prosas no metrô", acabou por dominar o idioma; contudo, como Chico Buarque brincou, ele fala qualquer língua com o mesmo sotaque. Chegou a escrever poemas em francês – um desses no acervo. Observando que poderia parecer arrogância, disse não ter ficado satisfeito, pois "em outra língua não encontrava o sabor da palavra". Um amigo francês, apreciador de seus versos, traduziu alguns.

Não creio que tenha tido dificuldade em se acostumar no plano cultural. Criado à portuguesa, o Velho Mundo esteve presente em sua vida desde cedo – no gosto materno pela literatura russa e nos livros clássicos com que o pai lhe presenteava; nas fracassadas tentativas paternas de fazê-lo tocar violino ou gostar de ópera, no fato de ter-lhe comprado discos de música clássica; na formação do liceu, que o introduziu à filosofia, ao gosto por certa erudição que ele não se preocupa em destrinchar, mas que o fascina e que, em referências breves, permeia suas conversas, crônicas, palestras. Havia ainda a velha paixão do pai pela França: "Eu nasci ouvindo falar daquele país. Meu pai era de uma geração que acreditava que a Revolução Francesa tinha tornado o mundo mais justo [...]. [Dizia ele] que 'todo homem que ama a liberdade tem duas pátrias: a sua e a França'.". Lembrou que "uma noite vi meu pai chorar e fiquei abalado. Mas ele se recompôs, os olhos coruscantes ainda úmidos, me agarrou nos fortes braços e, de pé, cantou a 'Marselhesa', acompanhando os acordes vibrantes do hino nacional francês fritados pela estática".

A cada momento em que pensamos em nosso passado, operamos uma reconstrução. Ruy escreveu certa vez em crônica que, ao recuperar um fato, nossa memória incorpora desejos de como gostaríamos que aquilo se tivesse passado; que somos como caçadores e pescadores que narram seus feitos de forma exagerada, fazendo surgir versões meio fabulosas que, com o passar do tempo, gostamos de repetir. Mais para o próprio prazer, talvez, do que para o de algum ouvinte. A apresentação que ele faz de sua opção profissional parece se explicar dessa forma. Ruy repetiu inúmeras vezes que o que queria realmente na vida era escrever, que se decidiu pelo cinema porque "não havia faculdade para ser escritor em Lourenço Marques"; o desafio de escrever um romance continuou em seu horizonte até seus oitenta anos.

A frase escrita aos dezessete ou dezoito anos no álbum da querida Guida é reveladora: "A única linguagem universal é a da imagem – o cinema". Na formatura do liceu, quando cada aluno deveria usar cores que indicassem sua escolha profissional, inventou o que chamou de cores do cinema: fitinhas vermelhas e negras, para ele revolucionárias – negro para o anarquismo, vermelho para o comunismo. Convenceu a mãe de sua escolha de vida aparentemente inusitada (o que deve ter sido fácil) para que ela convencesse o pai (o que deve ter sido difícil). Fez movimentos para se deslocar de Lourenço Marques a Paris, com uma pequena estada em Lisboa a fim de tirar seu diploma, como prometera à mãe. Permaneceu seis meses no Portugal salazarista, o qual ele detestava e onde entrou pelas mãos da Pide, que lhe pespegou em cima um processo de anos a fio.

Época de informações escassas, escreveu décadas depois que tinha descoberto quatro possibilidades para se formar em cinema. Uma primeira seria um curso na Sorbonne; no entanto, esse era apenas teórico, ele queria era pôr a mão na massa. Outra, o Centro Sperimentale di Cinematografia, na Cinecittà romana, fundado em 1935. Na época, teria sido colega de Michelangelo Antonioni, Pietro Germi, Dino de Laurentiis, Marco Bellocchio, do cubano Tomás Gutiérrez Alea (futuro amigo Titón). Quem sabe lá cruzaria com belezas como Alida Valli, Monica Vitti, Claudia Cardinale... Porém, descobriu que "estrangeiros somente podiam atuar como assistentes". Havia ainda a Escola de Lodz, na Polônia, onde teria sido colega de Andrzej Munk, Andrzej Wajda, Roman Polanski. Mas seria um curso de seis anos em polonês! Impensável! No fundo, uma única possibilidade mais palpável: em 1944, fora criado em Paris o Institut de Hautes Études Cinématographiques (Idhec). De Lourenço Marques, Ruy escreveu para a direção pedindo informações. E se lançou, segundo escreveu *a posteriori*, "no escuro", como "quem aposta nos cavalinhos".

Como em qualquer mudança significativa, certamente se arriscou, porém "no escuro", nem tanto. Toda sua vida familiar, com a valorização do caldo cultural e político francês, deve tê-lo influenciado a optar por aquela cidade. E Paris era um local especial para sua profissão. A capital francesa é ainda hoje a cidade do cinéfilo. Não pela produção de filmes, uma vez que não é Hollywood nem Bollywood. Mas por ser onde o apaixonado por cinema pode, melhor do que em qualquer outra cidade, matar sua sede e sua fome; quem lá permanece alguns anos tem oportunidade de assistir a uma amostra de tudo o que foi realizado de significativo na área. Esse clima de paixão pela telona se firmou durante os anos que Ruy lá passou, por meio do que franceses teorizaram como cinefilia, que teve sua época de ouro no país entre o final da Segunda Guerra Mundial e 1968, marcando o momento da legitimação cultural do cinema. Foi quando a então chamada "sétima arte" – para muitos, a arte do século XX – chegou a seu ápice. Cinefilia é uma paixão pelo cinema que se expressa não somente em ver filmes, mas em conversar sobre eles, debatê-los, escrever análises. Data de então o aparecimento de inúmeras revistas sobre cinema.

Naquele momento na terra de Auguste e Louis Lumière, de George Méliès, o cinema tradicional sofria o impacto de fortes discussões, por exemplo o debate acerca do *cinéma d'auteur* [cinema de autor], que lutava ferozmente para se efetivar contra um cinema tradicional, o *cinéma industriel*. Primeiras marolas que logo gerariam a Nouvelle Vague. Ruy, alguém ávido pelo novo, dificilmente escaparia do que os franceses chamam de *l'air du temps*, ou espírito da época. Rememorou, em entrevista em 2002:

> Esse período foi o momento em que os jovens cineastas atuavam contra a indústria cinematográfica francesa. Havia o grupo encabeçado por Truffaut, Godard, Rohmer, Chabrol e que estava concentrado em *Cahiers du Cinéma*. [Tinham] aquela proposta de se contrapor à indústria com uma estética totalmente diferente. Vi todo o surgimento da Nouvelle Vague, era um debate muito persistente nos anos 1950, foi uma coisa que certamente me marcou [...] por uma nova linguagem, uma nova postura autoral [contra um cinema] que esmagava os novos talentos.

Dentro da preocupação permanente francesa de espalhar pelo mundo sua cultura, estava incluído defender seu cinema e difundi-lo. A fundação do Idhec se deu com esse intuito. Foi ainda uma das estratégias para tentar regulamentar a atividade e a profissão cinematográficas que funcionavam de forma anárquica, sob difícil controle governamental, com negócios inescrupulosos e sociedades em falência. Pode-se imaginar o que deve ter sido o clima político, social e econômico do pós-guerra de uma nação que se recuperava da traumatizante ocupação de parte do território e especialmente da invasão e do domínio da Alemanha sobre sua capital.

A presença mais constante de Ruy na França – de 1952 até final da década de 1980 – coincidiu ainda com os anos finais da *sale guerre* [guerra suja] da Indochina e com os anos iniciais da Guerra da Argélia. Ruy, nascido numa colônia, jamais poderia aceitá-las nem conviver tranquilamente com elas. Criticou a Nouvelle Vague como movimento "constituído por jovens intelectuais de uma classe média francesa", dos quais ele, como imigrante, se sentia muito diferente. O movimento "sempre teve uma marcada posição direitista, e eu [...] tinha uma posição nitidamente de esquerda... condenava aos intelectuais franceses justo um apolitismo bastante político, nunca falavam da guerra da Argélia, dos imigrantes". Não podia aceitar essa falta de posicionamento, sobretudo numa França que se proclamava paladina de todas as liberdades – imagem transmitida desde a adolescência pelo pai.

Esse impacto que abalou o academicismo do cinema francês com sua procura por uma renovação da linguagem cinematográfica foi um elã então recebido e que Ruy carrega até hoje. Marin Karmitz, distribuidor e produtor de cinema francês (inclusive de *Ópera do malandro*, 1985), diz ter passado por algo semelhante. Ele se graduou logo após Ruy e afirmou à mídia que se formou "no Idhec em cinema clássico, mas se deformou pela Nouvelle Vague".

A Segunda Guerra complicou – e muito – a atividade cinematográfica francesa. Alguns homens de cinema abandonaram Paris pelo sul do país. Lá, segundo declarações de Louis Daquin em artigo disponível na internet, jovens técnicos formaram um centro que pode ser visto como o início do Idhec. Daquin foi diretor da escola de 1970 a 1977. Relembrou *le chaos* [o caos]: "Quando o armistício foi assinado, estávamos desestruturados". O Idhec surgiu no xadrez político da França depois de 1945, ligado ao Partido Comunista Francês (PCF), força bastante atuante na resistência. Figuras do partido, juntamente com outras correntes políticas, estiveram presentes no ministério do governo da Quarta República constituído após a liberação. Mas essa união dos resistentes não durou muito, e em 1947 os comunistas deixaram o poder. Na Guerra Fria, como o partido se aliou à União Soviética, o Idhec passou a ser alvo de ataques anticomunistas.

Seu fundador foi Marcel l'Herbier, cineasta apaixonado e bem-sucedido antes da Segunda Guerra, visto por alguns como estrito defensor do cinema francês e do cinema mudo. Juntamente com ele, Georges Sadoul, já autor de volumes de *Histoire générale du cinéma*. Ambos eram parte do movimento da resistência e da ala esquerda dos cineastas franceses. O primeiro diretor do Idhec, Jean Lodz, era comunista dos mais notórios. Como administrador, um desvairado sonhador, que naquele momento de complicada retomada econômica quase levou a escola à insolvência. Como o Idhec era submetido ao governo, impuseram em 1951 um novo diretor, Rémy Tessonneau. De direita, conseguiu relançar a escola do ponto de vista gestionário. Figura ambígua, nada entendia de cinema e foi desprezado pela maioria dos alunos. Ficou no cargo até os eventos de maio de 1968. Depois da data, continuou errando pelos corredores da escola por uns tempos.

O valor de uma bandeirinha

Tendo Ruy conseguido em Lisboa seu diploma do liceu, os três homens da família Coelho Pereira, antes de seguir para Paris, foram conhecer uma Londres em recuperação dos ataques alemães. O pai dizia querer vestir Ruy para o inverno parisiense. Fotos mostram um jovem de cabelo curto, terno, cara séria, fumando cachimbo em uma estação do *tube* [metrô] ou em passeio de barco pelo Tâmisa. Em tom nostálgico, seu irmão lembrou-se dos dois, certa madrugada, cantando pelas ruas músicas de Frank Sinatra e Yves Montand. Ambos de pequena estatura, possivelmente em teor alcoólico estavam tão altos quanto as vozes; um *bobby* daqueles educados e com *British sense of humour* pediu-lhes que cantassem mais baixo. Mário, que para sua mulher era um bom cantor, opinou: "Meu irmão não cantava nada bem".

O trio atravessou o canal da Mancha via barco e seguiu para Paris de trem. Fim de verão/início de outono, chovia muito, como se vê em fotos dos três pelas ruas parisienses, vestindo capas de chuva elegantes. Segundo Mário filho, a estada familiar parisiense durou quase um mês. O cuidadoso e presente pai provavelmente não tinha muita vontade de abandonar seu caçula. Talvez quisesse cumprir a promessa feita a sua querida antes de sua trágica morte. Talvez gostasse de estar na Cidade Luz, que graças ao filho ele teve a oportunidade de conhecer. Mário pai viajara pouco – e somente entre colônia e metrópole; Ruy guarda fotos do pai no *boulevard* Saint-Michel, de terno, colete e carregando um casacão.

Quando ele partiu, Ruy foi rumo ao Idhec. Ao abrir as portas, em 6 de janeiro de 1944, a instituição não ocupava espaço próprio, meio peregrina entre o Palais de Chaillot e o escritório na *avenue des* Champs-Élysées. Ruy frequentou novas instalações perto de Porte Maillot, *boulevard des* Aurelles Paladines, no 17º *arrondissement*, ao lado do Périphérique, marginal que circunda a cidade. Era um antigo estúdio do tempo do cinema mudo. Alguns colegas de Ruy dizem que era um espaço "*très modeste*"; outros, ao contrário, afirmam que era bem equipado, com duas salas de aulas, salas de montagem, galpão para filmagens, um grande pátio interior pavimentado cercado de muito vidro, uma sala de carpintaria com meia dúzia de moviolas, como se fosse saído de um filme dos irmãos Lumière. Era longe do centro, uma região de fábricas semideserta, outro mundo. A duzentos metros da escola, os alunos sentiam-se estranhos num café frequentado por operários locais que os olhavam como intrusos. Meio desterrados, longe da vida estudantil do Quartier Latin, em geral moravam e/ou circulavam na Rive Gauche, onde se localizava a Cinémathèque, que frequentavam o tempo todo, como os jovens cineastas da Nouvelle Vague, então chamados de *les enfants de la Cinémathèque*.

Ruy foi recusado pela secretária do Idhec – com a peremptória indicação de inscrições encerradas. Mostrou inutilmente a carta que enviara de longe, tentando provar a seriedade de sua decisão. Sozinho na imensa cidade, sem conhecer absolutamente ninguém, não sabia o que fazer da vida. Não queria esperar um longo ano; então, foi espiar o que poderia cursar na Sorbonne até nova abertura de vagas. Em um café em frente à universidade, conheceu um franzino vietnamita que estudava no Idhec. Than Trong Tri insistiu que, se Ruy falasse diretamente com o diretor, seria admitido. Passadas muitas décadas, Ruy escreveu em crônica que foi o "obstinado Tri que me conduziu até o número 92 da Champs-Élysées, subiu comigo ao sétimo andar e, na entrada da secretaria, me segredou, antes de sumir: 'Diz que você é de Moçambique'.". Ruy foi recebido pelo

> poderoso diretor M. Rémy Tessonneau – um sujeito elétrico e magrinho, meio calvo, olhos avermelhados, uma guimba de cigarro de longa cinza pendurada na boca. Consegui penosamente explicar ao que vinha. Enquanto falava, o ilustre diretor trovejou vários *"c'est pas possible!"* [não é possível] e *"il n'y rien à faire!"* [não há o que fazer] [...]. Quando me lembrando das instruções de Tri, proclamei, desesperado: "Sou de Moçambique!". Os olhos injetados de M. Tessonneau quase saltaram das órbitas. *"Du Mozambique?"*, balbuciou. Aproximou-se de um imenso mapa na parede, cravejado de alfinetes coloridos por toda a Europa – alguns, esparsos, picando o resto do mundo –, e perguntou nervosamente onde ficava Moçambique. Mostrei o lugar, no outro lado da África, face ao Índico. M. Tessonneau abriu um largo sorriso, pegou um alfinete de vistosa cabeça vermelha e cravou-o orgulhosamente em terras moçambicanas.

Nesse momento, a origem africana pesou positivamente. Era quase nulo o nível de exigência para aceitação de um aluno nessa escola sob a tutela governamental; Ruy não precisou relatar atividades anteriores ligadas ao cinema nem fazer exame de admissão. O diretor apenas lhe perguntou se tinha dinheiro para pagar o curso e, obtendo resposta afirmativa, mandou-o apresentar os papéis para a inscrição. Segundo o colega de classe Noël Burch, o Idhec fazia parte das *grandes écoles* em que as elites profissionais eram formadas, como Polytechnique, École Normal Supérieure (*rue* d'Ulm), Arts et Métiers, ENA etc. Entretanto, ironizou: "Uma grande escola somente no emblema do Idhec". Segundo acordo assinado entre Idhec e sindicato francês, os formandos estrangeiros se comprometiam oficialmente a não trabalhar na França para não disputar o mercado.

A intenção oficial do curso era fornecer formação teórica e artística, privilegiando criadores, mais que técnicos. Para os alunos franceses, o ensino era gratuito, mas havia seleção. Eram por volta de seiscentos concorrentes, todos aprovados no exame final do secundário, o famigerado *baccalauréat*. Havia provas escritas; após três meses, o aprovado era examinado oralmente por um júri de prestígio, com integrantes como Georges Sadoul, Jean Mitry, André Bazin. Havia uma discussão sobre dois filmes de uma lista de cinco que o candidato previamente sugeria.

O curso durava dois anos, mais os estágios obrigatórios com respectivos relatórios. Ruy faz parte da *neuvième promotion* (nona turma) de setembro de 1952 até meados de 1954. Há registro de seu pagamento para inscrição e exames para o segundo ano em seu relatório escolar: uma primeira parcela de 4 mil francos e outras duas de 30 mil francos. Para o segundo ano, Ruy fez um pedido de bolsa de 20 mil francos mensais ao Institut Français du Portugal e ao próprio Idhec, mas nada obteve.

Marcel l'Herbier, responsável pela orientação do ensino, não ministrava aulas. Além de Georges Sadoul, Ruy teve como professor de história do cinema Jean Mitry, com quem Henri Langlois, em 1936, fundara a Cinémathèque. As aulas da famosa dupla eram no coração parisiense, na sede da própria Cinémathèque, na 7 *avenue de* Messine. Paul Seban, colega de classe de Ruy, lembrou outros professores: Yves Baudrier, ótimo compositor de música para filmes, "tímido, falava sempre baixo, se escusando de sua presença"; Madeleine Rousseau, "que vinha dos meios populares", uma "sulfurosa das artes" que ensinava na *ceinture rouge* [cinturão vermelho, comunidades comunistas que circundavam Paris]; *monsieur* Elkind, ótimo montador russo que fora para a França logo após a Revolução de 1917; Jean Pierre Malfille, professor de decupagem técnica; e Jacques Aubéry, professor de *script* (ou roteiro) e de montagem. Para Noël Burch, o mais interessante foi Stellio Lorenzi, notório comunista. No dossiê do Idhec, arquivado no Ministère des Affaires Culturelles, uma reprimenda coletiva para Ruy e quatro colegas, datada do início do terceiro mês de curso, acusa-os de cabular as aulas de música de *monsieur* Lopez.

Esses mestres, na maioria, eram vistos pelos alunos como "técnicos burocráticos" ou "artistas fracassados". As discussões sobre os filmes travadas com eles eram frustrantes, enquanto com Sadoul e Mitry eram deveras entusiasmantes. Entre uma filmagem e outra, atores em começo de carreira – como Jean-Louis Trintignant, Pierre Vaneck, Guy Bedos – davam canja nos curtas-metragens dos alunos; décadas depois, Ruy se comportou de forma semelhante nos cursos em que ministrou. Alunos formados na École Nationale Supérieure de la Photographie, fundada por Louis Lumière e Léon Gaumont, faziam a câmera para os alunos. De forma geral, era respeitada a liberdade de escolha para os trabalhos.

De 1944 a 1988, quando se transformou em La Fémis (denominação da Fondation Européenne des Métiers de l'Image et du Son), o Idhec formou 1.439 profissionais cineastas e técnicos, sendo 873 franceses e 566 estrangeiros. Nos anos 1940 e 1950, na *première promotion*, estudaram Alain Resnais e Claude Mettra; na classe imediatamente posterior à de Ruy, Sacha Vierny, Louis Malle, Alain Cavalier, Michel Outranys. Depois, Jean Chérasse, Pierre Desfons, Constantin Costa-Gavras. Alguns nomes da turma de Ruy constam de uma espécie de anuário recente, mas incompleto, organizado por Luce Vigo, filha de Jean Vigo. Dos 47 solicitados, 25 enviaram currículo; Ruy foi um dos que não mandaram. Na lista de sua classe, impressionam as presenças estrangeira – vinte alunos – e feminina – dez ou doze (alguns nomes são de difícil identificação do gênero). Quando mostrei a Ruy fotos de sua classe, ele reconheceu praticamente todos.

Noël Burch foi o que se tornou mais conhecido. Californiano, trocou seu país por Paris, de onde não mais saiu, desde o final do curso. Ruy o relembrou na crônica "Um americano em Paris". Descreveu o "jovem americano escanzelado, jeitão de adolescente, a cara picada de acne, recém-chegado de sua San Francisco natal". Tanto Burch quanto Ruy afirmaram nunca ter ocorrido entre ambos qualquer diálogo significativo. Burch dedicou-se, sobretudo, a escritos teóricos sobre cinema; seu "A claraboia do infinito" é indicado por Ruy em sala de aula como obra fundamental.

Embora nenhum outro moçambicano tenha frequentado o Idhec, alguns brasileiros o fizeram. Na classe de Ruy, ele se lembra de um casal de São Paulo, Nogueira. Anterior a Ruy, Rodolfo Nanni, que realizou em 1959 o premiado *O saci*. Segundo Nanni, havia cinco outros: Moyses Gurovitz; os gêmeos Santos Pereira (diretores de *Rebelião em Vila Rica*, 1957); Bartolomeu de Andrade, depois assistente de direção de Marcel Camus em *Orfeu negro* (1959) e de Alberto Cavalcanti em *O canto do mar* (1952); e Eros Martim Gonçalves, que se dedicava à cenografia. O carioca Sílvio Autuori cursou a classe seguinte à de Ruy, e eles se tornaram grandes amigos. Seis a sete anos depois da saída de Ruy, Joaquim Pedro de Andrade fez um estágio de alguns meses, dizendo-se "decepcionado", o Idhec, "uma porcaria total naquele tempo, uma coisa vergonhosa"; o que realmente aproveitou foram os filmes que viu na Cinémathèque. Em entrevista à mídia, Eduardo Coutinho disse que, embora tivesse bolsa para três anos, ficou pouco tempo porque "pouco aprendi na prática e voltei ao Brasil".

Monsieur Guerra à l'Idhec

Em toda a produção escolar de Ruy, seu nome é sempre grafado com "I", não com "Y". Seu atestado de conclusão de curso data de 7 de setembro de 1954, assinado por Marcel l'Herbier. Registra que Ruy se formou nas seções *réalization, production – régie et formation complémentaire montage e théorie de la télévision*. E seguem-se elogios, formais ou não: "*Au cours des deux années passés à l'Idhec et nottament dans la réalization de son film de fin d'études, M. Guerra Coelho Pereira a fait preuve de réelles qualités esthéthiques et techniques*" [Nos dois anos passados no Idhec e notadamente em seu filme de final de curso, o sr. Guerra Coelho Pereira deu provas de reais qualidades estéticas e técnicas].

Apesar de extenso, o relatório não contém todos os exames ou trabalhos escritos realizados. Os boletins listam as matérias cursadas. Exames no final do primeiro ano dentro da área de cultura cinematográfica indicam as cadeiras de roteiro, expressão cênica, expressão musical, ficha filmográfica e história do cinema. Dentro de técnica teórica, desenho de *script*, direção, assistência, produção e técnica cinematográfica. Cadeiras de exames práticos foram decupagem, montagem e música aplicada. No segundo ano, história do cinema falado, expressão musical (facultativa) e técnica cinematográfica e, ainda, formação para televisão e montagem. Notas acima da média e pontos além dos necessários. Surpreendeu no segundo ano a média final, a menção mais baixa possível: *Satisfaisant* [satisfatório], que se deveu ao fato de Ruy não ter feito um último trabalho escrito importante – um famoso *mémoire* – por já ter pontos suficientes para a aprovação.

Os trabalhos manuscritos revelam uma caligrafia que pouco se alterou com os anos; o emprego do francês é superior ao que se poderia esperar. A nota mais alta é a da prova de técnica cinematográfica sobre tipos de película, com desenhos e fórmulas; talvez seja possível concluir que Ruy, ao contrário de outros, não fez pouco do ensino técnico que lá se oferecia.

Entre os trabalhos do primeiro ano, há um roteiro datilografado intitulado *Catembe*, em homenagem a uma povoação fronteiriça a Lourenço Marques, do outro lado da baía do Espírito Santo, no Índico. Ruy aproveitou um conto premiado que escrevera na terra natal a respeito da difícil vida dos pescadores e que lhe tinha valido comentários sobre influência de Jorge Amado. Apresentou o trabalho como "espécie de fábula a ser situada em tempo e espaço a serem definidos". Na parte de orientação de filmagem, ele explica que

> o filme tem uma parte nitidamente documentária, da vida de uma povoação de pescadores. A decupagem em toda essa parte deve ser reescrita e orientada segundo as exigências da filmagem para atingir um máximo de veracidade. A outra parte, de ficção, deve ser cuidadosamente preparada tendo sempre em vista que se trata de uma porcentagem quase total de exteriores. As poucas cenas de estúdio devem ser reconstituídas com especial cuidado sob o ponto de vista do *décor*, para um acordo com a realidade exterior.

De um total de dezenove páginas, metade é redigida em português. Dois professores avaliaram a prova. Um escreveu que "não posso dar nota, pois o estudante não se submeteu às condições da prova. Lamento, pois o tema e as coordenadas da história foram inteligentemente escolhidos" e concedeu-lhe a nota 10/20. O segundo conferiu-lhe 12/20; embora reclamasse da apresentação pouco desenvolvida, elogiou o tema, o caráter documental, a atmosfera, os personagens, a ação e a criação dramática. Lamentou não poder ler o resto, sugerindo "submeter a um lusitanista ou traduzir". Meio século depois, falta de tempo foi a razão apresentada por Ruy. Em outro trabalho sobre história do cinema, falta de tempo também foi motivo de lamentação, pois "gostaria de ter tratado ainda das obras de Flaherty e de Pudovkin".

Na *9ème promotion* estava Paul Seban, aluno de origem argelina. Ruy e ele foram mais bons colegas que amigos próximos; passados sessenta anos, demonstraram grande prazer ao se reencontrarem. Formado, Seban dedicou-se ao cinema e à televisão, lecionou no Idhec e na Fémis, além de na cubana Escuela de Cine y TV. Em 2009, contatado apenas dois dias antes da entrevista, lamentou nunca ter cruzado com Ruy, nem em Paris, nem na ilha. Caso único: apesar do pouco tempo prévio, preparou por escrito "certo número de lembranças pessoais" a fim de ler para mim em seu apartamento na Rive Gauche; pontuava sua leitura com reflexões complementares.

Recém-chegado de Sidi Bel Abbès, cidade da Legião Estrangeira, foi para ele um sonho estudar cinema em Paris. Lembrou o alto grau de expectativas que ele e colegas mais próximos tinham experimentado em relação ao curso e a consequente decepção: não se ensinava a arte do cinema, ensinava-se um bê-á-bá que, a seu ver, Ruy já conhecia. Hoje ele repensa essa questão central: para qualquer ensino de arte, o que conta é ensinar a técnica, porque o essencial é intransmissível. Lembrou, ainda, que gênios do cinema como Eisenstein, Welles, Visconti e Bresson nunca cursaram escola nenhuma.

Por vezes, ensinava-se no Idhec apenas um *savoir-faire*. Exemplo extremo, caricato, mas ilustrativo: M. Salcy, "muito simpático", ministrava assistência de direção. Seu conselho era "possuir sempre consigo um isqueiro para, se o diretor sacar um cigarro, acendê-lo de imediato. Assim ele convida para o próximo filme que for fazer". Advertiu Seban: "Parece piada, mas não é; é, sim, algo vergonhoso". No fundo, isso traduzia as dificuldades de trabalho no cinema, as relações de dependência, de subordinação sistemática, da necessidade de estar *toujours au service* [sempre à disposição]. Por outro lado, afirmou com segurança que o diploma do Idhec foi a "tábua de salvação" pela qual se tornou assistente estagiário de Jean Renoir, Marcel Carné e Orson Welles.

Fez questão de deixar claro que a primeira e mais importante coisa a contar sobre Ruy era a "estarrecedora lição" dada por seu filme de conclusão de curso. Lembrou:

> Estávamos todos ansiosos para saber o que conseguiríamos fazer. Tínhamos recebido um ensinamento acadêmico. Ruy – um de nós, um de nossos pares – de repente nos revelou ser capaz de um estudo aprofundado de enquadramentos, de movimentos das máquinas, do jogo de atores, o que nada tinha a ver com o academicismo que nos havia sido ensinado. Para mim, nessa época, uma lição de tirar o fôlego, porque nos perguntávamos: onde aprendeu isso? Ele vinha de Moçambique... De meu ponto de vista, aprendera de um estudo aprofundado de Eisenstein, de Pudovkin, de Griffith, de Lang, de Welles, totalmente assimilado.

Meio imobilizado, Seban pensava em como faria seu filme; por sua vez, "Ruy tinha adaptado a novela de Vittorini. E que fique claro: sua única preocupação era como traduzir em imagens o que tinha sentido com a leitura. Que lição para um jovem de minha idade!". Confessou não se lembrar de quase nenhum outro filme de colega. Praticamente sessenta anos depois, reproduziu uma pergunta que é feita no curta: *"Du mozzarela?"*. Com a entoação exata do diálogo no filme. Também Burch declarou, nos anos 1960, a *Cahiers du Cinéma* como o filme de conclusão de curso de Ruy o "impressionara, trazendo já quase todos os temas de seus dois longas-metragens", referindo-se a *Os cafajestes* e *Os fuzis*.

Quand le soleil dort [Quando o sol dorme] se chamava no início *Quand le soleil se couche* [Quando o sol se põe], como se lê na proposta de roteiro. Foi todo filmado no *petit plateau* do Idhec, em Porte Maillot. Entre os participantes, amigos e colegas de Ruy e o futuro ator e humorista Guy Bedos. Talvez marcado desde Lourenço Marques pelo neorrealismo italiano, Ruy se inspirou em *Homens e não*, romance datado de 1945, do siciliano Elio Vittorini, sobre a resistência ao nazifascismo em Milão. Em uma cena, soldados se alimentam junto a corpos de prisioneiros fuzilados enquanto parte da população está em volta, paralisada, emudecida. A cena seguinte é uma retomada da vida normal da cidade, num bar, com vários figurantes. À mesa, um casal de amantes discute sua relação afetada pela guerra; na cena final, depois de sair do bar, os dois conversam.

Ao apresentar o resumo da ação, Ruy alerta que o "espectador tem toda a liberdade de interpretação, ou simplesmente de considerá-la como um todo", e "que a cidade não precisa ser definida no tempo nem no espaço". Os itens avaliados foram competência técnica, escolha do assunto ou tema, orientação geral, tradução cinematográfica e valorização do tema, senso artístico e originalidade criativa. As três notas, que valiam no máximo vinte, foram 13,89, 14,99 e 17,67. As avaliações, por vezes ininteligíveis pela letra ou pelo estilo telegráfico, afirmam: "Tema bastante original e que produz certamente uma impressão muito interessante"; "tema: parabéns, possui o essencial"; "na parte de arte dramática, a psicologia dos personagens é longamente desenvolvida [...], filme desigual, seu fim é mais trabalhado e melhor do que o começo"; "ambicioso, sistemático". Há uma anotação solta: o filme *"avait annoncé* Paisà" [teria anunciado *Paisà*]. Aproximar seu curta da obra neorrealista de Roberto Rossellini rodada em 1946 deveria ser um elogio que talvez Ruy não esperasse... Ele explicou em entrevista bem posterior que "o que me interessou no livro foi o tema, cada vez mais na moda, da antropofagia e também o tema da violência da resistência"; embora não haja registro de situação assim, Ruy afirmou certa vez ter tido problemas no Idhec, onde "não se apreciava o lado sanguinário".

Seban foi pródigo em observações sobre Ruy. Um ótimo aluno, bem mais preparado que a turma. Todo emoção, sensibilidade à flor da pele; com experiência, não aquela formação livresca dos jovens franceses; permanente contestador, tudo podia constituir objeto de crítica para esse "galinho de briga". Parecia querer dar a impressão de que era impossível ensinar-lhe algo que já não soubesse. Seban passou-me uma foto da sala de aula, na qual pode-se ver Ruy meio isolado, atrás de todos, encostado numa parede; segundo lembra, fato costumeiro, Ruy estava sempre à parte. Sentia-se "uma reserva, uma distância, constantemente uma tensão". Em discussões entre jovens, usualmente cada qual quer exprimir sua opinião, ouvir mais a própria voz. Ruy ficava profundamente magoado pelo fato de os outros, devido ao domínio restrito do idioma, não o compreenderem bem ou não aceitarem o que dizia.

Comunistas ferrenhos, Seban e o amigo Roger Kahane (depois atuante na televisão francesa), animados com as opiniões políticas de esquerda comuns entre ambos e Ruy, tentaram diversas vezes convencê-lo a entrar na militância partidária. Com muito cuidado, pois "tinham medo de enervá-lo". Não se conformavam com o fato de Ruy "não se juntar a eles". Seban acabou por concluir que Ruy "poderia estar à frente da massa, mas nunca na massa".

Sílvio Autuori, amigo vida afora, também lembrou detalhes:

> Teve algumas encrencas com o diretor, Tessonneau, um chato. Ruy não é muito calmo, né? Toda a hora os dois estavam discutindo, por qualquer coisa. Uma vez Ruy conversava com ele, normalmente, com a mão no bolso. Tessonneau disse para ele tirar a mão do bolso. Ruy: "Não vou tirar de jeito nenhum. Por quê?". "Porque não é de boa educação." "Isso pode ser aqui na França, mas na minha terra e em qualquer lugar não há nenhum desrespeito em ficar com a mão no bolso." Era um problema ridículo. Nunca aconteceu nada, porque Ruy era dos alunos mais brilhantes, o que era consenso geral. Na escola, pelo menos 50% eram alunos estrangeiros. O diretor não tinha muito interesse em criar inimizades.

Não poderiam ser fáceis as relações entre Ruy e o nada apreciado Tessonneau. O jovem rebelde, faminto de independência, dificilmente se daria bem com a mais alta autoridade da hierarquia; um francês dos mais formais e, ainda por cima, de direita! Entre outras admoestações, uma carta do relatório, datada de 14 de maio de 1954 e assinada pelo *administrateur général* R. Tessonneau, atesta que, na sessão de preparação da filmagem de seu curta, Ruy chegou meia hora atrasado; ameaçava-o com a suspensão dos trabalhos por oito dias, com proibição de entrar nos locais de filmagem. Data do dia seguinte uma cartinha de desculpas ao diretor. Ruy, que certamente não queria perder a chance de filmar, reconhecia ter merecido a reprimenda e a sanção. Tinha feito "afirmações pouco respeitosas", em "momento de humor provocado por má interpretação de vossa parte sobre como se comportava; não tinha a menor intenção de faltar com o respeito que lhe devia". Os bilhetes de Tessonneau terminam todos com a indefectível fórmula francesa: "Acredite, *monsieur* Guerra, na expressão de meus melhores sentimentos". Quanto às ausências em sala de aula, outras cartas atestam razões como crise de impaludismo, gripe ou meras desculpas. Ruy terminava sempre com a mesma fórmula, provavelmente irritado por empregá-la.

No último semestre do curso, uma carta do diretor faz dura cobrança do *mémoire*, o famigerado trabalho final, com novas ameaças de suspensão das aulas e dos trabalhos práticos por oito dias. Outra avisa que a entrega atrasada do *mémoire* poderia ser recusada e a nota dele seria diminuída em um terço. Com essa pressão, Ruy entregou uma página manuscrita de proposta:

> Tema: por uma interpretação dinâmica do conceito de montagem e de composição [...]. Um estudo dessa natureza se apoia nas pesquisas psicofisiológicas; pretendo mostrar mais o valor e a necessidade dessas pesquisas e de sua aplicação ao cinema do que, *a priori*, tirar leis ou fórmulas rígidas. Tentarei ser o mais preciso possível dando exemplos de filmes conhecidos.

O trabalho nunca foi além dessa única página, pois, com média suficiente, Ruy sentiu-se liberado. Pragmatismo e preguiça misturados? Para Tessonneau, uma prova de um bom aluno estrangeiro deveria ser um trunfo; além do mais, essa recusa era, a seu ver, mais uma grave indisciplina. Entretanto, surpreendentemente, tudo acabou bem entre os dois. Ruy formado, Tessonneau lhe arranjou o necessário estágio. E Ruy recebeu seu diploma, o qual a princípio Tessonneau parece ter criado complicações para entregar.

Em entrevista anos depois, um balanço final:

> Quase todo mundo faz fortes críticas ao Idhec: isso se compreende ao se pensar o instituto como uma escola podendo fornecer uma formação total, absoluta – mas não é em *beaux-arts* que a gente se torna um Van Gogh. Para mim, que não conhecia nada em técnica, a não ser o que aprendera de forma autodidata por livros, a contribuição foi importante. Recebia-se um ensino sistemático sobre o plano da técnica: realizei montagens, aprendi as regras da decupagem – mesmo que finalmente a gente não as utilize, sabe-se por que não as utiliza.

O crítico francês Louis Marcorelles, ao passar pelo Rio de Janeiro em 1962, escreveu para *Les Nouvelles Littéraires* um artigo em que elogia *Os cafajestes*. E se regozija: Ruy é "antigo aluno do Idhec, do qual felizmente não reteve o sabor das ideias preconcebidas".

Amigos e colegas

Em meados da década de 1990, Ruy escreveu em crônica:

> Foram uns anos de maravilhosas descobertas, na companhia de uns quarenta colegas de todas as nacionalidades, mordidos pela mesma obsessão. Estudavam-se

Tornando-se cineasta 139

filmes, viam-se filmes, vomitavam-se filmes. Estávamos todos amarrados uns aos outros em celuloide, brasileiros, franceses, hindus, turcos, mexicanos, portugueses, gregos, vietnamitas, egípcios, e passo.

Passavam de segunda a sexta-feira o dia inteiro em atividades no Idhec; aos sábados, por vezes, tinham aulas na Cinémathèque. Mas o aprendizado valorizado por todos era ver filmes a toda e qualquer hora, em sessões programadas ou decididas espontaneamente. Como em Moçambique as matinês exibiam sobretudo a produção hollywoodiana, "eu tinha um atraso histórico e vi tudo o que ainda não tinha visto". Descobriu o cinema francês que vira pouquíssimo; Marcel Carné e Jean Renoir encantaram-no não pelas temáticas, mas pela força de alguns filmes.

Ruy gosta de destacar retrospectivamente o quanto demorou para se decidir verdadeiramente pelo cinema, mesmo quando já estava na França. Para ele, embora fosse "mais do que um projeto [...], ainda o olhava com uma paixão displicente, com certa soberba, como um vício que se pode deixar quando quiser". Em crônica, Ruy cita o que considera o marco para sua entrega definitiva à profissão:

> Um dia recebo um telefonema de um dos meus colegas para uma reunião especial: a viúva do Beauvais, um dos nossos companheiros de estudo que partira para a televisão do Marrocos, queria reunir-se com os antigos companheiros do marido. Éramos uns quantos: não faltou nenhum dos que ainda nos encontrávamos em Paris. Todos sem jeito, um nó na garganta, esperando o doloroso instante. [...] Mas a surpresa, o que a todos nos marcou, era a intensa alegria que havia nos olhos daquela moça que fizera questão de mostrar o seu filhinho, a pedido do marido, aos seus antigos colegas. A história dessa alegria era muito simples. O Beauvais – e ela – sabiam que havia muito ele tinha um grave problema no coração e teria de renunciar ao cinema se quisesse prolongar a vida. De comum acordo tinham ido em frente. Lembrei-me da frase burra do Kuleshov e aprendi, raivosamente, a viver pelo cinema.

A "frase burra" faz parte do primeiro tratado de Lev Kuleshov, leitura da adolescência de Ruy. Para o russo, professor na Escola de Cinema de Moscou, um cineasta precisa acima de tudo de saúde muito boa. Na foto da classe, Jean Beauvais, loirinho, está muito sorridente na primeira fila. Morreu aos 23 anos em Kebili, na Tunísia, menos de um ano após a formatura.

Imigrante sem família, Ruy ligou-se afetivamente a colegas também estrangeiros. Em especial, a três deles. Inicialmente, ao primeiro que conheceu e o orientou na matrícula, o vietnamita Than Trong Tri, ou apenas Tri. Segundo Ruy, seu "anjo da guarda"; segundo outros, amigão cozinheiro da turma. Depois afeiçoou-se ao egípcio Démosthènes Théokary, que estava na França havia tempos. Decano do grupo em seus quarenta e tantos anos, poliglota, falava grego, árabe. Tinha francês fluente e foi em parte responsável pelo aprendizado de Ruy. Afeiçoou-se ainda a mais um egípcio, Ramzi Fikri. Este, abonado, recebia dinheiro da família. Nenhum dos três teve realização significativa nas artes. Démosthènes trabalhou no início do primeiro roteiro de Ruy, escreveu uma peça sem palavras, trabalhou em loja de discos e acabou voltando ao Egito. Fikri, em 1956, foi com Ruy para a Espanha, depois se casou com uma italiana e se tornou gladiador em *spaghetti westerns*. Em uma das inúmeras vezes que Ruy voltou a Paris na década de 1960, Tri, sem dinheiro, tentava arranjá-lo nas corridas de cavalos; na vez seguinte, para desgosto do amigo, tinha sumido sem deixar rastros.

Ruy gosta de contar que teve somente "dois ou três amigos franceses, daqueles de verdade". Pierre Pelegri, morto aos cinquenta anos, o mais querido. Sua viúva Claude relembrou que a simpatia entre os dois foi imediata. Pierre lhe contara que Ruy "fez como podia o discurso de chegada no Idhec, com as poucas palavras em francês que havia catado aqui e ali, misturadas com outras em português", mas *c'était très sympathique* [que foi muito simpático]. Ele morava com a mãe viúva em Fontenay, perto de Joinville, arredores de Paris, onde madame Pelegri acolhia carinhosamente o amigo do filho. Ruy, ovelha desgarrada que recebera, segundo a irmã, "uma bela educação", teve ao longo da vida a virtude de conquistar a família dos amigos. O lar dos Pelegri era uma casa de dois andares tipicamente francesa nos arredores parisienses. Em uma rua tranquila ainda em 2008, moradia acolhedora, por todo lado gatos, fotos, livros, CDs, habitada então por mais uma viúva Pelegri, minha entrevistada Claude. Pierre substituiu Démosthènes como colaborador no primeiro roteiro de Ruy, realizado após a formatura e intitulado *Os lobos*. Além de roteirista, Pierre foi adaptador de diálogos para cinema e televisão. Em uma das cartas enviada a Ruy, então na Grécia – assinadas Pierrot –, brinca que é seu *manager*, que trabalha "nas sombras" para o sucesso de ambos na carreira.

Philippe Dumarçay, filho de embaixador, nascido no Líbano, foi outro amigo francês. Ruy recorreu várias vezes a essa parceria no início da carreira; trabalharam no apartamento da família na elegante Neuilly-sur-Seine. Quando sobrava um dinheirinho para um dos dois, aquele convidava o outro para ir *sur les* Champs-Élysées tomar uísque e fumar *des gros cigars* [uns charutões]. Nessa linda avenida, no Café de Suède, Ruy iniciou sua carreira de charuteiro. Charutos são onipresentes em suas fotos. Não os traga, estão quase que o tempo todo ou em sua boca, ou apagados em sua mão. Em entrevista, afirmou que "o charuto faz parte de sua figura"; para uma amiga, é sua "bengala afetiva". Fumava naquele momento também Gauloises Bleues, cigarros de estourar pulmão.

No acervo, cartas da colega de classe Olga Gow, americana, com uns quarenta anos, casada. Em seu carro, Ruy e colegas fizeram algumas viagens ao sul do país. Ele não se envolveu afetivamente com nenhuma das colegas mulheres do Idhec. Claude Pelegri contou que Ruy nunca apareceu no grupo com uma namorada que fosse, "a menos", disse rindo, que "eu tenha esquecido por ciúmes". Recordou sua primeira impressão de Ruy: "diabolicamente sedutor" e, "se eu fosse olhar em volta, olharia para ele; mas éramos como irmão e irmã".

Em uma das viagens com Olga, Ruy conheceu um ator iniciante, Frank d'Estange, de quem se tornou muito próximo. Frank e a irmã Helen representam o casal no curta *Quand le soleil dort*. Frank era alto, bonitão, mas "daqueles atores sem sorte", que somente conseguem pontas em filmes ou peças; o site IMDb registra seus trabalhos como ator de 1947 a 1980. Quando a falta de dinheiro apertava, Frank trabalhava como motorista de táxi. Em uma carta datada de 1956, Katia, amante de Frank, pede – ou melhor, suplica – auxílio de Ruy para impedir que ele largasse a carreira. No Brasil, Ruy recebeu várias cartas da mulher de Frank, Simone; desesperada, pedia ajuda para um mínimo de sobrevivência, como aluguel e comida. Ao que se percebe, Ruy respondeu positivamente mais de uma vez. Cartas mostram Frank nos anos 1960 tentando, sem resultados, conseguir na França contatos de trabalho para Ruy.

No último ano, os alunos realizavam seus curtas-metragens revezando-se em diversas funções. Ruy trabalhou como ator em vários filmes de colegas. Os créditos de seu filme indicam a colaboração de Paul Seban e Roger Kahane. O trabalho de final de curso de Démosthènes transformou-se em filme a ser comercializado: *Katalpi Tesmonta* [Suvenires de Paris]; a história de um tigre (que não aparece realmente) correndo solto por Paris. Ruy foi o operador de câmera. Fotos mostram os dois e Pierre Pelegri filmando pelas ruas da cidade. Maria Barreto Leite, brasileira bem próxima a Ruy, foi quem garantiu um empréstimo para a produção. Em cartas, percebe-se que era um grande problema para a turma pagar as contas, que chegavam a 100 mil francos.

No acervo de Ruy, várias fotos o mostram em sua "prova de ator": um curta-metragem em que ele foi dirigido por um brasileiro, do qual não se recorda o nome. Após se formar, frequentou por dois anos um curso de ator na École Charles Dullin du Théâtre National Populaire (TNP) de Paris, no Trocadéro. Curso regular, aberto, colegas quase todos franceses. Ruy temia subir ao palco e ironizou como um grande feito ter escapado de aparecer em cena durante dois anos com seis dias de aula por semana. Sessenta anos depois, declarou que tinha feito o curso para aprender a dirigir atores. Atuar, contudo, foi uma atividade pontual ao longo de sua vida; e seu primeiro trabalho remunerado foi como ator.

Jamais pintou uma parede, serviu como garçom nem nada semelhante, como fazem muitos jovens. Para sobreviver, exerceu exclusivamente atividades ligadas às artes. Em crônica, relembra:

> Aceitei entusiasmado a proposta de meu amigo Sílvio Autuori para entrevistarmos realizadores famosos. Descolamos uma máquina fotográfica, um enorme gravador e devidamente credenciados pelo Idhec e por *Manchete* lá fomos nós, com um imenso questionário e o nosso francês macarrônico.

Entre a dezena de entrevistados, lembra Jacques Tati, René Clément, Robert Lamorisse. Quem mais o impressionou foi Max Ophüls, cujos filmes Ruy apreciava muito: "Excluindo Orson Welles – e estou pensando em *Magnificent Ambersons*, de 1942 –, nenhum outro nome da época me vem de imediato que possa ser lembrado pelo corpo a corpo da câmera com os personagens". O encontro se deu no estúdio de som em que era mixado *Lola Montez*: "Ophüls nos recebeu com um educado sorriso. Era um homem pequeno, calvo, impecavelmente vestido. De imediato me chamou a atenção o rebenque com o qual batia de vez em quando na perna, nervosamente, com um ruído seco". Foi a primeira vez que Ruy entrou em um estúdio profissional de mixagem; a emoção foi tão grande... daquelas que não se esquece. Parece que Ophüls

> teve a percepção da importância iniciática que revestia para dois ingênuos estudantes de cinema a entrada naquele espaço sacrossanto. [...] Disse algo que se sentia que era uma convicção profunda que tinha necessidade de passar adiante. Recordo que me pareceu esquemática a analogia que usou, em contradição com o universo de seus filmes e a imagem que eu fazia dele mesmo; recordo que fiquei um tanto chocado com aquela linguagem de um marxismo primário, vinda de um aristocrata, ainda que falso, como recordo que fiquei lisonjeado por ser tratado como um homem do mesmo ofício. [Ophüls] disse, num ímpeto: "O realizador é o representante do povo. O produtor representa o capital. São interesses opostos. Sempre". [...] Sílvio e eu saímos um tanto zonzos, ainda que fascinados pela inteligência de Ophüls.

O filme foi amputado pelos produtores em quase uma hora; o cineasta morreu logo em seguida, aos 55 anos, sem ter filmado mais. Retalhado, estigmatizado, *Lola Montez* foi fracasso de público. Acabou por se tornar *cult*, motivando essa rememoração de Ruy em crônica intitulada "O povo venceu, Max".

Ele enviou ao pai fotos de sua viagem ao sul no verão de julho e agosto de 1953, suas únicas grandes férias no Idhec entre o primeiro ano e o segundo. Foi colaborar no documentário de Olga Gow sobre uma excursão de um grupo de teatro. Até hoje aprecia a experiência do trabalho em equipe, a descoberta do interior do país; na ocasião, em Vesc, "comi o melhor queijo de cabra de que me lembro até hoje". Na região da Drôme, estiveram em três pequeninas cidades (que hoje têm entre 2 mil e 6 mil habitantes): Sisteron, La Motte-Chalancon e Suze-la-Rousse. Uma região de montanhas com alguns fortes e castelos encarapitados. No verso das fotos, explicações detalhadas sobre o que retratam, sobre detalhes técnicos, como as lentes utilizadas. O grupo teatral representava *Georges Dandin ou o marido confundido*, de Molière, e *Sonhos de uma noite de verão*, de William Shakespeare. Nas fotos, Ruy, vestido de pajem medieval, participa de parada da trupe para chamar o público, acompanhando o cavalo em que há uma moça montada (atrás da foto: "Ela é muito simpática"). Gabou-se na legenda de que, como o cavalo não parava quieto, o chamaram, pois lhes contara ser um experiente cavaleiro.

Seban relembrou outra viagem ao sul, a um festival de estudantes em Montpellier. Quatro pessoas seguiram no carrinho de Olga Gow. A caminho, pararam para esticar as pernas. Havia um daqueles calvários de pedra comuns nas estradas francesas. Ruy correu e se pendurou como um Cristo, pedindo para ser imortalizado; Seban o fotografou. Meio século depois, Seban não achou a foto para documentar a lembrança. Falou da decepção, da irritação que sentiram com os estudantes que conheceram. Esperavam encontrar "outros geniozinhos como eles", mas encontraram "nulidades". E concluiu: "Nada de bom a esperar de estudantes franceses antes de 1968.".

A cigarra encantada

Mesmo após o final dos cursos, Paris foi a base de Ruy no Velho Mundo. Foi lá que ele começou a experimentar a vida a que tinha aspirado, sua "vida à medida do sonho", como em carta de meados de 1950 Rui Knopfli, grande amigo e poeta moçambicano, qualificou a escolha de Ruy. Quase todos os locais onde viveu e estudou não mais existem: o Idhec, substituído pela Fémis, perto da Sacré-Cœur, em antigo estúdio da Pathé em Montmartre; a Cinématèque, hoje um prédio do arquiteto Frank Gehry, à beira do Sena; os "hoteizinhos de dez réis na Rive Gauche", onde morou, desaparecidos em sua quase totalidade; documentados nos envelopes das cartas recebidas, o Hotel Cujas na *rue* Cujas, onde hoje há outro com mesmo nome; um na *rue* de l'Arbalète, atualmente prédio de apartamentos, perto da *rue* Mouffetard; ainda outro perto da Sorbonne, 23 *rue du* Sommerard. O último ocupado antes de seguir para o Brasil, o New Parnasse, 69 *boulevard de* Vaugirard, em Montparnasse, ainda existe, mas em outro endereço.

Os cinemas mais queridos, aqueles de arte ou cineclubes de versões originais, tiveram, na maioria, destino semelhante. Na Rive Gauche, o La Pagode mantém-se firme até hoje; o Cardinet (que, lembrou Ruy, exibia as *actualités* do ano anterior), não. No Quartier Latin, desapareceram o Cujas, o Cluny e o Odéon; sobreviveu o Champollion, ou Champo; em Montparnasse, foi-se o Studio Parnasse. Na Rive Droite, à exceção do Mac-Mahon, todos se foram, aqueles cinemas mais caros na Champs-Élysées, lembrados por Ruy "como tendo as poltronas mais confortáveis", como o Hermitage, o Champs-Élysées, o Studio de l'Étoile.

Para Ruy, então em seus vinte anos, a noite era para ser vivida. Depois de uma sessão, perdia-se pela noite com os amigos, "sempre nos melhores cafés". Na Rive Gauche, o Le Select e o Dôme, firmes até hoje no *boulevard* Montparnasse; o Old Navy, no *boulevard* Saint-Germain. Outros no Quartier Latin, desaparecidos, como o Saint Germain e o Cujas. Na Rive Droite, o Tilsit, na Champs-Élysées, perto da *place* de l'Étoile; mais abaixo, o Café de Suède. Descobertas de bebidas na moda, papos de bar que iam de banalidades sem importância a voos etílico-filosóficos, partidas de *baby foot* [totó ou pebolim]. Discussões e mal-entendidos não poucas vezes chegavam às vias de fato.

Ruy criou laços fortes com alguns brasileiros de fora do Idhec. Cartas retratam a grande proximidade entre eles, exilados em terra estranha. Debatiam problemas de amor e dinheiro, doenças, rememoravam as delícias da intimidade, a vida noturna parisiense, maldiziam por vezes o tempo, as chatices de trabalho; jovens, o papo corria solto, descompromissado. Há referência a empréstimos e cobranças, os devedores se tornando emprestadores e vice-versa, 20 mil ou 30 mil francos dos bolsos de uns para os de outros. O amigão Sílvio Autuori lembrou como funcionava entre ele e Ruy o processo: quando um tinha dinheiro, era quem pagava a conta; se os dois tinham, ela era dividida.

Levavam uma vida parisiense de estudante, despojada, semelhante àquela imortalizada em *La Bohème*, que não deve ter variado muito ao longo dos tempos. Uma juventude que vivia um cotidiano com pouco dinheiro e as dificuldades inerentes, muita boemia, romances ardentes, alegria esfuziante. Ruy experimentava de tudo isso um pouco, acrescido de seu lado intelectualizado e politizado. Em "Intelectualismo e fome", poema desses anos, escreveu sobre seu "estômago vazio", mas seu "cérebro/ doido de ideias/ mitos/ utopias/ humanismos", concluindo que, em sua "prateleira de livros do morto/ carregada da sabedoria dos séculos/ Platão/ Aristóteles/ Marx/ Schopenhauer/ Sócrates e outros/ não chegaram para pagar mais um jantar/ no restaurante grego da rua Racine". Recebia da escola *tickets* para alimentação, mas "os dois melhores restaurantes universitários estavam sempre cheios". Ruy frequentava com Sílvio a cadeia de Roger l'Afrique, restaurante em conta que servia somente batata frita, linguiça e salsicha.

De Lisboa, onde viviam desde o namoro e durante o casamento, o irmão Mário e a cunhada Tereza foram visitar o "miúdo". As lembranças os emocionaram:

expansivo, afetivo, Ruy abrigou-os no próprio quarto, em um pequeno hotel familiar, terceiro andar, sem elevador. Morto de saudades, deitava-se ao pé da cama deles até altas horas em prosas sem fim. O casal ficou impressionado com a simplicidade de seu cotidiano. A bagunça do quarto era tanta que um dia a cunhada resolveu pôr ordem. Ruy na aula, Tereza, pequena e decidida, passou horas na tarefa. Quando ele voltou, à noite, abriu e fechou correndo a porta, pensando ter entrado em quarto errado. Faziam refeições em restaurantes universitários e "naqueles restaurantes envidraçados". Em seu quarto, Ruy servia comida naquelas latas redondas em que se guardam películas de filmes. Outros amigos visitantes também foram honrados com o cinematográfico serviço de pratos. O sabor era delicioso, uma comida vietnamita preparada pelo anjo da guarda Tri.

Para Claude Pelegri, Ruy era fora do comum. Tinha uma inquietação permanente, muito sério no trabalho, com enorme alegria de viver, diferente de muitos artistas que conheceu. Quando ele recebia dinheiro, *ça partait vite* [este logo ia embora]. Construiu uma imagem: Ruy era *la cigale enchantée* [a cigarra encantada] da fábula de La Fontaine, *toujours fauché, mais bon vivant* [sempre sem dinheiro, mas aproveitando a vida]. Para ela, o moral de Ruy não se abalava com problemas dessa natureza. Aliás, insistiu, não se deixava abater por nenhum problema de qualquer natureza; quando lhe caía um sobre a cabeça, não se preocupava, achava que encontraria solução. Na verdade, nas cartas escritas por Ruy, há muitas inquietações, raras lamentações; talvez também por isso ele se irrite tanto com um povo *rouspeteur* [reclamão], como é o estereótipo do francês.

Dificuldades financeiras se originavam talvez no fato de que Ruy não deixava por menos. *Up to date*, como Gregory Peck em *A princesa e o plebeu* (1951), pilotava para todo lado uma Vespa, símbolo de certo *glamour* da *dolce vita* italiana no pós-guerra. Comprou-a de segunda mão do amigo Sílvio. Claude Pelegri contou que ele costumava levar Pierre na garupa. Não tratava bem a moto. Rindo, recordou uma das vezes em que o casal o esperava na porta de um cinema, ingressos na mão. Ruy chegou atrasadíssimo, saltou da Vespa ainda em movimento e largou-a, deslizando até bater numa quina de muro ou na sarjeta, onde empacou e lá ficou. Levava consigo a chave e, ao voltar, a encontrava no mesmo lugar.

O fim que a Vespa levou é um exemplo dos impasses com que se defronta o biógrafo. Ruy afirmou, de forma peremptória, que a abandonou em um canto da cidade quando deixava Paris – versão corroborada por Sílvio Autuori. Entretanto, há no acervo um recibo de venda no dia 6 de setembro de 1956, às vésperas da viagem de Ruy para seu primeiro trabalho profissional na Córsega. Quando lhe contei sobre o recibo, não se abalou nem se intrigou, tampouco ligou para o problema.

Quando Sílvio conheceu Ruy, este estava no segundo ano do curso e namorava uma carioca, Vera Barreto Leite, em início de carreira como primeira *mannequin brésilienne*, fato que a tornou famosa até hoje. Em noitada, alguém lembrado por Ruy apenas como Sörensen (Carlos Haraldo Sörensen, cenógrafo e figurinista) lhe apresentou Verinha. Ela estava com a mãe, funcionária da embaixada do Brasil. Ruy logo de cara se encantou com a jovem, relembrada hoje como "esfuziante, vibrante, sedutora". No acervo, quatro fotos dedicadas "Para o meu gostosão, beijos, Verusca".

Moças de minha geração invejavam sua elegância, sua cinturinha, em fotos semelhantes publicadas em revistas da alta sociedade (como *Sombra*, *Cruzeiro*, *Manchete*) ou publicações internacionais de moda (como *Vogue* e *Marie Claire*). Com o sobrenome paterno de Vera Valdez, ela desfilou para Schiaparelli, Christian Dior, Coco Chanel, Guy Laroche. Nos anos 2000, lembrou na mídia que saía para a noite vestida com os modelitos que emprestava das casas onde trabalhava. Tempos depois, amiga de Louis Malle, fez uma ponta em *Le feu follet* [*Trinta anos esta noite*]. Alguém de vida muito arrojada, aos 72 anos foi fotografada pela revista *Trip* somente de calcinha e cinta-liga; foi chamada na reportagem de a "Gisele Bündchen dos anos 1950 e 1960".

Por volta de 2010, Vera contou à imprensa paulista sobre esse momento de sua vida:

> Vivia bem. Tinha um bom apartamento, viajava à vontade. Ganhava dinheiro o bastante para não pensar nele. Mas também gastava muito. Nunca me preocupei em juntar grana. A gente vivia ali, no Quartier Latin, com escritores, intelectuais, cineastas, atores, atrizes. Passávamos as noites nos bares e ficávamos até cinco da manhã, quando o metrô começava a funcionar [...]. Numa dessas, conheci o Ruy Guerra, que chegara de Moçambique para estudar cinema na França. Foi meu primeiro namorado. Com ele, deixei de ser uma menininha virgem e inocente.

A vida do casal era solta, a mãe não exercia a menor repressão sobre a filha. Vera especificou: "Eu e o Guerra éramos muito jovens, acho que a gente tinha vinte anos, e ela [a mãe] levava a gente pra Pigalle pras casas de travecas e todas essas coisas. Ela só não me levou para ver sexo explícito". Ruy se lembrou das boates baratas que frequentavam, como La Cigale e Scala.

Duas gerações de mulheres Barreto Leite parecem ter sido, para Ruy, a família que lhe faltava. Ele se ligou sobretudo a Maria, mãe de Vera. No dizer da filha, uma mulher desquitada "liberada, feminista, separada, atriz muito à frente de seu tempo". Os dois saíam bastante juntos, sozinhos ou com brasileiros moradores ou de passagem por Paris. Maria atuou em *Quand le soleil dort*. Seu amigo Milton Dacosta propôs-se a ilustrar poesias de Ruy; outro, Waldemar Henrique, deu a ele algumas aulas básicas de música.

Ruy ligou-se também à outra filha de Maria, Dudu (Luiza Helena). Em uma das vezes em que tinha recebido uma bolada, Dudu lhe pediu dinheiro emprestado. E nada de devolver. Em meados de 1955, ela alugou uma casa de férias na Espanha e convidou-o. Já afastado de Vera, sem trabalho, com dinheiro "só para uns chocolates quentes", Ruy montou na Vespa e saiu pelas estradas, levando na garupa o amigo Cyro Queiroz, primo de Sílvio. Gosta de recordar o feito heroico de dezesseis horas até La Coruña, na Galícia, perto de uma propriedade do ditador general Franco; vento na cara o tempo todo. Permaneceu tempo suficiente para se apaixonar e guardar a foto de certa Marivir, que se identifica em carta para ele como "*la galeguiña rubia de ojos negros*". Tempo suficiente, ainda, para tornar-se compadre de Dudu. Batizou o segundo filho dela, sem revelar ao padre seu ateísmo, pois, caso o fizesse, "jamais seria aceito". No final dessas férias, recebeu o golpe da morte do pai, em 21 de setembro, de ataque de coração, em Lourenço Marques.

Pouco antes, quando o romance com Vera terminou, ela voltou ao Brasil. Ruy escreveu ao pai no final de 1954, enrolado em indecisões de trabalho:

> No meio de tudo isso, houve também uma questão sentimental, de que não vale a pena dar-lhe pormenores, com aquela brasileira de que lhe falou o Domingos [cunhado] e que se chama Vera. Mas, a esse respeito, está tudo arranjado. Acabamos com tudo, embora gostemos um do outro.

O fim do namoro não foi o fim do relacionamento, pois eles mantiveram a amizade por mais de uma década. Ruy gosta de contar publicamente que foi uma mulher – Vera nunca é nomeada – um dos motivos de sua vinda ao Brasil.

Entre o final do romance e a viagem ao Brasil, o "arrasador de corações", como o chama em carta Maria Barreto Leite, teve vários outros amores e namoricos. Um deles, com uma daquelas americaninhas encantadas com o Velho Mundo retratadas por Hollywood nos anos 1950. Pelas cartas, uma moça animada, atirada; deixara a cidade natal em uma aventura europeia e tentava uma carreira de cantora. Namoro provavelmente iniciado no New Parnasse Hotel, em Montparnasse, onde os dois viviam. Apaixonada, implora em carta enviada ao Rio após a partida de Ruy: "*Work hard, make a great film and then come back to me*" [Trabalhe bastante, faça um grande filme e volte para mim]. Chamava-o de "*My Rui*", embora soubesse que ele não era dela, pois parece conhecê-lo bem: "*Don't fall in love with any Brazilian girls* [no plural]. *This American is much better for you.*" [Não se apaixone por nenhuma brasileira. Esta americana é muito melhor para você.].

A longínqua terra natal

Apesar da saudade forte, Ruy escrevia poucas cartas. Pai, irmãos e o amigo Rui Knopfli reclamavam do pouco retorno epistolar. Mas não desistiam. Cada rara resposta era festejada na carta seguinte; resposta imediata somente quando dizia respeito a questões práticas, dinheiro, trabalho. Ao irmão, Ruy confessou certa vez evitar pensar na família e nos amigos distantes o quanto podia, senão não aguentaria. No frustrante ano de 1956, o qual passou em Madri, compôs poemas para lidar com esses sentimentos – eles estão sintetizados de forma visceral em "Apenas":

> A minha saudade
> É tão intensa
> Tão fisiológica
> Tão crua
> Que um pedaço de terra moçambicana
> Eu a comeria
> Neste medo
> De perder a lembrança de seu sabor.

Ruy devia perceber o que lhe acontecia: estava se definindo por outro mundo, que desejava ardentemente, um mundo onde lhe seria possível realizar o cinema com que sonhava. Mas tinha que abrir mão do passado e de certa forma dos afetos deixados na terra natal. Nos primeiros anos, essa perda possivelmente marcou a forma como Ruy até hoje se liga às pessoas; inúmeras entrevistas destacaram sua característica de se proteger nas relações pessoais, em seus sentimentos. Décadas depois, ele mesmo me deu sua versão: "Não me treinei para me proteger de sentir saudades, mas para aceitar o que a vida traz".

Mário pai, em Lourenço Marques, e Mário irmão, em Lisboa, administravam as finanças de Ruy. Do final do primeiro ano parisiense, há no acervo uma prestação de contas ultrarrigorosa feita pelo pai. Na parte dos débitos, várias despesas bem detalhadas; entre elas, o passaporte, peças de roupas compradas em Londres, passagem de segunda classe Londres-Paris, diploma do liceu Salazar, instalação em Paris, abertura de uma conta bancária. Na listagem dos créditos, percebe-se, por transferências subsequentes, que o grosso do dinheiro provinha de um seguro pago pela The Liverpool and Globe e de uma indenização paga pela Pan American, ambos devidos ao acidente da mãe, e também de heranças e rendas familiares. O que provinha da mãe e da família materna era transferido de Portugal. A maior parte da herança do pai permaneceu na África, aos cuidados da irmã, e pequena parte em Portugal, com o irmão. Mário pai fazia envios pela Caixa Geral de Depósitos. O filho reclamava quando chegavam cheques, pois a ditadura salazarista controlava todo o dinheiro que saía. O pai reclamava de os filhos pedirem tudo de última hora, "não sou Nossa Senhora de Fátima, que faz milagres que se não veem". Com razão. Havia enormes dificuldades para enviar dinheiro: o sistema bancário europeu era lentíssimo, passava por cambistas, com alto custo financeiro.

As cartas entre Paris e Lourenço Marques, porém, eram rápidas, cinco ou seis dias. O pai escrevia frequentemente sobre o caçula ausente à filha casada, que vivia em Macau. No final do primeiro semestre de 1953, escreveu: "Deve o teu irmão, pelos meus cálculos e os seus, estar aqui em meios de agosto ou em fins deste mês. [...] Diz ele que vai pedir ao Mário para virem até cá, pois seria, segundo ele, uma grande alegria para todos vocês voltarem a se reunir [...], coitadito que não vê quanto isso é de impossível [...] é um sonho infantil". Em outra carta:

Ainda não me disse quando embarca, não escreve se vem, se não vem, se está doente, se não está, se desistiu ou não de vir, se ficou ou não contente com o dinheiro que deve ter recebido [...]. Enfim, nada de novas, e como vês, cá estou à espera dos filhos que não aparecem nem ao menos dizem: estou bem, muito obrigado, ou não me chateie, vá para aquela parte, [...] mas que escrevessem.

Em outra, ainda: "Estive para comprar noutro dia um cavalo por oitocentos escudos, para o Ruy, enquanto aqui estiver". Por vezes alega que se mantém no trabalho para ajudar o caçula: "Eu, que para aqui voltei só a trabalhar mais uns anos para o ajudar, sacrifício este imenso que me tem custado por muitas razões". Embora anelasse constantemente por uma visita do filho, generoso, enviou uma quantia para Ruy aproveitar "férias em alguma praia do sul da França". Com a grande distância entre Paris e Lourenço Marques, os voos de avião àquela altura quem sabe banidos na família, a viagem de navio demandava um tempo bastante longo. Mais de uma vez Ruy prometeu voltar a Moçambique, mas mudou os planos; e o pai sempre à espera.

Mário também falava à filha sobre sua constante preocupação com as condições de vida do caçula:

Penso muito nas suas dificuldades de instalação, que é muito deficiente, falta de higiene, que ali se torna dispendiosa, que provavelmente ele para não gastar e ainda que eu saiba, sem amigo capaz para o tratar naquela mansarda em que ele vive só, em caso de doença grave ou inesperada.

Ruy se hospitalizou com varicela e saiu do hospital "justamente no dia da morte de Getúlio Vargas", 24 de agosto de 1954. Somente tempos depois relatou o fato ao pai, talvez para evitar preocupá-lo e ter de ouvir as perguntas e os conselhos sobre sua alimentação, os quais, como Ruy devia esperar, surgiram numa carta seguinte. As sugestões terminam com ironia: "Pena que só aprecies o Gâteau Dumont. Toquei na ferida?". Era uma referência ao bolo que Ruy apreciava quando iam juntos ao hoje desaparecido Café Dumont, no *boulevard* Saint-Michel.

Em carta de novembro de 1954, depois de terminar o curso e ainda sem trabalho, Ruy redigiu um item:

Sobre questões de dinheiro, como sempre, descuro este ponto em que o paizinho me chama a atenção. Como tenho que renovar a minha *Carte de Séjour*, preciso provar ter meios de subsistência e de resto, como estou quase sem dinheiro (como já lhe disse, tenho gasto estupidamente, embora sem ter feito outra excentricidade que a de comer quando tenho apetite fora dos restaurante universitários, ido a teatros e cinemas, livros e nesta vida sem estudos, estar nos cafés) [...]. Não sei quanto dinheiro tenho ao todo, aí ou em Lisboa [...], acho que já devo ter dado um grande rombo nos meus fundos. Em todo caso, há duas despesas que eu preciso ou, melhor, gostaria de fazer, porque acho que me seriam muito úteis: uma é um casaco de camurça, que aqui há muitos bonitos, e que ao mesmo tempo que é do gênero prático como eu gosto de me vestir, fica muito fino e dá um ar arranjado. O Paizinho conhece-me perfeitamente quanto a questões de vestuário. E como agora vou ter que entrar em contato frequente com produtores e realizadores, com o casaco poderei sempre fazer boa impressão e ao mesmo tempo sentir-me à vontade, o que não acontece se tenho que vestir um fato completo. E como esses casacos são muito resistentes, será praticamente o meu traje constante. Simplesmente custa a bagatela de 30.000 mil [sic] francos. [...] A outra despesa muito mais importante é a de uma Vespa que é uma espécie de mota [sic] que se usa muito aqui na Europa. O Paizinho já deve ter visto aí ou pelo menos no cinema. É um meio de transporte muito prático e econômico, porque só gasta 2.000 francos por mês no máximo em gasolina. A despesa com a gasolina é tanto como a que gasto mensalmente no Metrô e em Autocarros, andando muito menos... e cansando-se muito mais com as horríveis escadas de Metrô. Lembrou-se? Como os estúdios são todos nos arredores de Paris, serei sempre obrigado a fazer mudanças nos metrôs, depois tomar autocarros... e tudo pode ser evitado pelo mesmo dispêndio de capital. Eu devia ter logo comprado uma Vespa quando aqui cheguei. Não o fiz porque julgava que era um objeto senão de luxo, pelo menos de simples comodidade. Mas é muito mais que isso.

Insiste em que poderia comprar de segunda mão, poderia vender facilmente quando deixasse a cidade. A carta é do início de novembro. Ruy pedia 300 mil francos até janeiro e acrescentava: "Desta vez sempre o avisei com um mês e tanto de avanço, hein! Estou fazendo progressos?".

A relação amorosa entre pai e filho é explícita. Na mesma carta, tendo discutido trabalho e dinheiro, Ruy pede informações da família. E acrescenta:

Queria que o meu querido Paizinho saiba que me lembrarei de si no dia 11 e no dia 29, pelo seu aniversário e pelo da Mamãe. Como também me lembro de outra data mais triste para todos nós. Gostaria tanto de estar consigo nesses dias, para apesar de uma grande tristeza por nos lembrarmos ainda mais fortemente da nossa Querida, festejarmos o mais alegremente possível, como ela gostaria que fizéssemos. Eu conheço-o bastante bem para saber que o meu querido Miúdo se vai procurar isolar bastante nesses dias e sofrer em silêncio. Não me sinto com direitos a nenhum título a lhe dar conselhos, mas, como seu filho, acho que posso dar uma opinião pessoal. O Paizinho sabe tão bem quanto eu que se a nossa Querida pudesse dar uma opinião sobre o assunto ou se pudesse decidir alguma coisa, não o aprovaria nessa espécie de penitência. O Paizinho que é crente e acredita numa outra Vida onde a Mamã nos pode observar, deve procurar satisfazê-la e, em vez de considerar essas datas como dias de luto, deve procurar, mesmo que lhe custe, tornar em dias festivos. Porque, no fim de contas, se nesses dias sentimos mais viva a presença da nossa Querida, devemos ficar contentes por essa presença e festejá-la. Eu, como o Paizinho sabe, não acredito numa vida extraterrena. No entanto procuro conduzir-me como se a mamã também me visse se fosse ainda viva e se pudesse orgulhar de seu filho [...]. Quanto mais tristeza e isolados estivermos, penso que mais triste ficaria a nossa Querida se nos visse. Ou *ficará,* se nos pode observar a todos. É por isso que, apesar talvez da sua opinião ser diferente da minha, não me leve a mal que eu considere a data de seu aniversário e o de minha Querida Mãe como duas datas festivas. Para mim, enquanto viver, elas terão sempre esse significado. Por isso, meu adorado Miúdo, deixe-me dar-lhe um grande abraço de Parabéns e deixe-me aqui longe em Paris, beber no dia 11 à sua saúde, esperando que na mesma data, para o ano que vem, o possa beber junto de si. E que no dia 29, não podendo infelizmente fazer o mesmo desejo, me lembre da minha Querida Miúda, que viverá sempre na nossa memória e no nosso passado. [...] Seu filho miúdo, meio tarado, continua sempre o mesmo que adora o seu Querido pai, que lhe retribui da mesma maneira. [...] Mil beijos do filho miúdo que o adora.

Assina "Rui" e acrescenta um *P.S.:* "Desculpe-me [por] esta carta tão mal escrita!".

De longe, o pai preocupava-se com o futuro do filho. Desejava que ele se tornasse algo mais concreto do que – apenas! – "realizador" (diretor). Após a formatura, insistiu com Ruy para que fizesse um curso de fotografia. Ruy estudou possibilidades na Itália e as descreveu em longa carta ao pai. Ao mesmo tempo, argumentou que lhe parecia mais importante não ir, ficar na França, onde havia estágios viáveis. Embora soubesse que o pai não desejava que permanecesse no país, esse lhe parecia o melhor caminho. Explicava-lhe sobre o que via como uma crise mundial do cinema:

A crise é devida, sobretudo, a de um afluxo de gente para trabalhar no cinema, técnicos e artistas. E os que conseguem alguma coisa são os que se introduzem numa equipe por intermédio de A ou B, como estagiário num determinado ramo técnico, faz[em] algumas relações [...]. Sob o ponto de vista da lei francesa, para se obter uma carta profissional é indispensável ter feito três estágios como assistente de realizador, para quem não tenha feito o Idhec. Para quem tem, basta um. Como o paizinho sabe, não me interessa particularmente trabalhar em França, mas de preferência no Brasil, onde há mais possibilidades. Simplesmente com a morte de Getúlio Vargas e a crise econômica atual o meio cinematográfico está mais ou menos morto, e por algum tempo. [...] Houve um momento em que pensei em seguir imediatamente para o Brasil. Mas quando me informei devidamente das condições de vida e do meio do cinema atualmente, vi que é melhor esperar.

No início de abril de 1955, Rui Knopfli publicou na imprensa moçambicana uma carta que Ruy mandara ao pai informando sobre o estágio de assistente de direção que conseguira. Indicação de Tessonneau para o filme de Jean Delannoy *Cães perdidos sem coleira*, inspirado em romance da época de Gilbert Cesbron, com o ator Jean Gabin. Ruy trabalhou somente na parte de estúdio. O pai enviou à filha os ecos que tal notícia causara em Lourenço Marques:

> Peguei na carta dele, fui mostrar a um amigo [...] que o defende dos meus argumentos pessimistas [...]. Sem me dar cavaco do que ia fazer, coloca-se imediatamente em contato com o *Notícias* (jornal), onde como sabes, estão ali vários amigos do Ruy. [...] Logo estiveram aqui a cozinhar o artigo que saiu nessa mesma tarde, e deu aqui um brado danado [...]. Eu nada havia contribuído na publicação. Como sabes, sou bastante conhecido aqui, contanto gostasse, confesso, desse estardalhaço que lhe pode ser vantajoso, porque o reclame nunca é demais para a profissão que aquele teu irmão procurou. O caso é que tenho sido assediado com parabéns, pessoalmente, pelo telefone, como se meu filho tivesse sido nomeado Ministro ou Governador Geral da Província. Não mostro a carta a ninguém, porque nela não diz que foi contratado para esse cargo, mas sim que iria ser assistente para estágio. [...] Aqueles patifes dos amigos [tendo] achado graça e exagerado para darem uma sova assim na polícia especial e fazê-lo crescer na fama que precisa, falaram no rádio, mandaram a notícia para o Brasil, Portugal e julgo que para outras revistas estrangeiras. Estou maluco com esses amigos dele que estão fazendo sair da montanha um ratinho em vez de um leão.

Nas entrevistas realizadas, vários amigos moçambicanos relataram como havia uma torcida afetuosa por Ruy na terra natal depois que ele a deixou.

Como tantos pais, Mário talvez gostasse de o imaginar desprotegido; precisava sentir-se necessário em vários níveis ao caçulinha. Orgulhoso dele, escreveu à filha sobre um projeto de filmagem em Moçambique (não concretizado):

Do teu mano Ruy, mando-te esta carta última que dele recebi para veres quanto é inteligente, mas mudando de ideias a todo momento como quem muda de camisa, não querendo talvez por dignidade aceitar as ofertas do pai [...]. Não deixei de fazer reparos elucidando para, desde a colaboração que escolhera para a iniciativa, que me parecera precária com a falta de um operador de filmagem, pois ele não é um técnico, de um engenheiro de som para o cálculo das distâncias que, também me convenço, ele não está a altura disso, por ser matéria que não estudou, a necessidade imperiosa de um mecânico para o caminhão em caso de grossa avaria, bem como um enfermeiro para o socorro de algum incidente, muito possível nessas grandes aventuras, enfim, muito disse, mas de pouco será levado em conta, de certo pelo seu entusiasmo infantil que, embora de um gênio como ele é, falta-lhe o calo dos anos e da prática de tudo para uma expedição arrojada com fim lucrativo; ele tem a sua personalidade, mas [é] pouco acostumado a dar valor às contrariedades imensas que desconhece, não as sentiu bem ainda, motivadas pelo fator dinheiro, base infelizmente essencial nesta vida. Precisava ter com ele o pai, ou um velho de ideias modernas, mas coerente o bastante para evitar desfalecimentos nos insucessos, que só muitas vezes a idade prevê. Do mais, é um belo caráter, formado por uma dignidade invulgar na mocidade de agora, além de inteligente é estudioso, quando quer, amigo do seu amigo e da sua família, sabe sofrer com resignação não aparentando o grau da dor que suporta, o seu espírito de justiça e coragem sem alardes pasma todos que o conhecem, eu nele sei o filho que tenho, por tal, sofro de saudades suas, não queria deixar ele andar à deriva. Eis porque quero deixar tudo isto aqui que me retém inutilmente, mesmo que muito bem que nesta terra me sentisse, entendo que não podia fechar os olhos com tranquilidade se ainda não tentasse ir vê-lo, abraçá-lo e dar-lhe qualquer conforto se acaso precisa, como deve precisar em carinhos e presença de seu pai que ele parece adorar, é dever que me assiste, um desejo que é veemente, inútil, acho.

Os dois nunca mais se encontraram.

Desparecido o pai, Mário filho parece ter assumido o papel paterno. Para a cunhada, Tereza, Ruy tornou-se o filho mais velho de seu marido. No acervo, são numerosíssimas as cartas de Mário; os conselhos repetidos iam desde oportunidades a escolher, destinação do dinheiro, como se organizar, até nomes de pomada. Raras e espaçadas respostas de Ruy – algumas dirigidas a *"my dear big brother"* – apresentavam longas e detalhadas explicações dos possíveis planos, da vida afetiva, com menções a preocupações e saudades. Embora mais velho apenas quatro anos, Mário era alguém com rumo tomado. Homem de uma só mulher, estável na carreira e na vida de médico veterinário, pesquisador e professor. Para choque de Ruy, Mário tinha lhe confessado que seu prazer e sua ambição no mundo, além da mulher e do trabalho, eram seus livros e discos queridos. O caçula queria conquistar o mundo, o mais velho já tinha o que queria bem perto, ao redor.

O afeto era grande entre esses dois antípodas em matéria de ambição. Como Ruy não podia entrar em Portugal devido ao processo, Mário levou a Montpellier a sobrinha mais velha para o irmão conhecer. O casal teve uma segunda menina, e as duas recebiam do distante *tonton* Ruy beijinhos epistolares.

Mário encomendou a Ruy a compra e o envio de alguns livros profissionais; Ruy perdeu a lista e nunca os enviou. Mário teve que pedir repetidas vezes uma procuração para o espólio do pai; deve ter sido atendido, dado que o espólio foi concluído. Essas e outras atitudes semelhantes exasperavam Mário. Expunha queixas e críticas ao irmão que via perdido em meio à própria vida, para coisas práticas "mandrião", em "seu auge do egoísmo", "confuso". As duras recriminações se diluíam, uma vez que Mário acabava sempre por aceitar o jeito de Ruy. Estimulava-o a não esmorecer, a não desistir da carreira para a qual era tão capacitado. Essa forte proximidade durou até os anos 1970, sendo esgarçada pela distância espacial e dos posicionamentos opostos diante da vida e da política.

2
TORNANDO-SE INTERNACIONAL

Em busca de trabalho

Formado, levando uma vida cara em Paris, com problemas de visto para permanência na França, Ruy resolveu se arriscar fora de sua base. Já tinha passado alguns meses na Espanha em 1955; ele e o amigo Fikri decidiram partir juntos. O objetivo, ou o pretexto, era um curso que fariam como ouvintes, o que talvez, na verdade, servisse de desculpa para Fikri continuar recebendo dinheiro da família. Tessonneau forneceu-lhes cartas de recomendação, e ambos foram aceitos. Em março de 1956, estavam em Madri.

O irmão Mário tinha morado durante anos em Lisboa numa pensão perto do parque Eduardo VII, dirigida por uma espanhola, *doña* Gloria; ela o incorporara afetivamente à própria família. Ruy lá se hospedara na estada entre Lourenço Marques e Paris. E, segundo Mário, a espanhola tinha em Madri um grande amigo importante, que com certeza lhe arranjaria trabalho no cinema. Depois de muita cobrança de Mário e como nada surgia, Ruy encontrou aquele homem, que firme e tranquilo prometeu conseguir-lhe a direção de um filme; Ruy deveria procurá-lo em seu local de trabalho, perto da Porta do Sol. Dias depois, Ruy foi e descobriu que o indivíduo era da polícia do ditador Franco. Inútil dizer, nunca mais o procurou.

O ano 1956 foi de permanentes expectativas, todas frustradas. Sem qualquer trabalho. De início, ele e Fikri, frequentadores da boemia madrilenha, se aproximaram de um grupo de músicos de flamenco. Muitas bebedeiras. Ruy tentou aprender *guitarra*, mas não levou jeito. Desesperou-se bastante. Voltou-se para dentro. Escreveu muitos poemas, alguns repassados à irmã, que pedia mais.

Que saudades de meu futuro
Dessas vitórias que soube minhas
Quando de calção curto pisava a areia com pés sem solas,
E que, o tempo passado,
Não as encontrei em meu caminho [...]
Que saudades desse futuro
Arrancado brutalmente do meu sangue
Do meu universo
Do meu pensamento
Dos meus sonhos
Do meu presente
Que saudades desse futuro,
Ausente sempre
Do presente que vem em cada dia mais.

A inércia e a pobreza eram grandes; Ruy, em desespero, escreveu para o amigo Rui Knopfli pensando em importar de Moçambique estatuetas macondes – aquelas de pau preto – para comercializar na Europa. Os dois, contudo, não tinham nascido para negócios, e a proposta não teve sequência. Mario Prata escreveu sobre algo ouvido do próprio Ruy em 1989, numa mesa de bar em Havana. Os dois amigos, procurando emprego no jornal, viram um anúncio de uma Lavínia querendo contratar seguranças; hesitaram, acharam que seria se rebaixar demais. Meses mais tarde, Ruy cruzou com um conhecido, então segurança de Ava Lavinia Gardner; no folclore familiar, ele teria se recusado a ser secretário de Ava Gardner. Apesar de todas essas dificuldades, uma carta dirigida à *calle* de Alcalá revela que, preparando-se para o *métier*, Ruy, exigente, bem informado, encomendou à loja Wallace Heaton, na elegante Bond Street londrina, um fotômetro Spectra Colour, tão moderno que a loja respondeu ainda não o possuir em seu catálogo.

Foi, afinal, na própria França, onde tinha boas relações, que surgiu uma oportunidade concreta para Ruy. Quem a descobriu foi o amigo Cyro Queiroz, companheiro da viagem de Vespa à Espanha, primo de Sílvio Autuori; como este, uma amizade de verdade, empenhada em ajudar. Cyro trabalhava em Paris com o ator José Lewgoy num escritório brasileiro de negócios oficiais. Convidado para um filme, Lewgoy comentou com Cyro que precisavam de um jovem ator com cara de brasileiro e que falasse português. Várias cartas trocadas, fotos de Ruy acabaram em suas mãos. Apesar de declarar não gostar de recomendar alguém inexperiente, Lewgoy levou as fotos ao realizador Georges Rouquier, autor de *Farrebique* (1946), um documentário/ficção de sucesso com artistas não profissionais. Embora o trabalho fosse mal pago, Ruy se animou; contava com os possíveis contatos com pessoal do cinema e com a experiência a adquirir. Mário regozijou-se em carta: "Um emprego concreto, paga pouco mas está bom!".

Cyro telegrafou: "Teste escolha ator 31 agosto tarde studio Epernay. Boa possibilidade. Responda urgente". Cartas mostram o empenho da irmã e do irmão em agilizar o dinheiro para levar Ruy de Madri de volta à base parisiense. Ele foi contratado como ator e segundo assistente de direção para o filme *SOS Noronha*. Uma história de aventuras, com roteiro baseado em novela de Pierre Viré, militar franco-argelino. Passado em teoria na ilha de Fernando de Noronha, num posto de controle de voos transatlânticos franceses no ano de 1936, na verdade, tinha locações na Córsega. O recibo do primeiro dinheiro ganho, no acervo, não permite avaliar o pagamento, que Ruy recordou como não significativo.

Trabalharam no filme Henri Decaë; o primeiro-assistente de direção Jacques Demy; como atores principais, Jean Marais e Daniel Ivernel; os jovens José Lewgoy e Vanja Orico. Vanja morava na Europa, onde fizera carreira. Participara do filme brasileiro *O cangaceiro*, com dois prêmios em 1953 em Cannes; estudou música na Itália, onde foi convidada por Federico Fellini em 1950 para cantar no filme dele e de Alberto Latuada *Mulheres e luzes*.

O telegrafista Miguel foi o primeiro personagem vivido por Ruy no cinema. Escreveu a Maria Barreto Leite que Rouquier estava "satisfeitíssimo" com ele. Cerca de 25 fotos do acervo proporcionam uma ideia de como fora a filmagem. Ruy, um rapaz bonito e certinho dos anos 1950, cabelo curto, barbeado, sentado à mesa de telegrafia, rolando pelo chão em uma luta corporal ou, ainda, contracenando com Jean Marais, Daniel Ivernel e José Lewgoy. O filme foi lançado em junho de 1957. Ruy escreveu ao irmão sobre os novos contatos que poderiam facilitar sua desejada ida ao Brasil: José Lewgoy "começa a lançar-se otimamente aqui" e Vanja Orico "vai rodar *Mar morto*, de Jorge Amado, no fim do ano para uma companhia brasileira".

A França, nesse momento, estava imersa na Guerra da Argélia, sob férrea censura. Desde recém-formado, Ruy tentara implementar no país seu primeiro roteiro, *Os lobos*. No entanto, atirava para todos os lados, como uma metralhadora: propunha-se a produzir seu filme, dirigir outro qualquer, desenvolver todo tipo de trabalho cinematográfico. O sindicato francês aumentava o salário dos técnicos, tornando difícil rodar no país. Para conseguir um financiamento, Ruy dispunha-se a ir aonde houvesse qualquer remota possibilidade de filmagem; otimista, lutador, jamais via uma possibilidade como fraca, e sim como factível. Em cartas ao irmão, menciona tentativas sem sucesso de contatos na Indochina, no Líbano, na Turquia, na Itália.

Nessa tentativa, embarcou em Bríndisi para a Grécia. Em agosto de 1958, escreveu a Rui Knopfli:

Fikri tinha me dito que os filmes na Grécia eram baratíssimos e que eu poderia realizar o meu por 10 milhões de francos. (Na França custa pelo menos 100 milhões.) Esperava encontrar o Fikri, que, como sabes, trabalhava como segundo assistente de um realizador amigo dele, antigo aluno do Idhec.

Ao chegar a Atenas, descobriu que Fikri partira para o Cairo. Acabou permanecendo durante meses na cidade, morando com um antigo colega do Idhec, Kosta. Este vivia com os pais, que, assim como ele, acabaram se envolvendo no projeto do sedutor hóspede; o filho tentou produzir e levou-os a financiar parte do filme. Foi então que *Os lobos* se transformaram de vez em *Os fuzis*, "título quási definitivo [sic]", como escreveu Ruy ao irmão em março de 1958.

Nas cartas ao irmão e ao amigo Knopfli, Ruy mostrava-se esperançoso, sonhando – mesmo que apoiado em meras promessas – em apresentar o ainda inexistente filme no Festival de Cannes em 1959. Nada parecia demais para o aspirante a realizador. Mais uma vez, o jornal de Lourenço Marques publicou uma carta sua com detalhes de uma possível produção, com uma notinha no final: "Continua Ruy Guerra na próxima semana a contar em pormenor o que tem sido a sua luta – para vitória sua e orgulho nosso!". No acervo de Ruy, dossiês – nomeados Costa Zoulas, Niagassas e Georges Zervos, com cartas e recortes de jornais em grego – contêm os nomes dos possíveis produtores.

O projeto chegou a ter maquetes, feitas por uma jovem decoradora ateniense que lhe permitia usar seu escritório, onde Ruy, para passar o tempo, desenhava a carvão ou pintava um quadro a óleo "horroroso" que nunca conseguiu terminar. Um tratamento dentário lhe levou todo o dinheiro, e ele teve que pedir mais para voltar a Paris. Mas escreveu ao irmão, satisfeito: "Afinal fiquei com a boca em ordem".

Esse ano na Grécia, uma vez mais, como em Madri, não deu em nada. Segundo Ruy, o problema maior foi político: uma pré-censura não teria permitido a filmagem, impossibilitando, assim, qualquer levantamento de fundos. Não estava nada fácil no Velho Mundo, como escreveu mais de uma vez. Resumiu ao irmão: "Nada de concreto. O que por vezes me deixa desesperado de chegar a um resultado. Vejo os anos passarem, o dinheiro a desaparecer e eu sem saber ainda onde me fixar".

No início de 1959, retornou à França pensando em preparar uma possível filmagem na Grécia. Esperava conseguir financiamentos com os contatos do *SOS Noronha*. Ter o famoso ator Jean Marais no elenco, por exemplo, significaria dinheiro, na certa. O ator se mostrava "bastante amigo, simples, agradável". Homossexual declarado, não escondia sua atração pelo jovem moçambicano, a quem se dirigia em público como *mon impossible amour de Norronhá*. Jean Marais convidou-o para seu aniversário em sua confortável mansão na *banlieu* parisiense (ocasião em que Ruy lembra-se de, pela primeira vez, ter comido potes e potes de caviar). Também para assisti-lo na peça *César e Cleópatra*. Brincadeiras pipocavam nas cartas. O irmão alertava: "Dizem que o Jean Marais é maricas. É verdade? Toma cuidado". Maria Barreto Leite ironizava os dois "muito próximos!".

Ruy passou ao ator seu roteiro, sua decupagem. No acervo, o "dossiê Jean Marais" possui uma carta deste, ausente em filmagem no Hotel Majestic em Belgrado, assegurando interesse em participar: "*J'ai une grande confiance en toi [...]. Je sais qu'au cinéma les questions de dates s'arrangent toujours et je compte là-dessus pour avoir la joie de travailler avec toi. Je t'embrasse (excuse moi)*" [Tenho grande confiança em você (...). Sei que no cinema as questões de datas acabam por se resolver e conto com isso para ter a grande alegria de trabalhar com você. Mando-te um beijo (desculpe-me!)]; assina Jeannot. Marais encarnaria, em *Os fuzis*, o estrangeiro, que ao final seria vivido por Átila Iório. Ruy convidou também José Lewgoy para o elenco. Há um "dossiê José Lewgoy", com cartas em inglês e francês, assegurando participação, calculando honorários; o ator prometia a Ruy contato com um possível distribuidor para toda a América Latina.

Por sua vez, Pierre Pelegri tinha conseguido se aproximar de um produtor francês também ator e diretor, Maurice de Canonge – nome não de primeira grandeza, mas atuante no cinema mudo. Ruy escreveu ao irmão: "De Canonge tem 64 anos. Riquíssimo. Trinta filmes como realizador e outros tantos como ator. Como nunca fez nenhum filme bom antes, com a ajuda de Pierre e minha antes de abandonar a realização... propôs lançar-nos!". Os dois amigos se referiam a De Canonge como *monsieur* Champagne, pois esse lhes oferecia *une coupe* da bebida a cada vez que o visitavam. Pierre, esperançoso e irônico, brincou em carta que De Canonge seria o "serralheiro" a lhes abrir as portas do cinema, já que os explosivos de *Os fuzis* assustavam os produtores. Entretanto, não somente De Canonge nunca os lançou como não produziu mais nada de significativo.

Ruy tentou de todas as maneiras realizar seu cinema na Europa. Desde Moçambique, quando ele e seu grupo descobriam o mundo e a arte, o Brasil exercera neles enorme atração. Era tradicional e genérica a atração portuguesa pela antiga colônia. Desde 1954 ele escrevia sobre sua intenção de vir ao Brasil ao pai, ao irmão, a Rui Knopfli. Com amigos e colegas de trabalho brasileiros em Paris, a remota possibilidade se tornou mais concreta. Ruy escreveu ao irmão, meio ameaça/meio desejo: "se nada der certo, parto para o Brasil, nem que seja unicamente para trabalhar na Televisão".

Sílvio Autuori, de volta ao Rio de Janeiro, trabalhava num canal carioca e lhe acenou com oportunidade semelhante. Outros amigos já de retorno escreviam sobre possíveis alternativas cariocas. Entre esses, o compositor Waldemar Henrique. Nos seus cinquenta anos, encorajava o jovem: com os méritos que tinha, certamente poderia se lançar no Brasil. Dispunha-se a ir buscá-lo no aeroporto, a abrigá-lo, ao que mais precisasse. Algo comum na época, Ruy pensou em financiar-se através da venda de um Volkswagen: "levando um carro, me dará 2.000 dólares de lucro, viagem de ida e volta paga". Mas foi vivamente desaconselhado a não investir dinheiro bom em projetos não seguros.

O empurrão definitivo veio de Vanja Orico. Ela pertencia a uma família originária do Pará, rica e de prestígio; era filha de Oswaldo Orico, deputado federal nos anos 1950, diplomata junto à ONU em Paris. Este fora inicialmente jornalista e escritor com obras de prosa e poesia, membro das academias de letras paraense e brasileira. Vanja convidou Ruy a fazer um roteiro sobre um conto de seu pai inspirado em lendas amazônicas, o mito do boto que se transforma em homem. Em janeiro de 1958 Ruy anunciou ao irmão que, com Pierre Pelegri, tinha adaptado o conto em um projeto de filme que se chamaria *Joana maluca*. Seria, como Ruy se regozijava em carta, "em Cinemascope e a cores".

Vanja demonstrou total confiança em Ruy. Convenceu a mãe, Clara, que se ocupava das providências para a filmagem, sobre a capacidade do "amigo e diretor". De Canonge e um brasileiro a ser contatado por Vanja seriam os produtores; no acervo, missivas de Clara a Ruy, de Ruy a Clara, de De Canonge a Clara. Algum produtor sugeriu dar a direção a Luis Buñuel; as duas Orico sustentaram com vigor o nome de Ruy. Este se preocupou em dar garantias a dona Clara:

> Evidentemente pode parecer à Sra. Dona Clara uma grande falta de modéstia o de lhe dizer que me sinto tecnicamente capaz de assumir a realização de *JOANA*. Infelizmente não vejo outro modo de assumir esta responsabilidade que o de declarar, não sendo possível a Sra. Dona Clara ver os filmes em que participei, e mesmo se assim fosse, não sendo possível determinar a minha contribuição dos outros membros da equipe. Trata-se dum grande capital que a Sra. Dona Clara põe em jogo, e creia que compreendo perfeitamente a necessidade de obter um máximo de garantias para um bom trabalho.

Clara finaliza uma carta a Ruy implorando "que são José abençoe a todos nós e aos nossos sonhos".

Ruy sugeriu um segundo realizador, que supervisionaria a rodagem do filme como conselheiro técnico ou artístico: Galileu Garcia, nome indicado por Vanja. Galileu tinha sido assistente de *O cangaceiro*, em 1953, e diretor do longa *Cara de fogo*, em 1958. Ruy acrescentou:

> Embora a Sra. Dona Clara não me conheça bem, peço-lhe que acredite que estou longe de ser intransigente e teimoso e que saberei aceitar e aproveitar as ideias susceptíveis de fazer de *JOANA* um bom filme. Simplesmente peço o direito de

aceitar ou recusar suas (do Conselheiro) ideias e sugestões em função da unidade dramática do filme.

Em 24 de maio de 1958, Ruy, otimista, preocupa-se com o atraso das negociações, "o que tornará impossível a participação de *Joana* nos festivais de cinema mais importantes, se a qualidade do filme merecer". Um bilhete de Vanja avisou-o de que deveria ir buscar um visto de turismo por três meses e "no Rio com meus pais você conseguirá um visto permanente de trabalho, porque senão deveremos esperar muito tempo e submeter-nos a uma série de *démarches* burocráticas".

Ruy nada se lembra sobre esse possível visto, mas recordou a ajuda de Paulo Emílio Sales Gomes, que vivera em Paris por uma década, com breves interrupções. Tinham tido um primeiro contato, ocasional, logo que Ruy chegara a Paris. Alguém que Ruy mal conhecia levou-o à casa do brasileiro, afirmando ser essencial Ruy conhecê-lo. Tinham conversado durante horas e horas sobre cinema, e Paulo Emílio prestou bastante atenção ao que Ruy dizia. Este estava todo orgulhoso, mas decepcionou-se ao descobrir que o brasileiro se encantava não com sua prosa, mas com seu sotaque, como Paulo Emílio salientou para alguém presente. Paulo Emílio era conservador-chefe da Cinemateca Brasileira em São Paulo. Generoso, a pedido de Ruy, forneceu-lhe uma carta-convite para um emprego fictício na Cinemateca.

A atração de Ruy pelo Brasil era marca antiga; sua paixão por Vera Barreto Leite, marca recente e ainda presente. A proposta de Vanja, muito concreta. Não hesitou. No dia 8 de julho de 1958, voou para o país que havia tanto tempo estava presente no imaginário de seu futuro.

Um pé aqui, outro acolá

França e franceses, todavia, não sumiram de sua vida quando foram substituídos por Brasil e brasileiros. Na França, *le Brésil* representava o exótico, a terra do samba, das belas mulatas, do futebol; depois, também o país da Bossa Nova, do Cinema Novo; e logo depois, em razão das reviravoltas políticas decorrentes do golpe de 1964 e da resultante ditadura militar, mais uma *republique bananière*, de onde chegavam exilados procurando asilo passageiro ou permanente.

Em seus primeiros tempos cariocas, Ruy manteve laços com franceses que procuraram *les tropiques* atrás de imagens para o cinema e para a televisão. Laços oficiais, como assistente de direção ou ator; não oficiais, como com Marcel Camus e sua equipe, da qual fazia parte o amigo Sílvio Autuori. Logo após a chegada de Ruy, Camus filmou *Orfeu negro* (1959), inspirado em peça de Vinicius de Moraes, autor também da música para o filme. Apesar de críticas negativas no Brasil, a película foi selecionada para Cannes em 1959, ganhou o Oscar de filme estrangeiro em 1960 e o British Academy Film Award (Bafta) em 1961. Ruy conta ter composto uma estrofe para *Manhã de Carnaval*, acompanhado por um jovem Tom Jobim ao piano, em socorro de um Antônio Maria impossibilitado. A melodia era composta por Luiz Bonfá; as duas versões, nem tão diferentes, figuram na internet. Mas Ruy obviamente não recebeu qualquer crédito.

Ainda em 1958, em São Paulo e na Bahia, Ruy foi assistente de direção em *Le tout pour le tout* [Ou tudo ou nada], de Patrice Dally. De brasileiros, os atores Sadi Cabral e Paulo Autran, na equipe de produção Carlos Alberto de Souza Barros. Durante a filmagem em Salvador, Ruy desapareceu secretamente durante três dias, de romance com a cantora Maysa Matarazzo. Liderou uma greve por falta de pagamento e acabou despedido, sem nada receber. O filme (assim como seu diretor?) não emplacou.

O sucesso no Cinema Novo sofreu um golpe mortal com a ditadura e as oportunidades de trabalho diminuíram bastante. Para Ruy, censurado e detido embora nunca encarcerado, a França era uma atraente alternativa. Com dinheirinhos picados, ganhos aqui e ali, Ruy sobrevivia em Paris e no Rio, quase sempre morando em casa de amigos. Em 1965 e 1966, Ruy assessorou no Rio de Janeiro o cineasta Pierre Kast na realização de *Carnets Brésiliens* [Cadernos brasileiros], uma série para televisão francesa sobre o Brasil, coproduzida com Thomaz Farkas. Apresentou a Pierre Kast a noite e a música cariocas retratadas no filme; o francês acabou se casando com uma jovem brasileira, Fernanda Borges, amiga da namorada de Ruy na época. Com Pierre Kast, chegou ao Rio Jean Chérasse, filho de figura importante na Office de Radiodiffusion-Télévision Française (ORTF), uma das duas redes de televisão. Os dois levaram de volta a Paris um Ruy sem trabalho. O pretexto, colaborar como conselheiro técnico e artístico na tradução das entrevistas para *Carnets Brésiliens* feitas Brasil afora. Ao contratá-lo, garantiram-lhe o que Ruy qualificou como "verdadeiro cabide de emprego".

Uma segunda colaboração semelhante se deu em outra série, *Valmy*, dos diretores Jean Chérasse e Abel Gance, este último com 75 anos; na parte musical, Edu Lobo e Baden Powell, amigos que Ruy já intermediara para atuar em *Carnets*. O local da montagem era grande, com inúmeras salas. Ruy contou que, em um dia gelado, Abel Gance – jovem de saúde frágil, mas que morreu tuberculoso com mais de noventa anos – se preocupou em vê-lo pouco agasalhado. Recriminou-o: "*Vous n'êtes pas assez couvert*" [Você não está suficientemente protegido], o que certamente o sensibilizou, pois quase meio século depois contou o fato com certo orgulho. Lembrou Gance, figura lendária, carregando o tempo todo debaixo do braço uma biografia do general De Gaulle que este lhe dedicara.

Ainda na ORTF, no primeiro semestre de 1967, Ruy recebeu um convite para um longo documentário sobre a escravatura, "desde o aparecimento do homem na Terra até os dias de hoje". Ficou "perdidamente mergulhado em toda a história da humanidade, com a incômoda impressão de me terem encomendado a quadratura do círculo". O projeto deu em nada.

Ruy atuou em filmes franceses realizados no Brasil; não de primeiríssima linha, pois esses eram quase todos filmados em território francês. O inaugural foi *Benito Cereno* (1967), do romance de Herman Melville, filmado em inícios de 1968 no litoral fluminense, perto de Angra dos Reis. Dirigido por Serge Roullet, extravagante cineasta, proprietário e negociante de um conhaque do sul da França que já dirigira *O muro* (1967), de Jean-Paul Sartre. Ruy fez o papel-título do capitão de navio negreiro espanhol, o qual é tomado após uma revolta dos escravos. Cereno desenvolve uma estranha dependência em relação ao chefe da revolta, o escravo Atimbo, seu fiel servidor, em função da qual sobrevive, embora em péssimas condições.

Roullet tinha sido assistente de Robert Bresson em seu *O processo de Joana d'Arc*. O cinema de Bresson é bastante despojado, e a atuação dos atores mostra-se extremamente contida. Para Jean-Louis Bory, o diretor "evita qualquer interpretação muito definida [...], mostra apenas o essencial". Analisa que Ruy, como o espanhol que se anula, desenvolve uma interpretação extremamente seca, passiva. O diretor, assim como o jornalista francês Philippe Nourry, em cujo apartamento carioca Ruy vivia, fazem pontas no filme.

Em 1969-1970, Ruy Guerra atuou em *Le Maître du temps* [*O homem das estrelas*], de Jean-Daniel Pollet, produzido por Lucy e Luiz Carlos Barreto e Claude Lelouch e com fotografia de Affonso Beato. Filme sobre um extraterrestre que vem para a Terra em diferentes momentos; foi mostrado na *quinzaine des réalizateurs* em Cannes. Passado um par de anos, atuou em *Le Soleil de l'île de Pâcques* (1972), do amigo Pierre Kast, com os brasileiros Norma Bengell, Zózimo Bulbul e Cacá Diegues e os franceses Françoise Brion, Alexandra Stewart, Jacques Charrier. O cabeludíssimo Ruy, um padre de charuto e botas, aparece em frente às estátuas do Aleijadinho na entrada da igreja em Congonhas do Campo. Esses trabalhos não tiveram importância artística para sua carreira; entretanto, forneceram-lhe contatos e ajudaram-no a sobreviver.

Na efervescência político-cultural da década de 1960, o Cinema Novo brasileiro se impôs no plano cinematográfico europeu, especialmente no francês. Nesse momento, as duas maiores revistas da cinefilia – *Cahiers du Cinéma* e *Positif* – tinham posições aproximadas, ambas encantadas com o novo tipo de cinema que surgia em diferentes partes do mundo. É impressionante o número de notícias e críticas que surgiam nessa cidade, capital da cinefilia, sobre o movimento – em especial, sobre Glauber Rocha e Ruy Guerra.

Positif abrigava, então, várias tendências de esquerda – surrealistas, anarquistas, marxistas. Interessavam-se por um *cinéma de genre*, com destaque para o cinema político. Michel Ciment, jovem crítico recém-chegado a Paris, trabalhava em

Positif e afirmou: "*On a reçu en plein figure le Cinema Novo*" [O Cinema Novo foi como um tapa na nossa cara]. Tornou-se um grande aliado de Ruy; apreciava sua inteligência "de um observador produto de três continentes". Eles se conheceram na casa de Robert Benayoun. Como outros brasileiros, entre eles Glauber Rocha e Cacá Diegues, Ruy passou a frequentar o apartamento parisiense de Ciment. Este lembrou em entrevista o amigo Ruy como "*guerrillero dandy assez guévarien*" [guerrilheiro dândi um tanto guevariano], uma encarnação dos anos 1960. "*Très séduisant*" [muito sedutor], sensual com sua barba e cabeleira, e "*qui aimait bien les femmes*" [que apreciava muito as mulheres].

Cartas de Ciment datadas de 1971 a 1976 revelam informações sobre possíveis contatos para Ruy. Por exemplo, com Claude Lelouch e Les Films 13, com Bertrand Tavernier e até uma vez com o americano Roger Corman. Trazem informações sobre a recepção dos filmes de Ruy em toda a Europa e dados e críticas sobre outras produções. Ciment se prontificava a facilitar a presença de filmes brasileiros no Festival de Cannes, para cuja seleção trabalhava. Traçou-me breve paralelo entre as figuras de Ruy e Glauber Rocha no final dos anos 1970: no baiano, uma falta total de lucidez protegida pela etiqueta de gênio; no moçambicano, rigor, clareza de julgamentos.

Ainda estudante, Ruy tinha se aproximado de Paul-Louis Thirard nas madrugadas boêmias. Thirard escreveu para *Positif* a primeira crítica estrangeira de *Os cafajestes* (em francês, *La Plage du désir*), recordando os tempos em que Ruy Guerra aterrorizava Paris em sua Vespa. Ele e Jacques Demeure, colega de classe no Idhec, introduziram Ruy às reuniões da revista. *Positif* nunca foi burocratizada, com decisões coletivas de um corpo editorial que até hoje trabalha de graça, por amor à arte. Ciment, Thirard, Demeure, Paulo Paranaguá e outros concederam uma dúzia de vezes espaço para reportagens, entrevistas e críticas sobre Ruy. Frédéric Vitoux (hoje membro da Academia Francesa) redigiu um belo artigo sobre o filme *Sweet Hunters* (no Brasil, *Ternos caçadores*), rodado na Bretanha em 1968. Promoviam anualmente uma semana de filmes inéditos na França, em fevereiro, e na ocasião exibiam filmes de Ruy.

Em 1966, Ruy recebeu um convite interessante. O politizado cineasta e documentarista Chris Marker, mito da cinematografia francesa de esquerda, produzia um dos primeiros filmes coletivos da época: *Longe do Vietnã* (no original, *Loin du Vietnam*), um libelo contra a presença americana na guerra asiática. Encomendou a Ruy um curta-metragem de dez minutos; Ruy topou, apresentando logo uma proposta de enredo aceita. O episódio filmado por ele, inicialmente intitulado "Le Tigre de papier" [O tigre de papel], terminou "Chanson pour traverser une rivière" [Canção para atravessar um rio].

As outras colaborações estavam prontas quando Ruy começou a sua. Roteiro em parceria com o amigo Philippe Dumarçay, filmado durante quinze ou vinte dias em dezesseis milímetros, em Saint-Pol-de-Léon, Bretanha, região do Finistère. A equipe toda trabalhou de graça. O pano de fundo são reivindicações dos trabalhadores da pesca marítima local. Um antigo militar da Indochina, representante mercenário do sindicato dos atacadistas, tenta dar um golpe contra a cooperativa dos pescadores. No momento em que fracassa, recebe a visita de um amigo, jovem oficial americano, acompanhado de duas moças. O americano vai passar com o bretão as últimas 24 horas antes de partir para sua "nobre missão" no Vietnã. Em longo diálogo num bar, durante o qual se embebedam, discutem "a vocação militar de um país, o fracasso da França como potência colonial e a grande vocação imperialista americana". O filme termina com a morte estúpida do americano no mar, bêbado, levantando uma alcachofra, como metáfora da Estátua da Liberdade. O ator que faz o americano é Russ Moro, que teve pequenos papéis em poucos filmes de Hollywood e franceses nos anos 1960 e 1970.

Longe do Vietnã foi exibido no segundo semestre de 1967 sem o episódio de Ruy. São 120 minutos com trechos de Alain Resnais, Jean-Luc Godard, Jori Ivens, Claude Lelouch, Agnès Varda e William Klein. Naquele momento político agitado – Estado gaullista autoritário e, para muitos, arrogante –, a censura de filmes estava ativíssima. *Acossado*, de Godard, sofreu corte; *A religiosa*, de Jacques Rivette, foi suspensa, acusada de anticlericalismo; foi proibida a exibição de *A batalha de Argel*, de Gillo Pontecorvo, sobre a atuação francesa na Argélia e o uso da tortura (o que se deu em vários países, inclusive o Brasil). *Longe do Vietnã* causou grande impacto; em Paris, manifestantes de extrema direita destruíram partes do Kinopanorama, onde era exibido.

Na época, Ruy explicou na mídia que, uma vez que não conhecia o Vietnã, não queria falar do país, mas "analisar o espírito militarista que conduz a comportamentos como o dos americanos no Vietnã". Achava importante que o filme tratasse das relações entre a França e a Indochina. Seu episódio era ficcional e, nesse ponto, divergia dos outros, documentais, excetuado um longo monólogo dirigido por Alain Resnais com o ator Bernard Fresson. Questionado por mim sobre esse filme misterioso, explicou mais de uma vez que seu episódio fora recusado por ter uma duração maior do que a encomendada. Não quis cortar 25 minutos, não tinha condições, outros trabalhos exigiam sua atenção. Em certa ocasião, comentou que não brigou pelo filme, pois não gostou do resultado.

Em 2009, Chris Marker me afirmou, por telefone, sua admiração pelo cinema de Ruy: "Os fuzis, *un vrai chef-d'œuvre*" [*Os fuzis*, uma verdadeira obra-prima]. Logo acrescentou que a recusa do episódio tinha sido *une tragédie* que o incomodava até a presente data: que foi *la dame* que não o aceitou de jeito nenhum. Não pedi esclarecimentos sobre quem seria essa *dame*; pensei que pela idade talvez Marker não tivesse se lembrado do nome. Dois e-mails dele me atestaram sua disponibilidade e a tentativa de tentar localizar uma cópia do episódio de Ruy, mas sem sucesso. Num deles menciona que a tal *dame* era da Sofracima, produtora do filme que se recusara a usá-lo por ser longo demais; prometera, entretanto, fazer um curta ou um média com o trecho de Ruy, mas segundo Marker não houve fundos para isso. Os originais estão desaparecidos. Théo Robichet, câmera do episódio, jamais acreditou que a recusa se devesse à duração e acha que o episódio se entrosava perfeitamente no conjunto. Após a morte de seu amigo Marker, Théo continuou na tentativa de localização.

Assisti a *Longe do Vietnã* somente depois da morte de Marker. Dei-me conta do alto grau de militância do filme; pareceu-me que a razão da recusa não fora mesmo a duração, pois há episódios de quase meia hora. Seguindo palpite de Noël Burch, tentei contatar o braço direito de Marker no filme: Jacqueline Meppiel, montadora, membro ativo do Partido Comunista Francês (PCF). Segundo Burch, sendo ela altamente engajada, talvez pudesse ter achado o episódio ficcional de Ruy deslocado num filme tão militante. Achei verossímil a hipótese e tentei localizar Meppiel. Ela se casara com um cubano e fora ensinar montagem na escola de cinema de San Antonio de los Baños; descobri que, infelizmente, estava morta havia mais de um ano.

O parisiense Olivier Hadouin, estudioso de cinema, pensa que a proposta de Ruy em relembrar criticamente a relação da França com a Indochina selou a exclusão do episódio. Aquele era um momento de certa *union sacrée* das várias tendências francesas em torno do general Charles de Gaulle, o que no filme se evidencia pela participação de diretores de posicionamentos políticos e cinematográficos diversos. O episódio de Ruy poria em xeque essa posição estrategicamente unificada, talvez a base da liberação do filme em época de tanta censura.

Devido aos contatos feitos no Brasil, na França e em Maputo, as décadas de 1970 e 1980 foram um período bem ativo para Ruy. Passaportes registram as muitas idas e vindas, e correspondências fornecem inúmeros detalhes sobre possibilidades profissionais, as agendas revelam encontros internacionais para tentar efetivá-las. Entretanto, há poucas concretizações para tal número de contatos, algo comum aos diretores dos "países subdesenvolvidos".

Pierre Pelegri fora, desde que se formaram no Idhec, a primeira das portas de entrada para Ruy na cinematografia francesa. Sobrinho do diretor Henri Decoin, tornou-se seu primeiro-assistente. Ao fazer o serviço militar no Service Cinématographique des Armées, conheceu Alain Quéffélean, Gabriel Albicocco, Roberto Enrico, todos se exercitando para a futura profissão em curtas-metragens sobre caminhões e barcos militares. E, aos poucos, Pierre Pelegri aproximou Ruy de seus amigos. Em 1960, veio ao Brasil por três meses com Gabriel Albicocco, que se tornou conhecido como *monsieur Gaumont du Brésil*. Albicocco e Ruy se deram muito bem. No acervo, por exemplo, um pedido de Gabi a Ruy: uma opinião sobre as potencialidades cinematográficas de certo romance francês. Em Paris, Ruy se enturmava também estabelecendo relações nas casas de Pierre Kast, do produtor Jean Chérasse e sua mulher Leila e do distribuidor Claude Antoine.

Entre inúmeras negociações de possíveis trabalhos, Pelegri e Richard Winckler fizeram um convite para Ruy filmar uma história dos dois: *Deux affreux sur le sable*, para a qual já tinham até um produtor americano, Edward Pope. Todavia, mais um projeto não concretizado. Mas, por sorte, Pope era amigo de um ricaço canadense, Claude Giroux. A mulher de Giroux, a cantora lírica americana Maureen McNally, se apaixonou por *Os fuzis* em exibição parisiense e convenceu o marido a contatar Ruy, que filmava *Benito Cereno* em Angra dos Reis. Segundo o amigo Gérard Zingg, como Ruy *avait du feu* [tinha fogo dentro de si], conseguiu de Giroux as condições para seu primeiro longa-metragem internacional.

Ruy e novamente Philippe Dumarçay seguiram para o interior da França a fim de escrever o roteiro. A princípio, Ruy queria chamar o filme de *L'Appât* [A isca]; no entanto, o título já tinha sido usado algumas vezes. Procurando destacar a dura busca dos personagens por si mesmos, Ruy – ele próprio um caçador sempre à procura de si mesmo – sugeriu então *Sweet Bloody Hunters* [Doces caçadores sangrentos]; Giroux não aprovou "sangrentos". Depois de intensa procura de locações, que incluíram o litoral da Irlanda e da antiga Iugoslávia (onde hoje é a Croácia), decidiram-se pela Bretanha, perto de Saint-Malo, em Saint-Méloir--des-Ondes. O ambiente é fundamental para o clima do filme, com uma atmosfera enevoada que propicia imagens misteriosas. A mulher de Giroux, em seu primeiro e ao que se sabe único papel como atriz, contracena com renomados atores americanos, como Sterling Hayden e o penúltimo de seus seis filhos (Andrew, que tinha oito anos, de seu quinto e último casamento); Susan Strasberg, filha de Lee Strasberg do Actor's Studio; e Stuart Whitman. Um *coach* americano trabalhava com Susan a conselho do pai. Segundo o câmera Théo Robichet, Hayden era o próprio personagem que representava no filme, além de um incrível profissional: levou para a filmagem em suas malas todas as roupas que usaria como figurino, inclusive chapéu e botas.

O eixo principal é a história de um sessentão, vivido por Hayden, professor e apaixonado ornitólogo que leva a família a passar uns tempos na pequena ilha onde aguarda a passagem de aves migratórias que nunca aparecem. Um prisioneiro fugitivo – Stuart Whitman – vem dar à praia e a mulher, Maureen McNally, abandonada a suas fantasias não satisfeitas por um marido distante, se envolve com ele. A temática é a solidão interior dos vários personagens, o papel da imaginação de cada um para tentar resolver sua incompletude interna.

Gérard Zingg na assistência de direção, Kenout Peltier na montagem. Ruy desejava que o parceiro Edu Lobo fizesse a parte musical, mas o amigo estava em Los Angeles. Acabou usando apenas uma música dele, "Sailing Night", para a qual fez uma letra em inglês cantada pela atriz principal, mas não creditada no final. O tom forte da trilha é clássico, com a música de Carl Orff *Carmina burana* e *Polymorphia* de Penderecki. Era seu primeiro filme em cores (embora coloridos, *Orós* e *O cavalo de Oxumaré* não tinham sido concluídos). Ruy se preocupava muito com a luminosidade e quis trabalhar novamente com Ricardo Aronovich, com quem tinha tido resultados muito elogiados em *Os fuzis*. Conseguiu levá-lo a Paris, onde Aronovich passou a viver e construiu uma bem-sucedida carreira. Ricardô (à francesa) salientou dever a Ruy essa reviravolta em seu destino; em inúmeras cartas a Ruy refere-se ao amigo como seu "irmão". À época, revista francesa elogiou a "magnífica utilização do Eastmancolor". As cores mereceram muitos elogios.

Michel Ciment passou dois ou três dias na Bretanha assistindo às filmagens em meio à bruma, gaivotas e barulho do mar. Há belas fotos de Ruy, Aronovich e Zingg na praia enevoada, todos na maturidade de seus quarenta anos. A equipe dormia em um hotelzinho; Ruy, em uma casa "incrível" escolhida por Giroux especialmente para ele. Em seu entender, era parte de uma campanha do produtor para convencê-lo a cuidar de suas futuras realizações em cinema. Prometia-lhe um belíssimo salário, que, se por um lado salvaria sua atribulada vida financeira, por outro amarraria sua criatividade a um *patron*, impedindo o leão de correr, mesmo que faminto, pelas savanas que lhe apetecessem.

Vivianne Zingg lembrou-se do prazer em ver Ruy feliz com seu trabalho, dizendo que ele era como *un rayon de soleil* [um raio de sol]. Para Ruy, por sua vez, a filmagem parece não fazer parte das melhores lembranças. Talvez devido à insegurança de filmar com atores americanos, cuja língua entendia, mas não dominava, ao incômodo com a presença do *coach* americano ou à incerteza gerada pelas pressões de Giroux e seu convite perturbador.

Sweet Hunters é visto como o mais inclassificável e secreto dos filmes assinados por Ruy Guerra. Deixando o calor árido do Nordeste brasileiro para a nebulosa e fria Bretanha francesa, Ruy declarou-se consciente de dar um salto de uma cultura para outra: "Não apenas mudava de continente [...], como também passava de uma classe social nova, anglo-saxônica, que como tal tinha um mundo interior completamente diferente. Dito de outra forma, saía do calor para o nevoeiro".

Filme globalizado: única película realizada pela General Productions criada especialmente pelo milionário canadense Giroux, com a produção registrada como sendo do Brasil, da França e do Panamá. Selecionado para Cannes e outros festivais, aclamado pela imprensa estrangeira, acabou considerado *cult*. Jamais foi exibido comercialmente no Brasil. À época, Gabi Albicocco fez uma exibição privada na sede carioca da Gaumont. Há uma cópia no Arquivo Nacional do Rio de Janeiro, a qual foi exibida em 2006, na mostra do CCBB-SP, com as cores bastante deterioradas.

Um biógrafo americano de Hayden me enviou um e-mail dizendo que o ator teria afirmado que foi a "filmagem mais feliz de que ele participou e não escondeu sua admiração pela precisão e autoridade de Guerra". Escreveu-me à procura de uma cópia do filme, pois lera afirmações do ator sobre ser "o único filme que ele fez para ele mesmo". Contou-me que Hayden, que tinha no currículo películas importantes, queria fazer uma fogueira de todos os negativos; segundo o biógrafo, certamente *Sweet Hunters* não estaria entre esses. O ator e Ruy acompanharam o filme no festival do Lido de Veneza. Na época, o evento não tinha um formato competitivo; o diretor saiu com uma medalha de ouro, como os demais, e todos os seus filmes apresentados. Paulo José, presente no festival, assistiu à exibição. Fez grandes elogios ao filme e lamentou: "Nunca mais foi exibido, nunca passou no Brasil". E brincou em entrevista: "Conta-se que Claude espera Ruy morrer para poder lançar o filme".

No acervo, uma carta de Sterling Hayden a Ruy e a Ricardô se inicia afirmando que foi um "*deep delight of coming to know you two*" [grande prazer que foi ter conhecido os dois]. Ao escrever a carta, tinha acabado de assistir a *Os fuzis* e queria imediatamente pôr no papel o que sentia. Como já os conhecia, esperava "um filme forte, verdadeiro, cheio de compaixão pela condição humana". O que se deu foi algo bem mais forte.

> Seu filme não somente me emocionou, perturbou-me, levou-me às profundezas de mim mesmo, o que sempre temo – e por isso quero esta noite não somente agradecer a vocês, mas também abençoá-los, ou talvez maldizê-los, ou meramente dizer-lhes que o filme que fizeram juntos é tão forte, tão verdadeiro, tão belo que me esforcei e adquiri uma nova alma – um homem vindo de longe, de um mundo de calma e culpa, atirado para as suas reais fundações, seja lá quais ele possua. Foi terrificante e belo. Se eu fosse um de vocês (creio), me recostaria e sorriria – ou até mesmo daria uma risada – e, acima de tudo, me sentiria muito bem, por ter feito uma coisa de grande beleza.

Terminou com o rascunho do telegrama que pretendia mandar para os produtores de seu próximo filme, recomendando Ruy Guerra, no qual Hayden – marinheiro, herói da Segunda Guerra Mundial, que já trabalhara com grandes diretores como John Huston, Stanley Kubrick, Nicholas Ray – não poupava elogios ao diretor. Infelizmente para Ruy, a recomendação, concretizada, não teve nenhum efeito. Em 2016, seu filho caçula David procurou Ruy para conseguir uma cópia do filme, pois queria dar de presente à mãe.

Outra boa oportunidade de filmagem se deu por Christian Ferry, *patron* de Les Films Marianne, subsidiária francesa da Paramount Pictures, propriedade desde 1966 da petrolífera Gulf and Western, presidida por Charles Bluhdorn. A Films Marianne, fundada em 1970, produziu nessa década filmes de Louis

Malle e Claude Sautet, do espanhol Luis Berlanga. A petrolífera americana tinha interesses na República Dominicana, situada na ilha de Santo Domingo, no Caribe, e o presidente resolveu instalar lá um centro cinematográfico. Total absurdo para Ferry, por não haver no local nada como técnicos nem atores, apenas uma indústria açucareira. Tendo que empreender algo, Ferry pensou em um filme cuja temática se passasse na região.

Segundo relato de Mario Vargas Llosa em 1989 à revista *Positif*, Charles Bluhdorn tinha adorado seu livro *Pantaleão e as visitadoras*; então, mandara Ferry lhe oferecer 50 mil dólares pelos direitos de filmagem e queria que Llosa dirigisse a película, pois desejava um filme de autor. Llosa retorquiu, irônico, que "nunca tirei nem uma fotografia...". Berlanga lembrou o nome de Ruy para Ferry, que já o conhecia e tinha ficado bem impressionado com aquele "rapaz nada convencional, com cara de índio e cabelo em *chignon*". Resolveu colocar Ruy e Llosa em contato para um roteiro em espanhol. O interesse de Ruy pelo episódio de Canudos já se evidenciava desde *Os fuzis*; não querendo fazer *Pantaleão*, introduziu o peruano a *Os sertões*, de Euclides da Cunha. Uma carta do escritor no acervo fala a Ruy sobre sua empolgação com a descoberta do livro.

O projeto de Ferry era grandioso, com autorização para gastar até 2,5 milhões de dólares. Fizeram locações na América Central, contrataram técnicos e contataram atores importantes, como Albert Finney, Sidney Poitier, Jack Palance e Dean Stockwell. Ferry contou que, quando almoçavam com os *big bosses* e suas mulheres, Ruy, cujo inglês não era muito bom, falava pouco; porém, com seu enorme poder de sedução, sua voz melodiosa e sua comunicação não verbal encantava a todos. Lembrou como nos intervalos Ruy se metia no leito, por horas, sem se mexer; acreditava Ferry que para "conservar as energias".

No entanto, as coisas mudaram na Paramount, e houve um recuo no financiamento. Ruy e Ferry foram a Hollywood solicitar ao roteirista Dalton Trumbo uma versão inglesa do roteiro, para a qual esperavam, após pressão, uma resposta positiva. Ruy passou dias e dias na expectativa em hotel de Los Angeles. Sem ter o que fazer, ia quase diariamente aos estúdios em busca de definições. Recebia ajuda de custo "em maços de dólares que nem cabiam nos bolsos do *blue jeans*". Nesse momento, cruzou no hotel com John Wayne, ídolo de sua mocidade, algo que marcou bastante seu imaginário.

Apesar dos muitos cortes feitos nos projetos, o filme não se realizou não apenas por questões econômicas. Tony Luraschi, cujo pai Luigi era ligado aos altos quadros da empresa, trabalharia no filme. Tornou-se próximo de Ruy, a quem admirava muito. Estando por dentro da empresa, revelou ao diretor os detalhes da suspensão do filme. Reinava na Paramount um "imperialismo cultural"; além disso, tinham tido alguns fracassos comerciais com filmes passados na América Central. Barry Diller, *chairman* da Paramount, passou a ser chamado de Barry

Killer [Barry assassino], por ter sido responsável pela suspensão de vários projetos. Quando Ferry informou Ruy sobre aquele "não" definitivo, apesar do treino para esse tipo de decepção, o choque foi grande. Ferry quis consolá-lo com a proposta de levá-lo a San Francisco ou ao Grand Canyon, mas Ruy queria era voltar para sua casa no Rio. Apesar de o filme não sair, Ruy e Ricardo Aronovich, que seria o fotógrafo, receberam o que lhes tinha sido prometido. Da boa quantia, Ruy empatou uma parte num projeto de filmagem do livro *Sargento Getúlio*; como não conseguiu todo o necessário, esse foi para a lista de projetos que não seguiram adiante.

Ao aproximar Ruy e Llosa, Ferry achou que daria certo: Ruy, homem de imagem, som, música; o outro, das letras. Ferry e Luraschi achavam Ruy uma figura *troublante*, perturbadora no sentido da impressão que causava. Compararam-no ao personagem Bartleby, de Herman Melville. Aos poucos, Ferry deu-se conta do divórcio entre os dois: o peruano era, no fundo, um europeu, civilizado, racional; o africano meio sul-americano era um instintivo, emocional. Não havia a menor sensibilidade em comum, seria improvável uma boa relação humana.

Mais de quinze anos depois, Llosa forneceu à *Positif* suas impressões sobre Ruy: "[Ele] é muito difícil, pois tem seu próprio mundo, suas ideias e suas obsessões, o que é perfeitamente compreensível. Para ele, um roteiro tem que servir para materializar tudo isso". Como com ele se passava a mesma coisa, as discussões eram "violentas, terríveis", o que a seu ver não impediu que tivessem ficado amigos. Ruy lhe pedira somente três coisas: que fosse uma história de amor, que tivesse relação com a Guerra de Canudos e que tivesse a imagem de uma mulher enrolada em uma corda, no deserto; para Llosa, Ruy tinha obsessão com essa imagem. Durante dois ou três meses, na casa do peruano em Barcelona, os dois prepararam juntos um roteiro inspirado na Revolta de Canudos, o qual se intitularia *A guerra particular*. Llosa disse, ainda, que Ruy teve a maior dificuldade em aceitar o personagem principal que ele sugeria, Galileo Gall, frenólogo escocês anarquista.

Após certo tempo de trabalho em comum, Ruy afirmou achar que Llosa entendera bem o que ele desejava e voltou a Paris. Llosa afirmou que o filme deveria se passar no Brasil e que teria sido a censura que não permitiu. Daí a decisão pela República Dominicana, para onde Ruy e ele se dirigiram a fim de fazer modificações no roteiro. Meses depois, Ruy lhe telefonou dizendo que o filme não sairia. Depois de tudo aquilo, Llosa contou que passou a considerar os diretores de filmes uns verdadeiros heróis.

Em 1981, o escritor publicou seu romance *A guerra do fim do mundo*, baseado na Revolta de Canudos. Não registrou menção à colaboração anteriormente desenvolvida com Ruy. Em 1994, Llosa disse à *Folha de S.Paulo*:

> Eu não tinha lido *Os sertões*, de Euclides da Cunha [...]. Foi um dos livros que
> mais me impressionaram, um livro que me mudou um pouco a vida. Trabalhei

muito nesse roteiro, mas desgraçadamente o filme nunca foi feito. Desgraçadamente para Ruy Guerra, porque para mim deixou uma possibilidade formidável. Fiquei tão apaixonado pela história, pelos personagens, pelo ambiente, pela época, que decidi escrever o romance.

Ruy sentiu-se traído pela falta de referência ao trabalho comum na obra publicada. Nenhuma palavra. Reclamou publicamente tanto quanto pôde. Dez anos depois, declarou à imprensa:

> Ele roubou a minha história toda. Personagens, história, eu é que mandei pra ele a documentação toda. [...] Eu vim a Paris, o conheci. Depois, vim ao Brasil, fiz um levantamento de todo o material sobre Canudos. Não só *Os sertões*. Pedi a Idê Lacreta, ela fez uma documentação enorme de livros, até iconografia. Fomos a museus fotografar. Mandei tudo para ele para se informar. Depois, eu fui para lá, tinha uma história de ponto de partida, não tinha todos os incidentes, mas tinha a estrutura básica. E era a história de um velho revolucionário estrangeiro (ser escocês e frenólogo foi do Mario) que vem das guerras de Cuba e tem o ideal romântico da revolução. E chega e sabe do que está acontecendo em Canudos. E vai para lá participar daquela revolução utópica. É um cara de certa idade e acha que é sua última possibilidade de concretizar o sonho de uma revolução [...]. E ele um dia resolveu fazer o livro (*A guerra do fim do mundo*) e fez declarações de que *Os sertões* era uma paixão da juventude dele. Embora em entrevistas mais antigas tenha dito que nunca tinha lido sequer!

Perguntado se não procurou uma reparação, disse:

> Tentei alguma coisa naquela altura, mas eu não tinha dinheiro nem para tomar um cafezinho, quanto mais para processar um cara famoso no mundo inteiro. Quando lhe perguntam sobre isso, ele diz: "Eu não posso plagiar a mim mesmo". E eu nunca registrei a história antes, nunca pensei nisso.

Depois, García Márquez, que se tornou muito amigo de Ruy, assegurou que, se ele processasse Llosa, testemunharia a seu favor. Para Ferry e Luraschi, o comportamento de Llosa foi bastante escandaloso.

Aquela foi uma década latino-americana no Velho Mundo e no Novo Mundo. E na vida de Ruy. Involuntariamente, Llosa teve um papel seminal ao cruzar os caminhos de Ruy e de Gabriel García Márquez. O peruano publicara em 1971, em Barcelona, *Garcia Márquez, historia de un deicidio*, um ensaio sobre a produção e o trabalho do então amigo Gabo. Orientado em termos biográficos, é visto até hoje como uma fonte fundamental de informações sobre o colombiano. Ruy escreveu que, "sob o pretexto de me iniciar nas rondas barcelonenses e me apresentar a futuros amigos", Llosa o levou a uma vernissagem e apresentou os dois. Ruy descreveu sua primeira impressão do futuro amigo e parceiro:

> Era um John Gilbert de estatura mediana, o cabelo encaracolado de um negro absoluto, com um largo bigode e grossas sobrancelhas *à la* Groucho Marx. O largo casacão de flanela tipo lenhador canadense, de vistosos quadrados vermelhos e pretos, faziam-no parecer mais baixo do que era na realidade. As palavras ricocheteavam no magnífico teclado de dentes, atravessando um ofuscante sorriso e a gritaria ambiente, num sotaque musical não identificável. [...] Gabo anunciou solenemente: "Mario disse que adoras mariscos. Sei onde se comem os melhores de Espanha. [...] *Necesitamos hablar!*". E arrancou-me do tumulto. Já no conforto do BMW do ano, ao som de uma suave música de qualidade impecável, Gabo me comunicou tranquilamente: "Tu filmaste uma história minha, antes que eu a tivesse escrito!" [e] sentenciou: "Vamos fazer um filme juntos. O conto se chama 'El ahogado más hermoso del mondo'. Lê-o que vais ver que é igual ao teu filme *Sweet Hunters*". Fazia exatamente sessenta minutos que nos havíamos encontrado. Na minha frente Gabo sorria. "Agora só nos falta decidir o tema do filme que vamos fazer. Se estás de acordo, amanhã mesmo anuncio o projeto." Evidentemente que estava e a notícia foi publicada.

No restante da temporada barcelonesa os dois se encontraram cada noite, iniciando uma amizade que iria longe. No acervo, telegramas atestam os inúmeros encontros; alguns deles assinados "Carmen Balcells", a agente que revolucionou o mercado literário de língua espanhola, apelidada por Gabo de "Mamá Grande", pois garantia com financiamentos o trabalho dos seus autores.

Durante os anos 1960, 1970 e 1980, Ruy apareceu inúmeras vezes na mídia escrita e televisiva francesa. Seus filmes passavam em festivais como Cannes, Biarritz, Sarcelles, além de Berlim e Veneza. Ele ia a Paris montar seus filmes, fazer contatos de trabalho ou de passagem, para ver amigos; adorava comprar livros e livros sobre cinema.

Paris foi de novo e intermitentemente segunda moradia. Seus altos e baixos de trabalho, sua descontinuidade financeira permanente são ilustrados por seus endereços parisienses. No tempo das vacas gordas, um apartamento muito bom na região da Champs-Élysées, outro na elegante *rue* Jacob, entre antiquários e galerias de arte, ou uma mansarda em prédio histórico na Île Saint-Louis. Certa noite, nesse último local, uma amiga passou para convidá-lo para jantar; sem muito dinheiro, ele resolveu ir de qualquer jeito e foi se arrumar. Enquanto isso, a amiga pegou na estante um livro para espiar. Surpresa, descobriu dentro uma bolada de francos que lhes propiciou um belíssimo jantar.

No tempo das vacas magras, inúmeras vezes era uma simples caminha ou um sofá emprestados na casa de amigos íntimos. Com o casal Zingg, em mais de um endereço. Vivianne lembra-o através da mesma imagem de Michel Ciment, como "um guerrilheiro *dandy*" que "com sua cabeleira, barba, botas seduzia os homens da produção, as mulheres dos homens". Mas pensava só em seus projetos de trabalho; quando não os tinha, ficava passivo, como uma criança, horas e horas jogado numa cama. Gérard formulou uma bela imagem sobre Ruy. Para ele Ruy está o tempo todo inquieto por não ter o que quer, sempre *en quête de jouissance* [em busca do prazer]. Nos anos 1960/1970, era como "*un gamin qui fait de la gymnastique autour de sa maman – le cinéma est sa maman, elle fait son bonheur complet; il saute au cou du cinéma comme un enfant au cou de sa mère, après une longue absence*" [um menino que se agita em torno de sua mãe – o cinema é sua mãe – e pula no pescoço dela como se fosse depois de uma longa ausência]. Uma imagem válida até os dias de hoje.

Ou ele ficava com os Quéffélean. O produtor Alain Quéffélean – Quéff para os amigos, bretão, casado com a montadora francesa nascida no Camboja, Kenout Peltier. Nos anos 1960 ela editou filmes de Maurice Pialat, Louis Malle, Alain Resnais. Ruy se hospedou diversas vezes com o casal na Rive Gauche. "Ele empestava o apartamento com seus charutos", mas o casal não protestava: os tempos eram outros, o horror ao fumo não era tão presente e gostavam tanto do simpático africano/sul-americano, "tão entusiasmado em seus contatos humanos". Eles lembraram que, sem trabalho, Ruy rolava o dia todo na cama, lendo *bandes dessinées* [quadrinhos] ou assistindo à televisão. Ou ficou ainda com o amigo poeta moçambicano Virgílio de Lemos, que recordou: "Descíamos do apartamento, era no quarto andar, havia um restaurante muito bom, frequentado pelo Jacques Brel".

Quando não tinha trabalho, ia de duas a três vezes ao cinema no mesmo dia, divertindo-se em combinar, através do guia semanal *Pariscope*, seus horários e trajetos; depois, era o *pin ball machine* nos cafés. As apreciadas refeições, em locais bem melhores que aqueles de sua época estudantil; por exemplo, no La Coupole, tão querido dos brasileiros. Tinha inúmeros contatos com amigos de passagem por Paris. Com moçambicanos, como o pintor Malangatana, ou o pessoal do cinema que ajudava a montar. Com latino-americanos, especialmente aqueles conhecidos nos festivais de cinema ou ligados ao amigo Gabriel García Márquez. E sobretudo com os inúmeros brasileiros exilados ou de passagem. Como esses, ia à loja da Varig na Champs-Élysées para ter notícias do Brasil pelos jornais. Hugo Carvana contou em 1969 ter mandado sua mulher que fugia do país direto para a casa de Ruy, que informaria Carvana pelo telefone de sua chegada. No nascimento da primogênita do casal Nara Leão e Cacá Diegues, em setembro de 1970, Ruy foi dos primeiros a visitá-los na maternidade. Miguel Faria contou de seus encontros com Ruy em Paris, por vezes com Chico Buarque.

Paris parecia ter se tornado uma etapa obrigatória em seus caminhos, mesmo se a direção do percurso aparentemente não passasse por lá. Nos anos 1990, Ruy escreveu: "Deslumbrar-se com Paris é fácil, mas eu nunca fui além da sua inquestionável beleza, o que é pouco para se amar verdadeiramente uma cidade. Ou uma mulher. Mas a minha vida, de algum modo, está indissoluvelmente ligada a Paris. Volta e meia passo por lá".

Clara Guerra, grávida de Ruy, em frente à casa familiar. Lourenço Marques (atual Maputo), Moçambique, primeiro semestre de 1931.

O pai de Ruy, Mário João Coelho Pereira, recém-casado, na residência familiar em Lourenço Marques, provavelmente 1923.

A mãe de Ruy, Clara Guerra, recém-casada, na residência familiar em Lourenço Marques, provavelmente 1923.

Ruy, com poucos meses, nos braços de sua mãe, na casa familiar. Lourenço Marques, 1931.

Ruy recém-nascido nos braços de Rosa, a "mãe negra", na casa familiar em Lourenço Marques, 1931.

O avô paterno, o pintor
José Maria Pereira Júnior,
ou Pereira Cão. Lisboa,
Portugal, entre final do XIX
e início do século XX.

A irmã Maria Clara,
Ruy, o irmão Mário
Luiz e o pai, em
Lourenço Marques,
Moçambique,
novembro de 1933.

Casa de campo
da família de Ruy
na Namaacha,
Moçambique, 1944.

Ruy e o pai, Mário, em Lourenço Marques, cerca de 1950.

Ruy e a mãe, Clara, na África do Sul, final dos anos 1940.

Ruy adolescente em Lourenço Marques, 1949-1950.

"Um poema antilírico", de Ruy Guerra, publicado na revista moçambicana *Msaho*, único número, em março de 1952.

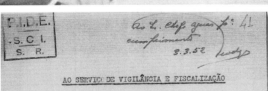

Ruy com o irmão Mário, a irmã Maria Clara e o cunhado, Domingos Martins Nunes Luiz (ao fundo). Lisboa, primeiro semestre de 1952.

Documento de 3 de março de 1952 orienta que Ruy tenha sua bagagem inspecionada pela Polícia Internacional e de Defesa do Estado (Pide) e seja interrogado tão logo o navio que o levava chegasse a Portugal.

Ruy (à direita) com seu irmão Mário Luiz (centro) e o pai, Mário, em Paris, 1952.

Ruy em sala de aula no Idhec, Paris, 1954. Ruy é o aluno de número 18 (último à direita, encostado na parede).

I.D.H.E.C.   PARIS, le 14 Mai 1954

NOTE A L'ATTENTION DE M. GUERRA

Etant arrivé une demi heure en retard le 14 mai, à la séance de
préparation de votre film, qui avait été reportée sur votre demande, au
surplus ayant fait preuve d'abord d'une attitude d'impolitesse flagrante vis-à-vis de l'Administrateur général, puis ayant adressé à celui-ci
des propos injurieux qui ont obligé l'Administrateur général à vous
expulser sur le champ des locaux de l'IDHEC, vous êtes suspendu des
cours et travaux pratiques, y compris le tournage, jusqu'à nouvel ordre.
La possibilité de faire cesser cette suspension ne sera examinée qu'après
réception par l'Administrateur général d'une lettre d'excuses de votre
part, conçue dans les termes plus absolus, sans qu'aucun engagement soit
pris a priori par celui-ci d'une mesure de réadmission.

Votre suspension comporte l'interdiction de pénétrer dans les
locaux de l'IDHEC, Bld d'Aurelle de Paladines.

L'Administrateur Général:

R. TESSONNEAU

Nota de advertência a Ruy escrita
pelo administrador do Idhec, Rémy
Tessonneau, que comunica sua suspensão
das atividades e a proibição de ingressar na
escola em razão de injúrias e de um atraso
nas atividades de filmagem de seu trabalho
de conclusão. 14 de maio de 1954.

Pedido de desculpas de Ruy a
Tessonneau, pré-requisito para
que sua suspensão fosse reavaliada.
14 de maio de 1954.

Ruy como ator em filme de conclusão de curso de colegas do Idhec. Paris, França, 1954.

Ruy e o amigo e colega de Idhec Pierre Pelegri, em filmagem em Paris, 1954.

Da esquerda para a direita: Ruy, Jean Marais e Daniel Ivernel, em intervalo de filmagem de *SOS Noronha*. Córsega, 1957.

Cena de *SOS Noronha*, filmado na Córsega em 1957. Da esquerda para a direita: os atores franceses Jean Marais e Daniel Ivernel, o brasileiro José Lewgoy e Ruy, em seu primeiro papel profissional em frente às câmeras.

Vera Barreto Leite, manequim brasileira, namorada de Ruy em Paris, França. Fotografia da primeira metade dos anos 1950. A caneta, a dedicatória: "Para o meu gostosão. Beijos, Verusca".

Com Miguel Torres, durante filmagem de *O cavalo de Oxumaré*, nunca concluído, no Largo de São Francisco, Salvador, 1959-1960.

Em nome de Ruy, Nara Leão recebe o Prêmio Saci de melhor direção por *Os cafajestes* das mãos do roteirista e diretor Carlos Alberto de Souza Barros. São Paulo, 1962.

Nara Leão, início dos anos 1960.

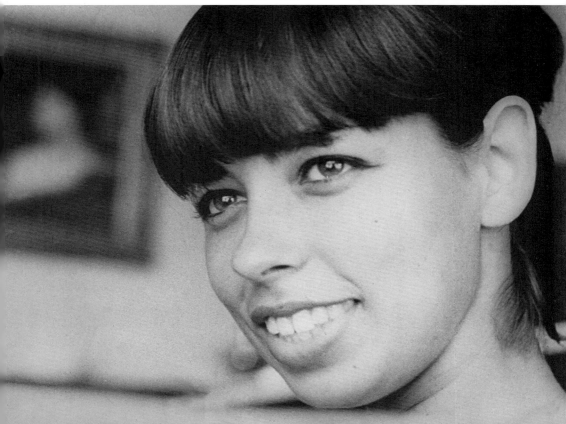

Ruy dirige os atores em *Os fuzis*. Milagres, Bahia, 1963.

Ruy Guerra recebe o Urso de Prata no Festival de Berlim por *Os fuzis*, em 1964. No canto inferior direito, uma dedicatória à irmã, Maria Clara.

Da esquerda para a direita, Pierre Kast, Ruy Guerra e Glauber Rocha. Rio de Janeiro, 1966.

Bastidores da gravação de entrevista com o grupo de cineastas do Cinema Novo e Walter Hugo Khouri em terraço de hotel em Copacabana, Rio de Janeiro, 1966. O material foi gravado para a série francesa *Carnets brésiliens*, dirigida por Pierre Kast, com assessoria de Ruy Guerra.

Ruy pouco tempo depois de chegar ao Rio de Janeiro, 1958-1959.

PARTE III

No Novo Mundo: "anos dourados", "anos de chumbo"

1
BRASIL: PASSADO, PRESENTE E...

> *"Por amor andei, já,*
> *tanto chão e mar, senhor, já nem sei..."*
>
> Edu Lobo e Ruy Guerra, "Reza"

Depois de tempos sonhando com o Brasil, foi no Rio de Janeiro que Ruy se tornou cineasta. Até hoje ele experimenta um enorme amor pela cidade, tendo incorporado uma estereotipada carioquice, brejeira, da qual ele faz defesa intransigente. Virgílio de Lemos, amigo de juventude radicado na França, resumiu ironicamente: "Ele se bandeou para o Brasil atrás de uma mulher e para fazer um filme, ficou por lá até hoje, mudando de filme e de mulher". Em meados dos anos 1970, de volta a um Moçambique revolucionário, Ruy explicou para o jornal *O Tempo*:

> Fiquei no Brasil não como uma segunda ou primeira pátria, mas como um ponto de referência geográfico, físico e principalmente cultural [...], uma cultura mais próxima da minha cultura de origem, e também por ser um país em vias de desenvolvimento, por ser um país com uma problemática do Terceiro Mundo.

Justificativas político-culturais sérias. Um quarto de século depois, mais solto, confessou em crônica: "Sou um viciado em Brasil. A cada qual, a sua droga, e a minha é essa". Desde miúdo, esteve ligado ao país por revistinhas infantis, pela semanal e de grande circulação revista *O Cruzeiro*, por marchinhas de Carnaval. Ao chegar ao Rio de Janeiro, sabia muitas letras de cor; conta até ter ouvido de um carioca jocoso que ele teria vindo não de Moçambique, mas de Madureira.

Foi no Brasil que Ruy viveu a maior parte dos anos 1960 e as transformações que abalaram o mundo ocidental. Em crônica, ressalta para os mais jovens a sorte de ter tido vinte ou trinta anos nesse período maravilhoso:

> Foi uma década que desbaratou com valores anquilosados, propôs generosidades e fulgurantes guinadas. Tanto na política, na ciência, nos costumes, como na cultura. No Brasil e no resto do mundo. [...] Uma década a ferro vivo que deixou

na alma e na memória de quem a viveu, ainda que míope ou chapado, cicatrizes que insistem em sangrar.

Apesar de intensa, não foi fácil sua inserção na sociedade carioca. Ruy desejava exercer a carreira para a qual se profissionalizara e que perseguira no Velho Mundo. Os desafios não foram poucos para o moçambicano praticamente sem dinheiro, sem família no país, sem raízes, sem amigos de infância e de adolescência, tampouco colegas de escola, que às vezes funcionam como alavancas na hora da inserção profissional. Contava mais era consigo mesmo, com sua formação cinematográfica, sua facilidade em manejar a palavra oral e escrita, certa erudição da educação europeia. Com sua experiência em viver sozinho, em se adaptar onde estivesse. Com uma educação familiar que lhe trouxera certa segurança afetiva e um polimento sem formalidade. Com sua experiência cosmopolita e certo *savoir--faire* adquirido nos anos parisienses. E, ainda, com sua juventude, seu poder de sedução, seu magnetismo pessoal. Além disso – e muito oportunamente – com amizades e contatos brasileiros adquiridos na França.

Suas características, no entanto, não funcionaram somente a seu favor; infelizmente, por vezes pesaram contra. Contra também estiveram seus reconhecidos gênio difícil, pavio curto, teimosia e certa rudeza, apontada de forma estereotipada como própria aos lusitanos. Uma das frases que Ruy gosta de repetir é: "Não se é impunemente português". Além disso, segundo alguns e até por ele mesmo, Ruy por vezes demonstra certa arrogância.

"É sal, é sol, é sul" (Roberto Menescal)

Em 9 de julho de 1958, o jovem Ruy Guerra, em seus vigorosos 26 anos, aterrou no aeroporto Santos Dumont. Aquele parecia ser um momento muito especial para o Brasil. Quarenta anos mais tarde, Joaquim Ferreira dos Santos decretaria: "Feliz 1958, o ano que não devia terminar". Como a primeira conquista da Copa do Mundo de Futebol, na Suécia, era recente, muita gente cantava "com brasileiro não há quem possa". Pelo rádio, muitos acompanhavam João Gilberto entoando baixinho seu "Chega de saudade". Pela TV Rio, assistia-se a Maysa Matarazzo – capa naquele ano da revista *O Cruzeiro* – cantar sua composição, num registro então chamado de *fossa*, "Meu mundo caiu". Os caminhos de Ruy e de João Gilberto se cruzariam inúmeras vezes no mundinho carioca; Maysa seria um de seus casos discretos, despercebido em meio a tantos envolvimentos amorosos por parte dos dois.

Logo ao chegar, momentos inevitavelmente difíceis – cansaço, insegurança frente ao desconhecido, tensão do longo voo perturbado por um terrível medo de avião, que, causado pela morte da mãe, Ruy levou décadas para superar.

Ele conta que passou a primeira noite numa "horrível" pensãozinha do Cate-te, "onde havia somente uma vaga". No entanto, mais de um entrevistado afirmou que Ruy teria passado essa noite em sua casa. Uma dessas pessoas foi a atriz e cantora Vanja Orico, que fornecera a Ruy a passagem de avião para que dirigisse o filme *Joana maluca*. Ele, durante um intervalo pequeno, morou no apartamento dela no morro da Viúva. A magnífica vista da baía de Guana-bara deve ter lhe feito bem, talvez lembrando a baía do Espírito Santo no Índico. E viagens para locações e contatos devem ter facilitado para que ele, como registrou, imitasse "Hernán Cortés [que] queimou as suas naus e sem possibilidades de regresso avançou à conquista do império de Montezuma. Prosaicamente, eu vendi o meu bilhete da Panair de volta a Paris, onde então vivia, e decidi ficar no Brasil para fazer cinema". Não demorou para o cineas-ta conquistar seu desejado império. Em menos de quatro anos, *Os cafajestes* estourava nas bilheterias nacionais. Entre os que assistiram à estreia carioca, François Truffaut.

Pelos cheiros e sabores, pela presença do negro, Ruy sentia-se bastante bem no país: "Na minha paisagem afetiva e no meu pensamento, tenho uma neces-sidade imperiosa do cheiro insinuante de manga e do calor do sol tropical. E da presença negra. 'Black is Beautiful' sempre me pareceu um desses óbvios ululan-tes". Ajudou também em sua aclimatação inicial a língua, pois ele sempre afirma que não poderia viver onde não se falasse português. Nos primeiros tempos, a amizade parisiense de Sílvio Autuori, amigão do Idhec, e sua antiga família parisiense Barreto Leite – sobretudo José Sanz, casado com Luiza, irmã de Ma-ria e tia de Vera, assim como o irmão dele – ajudaram Ruy a resolver o básico, como moradia e alimentação.

Sílvio se divertiu ao contar que

> no começo Ruy foi morar num apartamento da minha avó que estava para alu-gar. Em Copacabana. Lá só tinha um colchão. Ruy dizia que o cara do botequim embaixo pensava que ele era macumbeiro, toda noite comprava uma vela, um charuto e uma caixa de fósforo. Às vezes o corretor levava ao apartamento um candidato, e Ruy lá, deitadão!

Embora diga que muitas vezes saciava a fome com sopa de repolho, Ruy comia frequentemente na boate Jirau, em Copacabana, a qual tinha pertenci-do aos Autuori; no contrato de venda, havia uma cota de consumação para a família, que insistia com Ruy para que ele a aproveitasse: "Ruy não era de cerimônia nem nada, meus pais gostavam muito dele e o convidavam sempre em casa e no Jirau".

Sérgio Sanz, um dos primeiros amigos, próximo até hoje, observou:

182 RUY GUERRA: PAIXÃO ESCANCARADA

Ele veio para o Brasil atrás das duas grandes paixões de sua vida: o cinema e as mulheres. Conheceu meu pai na Cinemateca, ficaram amigos. Ruy não tinha onde morar; a casa de meu pai e de minha mãe era um lugar onde muitas pessoas moravam de passagem, ele levou o Ruy para lá.

Uma das portas de entrada de Ruy no mundo cultural e boêmio carioca foi José Sanz, figura renomada no meio, curador da Cinemateca no Rio de Janeiro, instalada no recém-inaugurado edifício do Museu de Arte Moderna (MAM). Lá, em 1964, Ruy se iniciou como professor de cinema, em aulas interrompidas pela nova realidade do golpe militar.

O Rio de Janeiro onde Ruy viveu foi sempre a Zona Sul – ele até brinca que, dessa região da cidade, já morou em todos os bairros. O mochileiro bicão ia de casa em casa: "Difícil achar um amigo desse período que não tenha me hospedado que fosse por dias, às vezes no quarto da empregada". Em época com rendimento mais regular, chegou a alugar locais com amigos. Por exemplo, "num cabeça de porco" em Copacabana, "um minúsculo apartamento conjugado" em que, tempos depois, Walter Lima Júnior moraria. Walter escreveu em memórias que, se "Ruy Guerra havia morado naquele mesmo cubículo e sobrevivido, ele também suportaria".

Algumas vezes um amigo ausente da cidade por uma temporada lhe emprestava a moradia. Nos últimos meses antes de filmar *Os fuzis*, viveu na casa de Tônia Carrero, dividindo cômodos em cima da garagem com o filho dela, Cecil Thiré, e Carlos Liuzzi, próximo da família – para Ruy, "um companheirão de praia". Disse Cecil que Ruy dormia "numa cama estreita, um sofá pequeno na parte que era sala". Conta que tudo o que sabe de cinema aprendeu com ele: "Foi uma pessoa importantíssima em determinado momento de minha vida, me influenciou de maneiras que repercutem até hoje". Ruy morou também um tempo em um casarão com a antiga paixão Vera Barreto Leite.

Durante alguns anos na década de 1970, dividiu despesas na casa do xará moçambicano Rui Polanah, ator em alguns de seus filmes. Era uma famosa e permanente *open house*, na hoje desaparecida travessa Dona Carlota, número 19, em Botafogo. Outro Rui, outro moçambicano, outro contador e ouvinte atento de casos. Depois da morte de Polanah, o lamento de um amigo em comentários sobre o desaparecido na internet lembrou a casa "ecumênica, eclética":

Tinha um cordão que era só puxar e a porta se abria, a qualquer hora do dia ou da noite. Muitos amigos, alguns deles hoje célebres, adentravam naquele recinto, puxando aquele cordão nas horas mais incríveis. Uns à espera de encontrar alguém de plantão para bater papo, outros por motivo de fossa existencial, para extravasar [...]. Muitos e muitos se hospedaram naquela morada. Ou pelo menos iam ficando... ficando...

A filha de Ruy Guerra e Leila Diniz, Janaina, nasceu quando ele "ficava" no Polanah; para Janaina, Polanah constituiu sua família moçambicana no Rio.

Ruy não foi o único artista sem residência própria. De certa forma, era fato corriqueiro no *modus vivendi* de muitos dos jovens entre os quais ele circulava. Para Maria Gladys, atriz de *Os fuzis*, além da dificuldade financeira havia certa atitude antiburguesa em não querer um local próprio para morar. Ana Maria Magalhães, em conversa telefônica, disse: "ninguém de nós tinha dinheiro, mas não ter casa própria era mais por uma coisa de não querer estabelecer vínculos fortes, porque assim, quando quisesse, podia-se viajar para isso ou aquilo". Ruy, porém, parece ter vivido dessa maneira mais por necessidade do que por opção. Sonhava com um local de moradia seu desde os primeiros anos em terras brasileiras; em carta ao irmão, revelou sua esperança de comprar um apartamento caso se concretizasse um trabalho na TV Rio. Não deu certo – nem o emprego nem a compra. Detido durante a ditadura militar, contou que o fato de não ter endereço fixo irritava muito a polícia.

"Luxo", relembrou, foi quando, na segunda metade da década de 1960, ele se hospedou durante anos sucessivos com dois correspondentes franceses do jornal *Le Figaro*. Em Copacabana, a princesinha do mar, como cantava Dick Farney – o bairro *in*. À noite, quando se apagavam os "dias de luz, festa do sol" cantados por Marcos Valle, "em cada esquina tinha uma boate fervilhando", como declarou à mídia um saudoso Roberto Menescal. Ruy viveu na rua Hilário de Gouveia *chez* Daniel Garric, representante do jornal francês *Le Figaro*, alguém muito bem implantado social e afetivamente. Garric foi a contragosto transferido para Cabo Canaveral pelo jornal por ter se tornado *persona non grata* ao governo militar. O regime ditatorial tinha forçado a barra para oficializar como data "revolucionária" o 31 de março. O jornalista, em artigo publicado na França, destacou que o golpe militar tinha se iniciado na madrugada do 1º de abril, aferindo-lhe, assim, significado popular de dia da mentira ou dia dos tolos.

Depois de sua partida, Ruy viveu na rua República do Peru com seu substituto, Philippe Nourry, que do antecessor herdou o posto e o ilustre hóspede, acreditando que ele facilitaria sua inserção carioca. Deram-se muito bem. Às vezes, escreveu Nelson Motta, incomodado com a prolongada situação, Ruy fazia um plebiscito "fico ou não fico" e, recebendo respostas positivas, lá permanecia. Nourry abriu as portas para os amigos dele. Pierre Kast veio ao Brasil para filmar a série televisiva *Carnets Brésiliens*. Em uma cena, o bem decorado apartamento do jornalista é apresentado como "apartamento de Ruy Guerra", onde Edu Lobo dedilha e canta suas músicas cercado de jovens. Como Ruy foi o assessor musical, figuram na série nomes então próximos a ele, como Nara Leão, Vinicius de Moraes e Baden Powell.

Tendo esgotado no final dos anos europeus sua herança familiar, Ruy acostumou-se a viver quase sem dinheiro. E, como antes, se entrava por um bolso, saía logo pelo outro; até mesmo quando já mais solidamente instalado na carreira, a grana entrava em certa quantidade. Nenhuma alusão explícita nem velada a que tenha sido alguma vez desonesto ou mesquinho, tampouco que tenha dado cano em alguém. Parece ter se comportado constantemente de forma generosa com amigos no sufoco. Por exemplo, teria emprestado mais da metade do que tinha para um penduradíssimo Tarso de Castro, guardando somente aquilo de que precisava para fechar o mês. Generosidade que vai de par, creio, com seu desapego ao vil metal. Segundo Sérgio Sanz, em uma hora de dureza extrema, teria feito até texto para fotonovela. Publicamente, Ruy afirmou com transparência que nesses anos iniciais, "de vez em quando, uma mulher se engraçava, me pagava jantar, me pagava cinema". Hoje, quando paga jantares e similares para alguém, diz que seria uma devolução do muito que recebeu.

No limitado mundinho carioca que frequentava, os dois eixos de sociabilidade passavam durante o dia pelas praias e à noite por uma boemia que raiava a madrugada. Para Carlos Liuzzi, "não tinha essa coisa 'vamos ligar pra marcar', não tinha mistério, era difícil a gente não se encontrar". Segundo Cacá Diegues, "o Rio de Janeiro era muito pequeno. Era a mesma praia, a mesma festa, o mesmo bar, então a gente se cruzava, Cinema Novo, Bossa Nova, Teatro de Arena".

Os dias ociosos de quem não tem emprego regular podem ser muitos. Ruy fazia da praia um local de refúgio para as muitas horas sem trabalho. De onde morasse, ia e voltava a pé para Ipanema, a praia mais badalada para certa vanguarda da qual fazia parte. Ali descarregava sua ansiedade e suas frustrações em disputas no tênis de praia ou no frescobol; por vezes, pegando jacarés nas fortes ondas cariocas. Ali se bronzeava, exibia sua juventude. Entretinha contatos e laços de amizade, entabulava suas conquistas femininas, namorava; na biografia de Nara Leão, há uma foto dos dois juntos na areia. Além disso, a praia ainda oferecia certo recurso: havia o hábito de comer tatuí (ou tatuíra), encontrado nas areias ainda não poluídas da Zona Sul. Brincou mais de uma vez Ruy: "Sei fazer tatuí de todo jeito".

Nas areias cariocas, dedicava-se a uma das coisas que tanto gosta de fazer e faz bem: conversar – por exemplo, com parceiros famosos, como Sérgio Porto. O irônico Stanislaw Ponte Preta chamava o cabeludo vindo da França e da África de *monsieur* Troglô (de troglodita). Papeavam em meio às certinhas do Lalau, que faziam *footing* na areia e que deveriam deixá-los de cabeça virada, como tantos outros homens ali presentes. Ruy lia o amigo na imprensa e achava que parte dos bate-papos entre eles pipocavam em algumas crônicas; certamente não deve ter sido o único a servir de balão de ensaio para o bem-sucedido cronista da revista *Manchete*, entre outras.

A estada na praia se prolongava até o começo da noite, quando ele ia saciar a sede e fofocar nos bares mais próximos – em geral, seguia direto para o Jangadeiros, na praça General Osório. Local de famílias ipanemenses, bebedores de chope contumazes, muitos da "esquerda festiva". Sérgio Sanz lembrou: "Parávamos no Jangadeiro religiosamente, e o pouco dinheiro que a gente tinha era para um chope. A gente se sentava à mesa e conversava por horas a fio. Ruy fumava seu charuto. Anoitecendo, a gente voltava a pé para casa".

"Balanço Zona Sul" (Wilson Simonal)

Nesse período, do centro antigo até São Conrado, a noite carioca contava com uma centena ou mais de restaurantes, boates, gafieiras, bares, pés-sujos. Os inúmeros locais frequentados por Ruy acompanharam a rota da boemia que se deslocava cidade afora através do espaço e do tempo. No início, em pleno centro, ele foi *habitué* do famoso Villarino (em frente à Academia Brasileira de Letras), notório pelo início da parceria entre Vinicius de Moraes e Tom Jobim. Lá, foi introduzido em roda bem mais velha que ele, amigos de José Sanz, entre os quais Fernando Lobo, pai de seu futuro parceiro Edu. O Ruy bicão, longe de ser o único nas mesas cariocas, relembrou como era fácil arranjar quem pagasse bebida – comida era mais difícil.

Alguns espaços são referências fundamentais. Na praia do Leme localiza-se até hoje aquele que era um ponto obrigatório dos anos 1960: o restaurante Fiorentina. Um grande "escritório" do prazer e do trabalho, como resumiu Sérgio Cabral. Onde infinitos contatos concretizaram peças, filmes, programas de televisão, livros. Visita quase obrigatória para a gente das artes, notívagos políticos, *socialites* e seus *scorts*, onde inúmeras vezes terminava a noite carioca. Em suas memórias, Daniel Filho deixou registrado: "Quem fosse frequentador da noite carioca tinha uma obrigação diária: passar num restaurante chamado Fiorentina [...] você via tudo que era artista [...] enfim, era o mundo, ou a parte do mundo que valia a pena". Todos os grupos por lá passavam, sem distinção de "panelas", tribos. Um livro de memórias constituído por lembranças dos frequentadores traz referências à presença de Ruy. No acervo, uma carta da namorada Irma Álvarez revela sua surpresa por ter telefonado no restaurante atrás de Ruy sem o encontrar. Como inúmeros famosos, Ruy Guerra continua presente em assinatura em colunas do salão; na lista de pratos do menu, batiza um *penne all'arrabiata*; e, no bar do subsolo, há um de seus Ursos de Prata recebido no Festival de Berlim.

Frequentava ainda outros ambientes noturnos em Copacabana, por exemplo O Ponto Elegante, na praça do Lido, onde se ligou a Edu da Gaita e outros músicos, como Luiz do Bando da Lua e Luiz Bonfá, a quem convidou para compor a música de *Os cafajestes* – "eu queria uma música moderna, jazzística". Havia também em sua rota o Zumzum, onde davam shows amigos próximos de Ruy, como Baden, Nara e Vinicius. Ruy Castro, em *Chega de saudade*, estampa foto de seu xará observando de longe, na porta da boate, Nara Leão e seu violão, em um papo aparentemente perturbado, junto a Luizinho Eça, Vinicius de Moraes e Paulinho Soledade; como Ruy, Guilherme Araújo espera, meio de longe. O clima parece de tensa expectativa, e a legenda é: "Tempos desarmônicos".

Outro local noturno importante na vida de Ruy foi o restaurante Antonio's, em Ipanema, com sua famosa varanda. Inaugurado no fim dos anos 1960, teve seu auge na década seguinte. Continuamente lotado, as pessoas se comunicando entre as mesas, uma grande festa. Chico Buarque relembrou o local como símbolo de algo que desapareceu na convivência carioca: "No nosso tempo, a gente se via era no Antonio's. O pessoal mais velho ia, o Rubem Braga e o Vinicius iam beber, comer era o de menos". Como Ruy não tinha endereço fixo, algumas cartas destinadas a ele foram para lá enviadas. O ator Antônio Pedro contou que tinha sempre conta pendurada e "provavelmente o Ruy também, porque era outro que nunca tinha um tostão". Quando se deu o desastre aéreo fatal de Leila Diniz, foi lá que um repórter do jornal *O Globo* encontrou Ruy para checar se ela estava no avião. Ruy bebia uísque com Tarso de Castro e Miguel Faria. O choque foi grande – uma repetição da perda da mãe; segundo Miguel, Ruy apertou o copo com tanta força que cortou a mão.

Alguns entrevistados contaram de brigas de Ruy no restaurante. Antônio Pedro:

> Ruy é muito radical, começava um desentendimento às vezes por negócio político, aí degringolava. Uma vez ele brigou com o Flávio Rangel no Antonio's. Perdeu a cabeça e foi um horror, brigaram de soco. O Flávio dizia: "Olha o que a ditadura faz com a gente! Estamos brigando! Dramático, né?".

Em outro depoimento: "Ruy, quando caía pras esquerdas, era pra valer, brigava por qualquer coisa". Inúmeros relatos, tanto na França como no Brasil, testemunharam que, embora sóbrio, Ruy brigava devido ao pavio muito curto – hoje ele reconhece que era isso mesmo.

No entanto, havia um brigão mais famoso que Ruy: Ronald Wallace Chevalier, o Roniquito. Após sua morte, em 1983, a irmã Scarlett Moon reuniu várias crônicas sobre ele. De Ruy, uma delas, afetuosa:

> Quem conheceu Roniquito sabe que não estou mentindo: era de uma gentileza fascinante e ao mesmo tempo o terror das noites do Rio. Com uma pontualidade fatídica, surgia ao cair das sombras, como qualquer competente mr. Hyde, de

terno e gravata, e nas mesas do Antonio's, um dos pontos obrigatórios da sua ronda, todos estremeciam com a aparição. Chegava invariavelmente bem bebido, diria mesmo, completamente embriagado, navegando à bolina, o queixo atirado para cima, os olhos críticos, na mão o copo já vazio de outros bares. O que se seguia era a sua passagem afável pelas mesas, de amigo em amigo, de uísque em uísque, até que o inevitável comentário desavisado de algum incauto, a esnobe afirmação despropositada de alguma beldade, a observação infeliz de um humorista improvisado, o transformavam num furacão verbal, de uma argumentação irreplicável, horrorizando pela veemência do linguajar cáustico, destruidor. E não havia quem o segurasse.

Ruy passava noites e noites em casas ou apartamentos dos amigos. Comendo, bebendo, papeando, fazendo música. Em *petit comité*, como se dizia. Ou em grandes festas onde se misturavam aparentemente entrosados elementos das elites financeiras, a *intelligentsia*, artistas, jornalistas. Nesse *café society*, descendentes de famílias tradicionais com arrivistas. Sofisticados, cosmopolitas, alguns joões-ninguém. A maioria deles nomeados ou fotografados nas colunas sociais da mídia impressa, "gente bem" ou nem tanto, aqueles apontados pelo cronista social Ibrahim Sued como *Kar* ou *shangays*.

Ruy frequentava a casa de Bené Nunes – para Ruy Castro, o padrinho da Bossa Nova. Dulce Nunes, então sua mulher, relembrou:

> Lá em casa era um ponto de encontro de todo mundo, de todo tipo de artistas, sobretudo dos músicos [...]. Ruy veio a primeira vez trazido por Sérgio Ricardo. Uma cena ficou na minha cabeça: os dois discutindo na brincadeira quem iria filmar primeiro.

Ruy frequentou o apartamento da futura comadre Olívia Hime, então com sobrenome Leuenroth, filha de Cícero, fundador da Standard Publicidades e da RGE gravações, que ficava no morro da Viúva. Como escreveu Eric Nepomuceno, Cícero era "homem educado, de gosto refinado, com bons amigos e alma generosa. Seu apartamento no Rio de Janeiro e sua casa em Petrópolis mantinham as portas abertas – e não só para seus amigos, mas também para os da filha Olívia". Ruy passou muitos fins de semanas na casa da serra; segundo Olívia, por ser mais velho que ela, era alguém em quem o pai confiava totalmente.

Grupos ou turmas se bandeavam de cá para lá pela noite. Cruzando-se ocasionalmente, era "vamos pra casa do Luizinho Eça?" ou "pra casa do Tom?". Este, na lembrança de Ruy, figura simpática, então bebedor de cerveja, alinhando em cima de seu piano as garrafas; não era ainda charuteiro, mas fumava seu cigarrinho. Ou iam para as sucessivas casas de Vinicius de Moraes. Vina, para os íntimos, afirmou em entrevista que sua amizade com Ruy vinha desde 1960, "da tentativa (fracassada) que fizemos de arrancar um filme do romance *Riacho doce*, de José Lins do Rego". Sílvio Autuori riu ao relembrar:

> Ruy e eu, a gente chegava à casa do Vinicius para fazer um roteiro, sete, oito horas, ele já estava de porre. A gente começava a beber uísque, não engrenava muito, pouco depois ele ia dormir e a gente continuava a beber. Passamos um tempão fazendo isso, quer dizer, não fazendo nada.

No começo dos anos 1970, Marilda e Bráulio Pedroso mudaram-se de São Paulo para o Rio. Ela recorda que

> nossa casa era um lugar que abrigava todo mundo, os intelectuais e os artistas... Éramos acolhedores, gostávamos muito das pessoas. Se a noite não fosse no Antonio's era lá em casa. Vinha Tarso de Castro, o cronista Zé Carlos Oliveira. Tinha música, vinha Tom Jobim, Chico Buarque, Edu Lobo, Francis Hime, Milton Nascimento. Ruy veio a partir de 1971, trazido por Edu Lobo, para trabalharmos na peça *Woyzeck*.

Ruy baixava frequentemente na casa dos amigos íntimos músicos, os casais Edu Lobo e Wanda Sá, Lenita e Luiz Eça, Olívia e Francis Hime, Chico Buarque e Marieta Severo. Depois da morte de Leila, muito amiga de Marieta, o casal se aproximou de Ruy. Chico contou: "Acho que já éramos mais ou menos amigos, estávamos numa parceria não profissional, aí ficamos mais próximos". Relembrou brigas "homéricas" nos jogos de cartas; o desempenho no futebol de Ruy, um "beque violentíssimo". Carlinhos Vergueiro contou:

> Encontrava ele na casa do Chico, tinha jogos noturnos de tênis, de frescobol. Lembro uma briga, não sei se era o Chico correndo atrás do Ruy ou o Ruy correndo atrás do Chico, porque Ruy é um cara competitivo. Jogávamos também palavras cruzadas; Chico era muito bom, talvez o único páreo para ele fosse o Ruy.

As casas desses amigos devem ter sido espaço de relaxamento, de refúgio afetivo seguro. Jogavam *king*, mímica, jogos da moda, como War e Yam, mexe-mexe. A todos, Ruy se dedicava apaixonada e furiosamente; diz ele que em jogo não há amigo, somente concorrente. Uma amiga e parceira lembrou: "no *king*, se você estivesse ganhando, ele jogava contra você". Olívia Hime reproduziu na entrevista para mim o grito de guerra dele tripudiando ao ganhar: "Há! Há! Há! Eu sou o Mississipi Gambler!!!", ironizando personagem de Tyrone Power nos anos 1950. Outra destacou que ele não podia aceitar que uma jovenzinha como ela, sem preparo comparável ao dele, pudesse derrotá-lo em um jogo de palavras. Ruy chegava, revoltado, a virar mesas e tabuleiros. Hoje, no entanto, ele discorda, veementemente, desses relatos: se fazia isso, era sempre "com razão". Em uma discussão sobre futebol – botafoguense convicto naquela época do Garrincha, "alegria do povo" –, jogou uma cadeira na parede do vascaíno Francis. Incidentes múltiplos que não abalaram as amizades, que relembraram tudo na caçoada.

Estar entre os amigos, conversar até altas horas, beber, jogar eram os momentos de prazer do imigrado moçambicano, provavelmente meio *outsider*, por mais que amigos lhe abrissem a casa, e mulheres, o coração e o que mais desejassem. Outro grande prazer era ir ao cinema, o que dificilmente ele fazia sozinho. Ana Maria Magalhães lembrou que, quando namorava Cecil Thiré, "tinha a turma do Ruy, iam ao cinema obrigatoriamente toda noite, era quase automático, com o Ruy e sua namorada Dorinha". Ruy confessa que, se ia a algum sambão, gafieiras e bailes de Carnaval, era sempre atrás de programa, pois nunca teve prazer em dançar. Às noitadas de viés profissional – inaugurações, premiações e quejandos –, provavelmente o leão ia rugindo; com o passar dos anos passou a frequentar esses eventos arrastado. Acabou quase abandonando esse tipo de atividade, com certeza gerando prejuízo profissional e afetivo para si.

Nacional/internacional

O que tinha trazido Ruy ao Brasil fora o filme *Joana maluca*. Joana seria uma daquelas mães solteiras grávidas que, para evitar/disfarçar o deslize ou o "pecado", afirmam que o filho foi gerado pelo boto, que nas noites amazônicas sai do rio, se transforma em um belo jovem e seduz raparigas incautas. O filme se passaria em Belém do Pará. Logo ao chegar ao país, Ruy para lá voou atrás de locações; então, foi a São Paulo encontrar-se com potenciais colaboradores, Chick Fowle para fotógrafo e Galileu Garcia para codiretor ou produtor. Chegaram a discutir o *cast* (por exemplo, Alberto Ruschel) e a direção musical (Tom Jobim ou Waldemar Henrique). A vontade de filmar sendo grande, durante meses fez fé; não chegou, entretanto, a nenhuma produção concreta pela falta de financiamento, aliada à perda das películas por culpa da produção dos Orico, conforme relatado por Vanja; naquele momento, constituíam um capital caríssimo e o acesso não era fácil.

Com o fracasso da tentativa de um cinema industrial em São Paulo por meio das companhias Vera Cruz, Maristela e Multifilmes, o sucesso de público e financeiro devia-se às chanchadas cariocas da Atlântida, aos filmes caipiras paulistas de Mazzaropi. Os ventos de renovação dos anos 1960 tinham trazido da França para o Brasil a discussão do cinema de autor. Os cineclubes se popularizavam. Surgia, no país, um novo tipo de cinematografia, com filmes realizados por Nelson Pereira dos Santos no Rio de Janeiro e Roberto Santos em São Paulo. Mesmo com pouco ou quase nenhum público ou retorno financeiro, com eles o cinema brasileiro começou a sair das fronteiras nacionais, em parte ajudado por jornalistas e cineastas franceses. O primeiro foi Robert Benayoun, da revista *Positif*, que viajava muito e levou para Paris Nelson e seus filmes neorrealistas *Rio, 40 graus* (1955) e *Rio, Zona Norte* (1957).

No Rio de Janeiro, um grupo relativamente bem estabelecido havia certo tempo entretinha discussões sobre um cinema nacional e a falta de uma política para ele. A cidade foi, depois, definida pelos membros do grupo como tendo sido "o território do Cinema Novo". Seu surgimento foi atravessado pela velha rixa Rio *versus* São Paulo, presente em falas e escritos da época e também nas posteriores memórias e biografias. Esse pessoal se concentrava em locais no centro da cidade – por exemplo, na Cinemateca do Museu de Arte Moderna, onde havia desde os anos 1950 sessões semanais com exibição de filmes e debates; no bar Vermelhinho, perto da Associação Brasileira de Imprensa (ABI); no Amarelinho, firme na Cinelândia até hoje. Em *Ela é carioca*, o irônico Ruy Castro espeta uma de suas inúmeras alfinetadas nesses jovens que "com seus filmes pretendiam reformular a estética do passado, conscientizar o povo brasileiro e derrubar a recém-instalada ditadura militar assim que esta passasse por suas mesas do Zeppelin e do Mau Cheiro". Ruy Guerra praticamente caiu de paraquedas no meio deles. Castro publica uma fotografia do "Estado-Maior do Cinema Novo", a foto oficiosa do grupo feita por David Drew Zingg. Em uma mesa do Zeppelin, Ruy aparece entre Nelson e Joaquim Pedro, acompanhados por Walter Lima Júnior, Zelito Viana, Luiz Carlos Barreto, Glauber Rocha e Leon Hirszman.

Entre os nomes ligados ao movimento, poucos facilitaram o caminho de Ruy. Nelson, fácil nos relacionamentos, ligeiramente mais velho e mais experiente, foi um deles. Segundo Glauber deixou registrado em um de seus inúmeros escritos, Ruy "era bem-visto por Nelson Cunhambebe dos Santos". Cacá Diegues, mais jovem, também aproximou-se de Ruy, e assim eles permaneceram ao longo da vida; de certa forma, foi um elo entre seu amigo íntimo Glauber e Ruy. Além dos já mencionados Sanz, também Alex Viany, crítico e diretor de cinema ligado ao Partido Comunista, foi simpático ao moçambicano.

Foi sobretudo Miguel Torres o grande aliado, que ajudou Ruy a deslanchar na carreira. Era um baiano do interior do estado, notório entendedor do Nordeste. Tinha sido marinheiro, radiotelegrafista, depois ator. Para Alex Viany, "o primeiro grande argumentista a surgir no movimento [do Cinema Novo]". Ruy o descobriu ao procurar atores para *Joana maluca*. Miguel acrescentou à criatividade do moçambicano com formação europeia o olhar e a experiência de um brasileiro, algo destacado por Glauber Rocha na revisão crítica que fez do cinema brasileiro. Para Ruy, Miguel "era um homem de grande sensibilidade no nível da linguagem, tinha uma grande acuidade e um senso de observação impressionante". Mais velho poucos anos, foi ator em filmes sobre o cangaço, temática presente no cinema brasileiro desde inícios dos anos 1950 e pela qual era apaixonado. Atuou e fez o roteiro de *Três cabras de Lampião* (1962), de Aurélio Teixeira; trabalhou com Nelson em *Mandacaru vermelho* (1961), realizado enquanto esperavam a estiagem para rodar *Vidas secas* (1963). Convidado para o filme no papel do protagonista Fabiano, não aceitou para poder ser assistente de direção em *Os fuzis*. Segundo Ruy, nenhum dos dois tinha onde cair morto; moraram juntos apenas durante a escrita dos roteiros de seus filmes iniciais.

Era nos laboratórios de cinema conhecidos como Líder que os cinemanovistas revelavam e montavam seus filmes e exibiam seus copiões. Ficava na rua Álvaro Ramos, número 71, em Botafogo, onde, segundo Glauber, "a verdadeira história técnica, artística e econômica do Cinema Novo do Brasil está sendo escrita". Os jovens passavam horas e horas no muito citado bar Lutécio – nome que a maioria não recorda –, bem em frente ao laboratório. Fervilhavam trocas de ideias, comentários, fofocas. Cacá Diegues lembrou que Ruy fazia ginástica no banheiro da Líder. Lembrou o início de tudo: "A Líder tinha duas moviolas, numa eu estava com o Ruy Guerra montando meu episódio do *Cinco vezes favela*, noutra o Glauber montava *Barravento*. Ali era uma festa, e como a gente montava geralmente no turno da noite, uma festa noturna; saía todo mundo junto depois pra jantar".

Roberto Bakker, produtor, numa voz entre divertida e saudosa, relembrou:

Todo dia a gente ia no final da tarde pro bar em frente. Ficava das cinco até as oito da noite. Era assim: "Hoje tem copião de fulano de tal". Aqueles copiões chatíssimos, em preto e branco, mudos, levavam uma hora. Os copiões do Glauber, então, um horror, aquelas cenas de três minutos que ele repetia cinco vezes, vinte minutos de cenas em que a câmera corria, corria... Você saía e falava: "Oh, gente, acabei de ver o copião do Glauber, tá maravilhoso!". Nada, era só a honra, pois a sala tinha umas vinte pessoas no máximo. Quando o Ruy me convidou, foi minha glória, entrava pra ver o copião às cinco horas e saía às sete dizendo pra todo mundo: "Gente, acabei de ver o copião do Ruy Guerra, tá uma beleza!".

Na boate Jirau, Ruy conheceu seu pianista, Sérgio Ricardo, que contou:

Meu sonho era filmar. Começamos a nos encontrar casualmente, depois fomos ficando mais íntimos e nasceu uma admiração por Ruy muito grande, um interesse em aprender com ele os segredos do cinema. Ruy se dispôs imediatamente, e descobri ao primeiro contato alguém muito doce, muito afetivo, muito simpático. Naquele tempo, ele era um garoto, tinha uma energia danada, pensava cinema, comia cinema, dormia com o cinema.

Quando Sérgio conseguiu fazer seu primeiro curta, *O menino de calça branca* (1961), ganhador de alguns prêmios, questionou Ruy sobre o que ele achara.

192 RUY GUERRA: PAIXÃO ESCANCARADA

Surpreendeu-se com a resposta – "uma merda", na forma direta e absolutamente franca do novo amigo. Descobriu, assim, o outro lado do seu "doce professor
de cinema": "De repente ele era um ser humano, entendi; nossa amizade não se
interrompeu por isso".

Carlinhos Niemeyer, sobrinho do famoso arquiteto Oscar Niemeyer, figura
lendária da praia e da noite carioca com seu Clube dos Cafajestes, era o coordenador do cinejornal *Canal 100*. Interessado em produzir curtas-metragens documentais, contratou Ruy para roteiros e direção. O primeiro tema foi a
barragem do açude Orós, no Ceará. Prontinho, ficou guardado, pois quem o
encomendara optou por não distribuir. Para Ruy, meramente "um filme paisa-
gístico", não como ele gostaria. Mas que o levou pela primeira vez ao Polígono
das Secas. Foi nessa filmagem que deixou crescer a barba pela primeira vez, em
razão de uma espécie de alergia; gostou, incorporando-a de forma intermitente
a seu visual.

Ruy resolveu fazer uma espécie de ficção documental sobre candomblé,
O cavalo de Oxumaré. Convidou Miguel Torres; e os dois estudaram o tema
durante diversos meses por meio das obras de Pierre Verger, de sociólogos, de
antropólogos. O roteiro era complexo, trabalhando a noção de tempo ao mesmo
tempo subjetiva e objetivamente. Girava em torno de uma mulher branca – Irma
Álvarez, então namorada de Ruy – que se apaixonou por um negro e se conver-
teu à religião dele para que ficassem juntos e tivessem um filho. Dois tempos na
dramaturgia: o tempo presente da história e o tempo da história do negro, que
se passava dentro da cabeça da mulher. Ruy convenceu Niemeyer a produzi-lo.
Segundo Sérgio Sanz, assistente de direção, "os pais de santo não queriam filmá-
-lo em seus terreiros". Foi, então, montado um cenário de terreiro num galpão
no largo da Carioca.

Então no Rio, o amigo francês Pierre Pelegri testemunhou em *Positif*:

> As danças levadas até a perda de consciência, o branco ou negro misturados na
> poeira, os longos cabelos cortados, o sangue dos animais decapitados que escor-
> re sobre o crânio careca da jovem, as plumas das aves lá grudadas. O filme ficou
> inacabado. A poesia está nas latas à disposição de quem a desejar.

Rodados uns 60% do filme, Niemeyer resolveu suspender a produção. Pelas
cartas de Irma Álvarez a Ruy, sabe-se que ele quis trocar a equipe no meio da
filmagem; um dos sócios era contra o filme. Irma teve seus cabelos raspados em
cena de cerimonial do candomblé, o que incomodou certos setores, sobretudo
da Igreja católica. O cardeal dom Jaime de Barros Câmara fez forte pressão política. Como o cinejornal dependia em boa parte de matéria paga pela Caixa
Econômica, ele conseguiu que, caso o filme prosseguisse, a Caixa não mais ne-
gociasse com o *Canal 100*. Sanz contou que foi pela revista *O Cruzeiro* – em cuja

capa Irma aparece de cabeça raspada – que descobriram a decisão. Os dois reagiram vivamente, sem resultado. Tentaram mais de uma vez reaver o material já filmado, mas não conseguiram. Sanz arrematou: "Carlos Niemeyer se portou vergonhosamente, a gente ficou sem dinheiro algum". Paulo José contou: "Eu andava com a cabeça raspada, com barba, preparado para fazer o filme do Ruy Guerra, *O cavalo de Oxossi* [sic]. O filme nunca saiu, meu cabelo cresceu de novo".

O filme incomodou também Glauber Rocha. O então crítico de cinema na imprensa baiana protestou contra "esse estrangeiro" que pretendia se meter no folclore brasileiro; Ruy retrucou que, sendo o candomblé oriundo da África e ele africano, não via por que não tratar do assunto. Segundo um de seus biógrafos, Glauber, ao ler em finais de março de 1961 o artigo de *O Cruzeiro*, enviou uma carta ao redator da revista, José Amádio, "em uma de suas costumeiras explosões de ira". Acusava Ruy e Miguel de terem se apropriado de sua ideia original para *Barravento*, que mostrava a mesma cena da raspagem dos cabelos. Achava que seu filme, tendo sido produzido em terreiros autênticos, era "integrado" social e etnicamente; o de Ruy, "destinado à Europa, não passa de um carnaval, de uma mistificação". Em 1976, admitiu ter exagerado: "Enciumado, abro a boca na imprensa nacional denunciando o português Ruy Guerra como plagiador. Escandalosamente arbitrário, reivindico a posse da cabeça raspada".

Finalmente, a duras penas, o primeiro longa-metragem. No Amarelinho, embaixo de seu escritório na Cinelândia, um reduto de cineastas, Nelson Pereira dos Santos apresentou Ruy a Jece Valadão, então casado com a irmã do teatrólogo Nelson Rodrigues. Jece afirmou várias vezes ter encomendado a Ruy o roteiro sobre o tema. Nas memórias ditadas em 1966, soltou uma das suas farpas: "Eu achava que o Ruy Guerra tinha muito talento e resolvi trabalhar com ele", apesar de que fosse "muito conhecido por não gostar de terminar os filmes que fazia". Em entrevista ao programa *Luzes, Câmera* – série da TV Cultura de São Paulo nos anos 1970 –, afirmou que ninguém queria dar trabalho a Ruy, um "diretor maldito" e "de malas prontas para voltar para Moçambique". Em programa da mesma série, Ruy rebateu, ironizando que Jece "precisa sempre fazer seu showzinho". Para Ruy, o filme resultara de sua amizade com Miguel Torres, da vontade de ambos de trabalhar juntos; e fora Miguel o primeiro a pensar no tema. Justificou: "Se fosse argumento original dele [Jece] como alega, com certeza estaria nos créditos".

Detalhou mais tarde seus objetivos: desejavam fazer um filme que se opusesse a um cinema brasileiro tradicional, com qualidade cinematográfica e que conseguisse chamar atenção por sua temática e pela linguagem. Na casa de Daniel Filho, deu-se um debate prévio. Conta Ruy que Alex Viany se pronunciou: "Isso só dá um filme se o Ruy Guerra for um gênio". Este, que queria por toda a lei fazer o filme, respondeu: "Então eu sou um gênio, porque vai dar".

Ruy e Miguel retiraram-se por dois meses em Cabo Frio a fim de criar o roteiro; David Neves deixou registrado que *Os cafajestes* teria sido "feito à margem e quase em segredo".

A produção foi inicialmente em cooperativa: como sócios, Jece, Ruy, Norma Bengell, o diretor de fotografia Tony Rabatoni, Gerson Tavares e João Elias. Ruy reconhece que era Jece quem ia atrás do dinheiro, mas aos poucos ele foi roendo, com diferentes arranjos, as cotas dos outros, até se tornar o único produtor – com sua Magnus Filmes. Jarbas Barbosa registrou em entrevista a Silvia Oroz:

> Jece me procurou porque estava sem dinheiro para finalizar *Os cafajestes*. Decidi entrar como sócio com 20% [porcentagem que varia ao longo da narração dele]. Jece tinha dinheiro, era idealista, era louco [...] [com] um sentido empresarial [...]. Até fez entrar Castor de Andrade, o banqueiro do "jogo do bicho" na produção, [e] convocado por um gerente de banco amigo arranjou pessoas e capital para aplicar.

Filmado sobretudo em Cabo Frio, tinha que ser produção barata, com poucos atores, locações exteriores; programado para rodar durante o dia pela falta de meios para filmar à noite, as cenas noturnas foram feitas durante o dia, com filtro – a chamada "noite americana". Os atores se movimentam o mínimo possível para não saírem do campo de luz. Celso Amorim, como segundo assistente de direção, iniciava sua ligação com o cinema.

O filme narra a história de dois cafajestes de Copacabana, um sem grana e louco por um carro (Jece); outro de família rica, Vavá (Daniel Filho). Ambos combinam uma chantagem para aplicar à amante do tio de Vavá, Norma Bengell – no cartaz do filme, grafada como Benguel. O desejo de Ruy era retratar pessoas "reais". Sobre o cafajeste-mor, Jandir, afirmou que era "um personagem das praias cariocas, um homem que vive de calção de banho porque é bem constituído de corpo, bastante bonito, que se deita com homossexuais e joga charme para cima das mulheres". Construiu diálogos plausíveis, daqueles entreouvidos nas ruas, com um linguajar também carioca, para aumentar a sensação de realidade. Segundo comentário na imprensa da época, o filme desvendava "a podridão de Copacabana".

Edla van Steen foi um nome pensado para o papel. Mas Jece trabalhava em *Procura-se uma rosa* com Norma Bengell, famosa vedete amiga de Irma Álvarez; foi quando se entusiasmou com a atriz para o papel principal e convenceu Ruy. Daniel Filho escreveu que Norma não tinha a menor confiança no "português", mas aceitou filmar. Para discutir a sequência de nudez, Ruy mostrou a Norma várias fotografias de mulheres peladas em poses diferentes. A nudez era para ser "frágil", "uma aviltação do corpo feminino". Em suas memórias lançadas postumamente, a atriz relata:

O diretor Ruy Guerra era barra-pesada em matéria de intelectual. Mas eu conseguia conversar com ele: eu com minha sensibilidade e instinto, ele com aqueles livros todos na cabeça. Ele dizia: "Pensa numa música", mas eu não pensava em música nenhuma, só pensava na cena. Esse filme mudou minha forma de representar. Era outra técnica, minimalista e naturalista, à maneira europeia, interiorizada, de tempos marcados, sem muitas falas.

Sobre a antológica cena de seu primeiro nu frontal:

Eu deveria andar em círculos na praia, completamente nua. Ruy avisava que a câmera ia para o sexo e eu tapava o sexo, que ia focar os seios e eu tapava os seios. [...] Ruy foi gentilíssimo e me disse que, se eu não gostasse do resultado, ele não colocaria no filme. Mas eu gostei.

E mais sobre a delicadeza do diretor: "Falou para eu entrar na água, e tirei o maiô dentro do mar. Aí ele botou a câmera atrás de um jipe e disse: 'Corre'. Saí correndo pela praia. Foi feito de uma vez só". Em relato anterior, dissera que a filmagem tinha sido muito difícil, que rodaram umas três vezes. Norma analisou em suas memórias que era "como se, realmente, a câmera eletrizante de Ruy Guerra estivesse voltada para a moral daquela sociedade, pois de fato é a plenitude daquela nudez que despe o espectador, explicitamente".

Para a aprovação da cena pela censura, Ruy disse ter jogado uma cartada: "Era preciso dar importância à nudez que a censura não soubesse o que fazer; foi o que se deu; ou bem os censores cortavam a sequência toda, e não haveria o filme, ou deixavam passar, pois não saberiam o que sugerir de corte". Só um plano dura quatro minutos e meio, e a sequência toda, uns sete. *O Cruzeiro* mostrou em reportagem fotos do diretor e da atriz com o título: "Guerra abala o cinema nacional". Apesar de boatos, os dois nunca tiveram um caso; amigos e parceiros, tentaram realizar outros filmes juntos, como atestam cartas do acervo. Ruy fez questão, quase dez anos depois, de que ela fosse uma das atrizes principais de *Os deuses e os mortos* (1970).

Os cafajestes prolongou a seara de escândalo em torno de Ruy iniciada com *O cavalo de Oxumaré*. Um pouco antes, sério debate tinha agitado a cena cultural brasileira em torno do filme *Os amantes* (1958), de Louis Malle. O crítico Ely Azeredo conta que jornalistas e cineastas tinham realizado uma manifestação contra a censura diante da Associação Brasileira de Imprensa (ABI). Resultou dos protestos uma Comissão Permanente de Defesa do Cinema Brasileiro, da qual fizeram parte vários cinemanovistas. Foi criada, então, a liberação classificatória por idade. Por outro lado, a censura instituiu a prática de apresentar previamente os roteiros a uma comissão. Um dos primeiros que o fizeram foi Roberto Farias, para *O assalto ao trem pagador*, em 1962.

Nessa vertente, deu-se a liberação de *Os cafajestes* sem cortes para maiores de dezoito anos, concedida em Brasília por seis censores. Naquele momento, a censura era também estadual, o que complicava a coisas. Dois dias após a estreia, o chefe de polícia da Guanabara, Newton Marques da Cruz, proibiu a exibição por atentado ao pudor, estupro e incitação ao uso da maconha. O chefe da Censura da Guanabara, Elpídio Reis, afirmou à *Tribuna da Imprensa*, ligada ao governador Carlos Lacerda, que o chefe de polícia estava em seu direito. Toda essa gritaria contra o filme, segundo Ruy, "se amortizou em cinco dias".

Houve uma grande celeuma entre os defensores da liberdade de expressão e os moralistas. Na imprensa, o crítico Benedito J. Duarte afirmou: "*Os cafajestes* era um filme para cafajestes". A moral católica e conservadora, indignada sobretudo com a nudez prolongada da atriz, se opôs ferozmente à exibição. O embate foi pior no triângulo Rio de Janeiro, São Paulo e Minas Gerais, em cuja capital, Belo Horizonte, Norma Bengell foi injuriada e mesmo ameaçada de ataques físicos. Foto da revista *Ilustrada* mostra a atriz na cama, cercada da mãe e de duas amigas, "com crise nervosa e pressão alta" devido à celeuma. Os governadores desses estados se apoiavam sobretudo nos eleitores conservadores, o que se confirmou depois em sua imediata adesão ao golpe militar de 1964. Em São Paulo, Juizado de Menores e Confederação das Famílias Cristãs se ocuparam da questão. A liberação venceu, apesar das restrições nos estados da Guanabara (durante todo o governo Lacerda) e em São Paulo. Em maio de 1962, o filme foi liberado para maiores de 21 anos. As dezesseis cópias de *Os cafajestes* rodaram pelo país munidas de certificado de liberação; porém, devido a constantes tentativas de impedimento legal, muitas vezes a exibição teve que ser precedida por pedidos de liminar. Jece se diverte em suas memórias comentando como *Os cafajestes* em algumas décadas passou de maldito a programa diurno de televisão.

Em 24 de março de 1962, no Rio de Janeiro, uma sessão especial na sede do INC (Instituto Nacional de Cinema) decidiria qual filme brasileiro representaria o país no Festival de Cannes. O escolhido foi *O pagador de promessas* (1962), de Anselmo Duarte, que trouxe para o Brasil sua primeira (e única) Palma de Ouro. *Os cafajestes* foi indicado para o Festival de Berlim. O impacto do filme a partir de abril, seu sucesso de bilheteria, de crítica e no festival levaram Jece a elogiar por escrito as atitudes irreverentes e pioneiras que Ruy colocou nos personagens: a ironia contra a Igreja católica; a primeira nudez frontal feminina por um tempo prolongado; a cena de enrolar um baseado. Louvou ainda a "linguagem cinematográfica do filme, avançadíssima até hoje (um mérito exclusivo do Ruy Guerra)". Um ponto curioso: o crítico Serge Daney da *Cahiers du Cinéma* escreveu, passados alguns anos, que os atores não sabem segurar cigarros de maconha e que o próprio Ruy aos 31 anos nunca tinha fumado.

Em abril de 1962, cineastas e críticos franceses como François Truffaut, Gabriel Albicocco e Louis Marcorelles passaram pelo Rio de Janeiro, saindo de um festival em Mar del Plata. O último destes relatou em *Nouvelles Littéraires* seu encontro em bar de Copacabana com jovens cineastas brasileiros que festejavam o grande sucesso de *Os cafajestes*:

> Esse domingo de abril é uma data memorável para todos: em quatro dias, graças a um sucesso triunfal, o filme de Guerra recuperou o seu preço de produção. O que significa que todo um grupo de jovens, que eu reencontrarei amanhã nos laboratórios, poderá realizar seu primeiro filme, que os velhos senhores ricos não lhes fecharão mais as portas.

Comentou, ainda, que "mesmo a recente interdição do cardeal do Rio relativamente a *Os cafajestes* não interromperá a marcha do tempo". E finalizou: "Guerra em pessoa, 'barbudo' do cinema e vencedor do dia, conduz a dança, fala como Castro, prepara-se a levantar montanhas".

Pode-se imaginar o impacto de tudo isso em Ruy, alçado pela imprensa a maior cineasta brasileiro do momento. Era a conquista de seu sonhado império de Montezuma. Seu nome se destacava na cena cinematográfica. Por exemplo: David Neves, em 1966, articulou um primeiro livro sobre o movimento. Paulo Emílio Sales Gomes advertiu-o de que faltava ao livro apresentar melhor aqueles a quem Neves – "destacado militante" do movimento – queria fazer a análise e a publicidade: "O leitor médio, sem o qual o livro de D. N. não será o que deseja ser, conhece apenas talvez um pouco o Khouri, e o Guerra, certamente o Lima e o Anselmo". Alguns anos depois Ruy declarou a *Positif*:

> À época, no Brasil, o sentimento nacional era muito forte, mas o cinema tinha ficado para trás. Qualquer filme que tratasse de um cinema nacional teria catalisado esse sentimento. Além disso, *Os cafajestes* tinha trunfos de ordem comercial, como o erotismo. E também um lado europeu, Nouvelle Vague, uma certa sofisticação que poderia ser difícil, mas deixava pouco espaço àqueles que pudessem estar contra o filme.

Para analistas como Randal Johnson o filme periodiza o início do Cinema Novo; e Ely Azeredo (apontado criador do termo) o considera "uma das obras deflagradoras" do movimento. Para outros críticos – sobretudo no calor da hora, mas mesmo posteriormente –, o filme dele nem faz parte. Altamente inovador no panorama brasileiro, recebeu cinco prêmios conferidos pelo jornal *O Estado de S. Paulo*: melhor direção, argumento original, fotografia, música e atriz para Norma Bengell. Norma e Jece seguiram para Berlim. Jece registrou que lá ganharam um prêmio, sem o especificar; o currículo de Ruy registra apenas uma participação oficial representando o Brasil. John Wayne, presente, teria chamado atenção sobre o filme pedindo uma nova apresentação. O filme foi comprado pela alemã Universum Film Aktien (UFA), com um adiantamento de 14 mil dólares; Jece confessou, tranquilo, ter torrado tudo em cinco dias na capital alemã. E que o filme – até os anos 1990, quando escrevia – ainda lhe rendia dinheiro mundo afora, falado em alemão, em japonês e outros idiomas. Recorte guardado por Nara Leão em seu acervo conta que, adquirido pela UFA, *Os cafajestes*

> entrou sem maiores dificuldades no mercado japonês através da Towa, uma companhia importadora e exibidora, subsidiária da produtora Torro Filmes. As informações recebidas de Tóquio dizem que a fita brasileira está obtendo em Tóquio um êxito espetacular e sem precedentes, pois lançaram há cerca de três meses, continua atraindo o público e o seu rodízio pelos velhos cinemas da Towa na capital nipônica.

Ruy, entretanto, diz ter ficado fora dos lucros. Jece não reconheceu a validade do contrato entre ambos; Ruy teve que acioná-lo, dispendendo dinheiro para receber o que se achava no direito de obter. Recebeu quantias pingadas em momentos espaçados. Apesar das brigas, Jece convidou Ruy – que recusou – para dirigir *Boca de ouro*, de Nelson Rodrigues (filmado depois, em 1963, por Nelson Pereira dos Santos). Por ocasião da morte de Leila Diniz, Jece quis aproveitar a comoção e lançar o último filme que tinha produzido com a atriz. Ruy se irritou, e houve novo entrevero. Segundo ele, Jece o procurou ainda no Festival de Cannes: propunha um *remake* em cores de *Os cafajestes* para um público jovem, que não conhecia o filme. Ruy não topou. Jece tornou-se – no cinema – o protótipo do cafajeste; na vida real, em seus últimos tempos, sofreu uma conversão religiosa, arrependendo-se de muitas passagens pregressas.

Com toda a polêmica em volta de seu filme inaugural, não demorou para Ruy emplacar seu segundo longa-metragem. Já na última cena de *Os cafajestes*, parece ter construído uma ponte para o próximo: Jece/Jandir ouve pelo rádio em seu conversível o noticiário; entre os fatos importantes, é anunciada uma marcha da fome das vítimas da seca nordestina, temática do futuro *Os fuzis*.

Entre as duas filmagens, Ruy atuou em *Os mendigos* (1962), de Flávio Migliaccio, apresentado como "primeira comédia do Cinema Novo". Foi seu primeiro filme brasileiro como ator – no cartaz, aparece como "artista convidado". Faz um mendigo que se finge de cego. Está em nobre companhia: os amigos Cecil Thiré e Vanja Orico, Oswaldo Loureiro, Fábio Sabag, Joel Barcellos, Renato Consorte, Oduvaldo Vianna Filho, Eduardo Coutinho e Leon Hirszman. Roberto Bakker, um dos produtores, lembra a pobreza de meios do filme: "A gente usava o CPC [Centro de Cultura Popular] da UNE [União Nacional dos Estudantes] como nosso escritório, não tinha dinheiro nenhum. Ia todo mundo numa só *van*, no almoço parava num boteco e pedia sanduíches de mortadela". As fotos mostram Ruy barbudo, cabeludo, andrajoso.

No cinema brasileiro que tomava nova forma, era algo quase habitual acumular as duas funções, de produtor e diretor. Jarbas Barbosa era, com Herbert Richers, Luiz Carlos Barreto, Zelito Viana, dos mais destacados produtores. David Neves, em seu livro, considera o nordestino Jarbas – irmão do famoso animador de televisão Abelardo Barbosa, o Chacrinha – "o mais importante e mais ambicioso produtor do Cinema Novo". Vivia ora em hotel no Recife, ora em hotel no Rio; chegou a vender seu Impala para financiar uma produção. Analisa em suas memórias que

> nessa hora entre nós no Brasil dispensou-se a figura do idealizador, incorporador e articulador do empreendimento cinematográfico [...], os diretores não pretendiam lucrar com os filmes, simplesmente queriam realizá-los. Ninguém pensava em ganhar dinheiro com cinema. A maioria não precisava... O Glauber morava com a mãe. O Cacá também. Todos eles tinham casa e comida e eram idealistas. Tanto assim que o Cacá Diegues pagou para filmar; e o Glauber e o Ruy Guerra também.

Contudo, os jovens reclamavam bastante em seus depoimentos sobre ter que fazer dívidas e tentar pagá-las. Em setembro de 1965, Joaquim Pedro de Andrade disse à *Cahiers du Cinéma* que 90% dos filmes do grupo eram produzidos por seus próprios realizadores.

Segundo analisou Paulo Emílio Sales Gomes, "os quadros da realização e boa parte de absorção do Cinema Novo foram fornecidos pela juventude que entendeu se dissolidarizar de suas origens". Para ele, essa juventude se sentia "encarregada de função mediadora no alcance do equilíbrio social, na realidade esposou pouco o corpo brasileiro, permaneceu substancialmente ela própria [...] essa delimitação [...] nunca foi quebrada".

Maior repercussão e polêmica causou a interpretação de Jean-Claude Bernardet. Simplificando: os cineastas provinham da classe média e o cinema que realizavam era uma visão de classe. À parte uma ressalva mais acadêmica à falta de precisão do conceito, a análise não estava longe da realidade. Muitos cineastas tinham pais de classe média que procuravam apoiá-los em sua subsistência ou em seu trabalho, ao facilitar acessos variados.

O moçambicano, embora da mesma origem de classe, tinha uma situação bem mais difícil. Era um *outsider*. Não tinha casa dos pais nem mais dinheiro para herdar, tampouco reservas guardadas para o dia a dia. Somente sonhos, projetos, coragem, ousadia. Metia a cara, como se dizia. Segundo Jarbas, *Os fuzis* foi financiado por sua Copacabana Filmes, que detinha 40% da produção; por Manoel Lopes, com 30%; e pelo próprio Ruy, com outros 30%.

Ruy formou sua primeira produtora, Daga Filmes, e levantou o dinheiro no Banco Nacional de Minas Gerais por meio do jovem diretor José Luiz de Magalhães Lins; este, sobrinho do proprietário Magalhães Pinto, financiou uma dezena de filmes. Talvez os dois Magalhães tivessem interesses político-culturais e desejassem se projetar dando força à cinematografia que despontava. Para Paulo César Saraceni, eles "sentiram que as esquerdas avançavam com Jango no poder e começaram a abrir a carteira de crédito, financiamentos com juros mais baixos etc.". Como bons banqueiros, contudo, cobravam juros. Jarbas foi, concomitantemente em 1961 e 1962, avalista de Ruy, Glauber e Cacá. Do Instituto Nacional do Cinema (INC), Ruy jamais recebeu financiamento.

Jarbas propôs a Ruy a direção de um romance de sucesso muito sentimental para o gosto deste, *Um ramo para Luísa*, de José Condé. Os direitos pertenciam a um amigo de Ruy, Fernando Amaral. Ruy queria realmente retomar o primeiro roteiro de sua vida, no qual contara – ainda em seu título original, *Os lobos* – com a colaboração dos amigos franceses Pierre Pelegri e Philippe Dumarçay. Convenceu Fernando Amaral – para quem tinha montado um curta – a não ceder os direitos a Jarbas, a fim de que este aceitasse seu próprio projeto. Conseguiu. Na nova versão do roteiro contou com Miguel Torres, que tinha pelo cinema brasileiro, segundo lembra Ruy, uma "paixão serena, forte, confiante". Para planejar as locações, instalaram-se no Rio Vermelho, Salvador, em uma casa emprestada por Paulo Gil Soares. Ao lado morava o fotógrafo e escultor Mario Cravo; Ruy declarou dever-lhe muito em seus conhecimentos sobre o Nordeste. Diz ter sido marcado ainda em sua narração por *Os sertões*, de Euclides da Cunha. No início do filme, lê-se: "Nordeste, 1963". Alguns anos mais tarde, Ruy observou ter se arrependido, pois as condições estruturais permaneciam intactas: "Devia ter colocado 'Nordeste hoje'".

Em carta de 1971 Glauber criticou para Alfredo Guevara, diretor do Instituto Cubano del Arte e Indústria Cinematográficos (Icaic), que Ruy tinha sido o único entre eles a ceder às pressões do Centro Popular de Cultura (CPC), fundado em março de 1961, ligado ao Partido Comunista; na sede da União Nacional dos Estudantes (UNE) na praia do Flamengo, implementou-se uma discussão sobre seu roteiro, a qual, para Glauber, "não serviu de nada". Ruy era próximo a Cacá Diegues e Leon Hirszman, membros do CPC, duas pessoas afáveis. O CPC realizou um único filme, *Cinco vezes favela* (1962), com episódios dos dois e no qual Ruy montou o de Cacá.

Billy Davis trabalhava na produtora de Jarbas, a Copacabana, e foi chamado para fazer as locações no Nordeste com Ruy, Miguel Torres e Cecil Thiré. Em longa entrevista, rememorou a filmagem:

Fomos; havia chovido na região, a caatinga estava verde. Demos um tempo em Salvador; através do Dnocs [Departamento Nacional de Obras contra a Seca], descobrimos as regiões mais secas. Saímos levando um mapa, num jipe Candango DKW do Guerra. Ele, Miguel e eu. Fomos subindo. A gente se enfiava por tudo quanto era buraco, as situações das mais complicadas.

O Miguel não dirigia, só eu ou o Guerra. Nós três nos sentávamos na frente, e atrás ia toda nossa bagagem. A capota de lona sempre arriada. Na Paraíba, chegamos a Campina Grande e seguimos para o interior. Cada vez que entrávamos em uma cidade, o Guerra, barbona e cabelão compridos, tudo cheio de pó, chamava atenção, vinha gente ver, parecia que tinha chegado uma pessoa de outro planeta. E foi quando aconteceu o desastre. Lá pelas tantas, no meio da estrada, eu no meio, Miguel na ponta, o Guerra guiando. Na região de Cajazeiras, em uma estradinha de areia, numa curva, o jipe como vinha entrou, se desequilibrou e capotamos.

Billy se emocionou ao relembrar cada um dos dois projetados de um lado e Miguel gemendo, sob o jipe. Continuaram até Cajazeiras, onde uma ambulância levou Miguel e Billy para um hospital em Campina Grande. Operado, Miguel não resistiu e morreu. "Guerra tinha ficado pra recolher a bagagem toda nossa e só chegou quando Miguel já estava sendo operado [...], ficou arrasado, fossa, plena fossa, a cabeça dele no pé." Era 31 de dezembro de 1962.

O enterro foi em Campina Grande. Jarbas e o irmão de Miguel se deslocaram do Rio de Janeiro. Nelson Pereira dos Santos, que filmava em Palmeira dos Índios, também estava presente. Billy: "Não houve uma acusação, não houve um 'você fez, você não fez, você deixou de fazer'". Miguel era querido no meio, menções ao desastre foram depois feitas em falas e escritos, em geral destacando o fato de Ruy estar ao volante; certa cobrança, de forma leve, disfarçada, entre aqueles que não aceitavam Ruy Guerra. O amigo Orlando Senna lembrou tê-lo encontrado logo depois: "Me recordo com muita força, ele estava muito devastado, um sofrimento assim meio assustado com aquela tragédia". Nos anos 1990 Ruy escreveu uma crônica sobre a "trágica morte" de

meu velho amigo Miguel Torres [...]. Tudo o que sei sobre o cangaço e o Nordeste aprendi com Miguel, em intermináveis caminhadas pelas noites do Rio e nas andanças de jipe pelos sertões. Nesses momentos a palavra lhe chegava fácil, as imagens povoavam seu imaginário e os olhos pardos brilhavam como os de um felino. Miguel tinha um rosto talhado à faca, a silhueta magra, o que lhe valera o convite de Nelson Pereira para interpretar o Fabiano de *Vidas secas* [...]. Não vou contar o acidente que o levou à morte, memória demasiado dolorosa, com a qual convivo dificilmente. [...] Todos os amigos choraram por ele, e eu, egoísta, até hoje choro por mim, pela sua falta.

Tairone Feitosa, parceiro roteirista, contou que aproximadamente dez anos depois Ruy e ele foram atrás de uma locação na região; procuraram sem sucesso o lugar onde Miguel tinha sido enterrado.

A longa experiência de filmagem no sertão nordestino marcou Ruy definitiva e profundamente. Trinta anos mais tarde escreveu em crônica:

> Milagres é uma pequena aldeia na beira da estrada Rio-Bahia, entre Jequié e Feira de Santana. [...] A parada, misteriosamente chamada de Coreia pelos frequentadores, resumia-se a dois postos de gasolina e seus respectivos cafés, invadidos por renitentes porcos sem-cerimônia enxotados a berro e pancada, um hotelzinho vagabundo de paredes internas a meia-altura separando a fila de quartos com um único banheiro sem água, e umas poucas casas de comércio descaracterizadas. [...] Uma imensa praça de areia batida, de onde sai, de uma ladeira íngreme de terra e pedras, para uma outra pracinha desconjuntada, no alto, esta, sim, com uma igreja. Em volta, o sertão. Um sertão cortado de lajeados esparsos, com as suas catingueiras, umbuzeiros, cabeças-de-frade, mandacarus e mais toda uma flor oculta. Mais além, mas para isso já tendo de andar um tantito, uma imensa gruta santa. E depois as casas. A quase totalidade delas vazias, que Milagres só é praticamente habitada em tempo de romaria. Casas com paredes dialogando com o tempo, com as mesmas marcas que se viam nos rostos dos raros velhos e velhas que assomavam às portas para espreitarem aqueles incompreensíveis bárbaros barulhentos, de tronco nu e lenços na testa, que pareciam absurdamente exultantes de tanto abandono, estigma, solidão. Instalamo-nos e por ali vivemos longos meses de trabalho. Não mais duros que qualquer filmagem, porque isso de filme fácil, como já ouvi dizer, eu não conheço.

Billy Davies explicou a instalação:

> Tinha dois grupos, o da Coreia, que era o da parte de baixo, e o da parte alta, que a gente chamava de Santa Tereza, por causa do bairro carioca. No Santa Tereza moravam Pereio, Joel Barcellos, Hugo Carvana, Hugo Kusnetzoff, Ricardo Aronovich e família. A divisão se deu por acomodação meio natural. Na Coreia ficava Ruy, numa casinha quase em frente da minha na rua de baixo. E tinha uma Kombi que levava o pessoal lá em cima, depois do jantar.

Como a região era desabitada, faltavam extras; foi preciso procurar camponeses pelos arredores.

Segundo Jarbas a Silvia Oroz, a produção do filme, simultânea à de *Deus e o Diabo* (1964) e *Ganga Zumba* (1963), foi "como nos melhores tempos dos produtores de Hollywood, quando queriam transformar a mulher numa estrela".

Outras equipes teriam ficado com ciúmes: "Foi o mais caro, eu acabava indo muito mais a Milagres". Acreditava em Ruy: "Queria fazer um filme grandioso. [...] Estava entusiasmado [...]. Apostei no Ruy e lhe dei a melhor equipe de atores e de assistentes. Aronovich como diretor de fotografia, com dois assistentes de câmera", um deles Affonso Beato. Cartas de Jarbas dirigem-se ao "menino Ruy", ao "Ruy meu amor", a quem dava a maior força: "mande brasa", "aguente firme", "não esmoreça". Transbordam elogios: "Você vai ter a glória, junto com todos os atores e equipe técnica, de ter realizado o maior filme brasileiro", você "prova ser um diretor de tutano". Acrescentava que, "quando chegavam à Líder os negativos de *Os fuzis*, todos iam para ver os copiões, e aquilo se transformava, pela qualidade do material, numa festa". Parecendo antecipar as futuras hesitações que Ruy iria enfrentar na montagem, afirma que havia tantas cenas boas que seria difícil cortar. Todavia, as cartas terminavam com o que ele mesmo chamava de "a choradeira do produtor": as finanças estavam complicadas, pois uma hora "a fonte secou", referindo-se ao fechamento da carteira de empréstimo do Banco de Minas Gerais.

Billy Davis detalhou alguns problemas que Ruy hoje analisou como normais: "Estava lá uma confusão do cão na produção. O negócio não ia, porque tinha muita briga. Jarbas me chama e me pede para ir lá resolver essa parada". Segundo contou, baixou em Milagres como se fosse o xerife:

> Ruy tinha resolvido implantar uma espécie de república socialista na produção. O refeitório era o único local coletivo, no jantar todo mundo se reunia e se discutiam os problemas. Todos tinham direito a falar o que bem quisessem, como quisessem, da maneira que quisessem. Apontar erros e fazer críticas. Acontece que queira bem, queira mal, tem que existir uma hierarquia, senão vira bagunça. Ruy foi se meter a fazer uma coisa que eles não estavam preparados para receber. Ninguém mais se entendia. Tive que fazer um golpe de Estado para poder organizar aquele negócio que estava brabo. Armamos lá um sistema, em uma reunião de noite na minha casa. Eu, o Rui Polanah, o Nelson Dantas.

Ruy se lançara à experiência talvez por se sentir pela primeira vez apoiado pela produção com dinheiro, equipe, bons atores. Essa sua atitude com os atores era bastante original. Billy explicou:

> O Guerra é uma pessoa inteligentíssima, demais da conta. Justificava essa atitude através da sua experiência parisiense, nas discussões nos cafés, sua maneira de debater todas as coisas às claras. Que rapidez de raciocínio. Qualquer assunto que você jogasse na mesa ele tinha um ponto de vista. E a opinião forte. Pensava muito, muito, muito.

Décadas mais tarde Aronovich elogiou: "O método de trabalho com os atores era muito novo, fiquei na hora interessado [...]. Os atores trabalhavam o diálogo segundo sentiam".

Relembrou Billy:

> Nessa época, Ruy estava com a Nara, que esteve lá um tempo, assim como a mulher do Hugo Carvana. Joel não tinha mulher, Pereio também não. Enchiam a cara. Pereio era abominável. Ele e Joel armaram tanto que o papel do Joel foi diminuído, quase que ele sai do filme. A raiva que o Carvana tinha do Guerra! Ficava na filmagem batendo a baioneta no balcão. Uma noite se pegaram a tapa dentro do refeitório. Era um clima...

Ruy relembrou o mal-estar entre os dois e analisou: "Um dia tive que pegar numa faca para obrigá-lo a filmar". Para Billy, Pereio, nas sombras, era o instigador de muitos dos bate-bocas; ficava por trás, dando risadinhas, não chegava a brigar diretamente. Ruy contou que o abandono do filme por Joel Barcellos resultou na exclusão de uma história paralela sobre o boi-santo que traria a chuva; a seu ver, o filme perdeu belas cenas filmadas e um pouco de sua clareza expositiva.

Maria Gladys contou que, além da maquiadora, era a única mulher da equipe.

> Me lembro dum movimento, uma energia negativa: "Ah, o português contrata um fotógrafo argentino, traz pra cá, fica três, quatro meses filmando, gasta um dinheirão...". Porque o Ruy, se não tinha a luz que ele quisesse, como também o Ricardo Aronovich mais radical ainda, mais os assistentes radicais Affonso Beato e Cláudio Vieira, todos decidiam não filmar. A gente perguntava: "Vai ter filmagem hoje?". "Não, não vai ter." Então a gente perguntava: "O que a gente tá fazendo aqui? O que a gente vai ficar fazendo nessa terra?". O Nelson Xavier ficava enlouquecido.

Esse foi o primeiro papel de Pereio no cinema; nos créditos, seu nome aparece apenas como Paulo César. Posteriormente ele, Carvana e Ruy continuaram amigos, trabalhando juntos, em 1976, em *A queda*. Em sua biografia, Carvana, décadas depois, passa ao largo das brigas. Relata que conheceu Ruy por Sérgio Ricardo: "Logo me identifiquei com ele, que sempre teve uma enorme capacidade de transmitir sua linguagem cinematográfica. Com ele comecei a entender o que era uma lente de cinema, as diferenças de uma para outra". Conta que fez uma ponta em *Os cafajestes* e um papel importante em *Os fuzis*: "Aí pude ver na prática tudo aquilo de que Ruy me falava [...] um dos mais belos filmes brasileiros, uma obra-prima [...]. Nós, atores, Nelson Xavier, Joel Barcellos, eu, viramos símbolos".

Billy explicou o mecanismo dos gastos:

Minha mulher estava lá, ela assumiu a cozinha. Estávamos sem dinheiro, devendo pra Deus e o mundo. Como não tinha dinheiro, era tudo na base do vale, que virou dinheiro dentro da cidade. A colaboração do povo de Milagres era maravilhosa, adoravam trabalhar no filme. Pagos com vales, chegavam ao armazém e trocavam com ágio. Quando chegava o dinheiro, nós tínhamos que pagar aquele monte de coisa. O Ricardo dava banho de água mineral nas filhas... era um gasto inacreditável! Fotógrafo de primeiríssima, sujeito fantástico, maravilhoso, ganhava em dólares. A parte de iluminação estava demorando, o caminhão gerador e os refletores custavam o diabo e eu precisava mandar aquilo embora, mas ele queria aquela luz, mesmo de dia; queria luz para estourar a luz! [...] De manhã cedo, Ruy e eu chegávamos antes de todo mundo. Nem toda a equipe falava com ele. Ele ficava lá, decupando as cenas [...]. Nós dois também tivemos uma briga muito grande. No set, na cena de chegada do boi-santo. Não lembro qual foi o drama, mas tivemos uma discussão feia de verdade. Bati boca com ele, que não era também muito calmo. Mas sempre tive mais elasticidade, Ruy, nenhuma. Desci, desarmei minha casa em poucos segundos pra ir embora. Aí ele: "Pô, vai aonde? Tá maluco? Qual é???". Com toda a razão, me desarmou. [...] Terminamos, com muito sacrifício. Difícil pra burro. Soluções do arco da velha. Cenas fantásticas. Como no caso do caminhão do Gaúcho, o personagem do Átila Iório. Naquele calor, aquela coisa parada, a cebola ficou quase toda podre. Tivemos que armar um estrado de madeira e botar umas réstias de cebola por cima pra dar uma aparência, porque o resto era oco. Outra coisa: tive que fazer os efeitos de tiro da cena da perna do Ivan Cândido. Sem *know-how*, tudo improvisado.

Quando a filmagem terminou, em vez de três meses, tinha durado quatro e meio. Alguns contraíram doenças, como Leonidas Bayer. Pela falta de dinheiro, não foram rodadas cenas planejadas em Monsanto e em Canudos.

A montagem tinha que ser de graça. Na moviola da Líder estava Glauber montando *Deus e o Diabo*; Ruy teve que editar no escritório de Luiz Carlos Barreto. Para Billy, "O Guerra brincou e passeou em cima da montagem. Montou, desmontou, tornou a montar, tornou a desmontar". Sérgio Ricardo, no mesmo período, lhe pediu para montar seu *Esse mundo é meu* (1964). Achou que a montagem seria complicada, insistiu que teria que "ser com Ruy mesmo, ele vinha daquela coisa de Nouvelle Vague. A montagem desse filme é um primor, feita ao mesmo tempo que *Os fuzis*; Ruy tem muita energia".

Durante a montagem, Billy escutou uma melodia cantada que Leon Hirszman utilizava em seu episódio de *Maioria absoluta*: "Uma música incrível, uma incelência (ou incelença), 'Diz um A, Ave-Maria, diz um Bê, brandosa e bela'... Aquilo me arrepiou de tal maneira". Transmitiu a Ruy sua descoberta, e Leon passou um *tape* para Ruy. A música do folclore nordestino encaixou-se perfeitamente em

Os fuzis; a trilha sonora é do maestro Moacir Santos, composta de benditos, sentinelas e canções nordestinas.

Com doze cópias, o filme foi submetido em 18 de dezembro de 1964 à censura e em 6 de janeiro de 1965 recebeu liberação por cinco anos como de boa qualidade para exportação, com impropriedade até dezoito anos em função das cenas de violência. Três censores deram parecer. O primeiro elogiou características técnicas, como iluminação e sonoridade, mas escreveu que "não chega, porém, a ser uma obra-prima do cinema nacional". O segundo analisou:

> Diretor e produtor tentam abordar um problema social de profundidade, qual seja a fome e a miséria da população interiorana do Nordeste. Falham totalmente, pois o filme tornou-se monótono e pobre em enredo, não encerrando qualquer mensagem de caráter positivo.

O terceiro, com alguns elogios às qualidades técnicas do filme, ajuizou:

> Filme de costume, abordando o tão debatido problema social do Nordeste brasileiro. Há insinuações de caráter socialista no entrecho, que é muito bem cuidado, denotando o diretor conhecimentos de uma escola cinematográfica avançada pelo tratamento que dá a sua película e as soluções encontradas para o desencadeamento das sequências. Melhor diapasão, dando à película uma continuidade apreciável.

Fato curioso: por volta de 1965, em pleno império da Doutrina da Segurança Nacional, o filme serviu à Academia Nacional de Polícia como estudo de caso. Razões da escolha:

> Alcança o seu objetivo no que tange à exploração dos temas da miséria e violência e cria uma imagem deturpada e insidiosa da atuação do destacamento policial. A imagem difusa, de transcender o impacto da brutalidade e da insensibilidade dos policiais para as Forças Armadas de um modo geral, possivelmente desejada pelo realizador, não cremos que tenha atingido seu objetivo.

Foi feito um questionário em que os alunos deveriam analisar e decidir quais teriam sido os objetivos do diretor com o filme. Opções: desmoralizar a religião, incitar à violência, solapar as instituições democráticas, solapar as forças policiais, arregimentar as massas rurais, conscientizar a intelectualidade burguesa e, surpreendentemente, "fixar" a estética da fome, cujo manifesto de Glauber é posterior ao filme, datado de 1965.

Os fuzis foi dedicado "à memória de Miguel Torres". Quando finalmente ficou pronto, *Deus e o Diabo na terra do sol* já tinha estreado com enorme êxito. Jarbas relatou: "Fizemos uma *avant-première* na sala do Opera. Tinha 1.200 lugares e eram 3 mil pessoas [...]. Foi um sucesso tremendo, e nesse momento o Glauber foi um deus". Cacá Diegues disse: "A primeira sessão pública do *Deus e o Diabo* foi uma loucura [...], na minha memória, é o único filme brasileiro dessa geração que foi realmente unânime. Quando *Os fuzis* apareceu, aquele tema já estava consagrado em *Deus e o Diabo*".

Maria Gladys estava na sessão e lembrou que Ruy se comportou "elegantemente com o Glauber, um *gentleman*": ao cumprimentá-lo, teria dito que o filme lhe dera ideias para sua própria montagem, sem suspeitar que, com esse elogio, poderia ser mal interpretado. Segundo Alex Viany, a maioria da plateia, ao sair, vibrante, dirigiu-se ao comício de João Goulart na Central em favor das Reformas de Base. Orlando Senna descreveu a sessão de estreia no Cine Teatro Glória, em Salvador: no final, as pessoas ficaram por minutos mudas, paralisadas; em seguida, aplaudiram sem parar, "como uma torcida que sente que viu o gol definitivo".

A demorada e controvertida montagem de *Os fuzis*, com nove meses de gestação – os iniciais da ditadura militar –, gerou fofocas maledicentes dos cineastas que não viam Ruy com bons olhos e achavam que ele tentava copiar *Deus e o Diabo*. Para Jarbas "não teve aceitação pela classe cinematográfica, que já vinha há algum tempo patrulhando o Ruy, criticando-o porque o filme não ficava pronto". A sessão especial de exibição de *Os fuzis* foi demolidora para Ruy e para o filme; aprovações e elogios somente de Alex Viany. E depois, em episódio não bem explicado até hoje, Jarbas resolveu cortar a versão final "por ser longa demais" e, portanto, pouco comercial.

Apresentando *Os fuzis* ao *Le Monde* em Paris, disse Ruy que "Para mim tratava-se de utilizar o material cinematográfico como um meio de investigação de uma realidade social, política e econômica". Mas uma utilização intrinsecamente ligada à preocupação em expressar a realidade brasileira de forma artística e inovadora. Com toda essa ambição, não podia aceitar o "assassinato" do filme; cortado poderia até ficar mais comerciável, mas não era o "seu" filme. Culpou "o pessoal do Cinema Novo", baseando-se nas falas do produtor. Sanz afirmou:

> Na hora Ruy ficou com ódio do Jarbas. Depois, descobrimos que houve uma pressão muito forte de alguns cineastas em cima dele, que, se cortasse, ia ficar mais ágil, poderia ter bilheteria. E o produtor cortou com o acompanhamento desses.cineastas, que nunca revelou quem eram. Porque, se aberta, a coisa ia gerar uma briga para o resto da vida.

Interpelado em entrevista, Cacá respondeu: "Não sei exatamente como é que foi aquilo".

São constantes mundo afora os cortes dos produtores nos filmes de autor. As coisas acabaram se arranjando em pacto entre Jarbas e Ruy. Ele não assinou como diretor a versão mutilada, somente como roteirista; essa se tornou a versão a ser exibida no Brasil. Ruy tornou-se o responsável pela versão intacta, a qual ele assinava como diretor e que poderia levar para o exterior. A carreira de sucesso internacional começou com o Urso de Prata na Berlinale, festival de cinema de Berlim, dito o mais politizado da Europa. Devido às mudanças políticas recentes depois de março de 1964, os filmes precisavam de liberação do governo militar para sair do país. Há um folclore em torno do que se passou: Jarbas, que assistiu à sessão em que alguns generais queriam ver o filme, contou que, ao terminar a exibição, um deles teria dito que "esse é um filme de macho!", meio que inibindo qualquer outro a se manifestar contra. Anos depois, Ruy declarou em uma entrevista à revista *Cahiers du Cinéma* ser essa liberação "um perfeito exemplo das contradições brasileiras".

O filme seguiu para a Alemanha com Ruy, Maria Gladys, Jarbas, José Sanz e um diplomata brasileiro. Ruy se lembrou de que estava parado num saguão quando alguém o apontou para Anthony Mann, presidente do júri. Com isso, logo imaginou: "Ah, então devo ter ganhado algo!". Teve o prazer de, na cerimônia de premiação, estar com o irmão Mário e a cunhada, que se deslocaram da África para vê-lo receber sua primeira láurea internacional. Décadas depois, Mário, emocionado, contou que o irmão – "lindo em seu *smoking*" – recebeu o prêmio e desceu do palco diretamente para abraçá-los. Como Ruy perdeu as passagens de volta, ele e Maria Gladys ficaram em Berlim por duas semanas. Ela, como relembrou décadas depois, muito incomodada, pois era sua primeira viagem à Europa, ficou "em casa de alemães, quase sem dinheiro e sem falar uma palavra na língua".

Como o sucesso tem muitos pais e o fracasso é órfão, Jarbas se vangloria, em suas memórias, da vitória em Berlim. Em relação aos cortes, disse a Sérgio Sanz "que se arrependia amargamente. Tanto que, quando foi a Cuba, já doente, levou a versão original". Terminados os três filmes tão caros, quebrou. Ruy também ficou quebrado, pois acabou pagando todos os juros devidos ao banco. Em um documentário sobre ele Jarbas declara que "*Os fuzis* pode não gerar lucro no curto prazo, mas sobrevive à ação do tempo. Passados quarenta anos de sua realização, ainda hoje me procuram para mostrá-lo em retrospectivas no Brasil e no exterior". A bilheteria brasileira do filme foi fraca, nem sequer pagou as cópias. Porém, nas memórias, repete que

> *Os fuzis* é o filme brasileiro mais exibido no exterior depois de *Deus e o Diabo* [...]. Pensar que foi o maior fracasso de bilheteria [...]. Ainda estou vendendo cópias legendadas nas mais variadas línguas. Um dos filmes brasileiros mais exibidos no mundo. Até hoje consigo viver com as vendas para as televisões do exterior. Na França, eu consigo vender *Os fuzis* por 60 mil dólares. Aqui, ninguém se interessa.

Se no Brasil o filme não foi bem-aceito pela crítica nem pelo público, passou a ser unanimemente colocado como um dos três grandes marcos do movimento do Cinema Novo, junto a *Vidas secas* e *Deus e o Diabo na terra do sol* – "a santíssima trindade", como brincam alguns. No Brasil de hoje, pouca gente se lembra de ter visto o filme fora de festivais; às vezes, na televisão.

Um estranho no ninho

Na boca de Vera Barreto Leite ou de Leila Diniz, chamar Ruy de "galego" soava carinhoso – e certamente era. Entretanto, quando outros a ele se referiam como "galego", "português" ou "portuga", o fato revelava certa dose de discriminação. Em 2011, Eduardo Escorel, dos mais jovens cineastas nos anos 1960, descreveu na revista *Piauí* o

> sectarismo predominante entre os integrantes do Cinema Novo no período que vai de 1962 a 1968. Reunidos nos finais de tarde em um bar de Botafogo, a conversa sem compromisso fervia, temperada, entre outros condimentos, com bairrismo, xenofobia e machismo. Que o digam Walter Hugo Khouri, Anselmo Duarte, Ruy Guerra, Luís Sérgio Person e o próprio Jean-Claude Bernardet, todos vítimas daqueles papos de botequim.

Ruy escreveu em crônica: "Um dia alguém ainda contará a história do Cinema Novo, vista por alguns como uma teia de brigas e mesquinharias, mas vivida com a grandeza redentora das grandes paixões". O material para essa história, na época já registrado nos jornais e revistas, cartas e imagens de cinema e televisão, hoje surge nos livros de memórias e biografias de seus cineastas, em mais entrevistas na televisão, nos extras de DVDs. História com maiúscula, em todas as suas dimensões sociais, formada pela narrativa de cada homem e cada mulher, com sentimentos, "sangue, suor e lágrimas", esperma e óvulos. No ano 2000, Paulo Paranaguá, na *Positif*, escreveu que "nenhuma figura resume todo o Cinema Novo". É importante deixar claro que, na mídia, o termo é empregado de forma mais solta do que pelos apontados integrantes do núcleo central. Quando Ruy chegou ao Rio, os futuros cinemanovistas já se agrupavam havia algum tempo; a primeira metade dos anos 1960 é apontada como momento de grande união entre eles, o que levaria – provável ou certamente – um recém-chegado a sentir-se estranho naquele ninho.

Há semelhanças e diferenças entre Ruy e esses jovens cineastas. Como já lembrado, provinham todos de famílias da classe média em seus variados estratos. Todos contavam com bastante informação sobre o panorama cinematográfico mundial, pois, na época, além das sessões da Cinemateca, aconteciam no Rio festivais de cinema internacional. Todos estavam em busca do "moderno", de uma renovação do cinema brasileiro. Em comum também tinham uma posição política acentuadamente à esquerda, buscando outra imagem do país que não fosse a oficial. Aspirando a possíveis mudanças estruturais, desejavam, por meio do cinema, criar um projeto cultural que as tornasse possíveis. Falavam muito numa conscientização do "povo brasileiro" para essas mudanças.

Logo de cara, ficava clara uma grande diferença entre Ruy e o grupo. Autodidata devido à ausência de escolas de cinema no país, a maioria não tinha preparação técnica profissional. Glauber Rocha, que em vida conseguiu alçar-se internacionalmente como maior nome do movimento, estava longe de dominar a prática de filmar. Walter Lima Júnior escreveu que Jarbas Barbosa "espantava-se com a diferença entre os copiões que recebia. O material de *Os fuzis* parecia-lhe correto e profissional. O de *Deus e o Diabo* lembrava-lhe o caos". Jarbas afirmou ter ouvido do próprio Glauber que *Deus e o Diabo* "fora salvo na moviola" pelo experiente montador Rafael Valverde. Dib Lutfi, diretor de fotografia de *Terra em transe* (1967), terceiro longa-metragem de Glauber, contou suas dificuldades com a câmera na mão durante as filmagens. Glauber o puxava pelo braço o tempo todo; teve que ensiná-lo a ser puxado pelas costas, pelo cinto da calça, para ficar livre para filmar. Sérgio Ricardo, Cecil Thiré e David Neves explicitamente afirmaram ter aprendido rudimentos de cinema com Ruy; Cacá Diegues registrou em suas memórias que "admirava sua discreta generosidade, uma virtude que exercia quase secretamente, sem nenhuma exposição". Em entrevista, contou: "Eu via o Ruy como um mestre, como a pessoa com a qual iria aprender; e aprendi muito". E rindo: "Mas o Ruy é tão maluco que hoje nem se lembra disso". Em 2016, publicou o seguinte comentário num *blog*:

> Num momento em que não havia no Brasil escolas de cinema, era um privilégio aprender tudo que aquele premiado formado do Instituto de Altos Estudos Cinematográficos (Idhec), de Paris, tinha para nos ensinar. E ainda nos transmitir seu próprio talento pessoal e a imensa capacidade crítica sobre a sua e a obra dos outros.

Ruy foi sempre muito independente – por temperamento e experiência de vida. Nelson, pai de todos, afirmou, sorrindo em extra de DVD, que "quem dava a carteirinha do clube para o Cinema Novo era o Glauber". Para Escorel,

> se você tinha uma ocasião de debate, uma discussão, uma reunião, havia de maneira geral umas polarizações. Poucas vezes o Ruy e o Glauber tinham a mesma opinião, o mesmo ponto de vista. [...] Me lembro das discussões, das divergências e da independência de opinião do Ruy, muito maior que a dos outros.

Houve um momento em que essa divisão de opiniões se definiu de forma aberta, declarada. Em 1963, o governador do estado da Guanabara Carlos

Lacerda criou a Comissão de Apoio à Indústria Cinematográfica (Caic), que daria 60% do total da premiação em financiamentos para produção e com os restantes 40% premiaria os filmes que considerasse melhores. Querendo atrair realizadores, Lacerda distribuiu prêmios em dinheiro a *Couro de gato* (1962); *Garrincha, alegria do povo* (1962); *Porto das caixas* (1962); e *Vidas secas* (1963). Ruy de cara se posicionou radicalmente contra a iniciativa. Achava uma medida semelhante a outras que conhecera na Espanha salazarista, "discricionária e fascista", para premiar o que considerava "filmes de interesse nacional":

> Estávamos lutando para ter o adicional de bilheteria. E Lacerda, em vez de o conceder, criou um prêmio. Como era politicamente muito hábil, premiou filmes importantes, entre eles *Vidas secas*. Deu um prêmio que era o custo total do filme [...]. Fui inteiramente contra, acreditava que era uma maneira extremamente hábil de manipular as pessoas do cinema [...]. Pensava que deveria ser um adicional de bilheteria, em termos de distribuição, independentemente da qualidade dos filmes. E fiz uma declaração para a imprensa nessa direção. Nesse momento estava na casa da Nara, quando teve uma festa na casa de alguém. Estavam festejando a premiação. Leon me telefonou para ir lá, eu me neguei por não poder participar dessa alegria. Estava contente em termos individuais em relação a Nelson. Mas não com a proposta política, já que eliminava a luta pelo adicional [...]. Aí surgiu a coisa do "Você é muito radical", e o telefone foi passando de mão em mão na festa, todos com o mesmo discurso. Estavam bebendo muito, festejando muito e a conversa foi se exacerbando, o que é compreensível. No fundo, queriam que eu fosse para lá pelo lado afetivo.

Talvez alguns tenham pensado que Ruy estivesse ressentido por não ter levado nenhum prêmio. Saraceni escreveu que Ruy os desaconselhou a receber os cheques de premiação que tinham recebido; Glauber, que Ruy "atacou o Cinema Novo porque transou com Lacerda"; que "sua condição de estrangeiro não o faz 'viver' o Brazil [sic] pelas raízes". Joaquim Pedro, entretanto, menos de um ano depois da criação do Caic, alertou, na mesma direção que Ruy: "O cineasta terá sempre em mente a preocupação de não ir contra o ponto de vista do governo, para obter financiamentos e os prêmios instituídos".

É notório – Ruy o destaca constantemente – que no início os jovens cineastas se entreajudavam discutindo seus roteiros, montando-os, assistindo aos filmes uns dos outros, conversando sobre eles. E como é usual em qualquer grupo, havia as inevitáveis disputas, os choques, os entreveros. Pierre Kast, vindo ao Rio em 1966, comentou na imprensa que os cinemanovistas eram uns quinze "inimigos fraternos". Na revista *Cahiers du Cinéma*, constata-se uma explicitação desses problemas. Em setembro de 1965, por ocasião do Festival Internacional do Filme do Rio de Janeiro, a revista realizou na casa de P. C.

Saraceni uma mesa-redonda com o grupo. Presentes estavam o dono da casa, Glauber, Joaquim Pedro, Leon, Cacá, Gustavo Dahl, Alex Viany. Ruy não compareceu. Durante a reunião, nem ele nem seus filmes foram mencionados, como se vê no texto publicado.

Pouco depois, a revista realizou em Paris uma entrevista individual com Ruy, que, longe do grupo e apoiado pelo sucesso de seus dois filmes na França, soltou o verbo. A reportagem explicitou a impressão de "que existem no Brasil grupos, rivalidades e até mesmo um terrorismo. Você, por exemplo, parece deixado de lado pelos outros". Ruy explicou-se: no começo tudo ia muito bem entre eles, era considerado como ajudando a criar o Cinema Novo. Quando voltou da filmagem de *Os fuzis*, começou a sentir problemas, rivalidades, fofocas, sem se dar conta do que significava. Primeiro, atitudes individuais; passada a sessão especial de *Os fuzis*, o filme arrasado por todos, a atitude tornou-se para ele coletiva, do grupo. Piorou com o caso da lei de Lacerda de proteção ao cinema, à qual se opôs. Tornou-se "o homem a abater [...]. O que não os impede de me fazerem declarações de amor e fidelidade, tentando me cooptar, mas reprovando minha atitude [...]. Cada vez que vou sair do Brasil se precipitam me perguntando se é de vez. Eles bem que gostariam". Tinha sido avisado por amigo francês sobre a reunião dos *Cahiers* no Rio; como seria na casa de Saraceni, sabia como as coisas se passariam, "tudo que eu falasse seria apagado".

Cacá Diegues lembrou que, nesse momento, "Martin Scorsese declarava Glauber e Ruy modelos do seu cinema". Foi nitidamente entre esses dois nomes mais destacados que se deu o maior confronto. Glauber era o grande teórico que capitaneava a luta por um cinema brasileiro de autor. Prolixo ao falar e escrever, deixou vasta produção em livros, entrevistas, artigos, além de extensa correspondência com nomes importantes no mundo da cultura. Uma escrita totalmente informal, original, com grafia própria. Radical, inúmeros comentários, aprobatórios, deslumbrados, ou de mordazes a destruidores. Por vezes entrando em contradição, podendo passar, em relação a um único objeto, de uma crítica arrasadora a uma divulgação elogiosa; aparentemente opiniões expressas de forma intempestiva, mudando de ideias ou se arrependendo das opiniões formuladas. Em 1969, David Neves, em artigo da revista *Fairplay*, do Rio de Janeiro, analisou: "A impressão que se tem é de que GR parece ser daquelas pessoas que provocam reações em terceiros a fim de aferir suas próprias posições". Eduardo Escorel escreveu que, em favor do cinema brasileiro, Glauber "sempre atuou com grande energia em múltiplas direções. Buscava desesperadamente uma saída sem medo de ser incoerente ao indicar um caminho e agir, ele mesmo, em outra direção". Concluiu: Glauber "era o maior marqueteiro do Brasil, tinha frases fantásticas". David Neves reproduziu uma delas, um "*slogan* promocional" ufanista parodiando Pero Vaz de Caminha: "Filma-se, e em se filmando dá".

O cineasta baiano fazia numerosas menções a Ruy. Ao sair *Os cafajestes*, parece constatar: "Ruy apareceu na imprensa como o mais expressivo autor do cinema novo emergente"; o filme foi "um passaporte legítimo para o cinema brasileiro". Muitas fontes podem revelar como Ruy e seus filmes devem ter sido ameaçadores para Glauber; percebe-se nitidamente uma disputa de território. Questões que estavam por trás dessa disputa: quem seria aquele que fazia o cinema correto, quem tinha a proposta política mais adequada, quem é que podia falar pelo cinema brasileiro. Os ataques se davam na forma extremamente contraditória de Glauber; bem maior do que o comum dos mortais – tirante políticos –, o que reforça a tese da disputa de poder.

Para Glauber, o fato de Ruy ser um estrangeiro foi algo condenável desde *O cavalo de Oxumaré*. Escorel aventou: "É um pouco especulação minha: se o Ruy fosse um europeu, não tenho nenhuma dúvida de que seria apedrejado pelo Glauber. Mas sendo um moçambicano, um africano, falava português. [...] passou no meio de uma fresta". Mais tarde, em carta ao cubano Alfredo Guevara, chefe do Icaic, Glauber elogiou Ruy como o "único estrangeiro que fez cinema digno no Brasil"; *Os cafajestes* teria lhe garantido "um passaporte legítimo". Em 1963, antes de *Os fuzis*, escreveu ao crítico Jean-Claude Bernardet:

> Ruy Guerra é talentoso; quer ser um autor; vai ser. Como todo português, tem um amor misturado de má vontade pelo Brasil: isso desde o tempo da invasão holandesa. Você, um francês, entende bem esse negócio, sente pela espinha, como diria Fernando Pessoa. O Ruy entende pela inteligência: o que vai servir de fiel da balança é o novo filme.

Em 1980, concluía que os personagens dele não eram brasileiros: "São ruyguerreanos aqui ou acolá".

No início dos anos 1970, Glauber relembrou ter, em 1964, defendido *Os fuzis*. Depois, confessa que

> fui também envolvido pela onda anti-Guerra. A tese era absurda: setores irresponsáveis e provincianos criaram uma falsa concorrência entre *Deus e o Diabo* e *Os fuzis* e, por isso, tanto eu como o Guerra fomos levados a contra-ataques individuais com a finalidade de defender a própria obra. Mais tarde compreendemos que a "unidade do Cinema Novo" estava acima das disputas pessoais e que "sobretudo" ninguém que não estivesse no *front* de luta poderia opinar sobre essa luta.

Em 1976 afirmou a Gustavo Dahl que "gosto muito do cinema do Ruy Guerra que é muito Cinema Novo". Em classificação dos cineastas do movimento, colocou Ruy entre "os barrocos", como ele e Cacá, ou entre "os épicos", como ele, Cacá e Leon.

Em 1979 escreveu uma longa carta para Celso Amorim, então diretor da Embrafilme. Ao discutir um apontado final do Cinema Novo, invejando e desprezando o cosmopolitismo de Ruy, afirmou: "Quanto a Ruy Guerra, ele sabotou depois de beber no copo do Cinema Novo, mais [sic] deixemo-lo com o Departamento Internacional que deveria cuidar de Ruy Guerra, Franco Zeffirelli, Harry Stone (representante da Motion Pictures no Brasil), Mario Vargas Llosa, Terry della Cahva [seria Terry della Stuffa, decorador italiano?], Pierre Kast etc.". Alguns meses antes de morrer, escreveu novamente a Amorim, de Sintra, declarando-se a favor da extinção da Embrafilme, dado que "o cinema não é mais a vanguarda do pensamento nacional... o Estado já cumpriu sua missão". Havia a seu ver um "puteiro político" e, no meio dele, "Ruy Guerra me denuncia como fascista em Moçambique e vai buscar vantagens no Brasil".

Os ataques de Glauber chegaram a extremos. Por exemplo, em 1978, no jornal *Ganga Bruta*:

> Ruy Guerra nunca foi Cinema Novo. Quando *Os cafajestes* passou, eu e o Cacá Diegues vimos no Metro [...] esse filme não é do Cinema Novo, é filme de direita, um filme de burguês com uma fotografia Nouvelle Vague, que não reflete o povo, todo falso etc. Aí nós chegamos à conclusão de que era o Cinema Novo porque estava o Jece Valadão, que vinha do *Rio, 40 graus*, era o único elemento de esquerda que tinha no filme. E aquele filme é do Jece Valadão, não é do Ruy Guerra. Se não fossem o Jece e a Norma Bengell, o filme não saía. *A queda* é péssimo, é um filme horrível. Ruy Guerra é um amador, não sabe filmar em dezesseis milímetros, não sabe cortar. O filme está fora de foco, é mal interpretado, demagogo. É aquela velha história do CPC, caretice total, inclusive explorando o Nelson Xavier, que é um cara legal, um ótimo ator, está por dentro. O Ruy Guerra explorou Chico Buarque, Milton Nascimento, Miguel Torres, várias pessoas, é um antropófago, é um pirata, não vai comer desse prato aqui.

Porém, no mesmo momento, contraditoriamente, ao discutir os problemas de se filmar no Brasil, ajuizou que *Os cafajestes* era um filme superior a *Taxi Driver* (1976), de Martin Scorsese: "Então por que a Embrafilme não mete 2 ou 3 milhões nas mãos de Ruy e manda ele filmar *Copacabana* outra vez?".

Em 1980, perto da morte, redigiu em Portugal várias minibiografias ou meras notícias de figuras da cultura brasileira, sobretudo dos cineastas. Em seu estilo totalmente original, com "flasbeques" (*flashbacks*), previsões e algumas baixarias de mau gosto. Sobre Ruy, escreveu um trecho longo, relembrando as brigas entre ambos desde *O cavalo de Oxumaré*, e observou: "Nem por isto ficamos inimigos". Tinha pedido a Ruy para fazer o texto de apresentação de *Barravento*. "Ele [Ruy] produziu um poema, na hora, que tinha jeito de Guillén: tam-tam, Bahia etc." Elogiou as figuras dos militares pintadas em *Os fuzis* como uma "tortuosa previsão de um cataclísmico próximo destino". Lembrou como foram próximos, o que lhe permite dizer que são "meio irmãos, em seus contrastes e semelhanças". E mostra conhecer alguns aspectos do "irmão":

Ruy tem fama de temperamental. Intransigente com produtores, técnicos e atores, corre a lenda [de] que leva um dia para fazer um plano e não permite o menor erro em qualquer setor de trabalho. Nas discussões, não perdoa as fraquezas e as burrices, preferindo perder o amigo a perder a razão. [...] Desperta paixão em homens que o seguem fanaticamente, e agridem seus competidores, e mulheres que não conseguem decifrá-lo. Ruy Guerra é um mito transado de Xangô e Jerônimo de Albuquerque, fúria sebastianista, rigor pombalino, mística jesuíta, épica camoniana, lírica portuguesa [...], articulista raro, entrevistado furibundo.

Concluiu: "Hoje somos inimigos".

Ao visitar Cacá Diegues em seu escritório da produtora Hora Mágica, vi duas fotos: em uma, Glauber, Ruy e ele em uma rua parisiense; na outra, membros do chamado Cinema Novo à mesa de um bar ou restaurante, o trio incluído. Cacá relembrou bons momentos que os três viveram juntos.

Um dia saímos os três da Cinemateca, fomos a pé de lá até Ipanema. Andando, falando de cinema, a gente contava os filmes que ia fazer e encenava na rua mesmo, Glauber encenava mais que nós dois. A gente parava numa esquina, tomava uma cerveja. E era uma coisa muito íntima e muito cordial. [...] Aí veio Os cafajestes e alegaram que foi uma espécie de agressão ao cidadão brasileiro, que o Ruy estava fazendo um filme alienado, que tratava só de um problema burguês, que não se preocupava com o povo, com aquelas coisas que na época tinham um grande valor nos filmes engajados. Quem capitaneou um pouco essa agressividade foi o Glauber. De novo, ele repetia a mesma coisa da Bahia, chamando Ruy de alienado, que não tinha consciência, que continuava sendo um europeu filmando no Brasil e tal. Acho que daí não teve mais conserto. Eles chegaram a se encontrar várias vezes, conversar, a bater papo em mesa, mas aquele rancor dos dois não se resolvia.

Pareceu concluir o raciocínio afirmando:

Acho que o Glauber se sentiu ameaçado [...]. Nesse momento, o cinema brasileiro meio se dividia entre os que gostavam do Glauber e os que gostavam do Ruy. Houve uma divisão muito clara de poder ou de influência, e isso não se junta mais; cada um vira meio que comandante de uma tribo. O Glauber tinha uma tribo muito maior, porque o Ruy é mais introspectivo e fechado.

Querendo bem aos dois, em entrevista Cacá apresentou-me uma perspectiva conciliadora: "Glauber era um guerreiro espalha-brasa [...] se eu fosse contabilizar as coisas que Glauber escreveu, ele não teria morrido meu amigo. Porque Glauber era assim, ou você aceita ele assim, ou não aceita".

Décadas depois, Jean-Claude Bernardet disse, em entrevista, algo semelhante:

> Um dos que mais me atacaram na imprensa foi Glauber, e de uma forma sistemática [...]. Era tudo jogo de cena. Eu nunca respondi, e ficava por isso mesmo. Entre nós nunca tivemos uma palavra ácida. Quando [nos] encontrávamos depois das críticas era normal. Mas sei que as pessoas não acreditam nisso.

Tairone Feitosa palpitou: "Acho que os dois se olhavam mais ou menos como Salvador Dalí e Picasso. Um sabia que o outro era o outro. Ruy sabia que Glauber era o outro. Glauber sabia que Ruy era o outro".

A opinião de Sérgio Sanz, por sua vez, era a seguinte: "Os desentendimentos [entre] Ruy Guerra e Glauber Rocha são um choque de vaidades, principalmente por parte do Glauber". Destacou que as disputas no grupo eram mais generalizadas, como as rusgas com o CPC: "*Os fuzis*, quando estreia, gera uma irritação em muita gente. As pessoas xingavam, Oduvaldo Vianna Filho, do CPC, xingou. [...] Eram muito sectários, não só Ruy sofreu com isso". Em sua biografia, Walter Lima Júnior narra que, em pleno sertão baiano, Glauber em Monsanto, Ruy em Milagres, era enorme a rivalidade da equipe de Glauber com a de Ruy. Correu o boato de que Ruy iria filmar em Monsanto. Antes de a equipe de Glauber voltar a Salvador, picharam todas as capelas do Caminho de Santa Cruz com os dizeres "*Deus e o Diabo* passou por aqui". Sérgio Sanz deu outra versão: a locação do Ruy marcada para Milagres, Glauber pintou em várias paredes a frase "aqui filmou Glauber Rocha" para atrapalhar as filmagens de Ruy. Essas versões diferentes, no fundo, ilustram a mesma rixa.

Por ironia, as próprias iniciais dos dois formam uma oposição: RG e GR. Como Glauber afirmou, havia semelhanças de irmãos. Ambos dotados de muita coragem, característica colocada por Glauber entre as "cinco qualidades necessárias" para um realizador. Tinham a mesma paixão pelo cinema, a mesma facilidade com a palavra escrita e falada. Seus caminhos se cruzaram na América Latina desde a Bahia brasileira até o México e Cuba; também atravessaram o Atlântico para os continentes europeu e africano, onde os dois brilharam e filmaram. Os dois disputaram e dividiram nos três continentes produtores e distribuidores, a atenção das revistas e de críticos. Ruy vê certa coincidência de imagens em filmes de ambos.

Durante uma aula em 2008, ele expôs tranquila e longamente sua visão de Glauber e as relações "de amor e ódio" entre os dois. Lembrou que, em 1965, ao elogiar *Deus e o Diabo* para a revista *Cahiers*, afirmara que Glauber se deixava influenciar por aqueles que criavam em torno dele o mito de gênio. Glauber era um baiano verborrágico, sedutor, envolvente. Lia muito, encadeava ideias sem parar, por vezes fascinantes, por vezes mera sintaxe. Floreadas, esotéricas. Chegava a deixar o leitor tonto. Estiveram várias vezes juntos na Europa. Por exemplo: no Festival de Veneza em que Ruy apresentou *Sweet Hunters*, Glauber foi seu "mais entusiasta defensor". "Com a liberdade de expressão maior no exterior, Glauber se tornou um pouco o rebelde oficial contra o regime brasileiro, num âmbito cultural mais amplo." Daí desenvolveu uma paranoia de retornar ao Brasil, de onde sentia muita falta. Certa vez, em Paris, quis convencer Ruy a não voltar, pois talvez corresse risco de morte.

Em público, discutia e implicava com Ruy; em particular, aproximava-se, queria se explicar, se desculpar. Uma atitude irritante, segundo o moçambicano: "Se me insulta publicamente, que se desculpe da mesma forma". Uma bela noite, no Antonio's, apareceram juntos Cacá e Glauber. Este foi falando alto: "Ruy Guerra!" e foi abraçá-lo. Cansado de sempre a mesma atitude, irritado, Ruy "não quis mais saber daquilo". Nunca mais se aproximaram.

Falou sobre outro fato que reforçou sua decisão de ruptura de contato com Glauber Rocha: o discutido manifesto em que o baiano exaltou o general Golbery, condestável da ditadura militar, como o "gênio da raça". Hesitante, Cacá mostrou-lhe o texto que Glauber enviara da Europa para publicar. Ruy disse não ter duvidado: "É para publicar, sim, você conhece seu amigo, deve ser o que ele está pensando agora". "Se aquilo foi levado na brincadeira por alguns, para mim foi um problema político gravíssimo." Em um Festival de Cinema de Brasília, levantou o assunto, com uma imediata reação da imprensa da capital. Nos arquivos do Ministério da Justiça, há um documento de agosto de 1977 intitulado "Provável cisão no meio artístico esquerdista". A notícia era de "ataques dirigidos por Ruy Guerra a Glauber Rocha acusando-o de narcisista e de ser manipulado, inconscientemente, por certos grupos".

Glauber foi enterrado no Rio de Janeiro, em 22 de agosto de 1981, dia em que Ruy comemorava cinquenta anos de idade. Ruy diz ter hesitado muito antes de decidir comparecer. Em sala de aula, no seu curso que frequentei no Teatro Poeira, explicou: "Fui ao enterro pelo Glauber de minha memória, que fora meu amigo. Minha relação foi com vários Glauber, de vários momentos. Fui não por aquele Glauber daquele dia, ali no caixão, mas por aqueles outros que levou com ele". Nos dias seguintes ao enterro, escreveu, num fôlego só, uma espécie de carta para Glauber, com umas vinte, trinta páginas, o que pensava da relação de ambos, "como uma forma de exorcismo, um vomitório". Pretendia deixar aquilo decantar uns tempos antes de publicar. Em viagem à Colômbia, sua pasta de trabalho com essas reflexões foi roubada; hoje, não lembra exatamente o que escreveu. Reafirmou em alto e bom som que não quer que seus filhos nem ninguém herde essa rixa, antiga de mais de quarenta anos. A família de Glauber sempre o tratou bem, ponto-final, caso encerrado.

Em 1984, entrevistado por Alex Viany, também brigado com Glauber em seus últimos tempos, Ruy refletiu:

> Foi uma época muito dura, de 1964 a 1968 [...]. Existia um sistema que nos dividia. Creio que ingenuamente nós entramos muito nesse jogo de competição [...]. Eu, de cara, paguei um preço muito alto, fiquei sem filmar durante mais de seis anos, por causa de uma reputação, o que me prejudicou muito. Me deu nojo. Fiquei uma pessoa ressentida, dentro desse processo [...] amigos meus que trabalhavam na área do cinema sofreram muito com isso, somente por serem meus amigos. Foi na minha opinião praticamente uma briga de poder [...]. Eu também sou parte do Cinema Novo, não admito que me ponham fora dele.

Hoje, numa idade em que geralmente a compreensão da vida cresce, Ruy admitiu que, "naquele tempo, meu temperamento não facilitava as coisas"; "ser imigrante é sempre difícil, há sempre uma estigmatização". O advogado de Ruy, Luiz Roberto Nascimento Silva, dá uma visão de amigo e admirador: "Eu posso imaginar, no sentido humano, o que representou Ruy nesse grupo. Eu imagino que tenha sido boicotado, pelo menos perseguido com certa frieza, com certa resistência. Ele exercia o fascínio de ser quem é".

Esses jovens que constituíram o núcleo mais bem-sucedido do Cinema Novo tiveram muita repercussão nacional e internacional. A frustração dessa geração muito incensada certamente foi pesada; hoje, meio século depois, muitos já desaparecidos, alguns dos maiores nomes mortos relativamente cedo. A revolução que esperavam provocar no país (eles e tantos grupos mais) não se deu, o que houve foi um duro golpe militar com apoio civil interno e externo, que alterou a realidade do país, complicou a cena cultural com censura, interdição, medidas burocráticas centralizadoras. Nesse ínterim, impossibilitou-se aquele cinema revolucionário que no início o Cinema Novo tinha almejado concretizar.

Ruy, certamente ressentido, amargurado, foi procurar suas chances fora do ninho onde não era querido. Em 1968, com *Sweet Hunters*, filme que se tornou *cult* fora do Brasil, abriu antes de todos um caminho profissional internacional. Viagens constantes e ausências prolongadas certamente aumentaram a distância entre ele e os cineastas brasileiros, tornando-o cada vez mais *outsider*. Cristina Camargos, companheira da segunda metade dos anos 1970, disse:

> Ele quer cinema, cinema, cinema. E era, é, tão difícil fazer cinema neste país. Então ele vai, faz fora, volta. As pessoas criticam porque ele fez fora, ele devia estar aqui. Não ser brasileiro, não ser português, ser moçambicano, incomoda muito ao Ruy. Ele é colocado pela crítica onde ele não se coloca.

O galego sedutor

A animosidade contra Ruy foi causada ainda por outros fatores. Primeiro, por ele destoar da maioria pela aparência, pelas atitudes. Para Maria Gladys, algumas pessoas implicavam com ele achando-o

> um presepeiro, usava umas correntes, colares, pulseiras, cabelo grande, barba. Aquela era uma juventude muito preconceituosa. Ou isso ou aquilo: partido comunista ou armas na mão. Tinha muita gente que desprezava o Ruy. Que ele não tinha casa onde morar. Que era arrogante – aliás, ele gostava de se fazer de arrogante. Além de ter estudado cinema na França, chega barbado, aí come a Nara Leão, pô, o pessoal ficava muito ciumento, era uma época de muita competição. Fiquei na maior bronca, sabe.

Nos anos 1960, pioneiro, Ruy já estava propondo uma revolução comportamental no jeito de vestir, e muitas vezes "sobrava" para os amigos nos quebra-paus em que ele se metia. Miguel Faria relembrou: "Ruy era muito bonito, andava na rua com um cabelo comprido até o ombro, corajoso e agressivo. E, se mexiam com ele – claro, imagine o cara assim no centro do Rio –, era briga de soco mesmo. No dia seguinte, saía de novo".

Como destacado por Maria Gladys, um forte fator contra Ruy era seu sucesso com as mulheres. Se para ele uma mulher foi uma das razões para que viesse ao Brasil, inúmeras outras o ajudaram a ficar. Ao saber da minha pesquisa, um colega da Unicamp, conhecedor da história cultural do período, me perguntou, rindo: "Só a parte das mulheres deve dar uns três volumes, não?". Ruy adora a entidade Mulher, com maiúscula, como ponderou o amigão Sérgio Sanz; não é uma mulher ou outra, é a Mulher; como brincou outra amiga, é um daqueles "militantes" da mulher. Um poema manuscrito por ele na época explicita:

> Não posso cantar os olhos de minha amada
> Porque ela tem mil rostos de mulher!
> És tu Juliana, tu Julia e tu Ana
> E tu Maria, Mari e Mariana
> Tu, mais centopeia que mulher
> Mil corpos jovens e estreitos
> Para um só amor.
> Bígamo!
> Deixem-me ser. Dentro de mim
> Sou um polvo de ventosas que procuram todas as mulheres do mundo que eu não posso ter.

Mas que são todas minhas
Dentro de um só amor.

Em página de agenda, no mês de janeiro de 1964, rabiscou, inquieto:

Constato que, quanto mais o tempo passa, mais as mulheres são importantes para mim. E menos eu sei me dirigir a elas. Não sei como abordá-las, o que falar. Olho-as e elas passam sem me dar a menor importância. Sei que uma palavra certa (que já soube um dia) as deteria e seria tão bom. Sei até que sou capaz [...] de descobrir essas palavras mágicas. Mas eu queria mesmo era o silêncio me aproximando, não as palavras. Assim como está, eu calo, elas passam e eu sofro por cada desconhecida como se perdesse o grande amor.

Ainda nessa época filosofou, em poema: "Sou um homem de muitos amores/ Que é a maneira mais alegre que encontro/ Para dizer que não tenho nenhum".

Além da aparência física e do gosto por seduzir seu interlocutor – seja de que gênero ou idade for –, Ruy tem uma relação bastante sensorial com o mundo. Intensa e de muito apetite. Uma ligação sensual com o que o rodeia, pessoas, comes e bebes, charutos; por exemplo, quando lava louça, diz gostar de sentir a água fria nas mãos. Além disso, é alguém para quem o desejo, seja de que natureza for, na hora em que surge, imediatamente se torna lei. Naquelas décadas, Ruy seguia de maneira impetuosa seu coração e seus instintos, às vezes os dois de acordo, às vezes não. No início da pesquisa, lhe disse que não estava interessada em seus segredos de alcova, mas do coração. De imediato retrucou, me surpreendendo – "e quem diz que é separado?". Entretanto, em uma das primeiras agendas, rabiscou: "Eu só entendo a alma feminina da cintura para baixo" – algo que depois, ao longo de uma vida com tantos relacionamentos e convivências amorosas, parece ter se alterado. Em falas, atestou que "nunca seduzi uma mulher bonita, fui sempre seduzido" ou "sempre fico na retranca". Uma ex-namorada da década de 1980 testemunhou: "O Ruy tem um lado feminino, tem uma prosa que mulher gosta, e é dedicado". Seu forte poder de atração foi destacado até por uma jornalista francesa presente em entrevista coletiva em Paris em 1969. Ela escreveu em *Télérama* que Ruy respondeu a uma pergunta "com um sorriso tão encantador que fiquei com vontade de ir até ele lhe dar um beijinho".

É dono de um romantismo aparentemente sem pieguice – sentimento que sempre abominou, provavelmente por se descobrir, se surpreender ou se temer piegas sem querer admiti-lo. Nos anos 1990, na crônica "A coragem dos poetas", confessou que "somos mais facilmente valentes quando nos defrontamos com a violência que com a ternura. Que uma declaração de amor nos assusta mais que uma ponta de faca". Em 1970, falando à revista *Positif* sobre seu filme *Sweet*

Hunters – cuja temática maior parece ser a incomunicabilidade entre as pessoas –, afirmou não gostar de etiquetas como paixão ou amor para diferenciar os sentimentos. Para ele são dois estados emocionais nos quais, para os dois seres que os experimentam,

> a aproximação cria um conflito de mundos tão difíceis de coexistir que é uma espécie de destruição. [...] é preciso uma certa aceitação da solidão do outro, de seu mundo muito pessoal para verdadeiramente aceitá-lo, mesmo sem o compreender. Há um distanciamento necessário, não que um não se interesse pelo outro, mas que a gente saiba que o outro é um desconhecido para nós, e nós, para o outro. Aliás, é nisso que reside o grande drama do amor: em que medida essa solidão não supera a necessidade de comunicação?

Em prosas masculinas, parece atuar de forma discreta, não como o estereótipo de machão se gabando das conquistas; nada de pormenores de suas relações amorosas nem de falas maldosas sobre as mulheres que lhe foram muito próximas. Interrogado sobre o tema de trair e ser traído, foi breve: "Traição é uma coisa da vida". Entretanto, gosta de fazer umas piadinhas machistas, como: "Não se pode ter todas as mulheres do mundo, mas pode-se tentar". Além disso, diz sempre que humor não é nunca politicamente correto. Repete, à Erasmo Carlos, na música "Coqueiro verde": "como diz Leila Diniz, o homem tem que ser durão". Em tempos de feminismo, certamente desagrada muitas das mulheres a quem tanto quer agradar.

No início da maturidade, Ruy saía com uma mulher atrás da outra, às vezes uma e outra. No poema "Cadê", perguntou-se: "Cadê a outra que eu amava, que pela uma troquei?". Ia de "brotinhos" a quase ou recém-balzaquianas. Vedetes, atrizes (de seus filmes ou não), cantoras, jovens envolvidas com cinema, beldades da praia, *socialites*, figuras colunáveis da "gente bem". Casos em geral com mulheres "pra frentex" que circulavam em seus caminhos, a maioria ousada, daquelas que iam derrubando tabus. A quase que cada entrevista ou conversa um novo nome surgia para engrossar minha lista que era, das três – junto com a das moradias e a dos projetos que não deram certo –, a mais surpreendente. A mais inesperada descoberta foi uma atriz namorada do Super-Homem em filme hollywoodiano, durante um festival de cinema no Canadá, relatada pelo próprio.

Todavia, aqueles que tocaram no assunto jamais afirmaram que Ruy possa ser visto como alguém promíscuo ou "galinha". Uma das parceiras precisou: ele era mesmo é "*charmant*, longe de ser vulgar; a coisa nele é natural, as pessoas é que ficam encantadas com ele". Outro depoimento feminino vai em outra direção: "Ruy é muito delicado, mas, quando está realmente a fim de uma mulher, ele vai em cima!". Para alguns podia até ser considerado um pé-rapado galego e pretensioso, mas Ruy não era assim visto por certas mulheres do chamado *jet set*. Uma dessas, a notória "pantera" mineira Ângela Diniz, foi, segundo amiga, "loucamente apaixonada" por ele. Como seria de esperar, nem todos os relacionamentos deixaram boas lembranças no outro polo da relação.

Inúmeras cartas de amor – em idiomas variados e de países diversos – dão a tônica sentimental do acervo. Vinicius de Moraes decretara que o amor deveria ser "infinito enquanto dure", e Ruy parecia obedecer. Entre os casos, uns mais prolongados, outros meteóricos, uns mais públicos, outros menos. Alguns bem secretos. Um exemplo foi a relação que teve, logo ao chegar ao Brasil, com Maysa Matarazzo, romance comprovado por duas cartas apaixonadas enviadas por ela de Nova York. No mês de novembro de 1960, filmando em Orós, Ruy dedicou-lhe um poema em que

Cada verso feito
Do teu nome
Arranca mais do meu corpo
A tua presença. Mas como pesas
Pesado.
Tenho diante dos olhos *blasés*
Uma barragem em construção
Trucks
Camiões de vinte toneladas
De ferro
Areia
Pedra
E passo a achar muito normal
Isto
De matematicamente querer saber quantas viagens preciso na poesia
Para que a barragem que me protegerá de ti
Esteja acabada
Para que não mais o teu amor
Envenene as minhas veias.

Outro caso secreto tornado público duas décadas mais tarde foi Ângela Fagundes. Formada em história, professora, modelo do costureiro paulista Dener, envolvida com cinema, casada na ocasião:

Nós começamos com uma amizade, eu estava tentando realizar dois documentários. A gente foi em várias ocasiões a festas, peças ou shows, coisas assim [...]. Eu tinha amigas casadas que davam em cima dele direto. Ele queria se afastar de situações desse tipo. Comigo foi sempre doce e compreensivo, muito amigo.

Duas décadas passadas, ela revelou a Ruy que um de seus dois filhos – Adriano – foi fruto da relação extraconjugal que tiveram. Ruy acolheu muito bem o filho de vinte anos, assim como o fizeram as duas irmãs.

O primeiro relacionamento público mais demorado foi, durante meses de 1961, com a vedete argentina Irma Álvarez. Uma das certinhas do Lalau, atriz no inacabado *O cavalo de Oxumaré*. No acervo, uma dezena ou mais de escritos em portunhol – mais bilhetes do que cartas – para o "barbudo querido". Uma delas, de um hotel do Lido de Veneza, onde acompanhara a exibição de *Porto das caixas*, no qual é a atriz principal: "Tu eres um menino comodista, um menino de uma inteligência mal aproveitada", que "esconde seus sentimentos". Ela, ao contrário, se declarava a ele aberta e constantemente. A paixão parecia grande, com frases em tom de letra de bolero: "Solo Deus me poderá tirar de teus braços". Reclamou ter visto na casa de Ruy uma carta sua jogada no chão, atrás de uma coluna. Mal sabia que isso não seria definitivo.

Nara Leão fez parte da vida de Ruy durante os anos 1962 e 1963. Um relacionamento aparentemente importante na vida dos dois. Devido às ausências de Ruy em locações e filmagem de *Os fuzis*, Nara lhe escrevia muitas e detalhadas cartas, que hoje estão no acervo. Marcadas por autocrítica forte, com reflexões sobre a vida, sobre as relações entre os dois, às quais Ruy chamava de indagações "psicofilosóficas". Percebe-se um laço forte entre eles e, por um tempo, aparentemente bem satisfatório. Falas de muito amor, como: "Você é de morte. Me pegou de jeito mesmo. Estou me sentindo direitinho num anzol. Quanto mais me mexo, menos eu saio. Não sei como vai acabar". E de muito companheirismo, como: "Tua suéter está pronta e linda"; "não deu para arrumar seus óculos". Quando Ruy estava com febre, em Salvador, ela lamenta e comenta que talvez estivesse "sofrendo porque não tem praia". Ela tomava iniciativas para agilizar os compromissos dele, por exemplo quanto a um possível futuro filme: *Adultério*, com Norma Bengell, sobre texto de Nelson Rodrigues. Pedia a opinião dele sobre suas decisões importantes. Comentava o que rolava no grupo dos cineastas, transmitia-lhe elogios de Cacá e Joaquim Pedro aos copiões de *Os fuzis* exibidos na Líder. Expunha opiniões firmes sobre filmes que via, nacionais e internacionais. Demonstrava enorme confiança em relação ao filme e à capacidade musical dele. Anunciou que gravaria uma parceria dele com Edu, a qual o arranjador Gaya temia que fosse censurada. Provavelmente referia-se à "Canção da terra", em que uma frase poderia ser interpretada como menção à luta pela reforma agrária que, "por bem, não vai, não vai". Dizia que tudo dele era censurado. "Se tiver um filho: censurado. Já vai direto para as grades." Entre os guardados de Ruy, uma foto dela recebendo o Saci pela direção de *Os cafajestes*, convidada diretamente pelo jornal, em razão da presença de Ruy na Bahia rodando *Os fuzis*.

No acervo da cantora há um álbum de recortes com várias notícias referentes a seu romance com Ruy. Nara era uma queridinha dos jornais, que destacavam sua reserva, sua discrição. Quando entrou em cena o moçambicano, surgiram indiretas sobre o interesse dela pelo Cinema Novo, eco dos filmes de Ruy, e fofocas sobre ele. Algumas maldosas, como sobre sua parceria com Sérgio Ricardo: "Dizem que Ruy entrou com a barba". Em coluna social, comentou-se o comparecimento dele à estreia de show da namorada no Bon Gourmet, vestido como um "maltrapilho, só para ser diferente"; ao lado da nota, a namorada reagiu: "Imbecil". Lê-se também: "Ela vai driblando os fãs importunos, apenas um é recebido com um sorriso. Nara, apesar de ser cantora famosa da noite carioca, continua com seu ar de menina, namorando Ruy Guerra, tomando banho de mar em Ipanema". Ou: "No Rio, estamos vivendo um presente de peste, fome e guerra; dizem que não há asiática, há Nara Leão com 41 graus de febre, batendo o queixo e delirando, Ruy, Ruy, Ruy". Ou ainda: "Seu namorado, o diretor de cinema Ruy Guerra, já declarou gostar dela também como cantora; se vai acontecer casamento entre os dois, ninguém sabe, porque ela diz não querer discutir o assunto". Há recortes com fotos dele filmando na Bahia; mal se vê a cara, tanta barba, tanto bigode, tanto cabelo:

> Filmando a história do seu sonho, *Os fuzis*, tem tudo, necessitando apenas de uma ajuda: o tempo. Pela primeira vez é preciso que não chova na Bahia para uma coisa dar certo. Na volta, daqui a noventa dias, deverá reencontrar Nara Leão, sua noiva, com quem pretende trabalhar numa nova história.

Nara confidenciou à coluna de Fernando Lobo: "Homem ideal é aquele pelo qual a gente se apaixona, tem defeitos e qualidades, é claro, mas isso não conta, gostamos é do resultado dessa mistura". Uma longa entrevista em junho de 1963 para *O Jornal* foi intitulada "Menina rica e o mendigo poeta", alusão ao musical *Pobre menina rica*, de Vinicius de Moraes e Carlos Lyra, que ela protagonizava, e ao filme *Os mendigos*, em que Ruy foi ator. O terceiro item tem como subtítulo "Ruy Guerra trouxe uma ideia".

> Ter conhecido Ruy Guerra modificou muito a maneira de pensar de Nara. Perguntamos como foram apresentados: "Foi Sérgio Ricardo quem nos apresentou, era muito amigo dele. Ruy só usava *blue jeans* muito surrados e barba, nunca vi ele sem barba. Aí todo mundo começou a implicar por nós sairmos juntos, perguntava a Ruy o que ele fazia, ele dizia que era diretor de cinema. Aí perguntavam quantos filmes ele já havia feito. Ele respondia: nenhum. Resultado: todos pensavam que ele era um desocupado, pois foi preciso o tremendo sucesso de *Os cafajestes* para que o aceitassem como ele é.

No mesmo artigo, deixou bem claro seu papel na formação dela:

Ruy, primeiro, me fez ler muito, livros muito importantes, como *O segundo sexo*, de Simone de Beauvoir. Eu passei a entender melhor uma porção de coisas. Depois ele me transmitiu uma ideia, que me fez tomar atitudes novas, entendeu? Eu cantava para dentro, música romântica principalmente, agora essa ideia me fez cantar para fora, para todo mundo, falando sobre coisas que acho importantes. [...] Depois de tomada a decisão inicial de cantar para fora, tudo veio rapidamente.

Em sua biografia feita por Sérgio Cabral, é ressaltada a influência de Ruy, "um marxista permanentemente disposto ao proselitismo". Traz uma declaração de Carlos Lyra: "Quem politizou Nara foi o Cinema Novo". Traz ainda uma fala ressentida do ex-namorado Ronaldo Bôscoli:

Com ele, [ela] acabou por quebrar a cara totalmente. Começou a dizer que tinha encontrado um cara sério, não alienado, não burguês como eu... e aí quebrou a cara. O Rui Guerra, com sua postura comunista, se dividiu bem entre várias mulheres e, ao mesmo tempo, traiu Nara mais do que eu.

Sérgio Cabral apresentou uma explicação sobre o final do caso: Nara teria visto o amado abraçado a outra, em direção a seu apartamento "no pacato Bairro do Peixoto". A decepção de Nara parece ter sido grande após tanto tempo de investimento no romance; amigas comentaram a dor do rompimento. De Moçambique, o irmão Mário tinha enviado para Nara, a pedidos, uma pulseirinha de rabo de elefante igual à de Ruy. Em carta, aparentemente quando o romance já tinha acabado, perguntou a Ruy sobre o casamento; Ruy, sentindo-se sabe-se lá como, descartou secamente qualquer conversa sobre o assunto.

Maria Auxiliadora Ribeiro de Almeida, uma mineira de vinte anos, foi uma notória apaixonada de Ruy. Conhecida como Dorinha, formava parte do Trio Tumba, apelido dado pelo humorista Jaguar para três mulheres de sucesso: ela, sua prima Solange e Ionita Salles Pinto (em certo momento, mulher de Jorginho Guinle). Para o irônico Ruy Castro,

três meninas lindas, independentes, modernas, inteligentes, [...] circulavam entre as pessoas mais fascinantes da cidade e tinham mil homens a disputá-las. [...] Pioneiras da mulher *noir*, se comparadas com as meninas fúteis da *jeunesse dorée* do Country [...], soberanas no [bar] Castelinho.

Aparentemente, um caso típico daqueles em que Ruy inicialmente ficou na retranca. Amigos contaram sobre a dificuldade de Ruy em aceitar o relacionamento, apesar de achar Dorinha "a cara da Claudia Cardinale". Ela não desistia. Paixão séria e impetuosa, sem pudor de se denunciar em cenas públicas de ciúmes. Ruy acabou se envolvendo, dedicou-lhe poema, levou-a para Paris – segundo amiga carioca como "uma menina meio companheira, meio a tiracolo".

Lá permaneceram morando, no tempo das vacas magras, em casas de amigos, no tempo das gordas, a sós em belos apartamentos. A amiga Vivianne Zingg, que os hospedou, disse que Dorinha era ótima companhia para Ruy com seu lado de "*garçon manqué*", seu companheirismo: jogavam juntos, se divertiam muito, mas "brigavam demais"! Depois de muito vai e vem, o caso terminou em Paris, na segunda metade dos anos 1960. Dorinha se foi para Londres e – fofoca de amiga – levando consigo, à insistência de Ruy, o lindo casaco de peles que ele lhe tinha presenteado. Décadas mais tarde ele se lamentou: "Uma mulher de fibra, deveria tê-la conhecido em outra época".

Ruy e Leila Diniz se envolveram, por volta de dois anos bastante movimentados, em um romance fora dos padrões, como era o feitio de ambos. Descobriram-se no avião, indo para o primeiro Festival de Brasília, em 1970, no qual Ruy apresentou seu filme *Os deuses e os mortos*, vencedor de seis prêmios. Ana Maria Magalhães, grande amiga de Leila, relembrou o início, quando Ruy aos poucos ia largando na casa de Leila peças de roupa. Para alguém sem muito vínculo, as moças estranharam: "Poxa, ele tá deixando coisas aqui". Ana Maria analisou que para Ruy foi bom, porque "ele era tão solto no mundo". Luiz Carlos Lacerda, o Bigode, grande amigo de Leila, autor de livro e filme sobre a atriz, relembrou as diferenças entre os dois: quando Ruy morou por uns tempos na casa de Leila, permanecia em seu quarto com seus amigos "de esquerda", como Pierre Kast e outros; já Bigode e sua turminha ficavam no de Leila. A seu ver, havia um clima muito tenso entre os grupos; Leila, cuidadosa, dava jeito para que nada de hostil sucedesse.

Nada daquela coisa de dia e noite sem se desgrudar, não era do estilo de nenhum dos dois; cada um com sua profissão, sua turma. Na imprensa, Leila explicou: "A gente não mora junto, não. Morar junto acaba estourando o esquema [...]. Os homens, em geral, são extremamente dependentes e frágeis. De uma forma ou de outra, dão sempre um jeito de ficar grudados na saia da mulher". Embora não por muito tempo seguido, ficaram intermitentemente juntos em residências diversas. Na casa de Botafogo de Rui Polanah; em casa emprestada por amigo de Ruy na Lagoa; em apartamento de Leila no Jardim de Alah (em cima do atual restaurante Artigiano); com a filha bebê, em casa alugada na Joatinga.

Nos anos 1990 Miriam Goldberg se perguntou em livro: "Por que toda mulher é um pouco (ou é também) Leila Diniz?". Retoma uma fala de Leila: "Meio inconsciente, me tornei mito e ídolo, ou mulher símbolo da liberdade, pregadora-mor do amor livre. Muita gente não entende o que é isso. Só quero que o amor seja simples, honesto, sem os tabus e as fantasias que as pessoas lhes dão". Danuza Leão contou em suas memórias que Leila e ela foram a Porto Alegre para um programa de televisão. Quando acabou, em vez de seguir para a festa onde "teria sido a rainha", Leila preferiu voltar cedo para o quarto de hotel que partilhavam. Danuza narra que, ao chegar, "ainda deu para ouvi-la falando no telefone baixinho [com Ruy] debaixo do cobertor para eu não ouvir, como qualquer mulher do subúrbio fala com o homem que ama". E concluiu: "Quando amam, as mulheres são todas iguais".

Leila, catorze anos mais jovem, tinha muita coisa parecida com Ruy. Independentes, dotados de enorme respeito aos próprios desejos, atraentes e bem-sucedidos, intuitivos, sem preconceitos, espontâneos e anticonvencionais. Ambos ferrenhos opositores da ditadura. Apaixonados pelo Rio. Características que partilhavam com muitos jovens do mundinho da Zona Sul, pelo qual circulavam. Para a estudiosa Miriam Goldberg, a revolução de Leila foi "trazer à luz do dia comportamentos femininos já existentes, mas que eram vividos como estigmas, proibidos, ocultos, recalcados".

Muita gente que conhece a famosa Leila Diniz se surpreende ao saber que Ruy Guerra foi o parceiro daquela barriga-símbolo. Segundo íntimos, foi ela quem escolheu Ruy para fazê-la mãe, algo que desejava havia certo tempo. Nos 40 anos, não creio que ele tenha sido difícil de convencer. Leila disse à imprensa: "Ruy é um grande homem. Muito bacana, estou bacana, está tudo bacana. Ele chegou na hora bacana [...]. Nós temos diálogo, sempre teremos. Ele está muito feliz com nossa filha". Para o amigo Bigode, Ruy "era um homem de caráter", e Leila fez bem em escolhê-lo como pai de Janaina.

Quando ela morreu, a filhinha tinha sete meses; o casal já não morava junto havia certo tempo, mas se via constantemente. Miriam Goldberg comentou "o silêncio" de Ruy Guerra, citado como pai de Janaina e último companheiro. Quando interrogado por repórter sobre nunca ter feito nenhum trabalho sobre Leila, Ruy respondeu que jamais iria usar de forma pública algo tão particular seu. Ruy Castro, irônico tantas vezes, reconheceu: "Nisso, Ruy foi sempre exemplar. Nunca se fez de viúvo do mito, nunca explorou a imagem de Leila e nem sequer dá entrevistas sobre ela. Ele não é Arthur Miller".

No acervo, um poema escrito uma semana após a morte de Leila, "Réquiem":

Hoje
Passada uma semana
Ferida a tua vida
O teu voo acabado
Eu volto a rir despudorado
Lembrando os teus pés nus na avenida
No asfalto espantado
Dando a cor que falta
Ao estandarte calado.
E digo: ninguém, nunca, nada

Nem a dor veterana
Nem a memória cansada
– menos a hipocrisia –
Vão acabar com o teu passo
Com a tua boca que ria
Se a tua vida foi cedo
O teu corpo é o enredo
Na escola de um novo dia.

Em 1983, mais de dez anos depois, anotou na agenda algumas linhas sobre a eternidade em que não acredita: "Existe um tipo de sobrevida mais importante, uma forma de eternidade mais real e mais importante, que é a memória dos vivos. Um homem e uma mulher continuam vivos, enquanto alguém pensar e falar deles". Em cima, um título: "Pensando na Leila".

Na década de 1970, dois nomes de mulheres ligadas a Ruy em relações mais duradouras: Rose Lacreta e Cristina Camargos. Ligações bem diversas, porém semelhantes na amizade que sentiam e sentem por Ruy e Janaina, nas lembranças de visitas inesquecíveis à casa de Gabriel García Márquez no México.

Rose Lacreta, paulista, estudara filosofia, fizera teatro antes de querer fazer cinema e se mudar para o Rio. Conheceu Ruy na passagem da década de 1960 para a de 1970, apresentada por Paulo José para ser assistente de direção de *Os deuses e os mortos*. Para ela, a conexão com ele foi imediata e muito forte. Bem mais jovem, a perspectiva de trabalhar com o já famoso Ruy Guerra foi irresistível. Largou o que tinha – trabalho e um romance, quase um casamento – e foi para a Bahia como assistente de direção dele. Foi o começo de uma ligação aberta, moderna e intermitente vivida durante anos, cada um levando também outras parcerias.

> Com Ruy aprendi a conviver cada um na sua casa, os dois na mesma casa, os dois no quarto de uma casa de outro. Ele é um cigano absoluto, a gente era da mesma tribo. A gente comentava o grande casal Sartre e Simone de Beauvoir, a oportunidade de você manter uma relação e viver com bastante liberdade, com um respeito absoluto pelo movimento do outro.

Havia um aconselhamento mútuo constante nas atividades da vida e do cinema. Rose conta ter sido composta para ela a letra da parceria com Chico Buarque:

Você vai me seguir aonde quer que eu vá
Você vai me servir, você vai se curvar
Você vai resistir, mas vai se acostumar
Você vai me agredir, você vai me adorar
Você vai me sorrir, você vai se enfeitar

E vem me seduzir
Me possuir, me infernizar
Você vai me trair, você vem me beijar
Você vai me cegar, e eu vou consentir
Você vai conseguir enfim me apunhalar
Você vai me velar, chorar, vai me cobrir
E me ninar.

Declarou: "Ruy para mim sempre foi a pessoa mais interessante, mais rica que conheci, com quem fui iniciada nas coisas que realmente valorizo".

Em meados dos anos 1970 Ruy morou por uns três anos e meio com Cristina Camargos, 22 anos mais jovem: "Tinha essa coisa circunstancial do Ruy sem casa; a gente acabou juntando as escovas de dentes". Moraram juntos na rua Nascimento e Silva, em Ipanema, entre as ruas Garcia d'Ávila e Maria Quitéria: "Em frente morava a Ittala Nandi, no quarteirão seguinte morava Joaquim Pedro". Não havendo nenhum interesse em ser atriz ou trabalhar no cinema, "de minha parte foi uma relação de afeto total. Ele só podia estar comigo também pelo afeto". Não o sentia apaixonado, mas "sempre muito amigos, sempre muito solidários um com o outro". Foi muito intenso, pois Ruy, "quando entra, é para valer". Viveram ausências de Ruy de dois a quatro meses quando filmava em Portugal, na África ou preparava locações no México. Frase definidora: "Ruy era o mais presente quando presente e o mais ausente quando ausente".

Esse relacionamento parece iniciar uma face ou fase diferente da ligação de Ruy com as mulheres. Mais para um casamento, porém sem papel. Ela, como qualquer esposa tradicional, cuidava dele. Providenciava para que tivesse um bom local de trabalho, com "uma máquina de escrever IBM eletrônica, *the best* na época". Cozinhava para ele em Petrópolis, no Rio, em Paris, no apartamento dos hospitaleiros amigos Zingg. Cuidava com prazer da filhinha Janaina, que morou com os dois mais a babá Sueli: "Eu realmente adorava a Jana, não tive filhos". Nas viagens paternas, dividia a menina com a família de Leila e com Marieta Severo.

Cristina gostava da convivência: "Ruy conversava sobre tudo, sem precisar ficar falando só de cinema. Não bebia, não era de ir a festa, quando ia, se bebia muito, ficava tonto, voltávamos logo. Víamos TV, vídeos, jogávamos crapô". No entanto, não era fácil: "Ele é uma pessoa de noitadas dentro da casa dele, até as quatro, cinco horas da manhã. Acabava que eu entrava um pouco na dele, quase não dormia, e isso me exauria", pois no dia seguinte tinha que sair para trabalhar na Funarte. Ruy não era uma pessoa de patotas, o que, para ela, era uma característica que ele partilhava com "esses cineastas muito autorreferentes que fizeram parte da história do Cinema Novo. Criavam uma solidão mesmo; o

Joaquim Pedro, praticamente nosso vizinho, tinha também uma coisa muito solitária". Conheceu mais amigos de Ruy no exterior do que no Brasil; por exemplo, García Márquez e alguns franceses.

> Eu não tinha aquela coisa mitificada "estou vivendo com Ruy Guerra". Pensava: "Estou com uma pessoa de quem gosto muito". Tive esse grande privilégio. Foi então que percebi que podia ser mulher. Porque você, ao conviver e viver com Ruy Guerra, do lado e na frente de um homem como ele, você é uma mulher. Foi exatamente o sentimento que eu tive; como se eu tivesse sido iniciada, apesar de já ter sido casada.

No final dos anos 1970, já separados por quase um ano, Cristina adoeceu. Ruy imediatamente lhe mandou dinheiro, com um bilhete afetuoso, que ela ainda guarda.

Ruy viveu no Rio uma paixão com a atriz portuguesa Paula Guedes. Ela confidenciou em entrevista em Lisboa:

> Sendo o Brasil um país machista, especialmente naquela época, Ruy foi um anjo que me pareceu, como eu vou dizer, um sopro de liberdade no homem. O primeiro homem não machista que conheci verdadeiramente. Eu pensava bastante nisso: Ruy tem uma sensibilidade feminina muito apurada.

E arrematou: "Ruy foi o homem que me fez perceber o que era ser uma mulher e o que era ser um homem. Foi com o Ruy, na profundidade do que nós sentíamos um com o outro". Sem coragem de deixar Portugal, ela não atendeu aos pedidos dele para viver no Brasil; assim, o romance definhou.

Certamente o sucesso com as mulheres foi mais um sério elemento de irritação para os que viam em Ruy Guerra um intruso no mundo carioca. De certo ponto de vista e de forma ampla, um mundo de machos, machões e machistas, que não deviam gostar de concorrências ameaçadoras com as mulheres liberadas que circulavam entre eles. Para muitos desses homens, aliás, conscientemente ou não, essas mulheres eram objetos de conquistas, troféus, oportunidades de mensuração e exibição de virilidade. Não encontrei nenhuma menção a disputa direta, todavia mais de uma pessoa me chamou atenção para esse aspecto. Cecil Thiré dá um depoimento sobre isso: "Ruy era muito forte fisicamente; na queda de braço, era um páreo. E namorava a Nara Leão, a musa da Bossa Nova. O que você quer mais? Quando o conheci, fazia grande sucesso com a mulherada".

Glauber também deixou indícios de mais esse tipo de competição com Ruy. Em carta de janeiro de 1962, respondeu a um convite que lhe fez Paulo Emílio Sales Gomes para dirigir um roteiro que este escrevera – *Dina do cavalo branco*. Para o cineasta baiano, o autor estava apaixonado por sua personagem e, portanto, deveria ser ele o diretor: "O filme é seu ou [em] segundo, de um excepcional manipulador de mulheres, como é o caso de nosso Ruy Guerra, que fez, em *Os cafajestes*, a Norma Bengell atingir uma categoria de beleza e talento até hoje inéditas (quase inacreditável em nosso cinema)". Embora Glauber tenha escrito em julho de 1974 que "o Cinema Novo é um movimento cultural estruturado por vínculos de amizade ao cinema, tribalista, patriarcalista, [...] uma tribo masculina sem competição fálica", há voz corrente divergente. Atribuída na origem a importante baluarte do mundo cinematográfico, uma frase afirma que "em todas as brigas ideológicas do cinema brasileiro há sempre mulher pelo meio". Em 1980 Glauber registrou que Ruy

> aparecia de noite no Fiorentina, em companhia de Jece Valadão, Hugo Carvana e Daniel Filho, um temido quarteto de machões que virava porrada do D. Quixote à Galeria Alasca, dragando as melhores mulheres da praça, menos Regina Rosemburgo e Helena Ignez.

As exceções foram, justamente, duas das mulheres de Glauber.

Notas # e notas $

A dificuldade de entrosamento entre Ruy e o grupo do Cinema Novo, combinada a sua veia poética, sua boemia noturna e sua disponibilidade, aproximaram-no da mocidade que fazia música no Rio de Janeiro. Ruy afirmou inúmeras vezes contar entre seus amigos mais músicos que cineastas. A razão parece clara: os primeiros eram parceiros e amigos, os últimos, competidores. Nesse momento que foi visto como da transição da Bossa Nova para a música popular brasileira – a MPB – compôs palavras para músicas de alguns dos nomes que se tornaram mais famosos.

Sérgio Ricardo, músico aspirante a cineasta, foi quem deu o pontapé inicial para o surgimento de mais um letrista. Próximos naquele momento, Sérgio tinha grande admiração pelos poemas do cineasta, "alguns agressivos, outros líricos". Estimulava-o a publicá-los, Ruy retrucava que seu negócio era cinema. Certa noite, na casa de Nara, com um tema "meio africano" na cabeça, Sérgio entoou para Ruy um estribilho de uma música, pedindo-lhe para compor a letra. O cineasta estava às vésperas de deixar o Rio para filmar *Os fuzis*; argumentou que não daria tempo, não era letrista. Mas, segundo o cantor, em pouco tempo "apareceu com uma letra maravilhosa" para o depois popularizado estribilho: "Esse mundo é meu, esse mundo é meu". Sérgio lamentou ter tido uma única parceria com um Ruy que "só trabalhou com craques".

Parcerias com craques à beça, sim. Mais de cem letras, algumas gravadas, outras perdidas, que por vezes reaparecem. A primeira parceria duradoura foi com Edu Lobo. Em entrevista em 1994, Edu contou: "O que detonou minha carreira foi a vontade de fazer algo diferente do que se fazia na época. Não dava para concorrer com os principais compositores da Bossa Nova". Ruy de cara acreditou em seu talento. Wanda Sá lembrou que

> era solteira, dava aula de violão na academia do Menescal. Junto com Nara, ídolo da minha vida. Ela me disse: "Eu tenho um namorado que é cineasta e está filmando em Milagres, na Bahia. Não vejo ele nunca, fico muito sozinha, quer ser minha amiga?". Achei o máximo e já nesse dia fui jantar em casa dela. Quando Ruy chegou na academia; eu não namorava ainda Edu, mas já rolava um clima. Éramos todos professores: Edu, Marcos Valle, Samuel Eliachar. Depois das aulas, ia chegando sempre um bando de gente, João Gilberto, músicos novos como Nelsinho Motta. O pessoal ia juntando, a gente ficava tocando violão.

Nessas reuniões Ruy encontrava sem parar pessoas que não conhecia. Distraído, conheceu ao mesmo tempo Dori Caymmi e Edu, filho do Fernando Lobo, seu companheiro das mesas do Villarino. Quando Edu disse a Ruy que seu pai era amigo dele, Ruy confundiu quem era quem; e como ainda não conhecia pessoalmente Dorival, respondeu negativamente. No encontro seguinte, Edu cobrou: "Meu pai mandou dizer que tá bravo com você, pois negou que fosse amigo dele".

Nara Leão e Elis Regina não tardaram a gravar algumas parcerias de Ruy e Edu, como "Reza", "Canção da terra" e "Réquiem para um amor". Os dois amigos acabaram se distanciando nos anos 1980; ruptura braba, a ponto de Edu se recusar a ter uma conversa comigo: "Não quero falar do tempo em que fomos parceiros". Ruy, ao contrário, se refere inúmeras vezes à parceria e até guarda fotos de Edu em seu acervo. Na biografia de Edu Lobo, a parceria dos dois é destacada, porém, apenas em sua parte profissional.

A segunda parceria constante foi com Francis Hime: "Ruy foi uma pessoa superimportante, meu compadre, padrinho da minha filha do meio, Joana". Vinicius tinha sido seu primeiro parceiro, Ruy foi o segundo:

> Foi Edu quem me apresentou Ruy, tipo em 1964 ou 1965. Nós compúnhamos muito nessa época, inclusive mandávamos músicas para festivais. Teve um muito importante em 1965, a gente mandou duas músicas: "Último canto" e "Por um amor maior", cantada por Elis Regina, que concorria também com "Arrastão", de Edu e Vinicius. "Por um amor maior" no começo era a favorita, sabíamos pelos bastidores. Fomos assistir à final na casa de Vinicius, que torcia pela gente.

O "poetinha" deixou sua versão sobre o fato em 1968:

Claro, o prêmio em dinheiro contava, pois a grande maioria de nós todos era mais dura que pão da véspera. [...] Eu me lembro do entusiasmo em que ficamos, na casa de meu sogro – à medida que se anunciavam na televisão os resultados. [...] Comecei a abrir uma champanha para saudarmos a vitória de Francis e Ruy. E me lembro do pasmo que ficamos quando "Arrastão" foi anunciada vencedora. Francis [...] começou a chorar feito um menino. Fui me abraçar com ele num canto e choramos juntos. Ruy, mais afeito às contradições e vicissitudes da vida, encaçapou melhor a derrota. Mas nós riamos e chorávamos porque éramos todos amigos, e a vitória de um não significava a derrota do outro. Nós éramos ali, em competição sadia e amiga, os homens que estavam fazendo a moderna música brasileira andar para a frente.

A parceria mais conhecida foi com Chico Buarque, embora na mídia nem sempre Ruy conste nos créditos das músicas dos dois. No prefácio que redigiu para o livro de crônicas de Ruy, ao falar da amizade que os uniu por tantos anos, Chico o saudou como "meu parceiro de canções, de peça de teatro, de roteiro de cinema, de mil projetos engatilhados, engavetados [...], meu diretor de show...". Contou:

Comecei a fazer alguma música, a cantar naqueles festivais. Nara Leão me convidou pra ir à casa dela pra mostrar umas músicas; na mesma época mais ou menos, o Ruy, por intermédio de alguém, me chamou pra ir à casa dele. Queria me conhecer e tinha pensado em fazer alguma coisa ligada à música, algum espetáculo para ele dirigir. Eu tinha muita admiração pelo cineasta e também um pouquinho de inveja do compositor que já era gravado e tal, eu ainda um principiante. Francis, Edu parceiros dele, para mim já tinham galgado uma posição. Ruy estava nesse bolo, dentro da música já um mestre. Fui à casa dele, mostrei as músicas, assim como fazendo um teste. Acho que fui aprovado, mas não deu em nada. Daí pra frente nos falamos várias vezes, a gente se cruzava o tempo todo, em toda parte.

Relembrou a primeira parceria:

Quando apareceu um convite para eu fazer as versões daquele musical *O homem de La Mancha*, estava com o Ruy ao lado. "Topas? Vamos fazer isso juntos?", "Vamos!", um pouco assim, na camaradagem mesmo. E foi aí que a gente começou a trabalhar juntos; eram só versões, difícil lembrar quem fez o quê.

Chico explicitou seu processo de trabalho:

Normalmente, quando faço música, não faço letra antes, nem faço música para letra de outras pessoas [...]. Normalmente faço a música, a letra fica para depois;

ou durante o próprio processo da música faço um pouco da letra. Ou faço letras pra músicas que já existem. Com ele, eu fazia a música às vezes já com indicação de letra ou a gente escrevia as letras os dois juntos. Ruy não canta nada, ele é zero. É engraçado, tem a capacidade de escrever para música, tem alguma sensibilidade musical, mas é duro de ouvir. É estranho isso, não entoa nada, não chega perto do instrumento, não afina.

A forte censura naquele momento obrigava a dupla a dar voltas e voltas para ter as letras aprovadas. Ruy lembrou um "bizarro" jogo que arriscaram: cada um escolhia quatro palavras que colocariam em texto de canção sobre o amor que, supunham, não passariam. As oito passaram; no entanto, outras não suspeitas acabaram num aleatório crivo. Não se brincava com a censura, porém. Nesse campo, em 12 de novembro de 1971, Chico Buarque, Tom Jobim, Edu Lobo e Ruy Guerra foram enquadrados na Lei de Segurança Nacional por terem retirado suas músicas do Festival Internacional da Canção em protesto contra a censura.

Foram seus parceiros Carlinhos Lyra, Marcos Valle, Milton Nascimento, com mais de uma composição. Há ainda parcerias com Dulce Nunes, Nonato Buzar, Eduardo Gudin, Luiz Eça, Fernando Leporace e muitos outros. Ruy diz que gostava muito mais de "bater papão e beber" com os amigos do que compor; lamenta que, por essa razão, acabou com apenas uma letra com o querido amigo Baden Powell – *Canção à minha amada*, gravada por Dulce Nunes, mulher do Bené Nunes, que teve breve carreira de cantora.

Na cena teatral

De compor letras a trabalhar com musicais foi um pulo. Sem um tostão ao finalizar *Os fuzis*, Ruy passou a dirigir shows em teatro e boate. Em um desses, ele excursionou durante meses pelo Brasil com Baden Powell, Dulce Nunes, Alaíde Costa e Oscar Castro Neves. Dirigiu Francis Hime e Dori Caymmi, Chico Buarque e Bethânia no Canecão, Chico Buarque e o MPB4, o Clube da Esquina de Milton Nascimento. Fez shows internacionais – como em Lisboa, com Chico na festa do *Avante!*, jornal do Partido Comunista Português, num aniversário da Revolução dos Cravos. Outro em Angola, em maio de 1980, levado pelo projeto Kalunga. Foram mais de trinta brasileiros em um país em plena guerra civil, com toque de recolher e tudo o mais. Fernando Faro e Ruy arregimentaram o pessoal e dirigiram o show, encabeçado por Dorival Caymmi, muito querido no país; ele foi o *grand finale*, a plateia composta de soldados, gente descalça, descamisada. Segundo o filho Dori, "a situação do país era devastadora"; o pai e ele tiveram que dividir até sabonete. Junto com Caymmi e

Chico, reuniam-se poetas, escritores e cineastas angolanos, amigos de um Ruy que, naquele momento, circulava de novo por ex-colônias portuguesas na África. Ele quis levar a equipe até Maputo, mas não deu certo. Essas atividades, mais os escassos direitos das parcerias, lhe garantiam, segundo conta hoje, uns trocados para os chopes.

É necessário bem menos capital para montar uma peça do que para produzir um filme. O teatro nunca foi escolha de Ruy, mas um recurso na escassez de filmagens. Seu primeiro espetáculo teatral foi o musical *Woyzeck*, idealizado e dirigido por Marilda Pedroso a partir da peça do século XIX do alemão Georg Büchner, que já inspirara ópera de Alban Berg. A ideia de estrelar o musical entusiasmou Maysa Matarazzo, que investiu na produção dinheiro de seu marido espanhol Miguel Azanza. Marilda convidou Edu Lobo para musicar a peça; Edu convidou Ruy. Estavam em uma segunda fase de parceria; Edu, já casado com Wanda Sá, voltara de Los Angeles, onde tinha passado um período para estudar música. Edu, a família e Ruy se isolaram por uns tempos em uma casa de parentes de Wanda na ilha de Paquetá. Marilda Pedroso contou: "Ensaiava meus atores de segunda a sexta e, depois, todo fim de semana pegava o barco e ia lá ouvir as músicas que tinham sido escritas". Ruy e Leila estavam juntos naquele momento. Segundo Wanda, a foto dela sentada na praia, grávida, de biquíni e sob um chapelão de palha, teria sido tirada na ilha. Lembrou que Leila achava as músicas compostas muito tristes. E que os dois parceiros brigavam bastante. Ruy reclamava de Edu: "Por que você precisa de mim? Você não quer um letrista, quer é um escriba". Edu, doze anos mais jovem: "Tenho cabeça, penso, sei o que quero".

Woyzeck não emplacou. Na biografia de Maysa, lê-se que, sendo ela cantora, e não atriz, teve muito problema para decorar os diálogos e as letras quilométricas. Antônio Pedro, ator na peça, comentou: "As músicas eram lindas, mas foi um fracasso total [...] 700 lugares, nem na estreia esteve lotado, 80 pessoas, muitas convidadas. Depois fizemos dois meses, era o mínimo do contrato do teatro; com casa na base de 25/30 pessoas, foi difícil". A biografia faz referência à *Tribuna da Imprensa*, onde com ironia se alude à música famosa de Maysa: a "única expressão que pode definir a peça é *Meu mundo caiu*". O período entre 1971 e 1983 parece ser o de menor sucesso público na carreira de Edu; e a importância desse musical em sua vida é tão pequena que o episódio foi praticamente esquecido. Todavia, uma das músicas – "Dois coelhos" – está entre as preferidas de Ruy.

A segunda experiência – o musical *Calabar: o elogio da traição* – foi abortada pela censura. A peça recebeu uma liberação depois revogada. Suas músicas se popularizaram bastante, como "Tatuagem" e "Fado tropical". Contou Chico: "Foi ideia inicial dele. Ruy estava com a mão na massa, estávamos trabalhando direito. Na verdade era uma extensão da nossa amizade, porque estávamos convivendo bastante". Relembrou:

A gente morava numa casa na Gávea. Era o nosso centro, o escritório; a gente trabalhava lá. Não tinha horário, às vezes embalava, varávamos a noite em cima de uma letra, de uma música. Às vezes trabalhávamos coisa nenhuma, a noite toda jogando ou bebendo, ou saíamos pra jantar e tal. Não havia uma disciplina, não podia existir, nem por ele nem por mim. Nessa época não lembro de briga, senão ia ser difícil, eu também não sou muito fácil com essa coisa de temperamento. Não sei se havia mais cerimônia ou se o trabalho estava muito bem dividido.

Ruy rememorou Chico e ele, altas madrugadas, redigindo o texto e as letras. Um em frente ao outro, cada qual com sua máquina de escrever, davam tanta risada que Marieta não acreditava que estivessem trabalhando. Quase quarenta anos depois, escreveu:

O elogio da traição foi uma jornada bem dura, acidentada, cheia de solavancos e pneus furados. [...] lembro o deslumbramento de fuçar o passado, para o batermos de frente com a crueldade do presente que vivíamos, com o velho Sérgio Buarque de Holanda, Gauloise fumegante nos lábios, entusiasmado, nos abrindo portas da História; lembro as explosões de alegria da metáfora certa, quando essa surgia no texto da peça ou na letra de música; lembro de nossas angústias, questionamentos, dos altos e baixos, infantilmente alegres pelos êxtases da criação ou furiosos pela nossa impotência face à crueldade das manchetes do dia a dia da ditadura. Nos lembro, Chico e eu, frente a frente, trocando páginas, reescrevendo ideias, ajustando palavras, afobados, frenéticos, quixotescos.

De conteúdo histórico, a peça trata do episódio setecentista do dito traidor Domingos Fernandes Calabar durante a invasão holandesa no Nordeste. Ruy foi com Leila em seu jipe para Minas Gerais, passeando e comprando em antiquários os livros raros que Sérgio Buarque lhes tinha indicado. Através da discussão do que se deve entender por um traidor, Chico e Ruy invectivavam a ditadura militar que apostrofava de traidores da nação os inimigos do regime, os "subversivos" e "terroristas".

Nos arquivos do Dops, a produção da Fernando Torres Diversões dá como orçamento total da peça 290.750,40 cruzeiros. Direção da peça de Fernando Peixoto, orquestrações de Edu Lobo, direção musical de Dori Caymmi. No processo, um recorte do jornal *Correio Braziliense* noticia que a cantora Gal Costa, tendo sido convidada para o principal papel feminino, está "fascinada com a possibilidade de atuar não só como cantora, mas também como atriz"; ao final, foi Ittala Nandi quem ficou com o papel.

Calabar foi caso único na burocracia da censura. Do início à interdição passaram-se por volta de nove meses, extrapolando os prazos estabelecidos. Como de praxe, texto e letras das músicas foram enviados para serem examinados pela Superintendência Regional do Estado do Rio de Janeiro, que encaminharia o processo às instâncias federais em Brasília. Lá, três censores aprovaram o texto, com breves cortes; foi pedida "atenção a algumas páginas por conter possíveis implicações de sentido político e analogia com a realidade". O diretor Rogério Nunes liberou texto e músicas com cortes em pelo menos sete páginas e somente para maiores de dezoito anos. Encaminhou o pedido para um ensaio geral, do qual sairiam relatórios; seria a última formalidade, sem a qual não se poderia encenar a peça.

Mas os ensaios se sucediam e a censura constantemente adiava a data da apresentação decisiva para aprovação. Chico lembrou que, com os boatos sobre uma possível proibição se espalhando, amigos e interessados vinham assistir aos ensaios animados, nos quais circulava até um baleiro. Quando o produtor Fernando Torres em final de outubro cobrou oficialmente o ensaio para a censura, recebeu um comunicado de Rogério Nunes no mínimo inquietante: a peça tinha sido avocada para reexame. Um aviso foi colocado na porta do teatro. Por engano ou por picuinha, alertava: "A peça foi suspensa *sine qua non...*", em vez de "*sine die...*".

Documento do Centro de Informações do Exército (CIE), de outubro de 1973, diz:

> A peça teatral em epígrafe é da autoria dos subversivos Chico Buarque de Holanda e Ruy Guerra [...]. Vários heróis de nossa história, inseridos no fato, são ridicularizados e acusados de traidores, na tentativa de desmoralizar aspectos fundamentais da formação da nacionalidade brasileira, cujo berço se assenta, exatamente, no episódio da luta contra a dominação holandesa no Nordeste [...] alguns escritores atuais, inocentes úteis ou ideólogos do comunismo internacional, entre esses os srs. Nelson Werneck Sodré e Barbosa Lima Sobrinho, fazem apologia da inocência de Calabar [...]. Nos anos de 1970 e 1971, os setores de agitação e propaganda das diversas organizações terroristas tentaram fazer de Tiradentes o patrono da subversão no Brasil [...]. O trabalho dos órgãos de segurança para neutralizar essa propaganda alcançou êxito em 1972, durante as comemorações do sesquicentenário da nossa Independência, quando a figura de Tiradentes foi exposta à opinião pública como "Patrono da Nacionalidade Brasileira". No início deste ano foram levantados indícios de que Tiradentes seria, na propaganda subversiva, substituído por Calabar [...]. A peça *Calabar* segue essa orientação.

Foi o diretor da Polícia Federal Antônio Bandeira que revogou a autorização já concedida. Razão apontada:

[o musical] faz apologia à traição, distorcendo de maneira capciosa os fatos históricos de uma das mais belas epopeias da nossa formação, marco que foi da unidade nacional, atingindo e denegrindo os valores tradicionais da nacionalidade enquanto exalta a figura execrável do traidor Calabar.

O advogado contratado para conseguir a liberação não obteve resultado. Como o ensaio geral nunca saiu, a coisa se arrastou, até que a estreia foi suspensa praticamente na antevéspera; no acervo, um bilhete de Fernando Peixoto parece servir de alerta para Ruy. A proibição para todo o território nacional saiu no dia 15 de janeiro, publicada no Diário Oficial de 22 de janeiro de 1974. A lentidão de resolução quase levou Fernando Torres à falência. Segundo relatou à imprensa em 2012 sua mulher Fernanda Montenegro, salvou-os o sucesso de outra peça que produziam no momento. Ela relembrou que, montado e ensaiado, *Calabar* tinha dado emprego a mais de oitenta pessoas e custado cerca de 30 mil dólares.

Depois de toda essa confusão, Chico resolveu realizar com o quarteto vocal MPB4 um show chamado *Tempo contra tempo*, dirigido por Ruy, no Teatro Casa Grande; segundo recorte do *Jornal do Brasil* no acervo, "uma discreta e funcional direção". Para a revista *Veja*, "o espetáculo só não deve ser considerado perfeito porque uma insolúvel falha continua a perseguir os teatros cariocas: o sistema de som"; destaca ainda que "Ruy Guerra e Chico necessitam recuperar um prejuízo de 140 mil cruzeiros". Hélio Eichbauer, que tinha feito o cenário de *Calabar*, foi novamente o cenógrafo:

> Trabalho em épocas heroicas, de resistência mesmo. Não puderam censurar as músicas como tinham censurado o espetáculo; eram as mesmas, mais algumas outras. Todo mundo foi ver, um show de muito sucesso. Foi uma saída política. Toda noite, Ruy estava lá. Usamos alguns fragmentos do cenário da peça. O cenário girava, de um lado era madeira crua, se via só a estrutura, e do outro lado fiz uma colagem com palavras, letras, fragmentos de grandes *outdoors* da época. Tinha alguns bonecos do Calabar, corpos em decomposição feitos por um aderecista que nós usamos na peça.

A plateia, desafiadora, cantava com Chico.

Entre 1966 e 1968 Chico tinha sido o terceiro campeão de vendas de LPs e compactos (atrás de Roberto Carlos e dos Beatles). A censura tentava controlar os efeitos de suas músicas sobre seus numerosos fãs, e seu *long-play* com as músicas da peça e do show foi proibido. Ruy contou que queriam pôr na capa o título *Chico Canta Calabar*, com três letras "C" grandes e destacadas, em alusão ao violento grupo da extrema direita Comando de Caça aos Comunistas – o CCC –, que vivia aterrorizando o mundo estudantil e cultural de esquerda.

Entretanto, até a palavra "Calabar" foi proibida e o disco intitulou-se somente *Chico canta*. Qualquer tipo de apresentação pública das músicas foi controlado. Nos documentos do Dops, há notícia de proibições a "Fado tropical" e "Boi voador" em rádio, em TV, até em alto-falantes de lojas; um documento registra como condenável o fato de o *Jornal do Brasil* publicar a letra de "Vence na vida quem diz sim".

O discípulo do comunista Godard

As relações entre cultura e política atravessam a história da humanidade. No Brasil, a cultura foi uma das frentes mais atuantes contra o poder ditatorial instalado em 1964. O acirramento quatro anos depois, com o Ato Institucional n. 5 (AI-5), mostrou-se especialmente estrangulador para a área; seu peso se prolongou até por volta de 1975, quando se iniciou a distensão "lenta e gradual" do regime militar. Foram os chamados "anos de chumbo", em especial sob a presidência do general Emílio Garrastazu Médici.

No calor da hora, críticas, protestos, denúncias surgiam na grande imprensa, na imprensa alternativa ou na nanica, bem como nas revistas especializadas – armas da luta de resistência, importantes para os rumos da história. Análises do período podem iluminar os comportamentos de Ruy Guerra como indivíduo, cineasta, letrista e teatrólogo. É importante ressaltar que ele nunca foi encarcerado, mas detido para inquérito, enquadrado na Lei de Segurança Nacional e muitas vezes teve sua produção artística censurada. Houve uma ocasião em que Ruy foi homenageado por presos políticos do presídio de São Paulo. Recebeu uma placa de madeira com uma pirogravura representando trabalhadores do campo com seus instrumentos na mão, a qual até hoje acompanha o mochileiro por onde se instala. Contém a seguinte frase: "Quantas guerras terei de vencer por um pouco de paz?", da versão de Ruy e Chico Buarque para "The Impossible Dream", de *O homem de La Mancha*, musical sobre a história de Dom Quixote. Com cerca de quarenta assinaturas, entre elas "Genoino Neto" – provavelmente de José Genoino, que depois foi presidente do Partido dos Trabalhadores (PT) e deputado federal.

Nos arquivos da censura, documentos que vão de 1970 a 1989 revelam a permanente preocupação geral em controlar as atividades do cinema, que era visto como "a menina dos olhos do Partido Comunista Internacional, pois seu papel é muito importante na trama contra a Civilização Ocidental". Espalhadas, condenações a frases de Lênin e Khrushchov. O Instituto Nacional do Cinema (INC) e a Embrafilme são apontados como esquerdistas, a favorecer interesses contrários ao regime. Por exemplo, ao dar dinheiro para os cineastas de esquerda e comunistas fazerem filmes, ao enviar passagens para festivais e ao distribuir prêmios, como a Coruja de Ouro, concedida para um dos mais notórios, Glauber Rocha.

Glauber e Ruy foram vistos atacando o regime militar no exterior, "divulgando fatos e dados que não expressam a realidade brasileira". Foi condenada a existência dos "pombos-correios" que levavam ao exterior pacotes e cartas para exilados; entre esses, franceses próximos a Ruy, como o diretor Pierre Kast e Claude Antoine, distribuidor dos filmes do Cinema Novo.

Entre os documentos, uma brochura de quarenta páginas intitulada "Cinema político – o cinema a serviço da ideologia comunista", altamente ilustrativa; não datada, foi elaborada em meados da década de 1970. Compromete alguns fatos reais com interpretações que hoje podem parecer cômicas. Um exemplo é a epígrafe, com citação de Lênin: "O cinema é a mais importante de todas as artes... desmoralize-se a mocidade de um país, e a revolução [comunista] estará vitoriosa".

No texto, Jean-Luc Godard é visto como "iniciador da utilização do cinema como arma política". Há um resumo de seu percurso desde 1957, registrado pela revista *Cahiers du Cinéma*. Mostra como o diretor atua a fim de atingir seus objetivos: através de mensagens justapostas, subliminares, de uma dissociação de três tipos diversos – a saber: uma sobrecarga sensorial, a fragmentação e o corte descontínuo, detalhando cada uma dessas manobras. "Em seus filmes, tudo é pretexto para a propaganda maoísta", para ele a "única verdade". Sua finalidade maior é a "neutralização do raciocínio", ajudada pela ausência de autocrítica dos jovens.

Há a informação de que Godard formou uns quarenta cineastas em vários países da Europa e também nos Estados Unidos, "os quais passaram a imitar, ampliar e até modificar sua técnica do chamado cinema novo político". Na França, quatro diretores da Nouvelle Vague: Claude Chabrol, Alain Resnais, Louis Malle e Jean-Pierre Melville. Nos Estados Unidos, Joseph Losey, Mike Nichols, Arthur Penn, Robert Altman, Dennis Hopper, Sidney Pollack, John G. Avildsen. Na Itália, Pier Paolo Pasolini, Marco Bellocchio, Bernardo Bertolucci, Michelangelo Antonioni ("O Mao Tsé-tung do cinema italiano convidado a filmar oficialmente a China comunista"), Francesco Rosi, Mario Monicelli, Elio Petri. Na Inglaterra, Ken Russell, Louis Gilbert. Na Alemanha, Jean-Marie Straub, Michael Verhoeven, Alexander Kluge, Wolker Schlöndorff. Ainda o japonês Kaneto Shindo, o grego Costa-Gavras, alguns belgas, tchecos, iugoslavos, suecos; alguns desses nomes, escritos de forma incorreta. No Brasil, Glauber Rocha e Ruy Guerra. Nos filmes de todos esses autores é destacado o que copiaram de Godard: a violência, o terrorismo, os ataques à democracia, à moral, à religião. É atribuída a Ruy a frase: "O cinema deve fazer pensar para levar a uma ação real".

Entre os documentos, há uma seleção de artigos nacionais e estrangeiros sobre cinema político. Um deles, do jornal *Le Monde Diplomatique*, analisa imagens da ditadura brasileira nos filmes de Costa-Gavras e Glauber Rocha; é destacado o "desenvolvimento do cinema de arte" como um dos fatores determinantes para o cinema político. Outro, da revista *Visão* publicada em 23 de abril de 1973, trata da preocupação que os governos deveriam ter com esse tipo de filme. É destacado o documentário de Marcel Ophüls *A tristeza e a piedade* (1969), que destrói o mito da resistência francesa heroica e unida. Declarações de Rogério Nunes, diretor do departamento da censura, explicam o veto feito ao italiano *A batalha de Argel* (1966), "uma verdadeira aula de guerrilha urbana". Outros artigos procuram explicar as razões do interesse dos jovens desde os anos 1960 pela discussão política no cinema e o papel desta na revolta da mesma juventude. Um deles afirma que o comunismo internacional se interessa pelo cinema para contestar a sociedade democrática e pregar a violência, a desagregação social, o amor livre e a luta de classes. Alguns filmes políticos são liberados por não conter mensagens de incitamento contra a ordem vigente. Conclusão: "Restringir o filme a um público pequeno e altamente intelectualizado parece ser a melhor maneira de fazer com que, sem escândalo, se minimize seu poder de impacto sobre a sociedade".

Nas referências específicas a Ruy Guerra, os primeiros destaques são sua participação em 1963 no Congresso Continental de Solidariedade a Cuba, em Niterói, e, em 1965, sua assinatura no *Manifesto à nação*, escrito por Eduardo Portella. Afirma-se que Ruy Guerra, "de barbas e blusão, sempre gostou de ser chamado de 'O Fidel Castro' do Cinema Novo brasileiro. Mesmo não sendo brasileiro, porque não se naturalizou". *Os cafajestes* e *Os fuzis* são "condenáveis por aspectos morais e políticos". *Os fuzis*, "marcadamente antimilitarista, mesmo assim chegou a representar oficialmente o Brasil no Festival de Berlim de 1964"; *Os deuses e os mortos* é "baseado em lutas, violência e revoltas pelo poder político"; *Tendres chasseurs* (título em francês de *Sweet Hunters*), "inédito no Brasil, é um grito de revolta contra todas as convenções".

A censura era, na prática, cheia de meandros, contraditória, exercida por diferentes órgãos e/ou registrada por diferentes mãos. Caminhos não unívocos, nada lineares; com muitas notícias tendenciosas ou falsas e muitas vezes mal informada. Talvez as informações fossem enviadas de um órgão para outro, pois se repetem – ou se contradizem – em diversos deles.

Em 1966, um informe do Centro de Informação da Marinha (Cenimar) reafirma um fato verídico: Ruy foi "um dos esquerdistas nas delegações enviadas pelo INC aos festivais europeus"; cita, porém, apoios nunca concedidos do INC a seus filmes. Informa-se que Ruy fez parte de *Longe do Vietnã*, "de caráter político", cujos "diretores dos outros episódios foram outros esquerdistas internacionais", embora o episódio de Ruy não tenha feito parte do filme. Em 1974, atesta-se que não há nada contra ele nem contra Gabriel García Márquez no Instituto Félix Pacheco (de identificação policial). No entanto, outra fonte informa o oposto: ambos eram conhecidos comunistas. Em 1974, lê-se que Ruy "figura entre os diretores da peça musical denominada *Calabar*, que estreou em novembro de 1973", apesar do fato notório da interdição da peça.

Em 1970, Ruy concorreu no politizado Festival de Berlim com *Os deuses e os mortos*. A censura registrou de forma correta e detalhada um incidente real do evento, a partir de jornais anexados. O filme *OK*, do alemão Michael Verhoeven, foi recusado pelo presidente do júri, o americano George Stevens, por narrar a história de uma garota vietnamita de quinze anos que é violentada por quatro militares americanos. Para Stevens, era uma ofensa a seu país. David Neves, jurado representante do Brasil, assim como brasileiros da delegação, inclusive seu chefe Ricardo Cravo Albin, se opuseram a essa atitude. Ruy foi apontado como o "mais violento, [que] chegou a fazer conferências ou comícios tendo inclusive feito pesadas (e mentirosas) acusações ao governo brasileiro". Há reclamações sobre possíveis reuniões na Berlim oriental, fofocas sobre Ricardo Cravo Albin nada ter feito contra essas manifestações e, ainda por cima, ao chegar ao Brasil, ter afirmado que, se não tivesse sido suspensa a premiação, *Os deuses e os mortos* teria sido o filme vencedor.

Em fevereiro de 1976, há uma nota sobre uma detenção coletiva, na qual Ruy apresentava

> sintomas de ter ingerido fortes ou grandes doses de bebidas alcoólicas, provavelmente *whisky*. Mesmo assim, mostrou-se bastante seguro e lúcido em suas respostas, juntamente com os demais acompanhantes. É possuidor de consideráveis amigos, na sua maioria possuidores de automóveis.

Em 1981, embora já fosse um período de distensão política, Ruy é ainda apresentado como esquerdista infiltrado no meio cultural artístico.

E sofreu também intimidações de outra natureza. Por ocasião de *Os cafajestes*, conheceu um policial com quem passou a cruzar ocasionalmente pela cidade durante anos. O policial interpelava-o, em voz alta: "Oi, comunista!". Senão, fazia piadas de mau gosto, chegando por trás, agarrando-o: "Teje preso!". Quando morava com Polanah, Ruy Guerra encontrou o tal policial em um bar, acompanhado de alguém que parecia ser um militar importante. A interpelação, desta vez, foi: "Vocês recebem muita correspondência da Argélia, hein?!". A Frelimo estava se organizando naquele país para a futura revolução em Moçambique, e lá se reuniam exilados brasileiros, entre os quais Miguel Arraes e família. Documentos da censura noticiam a recepção de uma carta do exilado Leandro Konder no endereço de Polanah, além de referências a um controle da placa dos carros de quem frequentava a casa. A cada viagem internacional, Ruy combinava com amigos que, ao chegar são e salvo, mandaria um telegrama com um código; se não o recebessem, poderiam procurá-lo. Nesse período, amigos muito próximos de Ruy, como Polanah e Tairone Feitosa, foram presos; este último contou que, em interrogatório violento, foi questionado a respeito dos dois Ruy/is e de Fernando Peixoto.

Constantemente Ruy se referiu ao fato de como, no Brasil, filmar nesse período se tornou ainda mais difícil para ele e para alguns outros adeptos do cinema de autor. Além da censura política, a chamada censura econômica: dificuldades de financiamento e distribuição, além da quase perpétua força esmagadora do cinema americano, cerceavam esse tipo de filmografia. Já em entrevista em 1966 ele mostrava ter consciência de que, para poder existir, o Cinema Novo, embora presente no mercado internacional, deveria "conquistar nosso próprio mercado". Projetos jamais lhe faltaram. Convites, poucos; por diferentes razões, se esquivava de alguns. Em 1966, por exemplo, não aceitou participar do filme coletivo *As cariocas*; segundo declarou Roberto Santos, um dos autores do filme, Ruy teria feito tantas exigências que inviabilizou sua participação.

Ruy voltou a aceitar convites como ator. Entre outros, do alemão Werner Herzog, com quem filmou na Amazônia peruana *Aguirre ou a cólera dos deuses* (1972), juntamente com Polanah. Confessou que se foi do Brasil para o exterior – França, Moçambique – por sentir-se muito isolado; chegou a cogitar uma bolsa de estudos do DAAD alemão, como revelam no acervo cartas de amigos.

Da metáfora...

Na década de 1970, Ruy conseguiu a duras penas emplacar dois longas-metragens. No Festival de Veneza de 1969, ao qual levou seu globalizado *Sweet Hunters*, encontrou-se com Glauber, que registrou Ruy ter-lhe dito que queria "voltar para o Brasil e rodar". Lá estava também o casal de atores Paulo José e Dina Sfat, apresentando *Macunaíma* (1969), de Joaquim Pedro, diretor impedido de sair do país por ter sido preso em um protesto.

Logo após, em Paris, os velhos conhecidos Ruy e Paulo José ficaram mais próximos. Em longos bate-papos noturnos, o ator contou a Ruy que tinha um grupo de pessoas interessadas em investir dinheiro em filmes. Com um Ruy habitualmente cheio de projetos e ávido para filmar, desse encontro nasceu *Os deuses e os mortos*. Retornaram logo ao Rio, o casal e Ruy no mesmo avião – Ruy entre remédios e uísque para espantar o medo e a excitação da ideia de filmar no Brasil. Paulo José tornou-se o produtor. O filme foi rodado no sul da Bahia, nas matas da região, perto de Piranji, Itajuípe, Ilhéus e Itabuna. Paulo José guarda inúmeras fotos da filmagem.

Ruy, Paulo José e Flávio Império (que faria o cenário, caso não tivesse sido preso) bolaram um roteiro que levaria Ruy de volta a seu querido Nordeste. Em divertida e, ao mesmo tempo, séria entrevista, Paulo José relembrou:

> Ruy me disse que estava cansado de fazer filmes herméticos. Desta vez, queria fazer um filme bem popular. Tipo um faroeste. Inspirado na comédia *Arlequim, servidor de dois senhores*, de Carlo Goldoni. Kurosawa já se inspirara na história para *Yojimbo, o guarda-costas* (1961), e Sergio Leone, para *Um punhado de dólares* (1964).

Contudo, montada a estrutura do filme, as pessoas a quem Paulo José recorria seguro de uma resposta positiva lhe diziam que não financiariam Ruy Guerra. Explicou: "A fama de autoral, do ponto de vista da indústria, era um defeito, não uma virtude".

Um dos possíveis e maiores financiadores impusera uma condição: sua esposa teria que ser a atriz principal. Poucos dias antes de embarcar para Ilhéus atrás das locações, Ruy disse a Paulo que essa atriz não ficaria bem no papel; a atriz ideal seria Norma Bengell. Paulo José levantou o grave problema: como explicaria ao marido? Ruy: "Não posso fazer nada. Não posso me sentir condicionado a fazer um filme porque uma pessoa empatou dinheiro nele. Não estou vendendo o filme. Veja lá o que consegue". Paulo foi à casa do casal se explicar. Lá o esperava um magnífico almoço. Teceu vários raciocínios em torno das dificuldades de se constituir um elenco, tentando justificar não haver um papel significativo para a mulher. Não deu certo. Ouviu um "É imperdoável!". Deixou a refeição ao meio, perturbadíssimo; à mesa, a atriz pálida e muda. Nada nem ninguém, porém, pararia Ruy a essa altura: "Faremos com qualquer recurso. Tudo que tenho são 25 mil dólares" – provavelmente o que sobrara de *Sweet Hunters* – "vou para Ilhéus com o elenco, começamos a filmar e você fica aqui no Rio arranjando dinheiro para nós". O amigo Freddy Rosemberg entrou com um tanto e ajudou Paulo José na busca por mais.

Ao retornar ao Nordeste para filmar, Ruy levou o elenco e uma folha de anotações com por volta de quinze sequências, cada uma com seu título. Tinha mudado de ideia sobre o roteiro. Antes de viajar, anunciou a Paulo José:

> Essa história já foi contada demais. Não vou contar de novo linearmente. Cada sequência vai remeter a uma história, alguma peça de dramaturgia ou a uma situação cinematográfica; vou fazer algo mais atomizado, pulverizado, não estabelecendo relações [de] causa e efeito como no cinema comum.

O produtor amigo apostou nele todas as fichas: "Não estava preocupado em fazer um filme comercial, eu não era produtor comercial, estava fazendo um filme do Ruy Guerra, como ele gostaria de fazer esse filme. Não fui contra e nem poderia ser".

Ruy, na dele, filmando, o produtor executivo Eckstein ligava de Ilhéus: "Paulinho, precisamos de mais dinheiro, acabou tudo, temos que terminar a filmagem". Paulo José arranjou um sistema de empurrar com a barriga. Contatou até o famoso cômico paulista Mazzaropi – alguém que levou 6 milhões de espectadores aos cinemas sem um tostão de dinheiro do governo:

> Vou a São Paulo e digo "Mazzaropi, sou homem de cinema, você me conhece e preciso de dinheiro durante quinze dias para não parar a filmagem, depois eu te devolvo esse dinheiro". Ele me disse "Em ti eu confio" e me deu 20 mil cruzeiros, uma quantia realmente interessante. Freddy me arrumou depois um dinheiro com o que cobri Mazzaropi. Então fui fazendo um rolamento de dívida até acabar o filme.

Constam dos créditos várias financiadoras além da Daga Filmes, propriedade de Ruy, segundo quem havia 15 mil metros de negativo e foram vendidos 5 mil para terminar a rodagem.

Instalaram-se por aproximadamente seis ou sete semanas em hotel na região de Ilhéus. As filmagens eram sempre diurnas. Ruy chegava cedinho ao local onde rodariam e batia à máquina a cena a ser filmada. Ittala Nandi registrou: "Se no filme *Os deuses e os mortos* não havia roteiro rígido, seguíamos com Ruy segurando tudo sob absoluto controle". Ruy acha que é seu filme mais teatral, com grandes discursos, personagens com consciência crítica de si mesmos, o que "não impede que sejam aquilo que são [...]. Sem pudor, eu diria que é um texto shakespeariano, cheio de solilóquios, personagens muito estranhos". De fato, percebe-se o tom teatral na escolha do *décor*, na direção dos atores, nos diálogos literários. Eram longos monólogos, escritos de última hora, meio de supetão; como os atores não decoravam, o problema era contornado com auxílio da assistente de direção Rose Lacreta, que estudara arte dramática e, como ponto, dava as falas já com certa entonação. Rose lembrou que, quando Ruy tinha dúvidas sobre os diálogos, parava tudo por uns quinze minutos; então, todo mundo deixava ele quieto, e ele se debruçava na máquina de escrever. Usaram extras de várias localidades da região, sobretudo no papel dos mortos, presentes em inúmeras cenas. Dina Sfat, grávida, faz o papel de louca.

O diretor de fotografia Dib Lutfi guardou "só lembranças felizes desde o convite que recebeu de Ruy no bar da Líder. Topei logo por causa do lado experimental de Ruy". Descobriu que era muito bom trabalhar com ele: "É o mais escolado em *mise en scène* e em direção de atores. Aprendi muito, pois o trabalho tem um valor especial para ele, o importante é a discussão do processo, ele tem uma grande capacidade de dirigir". Para Dib, àquela altura Ruy era dono de um *know-how* muito importante: "Sabe levar a equipe, sabe a hora de gritar. É sempre muito sério, não passa nada por cima, dá bronca em quem for necessário". Quando surgia um problema, Ruy ia, batia um papo, não fazendo como muitos que entregam tudo para o diretor de produção, "levava um pouco a equipe como se fosse o pai de todos". Havia apenas um impasse sério: "Só fica nervoso e perde a cabeça quando o filme não funciona ou se não fizeram o que ele pediu". Lembrou que o diretor procurava aliviar o trabalho: "Uma vez tinha que quebrar um espelho duma vitrine, Ruy deu uma pedrinha pra cada um da equipe, tínhamos que mirar no vidro e dar uma pedrada; foi a maior farra".

O clima geral de entendimento é ressaltado por Rose Lacreta, que na época engatou um relacionamento afetivo com Ruy. Este, em seu quarto longa, provavelmente mais seguro, feliz em meio a suas duas paixões: uma filmagem com um produtor amigo, que atendia a seus desejos, e o início de um caso com uma mulher que o atraía e estava encantada em trabalhar com ele. No entanto, nem todos ao redor parecem ter sentido o mesmo clima. Em agosto de 2015, Othon Bastos declarou à *Folha de S.Paulo*: "Belíssimo poeta, Ruy Guerra escrevia textos lindíssimos. Mas ele perdia facilmente o controle no set, virava uma fera e já queria briga".

Em sua longa entrevista, o produtor contou as excentricidades do exigente e rigoroso diretor: "O autor é o autor. Ele tem suas manias e, se pudermos satisfazê-las, melhor. Ruy, por exemplo, queria um rio amarelo". Ruy em entrevista apontou o amarelo, para ele, como a cor da doença e da morte.

> O que fizemos? Pegamos pó xadrez amarelo e espalhamos com um avião da Sadia que passava na rota de Caravelas, próximo de Ilhéus. Na nascente, lá em cima, contrarregras furavam caixas de pó xadrez e jogavam no rio. Água é movimento; jogaram incessantemente, até acabar a filmagem. Foi uma das loucuras.

Outro exemplo foi que, ao escolher as locações, Ruy adorou uma enorme praça de areia, no centro da vila. Quando chegaram para filmar, uma velha reivindicação local tinha sido atendida e a praça fora asfaltada. Ruy exigiu que cobrissem tudo de areia novamente. Para Paulo José, uma das mais belas cenas do filme é o plano-sequência da jagunçada toda sentada em volta da praça.

> Plano-sequência não tem corte. Não é para esconder nada. Othon nunca tinha matado um porco. E Ruy: "Othon, você tem que matar o porco. Pegue a faca e mate o porco". O porco gritava. Othon abriu a barriga dele e aí caiu um tipo de fezes em sua cara. Grita Ruy: "Corta, vamos fazer outra". Matamos o segundo porco. Uma gritaria, e acontece a mesma coisa. Tudo cheio de merda de porco. Depois ficamos pensando na Sociedade Protetora dos Animais, mas não tinha maneira de disfarçar. Era uma cena horrorosa. Era para ser mesmo incômoda.

Para Dib, "Ruy como cineasta é um dos que sabe onde se bota a câmera. Há diretores que não sabem, deixam por conta do diretor de fotografia ou, então, pedem coisas absurdas, absolutamente impossíveis". Lembra o filme "praticamente em plano-sequência, mais barato, mais rápido, mais gostoso. Único problema: os atores não podem errar". Faltavam refletores para filmagens internas. Ruy, com seu gosto pelo improviso, não viu problema e mandou destelhar as casas. Dib inventou uma brincadeira engraçada: uma telha representava um refletor de mil e duas telhas um refletor de 2 mil: "Se precisasse acender um refletor de 2 mil, tirávamos duas telhas". Edgar Moura contou que, em 1978, Hugo Carvana fez o mesmo em seu *Se segura malandro*.

Nos anos 1990 Ruy explicou que a luta pelo cacau nos anos 1920 o atraiu por seu lado um pouco cíclico da colonização capitalista. Rodando o filme em 1970, não tinha muitas alternativas:

> Os filmes naquele período foram feitos tentando driblar a censura; era um cinema de metáforas visuais. Mas há sempre o perigo, nesse exercício, de se construir um discurso codificado que exige um público que domine as chaves de interpretação. Doutro modo, o recurso passa desapercebido e, portanto, sem significado. O equilíbrio requer grandes cuidados com a linguagem e com o tratamento que se dá ao tema.

Na realidade, o parecer de autorização concedido para a exibição diz: "Filme calcado no simbolismo focalizando uma época, a queda do império do cacau no sul da Bahia. Dentro desse contexto, o autor mostra de forma sangrenta, até em excesso, a dissolução das famílias e do poder econômico da região. Há certa pregação política, mas, a nosso ver, fora da realidade. Por isso, inócuo".

Paulo José contou sobre o resultado:

> Ruy dá cinco latas para o técnico e diz: "Passa aí". O outro: "Em qual ordem?". Ruy: "Qualquer uma, a que tiver em cima você passa". Era um filme que permitia essa relação aleatória entre as partes. Era muito interessante. Qualquer prosseguimento que você desse ao filme, você entendia a história. É muito curioso isso.

Ironizou afetuosamente: "E isso porque Ruy tinha dito que estava cansado de fazer filmes herméticos". Em 1977, Ruy disse para a revista *Ele & Ela*: "A palavra 'Fim' não entrou no final, uma sugestão minha".

Milton Nascimento atuou em cenas iniciais; para Ruy, ele teria dado um ótimo ator se escolhesse esse caminho. Milton fez para o filme sua primeira trilha sonora para cinema. Brincou em entrevista ter chegado a passar fome dentro do apartamento de Ruy: "Ele me deu um roteiro na casa dele, saiu e me trancou. Na hora, fiquei desesperado, pensei: 'Será que ele acha que vou fugir com o roteiro?' Fiquei lá o dia inteiro". Paulo José lembrou: "Ruy se

248 RUY GUERRA: PAIXÃO ESCANCARADA

comprometera a fazer a trilha. Fizeram, mas na hora de gravar ele alterava. A inquietação artística. Quando você pega um produtor artista, você está fodido. Ele acha que não está bonito e muda, e muda". Ruy afirmou que tendo sido preparados alguns temas antes da rodagem, no final do filme, em três dias, tudo estava terminado. A música recebeu elogios como:

> Poucas vezes vi uma simbiose tão perfeita entre trilha sonora e temática... som místico, mítico, quase etéreo construído por Milton Nascimento e Wagner Tiso, cai como uma luva no enredo fantasmagórico construído por Guerra. É como se o diretor personificasse ali as vozes e imagens da loucura...

Ruy tinha a expectativa de que Claude Antoine compraria o filme para distribuir na Europa. Não foi o que se deu. Paulo José concluiu com a isenção dos mais de quarenta anos passados:

> O filme ficou encalhado, "*Os deuses e os falidos*". Fiquei quatro anos pagando. Para exibir a gente conseguiu a Columbia, que adiantou o dinheiro para distribuição, cartazes, cópias, lançamento. Aconteceu uma coisa engraçada. De cada cidadezinha que o Ruy colocou no lote de distribuição chegava um relatório. Por exemplo, supondo que fosse Birigui: transporte de ônibus de Cachoeirinha até Birigui, doze reais. Cartaz na porta da igreja, cinco reais. Cartaz na praça, cinco reais. Transporte de bicicleta para levar da rodoviária até o cinema, dois reais. Receita, três reais. Sempre se recebia menos do que se gastava. Teve um dia que falei: "Vamos parar de exibir esse filme, porque não aguento mais tanto prejuízo". Na verdade, a Columbia não me cobrou nada, considerou fundo perdido. Fiquei com débito lá. Já caducou. Mas foi um belo filme. O pior é que não dispomos mais dos negativos.

O financiamento para o Festival de Berlim foi de apenas três pessoas; seguiram Ruy Guerra, Rui Polanah (que tem papel de destaque) e Dib Lutfi. A fotografia de Dib encantou o diretor alemão Peter Fleischmann, que o convidou para permanecer na Alemanha. Dib, encorajado pelos Rui/ys, acabou ficando e trabalhando em um longa e um curta: "Foi uma delícia, fiquei o tempo todo num hotel bem chique, tinha uma tradutora grudada o tempo inteiro". E concluiu, feliz: "Me tornei internacional por causa do Ruy".

Os deuses e os mortos recebeu muitos prêmios e até hoje é exibido em retrospectivas e mostras. Na década de 1970, em Paris, foi parte da semana da revista *Positif*; Michel Ciment declarou ser o filme de Ruy que mais aprecia. No mesmo ano de sua exibição, *Cahiers du Cinéma* o selecionou como um dos sete melhores do ano na França. Foi premiado como melhor filme e, além disso, recebeu outros cinco prêmios no Primeiro Festival de Brasília de 1970 e ganhou a Coruja de Ouro no festival carioca. Howard Thompson, famoso crítico do jornal *The New*

York Times, escreveu em 19 de junho de 1972, em artigo cuidadosamente guardado por Ruy: "Seu estômago vai se revirar, mas você nunca esquecerá esse notável filme brasileiro *Os deuses e os morto*s, no New Yorker Theater". E mais: "Agora que sabemos o que o sr. Guerra é capaz de fazer – com o poder, a beleza, o horror –, somente podemos nos interrogar sobre o que virá em seguida".

... à realidade

O que se deu em seguida foi algo bem diferente. Da preocupação metafórica com a história sobre cultura cacaueira no Nordeste, Ruy passou, com *A queda* (1978), a um mergulho na realidade urbana do "sul maravilha". Em momentos iniciais de distensão política, ensaiou de forma clara uma temática social forte: as condições de trabalho na construção civil do Rio de Janeiro. No início, a implosão real de um edifício, prática que surgia no país, é uma imagem depois destacada nas análises. São retomados como personagens alguns dos soldados de *Os fuzis*, anos depois, trabalhando em obra do metrô carioca; há uma migração de imagens do premiado filme para o novo. Um operário – Hugo Carvana – sofre um desastre mortal a partir do qual são mostradas as duras condições de vida e o desrespeito aos direitos desses trabalhadores.

Para Paulo Paranaguá, na francesa *Positif*, "o mais belo filme dos últimos anos vai na contramão à orientação em vigor entre os antigos do Cinema Novo sob a proteção da invasiva empresa oficial Embrafilme". Na época, Ruy explicou: que o filme era "Uma estória de reivindicação puramente social num nível até reformista, simples". Crônica em revista francesa destaca "a modéstia e lucidez de seu olhar" e não concorda com a colocação de "reformista". Em 2012, o diretor declarou que "tinha inventado um material de ficção para filmá-lo de forma documental".

Nelson Xavier, ator nos dois filmes, dividiu o argumento e foi codiretor. A produção é da Daga Filmes, através de Ruy e Alberto Graça, e da Zoom Cinematográfica, de Ney Sroulevich, da qual Graça fazia parte. Claudia Furiati, viúva de Ney, lembrou a rápida pré-produção:

> Ney e Ruy tinham uma relação basicamente afetiva. O Ney foi do CPC, ligado ao Cinema Novo, e se envolveu com a ideia do Ruy. Era bem posicionado do ponto de vista político, nunca um ortodoxo ou radical. E tinha visão empreendedora. Um filme politicamente importante no momento, tocava por uma via permitida na questão do operário, através de seus direitos. A questão da segurança do trabalho sendo tema político permitido, moral, qualquer pessoa entendia.

Para Claudia, "Ruy e Ney, encantadores, acabaram congregando pessoas certas". Como Olavo e Teresa Mascarenhas (ele incorporador de terrenos na

Barra que começava a deslanchar), Paulo Matta Machado (advogado) e a mulher, Vera. Para Claudia, vários apostaram no filme por seu viés político; o fato de Ruy ser famoso, de suas ligações com Chico Buarque e a música brasileira também facilitaram. E concluiu: "O filme foi realmente um marco. Por ser ousado politicamente, por ser ousado em linguagem e também na produção, porque uniu pessoas de uma maneira independente". Nelson Xavier também levantou parte do dinheiro. Declarou depois, ao *Jornal do Brasil*, que "o filme se fez de certa forma como cooperativa sem o ser realmente, o que me faz dizer que não teria saído sem a paixão que animava nós todos".

Jorge Durán e Cacá Diniz foram fundamentais para a rodagem desse "filme-guerrilha", como Cacá o apelidou. Durán, recém-exilado da ditadura chilena, se interessou por ser uma obra que mostrava as relações de poder entre empresários e políticos e a situação dos operários. O roteiro de *A queda* são basicamente duas folhinhas datilografadas.

> Ruy e Nelson compartilharam a direção. Nelson trabalhou com os textos improvisados a partir de uma lista de cenas escolhidas predeterminadas junto com Ruy. Toda a configuração fílmica é de Ruy. Acho muito acertada a forma como ele trabalhou, deixou na realidade que as pessoas pusessem a força que tinham. De fato, filmamos dentro do possível. Não que o filme não tivesse roteiro; na verdade, a escaleta [esqueleto do filme] era a única coisa que existia e o que eu tinha na sacola, com cento e poucas cenas.

Foi um filme escrito junto com a câmera. Dib Lutfi foi convidado, mas estava impedido, e Edgar Moura fez sua estreia como diretor de fotografia. Ruy e ele tinham se conhecido no Mercado Modelo de Salvador, quando Ruy preparava um abortado projeto do livro *Sargento Getúlio*, de João Ubaldo Ribeiro. Fernanda Borges, continuísta, lembrou que Ruy brincava com Edgar para usar a câmera "como se fosse um fuzil". Era câmera na mão o tempo todo, seguindo os atores no buraco do metrô cheio de lama, de altos e baixos, ou na casa do casal, em espaços apertados. No documentário *Os iluminados*, Edgar declara que, dos quarenta ou mais filmes que fez, seu preferido é *A queda*, aquele que "tinha que dar certo [...]; há várias sequências extraordinárias do filme". Achou "muito bom trabalhar com Ruy, porque tem diretor que não quer nem saber da fotografia. Ruy tem bons conhecimentos sobre e sabe bem o que quer. No começo, ia lá com o fotômetro para conferir, depois pegou confiança". Os dois se deram muito bem, embora, como acrescentou Edgar, "ele não é pessoa de se abrir, é difícil saber se ele é ou não seu amigo". Fotografou mais dois filmes para Ruy.

Durán lembrou em entrevista o difícil cotidiano:

Na verdade, trabalhar com chuva era trabalhar na chuva; se não se podia ligar a luz, trabalhávamos sem luz. Muitas vezes, por exemplo, no quarto da casa, só Ruy e os atores. Nós todos ficamos fora da cena, não cabíamos, a cena era improvisada, o quadro privilegiava o câmera e o fotógrafo.

Lembrou ainda que, se um acidente interferisse na realização, ele era incorporado, como o caso de uma cama que arrebentou em meio à cena de discussão do casal Nelson Xavier e Isabel Ribeiro: "De fora do quarto, a equipe ouviu um barulho realmente espantoso, como se estivesse vindo o teto abaixo". E a cena passou a fazer parte do filme.

Muitos anos depois, Ruy contou em entrevista filmada por Raquel Schefer que

não tinha marcação de câmera, eu indicava ao câmera qual dos atores deveria seguir. Não dava indicação nenhuma para esses. Dizia simplesmente qual era o tema da cena, sobre o qual já tínhamos conversado. Nelson estava encarregado dos diálogos, tínhamos escrito a proposta do filme juntos. Conversávamos, depois eu acrescentava, por exemplo, que "a cena se passa aqui, ao jantar". Iluminava a casa toda – banheiro, quartos, tudo –, mas a cena era só na sala de jantar. Se os atores quisessem se mover, podiam. Uma vez estávamos num momento importante da discussão, Lima Duarte se levantou e foi para a cozinha. Eu disse ao operador de câmara: "Segue o Lima, não sei o que é que ele vai fazer". Lima foi buscar uma trena e dizia alto: "Onde é que está minha trena sueca?". A ação importante continuava na sala, enquanto a câmara seguia o Lima. Noutra hora seguiam outro ator, a seguir outro ainda, e os diálogos se construíam dessa forma. Claro que, ao fim de quatro ou cinco vezes, não havia ensaios nem coisa nenhuma. Os atores tendiam a repetir-se; encontravam uma forma pela qual se tornava difícil improvisar sobre outros comportamentos ou ideias. Nas externas, eu lhes dizia pra ir por ali e tal. O quadro era em função do que a gente captava.

Para Claudia, "como Ruy não tinha roteiro definido, só algumas ideias, ele as colocava ao longo do envolvimento com as outras pessoas que levava para o projeto, como os atores".

Realmente um filme avançado para a época, sob vários pontos de vista. Ruy, antidogmático, buscava romper com os esquemas não apenas na feitura do roteiro, mas no trato com as pessoas da equipe, no envolvimento de alguns dos parceiros nessa criação. Ele é uma pessoa que faz isso de maneira diferente, uma pessoa bastante forte, incisiva quando quer, que vai puxando e puxando, acho que mais pela emoção mesmo. Ele trabalha muito com o emocional das pessoas.

Durán, por sua vez, em longo depoimento, se lembrou do elenco:

Lima Duarte era uma pessoa espalhafatosa, mas cordial; Nelson, um sujeito mais reservado; Carvana, expansivo, muito criativo. Pereio era agressivo, inconveniente. Eu acabava de chegar do Chile e ele me chamava de Pinochetinha; não tinha como brigar, eu estava chegando ao país, imigrante, melhor ficar calado. Isabel Ribeiro, um doce de pessoa, de uma cordialidade evidente e do maior talento, chamava atenção. Me sentia muito confortável trabalhando com ela.

Claudia recordou que a atriz ficou em sua casa no Rio de Janeiro, por um mês e meio.

Ela mergulhou no filme quase de maneira religiosa. Dormia muito pouco, era muito silenciosa, só se ouviam seus passos, andando, pensando, às vezes acendia uma vela. Ruy ia lá em casa, conversava muito com ela e incorporava no roteiro as coisas que ela dizia. Tanto que muitos dos diálogos do filme foram criados pelos atores. Não apenas antes, como no próprio set. Ruy queria uma criação coletiva como, de maneira radical, acha que o cinema deve ser. E isso vai contra um cinema de autor, vai contra ele mesmo. Apesar disso, o filme é tão autoral, você vê a mão dele como diretor; ao mesmo tempo, não é nada autoral, porque fruto de uma criação coletiva mesmo. É engraçado isso.

Cacá Diniz, diretor de produção, declarou em sua entrevista que Ruy tinha um propósito muito claro:

Vou fazer um filme de baixo orçamento. Parecia que estávamos numa guerrilha, Ruy comandando de forma quase militar seus soldados. Um orçamento contido e regras de ataque. Ele: "Vamos atacar fazendo o filme em dezenove dias, entrar no metrô sem autorização, pedalar dentro da lama, dentro das obras". E foi o que de fato aconteceu.

Para Durán, o set em geral é um lugar feliz, no qual por vezes até mesmo certo clima de guerra e fofocas fazem parte do processo:

Era uma equipe muito cordial, foi uma época muito bonita e na qual fomos todos muito camaradas, entre nós mesmos e com o filme. Não houve uma queixa devido aos salários serem muito baixos, talvez menores do que a metade do que se pagava na época. Quem entrou fez isso porque quis. Ninguém estava preocupado com horário de trabalho. Não é aquilo que todo mundo falou – um filme improvisado, como se saísse com uma equipe e se perguntasse: "O que vamos fazer hoje?". Havia, sim, uma objetividade muito clara, todo mundo sabia o que tinha que ser feito.

Cacá recordou momentos difíceis: "Filmagem tipo vai dormir, mal dorme, dorme do jeito que está vestido, acorda, vai pra produtora, bota todo mundo, vai pro local que tem que filmar, conduz os atores de alguma forma até lá". Num dia duro desses, filmando no metrô, canteiros de obras gigantescos, chovendo, o cenógrafo Carlinhos Prieto o procurou: "Olha o nariz do Helder Rangel, um pimentão, não consigo maquiar pra voltar à cor natural". Era gripe. Produtor imbuído de rapidez, respondeu: "Carlinhos, eu não vou parar uma filmagem de dezenove dias, você não me vai pedir isso". Discutiram, e Cacá, sentindo que a pressão no grupo estava grande, enfrentou Ruy: "A gente tá no limite, se Helder ficar doente, eu não perco só hoje, perco amanhã também". Ruy reagiu com um termo que surpreende Cacá até hoje: "E eu, no meio de uma guerra, tenho que atender a essa susceptibilidade?". Reclamou, mas suspendeu o trabalho.

Para Cacá, Ruy não trabalha de forma autoritária, mas,

> do meu ponto de vista, eu o vi como alguém afetivo, uma pessoa extremamente generosa com seus parceiros na criação desse filme. Porque percebia o quanto o filme era importante não só para ele, mas também para aquelas pessoas que estavam participando e para o Brasil daquele momento.

Durán e Ruy ficavam juntos das seis e meia da manhã até à noite durante uns dois meses, entre preparação e filmagens. O chileno teceu elogios à capacidade de trabalho e ao clima que Ruy estabelecia:

> Acho Ruy uma pessoa admirável, de uma boa educação não meramente decorativa, mas aquela que respeito, pelas formas de relacionamento com os outros. Um filme difícil, rodando no metrô, todo dia a gente chegava cheio de lama. Todos nós nos entendíamos com meia dúzia de palavras. Diria que o Ruy não delega porque gosta daquilo que se chama "fazer cinema". De um extremo ao outro. Esse trabalho é artístico e também envolve um artesanato; na verdade, força a entender de tudo, números, dramaturgia, direção de atores, figurino.

Seu próprio desempenho na filmagem o agradou muito, e ele acha que também a Ruy: "Ele comentou que minha colaboração serviu mais do que esperava, então me mudou de assistente de direção pra diretor assistente. Tem essa mania de justiça, é muito ético nessas questões". Ruy lembrou que Durán resolvia incrivelmente bem o necessário num filme tão difícil, tão sem dinheiro.

No momento da filmagem, Fernanda Borges ainda estava casada com Durán, embora na prática já estivessem separados. Ela contou que "Ruy, muito discreto, dizia: 'Vocês se separaram, mas são a melhor dobradinha, ele de assistente e você continuísta'. Pacote pronto, sabíamos trabalhar juntos, fizemos bem a retaguarda". Ruy a fez chorar algumas vezes e se justificava dizendo que implicava com ela "só porque eu gosto muito de você"; e ela respondia que "preferia que gostasse menos". Ele lhe deu, porém, uma lição "inesquecível" que ela retoma constantemente nos locais em que trabalha:

A gente descia naqueles buracos do metrô, me lembro do Dagoberto, que é um técnico de som das antigas, muito bom, brigando porque não era seguro pro equipamento. O Ruy naquele lugar, como um prisioneiro, dando voltas em círculo. Porque aquilo era uma arena. A produção cobrando: "E agora, vamos com a câmera pra onde?". E ele: "Calma, gente, não filmo há cinco anos, não me perguntem isso assim de imediato, na correria; eu tenho que saber as coisas, tenho que sentir".

Ruy lembrou uma aventura divertida. Por ocasião da rodagem em uma rua de São João do Meriti, filmaram Pereio na rua, de farda. Tinham autorização para tal mas uma bela hora surgiram policiais que o levaram detido por desrespeito ao uniforme ou algo parecido. Em outro carro, Ruy e membros da equipe seguiram a polícia, que tentou despistá-los entrando na contramão na avenida Brasil; eles atrás, firmes, até a delegacia. A equipe avisou Ney Sroulevich, que pôs a boca no trombone para a mídia. A detenção se tornou pública e, ainda à noite, todos foram soltos. Ruy até hoje ri da fala do delegado se justificando: "Vocês sabem, é nosso dever. Vocês até que são simpáticos, menos aquela mulher barbada com charuto".

Quanto ao final do filme, Ruy declarou à revista *Ele & Ela* que, "no Brasil, ou você se inscreve dentro do sistema, ou então você se marginaliza totalmente. Não há meio-termo possível". *A queda* é o único filme de Ruy que termina com um caso de amor bem-sucedido, ainda mais entre marido e mulher. Talvez o final tenha sido influenciado pelos atores, a quem Ruy dava bastante liberdade.

Se a filmagem no início de 1976 foi rápida, a montagem demorou. Ruy gosta de contar: "Vinte dias pra filmar e seis meses pra montar". De início, editou um filme de seis horas, somente em uma segunda empreitada chegou aos 110 minutos finais. Claudia recordou que "havia um desalento, um mau humor com relação ao término, à não conclusão na montagem".

Selecionado para o Festival de Berlim, para lá seguiram Nelson, Ney e Claudia; Ruy estava em Maputo, a trabalho. A cineasta brasileira Ana Carolina era parte do júri; Sergio Leone, o presidente. Lembrou Claudia que

nós torcíamos muito, porque era muito importante para o Brasil ganhar um prêmio para fazer ressurgir a memória do nosso Cinema Novo por meio de uma figura importante como Ruy, que já tinha ganho outro Urso. Ana Carolina deve ter feito o trabalho dela. A gente ficou muito visado; o público, quando viu, gostou; criou--se um movimento de que o filme teria que ganhar algo. Não era dito, mas parecia estar no ar. Ganhou o Urso de Prata. E o Ney e o Nelson subiram no palco.

Na Alemanha, a preocupação do produtor Ney era a venda do filme. Claudia contou: "Por incrível que pareça, apesar de ter dado muito prestígio para os produtores e para o Ruy, em particular, de ter sido importante para o cinema brasileiro naquele momento, infelizmente não foi um filme viável do ponto de vista comercial". É um dos filmes prestigiados em mostras internacionais e nacionais até hoje. À imprensa, Ruy anunciou muitas vezes querer fazer sua continuação, retomando os personagens em uma trilogia. Um roteiro foi começado em Paris nos anos 1980 e retomado em Maputo, como atestam rascunhos no acervo. Em 2015 Ruy iniciou uma parceria com produtores paulistanos para esse novo filme sobre o personagem Mário nos anos 2000.

A queda foi liberado pela censura somente após a premiação do segundo Urso de Prata, atribuído justamente quando o presidente brasileiro, general Ernesto Geisel, desembarcava na Alemanha; segundo alguns, isso ajudou na liberação. Seis anos depois, o Serviço Nacional de Informações (SNI) documentou uma apresentação do filme em Porto Alegre, iniciativa de um clube de cinema e do Instituto Goethe, no ciclo "A vida operária". Um resumo reproduz a história do operário morto que não possuía vínculo empregatício e do que decorreu dessa condição ilegal.

> O filme não agride, mas critica valores morais, culturais e sociais da Nação na medida em que conduz o espectador a refletir e discutir valores como a honestidade, a verdade e a justiça diante de um poder econômico apresentado como corrupto e manipulador da classe dos menos favorecidos. E quem não aderir a antivalores será fatalmente levado à marginalização. Não critica diretamente a política econômica do governo, mas procura mostrar uma certa complacência do Estado, que, em razão da falta de fiscalização, permite que atos irregulares sejam praticados ao arrepio da lei. O regime político é contestado por ser concentrador de poder, tornando-se conivente com a influência do capital em detrimento de seu ordenamento jurídico e de sua obrigação com o bem comum.

De volta ao palco

Pouco tempo depois, Ruy voltou à cena teatral. Dirigiu em 1977 a peça *Trivial simples*, escrita pelo amigo Nelson Xavier. Fernanda Montenegro e Fernando Torres, dois anos antes, tinham tentado encenar o texto; durante os ensaios, desentenderam-se com o diretor Luiz Carlos Ripper. Nesse período, o mochileiro diretor morou com Paulo César Pereio, ator da peça; destacou a delicadeza com que foi tratado pelo ator em estada em casa dele.

Em cena, somente dois personagens, marido e mulher; Camila Amado, num *teatro de terror* conjugal, como diz o subtítulo da peça. No prólogo, uma entrevista dada pelo autor e pelo diretor à revista *Veja*, feita por Joaquim Ferreira dos Santos.

Ruy já tinha sido convidado a trabalhar por Augusto Boal no Teatro de Arena e por José Celso Martinez Corrêa no Oficina. Expôs na entrevista do programa, em sua forma franca habitual, a pouca ligação pessoal com o palco, que frequentava muito raramente, e afirmou ter certa preguiça. Quando trabalhava com essa arte, era levado por razões afetivas, não por interesse pela linguagem específica. Criticou as peças então em cena, na maioria estrangeiras, por falarem de outra realidade. Sua direção voltou-se mais para os dois personagens e seus comportamentos: "Adotei uma linha de clarificação das ideias do texto, de certa forma quase absurdo, segundo a intenção do autor. Acredito que, ao acentuar justamente esse caos, as ideias ficam muito mais claras". Nelson estava recém--casado e em Londres, e Ruy o visitou dando-lhe notícias da peça. Junto com Quitinha, Nelson tinha tido uma menina. Ruy presenteou o bebê com um ursinho, lembrado até hoje pela família.

Em 1979, sempre em busca de trabalho, voltou mais uma vez ao palco. Encenou e dirigiu a peça *Fábrica de chocolate*, de Mario Prata. O autor em entrevista relembrou muitos fatos relativos à peça. Na época, "estava começando aquele negócio de abertura ampla lenta e gradual e tal". Foi quando se deu, em outubro de 1975, nas dependências do Dops, a morte do jornalista Vladimir Herzog, que a repressão tentou passar como suicídio. Revoltado, praticamente em uma única noite escreveu a peça, "como se Paulo Pontes e Vianinha tivessem encarnado em mim e eu só tivesse psicobiografado o texto". Criou um caso fictício semelhante, detendo-se no exame do cotidiano dos torturadores.

Para encená-la, pensou que "a única pessoa no Brasil que teria coragem seria uma portuguesa chamada Ruth Escobar". Ruth adorou o texto e "convidou uns caras de esquerda pra conversar, mas todos tinham medo de fazer a peça". Ruy estava hospedado na casa de Fernando Peixoto, em São Paulo, quando Ruth passou o texto para Fernando.

> Daí ele leu e deu um grito no quarto: "Puta que o pariu!". Então, passou o texto pro Ruy. Ruy leu numa sentada só. Segundo Fernando, quando terminou, apareceu na porta do quarto dele e fez uma cara de espanto. Não sei se foi pela qualidade da dramaturgia ou pelo tema.

Até então, nenhuma peça sobre tortura tinha saído no Brasil. Corajoso como o autor e a encenadora, Ruy disse de imediato: "Vou dirigir essa peça".

Mario Prata afirmou ter passado a respeitar Ruy muito mais após essa experiência. Tiveram uma convivência diária, sobretudo noturna: "Foi uma coisa muito interessante trabalhar com Ruy". A única discussão se deu no restaurante Gigetto, em São Paulo, e foi sobre iluminação. Ruy queria fazer como no cinema, colocar a luz somente onde se dá a ação e deixar o resto escuro. O cenário é um porão. Pratinha retrucou: "Ruy, é como se fosse um porão de verdade, tem uma luz acessa, não é cinema, quando sai desliga a luz, quando entra acende a luz". Afinal, nada alterado e luz no palco ao gosto de Ruy somente no momento dos depoimentos (trinta anos depois, ao dirigir *Exilados*, de James Joyce, Ruy realizou esse tipo de iluminação com Maneco Quinderé).

O autor contou ainda: "Estava em casa jantando, Ruy ligou: 'Pratinha, eu queria mudar um negocinho na peça, vem aqui, vamos ensaiar até meia-noite'.". A peça se passava numa quarta-feira e Ruy queria alterar para um domingo. Isso porque o personagem Herrera comprava ingresso para assistir naquele dia à final do campeonato, e, "Pratinha, final de campeonato é sempre em domingo". O autor informou-lhe que em São Paulo era diferente, e Ruy, por fim, concordou. Ruth Escobar trabalhava na peça e concomitantemente exercia muitas outras atividades. Era famosa por não decorar textos. Sabedor, Ruy colocou no contrato que ela tinha que ensaiar todo dia de tal a tal hora, com multa estipulada e tudo assinado.

No prefácio do programa, o diretor se explicou: "Por acreditarmos que o homem e a sociedade só se transformam se os olharmos de frente, podendo falar, não nos sentimos no direito de ficar calados". Afirma que a peça nos

> obriga a encarar frontalmente um tema que até há bem pouco tempo era tabu em letra de forma e se falava apenas à meia-voz, olhando em volta pelo canto dos olhos: a tortura. Um fato oficialmente desmentido e que ironicamente às vezes se comprovava, praticado por aqueles que o negavam, naqueles que afirmavam a sua existência.

O texto, segundo Ruy, "de grande lucidez crítica", quer compreender e mostrar o lado mais infamante da tortura, aquele do torturador.

Declarando-se, tempos depois, como marcado por Jean-Paul Sartre, destacou no prefácio a dramaturgia que, recusando a emoção amplamente justificada, tem uma postura política e humana clara:

> A de assumir a responsabilidade, de forma total, pelos valores da sociedade a que se pertence, mesmo quando se luta contra eles. [...] como cidadão e ser humano, do mesmo modo como se assume o orgulho do homem que põe o pé na lua ou isola o vírus da poliomielite. Quando um homem se avilta, aviltando um outro homem, todos nós somos esses dois homens.

Ressalta que os personagens são

> homens e mulheres, no exercício da sua profissão, uma profissão tão distante e inadmissível e que, no entanto, por vezes nos surpreendem pela sua proximidade. Porque têm duas pernas, dois braços, uma cabeça, ideias, emoções nem sempre claramente diferenciadas das de qualquer um de nós. É mostrando

seres humanos complexos, usando uma linguagem estimulante e verdadeira, que por vezes os aproxima de nós, que esse texto nos desafia agudamente, sem maniqueísmos.

Na análise, deixou bem claro seu próprio olhar e seu posicionamento sobre os torturadores, pois,

> embora essa responsabilidade seja um fato também individual, é o Estado que os arregimenta, treina, paga regiamente, lhes fornece um estatuto de impunidade e falsos valores cívicos para se estruturarem psicologicamente nessa função [...]. O torturador é um resultado, não um ponto de partida. A discussão deve-se situar no plano mais amplo do sistema que o utiliza, como um dos instrumentos para salvaguardar os privilégios de uma minoria.

Ressaltou que, se o momento de abertura poderia tornar a discussão menos significativa, é "importante lembrar que é no presente, agora mais vitimando prisioneiros do direito comum do que prisioneiros políticos, que ele se conjuga cotidianamente. Com a mesma violência e o mesmo significado".

A peça foi muito bem-sucedida. Luiz Carlos Prestes foi um dos inúmeros espectadores.

2
O cineasta viajante

Ventos de mudanças

Obedecendo à paixão por filmar, Ruy Guerra voava inúmeras vezes entre os três continentes, tentando aplacar seu medo de voar – cada vez menor – com remédios e álcool. Cacá Diegues disse: "Ao longo do tempo, fui entendendo que Ruy viajava muito e ficava; a gente viaja e volta, ele viaja e fica". Desde a década de 1980, além da França, suas frentes de trabalho foram a África portuguesa, Portugal e, na América Latina, México e Cuba. Nessa década, Ruy deixou de criar roteiros próprios e passou a roteirizar obras de literatura; aparentemente, isso facilitaria a captação de financiamentos.

Aos poucos, conquistava uma situação mais estável, com independência financeira. Quando fazia produções mais caras ou internacionais, entrava bastante dinheiro. No ano de vacas gordas, Ruy se prevenia para os de vacas magras, sempre mais numerosos, sem acumular por acumular e assessorado pelo advogado Jorge Costa, a quem diz dever um apoio amigo. Na verdade, a maioria do dinheiro entrava e saía – tanto em projetos como na vida familiar. Pai convicto, não abria mão de uma vida estabilizada para a convivência com as filhas. Necessitava de uma equipe profissional – babá, motorista etc. – que lhe desse alguma cobertura para momentos de trabalho e viagens, e não parece ter economizado na manutenção, na educação nem na saúde das meninas, tampouco em seus próprios prazeres, como jantares, charutos, livros etc. Algumas reservas também se esvaíram por Ruy não ter jeito com as coisas práticas da vida, por não ser muito atento, por confiar demais. No meio de um secretariado fiel, um deles lhe causou um rombo nas finanças. Segundo Margarida Vamos, sua secretária na época, para algumas coisas Ruy "era sempre de uma vaidade absoluta; chegava a ser um exagero, o que chamam hoje de metrossexual"; por outro lado, às vezes "saía para uma reunião importante de camiseta furada, eu avisava, ele olhava pra mim e perguntava: 'E daí?'".

Em 1980, Ruy recebeu um telefonema do amigo Alain Quéffélean. Quéff organizava para a televisão francesa, com sua produtora Films du Triangle, uma série de seis episódios baseados em *Histórias extraordinárias* de Edgar Allan Poe, que contava com a colaboração da Rádio e Televisão Portuguesa (RTP). Os episódios foram dirigidos na França por Claude Chabrol, Alexandre Astruc e Maurice Ronet; no México, por Luis Buñuel. Ao cineasta moçambicano coube filmar o episódio de cinquenta minutos de *La Lettre volée* [*A carta roubada*]. Um convite que lhe caiu do céu,

> num momento de completa indigência [...]. Foi uma obra de encomenda e, como pretendia reduzir os custos, optei por filmar em Portugal e por uma narrativa *minimal*. Foi um exercício de sobrevivência por meio do cinema, não uma escolha pessoal. Nunca teria escolhido essa história, se eu tivesse outros meios de produção.

Roteiro dele com o amigo Gérard Zingg, diálogos da mulher deste, Vivianne, que se diz grata a Ruy por tê-la estimulado a estrear num *métier* no qual se encontrou. Atores portugueses e franceses – entre eles, Pierre Vaneck, conhecido desde o Idhec. Música do conhecido Georges Delerue; equipe técnica praticamente toda portuguesa. Foi a primeira das montagens feitas para Ruy pela mulher de Quéff, Kenout Peltier. Ela se lembrou do quanto ele baforava seus charutos sem parar na sala de edição. E ainda de sua teimosia, sempre em busca de novas experiências ao montar. Quando ela, com sua vivência do *métier*, lhe dizia que algo poderia não dar certo, ele insistia. O trabalho ficava "infindável, procurar, cortar, depois colar ou recolar"; todavia, "Ruy era tão gentil, engraçado, delicado, a gente se dobrava a suas exigências". Quéff disse que, nos três filmes em que trabalharam juntos, Ruy jamais se descontrolou, apesar das dificuldades geradas por "*budgets* nunca faraônicos".

O escritório do Centro Português de Cinema foi a base para a produção; filme de época, quase um mês de preparação, locações, escolha de atores, guarda-roupa, penteado. Pedro Celestino Costa, recém-formado em cinema em Vincennes, Paris, estreou como primeiro-assistente: "Ruy me recebia num quarto da Estalagem do Farol, em Cascais, com uma vista linda do mar. As coisas dele ficavam espalhadas por todo lado. Entre o muito que me ensinou, houve a indicação de um livro americano, *Os cinco Cs da cinematografia* [de Joseph V. Mascelli]". Durante as preparações, lá pelas seis ou sete horas da tarde, ele, novato, cansado, queria voltar para casa. Ruy se negava: "Não, não, agora nós estamos casados". Para Pedro, tudo funcionou muito bem,

> num ritmo muito cadenciado. Ruy bastante organizado, tudo escolhido, tudo planificado, ele de acordo com tudo. Chegam os franceses às vésperas da filmagem.

Olham para o plano de trabalho e querem alterar muita coisa. Resultado: Ruy bravíssimo, deitamos fora 80% do trabalho feito.

A locação principal foi uma casa em Sintra. Era inverno, como se vê nas fotos da filmagem, nas quais todos aparecem agasalhados, Ruy com boné de tricô (igualzinho a um de Ingmar Bergman), charutão na boca o tempo todo. Segundo Pedro, "às dez da noite íamos jantar e para cama à meia-noite". Filmaram no Palácio Nacional de Sintra, com enormes chaminés, algumas cenas em Lisboa perto da Casa dos Bicos, na parte baixa da Alfama.

Talvez pelo fato de o último trabalho de Ruy ter sido a encenação da peça *Fábrica de chocolate*, seu método de direção de atores caiu nas boas graças de uma das atrizes, Maria do Céu Guerra, que, apesar do sobrenome, não é parente de Ruy. Diretora de A Barraca, uma das companhias de teatro de vanguarda portuguesas, já conhecia Ruy pelo amigo comum Augusto Boal. Lembrou:

> Os anos 1970, imediatamente após a Revolução dos Cravos, foram os primeiros em que vivemos sem censura, saindo de uma ditadura que tinha durado quarenta e tantos anos. Antes, Ruy e Boal nunca teriam podido trabalhar em Portugal; mas então corresponderam inteiramente a essa situação quase mítica em que estávamos.

A Barraca tinha sido a primeira companhia convidada após a Independência para reatar os laços entre Portugal e Moçambique.

> Ruy era um deus em Moçambique. Senti-me perante um mito, uma pessoa bem metida no seu tempo e bem interveniente. Meu papel era a rainha, pequenininho. Eu tinha feito pouco cinema e não gostava daquele que se fazia em Portugal. Ruy chegou e funcionou com a equipe de filmar como se fosse uma equipe de teatro. Eu já tinha lido que o Bergman fazia o mesmo, assim como outros realizadores: juntavam as pessoas, explicavam a história, a posição de cada um no enredo e cada relação com os outros. Fiquei completamente encantada com Ruy, tinha uma aura, uma energia. Filmava de forma interessante, fazia duas ou três vezes o percurso de cada personagem na história. Eu seguia o meu itinerário sem saber o que ele iria aproveitar ou não. Um trabalho como se fosse de teatro, embora ele não tivesse empregado em momento algum essa palavra.

Ruy tinha mandado o conto com bastante antecedência para os atores. Maria do Céu recorda: "Tínhamos um imenso tempo a ensaiar, como de quatro a seis horas. Ruy mandava toda a gente embora, fechava-se no platô sozinho conosco atores, fazia as marcações como se fosse teatro. Os técnicos, os câmeras, toda a gente furiosa, à espera". O telefilme foi exibido nas televisões portuguesa e francesa. Em 1999, num catálogo de mostra de Ruy na Cinemateca de Lisboa,

Nuno Sena destacou que, "apesar dos constrangimentos, Ruy Guerra foi capaz de levar a água a seu moinho", tendo elaborado um "discreto mas eficaz exercício de ficção".

Erêndira (1983) iniciou – finalmente! – a parceria havia muito tempo desejada por Ruy e o amigo García Márquez. Segundo Gabo, "o diretor brasileiro Ruy Guerra, nascido em Moçambique, esperou vários anos com uma paciência de português"; segundo Ruy, foram "dez anos de muitas noites de prosa e uísque". Gabo escrevera alguns contos reunidos sob o título de *A incrível e triste história de Cândida Erêndira e sua avó desalmada*. De acordo com uma biografia do colombiano, "a história acabada tinha sido concebida como um roteiro de cinema antes de se transformar num longo conto e já havia sido publicada como tal na revista mexicana *Siempre* no início de novembro de 1970". Trata da relação entre uma rica avó e sua neta escravizada como prostituta, as duas perdidas na solidão do deserto. Gabo relatou ter se inspirado em incidente semelhante que testemunhara quando tinha dezesseis anos, no interior da Colômbia.

O roteiro empacou por dez anos nas mãos de uma diretora venezuelana. De posse novamente dos direitos, García Márquez e Ruy o refizeram; foi rodado no México, nos estados de San Luis Potosi, Zacarecas, Veracruz e na Cidade do México. Esses deslocamentos deram enorme prazer ao glutão Ruy, que se apaixonou pelas comidas regionais. Afirmou respeitar e conhecer tão bem a produção do amigo que podia se permitir uma atitude zen, abordando uma obra do realismo mágico sem se preocupar com nenhum *a priori* teórico. Afirma ainda, em tom de brincadeira, que, como Gabo tinha sido imortalizado com o Nobel, ele havia ficado mais livre: o amigo estava salvaguardado.

Erêndira, segundo a lenda, era o nome de uma jovem indígena mexicana do século XVI, ícone na luta contra a destruição de seu mundo pelos conquistadores espanhóis, símbolo da resistência e da preservação de sua cultura. No papel da cândida Erêndira, viu-se a estreante Cláudia Ohana. Ela entrou na vida de Ruy nesse momento – e ficou. Uma lindíssima jovem, com cara de menina, que encantou o vital cinquentão, amigo de sua mãe, a falecida montadora Nazaré Ohana. O vendaval de paixão entre eles gerou a segunda filha, Dandara, alguns poemas sofridos e, apesar da curta duração, se transformou com os anos em uma relação familiar carinhosa que os une até hoje.

Mais uma vez, foi o amigo Quéff e a Films du Triangle que produziram o filme, junto com a Austra, produtora de Ruy. Coprodução internacional, *une coprode*, como sublinhou com ironia Serge Daney em 1983 no jornal *Libération*, "sem a qual esse excelente cineasta viajante não poderia trabalhar". Gabo queria Simone Signoret para a avó; Ruy sonhava com Irene Papas, a qual o amigo considerava demasiado magra para o papel. Em um encontro a três em Roma, Ruy o convenceu. Resultou um elenco internacional: a jovem brasileira, a grega

Irene, os franceses Michael Lonsdale e – mais uma vez – Pierre Vaneck, o alemão Oliver Wehe e o britânico Rufus. Eram mexicanos os outros atores e a equipe técnica menos especializada. Música, fotografia, cenário e direção artística reservadas aos franceses. *Del fuego y del viento* (1983), documentário feito por Humberto Ríos, revela de forma muito viva a filmagem. Mostra a equipe na espécie de tenda/casa da avó, Ruy ajeitando o cenário, dirigindo Irene ou ao lado da jovem Cláudia enquanto ela tocava piano. Eric Nepomuceno, tradutor de Gabo, assistiu às filmagens em Querétaro. Lembrou: "Ruy cuidava de Irene Papas com o mesmo carinho paternal com que cuidava de Cláudia Ohana".

Para o produtor Quéff, tratou-se mais que tudo de uma operação de prestígio: filme indicado a Cannes e ao Oscar em 1984, a inúmeros festivais internacionais, merecedor de vários prêmios. Durante a exibição no Festival de Cannes em 1983, a revista francesa *Le Nouvel Observateur* assinalou que Ruy "teve a sabedoria de, filmando uma história barroca, adaptar um estilo clássico. Evitando um pleonasmo no qual caíram muitos de seus colegas do Cinema Novo, tornou possível acreditar no inverossímil". Por ocasião do falecimento de García Márquez, em abril de 2014, o jornal *O Globo* reproduziu um artigo do distribuidor Harvey Weinstein, cofundador com o irmão Bob da distribuidora Miramax. Ele conta como, em início de carreira, foi aconselhado durante o festival pelo escritor americano William Styron a selecionar o filme. Para Harvey, um filme maravilhoso. Afirmou que, em sua opinião, foi fundamental no sucesso da distribuição, além de um corte de minutos sugerido pelo diretor, sua própria ideia de colocar Cláudia Ohana – "uma brasileira linda" – na revista americana *Playboy* – a "convergência perfeita de alta e baixa cultura".

Ruy conta, orgulhoso, que *Erêndira* ficou mais de cinquenta semanas no Lincoln Center de Nova York e mais sete meses em exclusividade na cidade. No Brasil, não teve o mesmo sucesso de público, e a exibição foi restrita; ganhou, entretanto, prêmio de melhor filme nacional em 1986, atribuído pelo paulistano Cineclube Oscarito. Dinheiro, contudo, Quéff afirmou não ter ganhado nem perdido. Sobretudo porque a exibição nos Estados Unidos nada lhe rendeu – o lucro ficou no próprio país; para consegui-lo, cobranças jurídicas complicadas exigiriam dele um montante que não possuía.

Dezenas de críticas elogiosas estão resumidas no pedido de liberação à censura brasileira. Pareceres em 1984 liberaram no Brasil a exibição daquele "pesadelo" – nas palavras de uma censora – para maiores de dezoito anos. Outro censor achou que havia no filme um simbolismo mostrando nações do Terceiro Mundo como prostitutas:

> Analogicamente, fala da situação de espoliação. De miséria, de escravidão, da desesperança na qual vive a América Latina, que só encontrará a própria identidade,

dignidade e destinação depois de livrar-se daquelas nações e daquelas gentes que a mantêm em permanente estado de subserviência e de subjugação.

Ruy, famoso como cineasta político, dificilmente escaparia de interpretações desse gênero por parte da censura. O romance já provocara, como contou o autor a Ruy, o mesmo tipo de análise: "A desumana avó, gorda e voraz, que explora Erêndira, é o símbolo do capitalismo insaciável".

Ricardo Bravo, que nunca tinha encontrado Ruy pessoalmente, esteve no lançamento em Nova York. Os ingressos esgotaram uma semana antes. Sentado na fila do gargarejo, lembrou a grande emoção ao ver no palco Irene Papas e, ao lado dela, Ruy. Achou tudo sensacional, a ponto de mudar sua vida. Interessado em cinema, tinha pensado em morar fora do Brasil e, nesse momento, decidiu voltar. Ele recordou que Ruy, perguntado em cena sobre o próximo projeto, anunciou *Ópera do malandro*.

Engajado e arrojado

Ruy lembra sempre que o cinema é uma grande convenção – "aceita-se, por exemplo, que a câmara esteja ao mesmo tempo em vários lugares"; assim, resolveu lançar-se ao enorme desafio de fazer pessoas se exprimirem por meio de cantos e danças. Quis realizar um musical, gênero ao qual o cinema brasileiro não é afeito. Durante a filmagem, declarou ao jornal *O Globo*: "Sou daqueles que prefere despencar do Corcovado a cair da própria altura". Seu filme questiona diretamente o modelo do musical hollywoodiano "água com açúcar", a que tanto assistira em sua adolescência. Queria mostrar a clivagem entre as duas culturas com um filme "transgressor, extremamente político [...], escuro, algo impensável num musical realizado em Hollywood, [em que] o mocinho é um escroque [...] e a mocinha é uma putinha". E que remetesse a uma temática política muitíssimo de seu agrado: a dominação cultural dos Estados Unidos, no caso durante os anos 1940.

A filmagem durou por volta de quinze semanas, quase toda rodada à noite. Produção muito bem cuidada. Trata-se de um dos poucos filmes da cinematografia de Ruy existente em DVD, e extras mostram a séria pesquisa feita no Rio de Janeiro para as locações, com planos feitos por computador. Segundo Ruy, orçamento vultoso, entre 800 mil e 2 milhões de dólares, com a coprodução da Austra e da bem-sucedida produtora francesa MK2, de Marin Karmitz, que, como Ruy, também era ex-aluno do Idhec – de início, um esquerdista saído do maoismo que, depois, acabou por se tornar um capitalista muitíssimo bem-sucedido.

Os contatos para a produção conjunta se deram dentro de um acordo França/Brasil sob o Ministério da Cultura de Jack Lang. Luiz Roberto Nascimento

Silva (mais tarde ministro da Cultura no governo Itamar Franco, advogado participante e implementador da Lei do Audiovisual) assessorou Ruy em relação aos contratos. Segundo ele, o orçamento foi bem maior do que o lembrado pelo diretor. Advogado de vários cineastas, foi a primeira vez que trabalhou com Ruy.

> Ajudei-o a fazer praticamente tudo. Em determinado momento, ficou visível que por telefone os contatos com a França não estavam claros; ele me mandou para lá com Alberto Graça para fazer a costura final com Marin Karmitz e sua MK2. Criei um mecanismo fiscal interessante para que os recursos pudessem chegar de uma forma financeiramente melhor. Participei integralmente do filme. Além de fazer os contratos, ia ao set. Ruy e eu passamos da mera relação profissional para uma relação de amizade, que se prolongou esses anos todos.

Ópera do malandro, peça musical de Chico Buarque, estreara em 1978 inspirada em *Ópera dos mendigos*, de John Gay (inglês do século XVII), e *Ópera dos três vinténs* (musical estreado em 1928), de Bertolt Brecht e Kurt Weill. Foi um dos inúmeros projetos que os dois tinham sonhado fazer juntos, mas de cuja realização Ruy ficara fora.

A adaptação para o cinema demorou. Roteiro a muitas mãos – Chico, Ruy e Orlando Senna, que afirmou em entrevista: "talvez tenha sido o roteiro a que mais tempo dediquei na vida, mais de um ano". Além das músicas da peça, outras foram compostas por Chico, porém Ruy não as letrou. Segundo o músico, nessa época a colaboração entre ambos não foi tão entrosada como antes, pois Ruy se encontrava em fase de filmagem, pressionado pelo tempo. Em bilhete de Ruy a Chico, que consta do acervo, uma frase – "Por favor não me abandona" – revela uma cobrança da letra de uma das músicas novas que não estava pronta no dia necessário. Ao final, "aguardo ansioso".

Foi construída uma cidade cenográfica no Pavilhão de São Cristóvão, onde aconteceram todas as filmagens, com exceção de uma locação num estádio de futebol. Em 2014, na 38ª Mostra Internacional de Cinema de São Paulo, o produtor Marin Karmitz foi homenageado e houve exibição do filme. Na inauguração, Marin foi representado por seu filho Nathanael, então à frente da MK2. Enviou carta lida pelo filho, na qual recordou a produção sobretudo noturna da película, em um imenso galpão, onde durante o dia acontecia uma feira agropecuária. O barulho produzido por porcos, bezerros e vacas, se por um lado perturbava o trabalho, por outro até divertia a equipe: "Se as canções de Chico Buarque não estivessem em *playback*, não sei o que faríamos". Ao que parece, como bom europeu, quis salientar o lado exótico brasileiro.

O amigo moçambicano Fernando Silva foi o assistente de direção. Era com quem Ruy estourava quando precisava – talvez não apenas pela função, e sim pelo tipo de relação bastante próxima existente entre eles. O fotógrafo moçambicano

João Costa, o Funcho, veio de Maputo, feliz, convidado por Ruy para ser um dos câmeras: "Nós tínhamos que iluminar tudo para ele escolher de que lado iria filmar. Ele não dava muito palpite, tinha confiança no diretor de fotografia, Antônio Luiz [Mendes]. Era um cenário enorme e que se usava muito pouco. Mas acho que isso é normal nas filmagens". Ele conta ainda que Ruy exigia da equipe. Sabia o nome das pessoas, menos dos muitos figurantes. Fez uma observação: "Ruy é alguém que não passa os olhos pelas pessoas, ele vê as pessoas. Isso sempre – não só no trabalho, dando aula é a mesma coisa". Dib Lutfi, outro câmera, comentou com amigos que virou um morcego de tanto trabalhar à noite.

Ney Latorraca seria o ator principal, e Sônia Braga seria sua parceira. Ney recordou:

> Mas em cinema, as coisas mudam... com a entrada da minha querida e talentosa atriz Cláudia Ohana, a faixa de idade mudou, e o papel masculino ficou com Edson Celulari. Fiz o Tigrão e me senti muito feliz com meu personagem, um ótimo trabalho dentro do filme. Quando terminava a sequência do Hino do Durán [seu personagem], o cinema aplaudia.

Ney cobrou de Ruy: ficava lhe devendo um filme. E ironizou: "Brincava muito com ele por achar que favorecia sua amada Cláudia. Por exemplo, enquanto nós atores dançávamos e cantávamos, ele falava claramente: 'Fecha na Claudinha'". Fotos no acervo mostram um Ruy sem barba, cabelo curto, dirigindo com os olhos grudados em sua *leading lady*. Cláudia declarou a uma revista francesa como gostou de trabalhar com Ruy pela segunda vez. Diretor exigente, não deixava passar um fio de cabelo: "É sempre um risco, ele põe tudo a perigo", o que para ela era "apaixonante e a fazia aprender muito". Carlinhos Vergueiro relatou o cuidado de Ruy ao lhe encomendar a preparação de Cláudia para os números de canto.

Mair Tavares e Idê Lacreta montaram o filme, com participação de Kenout Peltier na França. Mair foi quem mais montou filmes para Ruy: "Ruy é muito sistemático, escrevia tudo, eu não escrevo nada, sou completamente caótico... Ele é tranquilo, porque a cabeça dele tá inteira, entende de tudo. Sempre se aprende com ele, não tem escapatória". Mair, que se tornou um grande amigo, observou:

> O Ruy é hilário. As pessoas pensam que ele é feroz, mal-humorado, mas ele tem um humor! Nunca brigamos; também, eu caio fora pra num brigar, porque [rindo] a coisa que dá mais prazer pra ele é discutir; o cara tem que ficar calado, porque ele começa a discutir, começa a aumentar o tom de voz. É superinteligente, se saca que num tem jeito, sai de fininho. Se o cara for turrão feito ele, aí é um bate-boca.

Disse isso, mas acrescentando uma ressalva: "Já o vi pedir desculpas várias vezes, ele é muito justo". O ambiente entre os três era amistoso, no trabalho na casa de Ruy, já separado de Cláudia. Comiam, jogavam *video game*. Idê disse:

Tenho as melhores lembranças dele. Certa vez, fiz um comentário que passou para ele como crítica. Ele sugeriu um plano, rejeitei, ficou tão bravo, a gente quase brigou, ele levantou a voz como nunca vi. E o plano ficou lá. No último dia, na hora do corte final, sem mais conversa, me pediu pra tirar o plano. Pensei: "Danado esse cara, que personalidade". Uma coisa assim meio de estratégia, de jogar mesmo em tudo, não é jogar levianamente. Eu nunca conseguiria ficar com uma coisa fervente assim por tanto tempo.

Lembrou-se do rigor de Ruy ao ver os copiões. A um quadro um pouquinho mais descentralizado, já reagia, pois "sabe enquadrar muitíssimo bem e, ainda por cima, é montador". Indicada por Mair, Virginia Flores fez a edição de som:

Ruy é bastante detalhista. A paixão por cinema é tanta que mergulha no trabalho e não faz mais nada. Fiquei bastante impressionada com essa dedicação, o preciosismo com o sincronismo do filme, que era dificílimo; na moviola era muito mais complicado do que hoje no computador.

Por se tratar de coprodução francesa com a ajuda do Ministério da Cultura, fotos datadas de junho de 1986 mostram a visita ao set da mulher do presidente francês François Mitterrand, Danielle, com o ministro Jack Lang, acompanhados por Chico Buarque. Com boa bilheteria no Brasil, a assim pronunciada *Operrá du malandrô* teve sucesso na França devido à publicidade e à distribuição da MK2. O trailer rodou pelo país, o filme teve boa cobertura em Cannes e foi apresentado em inúmeros festivais. A produtora MK2 realizou um *portrait* de Ruy entrevistado por François Monceaux; houve programas na TV francesa com Ruy e Cláudia, os dois muito à vontade num francês fluente.

Luiz Roberto Nascimento Silva assistiu na casa de Ruy a uma cópia do filme antes da estreia comercial:

Acho que *Ópera* foi um filme que deu muita satisfação a ele. Teve uma boa carreira no exterior, não deixou dívidas grandes, foi um tempo muito feliz em sua vida. Lembro-me de uma festa da equipe de filmagem em Ipanema, na casa de alguém, com momentos bem alegres.

Fabulando

A dívida de Ruy com Ney Latorraca se resolveu em *A bela Palomera* (1987), mais uma vez inspirado em García Márquez. Coprodução de Ruy com a Televisão

Espanhola e o International Network Group, a qual se deu por meio do contato feito em Cuba com Max Marambio. O tema é um caso de paixão com final trágico, da série *Amores difíceis*, na qual outros diretores foram o cubano Tomás Gutiérrez Alea e o colombiano Lisandro Duque. Segundo uma apresentação da Cinemateca Portuguesa, a fotografia de Edgar Moura "usando e abusando de efeitos e filtros contribui para a atmosfera de contos de fadas dessa fábula". A trilha sonora ficou a cargo de Egberto Gismonti, com uma canção em parceria entre ele e Ruy; Mair Tavares, cada vez mais próximo, foi produtor executivo, além de montador. Terminado em 1988, Ruy dedicou-o a Leon Hirszman, grande amigo nos tempos difíceis do Cinema Novo e que morrera no ano anterior. Na época, Rogério Sganzerla viu o filme como "uma pequena obra-prima da ourivesaria cinematográfica".

Ruy bolou em Havana com o amigo/autor a estrutura do conto e, em seguida, voltou ao Rio de Janeiro. Faltavam os diálogos, que Gabo prometera enviar depois.

> E não mandava. Havia um monólogo grande no final, e nada. Continuei a preparação, contratei atores, comecei a montar cenário. Coincidindo com um feriado, a três semanas da filmagem, percebi que ele não enviaria nada, pedi à produção uma passagem para embarcar logo para o México [onde Gabo morava].

Analisou: "Tratei essa história de que gosto muito de forma exacerbada e romântica, mas com uma inversão de valores que mostra como o amor pode ser também destrutivo, não apenas uma forma de redenção".

Ney, feliz, afirmou que "um filme lindo e feito com muito amor, como sempre, nas mãos firmes de um mestre. Poucos atores brasileiros podem encher a boca e dizer que já trabalharam duas vezes com Ruy Guerra. Eu sou um deles!". Ele protagonizou como um riquíssimo produtor de cachaça de Paraty, no estado do Rio de Janeiro, que se apaixona de forma fulminante por uma jovem casada, Cláudia Ohana. Para Ruy, a cena mais romântica que ele já fez está nesse filme: Ney cabisbaixo, embevecido, despetalando uma margarida; conforme a câmara se distancia da flor e segue para o alto, vê-se grande extensão de solo atapetado de pétalas. Todo filmado na cidade histórica, apenas a cena final foi num cemitério perto do Rio.

Anfitriões de Ruy na juventude, Cecil Thiré e sua mãe Tônia Carrero também atuam no filme. Edgar Moura conta em livro duas historinhas. Ricardo Bravo, segundo assistente de direção, certa hora estava mais interessado em conversar com Tônia do que em fazer seu trabalho: "Ruy, já furioso, o enquadra: 'Para de falar com os atores e se concentra na figuração!'". Quis logo retomar a filmagem quando Ricardo o interrompeu, dessa vez com uma sugestão: "Será que a mucama não podia entrar com um sorriso?". "'Com um sorriso pode vir a f. d. p. da tua mãe!', esbraveja Ruy, quase engolindo o charuto." Quando Tônia quis mudar uma de suas falas, o diretor a cortou rápido, definitivo: "Tônia, seus diálogos foram escritos por Gabriel García Márquez, Nobel de Literatura, acho que deveríamos mantê-los".

Ricardo Bravo contou uma briga entre ele e o assistente Foguinho:

> Ruy precisava de uns gatos pulando em cima da cama; a gente tinha fechado o quarto cheio de gatos. Tinha uma janela aberta, os gatos todos queriam fugir. Foguinho ficava do lado de fora pegando os que pulavam fora e os jogando de volta pra dentro. Eu tinha que os tirar de debaixo da cama sem a câmera me ver. Ruy estava sentado em cima de um armário fumando um charuto. Em algum momento, não sei o que aconteceu, Foguinho reclama: "Também, porra, o Ricardo tinha que estar não sei onde, mas não tá".

Ele protestou, e Ruy "pulou lá de cima no chão. 'Apaguem a luz!' Aí rodou uma baiana memorável". Ricardo ficou deveras chocado, porém confessou que mais tarde, como diretor, por vezes agiu da mesma forma.

O conto/fábula obteve apenas um prêmio da imprensa, no 25º Festival de Praga. Em 1989, foi apresentado, com a presença de Ruy, no Sundance Festival, promovido por Robert Redford em Salt Lake City, Utah, nos Estados Unidos. A cubana Alquimia Peña, da Fundación del Nuevo Cine Latinoamericano (FNCL), compareceu. Contou que era um janeiro em que a neve se acumulava até o meio da perna. Redford, simpático e acolhedor, os proveu de *abrigos y botas*; Ruy, corajoso, aventurou-se a esquiar nos *resorts* turísticos do local. Tendo se esquecido desses fatos, Ruy se lembrou apenas da presença de Sônia Braga, por quem Redford parecia enamorado.

Dentro da história do Brasil

Na década de 1980, Ruy praticamente emendava um filme em outro. O acervo mostra registro de suas conversas em São Paulo com Walter Avancini sobre uma produção para a televisão, o que lhe garantiria um ano de contrato, *flat* para morar etc. Nada se concretizou. Mas ele embarcou, então, em um projeto verdadeiramente épico. Com Rudi Lagemann, o Foguinho, redigiu o roteiro baseado no romance de Antonio Callado publicado em 1967 e que tratava da vida no país desde o ano de 1954, morte de Getúlio Vargas, até 1964, início da ditadura militar. O livro chama-se *Quarup*; o filme, *Kuarup*. Certamente interessou a Ruy por ser aceito, de uma forma geral, como paradigmático, mostrando de forma ficcional a derrota de uma esquerda então numa crise terrível. Ruy, tendo vivido o momento, tentava entendê-lo; o namoro com o projeto de filmar o romance, como é quase rotina para ele, durou anos.

No cartaz do filme, o subtítulo anunciava "uma aventura no coração do Brasil", pois a procura do centro geográfico do país constitui parte importante do enredo. Além do evidente apelo político, como boa parte da história se passa no Xingu, em plena natureza não domesticada, o filme ganhou o rótulo de ecológico. A questão amazônica estava em grande destaque, o assassinato de Chico Mendes agudizava a atenção brasileira e mundial sobre o tema. Callado destacou na televisão ser esse fato mais uma coincidência do que uma razão de ser do filme. Ruy declarou à mídia que a ecologia deveria "ser a bandeira de qualquer ser vivo".

Mais uma superprodução, desta vez de origem totalmente nacional. Em meados de 1987, em Paraty, onde Ruy filmava *A bela palomera*, deram-se as primeiras conversas com dois paulistas, os empresários Paulo Brito e seu amigo de infância e parceiro de trabalho Roberto Giannetti da Fonseca. Cacaso – Antônio Carlos de Brito, professor de teoria literária na PUC do Rio de Janeiro, poeta, letrista – era primo de Paulo Brito e foi a ponte entre os dois e Edu Lobo, que, por sua vez, incluiu Ruy na jogada. Segundo Giannetti, hesitaram entre produzir um filme sobre Vinicius de Moraes ou um relato sobre Canudos; decidiram-se pelo segundo tema. Cacaso passou a se dedicar ao projeto, mas morreu nesse ínterim, aos 42 anos, de ataque do coração. Com isso, o clima de choque e desânimo abriu brecha para Ruy oferecer seu projeto sobre o livro de Callado. A aceitação por Paulo Brito e Giannetti originou desentendimentos com Edu Lobo, abalado pelo desaparecimento prematuro do amigo, seu parceiro em catorze canções desde 1977. Segundo Giannetti em entrevista, "Edu achou uma traição à memória de Cacaso, como se a gente tivesse com este um compromisso moral irreversível e que não pudéssemos voltar atrás naquele projeto". O músico sentiu-se passado para trás pelo parceiro, pois fora ele quem intermediara Ruy e os produtores. Assim se deu o fim do trabalho em comum e da convivência entre eles.

Giannetti discorre sobre essa produção em seu livro de memórias. Financiar cinema era sonho antigo dos dois amigos e parceiros, que, com experiência de exportadores, queriam criar uma indústria cinematográfica voltada para o mercado internacional. E aquela história "continha elementos necessários para um filme de sucesso, como aventura, sexo, proteção ao meio ambiente, índios e política". Formaram uma sociedade, a Grapho Produções, contrataram atores, técnicos, advogados, todos da melhor qualidade.

> Compramos uma máquina Arriflex que era o último modelo, uma grua Panca sensacional, de enorme sensibilidade, toda eletrônica, que demorou pra chegar. Tínhamos *laptop* da Apple pra fazer toda a roteirização em computador, isso em 1988... E radiocomunicação pra falar do Xingu para fora.

Com capital próprio e por meio de uma lei de incentivo – com dinheiro da Sharp, da SulAmérica Seguros e da Rhodia –, constituíram um orçamento inicial de 3 milhões de dólares. Ao que parece, gastaram perto de 5 milhões, quantia notável para a época.

Muita aventura – não somente na tela, mas também na preparação, na filmagem, na montagem. Uma realização cinematográfica é, em geral, uma empreitada e tanto, o que qualquer espectador compreende ao ver, ao final da exibição, a longa lista de créditos na tela. Rodar o filme foi uma verdadeira epopeia, à semelhança do enredo do romance. Fernanda Torres, atriz principal, permaneceu o tempo todo das filmagens no Xingu; saiu marcada da experiência, pois tempos depois se pronunciou mais de uma vez sobre isso na mídia. Na revista *Piauí*, escreveu:

> As filmagens de *Kuarup* são mais fiéis ao espírito do livro de Antonio Callado do que o próprio filme. Nós, atores, produtores, técnicos e o diretor, éramos como os heróis da literatura, submetidos a pressões físicas e culturais semelhantes. Esse era o choque que o filme desejava captar em celuloide.

Em seus 23 anos, sondada para o papel, passou por um frenesi de expectativa, com "vontade de me perder no Brasil profundo por quatro semanas, que viraram dez, alojada junto a tribos do Alto Xingu". E ainda mais sob a direção daquela "figura lendária do Cinema Novo": "um homem carismático, um líder inteligente, um jogador com alma de revolucionário, figura ímpar, sem similar".

Filme de época, produção muitíssimo cuidada. O diretor de arte Hélio Eichbauer, que já trabalhara com Ruy no teatro, relatou com entusiasmo a pré-produção que, na prática, lhe tomou um ano de trabalho. Ele e Ruy voaram país afora em busca das locações.

> Ruy é uma espécie de desbravador, um bom bandeirante. Descobrimos o Brasil a partir daquele Parque Nacional do Xingu, daquelas aldeias intactas. Fomos mais de uma vez, íamos a Brasília, pegávamos um monomotor ou um bimotor, descíamos no posto Leonardo Villas-Bôas, na aldeia onde se filmou *Kuarup*. Vimos um Brasil que poucas pessoas conseguem ver, guiados pelo chefe Aritana, da importante nação Yawalapiti. Ele nos levava numa canoa por aquele labirinto do Xingu e dos afluentes. Objetivar aquele mundo subjetivo foi uma das grandes emoções que tive como ser humano e como artista.

Pelo prazer alegado por Eichbauer, pode-se imaginar o de Ruy: projeto próprio, com orçamento e organização de nível semelhante à filmagem anterior, porém bem mais aventuroso. Evidenciam essa satisfação fotos dele de cabelão solto para trás, sem barba, queimado de sol, sorrindo abraçado a membros da equipe. Paulo M. Lima, que fez os *stills*, declarou em seu livro de fotos, apropriadamente intitulado *Kuarup Quarup*: "Foram quatro meses muito felizes. [...] Afirmo com total segurança que nunca mais fui o mesmo [...]. Poucas vezes me senti tão perto do vento, dos rios, dos bichos e dos seres humanos".

A região do Xingu onde filmaram é cerrado, pré-pantanal mato-grossense, uma selva não tão fechada; rodaram também na alta floresta do Médio Xingu. Para Eichbauer, "um filme etnográfico, um documentário de ficção". A filmagem se realizou em acampamento ao lado do rio Tuatuari, perto da aldeia yawalapiti. "O Tuatuari era um rio-fonte, maravilhoso, transparente. O Xingu é serpentino, cheio de meandros, caudaloso, barrento, violento. Vê-se o outro lado, mas ninguém cruza a nado, é muito perigoso por causa de detritos da floresta, animais, jacarés, piranha."

Eram cerca de cem cabanas do tipo de acampamento. Ruy fez com que cada um recebesse um kit e montasse a própria. Como era preciso alisar o chão cheio de pedregulhos para preparar o terreno, teve quem se aborrecesse; Eichbauer achou bom para criar um clima heroico. As barracas eram individuais, mas às vezes o pessoal da equipe técnica compartilhava uma. Dormia-se em sacos de dormir. Ao chegar, Fernanda se chocou com a visão de "tendas de náilon, em tons cítricos e motivos abstratos [que] se alastravam, horrendas, destruindo a paisagem do esbelto afluente" e que lhes provocavam dores nas costas, pois tinham que viver acocorados.

O ator Ewerton de Castro permaneceu no local durante três meses; toda noite, religiosamente, escrevia em seu diário. Registrou que a tenda era muito devassada e, se alguém roncava alto, você não dormia; havia casos de ronco famosos, como o de Cláudio Mamberti, escutado a muitas barracas de distância. Chuveiro elétrico e banheiros coletivos, com água encanada, chão de terra batida com estrados – "tomava-se um banho legal; o duro era quando a gente saía às cinco horas da manhã, era insuportável o frio àquela hora... ao meio-dia era um calorão! E à noite de novo um friozão".

O acampamento era cercado de tela por todos os lados para proteção contra os animais selvagens e para marcar uma separação com o mundo indígena. Fernanda explicou as zonas com um viés sociológico irônico:

A zona mais afastada da margem, sem direito à brisa do rio, se estendia do barracão-refeitório até a floresta. Ela era ocupada pela base da pirâmide social: o pessoal da estiva, da limpeza e da cozinha. Ao lado do barracão-refeitório, ficavam a zona da produção e o rádio, nosso solitário contato com a civilização. Essas eram as únicas edificações de madeira e palha, o resto era feito de plástico [...]. Na parte alta do terreno, margeando o Tuatuari, à esquerda dos barracões, foram erguidas as acomodações da equipe, batizadas de Savana Hills. Meu lar ficava depois dessa área populosa, em um declive acentuado que levava até uma praia de areia branca, um luxo reservado ao topo da cadeia alimentar. Meus vizinhos eram o Ruy, o Taumaturgo [Ferreira, ator principal] e o ator Roberto Bonfim. O local se transformou na Ipanema dos dias de folga.

Ewerton afirmou que "morava na famosa avenida de Ipanema, no melhor pedaço, minha barraca de frente para o mar, de frente para o Tuatuari"; certo ator, desejoso de se isolar, montou sua barraca longe, no "Recreio dos Bandeirantes".

Foi alugado de um circo um galpão grande, o qual sofreu um dos dois incêndios sucedidos na temporada; havia ainda outro, uma taba comprida retangular com sapê, construído pelos índios. Parte do cenário chegou de barco, cruzando o rio e às vezes encalhando devido aos meandros tortuosos. Uma casa pré-fabricada foi levada do Rio de Janeiro para servir de posto do antigo Serviço de Proteção aos Índios (SPI). Raquel Arruda e Mair Tavares, da equipe do filme anterior, cuidaram da produção. Raquel tinha o apelido de Xerife e controlava a entrada da totalmente banida bebida alcoólica – terá sido bem-sucedida? Giannetti era o chefão máximo; Paulo Brito, uma visita ocasional e simpática.

No início da filmagem, à espera da famosa grua que não chegava, Ruy resolveu fazer, como em filmes anteriores, um laboratório sobre o roteiro com os atores presentes. Ewerton recordou:

> A gente se vestia do personagem, se reunia numa tenda, e discutíamos o dia inteiro. Foi maravilhoso, era tudo o que eu queria na vida, até escrevi no diário que "esse filme vai ser maravilhoso, um sucesso, porque o diretor tá ouvindo os atores". Cada um expunha sua visão da cena, do personagem, Ruy com o charutão, anotando. Quando começaram as filmagens, esqueceu-se completamente dessa semana de *workshop*.

Começadas as filmagens, o trabalho era intenso, diurno e noturno. As equipes saíam do acampamento em canoas para filmar na floresta. Os yawalapitis moravam ao lado, os kamaiurás, a uma longa caminhada. Eichbauer montou cenários de acampamentos indígenas, muitas vezes com os índios: "Fizemos alguns provisórios na selva, pois os índios saem das aldeias e constroem um acampamento precário para os pernoites de caça. Com o rio em seca, montei um no meio de uma ilha fluvial e outro dentro da floresta".

> Quem pilotava os barcos eram os índios... Lá pelas tantas, fora do ciclo do cotidiano a que estavam habituados, começavam a dormir na direção. Muitos barcos entravam terra adentro, indo de encontro a árvores, machucando os passageiros. A gente tinha que tomar cuidado para o índio não dormir, acostumados que são a adormecer quando escurece e acordar quando amanhece.

Alguns descreveram o prazer de observar indiozinhos e peixes nadando; e muita gente mergulhava nas águas do Tuatuari. Essa parte mais idílica surge em poucas cenas na versão final do filme, com algumas visões do rio, de pássaros, poucas imagens de sol ou lua. Era uma beleza selvagem, e Ruy certamente não desejaria mostrar uma natureza com cara de Jean Manzon ou outro documentário turístico. Para Ewerton, "inferno e paraíso ao mesmo tempo. Viver naquela mata é uma experiência única e, por mais dinheiro que se tenha, ir a um Kuarup é uma coisa restrita". Sua tenda ficava debaixo de uma árvore em que morava uma cobra. Toda noite ela descia em torno da barraca, ia fazer as refeições e voltava. Ele diz ter se acostumado à presença, achando que não era venenosa. Lembrou-se dos enormes escorpiões: "A gente precisava ter cuidado pra não pisar neles, porque andavam por lá, pareciam animais de criação". Havia ainda mosquitos, capivaras e a possibilidade de encontros com bichos assustadores.

A alimentação era um caso à parte, uma das decepções de Fernanda.

> Fui para lá certa de que manteríamos uma dieta frugal, com peixe fresco e frutas do pé. Bobagens de moça fina. Obviamente, seria impossível manter cem bocas alimentadas à base de anzol. Os sacos gigantes de carne moída conservada em um *freezer*, que gelava à meia potência, eram trazidos de avião dos estados vizinhos, junto com o feijão e arroz.

Diante dessa situação, aconteceu algo inesperado: os índios adoraram a carne e passaram a querer se alimentar da comida da equipe, enquanto a produção tentava encontrar maneira diplomática de explicar aos donos do lugar que eles não eram bem-vindos à mesa. Como chegava tudo em voos de Cessna, para quem reclamava da comida, Ewerton retrucava: "Não reclama, é a comida mais cara que você já comeu na vida!". A secretária Margarida Vamos relembrou: "Uma das coisas que chamava atenção era que, na hora da comida – um grande bandejão –, Ruy entrava como todas as outras pessoas na fila e pegava o prato dele".

Como não havia estrada, as pessoas ficavam praticamente ilhadas. Fernanda contou que: "Havia mais de uma centena de almas inquietas – de peões goianos a intelectuais sensíveis, de suculentas cozinheiras cariocas a técnicos japoneses alérgicos a mosquitos, de atrizes burguesas, como eu, a lendas vivas do cinema brasileiro". Nos aviõezinhos que vinham e iam cabiam poucos, o que tornava os deslocamentos bastante controlados. Com pouquíssima exceção, os atores não permaneciam o tempo todo – o pessoal técnico, sim. Ewerton, muito apegado aos filhos pequenos, exigiu e viajou para vê-los duas vezes: "A gente conversava através de um rádio; era a coisa mais inconveniente, numa fila de pessoas, você ouvia assim: 'Eu te amo, meu amor! – Câmbio!'; 'Olha, eu tô doente – Câmbio'. Telefonemas aos berros, ficava-se sabendo da vida de todo mundo". A convivência, sempre intensa em sets, nesse caso era uma vida quase que totalmente compartilhada. Como em qualquer filmagem, ciumeiras e paqueras, briguinhas e brigonas, em alto e bom som ou cochichadas. Fernanda:

> Carência é o outro nome de uma película em locação. [...] A abdução cinematográfica torna irresistíveis pessoas sem nenhum atrativo. Só ali elas têm charme.

É difícil confiar no próprio julgamento. [...] No caso de *Kuarup*, em que 60 dias de mato se transformaram em 120, e mais outros 60 no Recife, a dança do acasalamento começou no primeiro mês, e só Deus sabe quando terminou. Meu romance furtivo, depois de mim, namorou mais duas colegas – era preciso ser democrático. Casamentos foram feitos e desfeitos no Xingu.

Do lado masculino, houve grande expectativa em relação à chegada de Cláudia Raia; e vale apostar que o diretor não escapou do *frisson*.

Em um intervalo de três a quatro meses acampados, com tanta gente envolvida, o folclore é riquíssimo. Fernanda foi lembrada por Ewerton como uma incrível companheira, 100% profissional, alegre. "As pernas dela eram chagas, fazia o estilo sem sapato, andando por aqueles lugares inóspitos; nunca reclamou, só olhava pras pernas e falava assim: 'Ah, meu Deus, será que voltarei a ser a mesma?'." Fernanda não destacou apenas coisas negativas, mas passagens memoráveis, como o dia em que, voltando pelo Tuatuari, eles viram a lua cheia nascer simetricamente oposta ao sol, que se punha do outro lado. "Até aquele momento, eu jamais havia compreendido o alinhamento dos dois astros. Duas curvas adiante, um enorme jacaré apreciava a mesma confluência astral."

Ewerton lembrou o trecho da filmagem ao centro geográfico do país, perto da cachoeira do rio Aripuanã:

> Fomos a uma cidade na orelhinha do Mato Grosso. Filmamos num lugar de difícil acesso. Foi aberta para a gente uma picada no meio da mata, diante de uma enorme e linda cachoeira. No primeiro dia, fomos levados de jipe até lá embaixo. Aquela cachoeira maravilhosa com um bando de passarinhos dentro! Quando entardeceu, vimos que os passarinhos eram milhares de morcegos, enormes, uma nuvem preta que veio vindo, veio vindo... Ninguém respirava.

Vistos em cena do filme, igualmente nos iludem.

Numa tarde, quando terminaram de rodar, foram avisados de que o jipe quebrara. Duas possibilidades: esperavam um tempo ou seguiam a pé. Ewerton, Fernanda e Edgar Moura optaram pela segunda. Com uma pequena lanterna iluminando o chão, seguiram por uma picadinha no meio do mato até o carro que os levaria ao hotel. Medo ou realidade, enxergaram olhos de animais selvagens brilhando no escuro.

Ewerton afirmou que viu Ruy se exaltar uma única vez, justamente nessa região longe do acampamento:

> Ele rodava a cena de um temporal e a gente era atacado por uma espécie de marimbondo. Tinha escolhido um local muito bacana, distante pra chuchu. Fomos lá com a grua, que pesava toneladas, homens carregando mata adentro. Motores jogavam água na gente simulando a chuva. O piso era um barro extremamente

liso, não conseguíamos ficar de pé, perdia-se o equilibro, pois era um terreno bem íngreme. A gente caía e rolava, saía da marca que ele decidira. Furioso, ele esbravejava: "O que estão fazendo? Vão acabar com meu filme!".

Na tela, contudo, a cena parece natural. Em outra, bem perto da cachoeira, um avião bimotor tinha que soltar um material para os viajantes; um dos arremessos quase atingiu o ator Roberto Bonfim, que escapou de sério perigo. Apesar de tudo, Ruy ainda encontrou ali tempo para poetar. Um caderno seu guarda longos versos apaixonados, em várias versões, indicando local e dedicados a uma Bruna "de olhos frios". Também no acampamento, compôs poemas marcados pela forte impressão que lhe causava o rio; declarou mais tarde que, ao morrer, gostaria de ser cremado e ter suas cinzas lançadas no Tuatuari.

Os atores e a equipe escreviam ou ligavam para fora dando notícias da experiência. A filmagem se tornou pública na imprensa, pois era inédita aquela multidão de "caraíbas" junto aos índios em meio à exuberante natureza. Giannetti escreveu detalhes:

> Começou a aparecer gente pedindo para ir, e acabamos causando um *happening* lá no Xingu. Apareceu a Tomie Ohtake, o Júlio Pomar, o Tomás Ianelli, a Ruth Escobar, o Egberto Gismonti, um fotografo inglês, um banqueiro inglês, ativistas do meio ambiente, Waltinho Salles, uma mistureba! Dietrich Batista, irmão de Eike, ligado à Apple, veio de Los Angeles pra ver nosso Macintosh funcionando em plena selva; tirou fotografia para levar para o Steve Jobs.

O artista plástico português Júlio Pomar, por intermédio de Ruth Escobar, foi até lá passar um fim de semana; acabou ficando um tempão; fascinado pelo céu rasgado, chamou o local de "meu hotel de mil estrelas". Lembrou, em entrevista, espetáculo completamente inédito para ele:

> Os índios vinham muito à nossa aldeia. Não quis pintar, fiz uma série de sete desenhos em blocos que levava sempre comigo. Quando percebia, tinha desaparecido um bloco; então passei a ter um saco que carregava sempre, meu arquivo, minha biblioteca permanente.

Sua cabana à beira do rio se chamava Ateliê – a seu ver, por puro acaso. De lá, via "o balé mais que encantador" dos indiozinhos nus nadando no rio. Imortalizou a experiência em quadros que formam a série Xingu; um deles, *Baile dos meninos do Tuatuari*.

Fernanda escreveu que às vezes famílias inteiras de índios se colocavam à porta da cabana "para nos observar, como se fôssemos animais de zoológico". A filha caçula de Ruy, Dandara, então uma garotinha, lembrou-se de chegar de avião junto com Pedro Neschling, filho de Lucélia Santos, atriz no filme, e do maestro John Neschling. Garotinha branca e de olhos azuis, foi logo cercada por índios, o que a assustou a ponto de ser quase o único fato da viagem a permanecer em sua memória.

Mair conta que "íamos muito na aldeia kamaiurá falar com Tucumã, chefe da tribo; ficávamos tempos conversando e negociando com os chefes que falavam português. Lá tinha uma canoa maravilhosa de jequitibá, com centenas [sic] de metros. Restauramos e usamos no filme".

Eichbauer, por sua vez, lembrou que

> Ruy e eu, com Aritana [cacique], fomos visitar outra tribo para convencê-los a participar como figuração. A tribo deveria ir com traje de guerra, com a maquiagem e a pintura de guerra. Eles discutiram com Ruy: "Se nós nos pintarmos com a pintura de guerra, tem que ter guerra". Ou seja, "em nossos termos, não é uma pintura estética".

A relação com os nativos, como se poderia esperar, apresentou dificuldades de todo tipo e tamanho. Houve um estabelecimento prévio de algumas regras de relacionamento, segundo Giannetti, conseguidas em tentativas "exaustivamente negociadas com a Funai e as lideranças indígenas". Deram-se, entretanto, alguns choques provavelmente inevitáveis – e algo da confusão saiu na mídia, sob o título de "Revolta sobre os refletores". Várias versões relataram entreveros. Mair, por sua vez, contou que na época

> houve uma briga com os índios de outra tribo. Tentaram atacar o acampamento, acharam que estávamos filmando contra eles, falta total de informação. Pensaram que estávamos filmando a vida do coronel Fawcett, aquele desbravador desaparecido no Alto Xingu. Tanto o Aritana quanto o grande pajé Sapaim interferiram, e não houve a ameaçada invasão. Alguns no acampamento ficaram em pânico; mas eu gostei e falei: "Olha, se isso acontecer na vida de vocês e vocês sobreviverem, vão ter o que contar para filhos, netos, bisnetos".

A versão de Ewerton é a seguinte: "Fomos atacados pelos índios de uma tribo contatada para fazer uma cena. Fizeram uma lista enorme de objetos que queriam. Não conseguindo, atacaram flechas no jipe da produção".

Versão mais elaborada de Fernanda:

> O problema é que qualquer contrato entre brancos e índios arrasta consigo quinhentos anos de injustiça e desigualdade. Historicamente, o branco sempre levou vantagem. Eu, como atriz, nunca soube dos detalhes, mas, pelo que pude entender, fechou-se uma proposta na qual, além de um acerto financeiro, parte do equipamento de logística – balsas, geladeiras e rádios – ficaria no parque depois da nossa partida. Quando a infindável parafernália técnica começou a

desembarcar, os chefes quiseram rever o acordo, achando que haviam sido modestos nas exigências. As discussões se alongaram mesmo depois do início dos trabalhos. Mair e Ruy se alternavam entre o set e a sede da Funai, fazendo as vezes de interlocutor entre Paulo Brito, o principal investidor, e os caciques. Uma noite, lendo em meus aposentos, escutei a voz alarmada dos irmãos Yamada [...] repetiam aos berros que Ruy e Mair estavam sendo mantidos como reféns pelos índios. Nosso acampamento, diziam os rumores, seria atacado a flechas. O boato era falso. Ninguém morreu de zarabatana. Ruy e Mair enfrentaram sozinhos uma situação digna de *Amaral Netto, o Repórter*. Sentados em dois banquinhos na sede da Funai, no meio de uma roda de homens de tanga, parrudos e chateados, nossos líderes procuraram demonstrar firmeza. As bordunas em riste avançavam e recuavam na direção deles, e os dois ali, impávidos. A prova de macheza causou forte impressão, firmou-se uma nova negociação, e o drama não se repetiu.

Giannetti conta de maneira um pouco diferente: havia um povo arredio, os txicãos. Ruy, "fiel ao livro [...], quis filmar com eles, uns índios pequenos, mas fortes e atarracados". Como em geral acontece, o diretor repetia a maioria das cenas; os índios acharam que tinham recebido muito pouco por tanto trabalho. Arredios porém nada bobos, argumentaram que, devido à inflação galopante, se fossem gastar a quantia combinada na cidade, não conseguiriam comprar quase nada. Exigiam ainda um caminhão a ser entregue para a tribo no dia seguinte, senão queimariam o acampamento. Ele teve que os acalmar, que aceitassem dois motores novos para as canoas, dado que um caminhão não teria estradas para circular: "Os índios tentaram explorar ao máximo a relação conosco. Durante a filmagem eles foram aconselhados por uma inglesa, Diana não me lembro o quê. Ela os instigava contra nós, dizia que explorávamos a imagem deles".

As brigas, no entanto, não se encerraram com o fim da filmagem. O filme já em cartaz, com assistência de 1 milhão e tanto de espectadores, surgiu pela Funai um mandado de segurança suspendendo a exibição por causa dos direitos de imagem; segundo Giannetti, isso já lhes tinha custado muito dinheiro, uns 300 mil dólares. Tornou-se necessária uma liminar para continuar as exibições. Os índios foram até São Paulo com mais exigências: "Tínhamos lhes dado um Toyota e ficaram nos explorando o tempo todo pra gasolina".

Ao se encerrar a etapa Xingu, em 3 de setembro de 1988, Fernanda Torres escreveu um bilhetinho, hoje no acervo de Ruy:

> Ruy Guerra, Meu General Custer. Meu treinador de vollei ball [sic] feminino japonês. Meu Bandeirante do cinema. Juro que eu tentei estar sempre na marca. Com alegria, fé, esperança e caridade. O pior é que eu sei que depois dessa você ainda será capaz de partir para Canudos. MALUCÃO! Olha, esse set foi uma

pintura. Por você, a gente sente aquele velho amor e ódio, mas hoje com o dever cumprido sinto um tremendo orgulho e felicidade. Obrigada pelo convite e pela inteligência dos planos, estou contente. Beijos.

Uns quinze anos depois, ela e Ruy trabalharam juntos como atores em *Casa de areia*. Segundo ela escreveu:

O filme lembrava uma versão moderada da proeza logística de *Kuarup*. Para a ocasião, imprimi quatro camisetas para os membros da equipe que haviam passado pelo Xingu: eu, o Ruy, o Jorge Saldanha e um rapaz do figurino. Nela, lia-se em letras grandes: "Me respeita. Eu fiz *Kuarup*".

Uma segunda parte foi rodada no Recife. Para Eichbauer, foram na prática dois filmes. Dois tipos diversos como coletividades e em termos de criação e produção. No Recife, locações reais, sem uma cena de estúdio.

Preparei tudo enquanto Ruy filmava no Xingu. Redecorei o Palácio das Princesas, era o tempo do Arraes governador. Madalena, sua esposa, falou: "Vou deixar como você arrumou, ficou mais bonito". Fiz uma reprodução de época nas locações, as ruas antigas tinham que parecer o Rio de Janeiro nos anos 1950, com os carros de época. Filmamos num hospital abandonado para ser a Santa Casa, fomos a Matadouros, nos subterrâneos da cidade, esgotos ingleses à procura de um túnel, capelas abandonadas. Tenho um caderno muito bonito, um diário das filmagens, todo desenhado e escrito com pensamentos sobre o filme.

Foi uma enorme agitação na cidade, com as cenas de multidões nas ruas; reza a lenda que foram usados 2 mil extras. Entre eles, Heitor Dhalia, que contou em prosa ter sido seduzido a fazer cinema por essa participação.

No meio de tudo isso, um grave problema: Giannetti e o sócio se desentenderam, e ele saiu da *holding* do amigo; teve que vender sua parte, e provavelmente surgiram as dificuldades usuais em negociações dessa natureza. "Paulo ficou ressabiado comigo", escreveu ele. Certamente o dinheiro para as filmagens deve ter diminuído, e é provável que ele tenha ficado mais tenso, mais preocupado.

A montagem e a pós-produção se iniciaram em fins de novembro, início de dezembro, mirando o Festival de Cannes em maio do ano seguinte. Mair Tavares foi o responsável pela montagem, sob a orientação permanente de Ruy. Milhares de metros de filme de celuloide, boa parte em planos-sequências, como o diretor gosta. Giannetti se preocupava em fazer *lobby* junto a Gilles Jacob, responsável pelo festival. A data de entrega para a seleção seria 15 de janeiro de 1989. Mair recordou, rindo:

Ruy ama montagem, vai pra moviola e esquece tudo. Passei 24 de dezembro na montagem com ele. Ele não se dava conta da data, e eu: "São quinze pra meia-noite,

Ruy". E ele: "Mais um pouquinho". "Ruy, meia-noite, agora chega, é Natal, viu?" Tipo, "me libera, porra!".

No início de janeiro, Ruy entregou sua versão finalizada; produtor e diretor entraram em choque sobre a duração. Segundo Giannetti, eram três horas e meia de filme. Diz ter levado um susto e sentido uma decepção grande: "Inviável, não é isso que a gente queria, um filme desse tamanho, em português, não vai passar em lugar nenhum do mundo!". Achou ainda a historia complicada, muitos *flashbacks*. Disse ter tido com Ruy uma conversa dura para se impor como produtor: "Você vai fazer um filme de duas horas, quero um filme comercial, não um filme pra ficar na prateleira". Depois, foi a Paris aflito, passou o copião para Gilles Jacob e meia dúzia de jurados. Para sua grata surpresa, o filme foi selecionado.

Fato estranho na origem dos desentendimentos: os produtores terem esperado que Ruy Guerra agisse como um diretor flexível, algo que de forma alguma fazia parte de seu estilo. O advogado Nascimento Silva analisou: "Giannetti era um grande empresário e não se entendeu com o diretor, não houve amálgama. E vejo que o filme teve um custo de produção que não está refletido no resultado; como não está refletida no filme a grandiosidade amazônica".

Ruy já passara, como tantos outros, por esse tipo de aperto com *Os fuzis*. Deve ter ficado furioso, xingado muito. Ele, aliás, conta que a negociação inicial previa uma duração de três horas. Foi depois que os produtores declararam que assim não seria comercial, apesar de que ele listasse vários filmes com mais de três horas muito bem-sucedidos:

> Começaram a me pressionar muito, e foi a primeira vez em minha vida que eu transigi com um produtor; nunca mais volto a fazer isso [...]. Cortei certas cenas, tentei acomodar um pouco a um formato menor [...], assumi as angústias dos produtores e foi um erro.

O resultado final tem duas horas e vinte. Apesar da boa resposta do público, Ruy, desgostoso, acha que a concessão que fez foi contra eles mesmos. Fernanda Torres assistiu ao filme num cinema de shopping, um dia antes de embarcar para a França. O resultado lhe pareceu estranho e caótico. Mas, naquele momento, ressaltou na televisão que o importante não era ganhar prêmios em Cannes; o significativo era todo aquele destaque, "um filme brasileiro com tema tão atual, todo filmado no Xingu".

Durante a semana do festival, foi destacada nos jornais televisivos a expectativa em torno do único filme brasileiro a concorrer à Palma de Ouro – o filme nacional mais badalado do ano, uma das produções mais esperadas, um grande painel da história brasileira recente, revelador da negligência dos anos 1960 em relação aos índios e à Amazônia. Ruy guarda registros da mídia televisiva do momento. A mídia acentuava "muita discussão e muita polêmica" em torno do filme. São muitos os entrevistados. Callado afirmou que "evidentemente respeita o cineasta", seu trabalho "é de uma força tremenda". Viu as duas versões e aprovou as duas, pois mostram "um bom aproveitamento do romance". Pedro Bial salientou um "Brasil em destaque no mapa do cinema mundial". Animadas, Fernanda Torres e Cláudia Raia relembraram detalhes da rodagem no Xingu. Taumaturgo Ferreira, ator que encarna o padre personagem principal, foi classificado pelo apresentador Boris Casoy de "pré-teólogo da libertação". Comentou-se bastante o custo fabuloso – apontado como entre 4 milhões e 5,5 milhões de dólares. Foi elogiada a criativa fotografia de Edgar Moura, a direção de arte e de atores. Cenas da nudez de Cláudia Raia foram exibidas na maioria dos programas. Toda essa visibilidade ajuda a explicar o enorme sucesso de público.

Para a exibição no Palais du Festival, subiram as escadarias famosas o produtor, o diretor – com sua longa cabeleira caindo por cima do *smoking* –, boa parte do elenco principal e o autor da trilha, Egberto Gismonti. Até um artista de origem indígena – Moxuara Kadiwéu – compareceu, paramentado com suas pinturas; declarou à televisão que eram para destacar a cultura indígena, "a verdadeira cultura brasileira". Fernanda lembrou-se de Cláudia "com um vistoso cocar de penas radiantes e num discreto longo preto de sereia no tapete vermelho da sessão de gala". E Giannetti reconheceu, décadas depois: "Ruy tem um nome e um prestígio muito grandes em Cannes, porque já fez trabalhos pela Europa toda. Gilles Jacob o encheu de elogios. O filme passou, foi aplaudido".

No entanto, parece que nem tanto como descreveu o produtor. Na televisão brasileira, repórteres destacaram a fria recepção em Cannes, afirmando que o filme não ficou entre os escolhidos; as imagens mostram uma entrevista à imprensa pouco concorrida; as críticas indicaram uma lentidão da narrativa e o fato de não captar a psicologia dos personagens do livro. Presente no festival, Leon Cakoff tinha previsto: "Infelizmente, tecnicamente impecável, direção de Ruy Guerra moderna, mas o filme não tem bom roteiro". A crítica caiu em cima, como que exigindo que um filme que havia custado tanto tivesse um resultado à altura. Voz na contramão, Fernando Gabeira deu declarações elogiosas: "Muito bonito e interessante", retratou "a esperança de uma utopia socialista", mostrou o Xingu como "um paraíso sexual" por meio da história da personagem Cláudia Raia. Sintetizou-o como "um excelente painel para se ver como os brancos entendem os índios. Um pouco como um espelho, uma superfície plana onde você vê os reflexos de todos os seus sonhos".

O produtor, todavia, mostrou-se satisfeito, pois, se não conseguiu fazer o filme entrar em circuito internacional, vendeu-o para mais de cinquenta canais televisivos na Europa e na América Latina. Além disso, no Brasil, havia filas nos cinemas. Era o momento da volta da democracia ao país, o pessoal se emocionava.

Houve por volta de 1,5 milhão de ingressos vendidos, número que indicava o recorde do ano. Ele destacou, orgulhoso: "E sem Embrafilme, na cara e na coragem de dois jovens produtores idealistas".

Ruy lembrou várias vezes que o filme pode não ter tido uma carreira deslumbrante, ter ganho prêmios internacionais, mas teve uma resposta de público e, no ano, só perdeu para *Os Trapalhões*. Houve uma possibilidade negociada pelos produtores com a TV Manchete, aprovada por Ruy, para a realização de uma minissérie, que no entanto não se concretizou.

Triste final de década

Ainda em 1989, Ruy depositou seu arquivo pessoal na Cinemateca do MAM do Rio de Janeiro. Parecia estar com a bola toda. Concebeu, então, um projeto para o qual recebeu seu primeiro subsídio da Embrafilme, equivalente a 700 mil dólares (excetuado um auxílio para a distribuição de *A queda*, listado em livro sobre o tema). Mais uma vez inspirado em García Márquez, o filme se chamaria *Luana*; Ruy havia intitulado a história de *O demônio tem olhos tristes*, mas Gabo gostou tanto desse título que Ruy o cedeu para que ele o empregasse alguma hora. Tairone Feitosa, que preparou o roteiro com Denise Bandeira, contou: "Batida pesada, contrato assinado, faltava o roteiro". Brincou: "Emperrou, uma coisa do diabo; sou supersticioso, meteu o rapaz no meio, sempre complica um pouco". Há no acervo a letra para uma música "Luana", com a anotação "para Egberto"; Gismonti faria a trilha sonora. O filho do Celso Amorim, Vicente, seria assistente de direção.

De todos os projetos de Ruy, esse fracassou no estágio mais adiantado. Receberam o dinheiro para a pré-produção, que seguia animada quando Fernando Collor, empossado em março de 1990, decretou o fechamento da Embrafilme. Luiz Roberto Nascimento Silva comentou, em entrevista elucidativa sobre aspectos jurídicos, o que viu como momento dramático na vida de Ruy:

> Quando veio o governo Collor, com toda sua fúria e sua intervenção em cima do setor cultural, Ruy estava pronto para filmar *Luana*. Tinha recebido o financiamento mais importante daquele ano da Embrafilme. Eu, como advogado, tinha trabalhado bastante em torno do filme. No mesmo dia, no mesmo ato, Collor extinguiu a Embrafilme, o Concine e o CTAV, que é o centro de finalização do cinema, com um decreto só. Isso era algo realmente injustificável. Eu poderia até admitir que a Embrafilme tivesse problemas, que se devesse corrigir determinada rota, mas não se poderia extingui-la pura e simplesmente fazendo uma política arrasadora, não deixando nada no lugar. Vejo o presidente falar na TV, o tom de fúria com que redige essas medidas. Percebo que passaríamos por um período de trevas bastante longo.

Ele lembra como foi difícil transmitir a Ruy o que estava acontecendo: "Inicialmente, ele brigou comigo: 'Vamos filmar na semana que vem, estou com o orçamento aprovado, tenho uma equipe contratada. Você está louco'.". Era demais para Ruy; em seu feitio de eterno lutador, não conseguia atinar de cara o que se passava. Nascimento Silva tentou lhe mostrar que, sem a empresa financiadora, o filme não poderia ser feito, pois os recursos estavam contingenciados; que, quanto mais cedo se conscientizassem, seria melhor, perderiam menos. Durante quase três semanas, Ruy relutou em admitir a triste realidade: "Depois que percebeu, eu o vi ficar furioso, profundamente deprimido e magoado, como toda a classe. Já o vi chateado, descontente, mas nunca o vi se vitimizar. Então, tomou as decisões dele e foi para Cuba trabalhar para sobreviver".

Embora achasse que era uma intervenção ditatorial, justificou as decisões de não reagir no momento:

Nós não iríamos ao Judiciário para corrigir um governo forte, eleito após a primeira eleição popular, com instrumentos jurídicos poderosos e que havia disseminado uma ideia de que a área econômica se beneficiava de um sistema cartorial, que a área cultural era cheia de deslizes econômicos, um feudo burguês dentro de uma sociedade desigual. Collor jogou a opinião pública contra a classe artística.

E concluiu:

Ruy é uma pessoa muito querida, só tenho lembranças boas dele. Trabalhei com ele, a gente se entendia muito bem. Isso por sua transparência, por não guardar nada. Eu também dizia as coisas na lata para ele, ele devolvia para mim. É um convívio que, para quem visse de fora, talvez achasse que a gente estava brigando, mas nós não estávamos.

Explicou que, infelizmente, para Ruy não foi só a frustração de mais um projeto que deu com os burros n'água. As consequências prejudiciais da extinção da Embrafilme em meio à pré-produção de *Luana* se prolongam até hoje. Collor passou o patrimônio das empresas extintas para a União; todos os que deviam dinheiro à Embrafilme passaram a ser devedores da pátria. Sobrou para Ruy uma enorme dívida, cuja origem é, segundo o advogado, totalmente injusta; e, por essa razão, rendas de Ruy são retidas pelo Estado.

A classe ainda não agiu de forma integrada. Deveriam tentar uma solução coletiva para isso. Cada um está com o patrimônio penhorado, lutando isoladamente. No governo Fernando Henrique, surgiu o início das primeiras cobranças individuais aos diretores, por conta da Embrafilme. Pegaram o que existia dentro dos arquivos da empresa, por exemplo, aquele financiamento de Ruy, e tornaram essa dívida executável por meio das normas federais.

Depois de os arquivos terem sido desestruturados, há muitas lacunas na memória desses empréstimos, o que complica demais uma visão concreta. Além do mais,

deram um caráter fiscal e tributário a uma dívida que não era tributária, uma dívida que era obrigacional. Tinham obrigação de produzir, obrigação de fazer, obrigação de distribuir. Há na dívida ativa um processo de valor altíssimo contra os diretores; aqueles que têm patrimônio conseguem dar bens à penhora e conseguem embargar a execução. Ruy, como não tem esse patrimônio, não consegue se defender.

Ruy se ressente e, por vezes, comenta reclamando publicamente sobre essa situação injusta, kafkiana.

Nas décadas de 1980 e 1990, a fim de uns dólares, duas vezes Ruy realizou no Brasil videoclipes para músicos americanos. Segundo colaboradores, tratou-os como se fossem filmes. Em 1984, surgiu uma encomenda para fazer no Rio "Talk to Me", com cerca de seis minutos, para a banda americana Iam Siam. Pedro Farkas fotografou e contou: "Uma daquelas coisas de como norte-americanos imaginam o Brasil: muita selva, muita música. Com uma Cláudia Ohana que os encantou". Para ele

Ruy era um diretor muito diferente dos outros, fazia umas perguntas técnicas, tinha visor de contraste, *spot meter*, uns fotômetros, media, queria discutir relação de contraste mesmo para um videoclipe! Eu achava aquilo um pouco exagerado, mas era o jeito de ele se relacionar com o fotógrafo. Ele é brincalhão, muito artificioso, gosta dos fotômetros, dos números, tem paixão pela mecânica, pelo trilho, pelo gancho, pelo como vai ser feito. Como eu, adora a coisa da cozinha do cinema. [...] Ele viu minha mala de couro pros fotômetros, lá dos Irmãos Amarian de Mococa. Ficou louco, encomendou-me uma igual. Fanático por charuto, pediu um local especial para oito charutos e até me passou o diâmetro do charuto! Ele é assim, gosta da coisa precisa. Na filmagem, correu tudo bem, mas os americanos encheram muito o saco deles. Acabaram tomando um cano desgraçado; eram duas parcelas, os americanos não pagaram a segunda. Mas a produção brasileira foi supercorreta comigo, recebi todo o prometido.

O final da década só não foi tão terrível porque surgiu um surpreendente convite do cantor Paul Simon. Labieno Mendonça, sócio e executivo da produtora Guerra Filmes, contou ter recebido o contato telefônico e pressionado Ruy para aceitar; foram juntos para os Estados Unidos encontrar o cantor. O clipe mostra Simon cantando com o grupo Olodum, em Salvador, na Bahia. Roberto Bakker, o produtor, lembrou a equipe maravilhosa. Para ele, Ruy é um documentarista "muito oportunista. A gente usava *playback*, passou um menino de uns oito anos dançando lá longe, acabou entrando no filme, um papel principal". Labi resumiu: "Ganhamos dinheiro, salvou nossa sobrevivência naquele ano de crise". Talvez exagere ao concluir que "Obvious Child" foi o melhor videoclipe da MTV no ano.

PARTE IV

Onde é o meu lugar?

Ruy e Gabriel García Márquez durante filmagem de *Erêndira*, México, anos 1980.

1
Soy loco por ti, América

A partir da década de 1960, houve forte ênfase numa "latino-americanidade", em nível politico-cultural, de alguns grupos da sociedade brasileira, em especial artistas, intelectuais e estudantes. No refrão da canção de Carlinhos Lyra e Chico de Assis que entoávamos, proibida pelos generais da ditadura, o Brasil era um país "subdesenvolvido, subdesenvolvido, subdesenvolvido, subdesenvolvido"; as nações vizinhas estavam praticamente na mesma situação "terceiro-mundista". Havia, assim, um sentimento de empatia – politizado ou não – em relação a uma totalidade chamada América Latina. Alguns cantavam "Guantanamera", escandindo as palavras da poesia do cubano José Martí como um grito de guerra; com Violeta Parra e Mercedes Sosa, dava-se "Gracias a la vida" e muitos queriam "Volver a los diecisiete". Os amantes da música mais séria cultuavam a argentina "Misa criolla". Enfeitavam-se paredes com coloridas cascas de árvore mexicanas. Festivais de música e de literatura – por exemplo, na Casa de las Américas cubana – atraíam artistas, jornalistas, escritores e acadêmicos brasileiros de diferentes áreas.

Viva la Revolución!

Em 1959, ao derrubar a ditadura de Fulgencio Batista apoiada pelos Estados Unidos, a revolução de Sierra Maestra tornou-se um marco; com isso, Cuba passou a ser referência de posicionamento político. Durante esses anos, é difícil ter havido, entre aqueles atentos à contemporaneidade, jovem ou adulto que não tenha sido marcado pela Revolução Cubana. A favor ou contra. A favor, como Ruy, que em agenda escreveu: "Cuba resgatou sua dignidade – e a de toda a América Latina –, mais a de todos os países subdesenvolvidos". Os contra eram muitos. Faziam barulho. Usavam argumentos empregados desde os anos 1920 em todo o mundo ocidental por uma direita assustada com a Revolução Russa de 1917, que via como ameaça mundial o fato de que o "ouro de Moscou" levaria o comunismo para o resto do mundo. Lembro-me de alguma voz sintomática na imprensa ter afirmado que Fidel era o "demônio protetor da América Latina", por ter levado, em 1961, o presidente americano John F. Kennedy a criar a Aliança para o Progresso, a fim de favorecer o desenvolvimento do continente e impedir o avanço do comunismo.

Na segunda metade da década de 1950, surgiu, entre as novidades dos cinemas nacionais do continente, um *nuevo cine latinoamericano*, que aos poucos se impôs e expôs seus pressupostos teóricos. Apesar de seu conceito abrangente e do intenso intercâmbio entre os países, obviamente cada um viveu sua própria experiência. Realizadores, produtores, distribuidores, críticos, pesquisadores e conservadores de diversos matizes nacionais se agitavam: multiplicavam textos, realizavam conferências, congressos e mesas-redondas, festivais. Foram os próprios realizadores, sobretudo na década de 1960, os responsáveis pela explicitação de um pensamento cinematográfico latino-americano; entre eles, o argentino Fernando Birri, os cubanos Tomás Gutiérrez Alea e Julio García Espinosa e o brasileiro Glauber Rocha.

A primeira iniciativa no campo cultural do governo revolucionário cubano foi criar o Instituto Cubano del Arte e Industria Cinematográficos (Icaic). Seus noticiários e seus documentários foram importantes para a imagem do novo regime, no país e fora dele; já os filmes de ficção criaram várias tensões entre o poder e os cineastas da ilha. Apesar de vinculado ao programa cultural do governo, o Icaic desfrutava de certa autonomia; e alguns cineastas discordavam da posição oficial, o que favoreceu uma plêiade de belos filmes de ficção. A partir de 1967, a revista *Cine Cubano* se alçou como porta-voz do movimento. Ruy, apesar de politicamente de acordo, de interessado na renovação da linguagem cinematográfica e de bem-dotado para a escrita, não se aventurou nessa seara, pronunciando-se apenas em entrevistas.

Três anos depois de um primeiro congresso de cinema no Chile, que aconteceu em 1976, iniciaram-se em Havana festivais anuais. Ruy e seus filmes se fizeram presentes; lá ele dava palestras, jornais apresentavam reportagens a seu respeito e críticas de seus filmes. Rindo, ele conta que, por iniciativa do cubano Julio García Espinosa, *Os fuzis* foi exibido em festival no México; foi enviada de Havana uma cópia legendada em espanhol, junto a um telegrama: "Os fuzis já seguiram"... Saídas de onde saíram, parece que essas palavras criaram um equivocado e divertido alarde.

A criação em 1985 da Fundación del Nuevo Cine Latinoamericano e a inauguração em 15 de dezembro de 1986 da Escuela Internacional de Cine y Televisión de San Antonio de los Baños (EICTV) intensificaram o papel de Cuba como centro desse ramo de atividade. Importantes nomes latino-americanos se revezavam nos organismos cubanos. Ruy, em atitude que sustentou ao longo da vida, nunca foi parte da direção de organização nenhuma (a não ser da coordenação de um curso universitário de cinema no Rio de Janeiro, nos anos 1990 e 2000). Com a convivência em festivais e outras atividades do gênero, criou contatos e amizade com alguns de seus dirigentes, como o argentino Fernando Birri, primeiro presidente da EICTV; o chileno Miguel Littín; o colombiano Lisandro Duque; o boliviano Jorge Sanjinés; e o mexicano Paul Leduc (para quem, em 2006, Ruy fez uma ponta no filme *O cobrador*). Em Cuba, ligou-se mais a Julio García Espinosa e sua mulher Lola Calvino, da Fundación, a Santiago Álvarez e a Tomás Gutiérrez Alea, o Titón; ainda a Alquimia Peña, também da Fundación, desde seus primórdios. Titón defendia a revolução em textos e filmes, sem abrir mão de tecer duras críticas ao processo cubano. Uma dedicatória no livro de crônicas publicadas nos anos 1990 por Ruy – entre as quais, duas lembrando a doença e morte de Titón – estampam seu afeto e sua admiração por ele e sua obra.

Apaixonado por Cuba desde a revolução, Ruy falou sobre essa paixão em suas anotações. Por exemplo: "Meu passaporte é português, mas sou latino-africano"; "Cuba tem a mesma placenta que o Brasil". Na ilha, por vezes escrevia em castelhano nas agendas, embora reconheça que seu domínio da língua não era bom. Em 1990, passou cerca de um ano lá, após o fechamento da Embrafilme por Collor. Quase sexagenário, ainda que em plena forma, apaixonou-se por *una cubanita* de 23 primaveras, a atriz Leonor Arocha, com quem estabeleceu – para seus padrões – uma ligação duradoura.

O passaporte de 1981 registra sua saída de Paris para Havana, via Madri, provavelmente pela primeira vez – algo que ele não consegue afirmar com certeza. Desse ano em diante, parecia que, tanto para ele como para tantos outros intelectuais e artistas, todos os caminhos levavam a La Habana, a "Roma antilhana", como alcunhou o historiador Tulio Halperín Donghi. Seus vaivéns para lá saído do Rio, de Maputo ou de Paris foram constantes até a transição do século XX para o XXI. Cláudio MacDowell, parceiro de minissérie lá filmada, relatou:

> Fui pra Cuba pela primeira vez fazer os acertos pré-filmagens. Ruy conseguiu que eu fosse convidado pelo festival. A chegada foi inesquecível: desembarquei onze e meia da noite, e ele: "Quer dormir ou quer conhecer a cidade?". Lógico que fomos à uma hora da manhã para Habana Vieja. Uma noite de lua extraordinária, por acaso acompanhados de Mariana de Moraes. Ficamos passeando pelo bairro madrugada adentro, Ruy conhecia bem, ia me ciceroneando entusiasmado.

Esse sentimento esteve sempre associado a seu horror ao imperialismo americano. Ronald Reagan começou seu governo na presidência dos Estados Unidos em 1981. Acusava Cuba de promover o comunismo no Caribe, invadiu a ilha de Granada em 1983 e ameaçava a Nicarágua sandinista. Em Maputo, 1981, Ruy escreveu na agenda um epigrama: "Escuta, Fidel (o presidente Reagan anuncia uma possível intervenção em Nicarágua e Cuba): Os gringos rosnam?/ Eles que não se esqueçam/ Que o terceiro mundo/ Tem duas pátrias/ A sua/ E Cuba". No acervo, há um longuíssimo poema de rimas abertas: "Cuba, cemitério de *cowboy*: carta aberta a John 'Alamo' Wayne". O velho ídolo do garoto tinha passado a personificar para o adulto o odiado imperialismo. Irônico e violento, produto daquele momento político.

O quadro de extrema penúria do país, em função do desmoronamento do comunismo soviético e da consequente retirada do apoio econômico, provocou a decretação do Período Especial, caracterizado pela forte redução de gastos e pelo racionamento de bens e serviços. Foi o ano cubano de Ruy. Recapitulou em crônica as comentadas causas dessa difícil situação:

> O bloqueio econômico, a vizinhança com os Estados Unidos, a queda do muro de Berlim, o colapso da sua economia vinculada à ex-União Soviética, o peso político da diáspora cubana radicada em Miami, a teimosia do governo de Cuba de manter os mesmos fundamentos ideológicos, e não tenho a pretensão de ter tocado em todos os pontos nevrálgicos.

Em outra crônica, "Vinte navios", comenta a situação de *balseros* cubanos em direção a Miami; lamenta que os autoexilados nas balsas não sejam mais considerados refugiados políticos, e sim econômicos: "Vinte navios... Vinte vergonhas sobre as águas, para todos nós, irremediavelmente ligados nesta nossa condição (dita) humana". "Acho que poderia, com certa exatidão, me catalogar na faixa dos que ainda não perderam a capacidade de se revoltar [...]." A editora Francisco Alves, ao publicar alguns desses textos, resolveu que o título do livro seria *Vinte navios*. Ruy destacou, em agenda, sua satisfação com a escolha:

> Estou feliz porque é uma crônica sobre Cuba, uma das minhas grandes paixões. A maior? Não sei. Sou um homem de paixões, e isso minimiza cada uma delas. Todo mundo quer ser exclusivo. Sempre amei Cuba. Quando a revolução começou. Quando ela ganhou. E amo Cuba agora quando está fora de moda. [...] Fidel pode ser o que seja hoje, velho como eu, meio podre [ilegível] como eu, também o acompanhei na idade, é inesquecível. É difícil para mim, dentro da lógica moçambicana e portuguesa, levantar esta bandeira. Hesitei, mas não hesito mais. Sou brasileiro de trinta anos, quase metade de minha vida esquartejada em vários continentes e países, e me dou o direito de me sentir latino-americano, latino-africano, latino--português, todos com orgulho de quem viveu o sentimento da dor.

Depois, duas páginas arrancadas e "não estou escrevendo um epitáfio, estou vomitando um desejo de vida".

El amigo Gabo

Gabriel García Márquez, Gabo, era quatro anos mais velho que Ruy; pode ser visto como o pilar mais sólido sobre o qual se assentou o trabalho do cineasta na ilha. Desde que Mario Vargas Llosa os apresentou em Barcelona, em 1972, houve uma atração que se solidificou numa amizade em prazerosas reuniões regadas a uísque e infindáveis prosas. Muitos encontros na Cidade do México, em Cuernavaca, em Cartagena de las Índias, em Paris, no Rio de Janeiro, em Havana. Tanta conversa acabou concretizando quatro adaptações cinematográficas; Ruy foi o diretor que levou à tela mais textos do colombiano.

Algumas tentativas não deram certo: uma delas, roteiro de *O amor nos tempos do cólera*; outra, roteiro de *USNavy*, história original sobre um porta-aviões americano, que exigiria uma megaprodução, um projeto para estúdio hollywoodiano. Ruy leu em uma noite a novela *Crônica de uma morte anunciada* e elogiou-a para Gabo, que lhe prometeu: "Então, essa história é sua". Tempos depois, o autor, que não era de telefonar, ligou para pedir-lhe de volta os direitos da história, pois Francesco Rosi queria filmá-la. Ruy, que admira muito o diretor italiano, não hesitou em aceitar.

García Márquez tinha começado sua vida profissional como repórter político. Apaixonado pela revolução de Sierra Maestra desde sua vitória, no mesmo ano publicou uma entrevista com a irmã de Fidel. Cerca de uma década depois, Fidel iniciou uma repressão a alguns intelectuais da ilha, causando "um grande divisor de águas na história latino-americana durante a Guerra Fria", em especial entre os intelectuais de língua espanhola, como destaca Gerald Martin, biógrafo "oficialmente tolerado" pelo escritor. Em ativismo político constante, García Márquez realizava contatos diplomáticos ligados a reportagens e artigos com líderes políticos de diversas orientações. Diversamente de outros literatos do período, não discutiu o papel do intelectual na política latino-americana. Posicionou-se a partir de 1972-1973 irrestritamente a favor de Fidel Castro. Ao tentar se aproximar dele, foi bem-sucedido, tornando-se um de seus poucos amigos íntimos, privando sua mulher e filhos da intimidade do "comandante". Na segunda metade dos anos 1970, ao escrever sobre a ilha e o bloqueio americano, Gabo habilidosamente evitava qualquer tipo de informação que pudesse ser vista ou usada como contrarrevolucionária. Acabou como uma espécie de embaixador em missões especiais político-culturais para Fidel Castro.

Tendo acumulado grande fortuna como escritor, dedicou boa parte de seu dinheiro e de seu tempo à EICTV, escola de cinema que ajudou a fundar em Cuba. O brasileiro Orlando Senna, em entrevista, se declarou "um desses estrangeiros conhecedores da *cubanía*, morei muito tempo em Havana no terrível Período Especial". Um dos diretores da EICTV, Senna relembrou sua origem:

292 RUY GUERRA: PAIXÃO ESCANCARADA

Tinha-se pensado em fazer uma escola internacional em outros lugares, Brasil, Venezuela, Colômbia, mas viu-se que os governos não iriam segurar. Foi quando Gabo disse: "Vamos pra Cuba, deixa eu falar com o homem". Fidel se entusiasmou, mas na verdade jogou um repto para Gabo, algo como: "Você é um dos homens mais ricos deste continente, vem pedir a mim, que sou pobre?". Começou brincando, mas Gabo, sério: "Ponho 1 milhão de dólares". Era o prêmio dele, o Nobel de 1982. Diante daquilo, Fidel abriu o que podia, cedeu o terreno etc. Gabo continuou contribuindo bastante forte até a escola se firmar.

Em março de 1987, em sua casa em Havana presenteada por Fidel, García Márquez, primeiro presidente da Fundación, explicou as funções desta e da EICTV para a revista cubana *Bohemia*:

> O que fazemos realmente é criar ideias que propomos a algum grupo de especialistas no tema dentro do qual quereremos fazer algo. Que eles estudem as ideias e que nos tragam um projeto. Os projetos prontos, veremos quanto custarão. E vamos então buscar um patrocínio. [...] É óbvio que a Fundação não pode inventar um movimento cinematográfico como é o Novo Cinema latino-americano [...]. Tratamos de criar condições para impulsioná-lo, de introduzir o movimento no mercado [...]. Essa escola foi criada aqui, no papel, nesta mesa. Nós formamos um grupo de estudos que se sentou e disse: "Vamos planejar uma escola de cinema e televisão internacional não burocrática, prática, não teórica ou simplesmente teórica", e tratamos de pôr no papel como seria essa escola.

Além do ensino de cinema, foi um compromisso da EICTV e da Fundación garantir a elaboração de sete roteiros da autoria de Gabo. Apaixonado pelo cinema, ele estivera na segunda metade dos anos 1950 por dois meses no Centro Sperimentale di Cinematografia em Roma; interessara-se especialmente por roteiros, atividade que combinava suas duas paixões: escrita e cinema. Realizou várias oficinas de roteiros (*talleres de guiones*) na EICTV, algumas das quais com participação de Ruy. Alquimia Peña sintetizou:

> Ruy é um amigo muito querido. Inaugurou a pista de corrida da escola, a cozinha de García Márquez, uma velha mesa de bilhar que havia em minha casa... é um prazer recordar aquela época em que passou longas temporadas em Cuba. Ele, Jorge Ali Triana e Lisandro Duque deveriam se alugar para contar histórias e assim manter viva a tradição oral.

Parceria de trabalho nunca é somente prazer. Em agenda, há uma anotação sobre o mau humor de Gabo; felizmente para Ruy, dias depois, novo registro: "Gabo estava de bom humor". Claudia Furiati morou em Havana enquanto criava uma longa biografia de Fidel. Explicou:

Fui aluna de Gabo; é uma pessoa muito difícil, tem aquelas opiniões dele. É muito seletivo com os alunos. É de gostar de você por alguma razão: por um ou outro detalhe particular, nada assim muito intelectual. E às vezes rechaça as pessoas também sem muita razão aparente. E a partir daí... acabou. E se, ao contrário, adota em sala de aula uma pessoa, fala olhando é para ela.

Continuou: "Em Cuba, adoram Ruy; acho que foi o único cineasta que se entendeu com García Márquez. Gabo tem uma relação bem-sucedida com Ruy como argumentista, como inspirador de roteiros".

Roberto Gervitz esteve em 1988 no Festival de Havana levando seu bem recebido *Feliz ano velho*. Foi convidado a participar de uma das oficinas e escreveu em seu livro-depoimento *Brincando de Deus*:

> Gabo, como o chamavam, era um mito ambulante. [...] O grupo de participantes era formado por jovens cineastas e roteiristas de países de idioma latino, entre eles a brasileira Denise Bandeira [...]. A oficina consistia em que cada um de nós levasse uma ideia para um filme de quarenta minutos. O objetivo era desenvolver as várias histórias que depois seriam produzidas pela TV espanhola. Tal exercício foi uma experiência bastante interessante [...]. Era notável a capacidade que García Márquez tinha para encontrar soluções e sair dos becos sem saída em que nos metíamos. Seu papel mais importante foi despertar os participantes para as possibilidades e os caminhos que uma história vai criando, à medida que ela se desenvolve. [...] Uma história que se quer viva não pode aceitar determinações rígidas, precisa respirar. De vez em quando, nós parávamos na lanchonete da escola para tomar um café, e eu observava como Gabriel contava uma história ou qualquer fato, buscando o inusitado com grande senso de observação. Narrava com aparente simplicidade, mas estabelecia uma dinâmica saborosa e sedutora, construída para conquistar os ouvintes. Seu rosto exibia o prazer e o quase imperceptível orgulho que os ilusionistas demonstram ao final de mais um de seus truques. [...] Gostava de especular sobre como as histórias surgiam, por isso gravou toda a oficina, que depois foi editada e publicada num livro chamado *Cómo contar un cuento*.

Ao vivo, relatou:

> Você vai percebendo aos poucos García Márquez como um cara de uma vaidade incomensurável. Dentro, de alguma forma, de uma insegurança totalmente normal em qualquer grande criador como era, que não se preocupasse em alimentar o próprio mito. Me lembro de uma vez em que nos disse: "Quando escrevi *Outono do patriarca*, sofri tanto, passava mais de um dia para redigir um parágrafo".

Em contraposição, *Cem anos de solidão* fora escrito rapidamente, era muito amadurecido dentro dele.

Para mim, escrever é um processo muito difícil, sofro muito, um trabalho muito solitário. E assim, quando o ouvi, disse-lhe como achava ótimo ele ter compartilhado isso com os mais jovens e inexperientes que éramos na época. Mas ele nada respondeu. Talvez porque quisesse que nos ligássemos mais nas dificuldades do que nas realizações.

Gervitz recordou ao vivo ainda:

Ruy estava ali pra trabalhar com o García Márquez; de certa maneira, isso o afastava da gente. Um cara meio reservado, mas que foi se aproximando. A comida da escola era ruim, gordurosa, muita carne de porco; de noite, a gente fazia uma massa boa, com um bom tempero, ele começou a frequentar nossos jantares. Mas ficava claro: ele era como um coronel participando do almoço dos tenentes. Como não dorme à noite e adora conversar, a gente ficava batendo papo. Eu, naquela época, estava perto dos quarenta anos e tinha uma relação quase de reverência com ele.

Como Ruy entendia muito de computador, resolvia os problemas que surgiam para Gervitz. O moçambicano, naquele tempo, fumava charutos baianos por achar fortes os *puros* cubanos. Vencido pelo vício, filou os charutos baianos de Gervitz até que a caixa se esvaziasse. Um dia, sem dar uma palavra sequer, depositou na mesa diante de Gervitz um belo isqueiro. Este logo compreendeu: era sua retribuição.

Hospedado naquele momento na própria EICTV, Ruy fazia sua corrida diária no campinho do gramado. Alquimia lembrou: "Punha-se a correr no campo, a trotar, e às vezes o treinador ia com ele. Mas claro, no meio do caminho o treinador saía do campo, Ruy tinha mais resistência do que ele". Em 1989 Ruy corria também com Gervitz, que contou ao vivo:

Ruy me pediu que quando fosse à pista o chamasse para irmos juntos, o que ocorreu algumas vezes; enquanto corríamos, conversávamos sobre várias coisas. Uma noite, voltando de um jantar de madrugada, passei em frente ao apartamento dele e vi as luzes acesas. Depreendi que ainda estava acordado; como despertei muito cedo no dia seguinte, não o chamei para correr. Ao encontrá-lo mais tarde, fui recebido aos gritos; ofendido, ele me cobrava por não o ter despertado. Estava visivelmente muito chateado... Será que se considerou desprezado ou coisa parecida?

Arrematou observando que, tal como no episódio do isqueiro, a afetividade de Ruy aparecia por vias tortuosas. Ainda em seu depoimento escrito, Gervitz registrou:

Já ao final da oficina, García Márquez resolveu contar a todos a história que os dois [Ruy e ele] estavam desenvolvendo. Acostumado a fazer as perguntas que devem ser feitas quando se analisa uma história, dentro do espírito franco que reinava na oficina, fiz algumas observações que apontavam para certas incoerências ou soluções forçadas, refutadas com surpreendente virulência, como se eu tivesse cometido uma insolência. Com isso, também prossegui em meu aprendizado sobre as relações humanas, particularmente no chamado meio artístico.

Detalhou de viva voz:

As ideias eram para um roteiro sobre um navio do Exército americano que atracava em um porto na Colômbia [projeto *USNavy*]. Um soldado americano se apaixonava por uma prostituta, creio, se desgarrava e sumia. Todo mundo ficava procurando o marinheiro; o navio não podia ir embora sem ele e foi ficando, ficando, ficando.

Continuou:

Como ali a gente destrinchava todas as histórias, pensei que era para discuti-la, pois o filme nem sequer estava em produção! Mas percebi que tinha coisas que não se podia questionar. Ruy não se manifestou muito, ficou quieto, conivente com a reação de García Márquez, o que estranhei, pois era sempre muito rigoroso e crítico em suas análises.

Ponderou: "Ruy naquela época era um cara de outro escalão e se colocava como tal, era o amigo do Gabo, estava lá pra trabalhar com ele".

Durante o Festival de Cannes de 1983, quando *Erêndira* foi apresentado, Michel Ciment escreveu para a revista *Positif* um artigo chamado "O famoso García Márquez e seu primo Ruy Guerra". Destaca o filme como um agradável encontro em que tudo uniu os dois artistas, tanto os gostos políticos como o realismo mágico. De fato, Gabo e Ruy se aproximaram por sensibilidades, gostos, temperamento e opções políticas. Ao se conhecerem, em 1972, Gabo brincou sobre Ruy ter feito um filme dele antes mesmo de o conhecer. Referia-se a *Sweet Hunters* e a um de seus contos, escrito em 1968, "El ahogado más hermoso del mundo" [O afogado mais bonito do mundo]. Segundo o biógrafo Dasso Saldívar, Gabo tinha certa obsessão biográfica com o tema.

Como qualquer personagem público famoso, García Márquez é polêmico. Controvérsias e ambiguidades políticas ou de temperamento são explicitadas em biografias. Ruy e ele tinham realmente muita coisa em comum. A começar pelas duas paixões que partilhavam: a escrita e o cinema. (Ruy gosta de lembrar uma blague que Gabo fazia: ele queria ser cineasta e acabou escritor, Ruy queria ser escritor e acabou cineasta; porém, como os dois iam bem assim, que assim continuassem.) Além disso, ambos se consideravam terceiro-mundistas convictos, apaixonados por Cuba. Bons contadores de história, dotados de um humor original, em geral centralizando as atenções, o que certamente não os desagradava. Contavam com grande poder de persuasão e sedução. Com gosto por *boutades* para chocar o interlocutor. Avessos a formalidades, o temperamento era difícil e, por vezes, violento. Paixão comum por comer e beber e por charutos. Horror a voar, a visitar hospitais. Ruy nunca teve melindre em declarar em alto e bom som tudo o que aprendeu ou assimilou do amigo, na escrita ou na fala; seus últimos corroteiristas atestaram isso.

Em nosso primeiro encontro, em 2007, Ruy me mostrou as então recém-publicadas memórias do escritor, nas quais está narrado como comeu carne de macaco na companhia de Ruy no interior de Moçambique. Rindo, me assegurou: "Nunca comi carne de macaco, e Gabo nunca esteve comigo em Moçambique". Gabo dizia que seu realismo mágico se assentava em partes da realidade: cada fato criado, descrito e inventado tinha como origem um incidente, uma lembrança de sua vida; biografias e textos sobre ele estão cheios dessas referências. Gervitz escreveu que

> é curioso que Gabo diga que aquele universo onírico, fantástico, presente em sua obra, nada mais é do que a pura expressão da realidade latino-americana. Ele afirma que não inventa nada e que escreve exatamente como as coisas são ou aconteceram, tal qual faria um repórter. Entendo a inteligência e a sutil ironia dessa afirmação, mas penso que ela é mais um fino produto de sua literatura.

O movimento literário chamado de realismo fantástico ou mágico é anterior a Gabo; porém seu romance *Cem anos de solidão* tornou-se a obra mais popular e aclamada dessa corrente literária.

Os encontros entre Gabo e Ruy muito divertiam a ambos, assim como a alguns dos que deles partilhavam. Alquimia, muitas vezes presente, falou sobre a grande amizade entre os dois. Mulher de Gabo até ele morrer, em 2014, Mercedes mostra em fotos um rosto marcante; é constantemente destacado seu papel decisivo na vida do marido. Segundo Alquimia, em um grupo, certo dia Ruy a descreveu como *una cacique índia*; e considerou essa uma boa descrição. Algo que, apesar da franqueza permanente de Ruy, constitui ousadia só possível com muita intimidade. Alquimia detalhou o convívio:

> Dava muito prazer escutar Ruy [...]. Era sempre muito agradável estar onde ele estivesse, porque a gente nunca se aborrecia. Ele tem o dom da memoria oral e sempre tinha um motivo de prosa, bem amena e variada. Todos nos reuníamos e o escutávamos... Mesmo com Gabo presente, Ruy falava muito. Ríamos muito, pois entre eles faziam piadas, mas inteligentes, bonitas, que a gente aproveitava. Ríamos muito, mas, na verdade, eram brincadeiras, elucubrações.

Leo, companheira cubana de Ruy, não sentia nas reuniões o mesmo prazer que Alquimia. Jovem, talvez insegura sobre sua imagem em meio a tantos famosos, não se contrapunha diretamente nem reclamava com Ruy. Contudo, confessou-me em portunhol quantas vezes se aborreceu, pois Gabo ficava como "num pódio, estacionado sobre seu ego, repleto de castanholas e paetês, parecendo cercado por uma corte". Ela era, entretanto, grande fã de suas obras e fã, sobretudo, de Mercedes, em sua opinião "o ponto alto da família, pessoa muito natural e sempre bem na própria pele".

Na casa do escritor em Havana, a dupla Gabo e Ruy soltava a imaginação e o verbo – sobretudo na cozinha, espaço de confraternização ao redor do fogão e do que nele era preparado. Fidel por vezes aparecia na casa do escritor e lá passava horas, sem se importar com a presença de outros além de Gabo. Alquimia: "Até mesmo Fidel ficava na cozinha, atento ao que estavam cozinhando, porque gosta muito de cozinhar, cozinha muito bem. E daquela forma mais familiar, mais sensível, como ele é, não?". Em uma das vezes, Ruy fez anotação na agenda sobre a presença de Fidel: "Agradável". No entanto, nunca teve com ele uma verdadeira conversa; com Raúl, o irmão, sim. Em um jantar de aniversário de Gabo, estavam presentes os irmãos Castro. Ruy registrou: "Raúl simpaticíssimo, como sempre. Pôs um avião executivo à minha disposição para ir a Santiago", no sul da ilha; conversaram sobre um livro, do qual, no dia seguinte, Raúl lhe enviou um exemplar.

Em relação à censura da ditadura castrista, Ruy deixou claro em entrevista de 2012: "Em Cuba, simplesmente não tive problema com a censura. Procurei colocar-me sempre ao lado de maior independência para a produção, para seus artistas". Em crônicas, ele se detém no tema, pensando provavelmente em suas experiências pessoais:

> O partido, qualquer partido – busca alcançar ou conservar o poder. O artista – qualquer artista – deve buscar transmitir e (talvez) transformar a realidade, o que na maior parte das vezes interfere no sentido imediato do partido. Por isso o artista pode não se opor a um partido ideologicamente afim, mas não pode se submeter ao imediatismo tático do partido. O artista, por definição, deve ser um apartidário embora utopicamente definido.

Intitulou outra crônica "Cuba: o difícil diálogo entre o poder e a arte".

> Toda a arte é uma busca, e nesse sentido, uma força transformadora. Todo o poder, qualquer que seja sua ideologia, busca a autopreservação e é, sob esse ângulo, conservador. Por isso, as relações entre o poder estabelecido e a arte são, inevitavelmente, num fio de navalha.

A arte, independentemente do valor lúdico fundamental, questiona o homem, a sociedade, seus valores e, ainda que indiretamente, questiona o poder, que reage frequentemente com despropositada violência.

Cita no mesmo texto um incidente recente em que Fidel fez algumas considerações sobre a cultura:

Sou, e continuarei sendo, um defensor da revolução cubana [...]. Mas constato, uma vez mais, a extrema dificuldade das frentes revolucionárias (quando representantes do poder estabelecido) em dialogar com os artistas, com suas contribuições críticas, ainda que os mais insuspeitos e os mais visceralmente identificados com o projeto político.

Defendeu filmes atacados como contrarrevolucionários por Fidel; um desses, *Guantanamera*, do amigo Titón, "artista profundamente identificado com a Cuba revolucionária, nunca cegou seu olhar às mazelas do processo de transformação da sociedade e do homem cubano". Esperançoso, registrou rumores de que Fidel "reconheceu a possibilidade de ter errado em seu radical julgamento. Espero que assim seja".

"Me alquilo" para filmar

Rodada no começo dos anos 1990, a minissérie *Me alquilo para soñar*, produzida pela televisão espanhola ING/TNG, foi a única das colaborações Gabo/Ruy inteiramente rodada em Havana. Seis episódios de 52 minutos cada, nunca exibidos comercialmente no Brasil, apenas em mostras de cinema. O texto originou-se de ideias básicas surgidas em uma das oficinas de Gabo, trabalhadas depois pelo poeta e escritor próximo a ele Eliseo Alberto Diego (Lichi), filho de grande poeta cubano. Ruy foi chamado a entrar no processo e, ainda no Rio, convidou Cláudio MacDowell para corroteirista. Todos esses roteiros estão reunidos em um livro homônimo da série.

Inicialmente, durante dois meses no Rio, os dois últimos redigiram seis capítulos, cada um com cinquenta e tantas páginas. Naquele momento, Ruy estava próximo a Dietrich Batista (filho de Eliezer e irmão de Eike), por serem ambos pioneiros no uso de Macintosh no Brasil. Dietrich tinha, segundo MacDowell,

uma casa indescritível no meio da floresta da Tijuca, no alto do Jardim Botânico, enorme, com dezenas de aposentos, onde Ruy tinha um escritório montado. Era um lugar magnífico para trabalhar. Eu passava de carro na casa dele em Humaitá, a gente ia lá para cima pelas dez horas e ficava isolado até o fim do dia. Havia dois computadores; Ruy sentava à frente de um, eu, ao outro, pela primeira vez

SOY LOCO POR TI, AMÉRICA 299

na vida. Tínhamos que escrever a toque de caixa, porque a produção já estava encaminhada. Eu fazia uma primeira versão da adaptação e passava para o computador do Ruy, e ele revisava. A certa altura, como passou a confiar mais em meu trabalho, ficava boa parte do tempo a estudar o funcionamento do programa Word. Tinha muito interesse, possuía livros enormes sobre o assunto.

Em Cuba, García Márquez aprovou o roteiro, "achou que tinham recuperado o sentido original da história, perdido no processo de muitas versões". Tanto que convidou MacDowell para trabalhar com ele como assistente – e esse ficou na EICTV por dois anos.

Com Ruy, roteiro nunca é algo definitivo, é o tempo todo remexido em função do que vai surgindo na filmagem. Segundo Leo, sua mulher, ele fazia alterações em casa até altas horas da madrugada; moravam em Siboney, belo bairro antigo de Havana onde se encontram muitas embaixadas. Ricardo Rozales, um dos assistentes cubanos de direção, contou: "Os atores vinham com o texto memorizado e, quando chegavam ao set, Ruy tinha mudado o texto; muitas vezes, quando chegava pela manhã, sentava-se por um momento e mudava o texto".

A parte cubana da produção ficou a cargo de Max Marambio. Chileno radicado em Cuba desde jovem, filho de comunista chileno morto em seu país, tinha sido educado próximo às cúpulas do governo cubano. Para Ruy, sua atuação não deixou boas recordações; outras nada melhores são devidas às dificuldades pelas quais passava o país e às dificuldades burocráticas internas do Icaic. Tessa Hernández, uma dos três assistentes de direção, reforçou que a produção da minissérie foi longa demais, muito difícil e cheia de problemas, seis a sete meses durante o difícil Período Especial, com enormes dificuldades para alimentação e transporte para o povo cubano.

Essa vivência de Ruy pode ser aproximada do período pós-revolucionário em Maputo, pois, apesar do momento difícil, mais uma vez Ruy gozou de certo privilégio. Turistas ou estrangeiros trabalhando no país desfrutavam de um passadio especial, pois com seus dólares podiam abastecer-se em mercados especiais, as *diplotiendas*. Gozavam de outras regalias, como frequentar o Diplo Club, onde Ruy se iniciou no golfe (como Fidel e Che Guevara, segundo se vê em fotos da época). Guardou no acervo a carteirinha do clube e um manual de aprendizado do esporte. O aprendizado foi breve; em crônica, asseverou que "não existe esporte mais exposto, ilógico... e humilhante".

Pedro García Espinosa, irmão de Julio que estudara cenário cinematográfico na Itália, foi diretor de arte e cenógrafo da minissérie. Ele narrou como a pré-produção foi longa e trabalhosa, principalmente na preparação da locação principal, a Finca de los Monos ou Quinta de Rosalía Abreu, grande propriedade afastada do centro de Havana. Trata-se de uma mansão imensa, linda, com muitas dependências, jardins, fontes, duas entradas com imponentes portais. No começo do século XX, tinha sido propriedade da tal Rosalía que dá nome ao espaço, mulher muito rica, cientista que estudava macacos; o local construído para alojá-los ainda está na vila, hoje parte de um organismo do Estado. Segundo Pedro, o local fora selecionado por Gabo e Julio; graças ao dinheiro da televisão espanhola, ele levou meses para aprontá-la, antes da chegada definitiva de Ruy para rodar.

A história se passa em Havana durante os anos 1940, pré-revolução castrista. Aproveitaram mobiliário, objetos e enfeites pertencentes à burguesia que tinha abandonado a ilha, acumulados em depósitos pelo Icaic. Pedro detalhou:

> Neste filme eram muito importantes a imaginação e o conhecimento da época. Antes da Revolução eu trabalhava numa das empresas de decoração de interiores mais importante de Havana, que tinha como clientes toda a alta burguesia cubana. Aprendi a decoração, sobretudo de estilos franceses, já que nossa burguesia era muito europeia. Preferiam passar as férias em Paris apesar de Nova York estar mais perto. Tive a oportunidade de aprender com um decorador francês que eles tinham importado. O palacete estava totalmente arruinado, tive que refazê-lo, refazer os salões, polir o chão, colocar portas novas, os "apliques" das paredes. Fui até a Venezuela para procurar tecidos para poder fazer as cortinas com a qualidade que o filme exigia.

Mostrou-me desenhos preparados na pré-produção, os quais guarda com orgulho.

Quando Ruy chegou, quis palpitar em absolutamente tudo. Para Pedro, "um diretor, em geral, tem de ser forte! Tentei contentá-lo, porque, como é lógico, ele é o diretor e é ele que dirige". Destacou também que Ruy não deixava passar o que não estivesse à altura de suas exigências, como vestuários, cor das paredes ou móveis da cozinha, os quais exigiu que fossem rigorosamente da época. Ele se dobrava às exigências, e os dois praticamente não se chocaram. Davam-se bem, comiam juntos; Ruy era louco por desenho, e, nas horas vagas, Pedro o ensinava a pintar.

O assistente de direção Ricardo Rozales descreveu a reunião inicial:

> A primeira imagem que tenho de Ruy é aquele homem de *jeans*, com botas texanas, com salto Hollywood muito alto e o fumo inevitável na boca. E cabelo comprido, apesar de já estar branco... corpulento. Estava com seu melhor sorriso. Encantador. Começou por falar o que pretendia fazer. Dizia que não queria que se começasse a fazer o filme até que se soubesse o que se tinha de fazer; e ele não tinha claro o que queria, tinha claro o que não queria. Tivemos então muitas

sessões conversando e conversando, cada um dando ideias, porque Ruy era um diretor como deve ser um diretor, que não quer fazer tudo, mas quer escutar todo mundo e pegar o melhor de todo mundo. Ou seja, qualquer um de nós da equipe de direção podia opinar sobre qualquer outro problema técnico. Inclusive os atores. Praticamente o *casting* foi feito por todos nós. Ele nos peguntava: "Esta combinação deste ator com esta atriz parece a vocês uma família?".

A equipe de filmagem era composta de cubanos. Um dos filhos de Gabo, Rodrigo García, então fotógrafo e hoje diretor em Hollywood, fez estágio como assistente de câmera – e aparece nos créditos como fotógrafo dos *stills*. Os cubanos eram todos funcionários do Icaic e recebiam salários mensais. Pedro disse, tentando explicar o comportamento dos cubanos: "Se filmasse ou não filmasse... e como não tínhamos tanto em que gastar o dinheiro...". Falando provavelmente por si mesmo, afirmou: "Mas havia um entusiasmo tão grande com a Revolução que a gente trabalhava horas e horas e horas com um desejo, uma vontade e um prazer tremendos".

O elenco principal foi constituído por Hanna Schygulla e dois atores espanhóis de renome, Fernando Guillén e Charo López. E também por atores e atrizes cubanos, como Alicia Bustamante, já experiente e respeitada. Ela analisou: "Penso que é uma das vezes que a gente conseguiu realizar um García Marquez de verdade para a tela. Porque lá está este mundo onírico do real maravilhoso, de Macondo. Eu tinha diálogo com Ruy, houve uma bela comunicação entre nós".

No filme estava ainda Leonor Arocha, cuja carreira se constituía de um curta-metragem e dois longas. Foi então que o futuro casal se conheceu. Tessa Hernández, uma das três assistentes de direção, recordou:

> Para nós ficou evidente que Ruy era um homem que precisava estar apaixonado... o tempo todo. Leo era uma mulher muito bonita, na flor da idade, muito inteligente. Além disso, a gente estava mesmo esperando que isso acontecesse, porque era como que uma tradição, o romance com o diretor. Todo mundo se deu conta: ele que é tão exigente em tudo era mais "molinho", ficava "mole" quando ela aparecia. É normal, não? Como nós todos quando nos apaixonamos.

Leo era a caçula de uma família numerosa, de seis ou sete filhos, alguns espalhados pelo mundo. Mãe cabeleireira, pai contador. Para Rozales, "uns senhores muito queridos, com uma mentalidade muito aberta". De Miami, onde mora, Leo me narrou por e-mail em seu simpático portunhol:

> Acho que eu era muito diferente daquilo a que Ruy estava acostumado, eu vinha de um país onde não há estrelas e os famosos fazem fila do pão junto com o porteiro. Os cubanos não temos nada para dar, além de nós mesmos, *sin adornos y sin lazos* [sem enfeites nem laços]. Eu não era melhor nem pior que as brasilei-

ras, só era diferente, e essa diferença ironicamente me fazia similar a ele. Acho que o melhor de nosso casal, além do amor, [é que] tínhamos uma confluência ética e estética sobre a vida e a arte, e isso era maravilhoso. E talvez novo para ele aos 59 anos.

Na vila, Ruy tinha um quarto para ele no segundo andar, onde guardava seus papéis e muitas vezes se refugiava com Leo. Tessa lembrou: "Era um lugar onde ele recebia suas visitas, como se fosse seu escritório. Então, quando se parava por uma hora para almoçar, ele ia lá para descansar". Segundo alguns, havia nesse andar uma pequena máquina de golfe. Ruy treinava lá e, de vez em quando, uma bolinha pulava para o jardim... Mas a engenhoca não faz parte das recordações de Ruy nem de Leo. Talvez pertencesse a Fernando Silva, amigo íntimo desde os tempos de Maputo e assistente de direção na minissérie. Fernando também se lançou no golfe, se apaixonou e se casou com uma cubana; os dois casais moravam na mesma casa.

Para o papel principal, Gabo escolheu a alemã Hanna Schygulla, já famosa por filmes com o diretor alemão Rainer Fassbinder. A atriz lembrou: "Conversei muito com García Márquez, encontramo-nos antes várias vezes". Para Pedro Espinosa, "Hanna era perfeita para o papel! Conferia-lhe um mistério". Desempenha o papel de uma estrangeira desconhecida, de idade madura, linda, fora do usual, indefinível, que chega de surpresa à enorme mansão familiar de um rico dono de fábrica de charutos. Consegue se introduzir na casa como alguém que se aluga para vender seus sonhos sobre os membros da família. No final, a família se desintegra, e ela se torna dona da propriedade. Gabo contou ter se inspirado em uma mulher que conhecera em meados dos anos 1950, em Viena, a qual "vendia seus sonhos".

Hanna contou como se expressava com dificuldade em espanhol – o que, no fim, se mostrou algo positivo, pois Ruy exigia que ela falasse baixo e pausadamente. Desde o início, a lentidão foi uma exigência artística do diretor para o total da minissérie. Segundo Hanna, Ruy a deixava muito livre, o que apreciava:

> Sempre tive a impressão de que os papéis que interpretava eram muito estreitos para mim, que eu, pessoalmente, era alguém mais aberta... Então, nunca pude dizer "este é meu papel preferido". Mas esse papel me caiu como uma luva. Desse, sim, eu gostei! Tinha frases tão bonitas para dizer, como "A vida é um sonho de Deus"... Para mim era agradável que as pessoas não estivessem exatamente atuando. Para outros pareceu que era pouco dramatizado; para mim essa foi a qualidade moderna da película. Gostei, estava satisfeita com o trabalho dele. Às vezes era um pouco chato, porque era muito lento e não tinha essa coisa de quando vem a câmera e você se sente, com o olhar do diretor, carregada de energia.

Tessa Hernández opinou:

Hanna foi uma mulher muito bela e é uma atriz de diretores de ator [...] quando fez todos aqueles filmes com Fassbinder, ele a manipulava, a dirigia, lhe dizia "vem por aqui, vai por ali, faz isto, faz aquilo". É uma atriz flexível, tudo lhe caía bem, porque lhe diziam o que fazer. Já nesse filme, como Ruy não a dirigia como atriz, ela se sentia cômoda, sentia-se livre, podia fazer as coisas como queria.

Para a atriz, a grande preocupação do diretor era acima de tudo

ótica. Mas essa ótica tinha algo, como que uma cristalização de algo. Porque também foi muito lenta. Eu estava acostumada a filmar rápido. Ruy era como um pintor que se põe a fazer um filme, no qual tem interesse no quadro como um todo, em onde incide a luz... o pintor estava lá o tempo todo. Eu senti que era um artista que estava fazendo isso. Era tão linda a casa, a vista sobre o jardim, tão grande, tudo vasto, a entrada. Era francamente mágico.

Outros relatos mostraram que nem tudo foi suavidade e magia para Hanna. Ruy se queixava de ela ser uma diva – no pior sentido do estereótipo do termo – e nada a ver com a Irene Papas de *Erêndira*, quem ele tinha adorado dirigir. Achava que ela queria dobrá-lo, aquela "alemã prussiana". Segundo contaram, era assim que a ela se referia; vinda do Primeiro Mundo, tendo trabalhado com grandes diretores, chegava por cima naquele país subdesenvolvido... Para Mac-Dowell, a questão entre os dois foi

uma maneira de administrar o domínio que Ruy queria manter sobre o proces-so. Ela era uma grande estrela, ele já a botou pra escanteio na base do deixar claro que "quem manda aqui sou eu". Ficou uma relação em que ele não dirigia a palavra pra ela fora do set, somente na hora da cena. Acho que usava Fernando Silva de intermediário.

No primeiro dia de filmagem, Fernando foi buscá-la de carro – e ela imedia-tamente entrou no banco de trás. Segundo Ruy, Fernando teve grande presença de espírito: desceu, abriu a porta e falou: "Se você quer ir de táxi, vou chamar um para você".

Ruy filmava com a câmera muito baixa, o que não favorecia a visão do rosto da atriz, seu pescoço, seu nariz. Hanna, ao final do dia, pedia para ver as imagens e reclamava bastante. Ruy as mostrava contrariado, pois era algo que não gosta-va de fazer, uma vez que, no fundo, ainda nem sabia se aproveitaria as imagens. Tessa alvitrou que

O filme caiu num momento difícil para Hanna, quando ela passava do esplendor da juventude aos quarenta anos, quando a mulher duvida de si mesma, pois está mudando de aspecto. E, então, nesse momento, lhe metem a câmera onde ela sabe que não vai aparecer bem, e isso foi demais para ela.

Impasses acabaram por levar Hanna às lágrimas em pleno set – situação que se repetiu, até ela pedir ao produtor para abandonar a filmagem: não queria prejudicar nada, era um problema somente dela, não tinha a ver com Raúl Ureta, que ela considerava um ótimo fotógrafo. Queria realmente se retirar do filme, era uma mulher que tinha que cuidar da aparência, tinha um nome, e a câmera baixa acabava com ela. Chegou a perguntar quanto tinha sido investido no filme, afirmando que pagaria para sair. Tiveram que negociar, e a coisa se resolveu tão bem que Hanna nutriu simpatia por Ruy, sentimento demonstrado em ocasiões como no agradecimento em um longa de 2009, ou prestigiando exibição dele em Paris em 2012.

Rozales recapitulou todos aqueles meses:

> Como tudo se passava na casa, ou no quintal da casa, a locação sempre foi na Finca de los Monos, chegou uma hora em que nos saturamos de estar ali, fechados o tempo todo, houve um momento de incômodo geral. Não chegou a ser uma histeria, mas creio que foi de saturação da locação. Porém, depois, o clima foi baixando e ainda ficamos por lá mais uns três meses. Ali era nosso centro de trabalho. Ruy parava, por exemplo, por uma hora, meia hora, e todos descansávamos; e creio que isso fez muito bem à equipe. Baixava a tensão. Ele se trancava em seu quarto, não deixava ninguém entrar, somente Leo. E baixava um pouco a tensão da equipe, e recomeçávamos. É um exemplo da sensibilidade de Ruy para com sua equipe.

Para Tessa:

> Ruy filmava de forma muito caótica. Não havia uma ordem de organização, ou seja, tudo se dava a seu gosto. Como primeira-assistente, eu tentava convencê-lo a filmar em certa ordem, para que houvesse maior produtividade. Mas ele dizia que não. Que não via essa cena (naquela hora). Então filmávamos uma coisa do primeiro capítulo. Depois uma do terceiro. Depois filmávamos no andar alto. E depois descíamos para os jardins. Dos jardins, voltávamos a subir para o terraço. Depois descíamos de novo, e passávamos o dia todo subindo e descendo. Subindo e descendo equipes e coisas, a casa cheia de caixas. Aquilo era uma loucura. Se decidia no mesmo dia. Todos os atores estavam lá, a figuração inteira... E foi preciso repetir coisas depois, porque a ele não agradaram.

Anos depois, Ruy deu sua versão para essas aparentes incoerências e indecisões:

> Era tudo muito complicado, tinha vezes em que eu me perguntava com Fernando o que conseguiríamos filmar no dia seguinte, tanta dificuldade se tinha para

conseguir as coisas. Fosse pelos entraves do Período Especial, fosse pelas ambiguidades e complicações do próprio Icaic.

Um exemplo dado por Raúl Ureta: depois da interpretação dos sonhos ao acordar, o personagem de Hanna

descascava com uma faca a maçã e a comia. Nessa época, porém, não havia maçãs em Cuba, era preciso trazê-las da Espanha, em um voo especial. Um dos produtores, muito guloso, era quem tomava conta das maçãs à medida que se ia rodando a cada dia. Consumia-se uma ou duas maçãs por dia. Um dos grandes problemas do filme não era o custo econômico, nem os atores, nem o transporte, nem sequer as luzes, era cuidar das maçãs. Ficava todo mundo: "Onde estão guardadas as maçãs?". A turma ficava atrás de Hanna para ver se ela tinha deixado um pedacinho da maçã e a comiam, porque era uma espécie de manjar especial.

Ruy contou que, para a primeira maçã, ele mesmo emprestou dinheiro para a compra numa *diplotienda*; terminada a cena, quis dá-la a um garoto na locação. Mas foi burocraticamente impedido: a maçã teve que ser entregue à produção para ele poder, em um respeitável intervalo de dias, receber de volta seu "grande investimento".

João Ribeiro, jovem moçambicano cursando a EICTV, foi convidado por Ruy para visitar a locação. Apareceu com um grupo de colegas. Anos depois, em Maputo, emocionado, relembrou essa única vez em que esteve com Ruy:

Íamos a uma rodagem de um moçambicano, um tipo que dez anos atrás tinha servido como inspiração para mim. Era uma filmagem com centenas de figurantes, com roupas de época em um solar, uma casa típica latino-americana com balcões e coisas assim. Parece que tinham três equipes de produção trabalhando. Cada andar tinha uma câmera, cada andar tinha uma grua. Era uma espécie de um filme americano rodado em Cuba. Numa época difícil, Ruy Guerra tinha ali uma espécie de ilha. As coisas aconteciam, com todas as pessoas à volta, diretores, eletricistas, produtores de som, as câmeras posicionadas à esquerda e à direita, tudo muito rigoroso. Minha maior surpresa foi Ruy parar a rodagem e sentar-se comigo tipo chefe e índio no chão de uma sala com trinta ou quarenta pessoas em volta, sem nada fazer, escutando nós conversarmos quase duas horas sobre o país, cinema, colegas etc. Todos ficamos fazendo perguntas, praticamente uma aula aberta.

Tessa, por sua vez, conta, ao relembrar o famoso humor ríspido de Ruy:

Em Cuba de uma forma geral as pessoas adoraram Ruy. Aqueles com que ele brigou, e com muita razão, eram pessoas que não trabalhavam direito. Ele é uma pessoa tão inteligente, tão sensível, que não tolera "burrice", não consegue, é algo acima de suas possibilidades. Não me lembro de nenhum momento em que tenha sido injusto.

Deram-se tão bem que ela voltou a trabalhar com Ruy em *Estorvo* (2000). Ureta também se aproximou muito de Ruy e chegou a ressaltar sua generosidade ao presenteá-lo com um fotômetro ótimo, que valia cem dólares, o que já era bastante dinheiro.

Os cubanos testemunharam o quanto aproveitaram a filmagem durante aqueles meses. Estavam isolados, bloqueados do resto do mundo cinematográfico. Com Ruy, com os atores europeus, "foi como uma abertura para uma cinematografia mais universal, muita gente importante que ia e vinha, nós desfrutamos o dobro dos outros, pois estávamos muito isolados". Tessa resumiu: "Para mim esse filme foi uma escola. E eu já trabalhava em cinema havia anos quando o fiz. Aprendi muito com Ruy".

A montagem foi em Havana, e a mixagem final, em Madri. Na agenda de Ruy, ao findar a filmagem, lê-se um registro: "Gabo adorou".

2

A NADA "SANTA TERRINHA"

De todos os espaços que se ligam à complexa questão de sua nacionalidade, Portugal talvez tenha sido aquele ao qual Ruy parecia, até a década de 1990, ter se integrado menos. Lá, estivera poucas vezes. Uma única vez de férias com a família, aos três ou quatro anos de idade. Voltou aos vinte, com o pai, quando não estava com a menor vontade de lá permanecer nem de apreciar um país onde era processado pela Pide desde seus tempos de jovem em Lourenço Marques; a estada foi apenas um corredor necessário para o diploma que lhe abriria as portas da profissionalização.

Hoje, em seu acervo, encontra-se uma foto de jantar familiar em um restaurante lisboeta, com a irmã, o cunhado e o irmão Mário, que lá estudava. Ruy parece tão formal, com cabelo bem aparado, de terno e gravata. Dessa passagem por Lisboa, guardou remorsos constatados somente bem mais tarde: um deles foi não ter concedido ao pai a alegria de vê-lo interessado pelo país em que este nascera e se educara; o pai tinha se esforçado sem sucesso para tal. Seus pais não eram e não se sentiam moçambicanos como ele e os irmãos. Outro arrependimento: não deu ao pai a alegria de com ele assistir a uma ópera, paixão paterna que Ruy ironizava.

Retornou a Portugal apenas depois da derrubada do Estado Novo, ocasião que ele festejou com declarações públicas. Durante a visita, serviu de pombo-correio. Levou para o famoso cantor Zeca Afonso uma carta do compatriota Alípio de Freitas, preso político no Brasil no período aproximado de 1970 a 1979, por ter trabalhado com o movimento dos sem-terra nordestinos; Alípio denunciava aos recém-libertados compatriotas as condições da prisão sob a ditadura brasileira. Além disso, dirigiu um show musical com Chico Buarque, Edu Lobo, Simone e o MPB4 para celebrar uma festa promovida pelo jornal comunista *Avante!*. Levou o amigo para visitar Álvaro Cunhal, um dos comunistas europeus que nunca abandonou o partido, que foi preso por mais de quinze anos na ditadura salazarista e, posteriormente, tornou-se ministro e deputado. Em 1981, durante um breve período trabalhou lá dirigindo o episódio "La Lettre volée" para a televisão francesa.

Dez anos depois, resolveu tentar a vida no país que lhe fornecia seu passaporte. Terminada sua longa filmagem cubana de *Me alquilo para soñar*, foi com a mulher Leo a Madri acompanhar a finalização. Havia a possibilidade remota de trabalhar com um diretor espanhol e Ruy achou que, estando em Lisboa, a curta distância facilitaria. Na cidade, encontravam-se havia anos muitos *retornados* – aqueles que abandonaram as ex-colônias portuguesas; entre esses, desde 1984, a irmã de Ruy com a família. Com o dinheiro que recebera da minissérie, Ruy sonhava em comprar uma casa no campo; a irmã enviou, por carta, algumas sugestões e possiblidades, mas nada se concretizou.

O casal acabou se instalando por alguns anos em Algés, bairro afastado do centro de Lisboa, formado por conjuntos residenciais novos e muitos descampados, onde moravam imigrantes e pastavam cabras. O apartamento em que se instalaram era alugado, confortável e simpático; para Ruy, era como uma nave espacial, em andar alto, com grandes janelas envidraçadas e ampla vista. A filha Janaina, no entanto, não guarda boas recordações desses anos do pai longe:

> A ideia era que, depois de ficar quase um ano em Cuba e terminar a montagem na Espanha, ele voltaria pro Rio. O problema foi que Leo não gostou daqui, e eles foram pra Portugal. Ela teve uma influência forte para ele ficar lá um tempo; ele não tinha planejado isso. Não tinha muito sentido. As possibilidades de trabalho não eram certas nem cá nem lá.

Em Portugal, Ruy possui uma numerosa família patriarcal. Em crônica, ao narrar uma de suas voltas à cidade após interlúdio carioca, escreveu:

> A minha chegada coincidiu com uma tardia e barulhenta reunião de família, onde tias, irmãos, primos, cunhados, netos, noras e agregados mais pareciam participar de um comício do que de um almoço dominical. [...] As novidades jorravam em borbotões, a mil vozes.

Na hora em que decidiu voltar definitivamente ao Rio, por sua vez, escreveu ainda outra crônica sobre o

> momento de um encontro de despedida com a família. "Com a família" é um modo impróprio de dizer: com uma parte da família, porque quem teve 40 tios (por extenso, quarenta, para não pensarem que houve um erro datilográfico), em matéria de primos, primas, respectivos consortes e prole, já dá para imaginar que não dá para uma única reunião familiar.

Uma experiência única para Ruy foi o convívio com tantos parentes menos próximos; em Moçambique, vivera apenas na família nuclear, entre pai, mãe e

A NADA "SANTA TERRINHA"   309

dois irmãos, nada de avós ou tios; em Lourenço Marques moravam uns primos do pai, mas eles pouco os frequentavam. A irmã Lalá, radiante com seu Ruquita "ao pé dela", favorecia as relações familiares, ajudada por Leo, que nascera em uma família numerosa e estava saudosa desse tipo de contato.

A filha Dandara viajava nas longas férias brasileiras de verão para passar o inverno europeu com o casal. Ela lembrou que Ruy não saía de casa.

> Eu ficava o dia inteiro dentro do apartamento, num frio do cão. Minha diversão era ir sozinha comprar o jornal do meu pai; às vezes, um vinho. De vez em quando, ia ao zoológico; não amava, mas ia porque era um programa. Ajudava Leo a botar a mesa na sala onde eu dormia. Via televisão, meu pai ia pro quarto ver muita televisão. Eu lia muito, jogava bastante sozinha. A gente se divertia com muito gamão, ficamos viciados, a gente fazia campeonato, eu lia livro de gamão, a diversão que conseguia. Teve um tempo que eu não aguentava mais ir a Portugal, mas nunca falei pra meu pai.

Relatou também outras lembranças infantis, como acordar no meio da noite e dormir na cama do casal.

De qualquer maneira, os anos lisboetas não foram nada fáceis. O período era de pouco dinheiro, e trabalho não aparecia. De garantido, provavelmente apenas o pagamento do jornal *O Estado de S. Paulo* por uma crônica semanal. Mario Prata disse ter sido quem o indicou; Ruy seria um equilíbrio à contratação de Arnaldo Jabor, cineasta, pela *Folha de S.Paulo*. Alguns projetos surgidos tanto para cinema como para televisão se esfumaram; Ruy chegou a ir a Porto Rico para locações, mas não foi bem-sucedido. Somente um curta-metragem de três minutos, *Carta portuguesa a Sarajevo*, para a série *Chronique d'une rue assiegée*, do canal Arte francês, na qual realizadores mostram a vida na Sarajevo à época sitiada. Os episódios foram exibidos entre novembro de 1993 e março de 1994. No final de sua estada, Ruy filmaria no norte de Portugal uma história provisoriamente intitulada *Herança de pedra*, baseada numa trilogia do escritor Alves Redol sobre o ciclo Port-Wine. Para sua decepção – estava animado, chegou a escrever duas crônicas sobre a futura filmagem –, foi mais um caso que ficou no quase.

O ambiente cinematográfico em Portugal era acanhado. Ruy contava com renome internacional, mas surgia como cineasta brasileiro; segundo a irmã, foi o ciúme dessa fama que o atrapalhou. Talvez não fosse alguém a inspirar simpatias devido à letra de "Fado tropical". Talvez também, segundo mais de uma voz – inclusive a do próprio Ruy –, ele não tenha corrido tanto atrás. Em uma das crônicas, escreveu: "É verdade que nestes três anos me fechei em casa, conheci melhor apenas meia dúzia de pessoas, embora tenha conversado com muita gente na rua; li bastante, principalmente autores nacionais contemporâneos". Entre esses, estava Chico Buarque e seu romance *Estorvo*, cujos originais, na época ainda não publicados, estavam em seu poder desde Havana. Também o novo livro de Carlos Heitor Cony, *Quase memória*, enviado simultaneamente como sugestão pela filha e por Mario Prata – este chegou a manifestar desejos de trabalhar com Ruy em um possível roteiro. Foram leituras que Ruy começou a ruminar e que acabaram, anos depois, gerando dois de seus filmes.

Entre as poucas pessoas que Ruy frequentava, estava Jom Tob Azulay, o Jomico. Diplomata e cineasta, passou meses em Lisboa para produzir seu longa-metragem *O judeu* (1995). Achando Ruy muito isolado, procurava-o bastante:

> Conheci a irmã e o primo dele; o sobrinho chegou inclusive a compor a música de *O judeu*. A gente se encontrava naquelas reuniões oficiais da Embaixada brasileira ou em almoços de fim de semana. Nossa relação sempre foi muito marcada por um debate cultural isento e de alto nível.

Em um dos jantares oficiais, Ruy assistiu ao copião de *O judeu*. Jomico, tendo problemas com o montador, chamou Ruy para assumir a tarefa.

> Me pegava no hotel de carro e a gente ia pro estúdio. Aproveitamos uma semana que tinha uns feriadões, trabalhamos dezoito horas direto. O filme estava com cem minutos; ele arrancou quinze, ficou uma gazela, mesma estrutura, a modificação só no ritmo. Por exemplo, tinha um belíssimo pôr do sol que me deu um trabalhão para filmar. Ruy disse: "Filme bom não precisa de pôr do sol".

Jomico achou um conselho genial, "nunca mais esqueci": cada vez que tem a tendência de botar um penduricalho em seu filme, se indaga se aquilo realmente é importante ou necessário.

A ajuda não ficou na montagem. Quando Jomico estava em Madri para a finalização, a toda hora telefonava para consultar Ruy. Queria – por telefone! – discutir como apareceria no filme o colorido dos azulejos. Ruy o cortou, peremptório: "Quero saber é como aparece a cor da pele dos atores, é a cor da pele que interessa!". Jomico contou como Ruy o ajudou ainda a escrever o texto de apresentação para a noite da estreia: "Eram vinte linhas, e a gente ficou uma tarde inteira, ele mexendo, vendo as alternativas". E que, no carro, discutiu com ele o discurso, ouvindo: "bem curto, não cita ninguém"... Jomico concluiu: "Ao conviver com ele, você permanentemente aprende. Mas ele faz com que você chegue às conclusões por si mesmo".

Outro contato dos poucos mantidos na época foi o produtor de televisão Manolo Bello, que era vizinho de andar no prédio em que moravam e hoje é lembrado por Ruy como "bom amigo luso-galego, que desde os quatro anos de idade vive em trânsito entre Santiago de Compostela e Lisboa". Segundo Manolo, Ruy era um ótimo colaborador em sua vida profissional; sempre que o consultava, brotavam ideias e palpites. Perguntava-lhe até sobre sua vida privada:

A NADA "SANTA TERRINHA" 311

"Ruy tem uma experiência de vida e das relações humanas muito grande; sabe de tudo. Um fim de semana com ele é uma delícia sem fim, porque ele encontra coisas lindas em tudo". Entre outros programas de televisão, Manolo produzia um tipo de *Candid Camera*; durante entrevistas, ele contou sobre uma peça que pregou em Ruy. Ele se mancomunou com o pessoal de uma floricultura da qual Ruy era freguês: elevaram exageradamente os preços, e um ator se prestou ao papel de vendedor. Quando Ruy foi comprar uma planta, achou cara demais. O ator retrucou, perguntando algo como: "O senhor vem aqui, do Brasil, pra reclamar? Ou pra nos dizer o que é caro ou o que é barato?". Como era de esperar, Ruy ficou bravíssimo. A coisa engrossou. O ator esticou a brincadeira, com frases como "essa planta é cara porque ela tem raízes". De repente, Leo reconheceu o ator e, mesmo com dificuldade, conseguiu disfarçar o riso. Ruy, ainda sem perceber, brigou e brigou; quando descobriu, certamente aliviado, deu risadas, em um final inesperado que confirma sua boa relação com o vizinho amigo.

Em suas crônicas, percebe-se que Ruy começou a se deixar seduzir pela cidade: "Lisboa pode ser fascinante, embora tenha um trânsito caótico".

> Lisboa é uma cidade bonita e quanto mais se conhece mais bonita ela fica. [...] a comida é pra lá de boa, junto com a italiana, a melhor da Europa; o pão é uma obra de arte, e com uma variedade surpreendente (alentejano, carcaça, de Mafra, saloio, da padeira, de mistura e fico curto de eteceteras); os vinhos, sublimes.

E escreveu ainda: "Os portugueses são simpáticos e hospitaleiros". Hoje Ruy afirma, sem pestanejar, que sempre sente prazer quando volta ao país e à respectiva capital.

Ao mesmo tempo, deixa claro seu olhar político, atento à história e às formas da democracia portuguesa. Analisava os imigrantes e a reação de direita, os *skinheads*. Detinha-se na posição de Portugal em relação à Comunidade Europeia: "Portugal está na Europa, isso parece óbvio. Mas o português, estranhamente, não é um europeu. Não foi, não é, e a sua luta de hoje para integrar a chamada Comunidade Europeia é um espetáculo patético". Parecia entusiasmar-se com a história nacional:

> Geograficamente engasgado entre a poderosa Espanha – que lhe fechava o passo para a longínqua Europa – e o Atlântico tenebroso, Portugal deu conformadamente as costas ao continente, respirou fundo e tornou-se um povo de navegadores. Da sábia covardia construiu a sua grandeza, como qualquer povo. E entre astrolábios e hipóteses, naufrágios e padrões, aos trancos e barrancos, foi avançando pelos séculos e ergueu um feroz império, que resistiu quase até aos dias de hoje. As descobertas e as conquistas desses espaços do mundo forjaram fortunas,

palácios, heróis, monumentos, mitos e epopeias. E lapidaram para sempre, a golpes de orgulho, a alma portuguesa.

Aceitou a ambivalência da história épica portuguesa, mantendo sua visão crítica da política colonial:

> Mas a partir dessa grandeza sólida e incontestável, a administração altamente rentável do colonialismo, concentrada no poder da nobreza e da alta burguesia, debitou ao povo português, como um todo, o seu irremediável atraso histórico. Uma odisseia desprezada, mas palmilhada dia a dia no suor, no sangue, na ignorância, na miséria, e que se não teve um Camões para a cantar, é guardada na memória dos porões, das celas, das campas rasas e na história atual dos portugueses emigrantes de todas as raças do império desfeito. E que marcaram para sempre, a golpes de submissão, a mesma alma. O drama do português de hoje é que não há mais mares para navegar [...].

Não engoliu a integração à Comunidade Europeia de olhos fechados:

> E sem mais mar, o português se volta para a Europa adiada. Ser europeu é preciso, é a moeda histórica. E é esse desafio que Portugal enfrenta, a alma dividida. Quando se diz Portugal, leia-se o Governo, que nenhum plebiscito nacional ratificou essa decisão. [...] O que surpreende é como o português integra e se submete a esses valores, na sua estrutura individual e coletiva, na tradição questionável de "brandos costumes", sem acreditar num real projeto de transformação da realidade [...].

Em outra crônica, Ruy se irritou quando a comunidade quis impor redução de cotas aos vinhateiros portugueses: "Os burocratas de Bruxelas, com seus implacáveis números, chegaram à conclusão de que se produz vinho demais na Europa e querem cortar uma parte substancial da produção portuguesa, entre outras, sem se preocupar com os que vivem desse plantio".

Uma letargia – que em geral se apossa dele quando não consegue trabalhar – parece ter provocado certa viagem introspectiva. Um exemplo é a crônica "Esta janela", referência ao apartamento do 14º andar em que morou; janela à beira da qual sem dúvidas passou muitas madrugadas insones.

> Daqui desta janela, [...] olho esta cidade nova para mim, deste país que eu só conheço pelos livros e porque me foi contado por meus pais desde a minha infância. [...]
> Já andei muito por estas bandas, por estes países ditos desenvolvidos, mas sempre com a certeza inequívoca de ser alguém em trânsito. [...]
> Como todo o português, mesmo de segunda classe pelo estigma colonial, nasci emigrante. E como tantos, cumpri a fatalidade e saí mundo afora.

Eu, para quem a nacionalidade – sentimento sempre adiado – foi sempre e somente um passaporte azul, carimbado pela vergonha histórica do salazarismo, vivo agora a violenta necessidade de querer me encontrar dentro dessa abstração. É isso que eu busco, aqui desta janela.

Por que não dá mais para fingir que sou moçambicano, se não voltei para as acácias rubras da minha infância, se não aceitei o cotidiano feroz da Independência. E no entanto, sei que sou moçambicano.

Por que não dá mais para fingir que sou brasileiro, mesmo se acumulei décadas de verde-amarelo na carne, mesmo se tive filhas e paixões brasileiras, mesmo se é nas águas do Tuatuari onde eu gostaria que fossem lançadas as minhas cinzas, num amanhecer de brumas. E no entanto, sei que sou brasileiro.

Por que não dá mais para fingir que sou português, se sempre fugi dessa metrópole distante que marcou a minha juventude, a ferro e desprezo [...]. E no entanto, sei que sou português. [...]

Sei agora que não posso mais enganar-me, porque estou inexoravelmente só, com a minha esquizofrênica latino-africanidade.

Como é doloroso ser um eterno esquartejado, um eterno estrangeiro dentro de si mesmo. "Amarrado ao próprio cadáver."

Me resta o idioma como pátria, como ao Poeta.

E o sentimento do mundo, como ao outro.

É muito.

Eu diria que é demasiado.

Nesse momento de tão pouca ou quase nenhuma realização profissional, toda a divisão interna de identidades, toda a sua fragmentação, parece ter pesado e muito. Quase um esquartejamento, como menciona – por não poder, como a maioria dos seres humanos, assumir sua total pertença a uma única nação. Sua solução para essa "precariedade no mundo" e outros problemas existenciais deve ter sido "sua confiança na capacidade de recomposição da arte", como sugere Rita Chaves, uma estudiosa de sua escrita.

O grande amigo Eric Nepomuceno contou que andou por Lisboa nessa época e se preocupou com o estado de espírito de Ruy, que não lhe parecia nada bem. Tentou influenciá-lo e se reaproximar: "Tô querendo falar com você, um negócio de amigo: Vamos voltar?". Ruy negou que não estivesse bem. No entanto, segundo Eric, "numa situação normal, Ruy reagiria retrucando algo como: 'Não preciso que ninguém me ajude, esquece isso' e tal. Mas ele respondeu que ia pensar... Percebi que estava muito pior do que eu tinha sentido". Jomico contou: "Ruy chegou a me dizer que estava disposto a abandonar o cinema". Preocupou-se em ajudar o amigo:

> Devido à conclusão de *O judeu*, os governos brasileiro e português acertaram a realização de mais dois filmes: um de diretor brasileiro e outro de diretor português. Ruy

entrou como o diretor brasileiro com o projeto de *Estorvo* [filme terminado em 1999 e exibido em 2000]. Redigi o contrato, porque estava craque nessas coisas.

Quando essa chance surgiu, Ruy voltou ao Brasil com a esperança da nova filmagem. Retornou à terrinha ainda algumas vezes, a trabalho, algo que não conseguira nos anos anteriores. Primeiro para uma retrospectiva muito completa, em 1999, organizada por Nuno Sena para a Cinemateca Portuguesa de Lisboa. Depois, mais duas vezes para filmar; não como autor, e sim como simples diretor, em filmes cujas temáticas tinham tudo a ver com seus interesses.

O primeiro veio concretizar um antigo desejo do produtor António da Cunha Telles, que, desde os anos 1960, desejava produzir algo para Ruy. Nessa época, certa vez o avião em que Ruy viajava fez escala no aeroporto da capital. Procurado no país devido ao processo da Pide, gelou de medo ao ouvir seu nome ser chamado pelo alto-falante. O que não podia imaginar era que seria o produtor a tentar convidá-lo para uma filmagem. Ruy descreveu em crônica o encontro: deparei-me com "um cara grande, enorme, com um jaquetão, uns óculos, um vozeirão. Parecia um Frankenstein, um cara da Pide". Em 2009, Cunha Telles, figuraça em vários sentidos, confessou-me: "Até hoje penso em Ruy com ternura; lamento muito não ter conseguido filmar mais com ele; lamento não ter ido ao seu casamento!". Em 2000, realizaram juntos o telefilme *Monsanto*, parte de um conjunto de trabalhos para a televisão. Trata-se da história de um *retornado*, um ex-combatente da Guerra Colonial, cujo passado é mal resolvido. Ruy declarou ter sentido "uma mescla de angústia e prazer. A angústia de conviver com uma temática dolorosa, que me levava incessantemente a meus tempos de menino em terras da África"; o prazer é desnecessário explicitar.

Provavelmente ele estava muito satisfeito naquele momento: filmava com um produtor amigo, instalado em uma boa casa num bairro lindo, perto da charmosa praça da Alegria. Acompanhado de Luciana Mazzotti, novo amor em sua vida, e ainda de Leo Arocha, o antigo amor cubano. A assistente de produção Isabel Chaves lembrou que lhe pediram para colocar flores no vaso para recepcionar a chegada de "um grande mito do cinema". E qual sua surpresa ao ver chegar Ruy, meio *hippie*, superacessível, levando com ele duas mulheres, uma ex e uma atual! Ruy parece ter muito prazer em reafirmar que suas mulheres sempre se deram bem. Nesse caso, pelos relatos lisboetas, a coisa se confirmaria: as duas iam juntas ao set, às reuniões, às compras.

Segundo Isabel, o "grande mito" brilhou à altura de sua fama. Sabia muito bem o que queria como diretor: "Nunca vi pessoa mais impermeável, uma vontade muito férrea e muito própria, tomava a decisão dele e levava avante". Era meio "vulcânico". Não brincava em serviço, não era de exigências; parcimonioso na produção, dispensou o uso de um helicóptero e terminava a jornada de

A NADA "SANTA TERRINHA" 315

trabalho cedo, o que dava muita alegria à equipe e a ela. E ainda acabou de rodar um dia antes do prazo final. Para Isabel "foi uma experiência muito gratificante". Deram-se tão bem que ela lhe encomendou em 2010 um roteiro para um longa--metragem de ficção sobre Fernando Pessoa; mas, apesar de o roteiro estar pronto, ela ainda não conseguiu produzir o filme.

Não muito tempo depois, Ruy voltou para dirigir *Portugal S. A.* (2004), a convite de Tino Navarro (depois, em 2006, coprodutor de *O veneno da madrugada*). Uma ficção para denunciar a podridão das elites e do governo lusitanos. Tino contou: "Lembrei-me do Ruy porque poderia ser uma pessoa com o talento e com a sensibilidade para esse tipo de texto. Mais diretamente politizado do que muitos outros filmes dele, pois o ponto de partida é real". O convite a Ruy foi feito em Cannes, por ocasião da apresentação de *Estorvo*. O filme tinha sido produzido por Bruno Stroppiana, com quem Tino Navarro havia coproduzido *O xangô de Baker Street* (2001), de Miguel Faria. Ruy se interessou pela história por sua "amálgama de dinheiro, sexo, poder e corrupção".

Diogo Fontes Pereira, filho do parceiro Tairone Feitosa e aluno de Ruy, foi um dos estagiários. Passou três meses em Portugal e lembrou o clima agradável para Ruy e a família:

A produção tinha alugado na ladeira do Combro, no Baixo Chiado, uma casa muito bonita. Fui lá umas duas ou três vezes. Luciana agradava muito Ruy, cuidava dele, das roupas; o filho de Ruy, Adriano, e seu meio-irmão dormiam num quarto. Ruy fez aniversário no meio do filme, Jana veio do Brasil. Luciana e Adriano iam assistir às filmagens, o filho ao lado do Ruy o tempo todo pra acender os charutos. Adriano e eu ríamos muito.

Conta ter sido, para ele, uma experiência maravilhosa do ponto de vista profissional: "O que queria era ficar sentado ao lado do Ruy e acompanhar tudo. Foi o que fiz. Só me reportava a ele, ouvia tudo e fazia somente o que o diretor pedia; o resto da equipe odiava". Confessou ter aprendido muito: "O aprendizado do olhar, o processo de como lidar com o acaso, com o rendimento bom ou ruim do ator e outras coisas mais". Explicou que, como Ruy trabalha com uma decupagem muito fluida, "antes ele pensa como vai iniciar a cena e como vai terminar; o percurso entre o começo e o fim é construído no set, com os atores, e sempre com o visor pendurado no pescoço".

Analisou:

No set, Ruy soube liderar perfeitamente, sabia a hora de ser definitivo, de romper. Por exemplo, uma cena em que ele esperava música ao vivo e os músicos não apareceram, deu um esporro despropositado. Foi bom, a equipe aceitou, nunca mais questionaram; a partir dali, a liderança dele foi bem mais prazerosa.

Lembrou que Ruy cada dia almoçava numa mesa diferente, um dia com o pessoal do som, outro com o da fotografia. Como Ruy falava a língua das pessoas de cada mesa, todos acabavam se rendendo: "Ruy não teve um dia de mau humor igual eu conhecia da escola, de jeito nenhum". E terminou: "O filme não era do Ruy, então não dava pra grandes delírios; mas tem planos belíssimos".

No Rio de Janeiro, em 2013, no apartamento de Ruy, Diogo narrou um caso revelador das preocupações constantes do dono da casa com seu físico e sua idade. No set em Lisboa, um eletricista tinha comentado qualquer coisa sobre a idade de Ruy e suas condições físicas:

> Ruy não aguentou o desafio, pegou o eletricista nas costas, pôs nos ombros, correu dando voltas no set inteiro pra mostrar que estava muito bem, que era forte. Foi uma boa volta, não dois ou três passinhos ou só levantar o cara. E quando acabou nem parecia que tinha feito um esforço tão grande pra isso.

Ao ouvir o relato, desafiado, Ruy, já dez anos mais velho, repetiu o feito, carregando o surpreso Diogo diante dos olhares divertidos e admirados dos presentes.

3

Em transição:
olhando a contemporaneidade

Estorvo pode ser visto como um elo na alegada tricontinentalidade da vida de Ruy. Lisboa, Cuba e Rio de Janeiro parecem se amarrar em seu coração e em seu trabalho. Em 1999, ele escreveu em sua agenda: "Nasci moçambicano, continuo português, me escolhi brasileiro e me descobri cubano. Cuba, o encontro da África com Portugal, uma Galícia indomável".

Enquanto Ruy, em Havana, filmava a minissérie, Chico Buarque escrevia seu romance *Estorvo*. Como já mencionado, Ruy lhe pediu para ler o livro antes de ser publicado. Chico assentiu, levando os originais em uma visita à ilha, onde sua filha Helena, a Lelê, fazia com Ruy um estágio de alguns meses de montagem. Nos quase inativos anos lisboetas, Ruy trabalhou a estrutura do livro para transformá-lo em filme. Premiado em 1992 com um Jabuti, era de certa forma um livro emblemático da sociedade brasileira dos anos 1990. Ruy disse na imprensa ter sido atraído pela linguagem: "Tem essa diversificação do imaginário, do real e do passado, sem que haja códigos de leitura para encaminhar cada uma dessas dimensões". Seduziu-o também a temática do "personagem completamente perdido na sociedade de hoje, um personagem acuado, que tem dificuldade de passar da infância para o estágio adulto, que tem dificuldade de se adaptar a um novo mundo". No DVD do filme, afirma ter sido instigado pelo "olhar sobre o mal-estar moral e político da sociedade contemporânea".

Radicalizou ainda mais o romance que beira o pesadelo kafkiano. No planejamento inicial, em 1997, declarou ao jornal *O Estado de S. Paulo* que

> o conceito histórico do filme é a dinâmica do mundo moderno. Vou trabalhar com uma história marcada pelo caótico, pela velocidade, pela loucura urbana. Vivemos num tempo marcado pelo videoclipe, pela rapidez, pela Fórmula 1. A isso acrescentarei a angústia do personagem, um homem dilacerado pelo sentimento da perseguição. Haverá tempos reflexivos, mas no geral a velocidade dará

a tônica. Promoverei um verdadeiro corpo a corpo entre os atores. Não haverá planos intermediários. Ou serão muito próximos ou distantes.

Procurou evidenciar o imbricamento entre imaginação e realidade na cabeça do personagem principal por diversas formas: imagens distorcidas; profusão de sotaques e mistura de línguas dos personagens; sua própria voz e seu sotaque enunciando o que o personagem central pensava, sentia, sofria; não deu nomes às pessoas nem a locais/cenários.

No catálogo da Mostra do CCBB-SP em 2006, há uma apresentação do filme:

> O pesadelo existencialista de um personagem anônimo, que vaga por uma gran-de cidade de hoje, acossado, desconfiado de tudo e de todos, afrontando a vio-lência cotidiana, o seu próprio passado, os seus fantasmas. Nessa fuga sem destino, revê amigos, busca a família e se envolve com uma série de personagens extremados, na tentativa de descobrir o enigma de sua caminhada.

Marcelo Durst, o diretor de fotografia, opinou: "Ruy é um cineasta genial, entra no filme. Se coloca de uma forma tão pessoal e tão intensa que achei que ele tinha vestido esse personagem, sua história, a questão do cara que fica fora da família". Ainda nessa linha,

> Outra coisa é a língua. Ruy não tem língua nem pátria, fala com um sotaque que você não sabe bem de onde é; moçambicano, tem uma coisa de Portugal, fez a carreira dele na França, sucesso na verdade foi no Brasil. Esse filme ele não podia filmar no Rio, foi filmar em Cuba. Então, ele tem uma coisa um pouco sem lugar! Acho que em algum momento ele perdeu sua identidade, como no filme.

Como muitos, talvez tantos diretores autorais, Ruy leva anos para concretizar um projeto. Foi em Lisboa que o filme começou a ser pensado em termos de roteiro e coprodução. Foi tramado com o auxílio do amigo Jomico, depois pro-dutor juntamente com Bruno Stroppiana da brasileira Sky Light; injetou-se dinheiro brasileiro, mais algum português e houve colaboração do Icaic. Con-tatado, Bruno afirmou a Ruy que não conhecia o livro, mas já não gostava da ideia: "No entanto, eu gostava do Ruy como cineasta, como homem, como imagem, gostava do lado artístico e pessoal dele, do lado político num sentido mais amplo do termo". Lembrou ter dito, de início: "Você tem que estar livre, não pode num filme como esse ficar preso a uma narrativa clássica, encaretar um livro como esse. Tem que dar asas a essa criatividade, essa liberdade que é o próprio contexto do livro. Tem que viajar com o personagem". As palavras caíram como sopa no mel para Ruy. Em maio de 2000, na coletiva sobre o filme du-rante a competição oficial no Festival de Cannes, Bruno recordou feliz Ruy ter lhe declarado ser ele "o único produtor que, ao invés de segurá-lo, o estimulava a ir além, não criando impedimentos com problemas de produção".

O diretor de produção Fernando Zagallo contou que foi "para uma reunião na Sky Light. Estava todo mundo sentado, e Ruy se levantou para falar comigo. Me surpreendi: conhecia ele só de fotografia, imaginava que tivesse dois metros de altura, tal a força que tem". Nessa reunião, Ruy foi muito direto: "Não quero ser poupado dos problemas, quero saber antes mesmo; problemas estruturais e contratação de equipe, quero estar a par de tudo". Zagallo explicou: "Descobri depois por quê: ele ajuda muito a resolver os problemas que surgem. Ruy é muito bom para trabalhar quando há crise, não tem medo de lidar com problemas, diz logo: 'Vamos resolver', aí sai fortalecido". Bruno e Zagallo concordaram: como é um diretor fácil, se o dinheiro está curto, de imediato se estimula, começa a rearrumar tudo para encontrar soluções. Pois o que deseja sempre é conseguir filmar, seja como for, seja como der. E sobretudo naquele momento, quando não filmava um longa havia uma década.

Orçamento apertado, as filmagens se deram quase que totalmente em Cuba, onde os custos seriam menores. Zagallo, o assistente de direção Fernando Serzedelo (primo de Ruy) e Marcelo Durst foram a Havana para os primeiros contatos com o Icaic para a pré-produção. Segundo Durst,

> era uma coisa completamente amarrada, tinha equipamentos pesadíssimos, com um sistema de produção e material de filmagem da época da União Soviética, caminhões russos. E tudo superburocrático, tudo um empecilho só, lento e complicado. Por exemplo, para filmar em locais do Estado: "Ah, talvez vocês possam rodar no dia 18, mas não é certo, se vier um ministro... ou não sei quem... não vai poder".

Para a escolha das locações Ruy teve ajuda dos antigos parceiros de trabalho de *Me alquilo para soñar*, Tessa Hernández e Ricardo Rozales. Logo no começo, as filmagens foram postergadas para que Ruy encolhesse o roteiro. A direção do Icaic ficou temerosa de que desistissem de filmar em Cuba. Segundo Zagallo, alguns dos cabeças tinham problema com Ruy. Contou que, assustados, "botaram um cara meio espião, pois tinham medo de confusões com um diretor que defende seus pontos de vista e defende seu filme de qualquer jeito". Zagallo teve que ser "o interlocutor de toda essa engenharia social e política que é o cinema cubano, pois o Icaic é uma indústria cinematográfica com *status* quase de ministério". A coisa acabou se ajeitando com a experiência que Ruy já tinha adquirido em Havana mais o tino, o jeitinho e a simpatia pessoal de Zagallo.

Ruy e a equipe brasileira se hospedaram no Hotel Comodoro; diversos bangalôs um pouco longe do centro de Havana, na zona elegante das embaixadas, na Quinta Avenida, com uma prainha. Cada um tinha seu bangalô. Ruy levou a família. Dandara, adolescente, fez um papel no filme; Janaina, vinte e tantos anos, veio com Paulo Caldas, cineasta pernambucano com quem vivia, mais a filha pequena dele. Jana realizou sua primeira experiência de trabalho com o pai; para ela, pela gama de tarefas que exerceu, foi a mais completa e satisfatória. Colaborou na versão final do roteiro; como assistente de direção, interagiu com os atores desde a preparação até a própria rodagem das cenas para o pai, muito envolvido com a fotografia; atuou em um pequeno papel de uma repórter. Marcelo observou que foi difícil pra ela ser o anteparo do pai com os restantes; Tessa Hernández lembrou como Ruy agiu de forma justa e imparcial quando, certa vez, as duas se opuseram num impasse de produção.

Antes do início, Ruy chamou a parte brasileira da cúpula – Jomico, Zagallo, Marcelo – e comunicou que estava se separando da mulher, Leo, que era parte do elenco. Para Zagallo, foi mais uma demonstração de como Ruy é direto: não queria que soubessem por outra fonte e possivelmente quis preveni-los de que não haveria problemas quanto a isso, o que realmente aconteceu. Boa parte das equipes de filmagem era forçosamente cubana, alguns já tendo trabalhado com Ruy na minissérie. Embora isso possa ter facilitado, uma produção com funcionários do Icaic é geralmente complicada pelo fato de ser uma instituição paragovernamental e seus membros, funcionários do Estado. Havia sábados em que se podia trabalhar, outros não. E mais, como exemplificou Durst:

> Para uma cena em que a câmera iria andar pela casa inteira, uma cena genial que você quer iluminar da melhor forma possível e tinha que resolver em dez minutos, a equipe cubana nunca tinha pressa. Cada coisa era um parto; e, uma vez colocada a luz, não queriam mudar.

Como o momento era muito duro na ilha, as equipes acabavam maiores do que o necessário. Comer se mostrava algo complicado em Havana, então era preciso cooperar. Não apenas serviam almoço no set, como os funcionários cubanos levavam algo para jantar em casa. Ruy era especialmente compreensivo nesse caso, e Zagallo tinha a mesma atitude, não dava para lutar contra isso. Nem para forçar a barra em relação ao horário de encerrar o trabalho, pois ônibus e trem paravam de funcionar. Apesar de a direção do Icaic ser contra, Zagallo lembrou que

> a gente dava uma gratificação em alguns momentos, se por exemplo precisassem ficar mais duas horas para fechar. Lá tudo era muito barato mesmo e, naquela época, o dólar estava muito bom pra gente, 1 milhão de reais era 1 milhão de dólares. E eles precisavam de fato disso; o acordo acho que era de dez horas de trabalho e uma de almoço.

As primeiras cenas no El Fajardo, perto da *plaza de la* Revolución; edifício moderno, com uma arquitetura interessante, cheio de corredores por onde foge o ator, o "Eu". Há outras cenas exteriores nos bairros de Habana Vieja, em Centro Habana. Para um ambiente mais moderno, rodaram a casa "da irmã" no luxuoso Palacio de las Convenciones. As cenas do sítio, em uma *finca* em El Cotorro, onde havia uma casa antiga da burguesia cubana, totalmente em ruínas. A morte do personagem principal aconteceu nas Escaleras de Jaruco, em um parque turístico a 45 minutos de Havana. Por fim, acabaram filmando umas poucas cenas no Rio de Janeiro, em especial uma grande festa que sairia caríssimo filmar em Havana. Segundo Zagallo, as filmagens no Rio se deram em duas etapas: "O dinheiro que tinha não dava pra completar tudo, então tive uma reunião com Ruy, e rearranjamos os planos. Nessa última parte, a festa na casa da Minha Irmã, eu estava ocupado fazendo outro trabalho, não participei".

Para o papel principal, Ruy convidou o cubano Jorge Perugorría, Pichi, conhecido no Brasil por filmes como *Morango e chocolate* e *Guantanamera*. Ele contou:

> Ruy me falou do romance do Chico. Eu o li e depois passamos a preparar o personagem; primeiro, só os dois, e depois chegou a equipe. Comecei todo um trabalho de preparação no hospital psiquiátrico de Havana, investigando sobre paranoia. Ruy insistia que era através do olhar de meu personagem toda a encenação. Que ele via o mundo totalmente distorcido, porque sofria de forte paranoia. Desde o princípio entendi perfeitamente o que ele queria, e tivemos um diálogo maravilhoso, sempre criativo, sempre atrás de algo a mais para o personagem. [...] Tive grande alegria nessa filmagem, pois trabalhei com um verdadeiro autor, uma pessoa que arrisca tanto ao filmar. Os discursos narrativos do cinema latino-americano já são muito parecidos, acabaram por se tornar um cinema convencional. Por isso, dizia que para mim era surpreendente que Ruy fosse o diretor mais jovem com que eu havia trabalhado, e essa energia, essa juventude, esse valor de ainda se arriscar. Eu dizia: incrível, Ruy é mais transgressor do que jovens que estão começando... ele não faz concessões. [...] É um homem que tem muito conhecimento cinematográfico. Um homem de muita experiência, o que lhe dá muitas ferramentas na hora de criar. E com essas poderia contar histórias convencionais, que chegariam a um grande público. Mas não, ele as usa para fazer arte.

Rodaram o filme durante umas cinco semanas. Zagallo lembrou que "a filmagem foi bem difícil, bem complicada"; acabou sendo para ele um exercício de trato político em vários níveis. O diretor de fotografia funciona um pouco como o olho do diretor, e Ruy nunca abriu mão de escolher ele mesmo e com muito cuidado quem exerceria essa função. Em *Estorvo*, ele imaginava ser ainda mais fundamental. O júri no Festival de Gramado tinha elogiado a câmera do jovem Marcelo Durst no filme *Os matadores* (1997), de Beto Brant. Dizendo querer um filme ágil, tipo Cinema Novo, câmera na mão o tempo todo, Ruy convidou Marcelo. Este contou, em longa entrevista, que ficou bastante entusiasmado. Foi um momento duro para ele, que estava perturbado pela recente morte do pai, o radialista e autor de novelas Walter George Durst. Aliás, esse foi o motivo pelo qual, depois de chegar a Cuba em outubro para os preparativos, Marcelo fez questão de voltar ao Brasil no Natal; de fato, voltou, mas provocou um primeiro enfrentamento com o diretor.

Marcelo logo percebeu a necessidade de uma câmera especial. Com o parceiro foquista Daniel Duran, foi buscar em Los Angeles equipamento de câmera e luz. Em janeiro de 1998, o início já se mostrou complicado, pois eles chegaram a Havana no primeiro dia da visita do papa João Paulo II, quando andar na cidade era uma tarefa bastante complexa. Ruy lhe expôs como seria o tipo de visão da câmera, e eles fizeram testes de lentes. Marcelo conta que, na época, brincou, dizendo algo do tipo: "A câmera vai ser tão narrativa que poderia ser um filme mudo, não precisaria ter som"; lembra-se de Ruy ter dado uma boa risada ao escutá-lo.

Zagallo afirmou que, para Marcelo, a filmagem foi mais complicada do que para outros; Janaina destacou como o preciosismo de Marcelo com a iluminação complicava as coisas com Ruy, que chamava atenção para ele ficar mais ligado na câmera do que na luz. Marcelo reconheceu: "Acho que, por minha imaturidade e minha inexperiência, muitas vezes eu batia de frente com Ruy, falava sem medir muito, e isso desencadeava uma tempestade", a qual, segundo relatou Zagallo, era ele quem tinha de tentar, cuidadosamente, administrar.

Marcelo repetiu afirmações feitas por muitos outros entrevistados: Ruy entende muito de fotografia e está eminentemente voltado para o que vai aparecer no quadro. Algo que, nessa filmagem de câmera na mão, se tornava bastante complicado. Marcelo explicou em entrevista:

> O controle que se tem é muito pequeno. E é nisso que acho que se vê a genialidade dele. Hoje, na era do videoclipe, usou todos os recursos de uma linguagem moderna quanto a focos e distorções, lentes especiais e tal. Isso é a graça do filme. Agora, não foi um processo nada suave. Como era um filme extremamente na cabeça de um ator, a câmera representava essa cabeça. Foi uma unidade muito fechada, a gente ficava o tempo inteiro juntos, eu com a câmera, Daniel dando o foco, o ator e o microfonista apertados, sempre se espremendo em cantos, em salas ou lugares pequenos.

Marcelo e Daniel brincaram:

> Não é que Ruy tem pavio curto, ele não tem pavio. A gente tá conversando, alguma coisa qualquer acontece – e numa filmagem tem muito disso –, ele perde a calma de uma forma que pode te matar naquele momento. Não que ele

chame a pessoa de imbecil, não é indelicado. Ele fica fora de si, tomado por uma fúria que se vê no rosto dele; faz mal pra ele, dá a impressão que vai enfartar. Mas como é encantador e muitas das pessoas amam Ruy, amam trabalhar com ele, todo mundo o aceita do jeito que é, a coisa fica por isso mesmo; depois de meia hora, tudo superado.

Por uma lacuna do laboratório cubano, o material filmado tinha que ser enviado para revelar fora do país. De início, Ruy ficou duas semanas sem poder avaliar o que era produzido. Marcelo explicou:

Chegou finalmente um primeiro vídeo, e ele nunca tinha visto um copião em vídeo, não fazia parte da experiência dele. Tinha combinado que queria um filme escuro, eu tinha feito bastante escuro. Mas clarearam no vídeo, e quando ele assistiu ficou louco, achou que estava tudo errado. E eu acalmando, "Ruy, me desculpa mas isso é um vídeo".

No Rio de Janeiro, o montador Mair Tavares viu o material e logo ligou para Ruy, acalmando-o totalmente. Segundo Marcelo, depois de convencido, Ruy "passou a ter mais confiança em mim. Estava inseguro em relação ao material, novo para ele, algo que entendo perfeitamente".

Para Zagallo, o cinema tem uma coisa meio militar, até em seus termos, por exemplo, ordem do dia. Tem que ter aquela rigidez de horário; tem que estar todo mundo pronto; o sol nasceu, tem que começar a filmar; tem que ter o cuidado com os equipamentos. Fez uma comparação com armas: um canhão tem que estar ali, pronto pra atirar, como a câmera, tem que estar tudo prontinho para filmar. Tem que existir portanto uma hierarquia forte, uma seriedade no horário; nesse campo, ele compreende e explica a rigidez de Ruy. Observou:

O processo de trabalho do Ruy é muito claro, muito objetivo, nunca vi ter a menor dificuldade em estabelecer a chefia; ele é absoluto e acabou. Único problema: é muito pouco político. Numa relação ruim, ele se desgasta muito, bem mais do que eu, por exemplo. E daí nas brigas com os cubanos do Icaic tiro de letra, não me atinge, mas atinge o Ruy de maneira tão forte que penso que, por isso, ele acaba evitando alguns confrontos.

Para Marcelo,

Ao lado de ser uma pessoa maravilhosa, de uma cultura inacreditável, no set Ruy faz questão de manter essa posição de autoridade. É muito mais rígido com ele mesmo e, nisso, está supertranquilo. Ele chega e cobra: "Mas é essa a melhor ideia que você tem pra dar, nesse nível? Você não tem nada melhor pra dizer?". Então, você tem que fazer seu trabalho muito bem e dar o melhor de si. Com Ruy, você tem que estar o tempo inteiro no auge de sua criatividade, não existe a menor hipótese de você aparecer com uma solução simples. A equipe sente isso, ele é compulsivo. Eu me realizei muito nesse filme por causa disso. Mas é um sofrimento, isso não é arrancado facilmente. Com ele não existe nenhuma coisa meia-boca.

O filme concorreu ao Festival de Gramado e ganhou prêmio pela trilha sonora de Egberto Gismonti, a qual aguça a angústia com um incrível som rascante do saxofone de Nivaldo Ornelas. A fotografia também foi premiada, e surgiram na imprensa atritos entre Ruy e Marcelo em torno da sua concepção. Ruy, cioso de sua criatividade, a reivindicou para si, como se lê em extra do DVD do filme; Marcelo acabou lhe escrevendo uma carta para se explicar.

Depois da premiação, Marcelo deu uma entrevista detalhada ao jornal *O Estado de S. Paulo*, na qual expõe o processo de criação dos dois. Ruy lhe dissera desejar um filme escuro, preto e branco em cores. Estabeleceram alguns princípios – filmando sempre contra a luz e tratando de escurecer a imagem, iluminando bem pouco. Ruy não queria uma câmera descritiva, pois seu filme é antinaturalista, e não só no estilo de representação dos atores. Queria a imagem como produto da mente do protagonista, "esse homem acuado e paranoico, a partir do toque de campainha que o acorda para ver uma imagem meio deformada no olho mágico". Ficou claro para Marcelo que Ruy queria a impressão, não a realidade. Essa proposta anticonvencional funcionou porque os dois mais o foquista estiveram bastante afinados.

Marcelo declarou ainda que Ruy, acreditando que no livro o personagem é o texto, incentivou-o a buscar o equivalente na linguagem visual. Marcelo então usou a câmera como um personagem, um ator, interagindo com os demais. Deixou publicamente bem claro: foi complicado, cheio de problemas, às vezes, de tensão, mas não encontra outra palavra para definir o prazer de fotografar *Estorvo*: "Uma delícia". Algo possível de se perceber em sua entrevista anos depois: boa parte do prazer que experimentou fazendo o filme veio das dificuldades que teve de enfrentar e superar.

Chico Buarque aprovara o roteiro, mas tudo tinha ficado por conta de Ruy. Em entrevista, explicou que

> Eu gostei muito do filme, eu gosto muito. Estive com Ruy na montagem. Era muito interessante de ver. Ele me convidou, senão não iria; acabei indo mais vezes do que precisava. Me interessei muito, era muito engraçado assistir Ruy cortar aqui ou não cortar, e ver como isso mudava toda a intenção da cena seguinte. Quis entender um pouco o que se criava naquela salinha. Ruy estava muito concentrado para esperar minha opinião; aquilo é um brinquedo maravilhoso.

Ruy se lembrou das risadas de Chico ao ver o filme.

Em transição: olhando a contemporaneidade   325

Estorvo foi selecionado para a competição oficial do Festival de Cannes a fim de representar o Brasil. Inúmeras fotos no acervo atestam a forte presença da equipe brasileira; nelas, Ruy aparece ao lado de Luciana Mazzotti ou com Chico, entrevistados na beira da praia. Jorge Perugorría lembrou uma história carinhosa do tapete vermelho:

> Ruy levou uma namorada que era enorme, era da equipe de vôlei do Brasil, sei lá... Aconteceu algo de muito simpático. Estavam subindo no tapete vermelho e ela tropeçou no vestido e quase caiu. Ruy, como estava diante de todos os fotógrafos, para que ela não chamasse atenção, começou a sambar. Para distrair a atenção.

O resultado em Cannes foi uma grande decepção. Cláudio MacDowell contou que Ruy comentou que "não entenderam, não entenderam nada". A crítica brasileira teve, de forma geral, atitude oposta à do festival, elogiando bastante a obra. O saldo para Bruno Stroppiana foi o seguinte:

> Perdi dinheiro, porque a gente acaba misturando com o nosso um pouco, você acaba gastando dinheiro que não pode. Mas foi um incentivo. Muitos jovens hoje me pedem *Estorvo* para passar em festivais e mostras. Muitos estudam o filme, muitos escrevem a respeito. Então, é o reconhecimento. Acho que um filme assim, mesmo que não tenha milhões de espectadores, cumpre seu papel, sua função; por tabela, o dinheiro que se gasta é com uma coisa cultural, brasileira.

4
É AQUI MESMO

Na segunda metade dos anos 1990, Ruy voltou de Lisboa ao Rio de Janeiro – dessa vez, de forma definitiva, ao menos na medida em que se pode aplicar esse adjetivo à vida. A partir de então, a decantada tricontinentalidade – com seus vaivéns entre África, Europa e América – pareceu se apaziguar.

Ruy é daqueles que pode não ter nascido na cidade, mas a escolheu; a meu ver, tornou-se um carioca assumido. Além da evidente beleza da localização, provavelmente a Cidade Maravilhosa o cativou por características como o hedonismo, a informalidade e certa erotização derivada do fato de ser praieira. Outros motivos para a volta talvez tenham sido as raízes afetivas deixadas no Rio e o fato de ele ter se consolidado como alguém marcante na cultura brasileira. Em 1966, em entrevista guardada no acervo de Ruy, concedida a Maria do Rosário Caetano para o jornal *O Estado de S. Paulo*, declarou como "inevitável" o retorno para "onde estão meus amores, onde virei cineasta".

Um pai como os outros?

Maria Gladys, amiga dos anos 1960, recordou que naquela época Ruy achava que nunca teria filho. Ia fazer trinta anos e falava coisas do tipo: "Se eu ainda não tive filho, não vou ter agora, velho". A maioria dos testemunhos ressaltaram sua forte ligação com as filhas. E a aproximação do filho Adriano não surpreendeu a irmã Lara; para ela, quanto mais filhos Ruy descobrisse mundo afora, mais feliz ficaria. Ruy certa vez pensou em adotar Bárbara, prima-irmã de Dandara e muito querida da filha. Wanda Sá relatou: "A gente nunca diria que Ruy poderia virar esse cara tão família". Eric Nepomuceno, confiante na familiaridade entre ambos, chamou-o, em artigo publicado no catálogo da mostra do CCBB-SP, de "maluco família".

Ser pai nunca impediu seus deslocamentos de trabalho. Mais de uma vez, Ruy Guerra afirmou que nunca deixou de fazer nada na vida por causa das filhas; senão, provavelmente cobraria depois. Essas viagens sempre estiveram fora de questão: providenciava para que elas ficassem o melhor possível no Rio e seguia em frente. Ausente no primeiro aniversário de Janaina, dedicou-lhe um poema intitulado "Num trem entre Roma e Paris, quando eu já sabia que não estaria contigo no dia 19 do teu primeiro aniversário".

Jana, Jana, Janaina
por tua vida, teu ano
pelo que em ti ainda vem
um beijo de pai e mãe
Jana, Jana, Janaina
eu choro, mas não te assustes
não fujas que a vida é bela
dá-lhe bridão, dá-lhe espora
monta em pelo e monta em sela
e não pares na demora...
Jana, Jana, Janaina
a tua vida ninguém vive
crava os dentes, crava os olhos
avança, dança e assina.

Poema/presente, poema/conselhos de vida. Ela leu somente quando já tinha mais de trinta anos, depois que lhe passei uma cópia encontrada no acervo. Quando podia, Ruy levava as meninas ou se organizava para que se juntassem a ele nas férias escolares em Maputo, Paris, Cuba, Lisboa. Um amigo próximo arriscou que mesmo hoje, aos oitenta e tantos anos, se ele recebesse um convite para filmar durante dois anos na China sem poder ver ninguém conhecido, aceitaria, impávido; ao saber do palpite, Ruy concordou.

Na madrugada da noite em que o desastre aéreo de Leila se tornou público, Ruy, amparado pelos amigos Marilda e Bráulio Pedroso, levou a filha de apenas sete meses e a babá da casa de Leila na Joatinga para o apartamento do casal. Marilda tinha se comprometido com Leila a dar uma olhada na garota; no fim, Jana ficou em sua casa uns sete ou oito meses. Ruy ia ver a filha todos os dias. Apaixonou-se por ela desde que a pegou nos braços; sentia-se extremamente responsável pela pequena. Marilda relembrou: "A gente brincava que éramos dona Marilda e seus dois maridos. Meus filhos pequenos regrediram, chuparam chupeta, tomaram na mamadeira. Jana virou a boneca da casa, aquele bebezinho lindo, com o sorriso da Leila. Logicamente, havia uma dor enorme".

Desde o início, Ruy era tão cioso de sua paternidade que não deixava Marilda levar Jana ao pediatra dos filhos dela, só ao que ele mesmo tinha escolhido. O pai de Leila aparecia praticamente todas as manhãs para visitar a neta. Marilda percebia como "Ruy queria ser o pai da Janaina. Sentia que, se ela fosse para a família da Leila, ele perderia o lugar que queria como pai". Lutou para exercer seu direito contra o desejo da amorosa família da mãe, que gostaria de educar a menina. A irmã de Leila, Eli Diniz, contou:

A gente ia à casa do Bráulio e da Marilda ver a Janaina – eu, meu pai, minha madrasta e minha irmã Ligia. Depois a gente ia visitá-la aonde Ruy ia com a neném. Mas eu não me sentia à vontade para ficar plantada na casa de outras pessoas. Depois ele começou a deixar Janaina ficar com papai, e aí a gente ia lá vê-la. Depois do enterro, eu tinha dito: "Ruy, pode deixar, fico com a Janaina". Mas ele retrucou: "Não, Baby, agradeço, mas sou o pai e eu é que vou ficar com ela". Nunca mais repeti a proposta e aceitei a decisão.

Ela analisou na mesma entrevista:

Foi melhor para Janaina o pai ter assumido e feito as coisas dentro da realidade dele, apesar de sua vida de cigano não me agradar e eu achar que a menina ficava muito solta. Tinha sempre uma babá, ele montou o esquema que podia. Meu pai e, sobretudo, minha madrasta nunca aceitaram essa decisão. Meu pai deve ter transferido para Jana aquele amor todo pela Leila. Ruy não rompeu com isso; levava Jana para casa de meu pai passar dias e semanas, para férias em Miguel Pereira. Meu pai era louco por ela, e ela, louca por ele; a pequena gostava da minha madrasta, que era muito boa para ela, mas a figura forte foi o avô.

Da distante África, a irmã de Ruy também se ofereceu para ficar com a criança; ele permaneceu inamovível.

Parece ter conseguido desenvolver a seu contento um dos papéis que aceitou com o maior prazer: o de pai. Um pai que, segundo Jana, para ela foi também mãe. Ao desempenhar essa função, Ruy mostrou de imediato um lado conservador. Segundo rumores, procurou evitar a presença de certos amigos de Leila perto da filha; uma antiga amiga disse: "Provavelmente nos achava doidos, drogados, *hippies*, sei lá...". Para desenvolver o papel de pai e mãe, contou com casais amigos com filhos da mesma idade. Depois de Marilda e Bráulio, Wanda Sá e Edu Lobo; em seguida, Marieta Severo e Chico Buarque. O fato de Marieta ter sido grande amiga de Leila reforçou os laços de Ruy com o casal, que possuía um quê forte de família grande, unida, estável, numa casa acolhedora na Gávea. No acervo, muitas fotos de meados dos anos 1970 num galpão meio terraço, nas quais aparecem Chico e Marieta, Ruy de cabelos longuíssimos, sem barba, e Jana lá pelos quatro anos de idade, em geral acompanhada por uma babá.

Uma vez que a menina era carente de mãe e estava em busca constante de quem suprisse tal papel, as irmãs de Leila e Marieta ocuparam a função. Marieta foi meio como fada madrinha, tendo incorporado desde o início – e até hoje – a garotinha às suas três filhas, de idade próxima. Eli Diniz lembrou: "Jana vivia lá, era quase como se tivesse adotado a Marieta como uma segunda mãe ou coisa do tipo". Ruy, temeroso de um dia se ausentar da vida da filha, foi a um cartório e registrou Chico como tutor; não queria que Jana ficasse sob a custódia de seu irmão Mário, o parente mais próximo, porém bastante distante geograficamente e em termos de visão de mundo, posicionamentos políticos.

Jana disse ter tido, como fora o caso do pai, também uma mãe negra: Sueli, ou Neni, segundo apelido dado pela criança. Sueli trabalhava de início na casa dos avós maternos e ficava com Jana quando a garota lá estava. Ocupou-se da menina desde os cinco anos: "Neni foi a minha mãe no dia a dia". Rose Lacreta, amiga muito próxima, considerou: "Sueli era o anjo da guarda da Jana, acompanhou e garantiu seu crescimento. Mas para ser esse anjo teve de certa forma de se submeter às regras do Ruy, que no começo não tinha casa nem podia alugar, morava com as pessoas". Pai e filha sempre juntos na vida cigana do mochileiro. Jana: "Fui sempre meio bagagem dele, meio mochila; dizia que se eu viajasse junto iria estar aprendendo muito mais do que no colégio e volta e meia eu faltava meses". Relembrou a fase dura:

> Peguei a fase de menos dinheiro, peguei a ajuda de amigos, ficar em casa de amigo. Mas sempre teve de alguma forma o nosso canto. Havia momentos de transições que você ficava não sei onde, mas era eu e ele, ele e eu. Namorada que morei junto na infância somente Cristina [Camargos]; e havia Cláudia, que é até hoje minha família. O resto era namorada que vinha e ia.

Recordou: "Em bebê, eu era gordinha, meu apelido era Bolota. Depois parei de comer até uns doze anos. Todo mundo tentava fazer com que eu comesse, cada um com seu método". Manipuladora como em geral as crianças, mobilizava todos ao redor. Riu ao recapitular:

> O método de meu pai era muito engraçado, mas não funcionava. Era um método intelectual. Fazia uma tabela periódica dos alimentos. Marcava aqueles que tinham maior valor, vinha com planilhas. Estabelecia normas "não quer comer a comida, não pode comer nenhuma bobagem", "fruta você pode comer a hora que quiser". Marieta me chantageava, funcionava mais.

Tendo tido uma educação amorosa e cercada de segurança, Ruy quis garantir o mesmo à prole. Aos poucos, com seu lado tradicional e maiores possibilidades financeiras, teve a preocupação de lhes dar uma rotina segura. Escolhia colégios, dentistas, tratamentos médicos sempre homeopáticos. Sueli, sozinha ou com o marido Marcos, que era o motorista, cuidava de prover a despensa. Era quem resolvia o cotidiano das meninas. Quando Jana queria algo e pedia ao pai, Ruy lhe perguntava o que Sueli achava:

> A Neni era muito mais linha-dura, tipo governanta. Meu pai às vezes esculhambava um pouco, sobretudo na hora de dormir. Neni dava a ordem, e meu pai dizia: "Ah, já não, vamos ver um filme". Então, me levava pro quarto dele. Tinha mania de faroeste, eu odiava; mas, pra ficar acordada, deitava na cama dele... A gente via filmes de caubói, um atrás do outro. Uma hora eu falava: "Pai, amanhã tenho aula". E ele: "Filha, se não te reprovaram até agora, não vai ser por causa de uma aula, é muito mais importante ficar aqui com seu pai do que ir pro colégio amanhã". Eu sabia: se quisesse esculhambar, era com ele mesmo.

Amigo que frequentava a casa familiar nos anos 1980 relatou que Ruy e Sueli brigavam como cão e gato.

Jana morria de medo a cada voo do pai e choramingava na hora das partidas; Sueli tentava fazer com que ao menos ela disfarçasse a angústia. A filha pedia para que Ruy ligasse ao chegar ao destino, e ele se negava, "para não acostumar mal". As despedidas eram em casa; as chegadas, no aeroporto, com os sonhados presentes. Quando as filhas já eram grandes, Ruy escreveu em crônica sobre seu desaponto por certa vez não as ter encontrado à espera no aeroporto Santos Dumont. A primogênita, órfã de mãe, tinha, como seria de esperar, uma dependência enorme do afeto paterno, e o relacionamento deles, consequentemente, era mais intenso e complicado do que os usuais. Essa situação, com o tempo, aprofundou-se em função de, segundo os dois sublinharam, ela manifestar traços do comportamento ou temperamento paterno – entre os quais, uma famigerada insônia.

A infância das filhas – apesar dos doze anos de diferença – foi atravessada por algumas regras rígidas. De determinadas coisas, ainda que não muitas, Ruy não abria mão; por exemplo, horários e modos à mesa: cada qual em seu lugar, não se podia aparecer sem camisa, não se podia ler durante a refeição. Determinadas situações poderiam ser conversadas, dependendo dos termos da negociação. Jana narrou uma bem-sucedida: o pai ia sair, e ela protestou. "Aí, meu pai disse: 'Me dá um bom argumento pra eu não sair'. Falei não lembro o quê. Ele concordou. Botou a bolsa de lado e falou: 'Bom, então vamos fazer alguma coisa. O que você quer?'." Acabaram vendo os *westerns* que Ruy adorava e ela detestava.

Segundo as filhas, Ruy não se permitia ficar triste por mais de dois dias: "Tristeza tem que sentir, faz parte quando acontece alguma coisa que mereça nossa tristeza. Mas tem que dar um prazo para ela, mais que 48 horas já começa a virar pena de si mesmo, um negócio que odeio; não me permito ter pena de mim mesmo". Se começassem a chorar, iam para o colo dele conversar e resolver o problema ou tinham de ficar no quarto até a "manha" passar. Ruy estipulava ainda que podiam brigar durante o dia, mas antes de ir para cama era preciso fazer as pazes.

Dandara foi filha de um pai com mais de cinquenta anos, experiente, em fase mais abonada, vida mais estável, de menos boemia. Além do mais, tinha a presença da mãe. O relacionamento entre os dois foi mais fácil. Os pais, segundo contou, se entendiam bem em relação a ela. Ruy provavelmente percebeu a necessidade de liberdade da jovem mãe que começava sua carreira e sua vida de adulta. Dandara morou basicamente com o pai até uns dez ou doze anos, alternando períodos com a mãe. A infância dela foi quase toda no mesmo apartamento paterno alugado, na rua Cesário Alvim, Humaitá, Rio de Janeiro.

Ruy tinha sua forma própria de educar. Dandara explicou: "Meu pai fala que fui criada na selva pra saber me virar na vida; dentro de casa eu tinha que saber me virar". Relembrou algo típico da criatividade paterna: seu gosto pelo lúdico, evidenciado nas brincadeiras que inventava. Havia um ratinho (o próprio pai, guloso) que durante a noite aparecia e comia todos os chocolates que ele e a caçula tinham escondido para o dia seguinte. Outro bichinho, o Calatu Caloeu – criado para conter tagarelices infantis –, surgia quando estavam à mesa e podia roer quem falasse demais.

Quando Dandara já estava mais crescida, Ruy inventou uma manobra educativa em torno do dentista: "Ele falava pra mim que, se eu me comportasse bem, eu poderia ir ao dentista, como todo mundo grande". Ela fantasiava que seria uma experiência incrível. "Meu pai dizia para Sueli: 'Dandara se comportou bem nesta semana? Comeu direito? Senão, esta semana ainda não vai ao dentista'." Hoje a história é lembrada entre risadas; Ruy, porém, não esqueceu que, na primeira vez em que ela foi, voltou bem brava com ele. As duas filhas destacaram que essa educação como que pelo avesso, por provocação, é algo bem particular do pai. Se essas historinhas podem sinalizar algo meio para o perverso – que devia estar longe de ser a intenção –, foi contrabalançado por todo o amor e carinho que as duas fizeram questão de destacar terem recebido.

Como em tantos casos semelhantes, Ruy parece ser o modelo profissional para a prole. Os três filhos foram em algum momento seus alunos, seguindo carreira no audiovisual. Janaina formou-se na Universidade Gama Filho. Ao estrear seu primeiro curta-metragem, declarou: "Quero dedicar esse trabalho ao meu mestre caseiro, que me ensinou tudo. Obrigada, pai, por fazer o seu cinema corajoso, que me ensina a descobrir qual é o meu caminho". Dandara já transitou na tela, mas parece preferir ficar por trás dela. Adriano trabalha com iluminação e com som. Os Guerra não constituem aquela família tradicional de se encontrar toda semana. Quando o fazem, porém, transborda afetividade, energia. As brigas terríveis entre Ruy e Jana na adolescência – como tantos pais e filhos nessa faixa de idade – prolongaram-se em discussões que algumas vezes pegam fogo, como é usual nas famílias em que os membros trabalham juntos.

Conforme os anos foram se acumulando, o entusiasmo de Ruy pelas mulheres não esmoreceu. Segue encantado com o gênero feminino, o que pode ser entendido como uma prova de sua vitalidade, de sua ligação com a vida. Ou não. Há décadas começou a se interessar, de forma passageira ou permanente, por mulheres cada vez mais jovens. Dandara, que, segundo a irmã, adora justificar o pai, brincou: "Papai é muito coerente; sempre gostou de mulheres entre os 20 e os 35 anos". Ruy se justificou em tom meio machista, meio cínico: "Eu envelheci, elas não...".

Jana resumiu: "Meu pai não era de casar, não; depois de velho começou com essa coisa". As duas últimas ligações, com Leonor Arocha e Luciana Mazzotti, duraram por volta de cinco ou seis anos. Foram mulheres por quem Ruy se apaixonou fortemente. Formalizou os relacionamentos no papel, mais por razões de cada uma do que próprias. Ambas as vezes, festinha com juiz e Chico Buarque de padrinho. Com Leonor a oficialização se deu por motivos político-burocráticos da emigrante cubana e quando a relação estava perto do fim.

Tornando-se *cult*

De todas, o trabalho é a maior paixão de Ruy Guerra. De volta ao Rio de Janeiro, a fim de chacoalhar a paralisia profissional dos anos lisboetas, Ruy se envolveu em várias atividades. Lançou um livro de crônicas no Rio de Janeiro e em São Paulo; desenvolveu a roteirização dos livros *Estorvo* e *Quase memória*, iniciada em Lisboa, e mais uns poucos projetos daqueles que não decolaram.

Paulinho da Viola poetizou que dinheiro é vendaval na mão de um sonhador; e essa imagem serve bem para Ruy, que nunca conseguiu economizar e poupar. Por necessidades econômicas e, quem sabe, encarando como um novo desafio de sua relação com o cinema, começou a dar aulas em cursos universitários. A docência, que já praticara esporadicamente, se tornou uma fonte regular de subsistência. Primeiro, na Universidade Estácio de Sá. Depois, com Cadico Solberg, Ruy organizou um curso na Universidade Gama Filho, para o qual convidou antigos parceiros de trabalho. Mentor e coordenador durante onze anos, por vezes as reuniões de professores se davam em seu apartamento, na Gávea, regadas a uísque ou cerveja. A colega Virginia Flores comentou em entrevista que

> Ruy encarnava o papel do diretor perfeitamente. Deu sempre a tônica do curso. Tinha certeza de como deveria ser uma formação, e isso foi muito bom, porque deixava a gente seguro. Fazia questão de uma coisa que acho séria hoje: que todo

mundo fosse além do curso de tecnólogo, que foi a primeira formação que a gente teve. Que a pessoa pudesse fazer uma assistência do que ela quisesse. É hoje uma coisa muito difícil você ensinar para as pessoas que "você não vai nascer diretor nem diretor de arte, tampouco fotógrafo, que você vai ter que fazer um caminho pra isso". Ele fazia questão de que a pessoa tivesse essa consciência do aprendizado na prática; a escola iria ensinar algumas coisas, mas não iria ensinar tudo.

Ruy tem prazer em falar sobre o cinema em que acredita. Numa entrevista para o jornal dos alunos da extinta Gama Filho, afirmou:

Digo na primeira aula: se você vem aqui para fazer filme norte-americano, é fácil. Vamos para o bar e, em uma hora, falo tudo que você precisa saber [...], não vale a pena perder dois anos e meio para fazer filmes como os norte--americanos. Agora, se quiser fazer filme brasileiro, vai passar dois anos remando na faculdade e vai continuar remando, não sairá da faculdade sabendo, não. É outra coisa: é busca, é se vincular à realidade, é saber quem você é.

Ressaltou como fundamental "abrir as cabeças dos jovens para o ato de pensar a arte, a formação cultural [...] para que uma pessoa assuma uma responsabilidade tão grande [...] para com esse meio de expressão, que é a meu ver extremamente vital, e política e esteticamente importante".

Trabalhando no *campus* da Barra da Tijuca, prolongava conversas com os alunos em cafés; em seu apartamento, concedia-lhes reuniões de preparação na véspera das provas. Ouvi testemunhos de diversos ex-alunos fãs de carteirinha. Entretanto, seu temperamento radical e exigente não facilita impasses criados por desinteresse nem por provocações usuais do alunado, gerando por vezes mal-entendidos e enfrentamentos, criando desafetos. Quando, em 2009, o curso da Gama Filho foi encerrado por razões financeiras, houve vários protestos dos alunos, homenagens emocionadas. Ruy passou a lecionar sobre o cinema que sabe fazer na Escola de Cinema Darcy Ribeiro, com a amiga Irene Ferraz. Participa de oficinas e palestras pelo país e fora dele.

É constantemente procurado por antigos discípulos, num tipo de troca entre a juventude e a experiência da arte e de vida. Do lado de Ruy, é algo conscientemente vampiresco; para esse idoso/jovem, certamente é muito bom estar cercado de admiração e poder falar dos interesses comuns, rememorar suas histórias.

Atualmente, ele e os amigos antigos se veem menos, e Ruy não é de fazer esforço para contrariar essa tendência. Eric Nepomuceno escreveu que o amigo se tornou "um ermitão sem tamanho. Some, passa tempos mergulhado em seus mundos. [...] Reaparece o mesmo de sempre: cheio de surpresas, com seu embornal de memórias, seus charutos rudes, sua alma inquieta e iluminada. Sua vida radical". Bastante caseiro, o leão pode hoje lembrar mais um urso solitário, sobretudo nos meses em que se retira para um refúgio na serra de Petrópolis a fim de trabalhar sossegado. Esse certo isolamento, na opinião de alguns entrevistados, reforça uma genérica e costumeira dificuldade de autocrítica existente em artistas.

Foi ator em filmes de conhecidos, de amigos, de alunos. Como já fizera quando não conseguia rodar, escreveu para teatro e dirigiu algumas peças. Marcou presença com filmes em festivais nacionais e internacionais e, ocasionalmente, como jurado. Preparou roteiros, encomendados ou não – uns com base em livros, outros de sua própria criação, recebendo às vezes financiamentos para esse propósito; sonha que talvez um dia filhos, netos e antigos discípulos poderão aproveitá-los. Recebeu homenagens e premiações pelo conjunto da obra, mostras retrospectivas do conjunto de sua produção.

Nos anos 1970, o distribuidor francês Claude Antoine, sabedor da admiração de Ruy por Jean Renoir, organizou em Paris um jantar para que ele conhecesse o mítico diretor. Segundo lembrou Ruy, Renoir, bastante velho, com olhos marejados, lamentou-se com uma frase como: "Arriscam tanto dinheiro em jovens desconhecidos, e para mim, que fiz tantos clássicos, nada!". Em entrevista num extra do DVD de *Fedora* (1978), filme de Billy Wilder rodado em Hollywood, a atriz suíça Marthe Keller, ao comentar situação semelhante do diretor em relação a realizar em Hollywood esse penúltimo de seus filmes, observou que a área de atuação deles pode ser bem cruel. Na verdade, a idade certamente pode pesar contra Ruy – como contra tantos outros nessa ou em outras profissões. No entanto, talvez o entrave mais importante para ele seja o fato de seus filmes terem se tornado mais difíceis, com menos público. É frequente ouvir no meio cinematográfico: "Você é tão bom quanto seu último filme" – algo que pesa ao se procurar financiamento.

Para Ruy, certamente esse fantasma assusta, ainda que não a ponto de alterar seu comportamento. Afirma que, se desejasse, caso "se vendesse", poderia ganhar muito dinheiro; e, se essa certeza pode parecer uma arrogância de sua parte, ele a assume com tranquilidade. "Vender-se" contrariaria, entretanto, seus princípios, aqueles dos quais ele não abdica. Uma de suas frases mais citadas por ele mesmo: "Há princípios dos quais não abro mão". Desde jovem, Ruy sustentou a mesma posição consciente, algo que para muitos é considerado admirável. Diz não gostar de ver seu nome associado a produto com que não concorda: "Só se fosse para dar comida a meus filhos, porque não sou mais puro que outros; não o fiz por não ter precisado para os filhos nem para mim, pois sobrevivo com pouco".

Sobre *O veneno da madrugada*, seu penúltimo filme, se escreveu na mídia que Ruy

radicaliza seus princípios de filmar buscando caminhos pela imagem, pela estética arrojada e em constante ebulição e invenção [...]. Sempre foi o esteta mais
radical dos cinemanovistas, tem uma perspectiva humanista, junto a conhecida
utopia política de esquerda [...]. Destoante, portanto, de tudo o que se faz atualmente no melhor cinema brasileiro.

Em entrevista lisboeta alguns anos depois, Ruy discorreu sobre suas metas a
essa altura da vida:

> Para mim, o ato de fazer filmes, a partir do momento que o escolhi, é um ato
> sagrado, como se eu fosse um crente ou religioso. É um ato de sentido da minha
> vida, e o sentido da minha vida não pode ser conspurcado com momentos de
> fraqueza pessoal, simplesmente pelo desejo de filmar, pela vontade de estar num
> set de filmagens, pelo prazer das luzes e do encantamento dos mistérios do cine-
> ma, não é por isso que eu me vou sujar com um trabalho no qual eu não acre-
> dite. Então, esse talvez seja meu lado puritano...

Cacá Diniz, em demorada entrevista, empregou imagem semelhante para
Ruy: "Filmar é talvez uma função religiosa na cabeça dele, como uma religião;
tem um comportamento ritualístico, porque no ritual a vela tem que queimar
até o fim, o incenso tem que vir na hora certa etc.".

Mais atos sagrados

Em meados da primeira década do século XXI, Ruy realizou *O veneno da madrugada* – novamente inspirado em García Márquez, na novela *La mala hora*, escrita em 1967 e a qual, desde meados dos anos 1970, Ruy pensava em adaptar.
Joaquim Vaz de Carvalho comprou os direitos, com uma condição imposta pelo
autor: Ruy seria o diretor. Segundo Zagallo, novamente à frente da direção de
produção, "Joaquim e Ruy não se bicaram; ele chamou o Ruy por imposição, e
ficou aquela relação. Ruy tem a experiência dele, é óbvio que você tem que respeitar. E a maneira do Joaquim trabalhar era totalmente diferente; nunca daria
certo". Por sugestão de Ruy, Bruno Stroppiana foi outra vez para a produção.

Em sua constante busca de repensar as noções de tempo e espaço no cinema,
ele se lançou nessa experiência ousada e de difícil alcance para o público. Inde-
finidos são a época e o local; a temática central é uma vingança do alcaide de
certa vila não identificada. Na brochura da retrospectiva que aconteceu no
CCBB-SP em 2006, lê-se a seguinte sinopse:

> A chuva constante e a lama fazem parte do cotidiano dos habitantes de um peque-
> no povoado localizado em algum lugar da América do Sul. As várias construções
> decadentes revelam a expectativa do progresso no passado que não se realizou. A

estagnação do povoado sofre um abalo quando diversos bilhetes anônimos são espalhados por toda a cidade, denunciando traições amorosas e políticas, assassinatos, romances secretos e segredos de família envolvendo filhos bastardos.

O filme teria que ser rodado em local onde houvesse uma praça e uma igreja. Inicialmente, como contou Zagallo em uma de suas prosas bastante informativas, Joaquim e ele pensaram em locações no Maranhão: "Ruy começou a ficar puto: 'Uma viagem cara dessas, você tá gastando dinheiro do meu filme!'. Pois é muito objetivo, sabe bem quanto vale o dinheiro para filmar". Pensaram em Goiás Velho e no sul de Minas, depois decidiram que aconteceria em Paraty, bem mais perto e onde teriam praça com igreja e rio navegável. Teria sido rápido, fácil, se a igreja da cidade não tivesse ruído e passasse por reformas. Tentaram Duque de Caxias, na Baixada Fluminense. Por fim, optaram por Marcos Flaksman criar uma cidade cenográfica em Xerém, embaixo da serra de Petrópolis; Baixada Fluminense, calor forte, tipo brejo. Para Juliana Carneiro da Cunha, atriz do filme, o "cenário era todo construído e magnífico, como se fosse uma *Cinecittà*". No ateliê do cenógrafo, há uma maquete da locação, que fez parte de uma exposição sobre sua obra. As filmagens duraram cerca de cinco semanas. Sendo Xerém perto do Rio, a equipe ia e voltava diariamente em vans. Saíam logo cedo e retornavam no final da tarde ou no começo da noite; com exceção de Leonardo Medeiros, ator paulista no papel-título que se instalou lá perto.

Tairone Feitosa foi parceiro no roteiro. Alguns anos antes deixara de entregar para Ruy trabalhos amarrados em prazos com terceiros. Apesar dessas mancadas, Ruy, que o admira, convidou-o mais uma vez. Tairone: "Acho que a generosidade de Ruy se manifesta nessa não cobrança. Ele pode até sair no tapa, conforme o caso, mas ele não vai nunca guardar uma coisa daquele tipo como trunfo pra usar contra você em determinado momento. A inteireza do Ruy". Escreveram uma primeira versão na casa de Ruy e sua mulher Luciana, na Fonte da Saudade. O casal não vivia uma boa fase. Segundo Tairone, "Ruy não se abala com essas coisas. Não que seja insensível, mas separa muito bem o que é a vida dele e o que é o trabalho. Se acontece algum pequeno ou grande desastre na vida, isso não o faz desviar do rumo. Porque na vida dele o rumo é o trabalho".

Leonardo Gudel, um querido aluno da Gama Filho, estava em crise com o curso e queria se mandar para Israel. Foi visitar Ruy, que lhe passou o roteiro. Ele adorou, desistiu do rumo sonhado e embarcou em fazer cinema – opção seguida até hoje. Os dois passaram três meses nas reformulações. A história principal se repete de três formas semelhantes com finais diferentes, pois a cada vez é assassinado um personagem. Organizaram uma linha do tempo para encadear as sequências, organizaram as cenas que já existiam, criaram outras que faltavam. Leo Gudel foi assistente de Ruy na filmagem. E a filha Janaina foi alçada a primeira-assistente.

Para Tairone, "Ruy tem uma identificação com o alcaide justiceiro que é, de certa maneira, um sujeito honesto, que não se afasta do caminho dele por nada, por nenhum sentimento, por nenhuma coisa que seja menor que o projeto dele". Leo Medeiros analisou de forma semelhante:

Comecei a perceber a presença de Ruy não só na composição de roteiro. Percebi o amor que tinha pelo personagem do alcaide justiceiro, seu desejo secreto, íntimo, de ser aquele personagem. Mesmo tendo feito só esse filme com Ruy, para mim esse personagem é ele.

O diretor não estava aceitando como ele desenvolvia o papel. Quando o ator suspeitou da identificação, decidiu-se:

Para conduzir o trabalho, comecei premeditadamente a imitar Ruy. Apesar de ser uma pessoa ríspida, às vezes mal-educada, às vezes truculenta, é óbvio que tem qualidades: é muito inteligente, muito experiente, muito engraçado de se observar a distância. É um personagem. E o que fiz em *Veneno* foi esse personagem.

Detalhou:

Claro que é um retrato ficcional e um tanto bizarro, com uma índole operística, porque fora dos parâmetros de interpretação naturalista, fora das coisas que você usualmente vê em cinema. Percebo no alcaide uma "incorruptibilidade". E ele tem uma sensualidade muito forte. E é ainda muito coerente. Apesar de ser aparentemente truculento, todas as suas atitudes são alicerçadas em crenças, em questões pessoais e importantes. O personagem é um ogro, quase mitológico.

A coisa não foi nada fácil entre os dois. Zagallo reconheceu que Leo Medeiros foi muito exigido por Ruy. O ator estabeleceu um paralelo:

Ruy é como um galo, o chefe do galinheiro. É muito difícil para ele lidar com pessoas que têm uma ascendência natural ou hierárquica. Está corretíssimo. Eu também tenho uma personalidade forte e percebi que tinha que me segurar para não entrar em conflito com ele.

Dois anos depois, declarou à imprensa: "Os diretores contam comigo como um colaborador, não como um abajur, uma figura decorativa".
Afirmou que Ruy insistia que o alcaide deveria ser

um tipo que quando as pessoas olham de longe parece um palhaço, parece o Charles Chaplin, uma coisa meio bizarra e sedutora; quando tá perto delas as pessoas veem que é horrendo e têm medo dele. Acho que ele exerce um fascínio em cima dessa coisa clownesca e um pouco operística.

Concluiu: "Gostei muito de ouvir as pessoas rindo no cinema, porque acho que foi uma coisa importante a gente ter agregado isso ao personagem, que poderia ter sido lido só como um crápula, um sujeito detestável". Ele não foi o único ator a emular seu diretor. Entre outros, Burt Lancaster contou ter imitado o diretor Luchino Visconti, de origem nobre, para pautar a interpretação de seu personagem em *O leopardo* (1963); Othon Bastos afirmou que seu personagem em *Deus e o Diabo na terra do sol* (1964) era bastante glauberiano pelo fato de ele ter imitado o diretor. Ao fazer o teste, Leo Medeiros foi aceito de cara. Para ele, Ruy teria tomado

> uma atitude que me pareceu naquele momento um pouco apressada. Acho que uma das razões foi a leitura que fiz do roteiro logo antes do teste. Entendi de cara o roteiro e de alguma maneira ele ficou impressionado, parece que ninguém entendia. Ruy tem uma abordagem muito mental, é um sujeito que constrói o filme de maneira muito cerebral, pelo menos o filme que fiz. Mas também tem uma abertura para o mundo sensível, o mundo intuitivo.

Walter Carvalho e Ruy havia tempos tinham vontade de filmar juntos. Apresentada a ocasião, o fotógrafo se sentiu desafiado e, estimulado pelo diretor, embarcou na conceituação da fotografia. Tempos depois, declarou à imprensa: "Procuro me envolver com as ideias da narrativa. Posso descobrir a imagem de um filme numa frase do roteiro ou num pensamento do diretor quando conversamos. Deixo a tecnologia por último, ela é uma ferramenta". Em entrevista, detalhou. Começou observando de forma interessada a chuva e a noite, importantes na história. Costuma estabelecer relações entre a fotografia do filme e as outras artes. No caso, trabalhou a partir de análises de pinturas, acabando por encontrar inspiração nos pretos e nos brancos de uma artista alemã da primeira metade do século XX, Käthe Kollwitz; nela, encontrou seu rumo para a concepção da noite, do escuro que imaginava ser aquele que Ruy desejava. Acertou em cheio: descobriu exatamente os efeitos que o diretor queria nas cores, na iluminação. Sua fotografia foi premiada, embora, para Maria do Rosário Caetano, talvez tenha sido "o filme mais escuro que já vi".

Ele e Ruy se deram bem; testemunhos destacaram o clima harmônico entre ambos, a cumplicidade, o respeito. Walter recapitulou:

> A gente chegava e entrava um trator que removia do centro do povoado aquela terra toda seca que passara o dia ao sol. Vinham depois as mangueiras jogando água, faziam aquela lama terrível, aquela argila. Era, então, para mim, o momento mais fascinante de minha relação com Ruy. Sempre me pergunto como é que se constrói um plano; todo dia tinha o prazer de ver como ele construía o seu. Com o charuto na boca, começava a trabalhar naquele espaço, eu do lado dele.

Ia trabalhando sem câmera, como se fossem anotações que se faz para depois aquilo se transformar num texto. A gente aí fazia um teste com a chuva, com ou sem ator. E a essa altura já estávamos todos nós pingando.

Com o aguaceiro diário, Ruy pegou uma gripe e perdeu a voz; escrevia o necessário para dirigir, e Leo Gudel lia para a equipe. Walter relatou:

Ruy, várias vezes, deitou-se no chão molhado com a roupa encharcada para mostrar ao ator o que queria. Não é aquele cara que está preocupado em se proteger; a vitalidade dele vem porque se mexe, se entrega; vem do desejo, essa força que impulsiona de dentro, que você não controla.

Para garantir a saúde de uma equipe o tempo todo sob água, foram mobilizadas capas plásticas amarelas ou de motoqueiro, botas, galochas; meias normais ou aquelas de futebol; surgiu até chapéu-sombrinha que se usa na assistência em jogos de futebol. Suava-se muito dentro das proteções. Brincou Walter: "Nunca se trocou tanto de roupa numa filmagem! Quando terminou, éramos catedráticos em filmar na chuva".

Fábio Sabag, em programa de entrevistas televisivo, confessou que foi uma delícia filmar com Ruy. Ao que parece, entretanto, foi um set difícil, pois, além da chuva quase permanente, havia a inevitável espera dentro de contêineres sob o calorão da baixada. Leo Medeiros descreveu na entrevista sua visão:

Era um lugar muito árido no sentido do conforto. E dava nos nervos aquela chuva encharcando o tempo todo. A gente mergulhava naquele caos, um palco de guerra. Apesar da qualidade de todos os profissionais envolvidos, era um esquema muito caótico de realização.

Juliana Carneiro da Cunha – do primeiro escalão e mulher – contou que ficava protegida, aguardava dentro da casa.

Leo Medeiros elogiou:

Eu gosto do tipo de direção de Ruy para o ator, apesar de ser ele um pouco agressivo, um pouco violento na lida. Ele tem uma qualidade muito, muito legal, porque tenta te fornecer uma visão da obra, em vez de ficar te marcando ou te passando coisas técnicas. Mas, pessoalmente, a média de oito a doze horas por dia tornou ainda mais duro esse trabalho.

Juliana, num papel menor, elogiou:

No primeiro encontro que tive com Ruy, com a ajuda do figurino e das pessoas em volta, acho que foi o olhar dele que imediatamente me deu o personagem. Assim como a maneira com que conversava comigo. Você se sente num berço de conforto como atriz, porque as indicações são de uma clareza excepcional. A equipe fica toda em volta dele, porque ele é um mestre. Quando fala, você realmente tem que respirar fundo, ficar bem calma, para poder reter tudo o que diz; fascinante, uma fonte de conhecimento, de sabedoria.

A montagem foi tranquila. A proposição do filme já era de pouca edição: rodado quase todo nos notórios planos-sequências de Ruy, um filme praticamente montado. O orçamento não comportou o som direto devido ao barulho da chuva, e a aparelhagem requerida seria cara demais. Para Leo Medeiros, a dublagem foi mais uma "situação bem difícil, duas semanas dentro de uma sala, ele fumando aquele charuto, insistindo em coisas que eu não considerava corretas. Muita tensão, pois o equipamento era ruim, quebrava muito". Teve algo além disso, entretanto: "Naquela ocasião, pelo menos a gente saiu, tomou umas cervejas, a gente socializou mais". A seu ver, a dublagem é o ponto fraco do filme, pois,

> apesar de todo o hermetismo, o filme tinha condições de ser muito apreciado pelo público. Acabou ficando uma semana aqui em São Paulo, duas no Rio, sei lá. Um filme que ninguém viu, é uma pena. Acho que a dublagem afasta o espectador, provoca um distanciamento. Quando assisti pela primeira vez, nos dez primeiros minutos fiquei chocado, achava que a voz não era a minha.

Juliana, mais uma vez com uma visão diferente, observou: "Você se emociona ao fazer a dublagem de si próprio, se lembrando daquele suspiro dado, daquela tosse; não é só a fala que tem vida no som".

Quase dez anos depois, houve novo ato sagrado, executado com renovado fervor. Adaptação e filmagem de *Quase memória*, romance de sucesso de Carlos Heitor Cony sobre suas recordações paternas. Ruy namorou o livro desde os anos 1990, em Lisboa; data de 1996 a primeira cessão de direitos no acervo. Afirmou ser "o livro que gostaria de ter escrito sobre meu pai. [...] Aventuras à parte, meu pai tinha a mesma grandeza, a mesma generosidade, a mesma sadia loucura, o mesmo imenso amor paternal do velho Cony". Depois de algumas tentativas, a produção se deu sob a batuta da filha Janaina e se arrastou por alguns anos, como acontece tantas vezes; à época da filmagem, o romance tinha vendido mais de 400 mil exemplares.

O primeiro dia de filmagem foi anunciado na coluna de Ancelmo Gois no jornal *O Globo*: "Ruy Guerra – que maravilha, filmando de novo... aos 83 anos". Como brincou Ruy, um nepotismo tranquilo na equipe: além de Janaina na produção, Dandara na assistência de direção, as duas estreando nessas atividades; no som, Adriano, já experiente na área. E muitos antigos colaboradores de outras filmagens, como o amigo Zagallo, em mais uma direção de produção. Locações no Rio de Janeiro; em Passa Quatro, sul de Minas; e em Barra do Piraí.

A trama do livro se passa em variados momentos da história brasileira, mas a escassez de recursos exigiu uma adaptação enxutíssima. O roteiro recebeu tratamentos com colaboradores diferentes, desafio ao qual Ruy respondeu com sucessivas formas e ângulos de leitura. No definitivo – em colaboração com Bruno Laet e Diogo Oliveira –, mais uma vez foi atrás de uma linguagem fílmica inovadora.

É um exercício de reflexões sobre o funcionamento da memória a partir de um diálogo entre um idoso Cony (Tony Ramos) e um Cony aos quarenta anos (Charles Fricks). O pai é representado por João Miguel. Em prosa durante a filmagem, Tony Ramos contou que, ao ser convidado, foi estimulado por Daniel Filho a aceitar: "Vai trabalhar com o Ruyzinho, sim! Ele é quem faz o melhor quadro no Brasil!". Na mídia, mais de uma vez o ator não poupou elogios ao diretor.

Um crítico observou que o tempo se tornou o personagem fundamental do filme. Uma discussão sobre a memória e a passagem do tempo pode ser vista como representativa da fase de Ruy no momento. Suas antigas e contínuas referências à memória como um pântano se concretizam na metáfora de um pântano real, exibido no início e no final do filme, à beira do qual um sapo narra a história, através da voz do próprio Ruy. A certa altura, ouve-se: "Onde há um contador (de histórias), não existe o acaso".

Segundo Ruy, ao comentar o futuro filme na mídia,

> o processo seletivo da lembrança faz dos personagens arquétipos, caracterizados sob a visão daquele que lembra. A memória do Carlos é o seu olhar afetivo para a infância, um misto de realidades e sonhos, a reconstrução de um passado centrado na figura alegre do pai, uma sucessão de pequenas loucuras de grande encantamento, como um picadeiro de circo. É na originalidade da figura do pai que se encontra a universalidade desse personagem: o pai excêntrico e louco em sua coragem diante da vida, a um só tempo único e universal – o pai dos desejos de todos. Em seu descompromisso com o real e sua fragmentação imagética, toda memória transforma, reinventa, reescreve. Toda memória é uma quase memória.

Em *blog*, Carlos Alberto Mattos escreveu sobre o que chamou de "filme espantoso", um dos dez melhores que estrearam em 2016. Destacou a "inflexão teatral", pois o diálogo entre os dois se passa em uma "sala-palco, posteriormente dotada de um telão eletrônico".

> Imagens distorcidas logo ganham formato, colorações e gestual teatrais, como a indicar que o ato de lembrar é sempre uma reencenação, uma falsificação. Ao mesmo tempo, esse teatro da memória é recriado por um trabalho de câmera minuciosa e ludicamente coreografado e por uma montagem que dinamiza os

pontos de vista para além das convenções do teatro. Coroando tudo, um tecido operístico (paixão do pai) lança mais uma camada de tempo e de significados.

Tudo isso faz do filme uma "invenção que atravessa o tempo e as idades para demolir a clausura do presente".

Foi a única filmagem de Ruy que acompanhei. Finalizado o processo, perguntei a ele se estava contente com o resultado. Como resposta, ouvi: "Me pergunta daqui a uns três ou cinco anos. O que eu gosto mesmo é de filmar, é o que me importa mais". O diretor participou do lançamento no Cine Odeon durante o Festival do Rio de Janeiro de 2015 e recebeu um prêmio especial do júri; em relato na imprensa, foi destacada no debate acontecido a "verdadeira aula sobre cinema dada pelo cineasta".

Duas ou três coisas que sei dele (parodiando J.-L. Godard)

Uma pessoa é aquilo que ela fez com sua vida. A vida de Ruy parece ter sido a busca por filmar. Dentro disso, viveu como quis e, sobretudo, como pôde. Como todos nós, não apenas como gostaria, e sim como conseguiu. Realizou o que foi possível daquele muito que sonhou desde a adolescência e se esforçou para concretizar. O que não deu para levar a cabo teve que engolir, aceitar, lamentar, amargar, enrustir, tentar sublimar... como qualquer outro de nós.

Ruy pode ser visto ao longo da vida como alguém que perseguiu seu personagem principal: ele próprio. Exprimiu-se em versos:

Não sei onde me começo
Nem onde me termino
Mas eu mesmo me meço
E me passo a pente fino
O meu presente é passado
O futuro anda fugido (ou dormido)
E só de estar acordado
Me busco em cada centímetro
De tudo eu busco o perímetro.

Alguém atento constantemente a seu viver e que foi registrando suas reflexões, embora afirme que não gosta de se observar.

Ao me aproximar dele, eu já sabia um pouco sobre seu jeito de ser: o rebelde inquieto, o sedutor, o africano cheio de energia. Logo constatei na pele o famoso temperamento difícil. Curti o humor irônico e inteligente, a verve do contador de histórias, que, segundo observou o "parceiro" Paulo Barbosa, se soma a uma possível mania de cineasta em roteirizar cada caso que conta com diálogos precisos, atento ao ritmo da narração. Lamentei seu lado *dark*, que surge e por vezes se impõe, sobretudo em intervalos em que está sem compromisso profissional para se ocupar; nesses casos, mergulha em momentos de muita indolência, uma semiletargia que o perturba. Percebi como cuida da saúde e outros quejandos somente sob a pressão de algo muito premente.

Ouvi-o afirmar algumas vezes que a vida não é para a gente controlar, que devemos deixá-la fluir. Mas Ruy é alguém que, querendo proteger sua disponibilidade para a criação, não aceita se sentir tolhido e, por isso, evita ao máximo fechar compromissos previamente. Parâmetro muito forte que ele se coloca e que, sem dúvidas, lhe custou um tanto no âmbito da convivência. Em contrapartida, parece não cobrar nem esperar muito das relações, estabelecidas, geralmente, na base da liberdade para as duas partes.

Com o mergulho em seu acervo particular, com a convivência e as entrevistas com terceiros, foram pipocando – com estalos maiores ou menores – as ambiguidades que todos temos. Por vezes, oscilações de um pêndulo; por vezes, complementariedades; outras vezes, características claramente contraditórias. Não cabe explicá-las nem as julgar, mas é possível descrever algumas.

A primeira que me chamou atenção: a produção artística de Ruy, toda em tom pesado, difícil, duro, contrasta de forma chocante com o ritmo leve e brincalhão que voluntariamente procura introduzir em suas relações de amizade ou até em contatos breves. Em seguida, percebi a imagem que os mais próximos fazem dele: um "bicho-papão de pelúcia", o "brigão mais doce do Brasil", "um cavalo ou um cavalheiro, conforme o momento".

Ruy é um homem do presente, que, pela idade e por variadas experiências, recupera o tempo todo algo de seu passado para contar, aparentemente sem nostalgia ou melancolia. Autoritário e democrático, anárquico e organizado. Dotado de um nítido e forte autocentramento, que eu não chamaria de egoísmo, pois vem acompanhado de sua comentada generosidade em ouvir as diferentes necessidades do outro. Conta com um aguçado bom senso para com terceiros, sensibilidade que a maior parte do tempo inexiste em causa própria. Apesar de deliberadamente transparente, escancarado em suas paixões, há a manutenção de áreas nas quais aparentemente não quer tocar de forma nenhuma – talvez nem para si mesmo.

Quando em 2011 uma repórter da Rádio Nacional de Moçambique pediu a Janaina para definir o pai em uma palavra, ela respondeu de imediato: "Intenso". Essa intensidade ocasionalmente se liga a um lado obsessivo, a um perfeccionismo. Tudo nele e dele atinge proporções desmedidas. Intensidade e radicalidade – sendo essa radicalidade entendida, por uns, como resultado da personalidade íntegra e, por outros, como grave defeito.

Para um amigo próximo, o temperamento esquentado o leva, em certos momentos, a uma explosão que ocorre sem que ele veja onde vai bater o estilhaço; ao atingir o que não pretendia, todavia, é capaz de formular sinceras desculpas. "É muito fácil discordar dele, porque às vezes provoca determinadas discussões pelo simples efeito didático; radicaliza mais por metodologia do que por convicção."

Uma das imagens que Ruy tem de si próprio – ou gostaria de ter, ou quer apresentar – está num poeminha rascunhado em agenda mais recente:

Eu sou da raça dos dinossauros
Certo. Um réptil.
Mudo, talvez, mas não afônico.
Tudo, sim, mas nada à toa.
Os leões de ontem hoje rastejam.
Eu, anacrônico,
e os que puder que vejam
um réptil louco que voa.

Em abril de 1996 escreveu na agenda: "Toda a minha vida tem sido de uma monótona coerência – nada que entusiasme os futuros biógrafos. Sempre antirracista, de esquerda, marxista, anticlerical, ateu – monolítico. Sou um tédio para os outros! Respiro serenamente". Quanto às suas posições políticas, tem toda razão: jamais passou de incendiário a bombeiro. Rupturas ladeiam as continuidades apontadas: países, moradias, relações amorosas, até surpreendentes mudanças de visual, como se constata em inúmeras fotos. O referido tédio passa longe quando se trata de Ruy Guerra; e, contraditoriamente, apesar de coerente, é alguém por vezes imprevisível

Ruy repete que tem mais horror a engordar que a envelhecer, que acha bonito um rosto enrugado. Em crônica, ressaltou:

A velhice habita todas as idades. Eu nunca fui tão velho como quando tinha os meus catorze anos de idade [...], estou sendo sincero e não busco álibis para as rugas e a atual flacidez dos músculos. Me vejo velho por que relembro [...] as inquestionáveis certezas de então, a irredutível falta de tolerância.

A barba e o restante da vasta cabeleira estão brancos, o rosto, hoje, fortemente marcado pelas mais de oito décadas de vida; esconde-se a maior parte do tempo atrás de óculos escuros, alegando certa fobia da luz, surgida com a idade. Sua atual figura permite lembrar o provérbio de que "quem foi rei nunca perde a majestade".

Em final de agosto de 2009, recebeu o Kikito de Cristal do Festival de Gramado, em homenagem ao conjunto de sua obra. Maria do Rosário Caetano registrou em seu *Almanakito*:

Outro que deu show de elegância e simpatia foi o "danado" do Ruy Guerra. Todo mundo sabe que este "cidadão do mundo" é muito chegado ao mau humor. Brigão, turrão e assemelhados. Pois em Gramado ele estava iluminado, esbanjando alegria e bom humor. [...] Na hora de agradecer, apelou ao amigo e parceiro Gabo [Gabriel García Márquez]: "Eu escrevo para ser amado". Ou seja, disse Ruy, "eu filmo para ser amado". Ergueu o Kikito de Cristal com alegria contagiante.

Ela finalizou, carinhosa: "Que bom ver Ruy, enxutaço aos 78 anos, cheio de projetos".

Embora consciente do peso dos anos, Ruy obstinou-se em conservar seu espírito juvenil, inquieto, rebelde. Em alguns aspectos, o logrou, em especial em sua produção cinematográfica, até hoje apontada como mais inovadora do que a de muitos diretores iniciantes. Depoimento que concedeu no ano 2000 a uma revista de cinema recebeu o título "O jovem Ruy Guerra chega aos setenta anos". Ele escreveu e repete: "Não sou velho, apenas tenho é muitos anos". Na agenda de 1999, anotou: "Não tenho medo da morte, tenho medo é de deixar a vida".

LIVRO 2

Um homem da palavra e da imagem

Ruy Guerra durante filmagem de *A carta roubada*, em Sintra, Portugal, 1980.

"*Entre les deux, mon cœur balance*"
(expressão em canção infantil francesa)

Ruy escancara sem pudor suas paixões em expressões artísticas; essa é sua forma de se comunicar consigo mesmo e com o mundo, a estrutura de sua sobrevivência, de sua vida profissional, do que lhe é mais caro. Ele é daqueles que não separam a vida da profissão. Para Rita Chaves, "o universo da estética e da reflexão" foi e é ainda "o eixo de sua vida".

· Nele a palavra – oral e/ou escrita – interage constantemente com as imagens no espaço interno da criação. Em entrevista a Jean A. Gili em meados dos anos 1990, definiu-se:

Jean: Prefere se exprimir pela literatura ou pelo cinema?

Ruy: Lamento não poder levar da mesma forma, igualmente a sério e conjuntamente as duas atividades. Imagino sempre que vou abandonar o cinema daqui a cinco ou seis anos para me pôr a escrever. Entretanto, acho que o cinema é um meio muito mais vivo, muito mais sedutor. Me vejo mal somente sentado a escrever: a vida de um romancista é muito isolada, não tem atividades nem trabalho em grupo. O cinema é realmente o que mais me interessa.

Apesar dessa opção, o cineasta menciona constantemente seu antigo e perene anseio de ser escritor. E é essa ambivalência que permite sua eventual apresentação como "cineasta da palavra".

Afirma não gostar de ser chamado de artista. Se for acrescentado o adjetivo "polivalente", "múltiplo" ou "multifacetado", explica ser resultado do "mundo subdesenvolvido" em que viveu, que "obrigou-me a caminhar para outras áreas relacionadas onde me sentisse capaz... Fui saltando em todos os galhos por questão de sobrevivência". Em situação semelhante, não foram muitos que desenvolveram tantas formas alternativas de expressão artística. Exemplos singulares são Pier Paolo Pasolini e alguns colegas do Cinema Novo, como Cacá Diegues, Arnaldo Jabor e Walter Lima Júnior – também apontados como homens das letras.

Ruy vasculha nas memórias de infância a raiz desse encanto pela magia da arte:

Quando pela primeira vez, devia ter uns cinco anos de idade, num lugar chamado Moçambique, fui ao Teatro Gil Vicente ver o ilusionista Fu-Manchú, com seus olhos oblíquos e quimono de dragões, fazer surgir misteriosamente do nada litros de água numa imensa caixa de vidro, soube que acabava de viver uma experiência definitiva. Aprendi que a realidade não é aquilo que nos dizem ser os nossos sentidos, treinados para a exatidão, mas um espaço de criação. Compreendi, de maneira difusa, mas esmagadora, que a verdade mais inquestionável é uma das formas da mentira, e que a mentira do deslumbramento é capaz de nos transformar mais que os compêndios de ciência.

Muito tempo depois, ao se preocupar com o processo de trabalho, se debruçou sobre

Edgar Allan Poe, [que] no ensaio *A filosofia da composição*, [...] no ato de atribuir a si próprio a objetividade e a racionalização, desmistifica a ideia do poeta ébrio (o que ele era) e sonhador (ele, que era habitado por demônios) cuja criação é apenas oriunda de suas tristezas, abstrações, delírios. O poeta nos descreve passo a passo a razão de suas escolhas – da duração das estrofes à sonoridade do refrão *"never more"* –, escolhas que, sem exceção, partem de objetivos claramente definidos e resultam num poema milimetricamente calculado, a arte planejada e executada a régua e compasso, "com a precisão e a sequência rígida de um problema matemático" – palavras suas. Ao explicitar a consciência de seu ato de criação – e, em particular, aplicando a aparente frieza do raciocínio ao mítico universo da poesia –, Poe nos força a aceitação da renegada componente racional na obra de arte.

Por outro lado, Ruy lembra também que António Damásio, "em seus estudos sobre o cérebro humano, prova, de forma insofismável, que a razão não se organiza sem a emoção – e que o vice-versa, em que Poe se apoiou nos idos de 1842, nada mais era que um corolário que a moderna neurologia iria comprovar".

PARTE I

A palavra

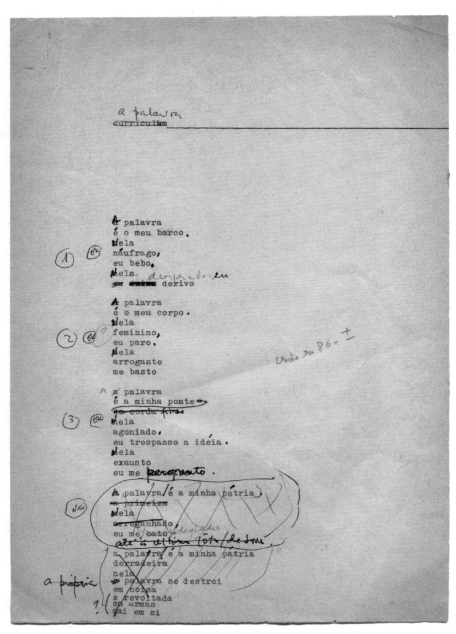

Primeira página do original datilografado do poema "A palavra", originalmente intitulado "Curriculum", iniciado em 17 de novembro de 1981 em Maputo e depois alterado, em diferentes ocasiões, a caneta e a lápis.

Ruy Guerra, Glauber Rocha e Cacá Diegues em Paris, 1970.

Ruy Batalha, personagem de Ziraldo inspirado no cineasta. Revista *Turma do Pererê*, 1º de dezembro de 1962.

Leila Diniz, grávida de Janaina Guerra, em ensaio para a revista *Realidade*. Rio de Janeiro, segundo semestre de 1971.

Com a filha Janaina na praia de
Copacabana, Rio de Janeiro, 1973.

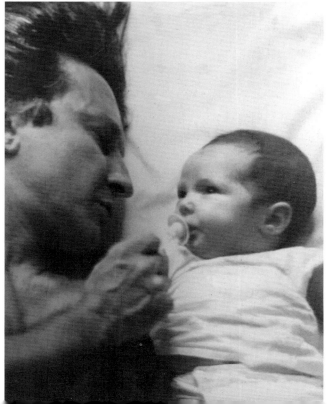

Ruy e a filha
Dandara, 1983.

Ruy e Chico Buarque, na casa deste no bairro da Gávea, Rio de Janeiro, meados dos anos 1970.

Ruy, Chico Buarque e Marieta Severo, na residência do casal na Gávea, Rio de Janeiro, meados dos anos 1970.

Ruy e Gabriel García Márquez em um intervalo da filmagem de *Erêndira*. México, 1983.

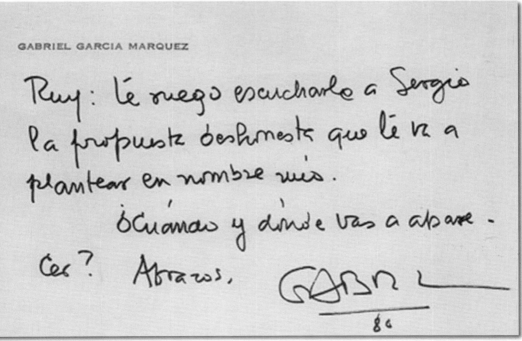

Bilhete de Gabriel García Márquez para Ruy Guerra, datado de 1980, no qual fala sobre projeto de parceria.

Ruy dirigindo Irene Papas em *Erêndira*, México, 1983.

Ruy e o *cameraman* durante filmagem de *Erêndira*, México, 1983.

Ruy e Cláudia Ohana em intervalo de filmagem de *Erêndira*, no México, 1983.

Na página ao lado, Cláudia Ohana em praia no Rio de Janeiro, primeira metade dos anos 1980. Na fotografia, a palavra "Rio" na camiseta foi substituída a caneta por "Ruy".

Ruy Guerra na reserva de Pomene, Moçambique, novembro de 1981.

Ruy Guerra (à esquerda) participa do 1º Seminário dos Audiovisuais em Moçambique, em 1983. Da esquerda para a direita: Ruy Guerra, Samuel Matola (diretor do INC), José Luís Cabaço (ministro da Informação), Pedro Pimenta (diretor-adjunto do INC) e Alvaro Belo Marques (diretor da TVE).

Ruy na Escuela Internacional de Cine y TV de San Antonio de los Baños, Cuba, no final dos anos 1980.

Ruy e Tomás Gutierrez Alea (Titón), durante almoço na Fundación del Nuevo Cine Latinoamericano em Havana, Cuba, meados dos anos 1980.

Ruy com amigos na "Pensão da Dona Maria" – a casa de Labieno Mendonça, o Labi. Maputo, Moçambique, 1983.

Bilhete de Ruy a Chico Buarque durante a filmagem de *Ópera do malandro*, 1985, encaminhado com uma versão da letra de uma canção. Nele, Ruy solicita que Chico faça os ajustes necessários na letra e na música até o dia seguinte, para poder continuar com a gravação.

Ruy durante a filmagem de *Kuarup* com o supervisor de produção César Cavalcanti e um indígena do Parque Nacional do Xingu, 1988.

Ruy e Hanna Schygula, em intervalo de filmagem da minissérie *Me alquilo para soñar*. Havana, 1990.

Ruy e a filha Janaina na filmagem de *Estorvo*. Cuba, 2000.

Ruy dirige Juliana Carneiro da Cunha durante filmagem de *O veneno da madrugada*, em 2004; atrás dele, Walter Carvalho, diretor de fotografia. Distrito de Xerém, Duque de Caxias, Rio de Janeiro.

Ruy participa de debate sobre *5 × favela* com o escritor moçambicano Mia Couto no Back2Black Festival. Rio de Janeiro, agosto de 2010.

5 Vezes Favela/Flickr Commor

Ruy com ex-alunos, amigos e colaboradores moçambicanos em Maputo, 2011.

Maria Clara Guerra Martins, a Lara, irmã de Ruy, em foto de 2007.

Ruy Guerra durante filmagem de *Quase memória*, em 2014.

Cartaz do filme *Os cafajestes* (1962).   Cartaz do filme *Quase memória* (2015).

Ruy com filhos e netos, segundo semestre de 2015. Da esquerda para a direita: Arto Guerra Facó no colo da mãe, Dandara Ohana Guerra; o primogênito de Dandara, Martim Guerra Rocha; Janaina Diniz Guerra e seu filho Heitor Laet Diniz Guerra; e Adriano Fagundes.

1
FALADA, ESCRITA

Forma de expressão primeira do pensamento, a palavra é a base da organização do ser humano e, consequentemente, de toda atividade de criação. No poema "A palavra" (inicialmente chamado "Curriculum"), dos anos 1970/1980, Ruy explicita:

A palavra
é o meu barco.
Nela,
náufrago,
eu bebo.
Nela
eu desesperado
derivo.
A palavra
é o meu corpo.
Nela,
feminino,
eu paro.
Nela,
arrogante
me basto.
A palavra
é a minha ponte.
Nela,
agoniado,
eu trespasso a ideia.
Nela,
exausto,

eu me pergunto.
A palavra
é minha pátria.
Nela,
arreganhado,
eu me bato
até a última gota
de som.

Entre as imagens que ele usa ao se referir à palavra, são frequentes as de "último refúgio" ou "última trincheira". Sobre isso, há uma história contada e recontada: "Uma das minhas grandes emoções, é bobagem, mas cabe no contexto, foi encontrar, no Xingu, um índio chamado Palavra. Palavra?! Arrepiou-me. [...] A palavra é meu maior prazer". Esse Ruy da palavra, menos conhecido ou divulgado, é catalogado como poeta ou contista em coletâneas de literatura moçambicana. Sendo sua fama oriunda de sua profissão de cineasta, seu trabalho com a palavra quase não tem sido analisado.

Ao longo dos séculos, o dito dos antigos *"scripta manent, verba volant"* se transformou na boca do povo em "palavras o vento as leva"; escritas, elas podem perdurar por muito, muito tempo. Ruy sabe bem disso. Declarou poder agir de forma inconveniente "numa conversa falada, em que a velocidade da ideia e da palavra não admitem retrocesso". Escrever, no entanto, parece desafiá-lo, entusiasmá-lo, mas também o pressionar – além da usual tensão criativa; isso é percebido na dificuldade em conseguir uma versão final de um texto seu. Na origem desse permanente embate deve estar a frase do velho avô pintor com quem Ruy não conviveu, mas que o pai repetia no dia a dia: "Fazer e desfazer, tudo é fazer".

Nesse processo, Ruy não consegue escrever sem a procura, durante horas ou mesmo dias, do termo que mais lhe agrade. Nas prateleiras de seu escritório, há numerosos dicionários. Em entrevista, gabou-se: "Não há um dia em que não procure uma palavra; para mim, dicionário tem mais suspense que Agatha Christie!". Reluta muito quando lhe pedem para redigir nem que seja um pequeno depoimento, alegando que, para ele, "qualquer coisa dá muito trabalho", pois "quando pego um texto pra escrever, não largo, fico feito *pit bull*". Em geral, somente encerra a escrita em razão do prazo definido por terceiros.

Outra paixão, menos apontada, é a que nutre pela gramática. Escreveu em crônica que quando "jovem não aprendi nada, achava inútil, tinha por orgulho nada aprender de gramática, pois os indianos da escola, que sabiam tudo direitinho, escreviam tão mal... e eu escrevia tão bem, era o melhor em português no Liceu". Certa vez, aos oitenta anos, recuperando-se de um tratamento dentário, passou dias com a cara enfiada em volumes comprados especialmente para essa reclusão, escritos pelo conhecido filólogo Napoleão Mendes de Almeida. Pesquisou inúmeras possibilidades de pronomes oblíquos átonos, saboreou coletivos, aumentativos e diminutivos, satisfeitíssimo com o fato de que "em português são tão mais numerosos que em inglês". Atento a melhorias de estilo, lamenta que a língua portuguesa não tenha, como a espanhola, a pontuação invertida antes de uma frase exclamativa ou interrogativa.

Em texto manuscrito, escrito no Rio de Janeiro em 1964, procurou entender sua obsessão em não conseguir se desfazer de praticamente tudo o que redigia:

> Olho todos esses papéis espalhados no chão do meu quarto, escritos com letras de tantos anos, e não posso deixar de fungar ironicamente. Procuro rir de mim mesmo, para ganhar força pela distância. E no entanto, não consigo deixar de escrever, dia a dia, e tomar notas, e fazer poemas, querendo marcar a minha passagem, querendo ir além da minha vida. De onde esta necessidade de vencer o que aprendi como sendo o tempo, se também me ensinaram, e eu constatei nas insônias da verdade disto, que não pode haver vitória? Por que quero tanto grafar em cada dia o que agora sou, em cada mulher assinalar o meu rosto, como se alguém algum dia fosse em algum tempo procurar chegar até mim por essa pista?

O número de registros em agendas, caderninhos e papéis soltos parece inesgotável: pequenos poemas, aforismos, epigramas que rabiscava de forma furiosa e intermitente, pensamentos sobre política, mulheres, cinema, e também sobre religião, sobre o cotidiano. Chega a ser atordoante tentar alcançar seu íntimo por meio dessa profusão de registros. Aliás, essas anotações podem ser vistas como a séria e intermitente tarefa de elucidar para si mesmo o que pensa. De certa forma, uma busca de identidade com honestidade e lucidez – em determinados momentos, escancarando para si o pior de si mesmo.

Dificilmente encontramos em sua escrita um lugar-comum ou uma frase feita. Sua prosa evita a rima, pois Ruy considera essa marca uma cadência que a prosa não deve ter. Adora metáforas. De Fernando Pessoa, parece ter emulado o gosto por contradições e paradoxos; um exemplo consciente em crônica: "Difusamente claro – perdoem a aparente contradição". Talvez por essa razão e por sua vivência francesa aprecie tanto as *boutades* e, ainda, provavelmente as empregue pelo prazer em chocar. Gosta das citações, mas não as usa em falas nem em discursos oficiais, os quais, se devidamente ensaiados, parecem fluir de maneira natural. Cuida que sejam breves, ao contrário das histórias e dos casos que desfia em conversas ou palestras.

Ao pedido de colaboração para um dicionário de termos portugueses da literatura africana, respondeu:

Não sou filólogo nem gramático e sinto-me incapaz (ou me sinto incapaz) de responder ao seu questionamento, que entendo nebulosamente. Escrevo de ouvido, misturando sotaques e prosódias, numa mistureba amalgamada ao longo de minhas andanças em terras lusas, moçambicanas e brasileiras – e é o sentimento do momento que me dita a escrita. Alguns espanholismos e galicismos também se intrometem, estes um pouco contra (a) minha vontade. Sincero – não invento palavras nem regras gramaticais, mas deixo que elas me inventem, se delas for esse o desejo, se for assim que elas se querem encontrar em mim. Dizer mais seria entrar em areias movediças, *matope* ["lama", no xangane moçambicano], nas minhas aventuras de *mufana* ["rapazinho", ainda em xangane] solto no mato.

Aqui e ali em seus escritos, realmente se encontram termos e expressões da cultura lusitana como "burdas", "escanzelado", "dérreis", "sem quê nem lê", "canta outro galo", "lés a lés", "obas e olés".

Ruy não aceita definições que aproximem a ficção de uma criação imaginária, afastada da realidade, nem que a qualifiquem como algo impossível. Para ele, "a ficção é a realidade que ainda não aconteceu"; ou talvez "já tenha acontecido e não se tenha disso conhecimento"; aliás, não se pode garantir que algo um dia acontecerá, diz ele. Na agenda de 1996, lê-se: "A ficção é a face credível da realidade". Uma daquelas *boutades* tão a seu gosto? Outra, talvez, seria a afirmação: "A ficção tem que superar a realidade". Nesse sentido, diz se filiar a algum pensador que não identifica, para o qual "o mundo real existe, mas nós temos que inventá-lo para poder ver".

Em 2009, o poeta amigo de juventude Virgílio de Lemos, ao repensar o conjunto de trabalhos do grupo em Lourenço Marques, situou Ruy na corrente que nomeou "barroco estético":

> A partir daquilo que chamei O Corpo Interior do Desejo. O desejo e o sexo funcionam como molas reais nos saltos que dávamos através do cinema, da pintura, ou da escrita. [...] Para Ruy Guerra e Rui Knopfli, para mim, para aquela nossa geração era importantíssimo começar por libertar o homem para libertar depois o país. [...] Nessa altura Ruy – acho que hoje ainda – pertenceu àquilo que chamei de Família Espiritual da Irreverência: éramos extremamente irreverentes face ao Governo, face à censura, face à polícia política [...]. O Corpo Interior do Desejo é que cria a magia, uma magia erótica; o próprio corpo erótico era a pulsão da nossa criação. Não foi por acaso que o Ruy acabou por escrever letras para canções. [...] Éramos levados a pensar no fantástico, e essa viagem aparece em sua produção muito mais tarde no realismo fantástico.

2
Procurando Ruy em sua produção escrita

Na prosa

Ruy ainda não escreveu romance que o alçasse a literato, mas tem treinado ao longo dos anos nessa direção. Começou na pré-adolescência, escrevendo e dando a ler aos amigos. Como muitos, ao se lançar nessa prática, inspirava-se nas aventuras dos heróis de quadrinhos e ficção científica, que lia com fervor. Ainda se lembra de títulos do que escrevia, como *A agressão de Teutel*, sobre um planeta inventado, e *O bambu azul*, sobre um mistério oriental.

Jovem, redigiu na imprensa moçambicana contos, críticas e reflexões sobre cinema, além de uma ou outra poesia. Com um olhar sempre voltado ao social, inspirava-se nas situações que o cercavam. Dois contos foram publicados em coletâneas de literatura moçambicana no século XXI. O primeiro, "A Negra Rosa", sobre sua mãe de criação. Condoído, talvez com certo remorso, imitando o português arrevesado dela, reproduz o que pensava serem seus sentimentos de tristeza e saudades ao lembrar quando "tratava do menino, dava banhinho, contava história da Negra Rosa...". O segundo conto é "Negro João há de morrer no mar"; o jornalista que o apresenta no jornal moçambicano assinalou influências de Jorge Amado.

Outros textos, a maioria com um cuidado descritivo, contam com uma preocupação em relação ao visual, como "No pântano", no qual Ruy descreve negrinhos que jogam futebol em campo sem dono e que depois serão levados a fazer carreira no futebol internacional. Ou "Farol vermelho", que se inicia da seguinte maneira: "Chão empedrado, sombra, tristeza, desespero! [...] Raios, tudo lhe sabia mal, tudo...! Desde que andava por ali ao Deus dará, à procura de trabalho e nada, raios, ele não cá fazia questão do que fosse, nem do ordenado, mas nem assim". "Foi assim que morreu Bobby", como se lê no jornal, recebeu um prêmio e mereceu previsão sobre o futuro de Ruy: "Por ser seu trabalho verdadeiramente bom literariamente, não temos recusas em lhe profetizar um belo lugar nas Letras em Moçambique, se por ventura ele não se perder por outros caminhos mais fáceis". Alusão ao cinema? No primeiro parágrafo de "Diário de um louco: o Coqueiro", Ruy põe na boca do personagem uma preocupação sua ao longo da vida:

> Morte, muita gente tem medo da morte; eu não, não tenho, nunca tive, nunca terei ou por outra, só terei quando ela chegar junto de mim, me disser com aquela voz que nem sonho como seja, vamos embora, chegou a hora, nesse derradeiro instante, sim, nesse momento sentirei o que os outros devem sentir só de ouvir falar nela, mas só nesse instante.

Os escritos sobre cinema revelam alguém que já levava o assunto a sério, preocupando-se com o papel dessa arte na sociedade. Na imprensa moçambicana, ao iniciar uma das críticas, o jovem Ruy comenta que

> o público, ou melhor, o grande público não quer ir ao cinema ver a vida tal como ela é. Quando se senta na cadeira duma sala de espetáculos, ajeita-se e atira para trás com as tristezas, o que quer é distrair-se; digo, abstrair-se da realidade ambiente. Se por acaso na tela se lhe apresenta uma história que pode muito bem ser a sua, ou a do companheiro do lado, o espectador sai maldisposto e protesta; ele pagou o bilhete para se divertir e não para se incomodar com os desgostos alheios, "para tristezas basta a vida de cada um". O que querem é música, comédia, qualquer coisa, desde que a artista seja bonita, o enredo acabe bem, os ambientes sejam luxuosos. Então, sim, belíssimo filme, viram? Cinema arte? Cinema reflexo da sociedade? Baboseira, "o cinema não foi feito senão para distrair". E o produtor americano faz que sim; se dizem que esses filmes não prestam, "que culpa tem o desgraçado do produtor?", é o público que pede... e as casas enchem-se, o dinheiro corre para os cofres. É o nunca acabar de Robin Hood, de filhos do Robin Hood, das aventuras da família de Robin Hood, até a 15ª geração. Nessa altura o grande público aborrece, mas o produtor atento arranja um outro Robin Hood qualquer, e assim por diante, pois se o público gosta...

Outras reflexões atacam um cinema comercial sem qualquer interesse educativo:

> O cinema é uma arte das massas e como tal tem uma missão a cumprir; se atendemos a sua possibilidade de expansão e compreensão em relação a qualquer outra fonte de cultura, veremos que indiscutivelmente tem o primeiro lugar. A leitura, sem dúvida alguma uma das melhores armas do progresso, requer no entanto um determinado esforço intelectual como uma certa preparação necessária para apreensão do assunto tratado. Isso não entrando em conta com o

analfabetismo e as dificuldades na obtenção de livros, da escolha, da falta de tempo para os ler etc. Com o cinema, a quem alguém apelidou de "cultura para preguiçosos", já não acontece o mesmo. O operário, o pequeno proprietário, o adolescente, todos de um modo geral o procuram como motivo de recreação, e tem sido esse o ponto explorado pelas grandes companhias cinematográficas. Em lugar de produzir obras que educam a mentalidade do povo e os façam voltar para a realidade ambiente, têm explorado dois grandes temas: o Amor e o Crime. A par disso, os filmes cômicos sem fundo moral se impõem, e essas pequenas comédias que terminam sempre por satisfazer quem as vê. Assim o público habituou-se a considerar o cinema como um divertimento cujo único fim é pô--lo bem-disposto. E as comédias, os filmes de aventuras, os dramas policiais, os filmes em série sucedem-se apenas entremeados de longe por alguma boa obra dum produtor consciencioso que passa despercebido entre o grande público.

Repisa, revelando lado moralizante:

Não é infelizmente o panorama do cinema de hoje. Todas essas fitas que têm apenas o fim comercial têm influenciado desastrosamente o público em geral, especificadamente a juventude, produzindo filmes de gângster, vagabundos falsamente retratados. O cinema leva o jovem a ver uma existência de beleza naquela vida triste e sofredora, obrigando-o a procurar dar uma satisfação a essas tendências que nele incute pela criação desse mesmo mundo; por isso todos nós temos conhecimento de casos de rapazes que se perderam no caminho dos transviados, para o que muito contribui aquilo que podemos chamar – "O Mau Cinema". É esse mal que se deve combater; a influência do cinema está mais do que provada na formação do caráter, mas infelizmente no sentido oposto àquele que deveria exercer. No dia em que o cinema perder o aspecto profundamente comercial de agora para se tornar um meio de cultura estará então cumprindo a sua missão.

Essas críticas mostram que ele não se limitava a elogios para atrair o público e agradar o dono da sala de espetáculos. Revelam seu perfil de aspirante a cineasta, com um olhar arguto e uma reflexão madura além da esperada para esse final de adolescência. Eram numerosas, porém encontrei somente três: sobre *O Arco do Triunfo* (1948), dirigido por Lewis Milestone; *A bela e o monstro* (1946), de Jean Cocteau; e *Monsieur Vincent* (1947), com argumento de Jean Anouilh e dirigido por Maurice Cloche. O tema de *Monsieur Vincent* sobre a vida do santo católico São Vicente de Paula permitiu a Ruy observações politizadas:

M. Vincent é uma crítica social intensa; por vez, mordaz. É tanto mais dura e difícil de ouvir quando temos que reconhecer se alguns dos problemas debatidos no filme se encontram em parte solucionados ou se permanecem de pé. Maurice

Cloche, na sua obra, foca a França de 1600 e tal, mas os assuntos que lá se discutem pertencem a todos os países, todas as épocas, é justamente por isso, por se tratar de problemas atuais, que *M. Vincent* se reveste de interesse especial.
A Jean Anouilh, argumentista e célebre escritor teatral, se deve parte do triunfo do filme, pela forma como soube dar universalidade a sua crítica.

Surpreende o equilíbrio das afirmações de um jovem ateu de esquerda:

Anouilh optou pelo último [o sentido de humanidade], deixando a cada um a liberdade de ver ou não o santo, o ser humano que nos apresenta [...] é de fato um homem com seus ideais, com seus erros e fraquezas, o que nós vemos na tela; tem um fim a atingir, ajudar os pobres, mas para isso não sabe como se conduzir, apoia-se nos ricos, usa das honrarias e riquezas que lhe concedem; mas a tudo vem a renunciar, porque finalmente achara a solução: seriam os próprios sem-pão que se ajudariam uns aos outros e quando eles tivessem matado a fome, aquecido o corpo, cumprido o seu dever de ser humano, faria sua missão de sacerdote, falaria então da alma, antes não. [...] Foi uma luta toda a sua longa vida. Uma luta que não o levou de vencida porque tinha fé no Homem.

Em relação a *O Arco do Triunfo*, conhecedor e apreciador do romance, analisou:

A restante parte da obra de Remarque que nos conta a vida do refugiado, das classes pobres, dos bordéis não foi sequer abordada, ou quando assim aconteceu é apenas para uma ligação de cenas; são, no entanto, esses problemas e a maneira como são tratados que erguem *O Arco do Triunfo* de Remarque [...] e o tornam um quase retrato de Paris de 1938.

Preocupava-se desde então com os aspectos técnicos das películas. Por exemplo, sobre *O Arco do Triunfo*:

A cena da operação, apesar da simplicidade, está muito bem-feita, a mãe que chama pelo filho, a anestesia, o rosto dos operadores com as máscaras brancas, rodando lentamente num ângulo vertical ascendente, a morte da paciente. É igualmente de notar a maneira como Lewis Milestone nos deu as recordações de Ravic provocadas pela aparição de Haake, adotando o clássico sistema da sobreposição de imagens; conseguiu, no entanto, em grandes planos sucessivos da face do nazi, em *travelling*, até atingir um *big close-up* e planos gerais das cenas de tortura.

Por sua vez, sobre *Monsieur Vincent*:

Maurice Cloche soube usar com sensatez e discrição os movimentos da câmera, sem ângulos vanguardistas, mas belos. Do uso de planos longos e panorâmicas lentas, resultaram cenas interessantíssimas [...]. Outra magnífica tomada de vista é a da sequência inicial, em que a câmera, habilmente movimentada deslizando pelas paredes desertas das casas, dá a sensação de solidão que se pretendia.

Por fim, sobre *A bela e o monstro*:

Porque Cocteau contou com elevação, apesar da linguagem cinematográfica se apresentar por vezes deficiente, proveniente a maior parte das vezes do mau aproveitamento dos planos. Em compensação, temos sequências que só por si são verdadeiros poemas de imagem. [...] Aproveitamos, a essa altura, para salientar a esplêndida música de Georges Auric, que reforça poderosamente as imagens e a máscara do monstro [...].

Durante quase cinco anos, entre 1993 a 1998, Ruy redigiu 250 crônicas semanais para o jornal *O Estado de S. Paulo*. Toda sexta-feira, lá estava ele no "Caderno 2", sob a égide de um retratinho risonho. Segundo declarou, "para desenferrujar" e porque "o gênero me seduz". Sua constante relutância a dar um ponto-final a um texto escrito pode ter sido responsável por sua imagem da crônica como "espécie de bailado de lutador de boxe". Certamente escrever lhe proporcionava prazer; ao mesmo tempo, constituiu uma verba que pingou de forma regular nos anos de vacas magras, em especial os passados em Lisboa.

Gênero considerado menor, algo híbrido entre o jornalismo e a literatura, a crônica é vista como bastante subjetiva, pensada e redigida em estilo intimista, em papo direto com o leitor. Não tendo conceito definitivo, Ruy arriscou: "Esse gênero é por excelência o estabelecimento de uma cumplicidade entre quem escreve e quem lê, sobre pequenos nadas". Ouviu conselhos de ninguém menos que o experiente cronista e amigo Gabriel García Márquez, o Gabo: que assim que tivesse uma ideia, anotasse logo para não a perder; que se isolasse de tudo e de todos no dia de escrevê-la; e, finalmente, que não se preocupasse, pois publicada ela ficaria muito melhor.

Seus textos não são todos sobre os mencionados "pequenos nadas". Apresentam qualidade bastante desigual – o que, no caso de alguns, se deve talvez à falta de inspiração ou à pressa. Na indefinição do gênero, há dificuldade em diferenciar uma crônica de um conto de ficção. São textos que revelam seu percurso de vida, a amplidão de seus interesses, seu senso de humor, seu prazer em, muitas vezes no finalzinho, surpreender o leitor. Permitem descobrir a imagem que deseja apresentar de si mesmo. As autoimagens são usualmente autocomplacentes, algumas esboçadas de forma idealizada. Ruy mencionou mais de uma vez o "despudor" necessário para escrever.

Crônicas de natureza bem variada, algumas, não tão numerosas, são como breves balões de ensaio, aparentemente para arrumar ideias em relação a temas que o preocupam, como arte, vida, morte, memória. Pela necessidade intrínseca de concisão, são somente uma aproximação ligeira, na medida do espaço que lhes é delimitado. Ligeiras talvez ainda pela maneira com que Ruy se relaciona com a cultura: segundo comenta, em seu modo transparente de ser, o faz como uma galinha, ciscando aqui e ali; ou como uma perdiz, rastejando – de qualquer maneira, diz jamais sonhar em alçar um voo de águia, panorâmico e com mergulhos profundos.

Como a maioria dos cronistas, aborda tanto o cotidiano atual quanto memórias de infância e adolescência. Certas crônicas saem claramente das mãos do cineasta, com descrições que nos levam a assistir às cenas – quem sabe devido aos detalhes escolhidos com cuidado, como a atitude de Ruy diretor, ao filmar decidindo meticulosamente o que entra em quadro. Algumas crônicas falam da história e da linguagem do cinema; outras, da presença do cinema na vida do autor.

Percebe-se o gosto em se lançar em experiências de estilo. Há as imaginosas no tema e na forma, como a estranha "Ode às unhas", semelhante ou inspirada em versos de um longo poema de seu acervo, "Um passeio desumano pelo corpo humano", ou, ainda, uma cuja narração rola como a bola em um jogo de futebol – durante a Copa do Mundo em 1994 e 1998, Ruy não resistiu a tratar algumas vezes do tema, para ele bastante prazeroso.

Por volta de quarenta textos tratam de política em sentido amplo e, com isso, confirmam o posicionamento de Ruy Guerra diante do mundo, além de indicarem sua forma de militância. Tratam de questões estruturais que perduram até hoje, entre as quais as desigualdades da sociedade capitalista, os percalços das democracias portuguesa e moçambicana e o conceito de democracia possível, a má distribuição de renda brasileira e o desnivelamento social, a liberdade política e o uso de força armada pelo poder, as posições americanas contra Cuba e a cultura no país, os perigos da entrada de Portugal na Comunidade Econômica Europeia e as exigências econômicas desta, os migrantes do mundo político globalizado etc.

Mesmo ao discutir temas de outra natureza, está presente seu olhar politizado, perpassado por uma boa dose de humanismo. Ruy bate-se contra preconceitos em relação ao Outro, seja ele negro, escravo, imigrante, homossexual; contra o radicalismo religioso cristão, contra a instalação em Portugal da Igreja Universal do Reino de Deus (Iurd).

Algumas crônicas deixaram o provisório da imprensa cotidiana para um plano mais duradouro, agrupadas no livro *Vinte navios*, publicado em 1996 no Brasil e depois em Portugal. Por ocasião do lançamento, Ruy especificou ter escolhido aquelas sobre "os temas do cotidiano, a poética do dia a dia [...], que, nascidas de primeiras impressões, frequentemente resistem melhor". Abdicou das engajadas ou das indignadas, que a seu ver "sobravam", datadas.

Em Lisboa, ao comentar o livro, o poeta Luís Carlos Patraquim salientou a tricontinentalidade de Ruy:

[...] o cineasta Ruy Guerra virou cronista. A prova? Sentem numa esplanada da avenida Atlântica, recostem-se à beira-Tejo por uma tarde melancólica ou, de chamuça picante e "Manica" bebericada, olhem a nesga de Índico, embora sujo, a partir da varanda aberta do restaurante da Costa do Sol e leiam, contando os navios, vinte. Tem estórias para os três vértices do triângulo, claro está: Portugal, Brasil, Moçambique, a ordem é aleatória. Fundamental [...] é a superfície rugosa, textual, vivenciadíssima, o enquadramento-olhar (como uma questão moral?) [...]. Ruy Guerra, embora bissexto, consegue registos de variadas matizes, percursos interiores, humor e melancolia, reflexão, um segurar com as palavras o dique, que se sabe aberto, da evanescência do mundo e do tempo, um ser nómada em vinte barquinhos de papel que o narrador contempla indo-se indo pela correnteza do rio, do Brasil, escolha da juventude, àquela matriz indefinível, nostálgica, dorida, da infância em Moçambique, evocando "A morte do velho guerreiro Swázi".

Entre algumas cartas de leitores, há uma guardada no acervo, que diz:

Recentemente rolei na areia de originalidade de *Os cafajestes*, fui atingida indelevelmente pelos áridos disparos de *Os fuzis*, fiquei surpresa com sua aparição epopeica em *Aguirre* e agora me descobri entre "A noite e seus bêbados". Estilo sóbrio e muito sensível, não deixa dúvidas de que foi escrita por um homem de talento multifacetado. Há algum tempo deixei de ler as crônicas do *Estadão* [...]. As suas são um caso à parte, convidam à reflexão e sempre têm muito a dizer, como essa que leva a embriaguez a um estado muito além do simples etílico. Uma crônica para ser degustada, algo como um golinho de Châteauneuf-du-Pape durante uma agradável conversa.

E assina: "Dos alegres transportes de Baco, Cláudia Lévay". Uma paulistana, roteirista e escritora, mas que não se identificou como tal.

De volta a Moçambique em 1981, Ruy esboçou dez contos, curtos, que por vezes parecem apenas longos parágrafos. Chamou-os de *Contos de amanhã*, *Contos cruéis* ou *Aventuras cruéis*. Jazem em rascunho no acervo, junto a uma série de contos infantis, ao que parece encomendados no final do século XX, mas que não foram adiante. De 2008, encontramos mais um desses: "A nuvem". É um daqueles infantis que adultos apreciam. Além disso, Ruy publicou prefácios nos programas de peças que dirigiu, como *Trivial simples* e *Fábrica de chocolate*, e em livros, como uma apresentação em uma nova edição de *Quarup*, de Antonio Callado, e outra em *Rio dos bons sinais*, do moçambicano Nelson Saúte.

No teatro

Embora não seja visto como dramaturgo nem se aceite como tal, Ruy escreveu duas peças para teatro. A primeira, no início dos anos 1970, é o musical *Calabar: o elogio da traição*, em parceria com Chico Buarque. Proibida pelo governo na ditadura militar, a peça se tornou um ícone da luta contra a censura. Com a edição de livros sob menor controle, o texto foi editado – isso se passou antes da esperada estreia, que, aliás, não aconteceu. Foi publicado pela Civilização Brasileira; um ano depois, já estava na 5ª impressão ou edição; em 2013, na 36ª.

Segundo Chico, foi Ruy quem primeiramente tinha pensado no tema, convencendo-o a participar. Levaram praticamente um ano de trabalho. À época, provavelmente em razão do controle da censura, Ruy declarou: "É difícil ver a gênese da coisa: se a gente buscou Calabar para debater a traição ou se o Calabar justamente nos proporcionou o debate". Tinham discutido o caso de Jane Fonda, acusada de traição a seu país por atitudes em relação à Guerra do Vietnã. Concluiu: "Então a traição [...] ou a fidelidade, hoje é um negócio que você encontra em todas as áreas do comportamento". Fernando Peixoto seria o diretor da peça e o foi em sua apresentação em 1979; não consegui entrevistá-lo, mas há declarações suas nas fontes consultadas. Para ele, o espetáculo é "uma rede de traições. A cada instante, a cada momento, os personagens traem. Traem alguma coisa, traem alguém, alguma ideia, ou traem a si mesmos". Para alguns, teria sido fundamental na peça uma indireta e secreta comparação entre Calabar e Carlos Lamarca, ex-capitão do Exército, chefe da Vanguarda Popular Revolucionária (VPR), morto no interior da Bahia em 1971. Em declarações posteriores os autores salientaram como uma cortina de fumaça era necessária naquele momento. Para Peixoto,

> a estrutura de *Calabar* é profundamente teatral na medida em que escapa às regras habituais da dramaturgia bem-comportada. Existe uma unidade que se manifesta justamente na descontinuidade quase cinematográfica do relato. Cada cena se exprime livremente, independente das demais, em termos de estrutura. Mas o todo conserva uma linha dramática consequente, lógica, objetiva. [...] É quase uma declaração de princípios: o texto é popular na medida em que a história é revista segundo uma perspectiva transformadora, desmistificadora, e se resolve em termos de comédia e de teatro musical, apesar dos momentos em que o texto deliberadamente mergulha na análise dos movimentos mais íntimos e escondidos das almas dos personagens.

Em novembro de 1973, na seção sobre literatura, a revista *Veja* apresentou uma resenha do texto, com uma foto dos dois autores na casa de Chico na Gávea e com o título "Canções da colônia". Geraldo Mayrink escreveu:

Envolvendo a eles (os personagens do momento histórico da luta Holanda ×
Portugal nas terras da colônia) e às canções que cantam, uma obsessão única – a
da traição – dá ao texto uma acentuação irônica e ambígua, estranha como os
caminhos que levam ao palco essa gente de dois mundos diferentes. O cipoal
tecido por Chico Buarque e Ruy Guerra funciona como a assustada iminência
de uma punhalada nas costas. [...] Construindo seu texto em torno de um cadáver jamais mostrado em cena, Chico Buarque e Ruy Guerra tocam inspirada-
mente no mito. [...] As canções falam a linguagem mais límpida e instigante da
atual poesia em língua brasileira. E nos seus lances mais engraçados [...] chega
mesmo a ocorrer uma daquelas dores que só acontecem quando se ri.

Segundo apresentação dos autores no livro, a discussão tratava dos conceitos
de pátria e traição. Em 1980, Adélia Bezerra de Meneses, em tese pioneira sobre
a produção de Chico Buarque, afirma que *Calabar*

permite a discussão do nacional como valor não definido; ou como valor negativo. Preocupa-se com a emergência de uma identidade nacional em perspectiva
histórica. Em *Calabar* coloca-se a pergunta: O que é a pátria? Quando Calabar
"trai" os portugueses, passando para o lado dos holandeses, está traindo a pátria?
[...] Não se trata de uma reabilitação no sentido de fazê-lo passar de bandido a
herói. É apenas uma tentativa de rever os fatos com olhos não colonizados, de
uma maneira independente, livre da ótica de Portugal, que, por ter vencido a
guerra, foi quem orientou a interpretação histórica. [...] Há de se estudar em
Calabar a tentativa de desmistificação da História do Brasil – e de uma dessacra-
lização da História em geral – feita através da sátira, por vezes impiedosa. [...]
Evidentemente aqui está projetado todo um problema que é o da esquerda armada pós-68, da guerrilha [...], o problema das omissões do intelectual, dos
impasses do agir histórico, dos dilemas da atuação, do silêncio imposto.

A partir dessa visão foram surgindo trabalhos acadêmicos que se detiveram
na análise da peça em seus aspectos literários e políticos.

Em 1979, no período de abertura política, houve uma retomada da peça,
então já liberada. Fernando Peixoto declarou que tudo tinha se transformado:

O país, nós mesmos, a linguagem teatral, as exigências culturais, a forma de encarar a temática, ainda que esta nos pareça vigente, essencial. Revimos o texto, fala
por fala, questionando personagens e estrutura. Cerca de dez horas de trabalho.
Tudo gravado [...], Chico e Ruy refizeram a estrutura do texto, desenvolvendo
conflitos e personagens, esclarecendo trechos demasiado datados ou confusos.

Em 2012, Theotônio de Paiva, no site *Outras Palavras*, reavaliou: "Um musical com uma irreverência típica do período, e algumas músicas que vieram a

366   RUY GUERRA: PAIXÃO ESCANCARADA

fazer parte daquilo que de melhor aquela época produziu em termos de consciência política e artístico-musical".

Bem menos conhecida é a segunda peça, *Dom Quixote de lugar nenhum*, escrita em voo solo, em meados da primeira década do século XXI. Resultou de uma encomenda de Ernesto Piccolo em razão dos quatrocentos anos da obra de Cervantes. Produtor e ator no papel-título, Edson Celulari expôs seu desejo de viver em cena o mítico herói. No acervo de Ruy há extenso dossiê sobre a peça. Para a revista *Veja*, Edson é um ator "inquieto". Mencionando as atuações como Calígula e Don Juan de Molière, lê-se na revista que ele "nunca se contentou com os louros de galã da TV e coleciona papéis fortes nos palcos". Disse ao jornal *O Globo*: "O mundo está doente de realismo. Temos que enriquecer nosso imaginário. Sonhar é muito bom!". Ruy e ele tinham trabalhado juntos vinte anos antes, em *Ópera do malandro*. Durante anos, Piccolo e Celulari desejavam montar uma peça sobre o romance: "E encontramos o louco certo para fazer a adaptação".

Para Ruy, interesses e inspirações parecem esperar pacientemente uma oportunidade, que muitas vezes é encontrada sob vieses inesperados. Além da leitura do romance na adolescência, a tradução das letras do musical *O homem de La Mancha*, feita em 1972 com Chico Buarque, deve ter ocasionado certo flerte com o tema. Em 1976, ao tentar filmar *Sargento Getúlio*, romance de João Ubaldo Ribeiro, mais uma flertada. Ruy anotou: o que o atraía era

> o tema de dois mundos que se opõem e em que os valores de um têm de ser esmagados pelos valores do outro. E o fato da tragicidade do conflito – como no *D. Quixote* de Cervantes – ser tratada com muito humor. Na realidade trata-se de um *D. Quixote* latino-americano, mas um *D. Quixote au rebours* [ao contrário], defendendo os valores feudais de uma sociedade rural nordestina, que se apoia sobre a violência, a intriga, a politicagem, e todo um código de honra machista. Tudo numa viagem em que cada parada é uma questão; cada passo, uma pirueta; e em que cada personagem com quem nos deparamos – real ou imaginário – traz toda a força de uma cultura num linguajar bufão pícaro.

Nessas considerações, encontram-se as raízes da peça que criaria um quarto de século depois. Em agenda de 1989, há a lápis um projeto para *Dom Quixote*. A peça é "um olhar brejeiro sobre o Quixote", definiu Ruy a Rodrigo Fonseca, do jornal *O Globo*. Essa intenção se patenteia desde o início na jocosa apresentação no texto original, escrita, de forma voluntária, praticamente toda em letras minúsculas:

> cordel do quixote doido (as insólitas aventuras do cavaleiro dom queixada de lugar-nenhum e da casta dulcineia lá onde o diabo amarrou o sol) – texto e letras

de ruy guerra – peça em 1, 2 ou 3 atos, dependendo da vontade do freguês, desrespeitosamente inspirada em *Don Quixote de la Mancha* de Miguel de Cervantes Saavedra. a ação se passa nos séculos 17 e 21 na Espanha e no Nordeste brasileiro.

O autor envia uma advertência

aos eventuais encenadores: assim como procedeu o que se diz autor deste falso cordel – que plagiou, cortou, acrescentou e distorceu os textos do autor original, impedido de protestar de lá onde se encontra – aja de igual modo quem levar para as tábuas este falso original e sem reservas nem limites, plagie, corte, acrescente e distorça o que bem lhe aprouver e souber. Para tal, use e abuse de um direito que se aqui não nomeio é porque óbvio me parece; mas se para quem me lê esse direito é torto e confuso e não suspeita do que se trata, então, preço de sua santa ignorância, respeite religiosamente o que está escrito, com todos os seus efes e erres.

Ruy assina "este autor", acrescentando: "em tempo: as palavras, eruditas ou chulas, não ofendem, se justas; o que pode ofender é não as entender".

O cordel lhe tomou um ano de trabalho. Confessou ter tido diversos episódios de insônia, dúvidas, vaivéns; permitiu-se "iconoclastias". Levou seu Quixote transformado em Queixada para o sertão nordestino. A região fez parte de seu imaginário desde que, recém-aportado ao Brasil, a descobriu na filmagem do inacabado *Orós*. Em busca daquilo que para o Cinema Novo representava o Brasil real, lá filmou *Os fuzis* e *Os deuses e os mortos*. O Nordeste não mais saiu de seus planos; um de seus roteiros recentes – "O tempo à faca" – gira em torno de uma vingança nordestina. Por ocasião da estreia, declarou à imprensa que

a cultura nordestina é muito hispânica, de certa forma, no seu vocabulário e em uma série de heranças culturais. A própria paisagem árida remete à Castela [...] que é desértica [...]. Me ative aos grandes temas do *Dom Quixote*: o sonho, a loucura, a poesia e a integridade, traduzidos em solilóquios com linguajar nordestino.

Uma comédia musicada, com referências aos ritmos da região. O texto inicial não podia ser levado à cena, pois duraria quatro horas – segundo o autor; foi como ele conseguiu trabalhar as novecentas e tantas páginas do original. Ruy acabou por reduzi-las a uma hora e meia. Linguagem fácil, crua, diálogos vivos, bem-humorados; os monólogos são rimados, criativos; com alusões jocosas a Glauber Rocha, Guimarães Rosa, Jorge Luis Borges. Para Celulari, quando o cavaleiro andante diz "Herdei o exílio", seria o Ruy moçambicano que rodou meio mundo falando. "Ruy aceita essa aproximação; outra dessas seria a resistência, presente nos dois." Pode-se sentir ainda Ruy em outras falas do herói, como nos monólogos apaixonados sobre a palavra. Além disso, Queixada profere de forma ligeiramente alterada a citadíssima frase do poeta Fernando Pessoa, do poema "Tabacaria": "Não sou nada./ Nunca serei nada./ Não posso querer ser nada./ À parte isso, tenho em mim todos os sonhos do mundo".

Uma apresentação da peça em Curitiba diz:

> As semelhanças do *Dom Quixote* com o nordeste brasileiro são muitas. Ruy Guerra se aproveita delas para criar um universo comparativo hilariante e nos propõe uma reflexão profunda sobre o Brasil de hoje, com esses dois personagens que são ícones no inconsciente coletivo do nosso público. A famosa dupla formada pelo Cavaleiro Andante, dom Quixote, e seu fiel escudeiro, Sancho Pança, é a mescla de desatino e ousadia que nos remete a uma profunda reflexão sobre a condição humana, sempre envolvida na eterna luta entre o sonho e a realidade. Em seu cordel satírico, Quixote/Queixada, com suas utopias, se vê questionado por uma realidade acachapante e cruel. Pança, com suas prioridades primárias, está sempre duvidando dos tais sonhos e visões do nosso anti-herói. O texto oferece um painel de personagens originais que se confundem com outros reinventados: são retirantes, cavaleiros, rabequeiro, coro grego, vendeiro, diabo, guardas, prostitutas, romeiros, condenados, dragão, são Jorge, cavalo falante...

A revista *IstoÉ* concedeu três estrelas à peça e avaliou:

> Não é novidade para ninguém que o Nordeste brasileiro é um universo para lá de fértil para o cinema, a tevê e o teatro. Mas o escritor Ruy Guerra, responsável pelo texto de *Dom Quixote de lugar nenhum*, conseguiu ir além das tradicionais histórias já tão retratadas por Ariano Suassuna e Guel Arraes, com ousada inovação. Guerra resolveu mexer com um dos personagens mais clássicos da literatura mundial e inseri-lo na caatinga. [...] O espetáculo mostra as andanças de dom Quixote em busca de aventura e de sua amada Dulcineia do Toboso. [...] Sua trajetória é contada em forma de cordel. E aí reside o grande risco da montagem, que na primeira meia hora, no afã de retratar o universo nordestino, acaba se tornando uma enfadonha e estereotipada narrativa.

O artifício de transformar Sancho Pança no diabo recebeu críticas e elogios: "O resultado, forçado e sem graça, é uma contrafação das pelejas com o diabo perpetuadas pelos cantadores nordestinos com maior ou menor talento", diz uma crítica; por outro lado, tornou a peça "um divertido besteirol", segundo a *IstoÉ*.

Na poesia

Desde a mocidade, em paralelo à prosa, Ruy escreveu poemas; teve nessa produção períodos mais férteis, como o início dos anos 1950, em Paris; 1956, em Madri; as estadas em Maputo no final da década de 1970 e até metade dos anos

1980. O ímpeto poético arrefeceu de 1990 em diante, com bem pouca criação no século XXI. Versejou mundo afora. Para Ruy, a poesia parece ter tido a função de baixar a guarda – quase sempre levantada – e falar de si para si mesmo e para os outros. Por meio dela, é possível suspeitarmos ou percebermos seus desejos e seus sentimentos íntimos.

Todavia, jamais aceitou se apresentar como poeta. Ao lançar, em 1996, o já mencionado livro de crônicas, *Vinte navios*, declarou à imprensa que achava muito pesado o estatuto oficial de poeta. Até recentemente, aliás, relutou em editar seus poemas. Quase a totalidade ainda é inédita, alguns foram publicados esporadicamente em seu recente site ou no documentário sobre ele, *O homem que matou John Wayne* (2016). No acervo, há por volta de duzentos poemas em uma ou várias cópias e versões, muitos ainda no rascunho, datilografados ou manuscritos, em papéis de todo tipo – almaço, bloco, arrancados de cadernos e agendas, papéis de carta da filha adolescente, dos hotéis onde se hospedava, de voo da Varig e até em menu de companhia aérea. Ou seja, ao sentir necessidade ou inspiração, escrevinhava no que tivesse à mão. Alguns poemas são bem longos, contendo duas ou mais páginas; outros, curtos, mas sem a rigidez do formato de um haicai. Nem todos têm a indicação de local e data em que foram criados. A maioria, no entanto, tem título. Ruy conta que muitos se perderam pela vida afora. A certa altura, meados dos anos 1980, ele fez uma revisão, anotando avaliações, como: "Ótimo", "Bom", "O.K.", "Péssimo", "Não!!". E ajuizou alguns com um "Reescrever".

Em uma crônica, Ruy Guerra procurou as origens de seu gosto pela poesia. Relembrou o pai recitando fábulas de La Fontaine, com "a voz de tenor e sua imagem inflamada, os olhos muito azuis brilhando de um entusiástico prazer, o esquerdo, estrábico, perdido num horizonte próprio". E concluiu: "Eu sei que as portas da poesia me foram para sempre abertas naqueles inesquecíveis serões paternos". Um fato curioso é que sua irmã também escreveu poemas, tendo até publicado alguns em revista moçambicana.

O fato é que Ruy nasceu em meio a dois povos de poetas: há uma forte tradição poética em Moçambique e em Portugal, países com grande presença da oralidade na cultura. Como ele afirma em "Fado tropical", "no fundo eu sou um sentimental.../ Todos nós herdamos no sangue lusitano uma boa dose de lirismo".

Rita Chaves mostra que, em Lourenço Marques, nas décadas de 1940 e 1950, "a vida literária converte-se num espaço de reflexão e denúncia, no qual os planos do ético e do estético se conjugam, antecipando o movimento que operaria a grande transformação". Em 1976, ano da primeira comemoração da tomada de poder pela Frelimo, houve em Maputo um festival de poesias – engajadas, como seria de supor, ainda que seja algo raro em comemorações dessa natureza. A partir da Independência, surgiu na capital um movimento chamado Msaho, no Jardim Tunduru: interessados em poesia se reuniam em torno do coreto e subiam para declamar o que desejassem.

Ainda para Rita Chaves, Ruy "dinamiza o legado de sua experiência e mantém a poesia como um diálogo com a terra e/ou as gentes de seu país". Ela vê em sua poesia "um apenas insinuado recurso à metalinguagem, uma ausência da emoção fácil, um tom dialógico da melhor poesia africana". Amigos de sua geração se tornaram poetas renomados no mundo lusófono; alguns lhe dedicaram composições, como o xará e grande amigo Rui Knopfli, José Craveirinha, Rui Nogar, Noémia de Sousa, Virgílio de Lemos; na geração mais jovem, Luís Carlos Patraquim.

Para Ruy, se por um lado pode haver poesia na prosa, "não é porque são linhas desalinhadas que se tem poesia". Nos anos 1960 e 1970, ele escreveu um longo texto jocoso, numa prosa versejada:

Para uma definição de poesia: O que é poesia?/ Coisa de gente fina, graúda, metida a besta,/ coisa empempolada, passatempo de patrão?/ Não vai nessa, não./ Até que também tem poesia assim,/ mas também tem outra, de pé no chão, nariz no vento, a mão no pão./ É tão bonita quanto. A bem da minha verdade/ para mim muito mais bonita,/ sentida, sofrida, batoída, pisada./ Poesia que mexe com objetos de todos os dias:/ enxada, lata, faca, feijão, sim e não./ Coisas que a gente pode pegar./ E quem diz que amor a gente não põe a mão nele?/ Põe até mais,/ vai de corpo inteiro,/ o coração vagabundo,/ sangrando ou gritando,/ e tantas vezes cantando./ Poesia é coisa fina./ É, sim, senhor,/ mas do jeito que a gente sente,/ senão deixa essa poesia pra lá,/ joga essas rimas pro alto,/ dá sinuca no verso,/ dá nó-cego no soneto,/ porque o que vale mais ainda é mesmo a emenda. [...]

Nos anos 1990, voltou ao tema na crônica "As portas da poesia":

Não sei por que se lê poesia. Não sei por que se escreve poesia. Não sei também, do muito que não sei, quando foi que um dia o homem descobriu a poesia, como tal. [...] Seria preciso rastrear, garimpar o tempo, farejar o passado e não tenho a vocação nem a persistência para tal, apenas um preguiçoso interesse. O mais longe que sei ir é até a minha quarta prateleira a contar de baixo e consultar o *Dicionário etimológico da língua portuguesa* de José Pedro Machado, na sua sexta edição, de 1990, pela Livros Horizonte-Lisboa. Nele as palavras "poesia", "poema", "poeta" parecem remeter a raízes gregas, em que o que está mais presente é o ato de fazer, "fabricar" e no sentido de versejar só a partir de Hesíodo e de Píndaro.

Em 1999, em Lisboa, soltou uma nova definição: "A poesia é uma forma sintética e um atalho dentro da linguagem pra contar o que é essencial na relação do indivíduo com o mundo". No prefácio de um livro de poemas escrito pelo ex-aluno Daniel Rocha, deteve-se na ideia:

Não sou poeta, embora às vezes a insônia me iluda e arrisque algumas ideias em linhas cortadas e rimas esquivas, que relidas, à cruel luz do dia, são prontamente engavetadas [...]. Mas sou leitor teimoso, de muitos anos e muitos prazeres no sabor da palavra certa. [...] para mim, poesia é isto: um prazer no gosto da palavra que nos fere, irremediável, com uma doçura e exatidão que asfixia. Uma flecha no peito. O poeta – não existem grandes e pequenos nesta coisa de ser – é um inútil que abrescaminhos [sic] para nos perdermos. No ofício das artes, se houvesse hierarquia, eu o colocaria no topo do monte, com raiva e inveja, por ele dizer o sabido que não sabíamos que sabíamos, com palavras muitas vezes gastas pelo uso, mas que nos revelam a nós mesmos. É como se escutássemos o eco de coisas sentidas, perdidas, extraviadas, pressentidas, a esmo.

Em 1971, no poema "Lendo Borges", afirma que, "calado, sou poeta; falando, me duvido". Em "Prólogo, como um epitáfio":

Não quero compromissos com as palavras e os seus sons
E se distribuo em linhas irregulares o meu dizer
não vejo nisso versos
mesmo se a rima insiste
Não chamem de poesia o que escutarem
ainda que minha fala
por vício de forma e cultura,
pelo impossível de ser inteiro dentro do sentimento
e da razão
traga sabores de outras palestras
de poetas oficializados.
Não quero este uniforme
Não quero essa imortalidade
Não por desprezo ou falsa ambição mas apenas
no medo convicto e construído também
que mais uma carapaça sedimente sobre as minhas outras carapaças
e me descubra cada vez mais mole, difuso, róseo e plasmático [...]

É clara em sua poesia a forte presença da preocupação identitária; em algumas, com temática exclusiva; em outras, associada aos problemas de amor ou à ideia da morte. Em 1956, ano frustrante do ponto de vista profissional, enquanto estava em Madri, escreveu "Poema sem fim", em que dialoga com a mãe há cinco anos falecida, rememorando sua vida, lembrando o menininho de escola, depois seus 12 anos, seus 18, seus 22 e perguntando-se: "Minha mãezinha, que idade tenho agora?". Aos 40 anos, cria o poema que inicia este livro. Aos 50, no berço natal em Maputo, "Wananga" [filho], dedicado à babá Rosa, "de quem sempre fui o seu *wananga*", revela uma preocupação em retomar sua identidade:

> deixa eu falar dos meus cinquenta anos
> com esta voz já velha (ou apenas antiga?)
> mas irremediavelmente nova
> porque é a voz de minha adolescência.
> agora
> deixa eu falar
> limpando a ferrugem dos dias
> para se moldar
> na memória aflita
> de então.
> deixa eu ser piegas
> deixa eu ser ridículo
> deixa eu ser o outro *wananga*
> de cabelos longos demais
> risos atrevidos
> botas de cano
> metro e pouco de angústias
> e perguntas ao futuro
> e agora
> que estou nesse tempo
> será que já tenho respostas? [...]

Em paralelo às inúmeras mulheres de sua vida, diversas poesias apaixonadas, nas quais pouquíssimas vezes é nomeada a musa inspiradora. Jovem, tinha fome e sede do amor de uma mulher, e o desejo de expressar isso em versos mostrou-se quase que inesgotável. Com uma intensidade e uma radicalidade tipicamente suas. Por exemplo, em "Na mesa do bar", pede: "De você eu quero tudo, até o osso/ Quero a alma, o tutano e o que posso./ Quero morder o teu seio e cuspir o bagaço/ Quero o que sinto, o que cheiro, o que roço./ Quero a coxa e o cansaço/ Quero a brahma e o tremoço".

São poesias sobre paixões alucinadas, frustradas. Em uma página manuscrita, grafou em garatujas enormes, como se os vomitasse, poemas curtinhos sobre a impossibilidade de um amor verdadeiro com o qual diz sonhar, mas que na realidade se lhe afigura inatingível. Parece continuamente querer digerir ou se livrar de amores impossíveis ou não correspondidos, de decepções e malogros, fracassos amargos. Em poema escrito em Friburgo, em 1964, por exemplo:

Amar
para quê?
Se sozinho eu sei olhar árvores e rios
e conversar longamente com minha memória...
[...]
Amar
quem?
Se todas tanto me deram
até a minha solidão.
Se em troca eu fui tão insignificante
amando-as todas tanto e tão completamente
uma por uma
duas de cada vez
em combinações matemáticas de um desespero
que só tardiamente me deixou descobrir
que combinar flores e mulher
é o mais definitivo caminho da indigestão [...]

Em "Tumular": "Nos lençóis, a carne crua/ no papel, o mundo a prazo/ quanta raiva que suspira/ nua, rasa, sem rasura. Aquilo que vale a pena/ acaba em sangue, suor/ e se há grotesco na cena/ é o que há de melhor". Ainda: "Não peçam/ não exijam sinceridade nos escritos do amor/ Se ele é o primeiro/ a ser mentiroso?/ Ah, cruéis joguinhos dos enamorados/ no fingimento do sim e do não/ Busco – encontrarei um dia? –/ um amor em linha reta?".

Rita Chaves analisa como desde a juventude em sua poesia "o subjetivo combina-se com o social". Um exemplo escrito é "Um poema antilírico", publicado no único número da revista *Msaho*, da iniciativa de Virgílio de Lemos. Em diálogo com certa Olga, menciona problemas que vê no mundo – entre os quais, a Guerra da Coreia – e se lamenta: "Como posso ficar parado junto a ti, Olga, sabendo que mais além/ a nossa paz/ é comprada/ com o sangue que não é nosso?".

A morte é uma presença constante; estruturando o poema ou simplesmente mencionada. Em Paris, em janeiro de 1981, cria "Romeujulietana", no qual identifica: "O amor mora na morte". Há um texto de duas páginas manuscritas sobre a morte redigidas no Rio de Janeiro, no início de 1964. Prosa? Poesia?

A morte é uma coisa que me preocupa. E eu sei, vai me preocupar até morrer./ Não há um só dia em que eu não fale da morte a um amigo meu./ E como meus amigos são poucos (digo isto sem glória), estou correndo o risco de ficar cada vez mais chato./ Não sei se os outros convivem assim como eu com a ideia da morte. Os meus amigos, aqueles a quem falo dessa companheira, não dialogam sobre o assunto. E eu, como par constante, passo a ser visto como um esnobe. O D. Juan e a Morte. Sofisticação. Atitude de intelectual bugre. Presença de Camus./ Pode ser. Deve ser tudo isso e mais alguma coisa./ E esse mais que é a dominante. É o medo. É terrível./ Na manhã de um quarto mal dormido, ter ela ali sentada na caixa do violão que não sei tocar./ Ou aqui pulsando nas minhas veias e roendo os segundos e a magia das palavras sentida nos intestinos, ir no sanitário, mas ela não segue com a descarga./ Não me conformo. Acredito, sei da inevitabilidade, procuro acelerar a minha vida para viver mais e só consigo viver mais depressa, que é justamente do que eu fujo./ [...] Como queria a eternidade com o corpo sozinho. Mil eternidades. Ou uma só eternidade, com a morte à minha disposição para marcar consulta pelo telefone./ Já me contentaria da graça biológica das tartarugas. Quaisquer quinhentos anos me satisfariam. Mas quarenta, ou sessenta, ou oitenta ou amanhã?/ Sinto que esta angústia me acompanhará talvez até o fim. E sofro dela em cada instante, mesmo nos minutos distraídos./ A minha esperança, a minha única esperança e a essa me agarro como um carrapato, é que o caixão seja imenso e vazio como uma catedral.

Em alguns poemas, o sexo também fala forte. De 1979, "Destino" é um exemplo: "Encher-te de esperma/ enxertar-me/ em ti/ docemente/ por todos os caminhos do teu corpo/ e na hora da colheita/ partir/ pra novos plantios/ novos movimentos/ outras mortes". Em Paris, em setembro de 1980: "Espelho: Tu tens entre as coxas/ um vazio/ Entre as minhas caminha o que/ me cobra./ A resposta que levas/ do meu cio/ De quebra é aquilo/ que me sobra./ Tu tens entre as coxas/ o teu cio/ Entre as minhas eu tenho o que/ me sobra/ A resposta que levas ao vazio/ De quebra, é aquilo que me cobra".

A política foi outro veio de inspiração. Em 1955, Ruy escreveu "Ode", publicado na imprensa de Lourenço Marques. Ainda não veramente poesia, mas cujo idealismo juvenil inaugura em sua escrita – como em todo seu campo de realizações artísticas – a temática social:

Queria ser poeta ou escritor para cantar a vida
não a falsa vida dos salões de baile, do luxo, da riqueza
nem a da minha alma em sobressalto
porque uma vida, nem vida é, e a outra a mais ninguém interessa do que a mim.
Queria cantar a vida dura dos que trabalham pelo pão de cada dia,
a vida dos sem-lar, dos sem-pão, dos sem-conforto, a vida da pobreza e da
    miséria.
Queria cantar essa Vida.
Queria que esse canto mostrasse aos que a fingem ignorar
os seus trabalhos, lutas, anseios e tristeza,
fazer sofrer pelo pensamento aos que não a querem ver, o que aos outros marca

a carne também,
que lado heroico da dor, revolta, desespero, esperança,
mas eu não sou poeta nem escritor.
[...]
Eu tinha sido um porta-voz apenas,
mas podia então viver que já vivia,
pude então morrer que não morria,
era poeta, escritor e mais ainda tinha liberto a Vida.

Os anos vividos durante a guerra civil em Moçambique se refletiram em poemas marcados pela violência imperante no cotidiano – por exemplo, "A morte com 100% de lucro", "A voz dos mortos", "Mercenários" e "Trincheiras". Eduardo Langa, revolucionário condenado como corrupto, se suicidou em 19 de novembro de 1981; no poema "Comunicado", Ruy comenta a participação oficial do fato feita pela cúpula da Frelimo. Em cada estribilho, repete "Deixa eu falar do meu espanto", frase em que exprime sua surpresa pela maneira, a seu ver correta e realista, com que a Frelimo tratou o caso: encarando de frente a ambiguidade do personagem, reconhecendo-o ao mesmo tempo como revolucionário e corrupto, sem que um lado da vida anulasse o outro. Ruy conclui refletindo sobre a revolução em curso no país: "Como é difícil o homem novo/ Ser seu próprio pai./ Como é difícil ao homem de sempre/ Este novo tempo/ Que ele lutou para parir./ [...] Mas esta é uma luta feita por homens./ Com ideias, sangue e fraquezas/ Eduardo Langa, herói da revolução e corrupto".

Durante sua vivência em Havana, vários aforismos e pequenos poemas atestam sua identificação com a política cubana. Há um longuíssimo poema escrito nos últimos momentos da Guerra Fria, quando se intensificou a ação americana no Caribe – invasão de Granada, apoio aos "contras" da Nicarágua, permanentes ameaças a Cuba e manutenção do bloqueio econômico.

De forma irônica, satírica, Ruy expressa seu horror ao imperialismo americano sob o governo Reagan. Várias páginas datilografadas, com correções manuscritas; Ruy chegou a anotar a intenção de mexer nos versos, o que, por fim, não aconteceu. John Wayne, a grande figura dos filmes de faroeste, sua paixão de menino e adolescente, tinha se tornado o anti-herói. Passando a execrar a civilização americana em sua ambição de aplastrar o mundo cultural e militarmente, Ruy transformou John Wayne em símbolo desse imperialismo. Título do poema "Cuba, cemitério de *cowboy*: carta aberta a John 'Alamo' Wayne".

Começa-o nomeando um a um seus antigos heróis; entretanto, os imagina desdentados e

instalados em frente de um TV set Colour Dynamic, Remote Control
o chiclete pingando das gengivas senis

os olhos marejados de passado
piscando amargamente
incompreensão
destas imagens
vivas
fortes
perfeitas
de os seus *his and yours* compatriotas.

Invoca John Wayne "*cowboy* padrão/ *cowboy* símbolo/ *cowboy* mais *cowboy*
que qualquer *cowboy*", "*the best*". Pede ao "*Dear John*" que explique lá do céu

aos teus velhos colegas de pradaria
[...]
esse desastre verdadeiro
que a televisão maldita
está satelizando para o mundo inteiro dos *cowboys* de hoje
cavalgando megatons
sacando neutrões e disparando germes
[...]
o *old* Reagan
agora é Presidente
(da República, John, não do Sindicato)
eles não confiam no Reagan
dizem que tem de ser Você,
em nome dos *cowboys*
a explicar esse mistério
o fracasso da poderosa América
contra a minúscula Cuba.

Mordaz, sarcástico, fala de Reagan como ator e caubói:

Para falar a verdade para mim
eu nunca o considerei muito *cowboy*
era mais mocinho sei-lá-o-quê
E como mocinho sempre fui mais o Humphrey Bogart
Mas agora mudei de opinião
Agora eu o acho *cowboy* pra valer
Cowboião, mesmo.
Foi preciso entrar na política
para ele se encontrar
[...]

Só quero dizer
que como Presidente o Reagan
é um excelente *cowboy*, sacou?
Como político
é um excelente argumentista de cinema
Já imaginou o roteiro que ele está planejando
ameaçando Cuba de invasão?
[...]
Como é que ele podia imaginar
que esses cubanistas
(comunistas cubanos, Johnny,
deixa de vez em quando
eu sangrar a minha veia poética)
iam botar areia na máquina?
[...]
Tens de ser tu, dear John
que mais uma vez tens de salvar a América
desses selvagens mestiços
sozinho,
como sempre o fizeste
[…]
(*A good Indian is a dead Cuban*)

Satirizando, conclui:

Queres detalhes
Do que se passou?
É simples.
O safado do Fidel
continua fazendo pesca submarina
discursando pelos cotovelos
com aquela voz falsamente açucarada
e atirando para todos os continentes
ideias altamente subversivas
demagógica
o povo no poder
amizade entre os povos
e outras quejandas.
[...]
Fica mandando para os povos em luta
pela sua independência

tropas e professores
para Angola, soldados
para El Salvador, maestros
só para confundir a nossa bem-amada CIA
e depois quando ela troca as bolas
com toda essa confusão
até parece que a culpa é dela
e não dele.
[...]
Diz aquilo que sempre soubeste estar certo:
que a América é a América
que quem manda no mundo é o dólar
que tem de haver um Estado que manda nos outros estados
que há uma raça superior e essa raça...
Enfim, vamos saber por que é que Cuba ameaça os *United States*.

Nas letras musicais

Para Ruy, a discussão de letras de música serem ou não consideradas poesia –
debate pertinente para alguns – é como aquela sobre o sexo dos anjos. Ele
acredita que, se uma poesia é posteriormente vinculada a uma matriz sonora,
torna-se letra de música; "quando a letra veio primeiro, é preciso, em geral,
mudar algumas palavras". Nem sempre Ruy e seus principais parceiros trabalharam simultaneamente letra e música. Por exemplo, "Fortaleza" é um poema seu
musicado por Chico Buarque para *Calabar*:

A minha tristeza não é feita de angústias (repete)
A minha surpresa
A minha surpresa só é feita de fatos
De sangue nos olhos e lama nos sapatos
Minha fortaleza
Minha fortaleza é de um silêncio infame
Bastando a si mesma, retendo o derrame
A minha represa...

Também letrista, Chico tinha facilidade em adaptar a letra à prosódia musical.
Francis Hime contou como trabalhava com Ruy:

Vinicius gostava mais dos meus sambas, Ruy, das canções, sempre me incentivou
muito. Vinicius letrava minhas músicas; já Ruy às vezes letrava, mas eu também
musiquei seus poemas. Quando eu fazia a música primeiro, muitas vezes ele

fazia a letra comigo no piano. Às vezes a coisa vinha de maneira rápida, compúnhamos numa noite ou nem isso, às vezes a gente voltava depois e dava uma mexida. A gente sempre arrematava juntos. Ruy é um poeta multifacetado, talvez comigo tenha puxado mais seu lado romântico.

Ruy ressaltou ser importante estar atento ao clima de uma música para não a violentar com as palavras e afirmou que, às vezes, escolhe determinado termo porque ele se encaixa melhor, isto é, mais pela rima que por outras razões. Declarou também seu gosto por palavras "tortas", aquelas que exigem destreza para ser empregadas em um verso. Por exemplo, "hemorragia", que ele rimou com "paixão vadia", em "Bárbara", de *Calabar*. Ao letrar uma música de Francis, intitulou-a "Ieramá". O termo quer dizer "má hora"; trata-se de uma palavra rara, que no dicionário aparece indicada como usada por Gil Vicente na transição do século XV para o XVI.

Naquele momento tão importante da música brasileira, não era pequena a concorrência na Zona Sul carioca. O grande número de parceiros deve tê-lo instigado, ter servido de repto para que se tornasse competitivo como é. Ligando-se a nomes que surgiam, cavou e encontrou seu lugar. Com seu estilo próprio. Seu temperamento radical, violento e rude se percebe em letras de grande veemência, com aquela intensidade presente em tudo que produz; algumas em tom lancinante, abrasivo.

A primeira parceria foi com Sérgio Ricardo, em 1962, para o filme intitulado pelo cantor e cineasta *Esse mundo é meu*... Apesar de Ruy não ter escolhido o título, talvez nele tenha conseguido inspiração para mostrar algo de si mesmo: "Esse mundo é meu/ Esse mundo é meu/ Fui escravo no reino/ E sou/ Escravo no mundo em que estou/ Mas acorrentado ninguém pode/ Amar". "Reza", com Edu Lobo, também parece se referir a seu percurso: "Por amor andei, já/ Tanto chão e mar/ Senhor, já nem sei/ Se o amor não é mais/ Bastante pra vencer/ Eu já sei o que vou fazer/ Meu senhor, uma oração/ Vou cantar para ver se vai valer/ [...] Ó, meu santo defensor/ Traga-me o meu amor".

Já nessa parceria inicial inaugurou um tipo de estribilho, lembrando aspectos de sua identidade de origem africana e reforçada no Brasil: "Saravá, Ogum/ Mandinga da gente continua/ Cadê o despacho pra acabar/ Santo guerreiro da floresta/ Se você não vem eu mesmo vou/ Brigar". Na literatura sobre o período, alguns comentários sobra as letras de Ruy. Nelson Motta comentou haver nessa canção o mesmo tipo de estribilho exótico, "um refrão sincrético, afro-brasileiro, de uma melodia forte e direta": "Laia, ladaia, sabatana, Ave-Maria/ Laia, ladaia, sabatana, Ave-Maria/ Se é fraca a oração/ Mil vezes cantarei/ Laia, ladaia, sabatana, Ave-Maria/ Laia, ladaia, sabatana, Ave-Maria". Ruy diz não saber de onde o tirou. Em "Canção da terra" ainda outro estribilho meio afro, o qual Ruy

Castro considerou ter "um sabor de senzala": "Olorum dê, Olorum dê/ Olorum/ I si bê o bá/ Avê, meu pai, o teu filho morreu".

Muitas de suas primeiras letras dos anos 1960, compostas na fase agitada pré-ditadura militar ou já durante a censura do período, apresentam temáticas sociais e políticas. Para muitos são música engajada, músicas de protesto do letrista, sempre insubmisso, rebelde. Por exemplo, na citada "Canção da terra", ouve-se:

> É preciso ter força para amar
> E o amor é uma luta que se ganha
> É preciso ter terra para morar
> E o trabalho que é teu ser teu
> Só teu de mais ninguém
> [...]
> E muito mais é preciso é não deixar
> Que amanhã por amor possas esquecer
> Que quem manda na terra tudo quer
> E nem o que é teu bem vai querer dar
> Por bem não vai não vai (bis)

Mais um exemplo, "Aleluia": "Barco deitado na areia, não dá pra viver/ Não dá.../ Lua bonita sozinha não faz o amor/ Não faz.../ Toma a decisão, aleluia/ Que um dia o céu vai mudar/ Quem viveu a vida da gente/ Tem de se arriscar".

Nelson Motta afirmou que Ruy foi um parceiro importante para Francis Hime e Edu Lobo:

> Letras sonoras e políticas, de denúncia social e chamadas à transformação, [...] e também canções idílicas, mas com imagens fortes e carnais [...]. Culto e inteligente, de formação europeia, Ruy Guerra teve participação intensa na definição e amadurecimento da música de Edu Lobo.

As colaborações com Edu Lobo foram objeto de críticas em entrevista de Vinicius de Moraes:

> Ruy é um homem superinteligente, talvez até por demais inteligente, e com uma grande (e em algumas partes para mim) errada sensibilidade para música. Um místico da terra, se podemos dizer assim, Ruy animou-se com as primeiras tentativas de Edu Lobo de *desa-tom-izar* o samba moderno, injetando-lhe um pouco de afro, um pouco de gleba e um pouco de clássico.

Contudo, depois Vinicius elogia a parceria da dupla em "sambas de grande qualidade" como "Canção da terra" e "Reza". Na sequência, prevê um bom futuro para o iniciante Edu: "Acho que ele só precisa sacudir um pouco a maquilagem de terra que Ruy lhe passou por cima, porque este, sim!, é um cineasta danado de bom!". Todavia, o próprio Vinicius foi parceiro de Baden Powell em diversos afrossambas. Em 1968, quando Ruy já compusera mais letras em diferentes parcerias, Vinicius registrou: "Ruy é um poeta extraordinário, tem um carinho imenso com a palavra, uma acuidade como letrista e, ao mesmo tempo, uma musicalidade nos versos".

Chico Buarque lembrou, em documentário sobre Ruy, ter havido uma "pinimba" entre Ruy e Vinicius; as letras de Ruy "batiam de encontro, se chocavam com a estética dominante nos anos 1960, que era a Bossa Nova". Suas parcerias para a peça *Calabar* têm muito de Ruy, que "se sentia à vontade naquela história de guerra para falar de sangue, suor, lama, sujeira...". Para Chico ainda, pelo menos na peça, o amor para Ruy "não era nada idílico, e sim corporal, visceral".

Já no século XXI, a cantora Olívia Hime, amiga de Ruy da época da juventude, produtora musical da Biscoito Fino, organizou uma seleção de letras intitulada *Palavras de Guerra*, apresentada em CD, show e DVD. Ruy deixou a escolha nas mãos dela dizendo: "Essas são as suas palavras de Guerra". Olívia afirmou à mídia: "Gosto da dubiedade do título. Ruy, afinal de contas, é também um guerreiro. Mas a 'guerra' dele é a própria vida, nosso eterno caminhar de cada dia. As letras falam muito nisso, de uma forma contundente". Segundo ela, Ruy trouxe uma grande novidade para a música popular de então – "uma aspereza". Em reportagem na imprensa, sob o título "Versos cantados", recapitulou:

> Eu vinha desde os doze anos de idade aficionada, doida, maluca pela Bossa Nova, tocava o dia inteiro. Quando o Ruy surge, é um murro no estômago da gente; hoje em dia não é tanto, porque a gente já se acostumou com essas letras mais cruas e erotizadas. Ele traz esses temas: mar, mulher/amor, morte. Falar de morte, quem falava de morte? Ninguém. Letras românticas contudo fortes, e letras de pele. [...] E ele tem essa coisa muito visual que a mim agrada. [...] Não que seja uma teoria que possa desenvolver em cima disso, mas vejo Ruy como um encontro de águas, ou melhor, como o tal vão que existe do final da estética da Bossa Nova com o início de um novo tempo, da poesia, da letra brasileira. A estética da Bossa Nova era muito diferente. [...] A Bossa Nova saía e entrava uma nova geração. [...] Ruy chega com uma linguagem mais desordenada, isso irrompe de uma forma sutil, é curioso [...]. Penso nele como um cigano da letra brasileira, um nômade que deixa sempre uma marca muito bonita.

Parceiros opinam sobre letras de Ruy. No DVD por ela organizado vemos Carlos Lyra: "Tudo de Ruy tem uma marca muito pessoal. Extremamente original, não se parece com nenhum outro letrista do momento". E Marcos Valle: Ruy, como cineasta, tem nas letras "uma linguagem bem visual"; ao conhecê-lo, percebeu que tinha que fazer "músicas de fundo social", além daquelas do "sol, sal e sul". Para Milton Nascimento, Ruy cria uma letra tão "forte, a música com ele sempre saiu facilmente; tão banal a coisa portuguesa na poesia, tem um jeito bem diferente de falar a palavra, muito bonito".

A chegada e a presença de Ruy nas letras musicais coincidiram com um período de transição na música brasileira: da Bossa Nova de "o barquinho, o sorriso e a flor" da Zona Sul carioca, passou-se a composições de natureza mais variada. Em parte, Ruy pode ter sido, como sugeriu Olívia Hime, um dos agentes detonadores da mudança. Começava a se impor a sigla MPB, com músicas debutando em festivais realizados sobretudo em São Paulo e no Rio de Janeiro.

Diversas letras foram compostas visando ao maior efeito possível no público, que, ao vivo nesses festivais, cantava entusiasmado. As músicas concorrentes saíam consagradas ou vaiadas de forma arrasadora. Por exemplo, em 1968, "Maré morta", de Edu Lobo e Ruy, levou uma vaia monumental; Nelson Motta a considerou como "a música mais triste, complexa e chata" na parceria dos dois. Algumas parcerias de Ruy foram lançadas com sucesso por Nara Leão e Elis Regina. "Por um amor maior", composta com Francis Hime, foi defendida por Elis Regina:

Vim, eu vim te dizer
Eu vim te lembrar
Que a vida não é só tristeza e dor
É pobre quem tem medo de falar
O mundo que quer
E depois não dá o amor que guardou
Sim, eu vim te dizer
Eu vim te falar
Que o amor pra ser bom
Pra não ser qualquer
Precisa gritar a força que tem
De tudo mudar
Vem, meu amor
Vem, que amar é vencer
Mas amar é também
Gente que vai e vem
Gente que também quer
Ver este mundo melhor
Que o povo é assim
E dá o que tem
É o povo quem faz
A vida maior.

Outra parceria com Edu foi "Jogo de roda", também defendida por Elis – nesse caso, em 1966, na segunda edição do Festival de Música Popular Brasileira. Uma música "com ecos das raízes negras", como escreveu Eric Nepomuceno na biografia do músico. Ruy, no entanto, nunca experimentou o prazer de ver uma letra sua vencer.

Como em suas poesias, o eterno apaixonado desdobrou-se nessas duas décadas em algumas letras românticas, daquelas derramadas. Exemplo disso é a parceria com Francis Hime em "Minha". Para Olívia, trata-se de uma música ao som da qual qualquer casal gostaria de se casar; Edu Lobo e Wanda Sá, Elis e Ronaldo Bôscoli, Francis e ela realizaram esse desejo. É um canto de expectativa de Ruy sonhando encontrar a mulher atrás da qual andou a vida inteira:

Minha, vais ser minha
Desde a hora em que nascestes
Minha, não te encontro
Só sei que estás perto
E tão longe no silêncio
Noutro amor
Ou numa estrada que não deixa
Seres minha
Onde estejas
Como sejas
Vou te achar
Vou me entregar
Vou te amar
É tanto, tanto amor
Que até pode assustar
Não temas essa imensa sede
Que ao teu corpo vou levar
Minha és e sou só teu
Sai de onde estás pra eu te ver
Pois tudo pode acontecer
Tem de ser, tem
Tem de ser, vem
Para sempre, para sempre, para sempre.

Certa vez, Ruy passou a Chico um poema de forte tom apaixonado. Tempos depois, quando escreviam *Calabar*, Chico se lembrou dele, mas o registro tinha sumido. Pediu a Ruy para refazer de memória a letra e musicou: "Tatuagem".

Quero ficar no teu corpo feito tatuagem
Que é pra te dar coragem
Pra seguir viagem
Quando a noite vem
E também pra me perpetuar em tua escrava
Que você pega, esfrega
Nega, mas não lava
Quero brincar no teu corpo feito bailarina
Que logo se alucina
Salta e te ilumina
Quando a noite vem
E nos músculos exaustos do teu braço
Repousar frouxa, murcha
Farta, morta de cansaço.

Algumas letras delineiam uma narração, como roteiro ou enredo – talvez cenas vividas ou idealizadas. Como "À meia-luz", a parceria com Francis predileta de Ruy:

E quando eu te disser
No quarto desse hotel
Que foi nos braços dela
À luz da mesma vela
Que eu comecei a ser
O que, desesperada em vão
Tanto buscavas
Eu sei, não vais gostar
De me ouvir
Teus olhos vão gelar
Teus gestos vão fugir
E o teu corpo moreno
Se encolhendo, esmorecendo
E tudo vai girar, gritar
Ficar nos torturando
E a dor que nos abraça
E o zumbido na vidraça
É tudo o que nos marca
Nos morde, nos assina
Mas se eu te falo dela
Sem nos poupar
É que ela fez de mim

O homem que te quer
E faz de ti, mulher.

Ruy declarou à mídia que, na letra da música "Meu homem", põe na boca de uma mulher apaixonada o que gostaria de dizer sobre si mesmo:

Meu homem é o meu pão dormido
Inteiro, calçado
Restos jogados na cama
Sonho torto agoniado
Meu homem é meu sala e quarto
Conjugado na tristeza
É o aluguel adiado
É má fama, cama e mesa
Meu homem traz os seus olhos vazios, vazados
Traz o seu corpo sumido, surrado
De janelas e viagens
de mares, mágoas e bares
traz as paisagens sofridas,
batidas de vento
Sol rubro
[...]
Meu homem não vale nada, eu sei
Mas foi tudo o que encontrei.

Como nas poesias, há um tom pesado, dramático, em letras que parecem ecoar a época da *fossa* do samba-canção brasileiro, anterior à Bossa Nova; e o tom triste das menções à morte está muitas vezes ligado a amores malsucedidos, com títulos como "Réquiem", "Último adeus", "Em tempo de adeus" e "Réquiem por um amor". Ruy contou que Edu um dia deu um basta, nada mais de falar em morte, "senão passaria as letras para Vinicius".

Antônio Pedro, ator na peça *Woyzeck*, recordou os dois compondo as músicas em Paquetá: "Um dia chegamos lá pra completar umas coisas, e o Edu estava reclamando do Ruy, que com aqueles verbos poéticos dele não dava. Uma hora, Edu disse: 'Ruy, morcego não, morcego não dá som'.".

"Fado tropical", de *Calabar*, foi uma letra que causou celeuma; censurada pela ditadura militar brasileira, a estigmatização oficial atravessou o Atlântico. O estudioso da presença portuguesa na África Omar Thomaz escreveu destacando "a revolta de muitos portugueses no começo da década de 1970, ao escutarem 'Fado tropical' do compositor brasileiro e do escritor moçambicano Ruy Guerra":

Chico Buarque e Ruy Guerra, ao som do fado (tropical) descortinaram, na forma de poema, a violência embutida no ideal de transformar a África "num grande [sic] Portugal" [...]. Quando o disco de Chico Buarque chegou a Portugal, um afamado e salazarista apresentador de televisão portuguesa quebrou um dos exemplares com um martelo. A nação não podia suportar a violência revelada no poema.

Moacir Silveira em *blog* analisou a mesma música, destacando

sua conotação utópica e revolucionária de caráter socialista. Se num primeiro momento mirar-se em Portugal pode significar subserviência ao imperialismo capitalista e adesão ao autoritarismo local, no segundo momento pode também ser vista como uma forma de resistência ao autoritarismo local. Só quem viveu aqueles duros momentos de nossa história pode ter a dimensão que a mensagem da música transmitia naquela época e continua transmitindo até hoje. [...] Sugerindo painéis de azulejo à moda portuguesa do século XVIII, Chico Buarque e Ruy Guerra propõem nesta canção um retrato crítico do Brasil colonial, que corresponde em filigrana ao país tal como se encontrava sob a ditadura civil-militar. Na confluência entre pintura, história e literatura, os dois artistas compõem uma série de paisagens e de naturezas-mortas luso-tropicais. Através deste jogo metafórico, tornado ainda mais complexo pela censura, [...] "Fado tropical", ao recorrer à arte pictórica, esboça uma nova "aquarela do Brasil", ambivalente e irônica, que sugere a permanência do autoritarismo ibérico em nossa formação histórica e cultural.

O texto parce ser de difícil compreensão para alguns. Uma referência em *blog* alia erroneamente a letra de "Fado tropical" ao lusotropicalismo, conceito criado por Gilberto Freyre no início dos anos 1950, visão utilizada pelo fascismo salazarista e muito criticada nos anos 1950 e 1960 pela oposição anticolonialista e marxista. Obviamente não era essa a intenção dos autores, ainda mais de Ruy, crítico do lusotropicalismo desde sua vivência na colônia.

A música extrapolou o mundo lusófono. O cantor Georges Moustaki a adaptou para o francês, aproximando em sua versão vítimas do fascismo e do imperialismo no Chile, na Espanha e no Vietnã. Intitulou-a "Portugal", transformando o estribilho que se refere ao triunfo da Revolução dos Cravos em uma mensagem de esperança para outros povos.

Algumas letras foram parcerias para os filmes de Ruy; por exemplo, para *Sweet Hunters*, "Sailing Night", com Edu Lobo, em 1968.

Egberto Gismonti contou:

Durante os filmes de Ruy em que participei como compositor – *Kuarup*, *A bela palomera* e *Estorvo* – sempre falamos em fazer música juntos – canção com letra.

Nunca chegamos a completar esse sonho. Lá se vão décadas de amizade com três filmes juntos, alguns quase, algumas peças de teatro quase, mas em compensação, uma amizade fundamentada em lembranças sólidas, verdadeiras vividas em países diferentes sempre com admiração, respeito e muita discussão.

Com Milton Nascimento foi diferente. Em 1970, criaram "Bodas (A canhoneira)", para *Os deuses e os mortos*. Em 1976, época em que a ideia de unidade latino-americana era forte, Ruy letrou para *A queda*, também com Milton, a canção "E daí?". Já no século XXI, Milton e Caetano deram um show no Canecão no Rio de Janeiro. Em declaração, Caetano afirmou que apresentaram canções para emocionar várias gerações. Milton cantou, entre outras, "E daí?", e Caetano comentou para a imprensa: "É a primeira vez que vejo Milton cantá-la. E a letra continua absolutamente atual".

Na letra, em fúria santa, Ruy se lamenta:

Tenho nos olhos quimeras
Com brilho de trinta velas
Do sexo pulam sementes
Explodindo locomotivas
Tenho os intestinos roucos
Num rosário de lombrigas
Os meus músculos são poucos
Pra essa rede de intrigas
Meus gritos afro-latidos
Implodem, rasgam, esganam
E nos meus dedos dormidos
A lua das unhas ganem
E daí?
Meu sangue de mangue sujo
Sobe a custo, a contragosto
E tudo aquilo que fujo
Tirou prêmio, aval e posto
Entre hinos e chicanas
Entre dentes, entre dedos
No meio destas bananas
Os meus ódios e os meus medos
E daí?
Iguarias na baixela
Vinhos finos nesse odre
E nessa dor que me pela
Só meu ódio não é podre

Tenho séculos de espera
Nas contas da minha costela
Tenho nos olhos quimeras
Com brilho de trinta velas
E daí?

Em 2016, quatro décadas depois, esta e outras parcerias de Ruy e Milton têm sua atualidade comprovada por uma fala de Alê Abreu, criador de *O menino e o mundo*, filme de animação candidato ao Oscar hollywoodiano:

> Outro dia, estava ouvindo a canção "Canto latino", do Milton Nascimento e do Ruy Guerra, e me lembrei da sensação que tinha dentro de mim quando idealizei *O menino e o mundo*, sem saber aonde nós chegaríamos [...] este filme, que a gente fez com muita luta, traz em si um grito histórico da América Latina: o grito inconformado dos excluídos e dos revolucionários que sonham com um mundo de harmonia, com um país melhor, com um continente mais unido. É isso o que essa chance de disputar o Oscar representa para mim.

PARTE II

A imagem em movimento

Razoável!

Tenho um feroz respeito pela quantidade...

Otto - 3ª feira - 17 Hrs -

Jorge Costa - 24. IX. 77.

A QUEDA - Contato. (ALBERTO).
Passar p/ J. Costa. 10%

Procuração ⎤ Falta assinar.
Tutela ⎦
Zanini - N. vicos.

UniBanco - Envio dinheiro / Repatriem.
Marcelo - telefone p/ J. Costa.

A estética é uma política. E num país
que luta pelo direito de dizer o que está
com dores e quer amor, o cerceamento
a esse direito é um ato político que deve
ser justificado. Por isto - se tivesse de
meu país - votaria sempre por...

Folha de agenda de meados dos anos 1970. Além de pensamentos breves sobre estética e existência, Ruy anota compromissos relativos a *A queda* e a necessidade de assinar procuração e documento de tutela de Janaina.

1
"O cinema é a única linguagem universal"

As ligações de Ruy com a imagem têm origens familiares: ele herdou a facilidade para desenhar do pai, que por sua vez a recebera do avô, pintor profissional. Em crônica, Ruy lembrou: "Cedo fui um desenhista hábil, motivado pelas histórias em quadrinhos [...] digamos que manejava o lápis e o esfuminho com um resultado que me situava entre os melhores dos meus pares". Ao longo da vida, dedicou-se ocasionalmente a pintar ou desenhar; isso aconteceu, por exemplo, quando ele era jovem, durante o ano inativo que passou na Grécia, ou já sessentão, com o diretor de arte Pedro Espinosa, em Havana. Jamais, porém, aprofundou-se nessa atividade, usando-a profissionalmente de forma casual, como rascunho para ilustrar exposições orais em filmagens e aulas ou como diversão, em suas agendas. Nada tão certeiro como, para ficar entre seus preferidos, Serguei Eisenstein, Akira Kurosawa ou Michelangelo Antonioni.

Com a imagem em movimento, foi diferente; desde a adolescência, esse gosto determinou sua escolha profissional. Já em 1951, Ruy escrevera em álbum de lembranças da querida amiga Guida: "O cinema é a única linguagem universal". Apesar das outras atividades culturais que exerce, Ruy Guerra é conhecido como cineasta; e fazer cinema é, de fato, sua maior paixão, a mais escancarada.

Recentemente, o diretor Neville d'Almeida enunciou em *O Estado de S. Paulo* uma declaração pela classe que se encaixa como uma luva para Ruy: "Todo cineasta quando não está filmando está sonhando em filmar". Como o título da retrospectiva paulistana em 2006, "Filmar e Viver", para Ruy, filmar *é* viver. Quando perguntado se é preciso ter coragem para fazer filmes no Brasil, a resposta foi: "Quem gosta de cinema e precisa dele para se expressar não é corajoso nem inconsciente; trata-se de uma necessidade, e essa necessidade torna a pessoa o que ela é".

Classificado como sétima arte, com seu pouco mais de um século, o cinema está em seu prólogo se comparado às seis categorias artísticas anteriores. Música, dança, pintura, escultura/arquitetura, teatro e literatura são, aliás, artes com as quais, em um momento ou em outro, a filmografia de Ruy Guerra, assim como a de tantos realizadores, se cruza. Sua prática é um exemplo daquilo que nos anos 1960 Paulo Emílio Sales Gomes ensinava:

> Atualmente, porém, os melhores filmes e as melhores ideias sobre cinema decorrem implicitamente de sua total aceitação como algo esteticamente equívoco, ambíguo, impuro. O cinema é tributário de todas as linguagens, artísticas ou não, e mal pode prescindir desses apoios que eventualmente digere.

Por isso, apesar de todo o avanço tecnológico, o cinema continua para alguns estudiosos um meio de expressão a ser descoberto; entre essas pessoas, está Ruy, que vê o cinema "em sua infância, dando seus primeiros passos". Por razões econômicas e também pela inércia em relação a algo que funciona bem, a cinematografia se estabilizou *grosso modo* em seu perfil comercial. Na contramão, Ruy sabe não ter condições de individualmente levar a transformações mais radicais; no entanto, ele tenta implementar algo de novo em cada filme, como uma constante busca de inovação; estimula alunos e jovens iniciantes a adotar a mesma atitude.

Segundo Ruy explica, o processo de criação "implica a obsessão, um desejo muito forte de ir além daquilo que você é".

> De onde é que vem a criação? Vem de nós mesmos, do talento. Claro que há condições fisiológicas, biológicas, neurológicas, mas acho que talento é algo que você constrói a vida inteira, é um longo processo de construção, de interesse sobre determinadas áreas de formação; e você vai perdendo tudo isso no plano racional, mas no inconsciente, aquele pântano, vai armazenando tudo isso.

Em "A ciência da criação", texto escrito para seus alunos, registrou:

> Toda obra de arte é tida como uma resultante do talento do artista – o que tem sua parcela de verdade. Mas é preciso levar em conta que a arte não é unicamente composta de uma intuição criativa, ela se constitui também, e fundamentalmente, do domínio dos elementos de que se dispõe para expressá-la – guardadas as especificidades de cada forma de arte. Essa constituinte material e elementar da arte tem sido omitida ao longo da história, como se lhe roubasse a nobreza do ato de criação.

Paraninfo do curso preparatório para o filme *5 × favela – agora por nós mesmos*, destacou em seu discurso:

> A arte é uma maneira bela de se viver uma vida, quando não se faz dela apenas uma mercadoria. [...] não é feita de receitas, de axiomas, leis, mas sim de contínuos

"O CINEMA É A ÚNICA LINGUAGEM UNIVERSAL" 393

questionamentos e experiências, e o ofício do artesão é aprender como deve ser feito [...]. Desaprender, virar as coisas pelo avesso. Quem assim não faz, quem apenas fica no aprendido, corre o risco de virar apenas um imitador [...]. O que se espera de vocês, jovens cineastas, é um cinema irreverente, crítico, até malcomportado, capenga, mas vivo.

Mente aberta, correu a vida toda atrás de livros sobre teoria de cinema, pintura, filosofia, fotografia, semiótica e mais áreas do conhecimento pelas quais em determinado momento se interessou, como a física. Já em Lourenço Marques, começou a acumular livros e revistas sobre cinema. Desses volumes – que somam mais de oitocentos –, alguns trazem anotadas suas reflexões. Criatividade à flor da pele, Ruy fica atento à inspiração e à origem dela. Pedro Farkas relembrou uma vez em que, certo dia, na produtora, liam o roteiro de *Ópera do malandro* (que Farkas acabou não fotografando): "E acabou a luz. Ruy acendeu logo o isqueiro e daí falou: 'Genial, tive uma ideia. Vamos fazer a cena toda com um isqueiro!'".

A ousada cena do jantar de *Quase memória* (2015), por exemplo, foi inspirada em um desenho infantil de Chica, filha do cineasta Paulo Caldas. Quinze anos antes, durante a filmagem de *Estorvo*, em Havana, Ruy se surpreendera com o desenho da menina. Sem noção de perspectiva, ela tinha desenhado uma família à mesa, comendo, com os integrantes não sentados, mas deitados, olhando para cima. Baseado no desenho, Ruy filmou seus personagens de forma semelhante.

É incalculável tudo o que foi dito e escrito na mídia sobre sua filmografia nos países onde esta foi exibida. Dizem os franceses que "quem se desculpa se acusa": insatisfeita, contrariada, não consegui trabalhar com essa fortuna crítica como gostaria. Primeiramente em razão do enorme número recolhido de textos. Além disso, cada análise tem, de forma geral, sua unidade construída em torno de um filme, porém seus autores discutem muitos aspectos, estabelecem paralelos com outras realizações de Ruy, de outros diretores, vivos ou mortos. O material dessas críticas levantado foi se tornando um cipoal onde toda hora eu me enredava, pois adensado com entrevistas de Ruy – com afirmações repetitivas ou diferentes sobre um mesmo aspecto, como seria de esperar –, entrevistas de terceiros, e ainda com alguma bibliografia. Ao tentar me desvencilhar, acabei me pautando pelas grandes linhas que assimilei, exemplificando características fundamentais com um ou outro exemplo. Contudo, foi-me custosa a decisão de deixar de lado tanto a variedade de elogios quanto a dos juízos negativos, cuja quantidade e, por vezes, a veemência acabam por criar polêmicas que justificam apontar algo como arte.

Fazer cinema

Recentemente, Ruy diferenciou *fazer cinema* de *fazer filmes*: "Os que fazem cinema são poucos. Os que fazem filme são muitos. Fazer filme é mais fácil do que fazer cinema. Bergman faz cinema. Roger Corman faz filmes".

Em depoimento exibido na televisão brasileira, filmado quando completara noventa anos, o diretor Dino Risi concluiu que para fazer cinema é preciso possuir "manto de amianto", pois "não é nada fácil ter relações com produtores, atores, com todo mundo, em suma"; é preciso um conjunto de "defeitos úteis", como ser "um pouco lambe-botas, intrigante, diplomata". Ruy não tem entre suas características as duas primeiras – e certamente a diplomacia não é seu forte; muito direto, ele em geral não mede palavras. Depois de meio século de carreira, constatou: "Meu nome hoje abre algumas portas, mas fecha muitas outras". Ainda por cima, não viveu em país com uma indústria de cinema como a italiana. Por essas e outras razões – infelizmente para ele e seus fãs –, não realizou cinquenta filmes, como Risi. Ruy gosta de brincar que já fez tantos quanto Antonioni e mais do que Orson Welles. Afirma ter dirigido somente aqueles que quis, não tendo nunca levado adiante um filme indesejado – não por ser melhor que ninguém, mas por não ter precisado. Nunca enveredou por uma publicidadezinha que fosse, como – o que pode ser surpreendente para alguns – fizeram J.-L. Godard, David Lynch, Emir Kusturica, Fellini e até mesmo Ingmar Bergman.

Em relação a produtores, apesar de ter começado às turras com o difícil Jece Valadão, manteve boas relações com quase todos, inclusive Jarbas Barbosa, que mutilou *Os fuzis*, e Roberto Giannetti, que o pressionou para reduzir *Kuarup*. Alguns entrevistados destacaram seu poder de sedução ao conversar com possíveis financiadores, alguns contatados quando Ruy possuía apenas ideias entusiasmadas. Miguel Faria observou: "É um dos melhores vendedores de projetos que já vi; vê-lo atuar para contar uma história que quer fazer é superfascinante, é um ator genial".

Orson Welles sentenciou que "o primeiro perigo para um artista é se sentir confortável. É seu dever procurar encontrar o ponto do máximo de desconforto". Ruy parece ter seguido à risca esse conselho de um de seus ídolos quando jovem. Dificilmente fica satisfeito. Desde *Os cafajestes* (1962) até *Quase memória* (2015), meio século de constante experimentação. Aceitando que arte é sempre busca e que quem se arrisca se expõe ao erro, opta conscientemente pelo risco, em vez de repetir modelos bem-sucedidos ou algo que já realizou anteriormente. Como brincou durante a filmagem de seu musical – frase já apontada mas muito ilustrativa –, "se é para cair, melhor que seja do alto do Corcovado que da beirada da calçada".

Mas ele também tem o pé na realidade. Na mesma ocasião, afirmou: "Não procuro fazer o filme da minha vida, mas o filme possível naquele momento. Como não trabalho com ideais, tento extrair o máximo daquilo que estou fazendo". Apesar de, no campo da linguagem fílmica, não gostar de retomar nada já feito, não alinha suas obras num percurso evolutivo, em progressão. Em 2013, por exemplo, confiou não saber se teria hoje a ousadia de filmar de forma tão prolongada o plano-sequência da nudez na praia em *Os cafajestes*.

Sua permanente procura pelo novo é elogiada por críticos, estudiosos e atores que com ele filmaram. Ney Latorraca escreveu:

> Ruy tem um grande diferencial em relação a outros diretores. Não trabalha com rede de proteção, seu cinema é de alto risco. Sempre ousa, sem medo. Não faz média, faz cinema e da melhor qualidade. Não permite que os medíocres tentem calar a criança que tem dentro dele.

Leonardo Medeiros observou:

> Acho admirável que um homem da idade dele, com a história que tem, faça filmes que, sem entrar no mérito, são propositores, têm tentativas de ruptura. Ele não está acomodado. Você esperaria isso dos jovens; você ver isso num mestre, um cara com a experiência dele, é um exemplo.

Como diretor autoral, cuida do filme de forma integral: discussão do tema, roteiro, locações, escolha dos atores, figurino, cenário, rodagem no set, montagem, sonorização, mixagem, finalização. Segundo Dib Lutfi,

> Ruy tem uma coisa que os outros não têm, ele está vivo, ele está na história, ele está presente em tudo, cuida do filme do começo até o fim; no fim, ele tem o mesmo interesse de quando ele começou. Nunca se cansa, está sempre ativo. Toma uma cervejinha no almoço, mas está sempre atento.

Há tempos Ruy já não corre atrás do dinheiro. Na pré-produção, no entanto, discute com o produtor executivo toda uma estrutura visando ao melhor emprego dos financiamentos – por exemplo, nas locações; durante a filmagem, apresenta a mesma atitude.

Dentro das possibilidades financeiras concretas, sempre esteve atrás do bom e do melhor para compor equipes. Pedro Farkas contou como estranhou ser escolhido para filmar um simples clipe:

> Um diretor muito diferente dos outros. Achei engraçado Ruy, ao chegar do exterior, ter perguntado quem estava fazendo coisa boa; me indicaram. Nunca achei que funcionasse desse jeito, achava que era por amizade ou por ter uma relação boa de trabalho, mais pela empatia.

Vários entrevistados testemunharam como Ruy não gosta de auxiliares passivos, como costuma ouvir aqueles envolvidos na filmagem, e afirmaram que, muitas vezes, se ele concorda, encampa as sugestões. Uma contradição que pode surpreender: alguém perfeccionista, obsessivo e autoritário e que, ao mesmo tempo, escuta sugestões. Brinca que estabelece "uma democracia ditatorial: podem falar o que quiserem, mas quem decide sou eu". Segundo a assistente de direção Tessa Hernández: "Ruy é uma pessoa receptiva, não com todo mundo, mas se achava que tinha recebido uma opinião inteligente, a escutava. Não é um tipo... – como dizer? – populista; tampouco elitista". Raúl Ureta contou que Ruy lhe ensinou muita coisa, entre as quais "se você é um diretor de cinema e está fazendo um filme, escuta todas as pessoas e escolhe o melhor do pensamento de cada uma. Tira proveito disso e faz com que o seu seja o melhor; depois, você sempre será o dono, aquele que o fez". Raúl concluiu que era um conselho "um pouco cínico, mas correto, e é uma coisa que sempre tenho colocado em prática".

Para Sérgio Sanz, Ruy, como diretor, "não abre mão da linha em que está, não escorrega. Tem uma capacidade obsessiva de repetir até ficar como ele quer. Sabe o que quer ou, ao menos, supõe que sabe. É uma espécie de general da Gestapo ou da KGB". Por outro lado, para Fernando Zagallo,

> quando não está seguro de alguma coisa, enrola, enrola, não define, não fala nada. Quando não está preparado pra algum assunto, não adianta; não vai dizer nada, também não vai dizer que não está preparado. Não dá nenhuma conclusão definitiva. É engraçado, algo como que sinalizando "num adianta nem chegar porque esse assunto agora... a gente não vai tocar nele". Quando está certo de alguma coisa, fala claramente.

Sanz observou ainda que Ruy sabe, por experiência, que, se a equipe perde o ritmo, o filme pode ir por água abaixo. Entre outros exemplos, Leo Gudel relembrou como, por vezes, no set de *O veneno da madrugada*, "enquanto a equipe estava num estresse, todo mundo agitado, Ruy parava, acendia o charuto, começava a contar uma história agradável, engraçada. As pessoas paravam pra ouvir, e em geral depois o negócio fluía". O ex-aluno Diogo Fontes, estagiário em filmagem lisboeta, lembrou um incidente:

> Havia um ator dedicado, mas que não rendia; foi preciso cortar um monte de vezes a cena, com ele cada vez mais nervoso. Para impedir que isso piorasse, em meio a uma dessas tomadas, Ruy deixou cair seu isqueiro no chão, de propósito, com força, tendo assim que cortar mais uma vez a cena, mas poupando o ator.

Os produtores visam ao retorno e ao lucro do capital empregado no filme; raramente, portanto, gostam de se arriscar. Ruy, ao contrário, esteve e está

"O cinema é a única linguagem universal" 397

atrás do novo; o lucro não é seu primeiro motor. Problemas de financiamento o perseguiram, como a qualquer outro diretor autoral; por vezes isso se resolveu com apoios comunitários, como em *Os cafajestes* e *A queda*. A partir de *Os fuzis*, ele já tinha produtora própria: Daga, Austra, Guerra e a atual, Kinossaurus. Seu advogado Luiz Roberto Nascimento Silva, conhecedor da área, testemunhou:

> A atividade cinematográfica é muito curiosa e perversa. Um diretor fica dois, três ou quatro anos para fazer um projeto, com o sentimento de construir uma coisa grandiosa, mas com o cotidiano muitas vezes mediocrizado no sentido material. Quando consegue captar os recursos e realizar o empreendimento, tem muito dinheiro a despender num período curto. Cada dia de filmagem custa muito caro. As empresas de cinema são todas gaitas de foles; quando não estão trabalhando se reduzem a uma coisa mínima. Inversamente, no auge da produção com sua verba, são muito empregadoras de mão de obra. A maior parte dos diretores está preocupada com a realização da sua obra, se descuidando totalmente dos aspectos legais. Acabados os filmes, com frequência restam problemas trabalhistas enormes, questões legais; terão depois que conviver duramente com os erros e com os efeitos que aqueles acarretaram na vida.

Para Ruy, um filme é, sobretudo, uma experiência visual: "A gente se torna um cineasta vendo filmes". Irônico, diz escolher aquilo a que assiste para se proteger, "por medo de ser intoxicado". Foi sempre um grande consumidor do cinema dos Estados Unidos, diz que se formou na comédia americana. Aprecia sua abordagem muito concreta do real: "Quando fazem um filme policial, um *western*, seus militares, seus pioneiros são gente muito concreta. E a eficácia da narração me agrada muito". Para ele, o fato de os diretores americanos poderem rodar um filme sem grande intervalo em relação ao anterior lhes possibilita uma descontração que ele não experimenta:

> Eles fazem filme como se escreve uma carta, sabendo que é só se sentar à mesa para escrever outra. Se eu tivesse essa possibilidade talvez me aproximasse mais de uma narração mais solta, menos tensa, menos enrijecida. Quando faço um filme, diria que me sinto obrigado a fazê-lo como um testamento, porque nunca sei se terei possibilidade de fazer um outro.

Embora seja uma entrevista de 1969, esse sentimento o acompanhou até seu mais recente filme, em 2014, conforme Ruy confessou. Conjugado a seu perfeccionismo, essa forma de sentir torna compreensível a intensidade de seu comportamento em relação a cada aspecto dos filmes que realiza.

Gosta de colocar em seu filmes lama, sangue, pus, fezes, vísceras. Disse em entrevista:

Eu não gosto de coisas pasteurizadas e assépticas. Eu gosto de filmes do sertão, por exemplo. Lá tem suor. Eu gosto da matéria forte, da floresta, do sol, da chuva. Cinematograficamente, é essa matéria que me estimula mais no nível sensorial e que me dá uma visão, ainda que emocional, do que quero. Se eu não enjoasse, faria um filme inteiro no mar. A matéria forte da natureza me estimula.

Da palavra à imagem

O roteiro constitui a efetivação do título desta seção. Desde seu primeiro, iniciado logo após a formatura, Ruy não costuma produzir um roteiro sem parceria. Embora em muitas de suas falas ele minimize a importância, afirma ser uma atividade difícil, "porque o roteiro não é uma coisa nem outra, não é um texto literário nem filme, fica no meio, então é uma coisa muito complicada". Corroteiristas testemunharam sobre seu perfeccionismo, que por vezes leva a equipe a varar madrugadas. Ruy explicou, justificando algo que nem sempre é visto da mesma forma pelos parceiros: "Eu gosto muito de trabalhar no nível do cansaço, porque é quando as barreiras lógicas afrouxam e você entra numa outra camada, naquela dimensão do esquecimento que é fantástica para a criação". Orlando Senna, corroteirista de *Ópera do malandro*, comentou em entrevista que "Ruy vai muito pelo instinto, é um artista de uma precisão enervante para os parceiros, de uma exigência com ele mesmo inacreditável, sempre atrás da perfeição. Vários cineastas são assim, mas nele essa entrega é absoluta".

Tairone Feitosa, mais de uma vez seu corroteirista, acha que

> Ruy é uma pessoa muito agradável de se trabalhar junto. Tremendamente... Não parece, né? Não poda, não corta, tenta extrair de você o que você tem de bom. No meio do trabalho, para relaxar, pega o computador e entra num joguinho meia hora, para e volta com toda a pilha. Não se dispersa, é concentrado, pensa, raciocina, reflete... Nada que o Ruy faz é por acaso. Para o bem ou para o mal, é tudo fruto de reflexão.

E conclui, surpreendendo de forma resumida: "Ele busca muito compreender as coisas para depois torná-las incompreensíveis". Leo Gudel, ex-aluno e corroteirista, relatou:

> Ruy, brincalhão, criou um personagem imaginário, um artifício para ajudar nos momentos em que não vislumbrássemos uma saída: John Smith, americano que sempre resolve impasses no roteiro com as soluções mais óbvias. Por exemplo, para uma passagem do tempo: "É muito fácil, você coloca um calendário, as páginas rolando assim". [...] Se estávamos empacados numa solução, a gente parava e se perguntava "John Smith, o que faria?". Para não embarcar por ali.

"O CINEMA É A ÚNICA LINGUAGEM UNIVERSAL" 399

Ruy não decupa, ou seja, não detalha o que será filmado em cada plano – mas não foi assim em sua primeira experiência, no curta de final de curso no Idhec, *Quand le soleil dort* [Quando o sol dorme], para o qual fez o único *storyboard* de sua vida. Analisou, décadas depois: "Na época, pensava que era preciso prever tudo [...]. Desenhei cada plano, o trajeto dos *travellings* [...]. Todo o filme estava já no papel antes da rodagem. Creio que isso se nota, e o filme perdeu um pouco de espontaneidade". Durante cada filmagem, a decupagem é por ele realizada dia a dia, definindo praticamente na hora enquadramentos da câmera e outros detalhes. Esclareceu na mídia: "De maneira geral, no set eu faço tudo muito marcado. Os planos são extremamente marcados, quadro a quadro. Mas é tudo inventado na hora. Não levo uma decupagem pronta, eu improviso". Nem sempre, porém:

> Às vezes já tenho a grande linha, sei por onde quero ir. Principalmente há obras, como *Ópera do malandro* e *O veneno da madrugada*, quando você tem de construir cenários para a ação, você é obrigado a pensar no que você vai mostrar. Então você faz uma prévia. Não quer dizer que você vai filmar exatamente daquela maneira. Mas uma decupagem básica você tem. [...] Por isso é que roteiro é um ponto de partida, não um ponto de chegada. Eu sempre digo que a gente não filma para chegar ao roteiro. A gente sai do roteiro para chegar a outra coisa, que é o filme. [...] Adiante, esse roteiro não serve para nada. Como peça literária não vale nada.

E completa: "Não é para ser uma armadura nem engessar, posso sempre mudar na hora, sobretudo os diálogos". Na verdade, a seu ver, a montagem constitui o último roteiro.

Em 1916, o diretor David W. Griffith realizou *Intolerância*, megaespetáculo mudo sem roteirização. Ruy, sonhador e radical, provavelmente gostaria de tentar a mesma experiência:

> O roteiro é uma coisa que não deveria existir. A gente deveria ter uma ideia, pegar uma câmera com os atores e escrever um filme. Como se escreve o filme? Com imagens. Então, inventar os diálogos, as cenas, tomar umas notas, uma estrutura. Claro, assim, um filme que deveria ser feito em oito semanas levaria seis meses. Não há, economicamente, condição de filmar dessa maneira. Embora eu tenha filmado de maneira parecida.

Durante a década de 1970, Ruy quis se aproximar desse ideal extremado. *A queda* tem um roteiro de meras duas páginas; *Os deuses e os mortos* foi praticamente escrito dia a dia antes de ir ao set – ou lá mesmo. Por outro lado, em 1989, o roteiro para *Kuarup* teve trezentas páginas, as quais Ruy relata ter reescrito diariamente.

RUY GUERRA: PAIXÃO ESCANCARADA

A adaptação de obras de literatura, tradição do teatro, foi logo mimetizada pelo cinema. Ao longo da carreira, Ruy Guerra roteirizou por encomenda inúmeras obras literárias; algumas foram para a tela, outras não saíram do papel. Seus primeiros filmes tiveram roteiros originais; a partir do sétimo, *Erêndira*, passou a adaptar romances. A inspiração vinha de longe. Adolescente em Moçambique, falava em filmar as aventuras de seu herói Sandokan, de Emilio Salgari, ou *Capitães da areia*, de Jorge Amado. Seu filme de encerramento de curso foi uma adaptação literária. Ruy Guerra deixa clara a grande vantagem desse processo: obras de sucesso facilitam o financiamento, dada a forte necessidade de contar com um mínimo de repercussão. Alega também outra razão: "Houve uma altura, uma década, em que filmei mais romances, porque não tinha tempo para elaborar meus próprios guiões". Em meados dos anos 1970, o ministro da Educação Ney Braga teria estimulado a criação artística com obras literárias e históricas brasileiras.

Há ainda a história da malfadada colaboração com Mario Vargas Llosa para um filme não realizado, inspirado na Guerra de Canudos. Em 1989, Vargas Llosa falou à revista *Positif* sobre a parceria:

> Discutíamos durante um meio dia todas as ideias que eu já tinha começado a pôr no papel, junto com as novas ideias. Debatemos longamente diversas trajetórias e a estrutura temporal do filme. [...] Ruy é muito difícil, pois tem seu próprio mundo, suas ideias e suas obsessões, o que é perfeitamente compreensível. O roteiro para ele tem que materializar tudo isso.

Vargas Llosa admitiu ter também as próprias obsessões, o que fazia com que, portanto, as discussões fossem "violentas, terríveis, mas ao mesmo tempo logo ficamos amigos".

Recentemente, Ruy afirmou: "Queria e quero ainda ser escritor. [...] Mas não foi isso que me levou a escolher romances para fazer filmes. [...] Gosto de escrever as minhas próprias histórias". No curso do Teatro Poeira que frequentei, em sala de aula relembrou: literatura e cinema, duas formas artísticas diversas, duas linguagens diferentes para contar uma mesma história: "Como uma imagem diz o que diz a palavra? Não diz. Quando diz, a mesma coisa é outra". Perguntado se procura ser fiel à obra ou agradar o autor, respondeu: "Isso nunca. Na hora em que eu adapto um livro, a obra passa a ser minha". Bem-humorado, continuou: "O melhor autor para se adaptar é um autor morto; se não morreu, eu o assassino na hora de fazer a adaptação. O escritor tem que saber que não vai ver a obra dele no cinema, pois cinema e literatura usam signos completamente diferentes".

Suas parcerias literárias parecem deixá-lo orgulhoso. Até hoje nenhum escritor o criticou publicamente – mesmo que tenha ficado assustado ou irritado com a adaptação. Por ocasião da exibição de *Kuarup*, Antonio Callado declarou à televisão achar "estranho e curioso você ver a história que escreveu realizada por um meio diferente, você fica de longe, é uma projeção do que você teve em sua cabeça mas não está lá". Reconhecendo a diversidade de cada "meio" afirmou respeitar "obviamente" a autonomia do diretor e manifestou apreço pelo resultado. Anos depois, Ruy relembrou em prefácio à nova edição de *Quarup* um encontro com Callado durante o qual lhe expôs dúvidas "em condensar uma epopeia tão vasta e generosa em parcas horas de filme". Lembrou ainda:

> Guardo a gentil preocupação de me deixar aberta sua obra aos meus desvarios de cineasta, ciente de que as palavras e as imagens são seres feitos para se afrontar e se digladiarem, na esperança de se encontrarem num terreno que não é o de nenhum deles, e aí, quem sabe, se amarem.

Chico Buarque participou somente do roteiro de *Ópera do malandro* e elogiou mais de uma vez a adaptação de *Estorvo*. Gabriel García Márquez colaborou nas três primeiras adaptações, menos na quarta e última, *O veneno da madrugada*, um de seus primeiros trabalhos de ficção. Tradutor e amigo de ambos, Eric Nepomuceno analisou o filme: "Ruy entrou no livro, destruiu, destroçou, montou outro, mas com imagens". Segundo ele ainda, após assistir ao filme, Gabo teria lhe ligado e comentado: "Ruy destroçou minha novela, mas fez um filme admirável". Em telefonema para o próprio Ruy, Gabo disse-lhe algo semelhante e parabenizou: "Se tivéssemos escrito o roteiro juntos, o resultado seria o mesmo" – esse comentário deixou Ruy bastante surpreso, pois ele acredita ter feito gato e sapato da história do amigo.

Nas adaptações, Ruy prefere começar da estrutura clássica – o usual modelo americano – para depois desconstruir. Foram redigidos – sobretudo nos Estados Unidos, nas últimas décadas – manuais de como escrever um roteiro, usados como fórmulas universais. Em aula, Ruy mostrou sua irritação com essa padronização generalizada. Para ele, se qualquer história tem começo, meio e fim, não precisa ser narrada nessa ordem, como inúmeros filmes autorais comprovam.

Ricardo Bravo recordou uma frase de Ruy que acha bastante adequada: "Filme que se sonha você não faz; filme que se faz é o filme que é possível. Filme que você pensa é um, o que você escreve é outro, o que você roteiriza é um quarto, o que você realiza é um quinto e o que cada pessoa vê é um sexto".

2
Linguagem fílmica

Ruy ensina que fazer cinema é situar algo no tempo e no espaço. Para ele, são os dois únicos parâmetros para abordar a questão da linguagem:

> A linguagem cinematográfica [...] é uma leitura humana do espaço e do tempo real, uma transcrição para um espaço e um tempo diferenciados, o da ficção. [...] uma manipulação do real. [...] Espaço e tempo dentro do plano, espaço e tempo fora do quadro, espaço e tempo nas elipses, espaço e tempo na narrativa.

Para a crítica, Ruy sempre desafia o tempo em sua filmografia. Randal Johnson, por exemplo, vê o cinema de Ruy Guerra construído por alterações das convenções de tempo e espaço, pelo uso das descontinuidades, da quebra de uma forma consistente "com o ilusionismo do cinema clássico [...] numa deliberada vontade de romper os modos de gêneros de representação e os modos de discurso".

Assim como outros diretores autorais, Ruy não considera a história em si o mais importante na obra, e sim a forma como ela é contada. É preciso não confundir a dramaturgia, ou seja, o conteúdo, com a linguagem, a forma de narrar o conteúdo. Aquilo que é narrado pode ser apresentado de diferentes maneiras – ou seja, a linguagem cinematográfica varia; não existe uma espécie de gramática que determine uma forma única de narração. Esta é, para Ruy, a maior beleza do cinema: a mesma história poder ser contada de várias maneiras. A linguagem *fílmica* – para ele, termo mais adequado – é o que o interessa. E certamente ele esteve atento para isso desde adolescente, em Lourenço Marques, quando se embrenhou na leitura de Serguei Eisenstein. Assim se deu seu início profissional.

Na mostra em Lisboa em 1999, Ruy Guerra lembrou que durante o momento do Cinema Novo, com a tomada de consciência da realidade brasileira, aqueles cineastas de diferentes matizes não discutiam partidos nem pontos de vista estritamente políticos, mas "a forma de encarar a estética como política.

[...] Se queríamos contar algo sobre uma realidade nova, tinha de ser de uma forma também nova".

Há para alguns teóricos uma divisão entre diretores formalistas – interessados acima de tudo na forma de contar – e realistas – para os quais o mais importante seria retratar a realidade da forma mais fiel possível. Ruy destaca continuamente a não separação entre forma e conteúdo. Aos dezenove anos, por exemplo, descreveu na imprensa moçambicana:

> Numa obra cinematográfica, como em qualquer outra obra de arte, temos dois aspectos de real valor e complementos um do outro, o conteúdo humano e a maneira como essa mensagem nos é dada. Desprezar qualquer delas, querendo viver uma só, pode apenas valer pela intenção, mas é pouco e quando chega tal só pode acontecer pelo sentido de humanidade que nos transmite; nunca unicamente pela perfeição formal, [pois] não satisfaz completamente.

Décadas mais tarde, Robert Stam apontou como a melhor característica da produção de Ruy o fato de ser um cinema da desmistificação tanto do ponto de vista temático como do da linguagem: "Desmistificou a sociedade de classes, pondo a nu a estrutura interna de suas relações sociais. Ao mesmo tempo, desmistificou o cinema em si mesmo por meio de estratégias anti-ilusionistas que põem a nu o processo da construção do próprio texto".

Em algumas críticas, Ruy é acusado de formalismo – ou, de seu extremo, o maneirismo –, processo em que a forma estaria acima do conteúdo; nesses casos, o adjetivo foi usado em um sentido depreciativo. Nesse aspecto, é interessante observar o depoimento de Eduardo Escorel em entrevista:

> Prevaleceu durante certo tempo, sobretudo no início do Cinema Novo e muito estimulado pelo Glauber, uma espécie de antiesteticismo, como certa reação e defesa do próprio vanguardismo inicial dele. Houve de cara um choque entre alguém como Ruy, que buscava o que a gente pode chamar de filme bem-acabado tecnicamente, e alguém como Glauber, com certo desprezo por isso – um pouco da boca para fora.

E continuou, acentuando uma avaliação de outros depoimentos mais:

> Ruy, muito mais cosmopolita do que qualquer dos outros diretores e com uma formação muito mais sólida em cinema – a qual naquele grupo talvez só se comparasse à do Joaquim Pedro –, era de longe o que tinha mais domínio do que você pode chamar de fatura cinematográfica, de linguagem cinematográfica.

Entretanto, na maior parte das vezes em que essa classificação de formalista surge, não é em sentido negativo ou depreciativo, e sim de forma elogiosa, para ressaltar essa atenção de Ruy com a forma. Para Sérgio Sanz

Ruy trouxe para o cinema brasileiro o extremo cuidado com o enquadramento; éramos todos autodidatas e não tínhamos esses conceitos que ele trouxe de sua formação na França; aplicou e dava certo. Tinha que ter tudo aquilo que aprendera: linha de fuga no quadro, uma triangulação dos atores, a planta baixa que ninguém fazia, um cuidado com a lente a usar, planos longos. Isso tudo chamou bastante atenção: uma nova postura para o cinema brasileiro e antiglauberiana, porque o Glauber enquadrava empiricamente.

Em 1984 Cacá Diegues descreveu Ruy como um "formalista com muita imaginação". Peter Rist, falando de *Os fuzis*, faz fortes elogios a seu diretor "profundamente formalista". Ao falar sobre o cinema político dos anos 1960, Michel Ciment destaca Ruy entre outros que, além da temática política, se preocuparam em inovar em sua forma de filmar: Francesco Rosi, na Itália; Jerzy Skolimowski, na Tchecoslováquia; Makavejev, na Iugoslávia; Wajda, na Polônia; e, já anteriormente, Akira Kurosawa, no Japão. Ruy já foi comparado a grandes formalistas do cinema europeu, como Antonioni e Marco Bellocchio.

À medida que seus filmes apresentaram inovações no campo da linguagem, as referências negativas ao extremo cuidado com a forma pipocaram com mais frequência. Em 2009, em uma apresentação de *Os deuses e os mortos*, lê-se que

antecipa uma tendência do cinema de Ruy Guerra, aprofundada em alguns filmes posteriores: a tendência ao formalismo, em que em vez de revelar um olhar coerente e coeso, a abundância dos recursos de linguagem aponta mais para si mesma do que para a dramaturgia do filme, prejudicando a organicidade do filme em prol de um virtuosismo quase sempre irregular.

Sobretudo os filmes do século XXI *Estorvo*, *O veneno da madrugada* e *Quase memória* foram vítimas desse tipo de avaliação negativa.

Em relação a esse último, encontra-se na seção de livros do site Ambrosia um comentário de Renan de Andrade em que analisa as ambiguidades de um tipo de análise classificatória:

Ao buscar o simbolismo, abrindo mão do batido realismo, encontra mesmo o (quase) artificialismo. Mesmo alcançando profundidade na metáfora que impulsiona o próprio livro. Esse paradoxo faz parte da cinematografia de Ruy, e *Quase memória* encontra seu defeito e sua qualidade nessa questão.

Na imprensa paulistana, Luiz Carlos Merten, ao comentar a premiação do mesmo filme no Festival do Rio de Janeiro de 2015, observou que *Quase memória* não é um filme "naturalista", há nele "uma teatralidade, acaso um artificialismo, intencional e assumido, que gostaria que tivesse sido entendido e destacado".

Em 2003 Ruy declarou em entrevista à mídia:

A busca da linguagem é uma constante em meus filmes, e tenho uma formação voltada para isso. Algo fundamental para mim é encontrar estruturas que rompam com os conceitos-padrão, basicamente da dramaturgia hegemônica norte-americana, que acredito serem redutores da realidade e não servirem para nossa cultura.

Entre muitos outros na mesma linha, Mario Borgneth destacou: "Ruy faz um cinema de especulação de linguagem".

De tempos em tempos, Ruy pensa em escrever um livro sobre linguagem fílmica, objeto dos cursos que ministra. Anima-se, separa livros, esquematiza aulas dadas, mas, por enquanto, nada se concretizou.

O gênero de seus filmes parece difícil de ser definido. Em sala de aula, afirmou que a melhor definição por ele lida sobre o conceito de gênero – não lembra a autoria – foi "um horizonte de expectativas", especificando: "Você sabe o que esperar quando, por exemplo, vai ver um faroeste, um policial etc.". Essa dificuldade é recorrente. Michel Estève apontou-a em relação a *Os fuzis*. Ele lembra como o próprio autor afirmara ter construído o filme fundamentalmente sobre a base de um *western*. Estève acha que, por vezes, algumas linhas do roteiro e as dimensões estéticas realistas poderiam aproximar a obra de um documentário ou um filme de guerra; sugere, porém, classificá-la como "ensaio cinematográfico de geografia humana". Recentemente, esse tipo de impasse foi apontado: ao registrar *Quase memória* em festival, a produção e o diretor passaram aperto por ter de precisar o gênero.

Não há, para Ruy, diferença entre documentário e ficção, e seus trabalhos no Idhec já explicitavam esse ponto de vista. Mais de uma vez, ele teorizou não acreditar na isenção do documentário: "Acho que o ato de filmar é um ato de ficção, não existe ato isento. Quando enquadras, estás selecionando umas, excluindo outras. Uma câmera tem sempre um ponto de vista; não aceito que coloquem isso como sendo uma verdade". Em francês, a expressão *faire du cinéma* significa "enganar", "tentar enrolar o outro"; Ruy brinca que cinema é "tudo enganação subjetiva", dado que, ao enquadrar, se faz um recorte da realidade – necessário e subjetivo. A partir disso, ele explica sua preferência – até hoje absoluta – pela ficção:

> A verdade para mim são pontos de vista de síntese, que a ficção traduz melhor do que o documentário. O documentário é uma matéria ficcional que por si não tem princípio nem tem fim, não se apaga na própria realidade. [...] A ficção tem um princípio e tem um fim. É um objeto finito daquilo que a gente considera acima da realidade. De resto, nos meus filmes tenho sempre planos que são estritamente considerados como documentários. É raro o filme que não os tenha.

Dando como exemplo *Os fuzis*, Michel Estève escreveu: "Ruy Guerra ama os contrastes, mas sabe unir harmoniosamente diversas oposições fundamentais em um movimento dialético de um forte poder de sugestão. [Como] a união do documento e da ficção". Sobre o mesmo filme, Ismail Xavier aponta essa união como "estranhamento" entre o documentário que trata do camponês e a ficção "que se envolve na psicologia do citadino".

Para Ruy, a principal questão de sua produção artística, escrita ou filmada, não deve se constituir em verdade ou mentira, mas em verossimilhança. Ele acredita que, por meio da lógica da história contada – seja em palavras, seja em imagens –, a ficção se torna verossímil. Tudo seria verossímil. Ao discutir o tema em sala de aula, mencionou uma notícia de jornal que seria *a priori* considerada absurda: uma vaca tinha caído do céu em cima de um barco e matado os ocupantes. No entanto, trata-se de um fato real que se passou na China e, depois, tornou-se tema do filme argentino *Um conto chinês* (de Sebastián Borensztein, 2011). "Talvez a lenda seja isso: quando a realidade vai mais longe que ela mesma e encontra sua essência na ficção."

Em um filme a câmera é a agente principal da narração: focalizar em *close-up, travelling* ou tomada panorâmica são diferentes elementos que um diretor pode empregar ao narrar e construir suas imagens. Segundo Roberto Gervitz, "Ruy tem um rigor tal na direção que muitos cineastas do Cinema Novo não tiveram, marca que admiro muito nele, e uma grande capacidade de visualização, seus filmes são muito imagéticos, têm uma força de imagem"; para Luiz Carlos Lacerda, por sua vez, "Ruy é um revolucionário permanente da imagem".

Para Ruy, "uma história, um filme, cada uma e cada um, exigem um olhar próprio – e a fotografia é uma das principais concretudes desse olhar que não está escrito". Dos entrevistados, não houve diretor de fotografia que não destacasse o grande conhecimento de Ruy sobre o tema: é "macaco velho", "totalmente milimétrico", sabe onde colocar a câmera, seus movimentos, seu tempo, que lente usar. Ainda sobre seu mais recente filme, Renan de Andrade destaca que "a marca forte de Ruy está lá (as marcações de luz particulares e os estéticos enquadramentos de câmera dizem muito sobre isso), e seu filme se legitima muito em cima disso (a fotografia é difícil, mas assertiva)".

Segundo o cineasta, qualquer elemento pode ser empregado, dependendo de como se faz isso. Ele não tem nada contra o *zoom*, por exemplo, como o têm alguns realizadores; orgulha-se muito de sua objetiva Cook, "uma das melhores marcas, somente oito equivalentes no mundo". A partir de um visor permanentemente pendurado ao pescoço – como se vê em quase todas as fotos em que está em ação –, Ruy visualiza o que deseja filmar e o indica ao diretor de fotografia. Um dia achou que tinha tido um belo *insight* ao afirmar que "as objetivas são subjetivas"; desiludiu-se, em parte, ao ler depois que Pier Paolo Pasolini fizera a mesma observação havia mais de década.

Desde seu primeiro longa-metragem, seu uso da câmera é valorizado pela crítica. Escreveu Ismail Xavier: "A câmera na mão explodiu no cinema brasileiro em *Os cafajestes* para não mais sair". Sua câmera nunca é "passiva"; para Serge Daney, a cena da praia em *Os cafajestes* é uma "violação fotográfica". Ruy tem muito cuidado ao escolher cada diretor de fotografia, pois a pessoa deve ter o olhar para a cena exatamente como ele quer, embora por vezes sugestões sejam acatadas. Robert Stam escreveu que Ruy sempre "gostou muito de movimentos de câmera pirotecnicamente complexos". A câmera de Dib Lutfi em *Os deuses e os mortos*, por exemplo, foi destacada como

> o que mais impressiona no filme [...], transforma cada plano num *tour de force*
> [...] Dib faz movimentos incríveis acompanhando diversos personagens que se
> cruzam [...] trabalhando com diferentes profundidades de campo e abertura do
> diafragma [...] emprega ao filme um vigor surpreendente.

Muitos assinalaram a preocupação de Ruy com a elaboração do quadro; "um verdadeiro pintor", que aos poucos cria uma tela. Na teoria do cinema, o plano – ou quadro, aquilo que aparece na tela entre dois cortes – é considerado unidade básica. Ruy mostra sua preferência pelo plano-sequência, longo, no qual – por definição – está registrada uma sequência de ações. Diz: "Às vezes eu sinto necessidade de não fragmentar o tempo, dar aquela unidade naquele momento – e o plano-sequência é maravilhoso para isso". Para ele, é o plano mais instigante: leva o espectador a sair de sua passividade e entender por que o diretor quis prolongá-lo.

Pedro Farkas, diretor de fotografia, comentou a respeito de um desses em *Os deuses e os mortos*, fotografado por Dib Lutfi: "É um plano-sequência gigante; Ruy adora fazer essa mecânica, o plano é de uma beleza! Acho chato o filme, mas o plano é uma obra-prima como construção, como imagem, como cor. É tão emocionante, embora não tenha muito valor artístico como narrativa". Lauro Escorel contou em prosa social que, na homenagem a Dib organizada por ele na Associação Brasileira de Fotografia, em 2002, o filme foi exibido e "as pessoas ficaram pasmas com sua sofisticação [...], a câmara seguindo os personagens por três ou quatro ambientes". Esses planos longos são, às vezes, responsáveis pelas críticas a uma lentidão presente em seus filmes.

Câmera em movimento e planos-sequências são apontados como marcas do cinema de Ruy. Andrea França destacou a "câmera dançante" desde o primeiro filme de Ruy até sua culminação, em *Estorvo*. Detalhou em *A queda* um exemplo de outro celebrado plano-sequência, na casa em construção do casal protagonista:

LINGUAGEM FÍLMICA 409

A câmera nervosa e desajeitada não consegue enquadrar direito o que se passa e tenta correr atrás do pai e da filha, desviando-se rápida para captar a cara perplexa do genro, a mesa posta com frango assado, os materiais da obra espalhados no chão, um pedaço de rosto dos convidados, um gesto [...]; ela se desequilibra, treme, chega sempre com atraso. Um pouco depois, pai e filha discutem aos berros pela casa em construção tropeçando em tábuas, monte de tijolos e sacos de cimento enquanto a câmera não sabe o que fazer e marcar sua presença.

E concluiu, afirmando que "temos aqui um componente importante do estilo de Guerra: seu cinema parece dançar diante de nossos olhos sugerindo que aquilo que de fato importa não está ali visível e identificável, preciso, há uma zona de indiscernibilidade".

Se na tela vê-se sempre a parte pelo todo, Ruy gosta de chamar atenção para aquilo que não é mostrado. Há uma noção corrente do que é chamado de "fora do quadro", isto é, aquilo que não entra no enquadramento, que não se vê na tela. Ruy gosta de ampliar esse conceito, ir mais longe nessa noção. Ressalta que o grande espaço dramático é tudo aquilo que pode ser considerado "fora de quadro".

Lula Carvalho retomou uma fala radical para documentário de seu pai, Walter, por ele filmada: "Ruy Guerra diz que o filme acontece fora do quadro". Segundo Ruy, um quadro que não explicite demais, que não pretenda ser realista, permite ao espectador que seus pensamentos aflorem, suas emoções fluam. O quadro tem que ser um "trampolim" para levar para fora dele:

Há um fora do quadro subjetivo, é você não explicar tudo... É um estímulo à imaginação do espectador [...] quanto menos informação tiver na imagem, melhor. Nossa tendência ocidental é carregar o espaço, mas sou mais para o lado japonês, com mais vazios, planos menos saturados.

José Carlos Avellar escreveu um texto no catálogo da Mostra da Cinemateca Portuguesa que chamou de "Quase memória", em que discute o fora do quadro no cinema de Ruy:

Aquilo que a câmera nem vê o espectador sente mais ou menos como se estivesse lá [...] ele trabalha suas imagens justo neste espaço em que o cinema existe não propriamente como o registro detalhado, objetivo e efetivo do que se passou, mas sim como um registro afetivo de como se deu a ver o que se passou.

No mesmo catálogo, João Bernardes da Costa escreve que em *Os fuzis* Ruy

acumula sinais visuais e auditivos em choque uns contra os outros e exige a participação ativa do espectador para sua interpretação e sua elaboração. A discursividade está ausente; uma frase dita pelo personagem de um velho afirma que o que conta é "olhar para o vazio do mundo" [...]. Esse vazio é o que mais retém Ruy Guerra.

Para uma outra análise, com essa forma de filmar Ruy "coloca o espectador a distância e à prova".

Para uns, sua preocupação em montar o quadro é maior do que aquela com a direção dos atores; para outros, sua relação com o elenco é muito forte. De uma forma geral, trabalha somente com atores profissionais. Ensaia, dialoga com cada um para depois ver como vai operar com a câmera. Cacá Diegues afirmou em entrevista que

> *Os cafajestes* tem uma direção de atores de uma originalidade incrível; pouca gente se remete a isso. Ruy é grande diretor de ator, sabe mexer com o ator. Daniel [Filho], Jece [Valadão], Norma Bengell, que são ótimos, na mão do Ruy rendem, é de uma modernidade profunda o que fazem, não é uma coisa superficial.

Suas marcas para o posicionamento do ator são sempre claramente definidas; há uma insistente exigência na obediência a esse aspecto (o que acontece também em sua cena teatral). Para Ricardo Rozales, "o único momento em que Ruy torna miserável a vida dos atores é quando filma uma cena. Porque os coloca em situações dificílimas, porque eles têm que se localizar exatamente na marca que ele indicou como correta, e às vezes elas são muito difíceis". Por ocasião do debate na apresentação de *Quase memória*, em outubro de 2015, o ator Charles Fricks testemunhou: "Uma obsessão incessante, que é linda. Dirigia a sombra e até o dedo do ator, e isso faz o ator pensar em dar uma entrega que alcance exatamente o que Ruy quer. Todo mundo que trabalha com ele quer isso para obter um melhor resultado".

Outros acentuaram a liberdade que abre em algumas atuações. Por exemplo, Leonardo Medeiros:

> Acho que ele está certo, deixa os atores muito livres. Agora, não admite que a gente faça mal. É como se explicasse as regras do jogo pra você considerando-o uma pessoa sensível, inteligente, e que, se você entendesse a proposta, jogaria esse jogo. E se você não jogar, aí ele fica inquieto.

Ainda segundo Medeiros, Paulo Caldas lhe teria repetido afirmação de Ruy sobre ele ser contra um preparador de atores: "Senão, o que faço eu?". Concluiu Medeiros: "Mas isso só pode sair da boca de Ruy, um cara que sabe muito o que está fazendo; ele jamais cairia num engodo desses que o cinema caiu, não sei por que razão; está certíssimo, acho que o diretor que se exime desse contato é omisso".

Tendo começado no cinema brasileiro na área da montagem, nunca abriu mão dessa prática. Para Sérgio Sanz, entre as coisas extremamente interessantes que Ruy introduziu no Brasil no final dos anos 1950 está a organização da sala de montagem:

Quando ele foi montar o episódio do Cacá no *5 × favela*, organizava a sala toda, os planos por ordem. Cacá varria a sala, porque Ruy dizia que com o chão sujo, se o filme caísse, iria arranhar. Nós montamos alguns filmes juntos, nossa sala era extremamente organizada e dava uma grande facilidade você não ter que procurar como um maluco onde é que você tinha metido aquele pedaço.

Ruy afirma: "A câmera é uma boa escola, mas a linguagem está na montagem, em saber quando há uma possibilidade de corte". Um filme só se torna filme quando montado. Ruy participa sempre das inúmeras horas de cada edição, mesmo quando não as assina. Para um dos montadores, "trabalhar com Ruy é um inferno no Paraíso".

Idê Lacreta lembrou que, em *Ópera do malandro*, Ruy foi montando conforme rodava as cenas. Havia no filme

uma fragmentação de assuntos muito grande, era uma produção enorme que envolvia dança, cantos etc. Ele filmava, em geral, muito antes ou muito depois; era uma sensação estranha, a primeira cena foi filmada por último. Nunca me esqueço disso. Começar a montar durante o processo de filmar é muito raro, embora seja maravilhoso; Ruy sempre esteve à frente, adora inventar, arrisca, ele é jovem no filmar. Já teve muitas experiências.

Cartaz de *Os fuzis*, criado por Ziraldo.

3
A FILMOGRAFIA DE RUY GUERRA

Essa filmografia e eu

Não se fazem filmes para os críticos de cinema, e sim para o público; o papel exercido por aqueles é incerto, muitas vezes questionado. Desde a década de 1960, Paulo Emílio Sales Gomes – para Ismail Xavier, não um crítico, mas um "observador cinematográfico" – não levava a sério a visão de que o crítico seria um intermediário útil entre as "fitas" (termo de época) e os espectadores; para ele, o cinema é "um espaço democrático onde todos têm o direito à fala, sem inibições". É nesse espaço que me arrisco como cinéfila, aceitando minha subjetividade e certos lugares-comuns que acabam por desencadear um julgamento do tipo "gosto" ou "não gosto".

Ruy dirigiu até hoje quinze longas-metragens, um telefilme para a televisão francesa, uma série documental moçambicana, outra ficcional para a rede espanhola, alguns curtas e clipes. Dessa produção, só não consegui assistir a um clipe, "Talk to Me", sem relevância em sua carreira. Vi e revi praticamente tudo algumas vezes. É difícil ficar indiferente ao que ele filma; em geral o espectador ou gosta e fica fã, ou não curte e não vê mais nada do que ele realiza. Reclamações vão na direção de temáticas deveras difíceis, pouca explicitação na narração, lentidão, violência e rudeza de cenas, muitas destas por demais escuras.

Ao ouvir as críticas, penso na distância entre as intenções explicitadas por Ruy e as reações despertadas, e me vem à mente a apontada decalagem entre intenção e gesto na letra da música "Fado tropical". Elogios obviamente lhe provocam prazer, como a qualquer um de nós; críticas mais fortes o fazem reagir como vários diretores, afirmando não ter sido compreendido. Os cinemanovistas mais famosos começaram a carreira bastante incensados pela crítica especializada, o que pode ter agudizado uma dificuldade de receber reações que não o mesmo apoio inicial.

414 RUY GUERRA: PAIXÃO ESCANCARADA

Durante os anos 1960 e 1970, as discussões inspiradas pelos filmes "sérios" eram dos momentos animados de uma juventude que queria "salvar o Brasil", da qual eu fazia parte. O debate sobre política começava na tela e se transpunha para mesas de bares ou jantares entre os cinéfilos amigos. No polo oposto de nossas posições políticas, o pessoal do Cinema Novo (como tantos outros que não pegaram em armas) era ridicularizado como "esquerda festiva" – aquela que discutia sua desejada "Revolução" em encontros regados a comes e bebes e ficava nisso, ou por vezes era indulgentemente vista como formada por idealistas bem-intencionados, mas sem laços com a realidade. Desde sua barulhenta entrada no cenário cultural nacional, Ruy esteve presente nesses acirrados debates, como sujeito ou como objeto.

São desse período meus preferidos: os dois primeiros – *Os cafajestes* e *Os fuzis* –, aliados a um terceiro, *A queda*. Vejo-os, como destacou o crítico Michel Ciment, baseados em um "realismo crítico". Revistos hoje, me agradam talvez ainda mais. *Os cafajestes* me atingiu inicialmente pelo escândalo que o cercou; creio ter percebido apenas a parte mais evidente, a exposição de um tipo de comportamento imoral ou amoral dos ditos cafajestes. Assisti a *Os fuzis* pela primeira vez em 1965, quando o filme já era premiado em Berlim, numa exibição não comercial na Cinemateca Brasileira, a qual ainda se situava no centro de São Paulo, na rua Sete de Abril. Trata-se de um filme extremamente duro desde o início – sobretudo na versão exibida, a integral assinada por Ruy. A *voix off* rascante de Antonio Sampaio, o Pitanga, e o sol tórrido em longas cenas de paisagens nordestinas, desoladoras na beleza da fotografia de luz estourada, provocaram-me um choque; fiquei meio estatelada, olhando, estranhando, sentindo, tentando inconscientemente absorver a linguagem inovadora.

Nos anos 1970, a questão operária e sindicalista estava em pauta na região do ABC paulista. Nessa época, apaixonei-me de imediato por *A queda*, em que Ruy aborda, por meio de uma narração provocadora, a desproteção do operariado urbano. Encantou-me o final, que vi como otimista: um certo elogio da solidariedade humana. A busca desde o início da carreira por uma linguagem fílmica criativa fez com que os dois filmes iniciais fossem hoje considerados clássicos; a meu ver, realmente nada perderam com o passar do tempo – aliás, acredito que um dia também *A queda* poderá ser considerado outro clássico.

Somente em 2006, em mostra do CCBB-SP, descobri *Sweet Hunters*, o terceiro e mais "misterioso", aquele a que no Brasil – onde não passou comercialmente – quase ninguém assistiu, mesmo o público considerado especializado; em 2016, o Festival do Rio de Janeiro exibiu, em uma sessão extra e única, uma cópia bastante prejudicada em termos de imagens em cores, o que pediu do espectador um esforço ainda maior do que aquele que o diretor deve ter planejado. Sem muita opinião formada, fiz questão de revê-lo recentemente, mas só

A FILMOGRAFIA DE RUY GUERRA   415

encontrei uma versão falada em espanhol, o que não ajuda em nada na dramaturgia. Apesar desses pontos contra, meu prazer foi grande, pois a história gira em torno das relações humanas e emoções geradas, assuntos dos meus prediletos. Lamento demais não ter visto o original.

Já nos anos 1980, *Ópera do malandro* me pegou pelas canções e por seu escracho dos musicais de Hollywood, tão presentes na juventude do diretor e na minha. Logo depois, aplaudi a ideia de filmar *Kuarup*, romance que – para mim e para tantos outros – ajudou a deslindar a evolução política e social do Brasil recente. No entanto, na narração, a história toda acabou tão espremida que isso prejudica acompanhar os numerosos personagens por meio dos quais se poderiam compreender as reviravoltas políticas do período. A cada vez que o revejo, não deixo de imaginar, meio melancólica, a diferença entre o filme que existe e aquele que poderia ter sido, caso o roteiro tivesse privilegiado apenas alguns trechos da história ou caso Ruy não tivesse acatado os cortes cobrados pela produção. Senti-me confortada ao ler críticas destacando o exagero do diretor ao querer transpor tudo para a tela. E, em um encontro social, Ana Arruda Callado comentou comigo que "o erro do Ruy com o filme foi excesso de amor pelo livro".

As quatro adaptações da obra literária de Gabriel García Márquez resultaram em filmes exóticos, bonitos plasticamente, coloridos, como a Colômbia onde nasceu o escritor ou o México onde ele escolheu viver. Uma dramaturgia com laivos sombrios: *Erêndira*, por sua história dramática e seu final, lamentado não apenas pelo jovem "herói"; e a encantadora fábula de *A bela palomera*, pelo dramático e surpreendente desenlace, que desgosta românticos como eu. Ao retratar uma elite cubana na Havana pré-castrista, a minissérie *Me alquilo para soñar* agradou meu lado de historiadora. Apesar de visto e revisto mais de uma vez e da leitura de comentários, não acho fácil acompanhar *O veneno da madrugada* nas três diferentes versões que constituem o enredo.

Entre os filmes com roteiros originais, mais um é colocado pela crítica na sacola do realismo mágico que marca as adaptações de García Márquez: *Os deuses e os mortos*. Metafórico como outros filmes brasileiros do momento, é daqueles em que Ruy mais exige do espectador. Desde a primeira vez em que assisti, na mostra do CCBB-SP, em 2006, me aborreço: os seus diálogos longos e alegóricos fazem me sentir uma incapaz. Recolhi, entretanto, análises tão elogiosas que, ao rever o filme, passei a admirar cenas reconhecidamente magistrais e planos-sequências considerados excepcionais. Em resumo, passei a respeitá-lo, mas não consigo curtir.

Ainda na mostra do CCBB-SP, eu me deparei pela primeira vez com os filmes africanos. Um choque! Não tinha a menor ideia sobre essa fase da vida de Ruy, fiquei muitíssimo surpresa: nada a ver com o que eu já conhecia de sua produção anterior. Tudo aparentemente com um cunho tão oficial! E um cinema "sujo" na conceituação de Julio García Espinosa, cujas imperfeições não invalidam o bom resultado final. À medida que me envolvi com o tema e participei de eventos sobre cinema africano, passei a valorizar a importância desses filmes como documentos históricos desse momento da libertação africana.

Estorvo foi mais um que descobri na mostra. Lendo e ouvindo análises, concordei que, tanto por sua temática como pela forma como foi narrado, fiel a seu título, o filme "desconcerta", "desestabiliza", "perturba", "traz mal-estar". A intenção do livro e do filme é mesmo estorvar ao procurar evidenciar o descompasso entre o personagem Eu e sua história de vida com a família, com o mundo que o cerca, até seu final terrível quando – esperançoso? desesperado? – tenta se abraçar a alguém e acaba morto. O livro é difícil, o filme é difícil; admiro e louvo a fiel transposição.

Quase memória foi o único filme de Ruy cujas filmagens acompanhei, o que me proporcionou uma sensação nova e estranha. Li os diversos roteiros. O primeiro tinha me encantado: mais preso ao texto de C. H. Cony, seria uma comédia de fundo histórico; instigava-me presenciar Ruy tentar esse gênero. Porém, por razões orçamentárias, por necessidades na adaptação e/ou ainda pela fase de vida do diretor, o filme evoluiu numa direção que também me atraiu: tornou-se um ensaio sobre a memória, trabalhada pela metáfora do pântano, tão própria de Ruy. Além disso, relações familiares são algo que me fascina. Surgiu em minha vida num momento em que a temática, a delicadeza e a parte musical tinham muito a ver comigo e com meu momento de vida.

Entretanto, mesmo quando as temáticas não dizem respeito à minha sensibilidade, gosto de Ruy Guerra enquanto cineasta. Valorizo sua arte politizada, partilho de sua visão geral sobre a realidade e sua atenção à parte fantasiosa desta. Gosto de sua abertura para filmes de gênero que o marcaram, como faroestes e musicais. Gosto da escolha dos livros adaptados. Gosto de seu grande cuidado com a parte musical, sua exigente procura de músicos de renome para compor para seus filmes. Em geral, as trilhas sonoras que escolhe para realçar as histórias são perturbadoras, irritantes, sofisticadas. Como pedem seus filmes.

Sua preocupação com a linguagem fílmica é, para mim, um de seus maiores méritos. Gosto que não facilite as coisas para o espectador – eu incluída – e que nem pareça estar preocupado com isso. Ruy acha importante que o espectador "cresça" como ser humano assistindo a seus filmes, com o que concordo. Um pouco como se percebe que ele não facilita as coisas em seus relacionamentos com os outros; ou como, segundo contou a filha Dandara, não tenha facilitado sua educação, criando-a "para se virar na vida". Nesse sentido, Ruy esclarece: "Quanto mais o processo criativo puder escapar das limitações da realidade, melhor. Hoje tudo é muito certinho. Tem que ter linearidade, saber quem é o bandido, quem é o mocinho".

Seu estilo é forte, despojado, duro. O lado *dark* que todos temos, em maior ou menor grau, é nele intenso e radical. Sinto falta de uma valorização dos sentimentos amorosos num sentido positivo. Embora seus poemas e suas letras de música apresentem uma busca intermitente daquele tipo de amor que o vulgo chamaria de romântico, seus filmes passam ao largo de qualquer romantismo – e nem com muito esforço encontraremos qualquer laivo de pieguice (em pequenas doses, nada disso me desagradaria); há quase que somente paixões arrasadoras ou destrutivas, amores sem saída. Ruy, de forma geral, trabalha mais com a incomunicabilidade desse sentimento, sobretudo em *Sweet Hunters*. Em falas sobre o filme, ele salientou que se recusa a classificar sentimentos, a diferenciá-los.

Depois de anos de convivência, me surpreendo em roteiros ou filmes com uma frase que Ruy repete no cotidiano, ou algo alusivo a um incidente de sua vida. Ou encontro um traço que identifico como seu em algum personagem, por vezes alertada por terceiros. Exemplos disso são: o revoltado Gaúcho (Átila Iório) em *Os fuzis*, o alcaide justiceiro em *O veneno da madrugada* (Leonardo Medeiros) e Eu em *Estorvo* (Jorge Perugorría). Em *Quase memória*, Ruy comparou o personagem central à sua imagem paterna. A vontade de colocar como título "Doces caçadores sangrentos" pode ser aproximada de seu gosto pela presença do sangue na tela ou, conforme sugestão de crítico, por ser ele constantemente um "doce e sangrento caçador de si próprio". Além disso, percebo o grande apaixonado pela Mulher, com maiúscula mesmo, em seus filmes. Como disse um crítico do jornal comunista francês *L'Humanité*, "Guerra ama as mulheres. [...] ele as filma com um apetite de ogro e com uma *gourmandise* de esteta".

O olhar político: didático? militante?

O mais usual é Ruy ser designado como "cineasta político", o que o deixa orgulhoso. Para ele, ser político em sentido amplo é estar envolvido com os problemas de sua época: "Tenho um olhar político sobre a realidade, de um ponto de vista cultural"; "procuro uma estética que esteja vinculada às minhas concepções políticas e ideológicas". Ele não acredita em uma estética que seja apolítica ou despolitizada e enfatiza constantemente como qualquer estética é necessariamente política por conter necessariamente embutida uma visão de mundo, da sociedade, dos homens, por ancorar-se em um conjunto de valores que apresenta, defende ou condena. Sua filmografia – como sua produção artística nos diferentes campos – se destaca pelo olhar decididamente engajado já tantas vezes apontado, resultado de seu percurso: "Através de toda a minha vida fiz escolhas definitivas; construí meu trabalho partindo de escolhas que não foram nem equacionais nem arbitrárias, escolhi certos valores como uma forma de olhar a realidade e pago o preço".

Como destacou Elziane Dourado, há nos filmes de Ruy uma condenação à violência existente no mundo: na guerra fascista na Europa ou nas colônias; na exploração dos operários no Cais Gorjão, em Maputo, no metrô carioca ou dos camponeses nordestinos, no *bas-fond* urbano do contrabando e da prostituição; na dominação do sistema político; nas metrópoles desumanamente gigantescas. Ruy critica a violência intrínseca ao sistema capitalista nos séculos XX e XXI. Como observou Randal Johnson, combate "a reificação do ser humano nele inserido". Condena ainda a violência que pode existir nas relações entre as pessoas – por exemplo, na exploração do corpo feminino.

Ricardo Bravo afirmou:

> Concordo com esse olhar de Ruy porque não é um olhar trotskista, não é maoista, nem porra nenhuma. É simplesmente um olhar humano: "Olha, isso aqui pode, isso aqui não pode; isso aqui é sacanagem com a população, entendeu?". O Ruy tem uma coisa que me chama muito a atenção: uma necessidade de criticar, de questionar o estabelecido como realidade. "Não posso deixar estabelecido o que estão me vendendo como realidade."

Michel Estève destaca um humanismo em Ruy, que ao fazer sua escolha e mostrar "sua paixão pelos oprimidos [...] sugere muito simplesmente a grandeza da condição humana".

Nos filmes sobre a sociedade brasileira, o viés político é nítido a partir dos primeiros, gerados no ambiente das discussões do Cinema Novo. Com um recuo temporal, Cacá Diegues afirmou em 1988: "Nós do Cinema Novo defendíamos o cinema político, mas não o cinema como um braço da política; o cinema que fosse capaz de refletir, meditar sobre a questão política e ao mesmo tempo fosse a expressão pessoal de um artista". E escreveu recentemente no *blog* da Escola de Cinema Darcy Ribeiro:

> Todos nós estávamos interessados em refletir o estado do mundo no cinema, mas ele (Ruy), além disso, era de todos nós aquele que possuía a mais rigorosa consciência do mundo. E não a abandonou nunca, com um comportamento permanente de grande rigor moral.

Para Nuno Sena em 1999, os primeiros filmes de Ruy já mostravam "uma das principais preocupações de seu trabalho futuro: a desigual repartição do poder entre dominadores e dominados como instância modeladora da vida dos homens em sociedade".

Os cafajestes, por exemplo, tem uma dimensão política na apresentação de uma sociedade de classes em sua estratificação socioeconômica. Com toda a celeuma levantada pela crítica moralista, essa característica não foi muito percebida nem destacada. Já com *Os fuzis* aconteceu o oposto. Nos anos 2010, em abertura de uma mostra do Cinema Novo no Canal Brasil, o filme foi apontado dentro da famosa trilogia como o mais radical e representativo da chamada "estética da fome" (elaborada por Glauber Rocha somente depois da estreia do filme, em 1965): "Por incrível que pareça, [...] Ruy Guerra não faz concessão ao espectador. Perto de *Os fuzis*, *Vidas secas* e *Deus e o Diabo* são até agradáveis de se ver". Muito tem sido dito sobre esse filme: que é "universal", "profético", "antimilitarista", "um faroeste com suspense na cena final", "poético", "uma fábula". Foi comparado a *Bandido Giuliano* (1962), de Francesco Rosi; a presença da parte documental certamente foi decisiva para essa aproximação.

Por outro lado, em crítica negativa rara, o jornal francês *Combat* – naquele momento de postura anticomunista – julgou sua premiação com o Urso de Prata em Berlim – dividido com *A grande cidade* (1963), de Satyajit Ray – uma aberração do júri, concedida ao "gozo de uma fraseologia a mais vazia de estilo fantasioso" e em que "a grande eloquência lança a confusão e ideias".

O episódio "Chanson pour traverser une rivière", não aproveitado em *Longe do Vietnã*, apresenta um posicionamento político inquestionável, que deve tê-lo tornado inaceitável para os produtores – e, por isso mesmo, foi recusado. Poucos anos depois, Ruy lança um novo filme essencialmente político, *Os deuses e os mortos*. Pretendeu se esconder da censura ditatorial enfocando outra época e empregando metáforas. Segundo Jean-Claude Bernardet, faz parte de uma terceira fase do Cinema Novo, a "fase alegórica"; segundo Ismail Xavier, Ruy realizou uma "alegoria totalizante do sistema neocolonial". É o preferido de Michel Ciment; para Michel Estève constitui "um dos mais originais ensaios de reflexão política que já foram tentados na tela".

Muitos anos depois, numa apresentação em mostra, o filme foi filiado à estética glauberiana, ligada ao "barroco" e ao "excesso", com a novidade da mescla da "grande beleza plástica e uma busca pelo repulsivo (sangue, lama), como se fizesse uma radiografia das entranhas do Brasil". Para *Les Lettres Françaises*, é "ao mesmo tempo político e poético, possui em sua violência e seu esplendor plástico um impacto excepcional"; com ele, Ruy "se coloca na primeiríssima linha de sua geração".

Na imprensa da época, Paulo Paranaguá destacou as escolhas de Ruy e Nelson Xavier em *A queda* como "revolucionárias e premonitórias", pois colocaram em cena a classe trabalhadora urbana, os excluídos do "milagre brasileiro" desenvolvimentista daquele momento. Segundo Robert Stam, "*A queda* combina consciência política com técnica altamente experimental", a começar por seu "metafórico prelúdio eisensteiniano". A partir desses fragmentos introdutórios, o espectador pode perceber, como analisou José Carlos Avellar no *Jornal do Brasil*, como

420 RUY GUERRA: PAIXÃO ESCANCARADA

tudo que é narrado em *A queda* se passa numa sociedade que conhece um processo de implosão; que possui um grupo dominado catando os lixos jogados fora pelos dominadores para tentar sobreviver; que se autodevora com uma violência como a mostrada no matadouro: um golpe seco de martelo na cabeça e um corte profundo no pescoço.

O prólogo é elogiado por mostrar todo o contexto em que se desenrola a história, que é contada, como Ruy afirma, de forma linear e tradicional. Para Stam, ao criticar o sistema capitalista, "o buraco de metrô se torna um microcosmo do Brasil como um todo"; e Ruy mostra, de forma sutil, como costuma fazer, os mecanismos de poder no cotidiano, especialmente em momentos de crise.

Ainda segundo Stam, ao combinar uma temática de construção com uma estética de desconstrução, Ruy mostrou um exemplo perfeito da tradição cinemanovista. Randal Johnson observou que, em 1983, Ruy ainda "preserva uma coerência política e ideologia estética" dos tempos do Cinema Novo em seu cinema "profundamente dialético". Detalhou: "Os indivíduos, os grupos em questão atravessam situações que podemos ver como extremas em relação às estruturas da sociedade do ponto de vista social, econômico e político: nordestinos no período da seca, na crise cacaueira, os operários urbanos". Para ele, trata-se de uma "tentativa de elucidar as formas de comportamento e as formas de consciência em relação ao processo histórico político, cultural e social e à transformação".

Embora seja um musical, *Ópera do malandro* também possui em sua base uma preocupação política. Devido à temática histórica, o moçambicano Ruy pediu a Nelson Werneck Sodré que lhe fizesse uma síntese do período. Na pessoa específica do malandro deslumbrado com a cultura americana que então penetrava no Brasil, são expostos criticamente os "falsos valores dessa sociedade", assim como os valores transmitidos pelos musicais de Hollywood. Ao realizar um gênero novo em sua filmografia, bolou um filme político com outro tipo de leitura. Para analistas, "aproveitou habilmente o mote da colonização cultural".

Baseado em um romance cujo bem atingido objetivo fora mostrar as transformações da sociedade brasileira que levaram à ditadura militar, *Kuarup*, embora com as mesmas intenções, não atingiu igual alcance. A crítica foi praticamente unânime nesse sentido. Para alguns, a proposta da análise se esvaziou por haver certo deslize da discussão política propriamente dita para a luta ecológica – obviamente também política, mas não vista como fundamental no debate na sociedade brasileira de 1954 a 1964. Quem sabe em busca de publicidade, a produção, diretor inclusive, chegou a admitir essa bandeira, que naquele momento – final dos anos 1980 – começava a ganhar espaço.

Há ainda críticas de esvaziamento em outra direção, como a de Ely Azeredo. Em comentário intitulado "Poucos momentos com a marca do diretor", elogia o filme mas recrimina: "Surpreende que na [...] um cineasta cuja obra foi tão compromissada com a visão politico-ideológica tenha admitido ênfase tão grande no ângulo romântico". Para outra estudiosa, o filme constitui "um emblema da dissolução das propostas do Cinema Novo e da ascendente hegemonia da TV com seus parâmetros".

Aos poucos, a tematização explícita da política foi minguando e quase sumiu das telas – em boa parte, devido ao tão apregoado fim das utopias. Em meados de agosto de 2015, Ken Loach reclamou no jornal *O Globo* que "muito da paixão política da minha geração se perdeu". Destacou que cineastas e ativistas se preocupam entre outros problemas com meio ambiente, direitos humanos, mas não veem como a análise política é capaz de reunir todos esses aspectos. Concluiu que os novos cineastas pertencem a uma geração criada em outros tempos. Os dois filmes que Ruy dirigiu em Portugal no século XXI, todavia, são desse campo, pois tratam dos retornados da guerra colonial e de denúncia da corrupção na política lusitana.

Da mesma geração que o diretor inglês, Ruy, na contracorrente, ampliou em *Estorvo* seu olhar político, estendendo-o além do Brasil, focando no mundo urbano contemporâneo. Para Luiz Zanin Oricchio, Chico Buarque, no romance em que se baseia o filme de Ruy, "deseja expressar o grau de alienação a que chegou uma sociedade sem qualquer expectativa que não seja contábil – sucesso, fama, mera sobrevivência. Os limites entre o crime e a lei se diluem. O narrador move-se em sua cidade como se ela lhe fosse alheia". Zanin elogiou a adaptação:

> Ruy deixou-se levar pela proposta do escritor e radicalizou-a. [...] A narração em *off* (do próprio Ruy, com seu sotaque lusitano) e a música de Egberto Gismonti contribuem para aumentar a sensação de estranheza. Talvez não haja filme que melhor expresse aquilo em que se transformou a sociedade contemporânea, brasileira e mundial. Vaga distopia transnacional, sem referências, sem pontos de conforto ou oásis à vista.

Na mesma linha, Andrea França avaliou:

> A periferia, como a língua portuguesa, no filme é dispersa, difusa, espalhada desigualmente com sotaques e nuances a criar uma zona de indiscernibilidade que destrói as narrativas de afiliação ao território, os discursos de pertencimento e conservação identitários.

Ruy ressalta de forma recorrente que a arte não deve absolutamente se submeter à política no que concerne às formas de expressão. A crítica social que existe em sua filmografia como um todo não é marcada por ingenuidade nem por simplificação. Ruy não é daqueles de procurar "passar mensagem". Trata dos problemas para expô-los, sem se preocupar em insinuar soluções ou *wishful thinkings* proféticos que parecem prever as formas como, a certa altura, aqueles problemas poderão se resolver. Sua preocupação com uma intervenção política na realidade através do filme não é nunca a primeira determinante de sua dramaturgia.

Seu olhar político, mesmo se aguçado, não elimina a preocupação artística nem a ela se sobrepõe. O que faz é colocar a temática à consideração do espectador, como acentua quase toda a fortuna crítica desde os anos 1960. Por exemplo, Sylvie Debs ressalta que *Os fuzis* é um filme político do qual é impossível iludir a lição política, porém não é nada didático: "São didáticos os filmes cujos meios poéticos são colocados sistematicamente ao serviço de uma lição". Roberto Schwarz analisou que, ao filmar *Os fuzis*, Ruy não procura "compreender" a miséria; no polo contrário da filantropia, trata-a como "aberração" e é dessa distância que tira a força de sua análise.

Nessa linha, os filmes africanos constituem um caso à parte. Na Maputo revolucionária, Samora Machel e a Frelimo enfrentaram a necessidade da construção de uma identidade e de uma memória da revolução para a novel nação, e Ruy participou do desafio. Ele declarou que não foi "trabalhar para a Frelimo"; foi movido por "uma visão do processo que eu considerava importante para, então, começar o cinema moçambicano". "Nunca pertenci a um partido político, porque penso ser incompatível com minha *performance* de produtor de arte. Quando você pertence a um partido e investe tudo que tem na causa do partido, você precisa se submeter a ele."

Seus filmes lá realizados são considerados por alguns parte de um "cinema militante". Um bom exemplo que pode ter permitido essa classificação é o curta *Um povo nunca morre* (1980). Ao registrar o translado para Maputo dos corpos dos militantes da Frelimo mortos no exterior, Ruy Guerra não deixa transparecer nenhuma ambivalência de intenção nem nada parecido: liga-se claramente à construção de um culto de heróis, engrossando a bem definida memória oficial da luta levada pela Frelimo.

Tenho acompanhado de perto o interesse acadêmico recente em torno dessa filmografia como testemunhos da descolonização africana e de um momento muito especial da carreira de Ruy. O longa mais conhecido – o premiado *Mueda, memória e massacre* (1982), praticamente virgem no Brasil – tem merecido estudos que lhe atribuem um mérito mais amplo do ponto de vista cinematográfico do que o indubitável valor histórico documental. E a série *Os comprometidos* (1984) é relevante por documentar um momento político fundamental e bastante original na política do governo Samora Machel.

Realismo mágico ou simplesmente realismo?

No terceiro filme de Ruy, *Sweet Hunters*, o realismo crítico – por vezes chamado de naturalista e presente nos dois filmes anteriores – pareceu, para parte da crítica, ter sido abandonado. O diretor tinha ganhado um Urso de Prata por um filme essencialmente político; a novidade provocou estranheza. Seu nome já era respeitado. Nessa nova estreia, no entanto, um jornal francês observou que seu terceiro filme e primeira realização internacional era "uma obra insólita sobre a qual é imprudente pronunciar o julgamento apressado e a qual é preciso considerar com um imenso respeito"; outro escreveu que *Sweet Hunters* "merecia mais do que essa mistura de risinhos de deboche imbecis e elogios duvidosos que recebeu no Lido de Veneza, onde foi apresentado na Biennale", pois nele o diretor "não se desembaraçou da barbárie de seus filmes brasileiros".

Em 1976, Ruy disse ao jornal português *O Diário* que havia pessoas frustradas com a modificação de sua filmografia entre *Os fuzis* e *Sweet Hunters*:

> Mas para mim não existe uma solução de continuidade. Não pretendi mostrar nesse filme os mecanismos da opressão e da repressão, mas simplesmente como se desenvolvem as afinidades das pessoas num universo fechado, ou seja, numa classe social – nesse caso, a burguesia.

Em *Positif*, Michel Ciment não viu qualquer ruptura; pelo contrário, assinalou continuidades. A primeira delas seria que os personagens dos três filmes são "caçadores, nunca deixaram de o ser: os cafajestes tocaiando sua presa para tirar seu benefício, soldados perseguindo um homem como se fora caça [...]". Para ele, os personagens de *Sweet Hunters* estão na mesma procura de alguma coisa, como liberdade, dinheiro ou amor. Randal Johnson foi mais longe, afirmando que todos esses personagens "nunca realizam seus desejos ou objetivos".

Ruy confirmou a tentativa de se aproximar da realidade por um lado imaginário ou mágico. Na verdade, ele teve e tem, como afirma, um gosto expressamente declarado por mágica, sonhos, um interesse em mitos e surrealismo; repetiu vezes infindas que para ele não há diferença entre imaginário e real. Como africano, vai mais longe: "A questão do chamado realismo mágico é uma questão cultural. O que para uma cultura é magia para outra pode ser ciência. Na América Latina, o realismo mágico foi uma forma de assumir o conhecimento da própria cultura de uma forma não codificada". Os argumentos de Michel Ciment reforçam essa continuidade: lembra ele que esse gosto pela magia, por rituais, profetas e adivinhos aparece nos dois filmes anteriores e mesmo no primeiro projeto não realizado no Brasil, *Joana maluca*. Podemos acrescentar, ainda, o inacabado *O cavalo de Oxumaré*.

Em 1999, também Nuno Sena negou expressamente qualquer ruptura na produção de Ruy:

A novidade fundamental trazida por *Sweet Hunters* – a qual futuramente irá assumir cada vez mais importância no trabalho criativo de Ruy Guerra – é o surgimento de uma componente mágica na ficção (aqui ainda não inteiramente explicitada), tratada de forma naturalista como mais uma dimensão da realidade, e não como o elemento espetacular ou sobrenatural que as convenções do gênero fantástico pressupõem.

Há, em sua colocação, outro argumento de fundo consistente: em Ruy, o realismo mágico é o traço cultural que une África e América Latina, numa identidade cultural comum de um mundo chamado de subdesenvolvido e que seria, então, uma alternativa ao mundo desenvolvido hegemônico. Assim, o dito realismo mágico expressaria de alguma forma o mesmo posicionamento político até então apresentado pelo realizador. Nesse sentido, segundo uma analista, sua identidade latino-africana lhe traz um olhar "enraizado mas sem fronteiras".

Para Michel Ciment, o que se vê nesse filme é "o real transfigurado carregado de um poder simbólico e, como no autor de *Nosferatu* (de Murnau, 1922), os seres entretêm com o cosmos relações misteriosas e determinantes". *Les Lettres Françaises* também vê continuidade por meio de "certa violência subjacente que lembra a violência descabelada de *Os fuzis*". No jornal *The New York Times*, Howard Thompson elogiou: "Assistir a esse filme é como montar nas costas de uma serpente [...]. O sr. Guerra estrutura um labirinto de pesadelo com imagens surreais e tensões assassinas. Compõe a totalidade de sua paisagem com fantasmagóricas e cinzentas imagens da morte".

Entre outros elementos, essa forma de pensar, assim como o emprego de metáforas, contribui para afastar o perigo de didatismo na cinematografia de Ruy; para alguns, pelo contrário, levaria até a um hermetismo, que o próprio cineasta chegou a admitir em *Os deuses e os mortos*. Neste, a imaginação parece se soltar totalmente por sua vontade expressa:

> A importância da imaginação é maior do que a razão; acho a racionalidade um caminho muito perigoso, acho o delírio mais rico do que a razão. A razão enquadra, limita, apara as arestas, procura encontrar caminhos de comunicação e, de certa forma, é muito repressiva. O delírio é aberto, vai para onde vai o teu imaginário, vai aonde vai o teu desejo, é uma coisa muito mais rica.

Em entrevista concedida em Manaus no início de 2014, ao lhe indagarem que conselho daria a quem desejasse seguir carreira no cinema ou no audiovisual, Ruy respondeu: "Não gosto de dar conselhos, pois experiência não se transmite falando. Mas diria uma frase de Jorge Luis Borges [...]: 'Seja fiel ao seu imaginário'. Para um cineasta, penso, o mais importante é ter talento e coragem de ser fiel a seu imaginário".

4
O CINEASTA RUY GUERRA

Na maioria das vezes apresentado como cineasta brasileiro, por mais de uma vez em palavras cruzadas "moçambicano" me apareceu como resposta sobre sua nacionalidade. Ruy gosta de afirmar: "Sou um cineasta brasileiro que nasceu em Moçambique".

E especifica que surgiu "junto", mas "não no Cinema Novo". Como sói acontecer, os tempos do Cinema Novo talvez não fossem tão definidos para os que então os viviam. Em 16 de outubro de 1962 – ano de *Os cafajestes* –, Paulo Emílio escreveu no suplemento literário de *O Estado de S. Paulo*: "Cinema Novo, hoje, é muito mais manifestação do que manifesto ou programa e oxalá no futuro ele escape às configurações dos relatórios e balanços dos livros de história e permaneça imagem de um tempo vivido e sentido intensamente". E, falando por uma elite intelectualizada,

> na medida em que se procura identificar com fluir e fruir do tempo presente, o Cinema Novo envolve todos nós. O mecanismo de participação no Cinema Novo não é o de aceitação de ideias ou filmes, mas o da descoberta de que nossas emoções, ações e palavras são parte integrante de um processo em curso.

E arrematou: "Não vou tentar definir o Cinema Novo brasileiro. Mas ele existe". Mais tarde, Ismail Xavier apontou o final dos anos 1950 até meados dos anos 1970 como "período estética e intelectualmente mais denso do cinema brasileiro"; um momento de "convergência entre a 'política de autores', os filmes de baixo orçamento e a renovação da linguagem, traços que marcam o cinema moderno por oposição ao clássico e mais plenamente industrial".

Foi nesse Brasil que Ruy se impôs como cineasta. Certamente não se deve entender o movimento sem sua presença, sem seus filmes, sem suas declarações nem sem o impacto de tudo isso. Como expressou claramente o diretor espanhol Carles Balagué, "seria absurdo negar sua contribuição para o cinema brasileiro, apesar de não se tratar de seu país de origem"; em 2016, Cacá Diegues escreveu: "Ruy Guerra é uma poderosa e definitiva contribuição do Brasil à história do cinema mundial". Para o canadense Peter Rist nos anos 1990, "Ruy Guerra é provavelmente o mais internacional e o mais independente, mas o menos prolífico, dos maiores diretores do Cinema Novo". Mais independente, claro, mas menos prolífico? Quanto a ser o mais internacional, Ruy o é desde seu nascimento e sua formação profissional. Posteriormente, dificuldades políticas e econômicas, aliadas a seu percurso anterior, o levaram a ser, entre seus contemporâneos, o primeiro realizador fora das fronteiras brasileiras. Entretanto, embora tivesse chegado a voar alto, nunca se esqueceu do lugar de pouso que escolhera. E, na maioria, seus longas podem ser considerados brasileiros.

Naquele momento, anos 1950 e 1960, as pessoas, no geral, falavam: "Vou ao cinema". Contudo, se era para ver um filme produzido no Brasil, diziam: "Vou ver um filme brasileiro", denotando o grande preconceito existente contra essa produção cinematográfica; apenas recentemente começamos a ver brechas nessa prevenção. Ruy destaca de forma constante sua ligação com esse menosprezado cinema brasileiro. Desde os primeiros anos, alertava na mídia para os problemas que atrapalhavam sua efetivação: alguns, mais estruturais, perduram até hoje, como os entraves de distribuição e exibição, a concorrência do cinema americano; outros, menos, esperamos, como a censura ou as armadilhas do financiamento estatal. Ruy alertava, desde então, que o Cinema Novo – já famoso no exterior – só se estabilizaria se conquistasse o público nacional.

Em 2002, foi além e afirmou: "O problema central da sobrevivência do cinema brasileiro, mais do que os parâmetros econômicos, é encontrar uma linguagem própria, com raízes na cultura brasileira". E destacou: "Faço um cinema de resistência". Repetindo Paulo Emílio Sales Gomes, afirma constantemente que "o pior filme brasileiro diz melhor de nós mesmos do que o melhor filme americano". Em 2010, homenageado pelo conjunto da obra em Gramado, declarou à mídia:

> Digo com toda minha idoneidade que considero o cinema brasileiro melhor que o americano. E nisso incluo até essas comédias ruins derivadas da televisão. É um cinema que, independente dos valores estéticos, de seus desequilíbrios e arrogâncias, representa melhor nossa própria identidade do que os filmes que Hollywood faz hoje.

Seu cinema, de forma geral, parece se destinar não ao grande público, mas aos cinéfilos. Contudo, como mostrado ao longo de sua vida, alguns de seus filmes atraíram grande número de espectadores. De início, *Os cafajestes*; depois, *Erêndira*, com uma carreira gloriosa em Nova York; logo na sequência, *Ópera do malandro*, com muito público no Brasil, exibido comercialmente na França; e bilheterias brasileiras lotadas para *Kuarup*.

Para saber o real alcance do público para cinema hoje em dia seria necessária uma estatística das exibições nos festivais, televisões nacional e internacionais, VHS ou DVDs e um controle dos filmes baixados no computador. Tirante a estreia, pode-se dizer que a lua de mel de Ruy Guerra com o público se deu na década de 1980; e dos quatro filmes daquela década somente *Kuarup* não foi ovacionado pela crítica. Seus últimos filmes brasileiros receberam elogios na mídia, porém praticamente não tiveram público.

Ao receber o Kikito de Cristal em Gramado, Ruy declarou que gostaria de rodar novamente em preto e branco, logo acrescentando, com seu humor afiado: "Mas, se meus filmes já são para gueto, daqui a pouco vou fazer para dez espectadores". Como ele, porém, muitos e muitos outros! Inácio Araújo lembrou recentemente em sua coluna na *Folha de S.Paulo* que, quando Jean Renoir realizou obras-primas como *A regra do jogo* (1939) e *A carruagem de ouro* (1952), a crítica caiu de pau e o público não compareceu.

No entanto, foi uma afirmação taxativa de Tairone Feitosa, feita em 2009, que me abriu os olhos: "O cinema do Ruy é um cinema feito para cineastas, é um cinema importante para o próprio cinema". Em seu *blog*, em novembro de 2014, o crítico Luiz Zanin Oricchio resumiu: "Ruy é considerado por críticos, atores e colegas diretores como um dos mestres incontestes da arte cinematográfica". Apreciação que veio de longe no tempo e no espaço. Em comentários sobre os diversos filmes, Ruy foi comparado, em múltiplos e variados aspectos, a grandes nomes do cinema. Entre outros, alguns mais fáceis de ser dele aproximados, como os mais admirados dos anos 1960, Francesco Rosi, Antonioni, Ingmar Bergman, Buñuel; os pioneiros Eisenstein, Murnau, George Méliès; os japoneses que ele tanto preza, Mizoguchi e Kurosawa; os brasileiros Mario Peixoto e Glauber Rocha; e os americanos que admira bastante, como Orson Welles e John Cassavetes. Ou alguns que ele respeita, como os americanos Robert Wise, Howard Hawks e Ridley Scott; o alemão Werner Herzog; o português Manoel de Oliveira; o iraniano Abbas Kiarostami; e o polonês Andrzej Zulawski. E ainda outros menos conhecidos, como Ulrich Seidl e Jan Kounen. Em seus filmes, são apontadas influências das tradições teatrais de William Shakespeare, Bertolt Brecht e Antonin Artaud, e das tradições literárias ligadas a escritores/poetas de língua inglesa, como Alfred Tennyson e Hermann Melville.

O chamado cinema de autor ocupa – seja na realização, seja na exibição – um lugar praticamente à parte na indústria. No Brasil, onde essa indústria não está implantada, o financiamento é muito complicado e ligado à presença do Estado e seus órgãos de incentivo à cultura, dos quais durante larga parte de sua vida

Ruy praticamente não dependeu e os quais atacou; no entanto, ele tem ultimamente concorrido e ganhado alguns editais para roteiros e filmagem.

São os festivais que oferecem o palco necessário para uma filmografia como a de Ruy. Eterno perfeccionista, explicitou ironicamente seu papel determinante:

> Uma vez me perguntaram "Para que servem os festivais?", achando que eu ia dar uma resposta fantástica e brilhante. E eu disse: "Servem para os cineastas acabarem os filmes, porque até a data do festival o produtor arruma dinheiro, todo mundo vira a noite e acaba o filme; festival é ótimo para isso". O processo de fazer algo mais completo te obriga a ir muito longe, então esse imperativo de datas, essa pressão da entrega é uma coisa determinante no processo de atingir uma meta dentro daquele processo de criação que não tem prazo, limite ou tempo.

Desde sua estreia, todos os filmes assinados por Ruy como realizador foram exibidos em festivais mundo afora, a quase totalidade recebendo alguma premiação. Cecil Thiré, que jovem iniciante foi aprendiz do mestre feiticeiro, afirmou: "Ruy persegue o grande cineasta que acha que é e às vezes acerta". Talvez não haja em Ruy toda essa segurança interior que, entre ironia e admiração, o amigo lhe atribuiu. Mas qualquer relato de sua vida somente pode ser a história dessa perseguição.

CRONOLOGIA

VIDA PESSOAL	VIDA PROFISSIONAL	VIDA POLÍTICA E CULTURAL
Décadas de 1930/1940		
1931 22/ago. – nascimento em Lourenço Marques, Moçambique, colônia portuguesa na África austral **1936-1937** – viagem a Portugal com a família, aos três/quatro anos		**1933-1974** – Estado Novo no Brasil, ditadura de Salazar em Portugal **1937-1945** – Estado Novo no Brasil **1939-1945** – Segunda Guerra Mundial
Década de 1950		
1951 21/jun. – morte da mãe em desastre de avião sobre a Libéria **1952** – em março, ida de navio para Portugal, onde fica por volta de seis meses – breve visita com pai e irmão a Londres e depois Paris **1955** 21/set. – morte do pai, em Lourenço Marques **1956** – permanece quase um ano em Madri **1957** – permanece quase um ano em Atenas **1958** 9/jul. – desembarca no Rio de Janeiro	**1952-1954** – profissionalização no Institut des Hautes Études Cinématographiques (Idhec), em Paris **1954** – primeiro curta-metragem no Idhec: roteiro e direção de *Quand le soleil dort*, inspirado no romance *Homem e não*, de Elio Vittorini **1954-1955** – curso de ator no Théâtre National de Paris **1955** – estágio em assistência de direção em *Chiens perdus sans collier*, de Jean Delannoy **1957** – ator e assistente de direção estagiário em *SOS Noronha*, de Georges Rouquier, na Córsega **1959** – trabalhos com Carlos Niemeyer – montagens e documentários inacabados, no Brasil – *Orós*, primeira viagem ao Nordeste brasileiro (inacabado)	**1958** – Revolução Cubana, sob liderança de Fidel Castro **1959-1960** – início da Nouvelle Vague na França, com os filmes *Os incompreendidos*, de François Truffaut, e *Acossado*, de Jean-Luc Godard

VIDA PESSOAL	VIDA PROFISSIONAL	VIDA POLÍTICA E CULTURAL
	Década de 1960	
1962-1963 – início da amizade com músicos – namoro com Nara Leão **1966-1968** – viagens à França	**1960** – *O cavalo de Oxumaré*, Rio de Janeiro (inacabado) **1961-1962** – ator em *Os mendigos*, de Flávio Migliaccio **1962** – assistente de direção de Patrick Dally, *Le tout pour le tout* – realização do primeiro longa-metragem, *Os cafajestes* (Rio de Janeiro e Cabo Frio) **1962-1963** – montador do episódio de Cacá Diegues "Escola de samba, alegria de viver", em *5 × favela* – colaborações em trabalhos do grupo Cinema Novo – primeira letra de música, "Esse mundo é meu", em parceria com Sérgio Ricardo **1963-1973** – uma década de mais de cem letras de músicas e direção de espetáculos musicais **1963-1964** – segundo longa-metragem, *Os fuzis*, em Milagres, Bahia **1964** – participação no Festival de Berlim – primeiro Urso de Prata (*Os fuzis*) – aulas de cinema no Museu de Arte Moderna, Rio de Janeiro **1966** – média-metragem *Chanson pour traverser une rivière*, em Paris (terminado para *Longe do Vietnã*, mas não incluído) – conselheiro para série ORTF, televisão francesa – *Carnets Brésiliens* –, direção de Pierre Kast (Rio de Janeiro e Paris) **1967** – conselheiro da série *Walmy*, de Abel Gance e Jean Chérasse, em Paris **1968** – primeiro longa-metragem em cores, *Sweet Hunters*, na Bretanha, França **1969** – ator em filmes franceses *Le Maître du temps*, de Jean-Daniel Pollet, e *Benito Cereno*, de Serge Roulett	**1964** 31/mar.; 1º/abr. – golpe militar inicia ditadura civil-militar no Brasil – primeiro tiro da Frente de Libertação de Moçambique (Frelimo) **1968** maio – revoltas em Paris, com repercussões em vários países – protestos nos Estados Unidos e no mundo ocidental contra a guerra no Vietnã 15/dez. – Ato Institucional n. 5 no Brasil

CRONOLOGIA   431

VIDA PESSOAL	VIDA PROFISSIONAL	VIDA POLÍTICA E CULTURAL
	Década de 1970	

1971
19/nov. – nascimento de Janaina, sua filha com Leila Diniz

1972
14/jun. – explode o avião em que viajava Leila Diniz, morta aos 27 anos

1975
– viagem a Maputo para a festa da Independência moçambicana, após ausência de 25 anos

1970
– longa-metragem *Os deuses e os mortos*, filmado no sul da Bahia
– primeiro Festival de Brasília, com premiação para *Os deuses e os mortos*
– parceria com Edu Lobo nas composições do musical *Woyzeck*, de Georg Büchner, com direção de Marilda Pedroso, no Rio de Janeiro

1971-1972
– ator em *Aguirre, a cólera de Deus*, de Werner Herzog, no Peru

1972
– roteiro com Mario Vargas Llosa, inspirado no episódio de Canudos (feito em Barcelona)
– ator em *Os sóis da Ilha de Páscoa*, de Pierre Kast
– parceria com Chico Buarque na tradução do musical *O homem de La Mancha*

1973
– início de amizade e parceria com Gabriel García Márquez, em Barcelona
– autoria de texto e letras de músicas no espetáculo teatral *Calabar: o elogio da traição*, em parceria com Chico Buarque

1976
– longa-metragem *A queda*, no Rio de Janeiro e consequente segundo Urso de Prata
– direção de teatro, peça *Trivial simples*, de Nelson Xavier, no Rio de Janeiro

1978
– curta-metragem documental *Operação búfalo*, em Maputo

1979-1980
– longa-metragem documentário/ficcional *Mueda, memória e massacre*

1979
– curta-metragem documental *Danças moçambicanas*, em Maputo
– direção de teatro, peça *Fábrica de chocolate*, de Mario Prata, em São Paulo

1974
– Revolução dos Cravos, fim da ditadura em Portugal

1974-1979
– governo general Ernesto Geisel no Brasil e início da "distensão lenta e gradual" da repressão política

1975
– Frelimo toma o poder em Maputo com Samora Machel

1979
– Lei da Anistia no Brasil

VIDA PESSOAL	VIDA PROFISSIONAL	VIDA POLÍTICA E CULTURAL
Década de 1980		
1981 – provável primeira visita a Havana	**1980** – curta-metragem documental *Um povo nunca morre*, em Moçambique	**1982** – campanha das Diretas Já
1983 10/out. – nascimento de Dandara, sua filha com Cláudia Ohana	**1981** – episódio para televisão francesa *La Lettre volée*, inspirado em conto de Edgar Allan Poe (Portugal)	**1985** – fundação da Escuela Internacional de Cine y Televisión San Antonio de Los Baños (Cuba)
	1982 – criação da companhia de produção Kanemo-Austra (Rio de Janeiro e Maputo)	**1986** – morte de Samora Machel em desastre aéreo
	1982-1984 – série *Os comprometidos: atas de um processo de descolonização*, documentário (Moçambique)	**1989** – no Brasil, primeira eleição direta para presidente e vitória de Fernando Collor de Mello
	1983 – longa-metragem *Erêndira*, inspirado em obra de Gabriel García Márquez (México)	
	1984 – clipe "Talk to Me", produção americana feita no Rio de Janeiro	
	1985 – longa-metragem *Ópera do malandro*, inspirado em peça de Chico Buarque, no Rio de Janeiro – ator em *Nifrapo*, de Ricardo Bravo	
	1987 – longa-metragem *A bela palomera*, baseado em obra de Gabriel García Márquez, em Paraty	
	1989 – arquivo pessoal para a cinemateca do MAM-RJ – longa-metragem *Kuarup*, inspirado em romance do mesmo nome de Antonio Callado, filmado na região do Xingu e no Recife	

CRONOLOGIA 433

VIDA PESSOAL	VIDA PROFISSIONAL	VIDA POLÍTICA E CULTURAL
Década de 1990		
1991-1992 – permanece quase um ano em Havana – início do relacionamento com Leonor Arocha **1993** – mudança para Portugal, onde permanece por aproximadamente quatro anos **1996** – volta ao Rio de Janeiro	**1990** – direção de videoclipe "Obvious Child", com Paul Simon e o grupo Olodum, em Salvador **1991-1992** – direção da série de seis episódios de cinquenta minutos *Me alquilo para soñar*, inspirada em obra de Gabriel García Márquez (Havana) **1994** – curta-metragem para televisão francesa, *Carta portuguesa a Sarajevo* (Lisboa) **1996-2001** – redação semanal de coluna para o "Caderno 2" do jornal *O Estado de S. Paulo* (Rio de Janeiro e Lisboa) **1996** – livro de crônicas *Vinte navios* **1998-2014** – aulas de cinema na Universidade Estácio de Sá, no Rio de Janeiro (até 2000) – oficinas e cursos em vários locais no Brasil (até 2014) **1999** mar./abr. – retrospectiva na Cinemateca de Lisboa	**1990** 16/mar. – Collor fecha a Embrafilme 9/nov. – queda do Muro de Berlim **1995** – início da retomada no cinema brasileiro

VIDA PESSOAL	VIDA PROFISSIONAL	VIDA POLÍTICA E CULTURAL
	Décadas de 2000/2010	
2000 – acolhimento de um filho com Ângela Fagundes, Adriano, nascido em 9/9/1979 – casamento com Luciana Mazzotti	**2000** – longa-metragem *Monsanto* (Portugal) – ator em *Retrato de um artista com um 38 na mão*, de Paulo Halm (Brasil) – longa-metragem *Estorvo*, inspirado em livro homônimo de Chico Buarque (Brasil e Cuba) – ator em filmes de alunos	
2005 – nascimento de Martim, seu primeiro neto, filho de Dandara	**2001-2008** – aulas de cinema na Universidade Gama Filho, no Rio de Janeiro	
	2004 – direção do longa-metragem *Portugal S. A.* (Lisboa)	
	2005 – ator em *Casa de areia*, de Andrucha Waddington (Brasil)	
	2006 – longa-metragem *O veneno da madrugada*, baseado em obra de Gabriel García Márquez, filmado em Xerém e Buenos Aires	
	2007 – autor de texto e letras da peça musical *Dom Quixote de lugar nenhum*, apresentada em várias cidades brasileiras	
	2009 – Kikito de Cristal pelo conjunto da obra no Festival de Gramado	
	2010 – ator em *5 × favela – agora por nós mesmos*, produção de Cacá Diegues, cinco diretores (Rio de Janeiro)	
	2011 – palestras na Universidade Lusófona (Lisboa)	
	2014 – ator em *Sangue azul*, de Lírio Ferreira (Fernando de Noronha)	
	2015 – longa-metragem *Quase memória* (Rio de Janeiro, Passa Quatro e Ipiabas)	

Filmografia

Quand le soleil dort – curta-metragem – França, 1954
Orós – curta-metragem – inacabado, Brasil, 1959
O cavalo de Oxumaré – curta-metragem – inacabado, Brasil, 1960
Os cafajestes – longa-metragem – Brasil, 1962
Os fuzis – longa-metragem – Brasil, 1964
Chanson pour traverser une rivière – média-metragem – França, 1966
Sweet Hunters – longa-metragem – França/Brasil/Panamá, 1968
Os deuses e os mortos – longa-metragem – Brasil, 1970
A queda – longa-metragem – Brasil, 1976
Operação búfalo – curta-metragem – Moçambique, 1978
Danças moçambicanas – curta-metragem – Moçambique, 1979
Mueda, memória e massacre – longa-metragem – Moçambique, 1979-1980
Um povo nunca morre – curta-metragem – Moçambique, 1980
La Lettre volée – episódio de série – França/Portugal, 1981
Os comprometidos: atas de um processo de descolonização – série – Moçambique, 1982-1984
Erêndira – longa-metragem – Brasil/México/França, 1983
"Talk to Me" – videoclipe – Brasil/Estados Unidos, 1984
Ópera do malandro – longa-metragem – Brasil/França, 1985
A bela palomera – longa-metragem – Brasil/Espanha, 1987
Kuarup – longa-metragem – Brasil, 1989
"Obvious Child" – videoclipe – Brasil/Estados Unidos, 1990
Me alquilo para soñar – série – Cuba/Espanha, 1991-1992
Carta portuguesa a Sarajevo – curta-metragem – França/Portugal, 1994
Estorvo – longa-metragem – Brasil, 2000
Monsanto – longa-metragem – Portugal, 2000
Portugal S.A. – longa-metragem – Portugal, 2003
O veneno da madrugada – longa-metragem – Brasil, 2006
Quase memória – longa-metragem – Brasil, 2015

Acervos consultados

Particulares
Acervo Ruy Guerra

Institucionais
Brasil
Arquivo da TV Cultura, São Paulo
Arquivo Nacional – *habeas data* em nome de Ruy Guerra
Arquivo Público do Estado do Rio de Janeiro
Museu da Imagem e do Som (MIS), Rio de Janeiro
Museu de Arte Moderna (MAM), Rio de Janeiro
Museu Lasar Segall, São Paulo

Cuba
Biblioteca da Escuela de Cine y TV de San Antonio de los Baños, Havana
Instituto de Cine y Audiovisuales Cubano (Icaic), Havana

França
Bibliothèque de la Cinémathèque Française, Paris
Ministère des Affaires Culturelles, Paris

Moçambique
Arquivo Histórico de Moçambique, Maputo

Portugal
Arquivo da Torre do Tombo, Lisboa
Biblioteca Nacional, Lisboa
Cinemateca Portuguesa, Lisboa

Imprensa
Folha de S.Paulo – agosto de 2006 a março de 2016
O Estado de S. Paulo – agosto de 2006 a março de 2016
O Globo (Rio de Janeiro) – agosto de 2006 a março de 2016

Internet
http://cultura.estadao.com.br/blogs/luiz-zanin
http://www.buala.org
https://almanakito.wordpress.com
https://carmattos.com
www.ruyguerra.com.br

Entrevistas feitas pela autora entre 2007 e 2012

São Paulo, Brasil
Carlos Alberto Diniz
Daniel Duran
Ewerton de Castro
Fernando Alves Pinto
Heloisa Eugênia Villela (Kitinha)
Idê Lacreta
Jayme Dick
Juliana Carneiro da Cunha
Kunio Suzuki
Labieno Mendonça
Leonardo Medeiros
Marcelo Durst
Mario Borgneth
Mario Prata
Pedro Farkas
Roberto Gervitz
Roberto Giannetti da Fonseca

Rio de Janeiro, Brasil
Adriano Fagundes
Ângela Fagundes
Antônio Pedro
Billy Davis (José Pereira de Carvalho Jr.)
Bruno Laet
Bruno Stroppiana
Carlos Diegues (Cacá)
Carlos Liuzzi
Carlos Vergueiro
Cecil Thiré
Chico Buarque de Holanda
Claudia Furiati
Cláudio MacDowell
Cristina Camargos
Dandara Ohana Guerra
Dib Lutfi
Diogo Fontes Pereira
Diogo Oliveira Campos Neto
Dulce Nunes
Edgar Moura
Eduardo Escorel
Eli Diniz
Elziane Dourado
Eric Nepomuceno
Felix Ferreira
Fernanda Borges
Fernando Zagallo
Francis Hime
Gisela Borges
Hélio Eichbauer
Irene Ferraz
Janaina Diniz Guerra
Jom Tob Azulay (Jomico)

440 RUY GUERRA: PAIXÃO ESCANCARADA

Jorge Durán
Katty Kuel
Leonardo Gudel
Luciana Mazzotti
Luiz Roberto Nascimento Silva
Mair Tavares
Marcos Flaksman
Margarida Vamos
Maria Augusta Nobili da Fonseca
Maria Cecilia Motta
Maria Gladys
Marilda Pedroso
Miguel Faria
Nelson Xavier
Olívia Hime
Orlando Senna
Paulo A. Barbosa
Paulo Halm
Paulo José
Pedro Bittencourt
Renata Gabriel
Ricardo Bravo
Roberto Bakker
Rose Lacreta
Rui Polanah
Sérgio Ricardo
Sérgio Sanz
Sílvio Autuori
Silvio Flores
Simone Cardoso da Silva Barbosa
Tairone Feitosa
Vanja Orico
Vera Müller
Virginia Flores
Walter Carvalho
Wanda Sá

Lisboa, Portugal
Alípio de Freitas
António da Cunha Telles

António Graça
Carlos Alberto Lopes
Catarina Simão
Edmundo Simões
Isabel Chaves
João Vasco Pereira Nunes
José Paulo da Silva Graça
Júlio Pomar
Manolo Belo
Maria Clara Guerra Martins (Lara)
Maria do Céu Guerra
Mário Luís Guerra Coelho Pereira
Paula Guedes
Pedro Celestino Costa
Rui Luiz Pereira
Tereza Pereira
Tino Navarro

Paris, França
Alain Quéffélean
Christian Ferry
Claude Pelegri
Gérard Zingg
Hugo Santiago
Kenout Peltier
Michel Ciment
Noël Burch
Paul Seban
Ricardo Aronovich
Théo Robichet
Tony Luraschi
Virgílio de Lemos
Vivianne Zingg

Maputo, Moçambique
Antônio Sopa Junior
Camilo de Souza
Chico Carneiro
Gabriel Mondlane
Jacinto Veloso

João Costa (Funcho)
João Ribeiro
José Cardoso
José Forjaz
José Luís Cabaço
Licínio Azevedo
Lizete Canotilho
Luís Bernardo Honwana
Luiz Laje
Margarida Borges Coelho
Mário Lage
Pedro Pimenta
Sol Carvalho
Tereza Veloso
Valente Dimande

Havana, Cuba
Alicia Bustamante
Alquimia Peña
Elsa Perugorría
Hanna Schygulla

Jorge Perugorría
Lola Calvino
Luciano Calvino
Mirtha Ibarra
Pedro García Espinosa
Raúl Ureta
Ricardo Rozales
Tessa Hernández

Conversas por telefone, por escrito ou por Skype
Ana Maria Magalhães (Rio de Janeiro)
Egberto Gismonti (Rio de Janeiro)
Gustavo Brum (Los Angeles)
José Louzeiro (Rio de Janeiro)
Leonor Arocha (Miami)
Lita Afonso Giraldes (Lisboa)
Luiz Carlos Lacerda (Rio de Janeiro)
Murilo Salles (Rio de Janeiro)
Ney Latorraca (Rio de Janeiro)

Bibliografia

AMANCIO, Tunico. *Artes e manhas da Embrafilme*: cinema estatal brasileiro em sua época de ouro (1977-1981). Niterói, Editora da UFF, 2011.

ARAÚJO, Luciana Corrêa de. *Joaquim Pedro de Andrade*. São Paulo, Alameda, 2013.

AVELLAR, José Carlos. *A ponte clandestina*. São Paulo, Editora 34, 1995.

_____. *O chão da palavra*: cinema e literatura no Brasil. Rio de Janeiro, Rocco, 2007.

AZEREDO, Ely. *Olhar crítico*: 50 anos de cinema brasileiro. São Paulo, Instituto Moreira Salles, 2009.

AZEVEDO, Desirée de L. *Os melhores anos de nossa vida*: narrativas, trajetórias e trajetos de exilados brasileiros, que se tornaram cooperantes na República Popular de Moçambique. Dissertação de mestrado em antropologia social, Campinas, IFCH/Unicamp, 2011.

BAECQUE, Antoine de. *La Cinéphilie*: invention d'un regard, histoire d'une culture. Paris, Fayard, 2003.

_____. *Godard*: biographie. Paris, Grasset, 2010.

BARBOSA, Jarbas. *30 anos de Cinema Novo*: entrevista a Silvia Oroz. Rio de Janeiro, Imprensa da Cidade, 1993.

BARBOSA, Neusa, *Rodolfo Nanni*: um realizador persistente. São Paulo, Imprensa Oficial, 2014.

BARNARD, Timothy; RIST, Peter. *South American Cinema*: A Critical Filmography – 1915-1994. Nova York, Universidade do Texas, 1996.

BENGELL, Norma. *Norma Bengell*. São Paulo, nVersos, 2014.

BERNARDET, Jean-Claude. *Brasil em tempo de cinema*. Rio de Janeiro, Civilização Brasileira, 1967.

_____. *Cinema brasileiro*: propostas para uma história. São Paulo, Companhia das Letras, 2009.

_____. Um crítico contra a estética da miséria (entrevista). *Pesquisa*. São Paulo, Fapesp, n. 224, out. 2014.

BICKERTON, Émilie. *Brève histoire des* Cahiers du Cinéma. Paris, Les Prairies Ordinaires, 2012.

BORGES, Vavy Pacheco. O historiador e seu personagem. In: _____. *Horizontes – dossiê*: temas da história cultural. Bragança, Editora Universidade de São Francisco, v. 19, jan.-dez. 2001.

444 RUY GUERRA: PAIXÃO ESCANCARADA

_____. Grandezas e misérias da biografia. In: _____; PINSKY, Carla (org.). *Fontes históricas*. São Paulo, Contexto, 2005.

_____. O "eu" e o "outro" na relação biográfica: algumas reflexões. In: _____; NAXARA, Márcia (orgs.). *Figurações do outro*. Uberlândia, Editora da Universidade Federal de Uberlândia, 2009.

_____. *Ruy Guerra*: uma vida à medida do sonho. Maputo, Dockanema, 2011.

_____. Nas pegadas de um leão. In: _____; AVELAR, A. de Sá; BISSO, Benito (orgs.). *Grafia da vida reflexões e experiência com a escrita biográfica*. São Paulo, Letra e Voz, 2013.

BRODY, Richard. *Everything is Cinema*: The Working Life of Jean-Luc Godard. Nova York: Metropolitan Books, 2008.

CABAÇO, José Luís. *Moçambique*: identidade, colonialismo e libertação. São Paulo, Editora da Unesp, 2009.

_____. *Ruy Guerra no nascimento do cinema moçambicano (um depoimento)*. Comunicação apresentada no Colloque International Ruy Guerra et la pensée critique des images, Paris, 7-9 out. 2015.

CABRAL, Sérgio. *Nara Leão*: uma biografia. Rio de Janeiro, Lumiar, 2001.

CAETANO, Maria do Rosário. *Cangaço*: o nordestern no cinema brasileiro. Brasília, Avathar, 2005.

CALLADO, Antonio, *Quarup*. Apresentação de Ruy Guerra, Rio de Janeiro, Nova Fronteira, 2006.

CAMERON, Ian et al. *Second Wave*. Nova York, Praeger, 1970.

CANUTO, Roberta (org.). *Rogério Sganzerla*. Rio de Janeiro, Azougue, 2007. (Coleção Encontros.)

CARDENUTO, Reinaldo. *O despencar da história e da forma no filme* A queda *(1977) de Ruy Guerra*. Comunicação apresentada no Colloque International Ruy Guerra et la pensée critique des images, Paris, 7-9 out. 2015.

CARDOSO, José. *O curandeiro branco e outras histórias*. Maputo, Escola Portuguesa de Moçambique, 2007.

CASTRO, Ruy. *Chega de saudade*. São Paulo, Companhia das Letras, 1990.

_____. *Ela é carioca*: uma enciclopédia de Ipanema. São Paulo, Companhia das Letras, 1999.

CAVALCANTI, Cláudia. *Leila Diniz*. São Paulo, Brasiliense, 1983.

CAYMMI, Stella. *Dorival Caymmi*: o mar e o tempo. São Paulo, Editora 34, 2001.

CHABAL, Patrick. *Vozes moçambicanas*: literatura e nacionalidade. Lisboa, Veja, 1994.

CHAVES, Rita. *Ruy Guerra*: a poesia entre os seus. Comunicação apresentada no Colloque International Ruy Guerra et la pensée critique des images, Paris, 7-9 out. 2015.

CLEMENTE, Ana Tereza. *Leila Diniz*. São Paulo, Globo, 2007.

COELHO, João Paulo Borges. *Crónica da rua 513.2*. Maputo, Ndjira, 2009.

COHN, Sérgio; CAMPOS, Simone. *Vinicius de Moraes*. Rio de Janeiro, Azougue, 2007.

CONVENTS, Guido. *Os moçambicanos perante o cinema e o audiovisual*: uma história político-cultural do Moçambique colonial até a República de Moçambique (1896-2010). Maputo, Dockanema, 2011.

BIBLIOGRAFIA 445

CORBIN, Alain; COURTINE, Jean-Jacques; VIGARELLO, Georges. *Histoire de la virilité*: 2. Le triomphe de la virilité. Le XIXe. siècle. Paris, Seuil, 2011.

_____. *Histoire de la virilité*: 3. La virilité en crise? XXe-XXIe siècle. Paris, Seuil, 2011.

COSTA, Adriane Vidal. *Intelectuais, política e literatura na América Latina* – o debate sobre revolução e socialismo em Cortázar, García Márquez e Vargas Llosa (1958-2005). São Paulo, Alameda, 2013.

COUTO, Fernando. *Vivências moçambicanas*: crônicas. Maputo, Ndjira, 2009.

COUTO, Mia: *Pensatempos*: textos de opinião. 3. ed., Maputo, Ndjira, 2007.

DANEY, Serge. *La Maison cinéma et le monde*: 1. Le temps des Cahiers 1962-1981. Paris, P.O.L., 2001.

_____. *La Maison cinéma et le monde*: 2. Les Années Libé 1981-1985. Paris, P.O.L., 2002.

_____. *La Maison cinéma et le monde*: 3. Les Années Libé 1985-1991. Paris, P.O.L., 2012.

DEBS, Sylvie. *Cinema e literatura no Brasil*: os mitos do sertão: emergência de uma identidade nacional. Fortaleza, Interarte/APCNN, 2007.

DIEGUES, Carlos. *O que é ser diretor de cinema*: memórias profissionais de Cacá Diegues; um depoimento a Maria Silvia Camargo. Rio de Janeiro, Record, 2004.

_____. *Vida de cinema*: antes durante e depois do Cinema Novo. Rio de Janeiro, Objetiva, 2014.

DOURADO, Elziane. *Guerra é Guerra*. Comunicação apresentada no Colloque International Ruy Guerra et la pensée critique des images, Paris, 7-9 out. 2015.

ESCOREL, Eduardo. *Adivinhadores de água*: pensando no cinema brasileiro. São Paulo, Cosac Naify, 2005.

ESTÈVE, Michel. *Le pouvoir en question*: essai sur la dignité de l'homme à l'écran. Paris, Cerf, 1984.

EUGENIO, Marcos F. Napolitano de. *Coração civil*: arte, resistência e lutas culturais durante o regime militar brasileiro (1964-1980). Tese de livre-docência, São Paulo, FFLCH-USP, 2011.

FAIRFAX, Daniel. Birth (of the Image) of a Nation: Jean-Luc Godard in Mozambique. Acta IV Sapientiae, *Film and Media Studies*, n. 3, 2010.

FERRARI, Márcio. Resistência civil e dilemas da cultura. *Pesquisa*. São Paulo, Fapesp, n. 187, set. 2011.

FERRAZ, Eucanaã. *Vinicius de Moraes*. São Paulo, Publifolha, 2006.

FICAMOS, Bertrand. *Cinema Novo*: avant-garde et révolution. Paris, Nouveau Monde, 2013.

FIGUEIRÔA, Alexandre. *Cinema Novo*: a onda do jovem cinema e sua recepção na França. Campinas, Papirus, 2004.

FILHO, Daniel. *Antes que me esqueçam*. Rio de Janeiro, Guanabara, 1988.

FONSECA, Roberto G. da. *Memórias de um trader*: a história vivida do comércio exterior brasileiro nos anos 1970 e 1980. São Paulo, IOB, 2002.

FREYRE, Gilberto. *Aventura e rotina*. Rio de Janeiro, José Olympio, 1953.

FRY, Peter. *Moçambique*: ensaios. Rio de Janeiro, Editora da UFRJ, 2001.

GARCIA, Miliandre. A luta agora é na justiça: processo censório de Calabar. *Dossiers*, 267, PolHIs, ano 5, n. 9, v. 10, 2012.

GERBER, Raquel et al. *Glauber Rocha*. Rio de Janeiro, Paz e Terra, 1977.

GODARD, Jean-Luc, Le dernier rêve d'un producteur, *Cahiers du Cinéma*, n. 300, maio 1979.

GOLDENBERG, Mirian. *Toda mulher é meio Leila Diniz*. Rio de Janeiro, BestBolso, 1995.

GOMES, João Carlos Teixeira. *Glauber Rocha, esse vulcão*. Rio de Janeiro, Nova Fronteira, 1997.

GOMES, Paulo E. Salles. *Cinema*: trajetória no subdesenvolvimento. São Paulo, Paz e Terra, 1996.

GRAÇA, António Silva. *Viagem ao fim da história*. Porto, Asa, 1995.

GRAY, Ros. *Ambitions of Cinema*: Revolution, Event, Screen. Tese de doutorado, Londres, University of London, 2007.

HISGAIL, Fani (org.). *Biografia*: sintoma da cultura. São Paulo, Hacker, 1997.

HOLMES, Richard. *Footsteps*. Adventures of a Romantic Biographer. Nova York, First Vintage Departures, 1996.

JOHNSON, Randal; STAM, Robert. *Cinema Novo × 5*: Masters of Contemporary Brazilian Film. Austin, Universidade do Texas, 1984.

_____. *Brazilian Cinema*. Nova York: Columbia University, 1996.

JORNAL DO FUNDÃO. Mia Couto: na outra margem da palavra. Fundão, 26 abr. 2012. Disponível em: <http://www.cei.pt/pdfdocs/JFundoo_mia_couto.pdf>.

KNOPFLI, Rui. *Mangas verdes com sal*. Lisboa, Europa-América, 1969.

_____. Naturalidade. In: _____. *Memória consentida*: vinte anos de poesia (1959-1979). Lisboa, INCM, 1982.

LACERDA, Luiz Carlos. *Leila Diniz para sempre*. Rio de Janeiro, Record, 1987.

LEAL, Hermes. *Orlando Senna*: o homem da montanha. São Paulo, Imprensa Oficial, 2008.

LEAMING, Barbara. *Orson Welles*: uma biografia. Porto Alegre, L&PM, 1987.

LEÃO, Danuza. *Quase tudo*: memórias. São Paulo, Companhia das Letras, 2006.

LEMOS, Virgílio de. *Eroticus moçambicanus*: breve antologia da poesia escrita em Moçambique (1944-1963). Rio de Janeiro, Nova Fronteira, 1999.

_____. *A dimensão do desejo*. Maputo, Amolp, 2009.

LIMA, Paulo M. de Mendonça. *Kuarup Quarup*. Rio de Janeiro, Francisco Alves, s/d.

LISBOA, Eugênio (org.). *Rui Knopfli*: antologia poética. Belo Horizonte, Editora da UFMG, 2010.

MÁRQUEZ, Gabriel García. *Cómo se cuenta un cuento*. Barcelona, Random House, 2003.

_____. *Viver para contar*. Rio de Janeiro, Record, 2003.

_____. *Obra jornalística*, v. 5: *Crônicas (1961-1984)*. Rio de Janeiro, Record, 2006.

MARTIN, Gerald. *Gabriel García Márquez, uma vida*. Rio de Janeiro, Ediouro, 2010.

MARTINS, Andrea França. Terras e fronteiras em *Estorvo* de Ruy Guerra. In: _____. *Caderno do V Encontro da Socine*, 2001.

MARTINS, Andrea França. A câmera dançante de Ruy Guerra. *Sinopse*, São Paulo, v. 8, 2002.

MATTOS, Carlos Alberto. *Walter Lima Júnior, Viver Cinema*. Rio de Janeiro, Casa da Palavra, 2002.

MENDES, Adilson et al (orgs.). *Paulo Emílio Salles Gomes*. Rio de Janeiro, Azougue, 2014.

BIBLIOGRAFIA 447

MENESES, Adélia Bezerra de. *Poesia e política em Chico Buarque*. São Paulo, Ateliê, 2002.

MORAES, Vinicius de. *Samba falado*. Rio de Janeiro, Azougue, 2008. (Coleção Crônicas Musicais).

MOTTA, Nelson. *Noites tropicais*: solos, improvisos e memórias musicais. Rio de Janeiro, Objetiva, 2001.

MOURA, Edgar. *50 anos luz, câmera e ação*. São Paulo, Senac, 2005.

MUNIZ, Estevan. Mia Couto e a paz. *Revista do Brasil*, Rede Brasil Atual, n. 72, jun. 2012. Disponível em: <www.redebrasilatual.com.br/revistas/72/entrevista>.

NEPOMUCENO, Eric. *Edu Lobo, são bonitas as canções*. Rio de Janeiro, Edições de Janeiro, 2014.

NETO, Lira. *Maysa*: só numa multidão de amores. São Paulo, Globo, 2007.

NEVES, David E. *Cinema Novo no Brasil*. Petrópolis, Nosso Tempo, 1966.

_____. *Telégrafo visual*: crítica amável de cinema. Org. Carlos Augusto Calil. São Paulo, Editora 34, 2004.

ORICCHIO, Luiz Zanin. *Cinema [de] Novo*: um balanço crítico da retomada. São Paulo, Estação Liberdade, 2003.

OROZ, Silvia. *Carlos Diegues*: os filmes que não filmei. Rio de Janeiro, Rocco, 1984.

PAPA, Dolores. *Ruy Guerra, filmar e viver*. Centro Cultural Banco do Brasil, São Paulo, 1-20 ago. 2006. (Catálogo.)

PRATA, Mario. *Minhas mulheres e meus homens*. Rio de Janeiro, Objetiva, 2001.

ROCHA, Glauber. *Glauber Rocha*: cartas ao mundo. Org. Ivana Bentes. São Paulo, Companhia das Letras, 1997.

_____. *Revisão crítica do cinema brasileiro*. São Paulo, Cosac Naify, 2003.

RIDENTI, Marcelo. *Em busca do povo brasileiro*: artistas da revolução, do CPC à era da TV. Rio de Janeiro, Record, 2000.

SALDIVAR, Dacio. *Gabriel García Márquez*: viagem à semente – uma biografia. Rio de Janeiro, Record, 2000.

SANTOS, Joaquim Ferreira dos. *Feliz 1958, o ano que não devia terminar*. Rio de Janeiro, Record, 1997.

_____. *Leila Diniz*. Companhia das Letras, São Paulo, 2008.

SANTOS, Roberto. *Roberto Santos*: a hora e vez de um cineasta. São Paulo, Estação Liberdade, 1997.

SARACENI, Paulo Cesar. *Por dentro do Cinema Novo*: minha viagem. Rio de Janeiro, Nova Fronteira, 1993.

SAÚTE, Nelson. *As mãos dos pretos*: antologia do conto moçambicano. Lisboa, Dom Quixote, 2001.

_____. *Rio dos bons sinais*. Lisboa, Dom Quixote, 2008.

SCHEFER, Maria Raquel. *La Forme événement*: le cinéma révolutionnaire mozambicain et le cinéma de libération. Tese de doutorado em Cinema e Audiovisual, Paris, Université Sorbonne Nouvelle, 2015.

SCHWARZ, Roberto. *O pai de família e outros estudos*. São Paulo, Companhia das Letras, 2008.

SENA, Nuno. *Ruy Guerra*. Lisboa, Cinemateca Portuguesa/Museu do Cinema, 1999.

448   RUY GUERRA: PAIXÃO ESCANCARADA

SEVERIANO, Jairo. *Uma história da música popular brasileira*: das origens à modernidade. São Paulo, Editora 34, 2008.

SIMÃO, Catarina. *Mueda, memória e massacre*: de retour aux archives mozambicaines. Colloque International Ruy Guerra et la pensée critique des images, Paris, 7-9 out. 2015.

SIMÕES, Inimá. *Roteiro da intolerância*: a censura cinematográfica no Brasil. São Paulo, Terceiro Nome/Senac, 1998.

SIMÕES, Vieira. *Cidade dos confins*. São Paulo, Clube do Livro, 1966.

STAM, Robert. *O espetáculo interrompido*. Rio de Janeiro, Paz e Terra, 1981.

_____. Formal Innovation and Radical Critique in *The Fall*. In: _____. *Brazilian Cinema*. Nova York: Columbia University, 1996.

THOMAZ, Omar Ribeiro. *Ecos do Atlântico Sul*. Rio de Janeiro, Editora da UFRJ/Fapesp, 2002.

TORRES, Fernanda. Minha cerimônia do adeus. *Piauí*, n. 67, abr. 2012.

UTZERI, Fritz. *As noites da Fiorentina*. Rio de Janeiro, Panorama, 2004.

VALADÃO, Jece. *Memórias de um cafajeste*. São Paulo, Geração Editorial, 1996.

VALENTINETTI, Claudio M. *Ittala Nandi*: o caminho de uma deusa. São Paulo, Giostri, 2013.

VELOSO, Jacinto. *Memórias em voo rasante*: contributos para a história política recente da África Austral. Lisboa, Papa-Letras, 2007.

VIANY, Alex. *O processo do Cinema Novo*. Org. José Carlos Avellar. Rio de Janeiro, Aeroplano, 1999.

VILLAÇA, Mariana. *Cinema cubano*: revolução e política cultural. São Paulo, Alameda, 2010.

XAVIER, Ismail. Os deuses e os mortos: maldição dos deuses ou maldição da história? *Ilha do Desterro*, Florianópolis, n. 32, 1997.

_____. *Cinema brasileiro moderno*. Rio de Janeiro, Paz e Terra, 2001.

_____. O olho mágico, o abrigo e a ameaça: convulsões. Ruy Guerra filma Chico Buarque. *Matrizes*, ECA-USP, v. 2, 2009.

_____. O corpo e a voz: crise do sujeito em *Estorvo*. Comunicação apresentada no Colloque International Ruy Guerra et la pensée critique des images, Paris, 7-9 out. 2015.

XAVIER, Nelson. *Trivial simples* – teatro de terror: programa. s/l, Gráfica Editora do Livro Ltda., s/d.

ZAPPA, Regina. *Hugo Carvana*: adorável vagabundo. Rio de Janeiro, Relume Dumará, 2005.

_____. *Para seguir minha jornada*: Chico Buarque. Rio de Janeiro, Nova Fronteira, 2011.

Agradecimentos

Uma década de trabalho traz embutidas inúmeras colaborações e apoios afetuosos; no caso, espalhados por três continentes. Alguns daqueles a quem agradeço talvez nem tenham percebido sua importância para meu percurso.

Temo que sem Ilka Cohen e Sergio Miceli — em pé de igualdade — este livro nunca teria sido escrito. Além disso, a leitura dos originais completos por Modesto Florenzano e Celina Muylaert se mostrou fundamental. Mesma atenção ao texto foi dada por Rodrigo Lacerda, cuja experiência no trabalho editorial me trouxe um apoio assegurador. José Luís Cabaço, Rita Chaves e Diogo Oliveira leram e opinaram sobre alguns capítulos; discuti trechos específicos com Roberto Gervitz, Leila Mezan Algranti, Maria de Lourdes Lyra, Fernanda Arêas Peixoto, Omar Saad, Eulina Ribeiro, Maria Ligia Prado e Bruno Laet.

A Linha de Pesquisa Jogos da Política do Departamento de História da Unicamp foi palco das primeiras discussões relacionadas ao tema, estimuladas pelas organizadoras M. Stella Bresciani e Izabel Marson; no percurso, contei com um diálogo mais prolongado com Christina Lopreato. Benito Schmidt, por sua vez, teve papel oportuno ao me encomendar um provocador *making of* com reflexões sobre a pesquisa.

Tive o prazer de conversas informais, prolongadas ou breves, em torno da biografia e seu personagem com os amigos Heloisa Pontes, Laura de Mello e Souza (que me levou a seus cursos na USP e na Sorbonne para falar sobre a biografia), Elziane (Ziza) Dourado, Laura Hosiasson, Davi Arrigucci Jr., Lygia Reinach, Vilma Arêas, Anna Maria Niemeyer, Suzana Prado, Frances Rocha. Ana Luísa e Eduardo Escorel acreditaram no livro enquanto esse era apenas um projeto. Recebi reiterados estímulos de Maria do Rosário Caetano — a generosa Rô e seu agregador *Almanakito*. Em breve conversa, bem no início da pesquisa, Roberto Schwarz me estimulou apontando um possível alcance do livro para a história cultural do período; o livro pronto, Gilberto Screnci me fez perceber o interesse que meu personagem poderia despertar também em pessoas de outras áreas.

Logo no início, as entrevistas com Heloisa Eugenia Levy (Kitinha), Leonardo Medeiros, Mario Prata, Cacá Diniz, Roberto Gervitz permitiram um rápido mergulho no personagem; no mesmo sentido funcionaram as pistas iluminadoras fornecidas por Rose Lacreta, Cristina Camargos e Irene Ferraz. Tairone Feitosa e Cecil Thiré soltaram flechadas diretas no alvo do cineasta em questão.

Na Cidade Maravilhosa contei com aqueles que passei a chamar de "minha família carioca", pessoas que contribuíram ao longo dos anos de pesquisa com conversas descontraídas e reveladoras sobre Ruy. Uma turma numerosa. Parte dela são seus três filhos: Janaina, Dandara e Adriano. Além deles, Paulo A. Barbosa e Simone Cardoso da Silva Barbosa, mentores nas difíceis relações iniciais com o "leão"; Diogo Oliveira e sua mãe, Vânia Machado, que me aceitou como segunda figura materna de seu primogênito (o qual, com Bruno Laet, é meu parceiro no longa-metragem *O homem que matou John Wayne*, terminado em 2016). Alguns ex-alunos de Ruy estiveram presentes no início de tudo: Renata Gabriel, Katty Kuel, Maria Augusta Nobili da Fonseca, Felix Ferreira, Leonardo Gudel, André Miguéis, Diogo Fontes, Tiago Catarino e Ian Queiroz. Fernando Zagallo, com sua enorme disponibilidade, fez questão de me introduzir ao retiro serrano de Ruy e respondeu a variados pedidos meus; a mesma coisa posso dizer de Cacá Diegues, ainda que as solicitações tenham sido em bem menor escala. Maria de Lourdes e Moacyr Lyra me abrigaram em sua casa; ela me punha constantemente a par de eventos cariocas que tinham a ver com meu personagem. Cláudia Ohana e Maria Alice Carvalho me receberam também (coincidentemente na mesma rua!) – companhias tão diversas, mas igualmente interessantes. Infelizmente, Rui Polanah teve apenas uma inspiradora e breve passagem. Sônia e Paulo Leuzinger, entre outros convites, me levaram com a filha Cristina para descobrir um dos refúgios de Ruy e Leila, em cima do restaurante Artigiano. Sobrinha querida, Beatriz Mello e os netos de meu irmão alegravam intervalos. Gozei ainda de uma cumplicidade distante do jornalista Rodrigo Fonseca, que me escreveu: "Estamos juntos nessa Guerra". Por fim, registro a grande generosidade de Ziraldo.

Toda a família lisboeta de Ruy foi de enorme generosidade, abrindo-me seus corações, suas lembranças, seus documentos pessoais; excetuadas poucas cartas do acervo de Ruy, todas as outras citadas fazem parte de seus preciosos guardados. Contei especialmente com a irmã Maria Clara (Lara), sem a qual este livro não seria o mesmo; sinto um pesar enorme por ela não ter chegado a lê-lo. Também me forneceram informações e material precioso seu filho João Vasco, seu irmão Mário Luís e a mulher Tereza. Entrevistados importantes foram António Graça, Isabel Chaves, Carlos Alberto Lopez, Pedro Celestino Costa, Paula Guedes. E uma

AGRADECIMENTOS 451

descoberta mais recente, com uma colaboração muito carinhosa: Catarina Simão, através de quem Margarida Cardoso gentilmente me cedeu a gravação de uma longa entrevista realizada com Ruy para um de seus documentários.

O mesmo tipo de ambiente e de contribuições me forneceram os amigos moçambicanos que ganhei na pesquisa: Chico Carneiro, Guida e João Borges Coelho, Lizete Canotilho, António Sopa Jr., Élide Carneiro, Maria Pinto de Sá. Pedro Pimenta provocou um primeiro texto sobre Ruy para o Dockanema de 2011, ponte direta para a redação final. E, *last but not least*, na base de tudo que tem a ver com as *"terras de África"* estão Rita Chaves e José Luís Cabaço, dois tricontinentais que sobrevoam o Atlântico de forma intermitente, como quem pula um riachinho.

Em Paris, mostraram-se imprescindíveis os amigos de Ruy das décadas de 1950, 1960 e 1970, como Paul Seban, Kenout Peltier e Alain Quéffélean, Gérard e Vivianne Zingg, Ricardo Aronovich e Michel Ciment. Lá obtive indicações por parte de Chris Marker, de meu amigo Robert Paris, do saudoso poeta moçambicano Virgílio de Lemos. Em Havana e depois em Paris, Hanna Schygulla foi a primeira a me estimular a produzir um documentário sobre meu personagem. Em 2015, Raquel Schefer, que eu conhecera em Maputo, defendeu na Sorbonne uma tese e organizou um colóquio internacional sobre a obra de Ruy, me convidando a participar dos dois eventos. Importantes ainda foram Olivier Hadouchi e Elizabeth Fernandes, a qual lá promoveu exibição e debates sobre o filme *A queda*. Catherine Meyer, irmã de coração há mais de meio século, tem sido uma presença indispensável para ajudar a resolver qualquer parada parisiense que tenho enfrentado.

Quando cheguei a Havana, infelizmente, a geração dos mais próximos a Ruy estava desaparecendo; no entanto, Alquimia Peña e Lola Calvino fizeram sua parte sem nostalgia e com carinho. Contei especialmente com o apoio prático de Luciano Castillo; entrevistas básicas foram concedidas por Tessa Hernández, Ricardo Rozales e Raúl Ureta.

As indicações recebidas de Nilza Rezende no Rio de Janeiro e de Ricardo Pinto e Silva em São Paulo me ajudaram a dar o *start*. Recebi também indicações de nomes e de fontes para o trabalho por parte de, entre outros que lamento não registrar, Leonardo Gudel, Maísa Aguiar e Carlinhos Vergueiro, Marly Mariano, Labi Mendonça, Ana Carolina Maciel e Caco de Souza, Maria Claudia Bonadio, Mariana Villaça e Marcos Napolitano, Sílvia Miskulin, Miliandre Garcia, Neusa Barbosa, Stella Sá Moreira, Yaneth Aguillera e Mateus Araújo. O advogado Luiz Roberto Nascimento Silva me abriu portas significativas. De Walnice Nogueira ouvi comentários experientes.

Auxiliares na organização do material foram Rita de Cássia Malho, bendita secretária que herdei de meu marido Alain Costilhes; dois antigos alunos, o duplamente ex-orientando Jefferson Queller e a ex-monitora e amiga há quarenta anos Juçara Duarte do Amaral; ainda a jovem estudante de cinema Julia Knudsen. Nos aspectos técnicos das entrevistas, contei com Caio da Silva Prado (Caíque) e Júlio Menezes Brasileiro. Paulo Ramon e Luzia Caetano da Silva seguraram o rojão em uma área do trabalho intelectual moderno – a linguagem do computador, na qual sou, há quase três décadas, uma imigrante recém-chegada. Sergio Miceli e Davi Arrigucci fizeram a ponte para a Boitempo. A confiança e o apoio demonstrados por Ivana Jinkings de forma profissional e afável, na primeira entrevista e no acolhimento definitivo, facilitaram a etapa final. Isabella Marcatti, desde o primeiro contato, foi um auxílio firme e construtivo na elaboração do livro; André Albert, que pegou o bonde andando e se deu bem; contei na editora com toda uma equipe eficiente e capaz.

Cecilia C. de Toledo impulsionou a coragem inicial e foi alguém efetiva e afetivamente presente. Mente e corpo indissociáveis, procuraram me ajudar nesse equilíbrio Cláudia Balleroni, Presciliana Straube de Araújo e Fabiana Palermo. Nos primeiros anos, Nilza Maria das Graças (Sinhá) e, em seguida, Dânia F. das Graças Almeida protegeram meu precioso tempo caseiro da melhor maneira possível.

Minhas relações familiares sempre me proporcionaram a estabilidade afetiva necessária para as atividades profissionais. A vida seria muito árida sem o amor de minha família – moderna e amplamente constituída pelo sangue e pelo coração – com seis filhos, noras, genro e doze netos "miúdos", adolescentes e adultos, estes últimos fontes na minha constante busca por renovação frente às vertiginosas transformações do cotidiano atual. Durante metade do caminho tive a sorte de ter a meu lado meu irmão Oscar; ao me ver feliz, me aconselhava, brincando, que eu "desse uma de Penélope e nunca terminasse o trabalho"; sua viúva Eulina é mais uma irmã que ganhei. Entre umas e outras, minha irmã Beatriz e Gilberto, meu filho Flávio e Tita acolheram Ruy calorosamente. Minha tia Vera Avancine, jovem em seus 92 anos, foi um estímulo até o ponto de um necessário puxão de orelha. Muito afeto ainda de Sérgio Caiuby, mais irmão que cunhado, da prima Maria Adelaide Tavares de Oliva Avancine, dos primos Sérgio e Emília Avancine e dos amigos quase família Márcia d'Aléssio, Paquita e Wolfgang Knapp (que me ampararam com traduções do espanhol), Francesca e Eduardo Almeida.

Confesso que, apesar da alegria e do alívio de ter terminado um trabalho que durou dez anos, de vez em quando me surpreendo lamentando não ter seguido o conselho de meu irmão.

ÍNDICE ONOMÁSTICO

Abreu, Alê, 388
Afonso, Marília (Lita), 77-8
Afonso, Zeca, 307
Agostinho Neto, 41
Albicocco, Gabriel (Gabi), 166, 168, 197
Alea, Tomás Gutiérrez (Titón), 127, 268, 288-9, 298
Alencar, Augusto A. de, 83
Allende, Salvador, 41
Altan, Cris, 93
Altman, Robert, 240
Álvarez, Irma, 185, 192, 194, 223
Álvarez, Santiago, 86, 289
Alves, Rui Baltazar dos Santos, 80
Amádio, José, 193
Amado, Camila, 255
Amado, Jorge, 66-7, 78, 134, 157, 357, 400
Amaral, Fernando, 200
Amaral, Fonseca, 77
Amélia de Portugal, rainha, 48
Amorim, Celso, 194, 214, 282
Amorim, Vicente, 282
Ana Carolina, 254
Andrade, Bartolomeu de, 133
Andrade, Carlos Drummond de, 66, 78
Andrade, Castor de, 194
Andrade, Joaquim Pedro de, 133, 190, 199, 211-2, 223, 229-30, 243, 404
Andrade, Renan de, 405, 407
Anouilh, Jean, 359-60
Antoine, Claude, 167, 240, 248, 335
Antônio Maria, 162
Antônio Pedro, 186, 235, 385
Antonioni, Michelangelo, 16, 127, 240, 391, 394, 405, 427
Araújo, Guilherme, 186

Araújo, Inácio, 427
Aritana, cacique, 271, 277
Arocha, Leonor (Leo), 289, 297, 299, 301-2, 304, 308-9, 311, 314, 320, 333
Aronovich, Ricardo, 168, 171, 202-4
Arraes, Madalena, 279
Arraes, Miguel, 242, 279
Arraes Filho, Miguel (Guel), 86, 368
Arruda, Raquel, 273
Artaud, Antonin, 427
Assis, Chico, 287
Astruc, Alexandre, 260
Aubéry, Jacques, 132
Auric, Georges, 361
Autran, Paulo, 162
Autuori, Sílvio, 133, 137, 142, 144-5, 159, 161, 181, 188
Avancini, Walter, 269
Avellar, José Carlos, 409, 419
Avildsen, John G., 240
Azanza, Miguel, 235
Azeredo, Ely, 195, 197, 420
Azevedo, Licínio, 96, 98, 104, 109
Azulay, Jom Tob (Jomico), 310, 313, 318, 320

Bakker, Roberto, 191, 198, 284
Balagué, Carles, 425
Balcells, Carmen, 173
Balzac, Honoré de, 52
Bandeira, Antônio, 237-8
Bandeira, Denise, 282, 293
Bandeira, Manuel, 66
Barbosa, Jarbas, 194, 199-203, 206-8, 210, 394
Barbosa, Paulo, 343
Barcellos, Joel, 198, 202, 204
Barcha, Mercedes, 296-7

Barreto Leite, Luiza, 181
Barreto Leite, Luiza Helena (Dudu), 147
Barreto Leite, Maria, 141, 146-7, 157, 159, 181-2
Barreto Leite, Vera (Vera Valdez), 146-7, 161, 181, 209
Barreto, Lucy, 163
Barreto, Luiz Carlos, 163, 190, 199, 205
Bastos, Othon, 246, 339
Batista, Dietrich, 276, 298
Batista, Fulgencio, 287
Baudrier, Yves, 132
Bayer, Leonidas, 205
Bazin, André, 131
Beatles, 238
Beato, Affonso, 163, 203-4
Beauvais, Jean, 139
Beauvoir, Simone de, 225, 228
Bedos, Guy, 132, 136
Bello, Manolo, 310-1
Bellocchio, Marco, 127, 240, 405
Benayoun, Robert, 164, 190
Bengell, Norma, 163, 194, 196-7, 214, 223, 231, 244, 410
Bennett, Joan, 51
Berg, Alban, 235
Bergman, Ingmar, 16, 261, 394, 427
Berlanga, Luis, 170
Bernardet, Jean-Claude, 199, 209, 213, 216, 419
Bertels, Ike, 86, 107
Bertolucci, Bernardo, 240
Bethânia, Maria, 234
Bial, Pedro, 281
Birri, Fernando, 288-9
Bluhdorn, Charles, 169-70
Boal, Augusto, 256, 261
Bombarda, Miguel, 41
Bonfá, Luiz, 162, 185
Bonfim, Roberto, 272, 276
Borensztein, Sebastián, 407
Borges, Fernanda, 162, 250, 253
Borges, Jorge Luis, 55, 367, 424
Borgneth, Mario, 93, 107-8, 110, 406
Bory, Jean-Louis, 163
Bôscoli, Ronaldo, 225, 383
Boyer, Charles, 126
Braga, Gilberto, 13
Braga, Ney, 400
Braga, Rubem, 186
Braga, Sônia, 266, 269
Brant, Beto, 321
Brasileiro, Júlio, 29
Bravo, Ricardo, 264, 268-9, 401, 418
Brecht, Bertolt, 265, 427

Brel, Jacques, 174
Bresson, Robert, 135, 164
Brion, Françoise, 163
Brito, Paulo, 270, 273, 278
Brody, Richard, 87, 90
Brune-Sieler, Gabrielle, 15
Buarque, Chico, 14, 19, 28, 39, 45, 117, 126, 174, 186, 188, 214, 228, 233-9, 250, 265-7, 307, 309, 317, 321, 324-5, 329-30, 333, 364-6, 378, 381, 383, 386, 401, 421
Buarque, Helena (Lelê), 317
Büchner, Georg, 235
Buck, Pearl S., 15, 52
Bulbul, Zózimo, 163
Buñuel, Luis, 160, 260, 427
Burch, Noël, 131-3, 136, 166
Bustamante, Alicia, 301
Buzar, Nonato, 234

Cabaço, José Luís, 39-40, 80, 82, 87, 89-90, 94, 104-7, 109, 112, 114, 116, 118
Cabral, Sadi, 162
Cabral, Sérgio, 30, 185, 225
Cacaso (Antônio Carlos de Brito), 270
Caetano, Maria do Rosário, 327, 339, 345
Cakoff, Leon, 281
Calabar, Domingos Fernandes, 326
Caldas, Paulo, 320, 393, 410
Caldwell, Erskine, 67
Callado, Ana Arruda, 415
Callado, Antonio, 91, 269-71, 281, 363, 401
Calvino, Lola, 289
Câmara, dom Jaime de Barros, 192
Camargos, Cristina, 218, 228-30, 330
Caminha, Pero Vaz de, 212
Camões, Luís de, 312
Camus, Marcel, 133, 161
Cândido, Ivan, 205
Canonge, Maurice de, 159-60
Cardinale, Claudia, 127, 225
Cardoso, Fernando Henrique, 283
Cardoso, José, 121
Cardoso, Margarida, 45, 103, 121
Carlos I de Portugal, rei, 48
Carné, Marcel, 135, 139
Carneiro da Cunha, Juliana, 337, 340
Carneiro, Chico, 93, 109-10, 116-7
Carrero, Tônia, 182, 268
Carvalho, Joaquim Vaz de, 336
Carvalho, Lula, 409
Carvalho, Otelo Saraiva de, 81
Carvalho, Sol de, 109
Carvalho, Walter, 339-40, 409

Carvana, Hugo, 174, 202, 204, 231, 247, 249, 252
Casoy, Boris, 281
Cassavetes, John, 427
Castro Neves, Oscar, 234
Castro, Ewerton de, 272-5, 277
Castro, Fidel, 16, 288, 290-2, 297-9
Castro, Raúl, 297
Castro, Ruy, 30, 186-7, 190, 225, 227
Cavalcanti, Alberto, 133
Cavalier, Alain, 132
Caymmi, Dori, 232, 234, 236
Caymmi, Dorival, 232, 234
Celulari, Edson, 266, 366-7
Cervantes, Miguel de, 367
Cesbron, Gilbert, 152
Chabrol, Claude, 128, 240, 260
Chacrinha (Abelardo Barbosa), 199
Chaplin, Charles, 49, 65, 98, 338
Charrier, Jacques, 163
Chaves, Isabel, 314-5
Chaves, Rita, 313, 349, 369, 370, 373
Chérasse, Jean, 132, 162, 167
Chérasse, Leila, 167
Chevalier, Maurice, 126
Chinó, 61
Chissano, Joaquim, 40
Christie, Agatha, 354
Ciment, Michel, 163-4, 168, 174, 248, 295, 405, 414, 419, 423-4
Clément, René, 142
Cloche, Maurice, 359
Cocteau, Jean, 361
Coelho, Adelaide da Conceição, 48
Collor, Fernando, 22, 282-3, 289
Condé, José, 200
Consorte, Renato, 198
Cony, Carlos Heitor, 310, 341-2, 416
Corman, Roger, 394
Corrêa, José Celso Martinez, 86, 256
Cortés, Hernán, 181
Costa, Alaíde, 234
Costa, Gal, 236
Costa, João (Funcho), 117, 266
Costa, João Bernardes da, 409
Costa, Jorge, 259
Costa, Pedro Celestino, 260
Costa-Gavras, Constantin, 132, 240-1
Coutinho, Eduardo, 133, 198
Couto e Silva, Golbery do, 217
Couto, Fernando, 121
Couto, Mia, 40-1, 82, 115
Craveirinha, José, 77, 110, 370

Cravo Albin, Ricardo, 242
Cravo, Mario, 200
Cregar, Laird, 60
Cruz, Newton Marques da, 196
Cunha, Euclides da, 170-1, 200
Cunhal, Álvaro, 307

D'Almeida, Neville, 391
D'Estange, Frank, 141
Dacosta, Milton, 146
Dagoberto (técnico de som), 254
Dahl, Gustavo, 212-3
Dalí, Salvador, 216
Dally, Patrice, 162
Damásio, António, 350
Daney, Serge, 196, 262, 408
Daniel Filho, 185, 193-4, 231, 342
Dantas, Nelson, 203
Daquin, Louis, 129
Davis, Billy, 200, 203
De Baecque, Antoine, 89
De Gaulle, Charles, 162, 166
De Laurentiis, Dino, 127
De Sica, Vittorio, 68
Dean, James, 62
Debs, Sylvie, 422
Decaë, Henri, 157
Decoin, Henri, 166
Delannoy, Jean, 152
Delerue, Georges, 260
Della Stuffa, Terry, 214
Demeure, Jacques, 164
Demy, Jacques, 157
Dener, 222
Desfons, Pierre, 132
Dhalia, Heitor, 279
Diawara, Manthia, 90
Dickens, Charles, 66
Dickinson, Margaret, 86
Diegues, Cacá (Carlos), 30, 163-4, 174, 184, 190-1, 199-200, 207, 210, 212-5, 217, 223, 259, 349, 405, 410-1, 418, 426
Diller, Barry, 170
Dimande, Valente, 101-2, 106
Diniz, Ângela, 222
Diniz, Cacá, 250, 252-3, 336
Diniz, Eli, 329-30
Diniz, Leila, 14, 42, 84, 96, 183, 186, 188, 198, 209, 221, 226-8, 235-6, 328-9
Donghi, Tulio Halperín, 289
Doré, Gustave, 56
Dorinha (Maria Auxiliadora Ribeiro de Almeida), 189, 225-6

Dostoiévski, Fiódor, 52, 67
Dourado, Elziane, 418
Duarte, Anselmo, 196-7, 209
Duarte, Benedito J., 196
Duarte, Lima, 251-2
Dumarçay, Philippe, 140, 164, 167, 200
Duque, Lisandro, 268, 289, 292
Duran, Daniel, 322
Durán, Jorge, 250-3
Durst, Marcelo, 318-22
Durst, Walter George, 322

Eça, Lenita, 188
Eça, Luiz, 186-8, 234
Eckstein, K. M., 245
Eco, Umberto, 55
Eichbauer, Hélio, 238, 271-3, 277, 279
Eiffel, Gustave, 43
Eisenstein, Serguei, 65, 67-8, 135, 391, 403, 419, 427
Eliachar, Samuel, 232
Elias, João, 194
Elkind (professor), 132
Engels, Friedrich, 41
Enrico, Roberto, 166
Erasmo Carlos, 221
Escobar, Ruth, 236-7
Escorel, Eduardo, 21, 209-10, 212-3, 404
Escorel, Lauro, 408
Espinosa, Julio García, 288-9, 299, 416
Espinosa, Pedro García, 299-300, 391
Estève, Michel, 406-7
Eugênia (Machava), 57

Fagundes, Adriano, 23, 42, 223, 315, 327, 332, 341
Fagundes, Ângela, 42, 222-3
Faria, Miguel, 174, 186, 219, 315, 394
Farias, Roberto, 195, 273, 276-81, 394
Farkas, Pedro, 284, 393, 395, 408
Farkas, Thomaz, 162
Farney, Dick, 183
Faro, Fernando, 234
Fassbinder, Rainer, 302-3
Faulkner, William, 67
Faustino, 58-9
Feitosa, Tairone, 202, 216, 243, 282, 315, 337-8, 398, 427
Fellini, Federico, 16, 55, 98, 157, 394
Ferlingheti, Lawrence, 67
Ferraz, Irene, 334
Ferreira, Taumaturgo, 272, 281
Ferry, Christian, 169-72

Figueiredo (gerente de cinema), 70
Fikri, Ramzi, 140, 155, 158
Finney, Albert, 170
Flaherty, Robert, 134
Flaksman, Marcos, 337
Fleischmann, Peter, 248
Flores, Virginia, 267, 333
Flynn, Errol, 60
Foguinho (Rudi Lagemann), 269
Fonseca e Costa, José, 100
Fonseca, Roberto Giannetti da, 270
Fonseca, Rodrigo, 366
Fontes Pereira, Diogo, 315-6, 396
Fowle, Chick, 189
França, Andrea, 408, 421
Franco, Francisco, 147, 155
Franco, Itamar, 265
Freitas, Alípio de, 307
Fresson, Bernard, 165
Freyre, Gilberto, 63, 72, 386
Fricks, Charles, 342, 410
Fu-Manchú, 350
Furiati, Claudia, 249-52, 254, 292

Gabeira, Fernando, 281
Gabin, Jean, 152
Gaita, Edu da, 185
Gama, Vasco da, 40
Gance, Abel, 162
Ganhão, Fernando dos Reis, 120
García Márquez, Gabriel (Gabo), 19, 22, 121,
    172-4, 228, 230, 242, 262-3, 267-9, 282,
    291-302, 306, 336, 346, 354, 361, 401, 415
Garcia, Bernardo, 61
Garcia, Galileu, 160, 189
García, Rodrigo, 301
Gardner, Ava, 156
Garric, Daniel, 14, 18, 183
Garrincha, 189
Gaumont, Léon, 132
Gay, John, 265
Gaya, 223
Gehry, Frank, 143
Geisel, Ernesto, 255
Genoino, José, 239
Germi, Pietro, 127
Gervitz, Roberto, 293, 407
Gil, Fernando, 77
Gil, José, 77
Gilbert, Louis, 240
Gilberto, João, 180, 232
Gili, Jean A., 349
Ginsberg, Allen, 67

ÍNDICE ONOMÁSTICO 457

Giraldes, João, 63, 77
Giroux, Claude, 167-8
Gismonti, Egberto, 117, 268, 276, 281-2, 324, 386, 421
Gladys, Maria, 183, 204, 207-8, 219, 327
Gloria (dona de pensão), 155
Godard, Jean-Luc, 87-90, 128, 165, 239-40, 343, 394
Gois, Ancelmo, 341
Gold, Herbert, 67
Goldberg, Miriam, 226-7
Goldoni, Carlo, 244
Gonçalves, Eros Martim, 133
Gonçalves, Rodrigo, 86
Goulart, João, 207
Gow, Olga, 141-3
Graça, Alberto, 93, 249, 265
Graça, António, 77
Graça, irmãos, 69
Gray, Ross, 98, 108
Grieg, Edvard, 55
Griffith, D. W., 135, 399
Gudel, Leonardo, 337, 340, 396, 398
Gudin, Eduardo, 234
Guedes, Paula, 230
Guerra Martins, Maria Clara (Lara, Lalá, irmã), 26, 48, 53, 57, 71-2, 74, 78, 83, 309, 327
Guerra, Anselmo, 48, 125
Guerra, Antônio Luís, 48, 72
Guerra, Clara (mãe), 15, 47-53, 55, 57-8, 62, 66, 69, 71-6, 127, 150-1
Guerra, Dandara, 28, 42, 118, 262, 276, 309, 320, 332-3, 341, 416
Guerra, Janaina, 19, 42, 116, 183, 227-9, 308, 315, 320, 322, 328-33, 337, 341, 344
Guerra, Maria do Céu, 261
Guerra, Mário Luís (irmão), 48-9, 51-2, 74, 80, 130, 144, 148-9, 153-5, 157, 208, 225, 307, 330
Guevara, Alfredo, 200, 213
Guevara, Che, 16, 299
Guillén, Fernando, 301
Guillén, Nicolás, 214
Guinle, Jorginho, 225
Gungunhana (Ngungunyane), 58
Gurovitz, Moyses, 133

Hadouin, Olivier, 266
Hallis, Ophera, 86
Hallis, Ron, 86
Hartog, Simon, 86
Hawks, Howard, 427
Hayden, Andrew, 167

Hayden, David, 169
Hayden, Sterling, 167, 169
Hemingway, Ernest, 67
Henry, O., 44
Hernández, Tessa, 299, 301-6, 319-20, 396
Herzog, Vladimir, 256
Herzog, Werner, 21, 243, 427
Hime, Francis, 117, 188-9, 232-4, 378-80, 382-4
Hime, Joana, 232
Hime, Olívia, 187-8, 381-3
Hirszman, Leon, 190, 198, 200, 205, 211-3, 268
Hisgail, Fani, 13
Honwana, Luís Bernardo, 117
Hopper, Dennis, 240
Hortênsia (Machava), 57
Huston, John, 169

Iam Siam, 284
Ianelli, Tomás, 276
Ignez, Helena, 231
Il-Sung, Kim, 41
Império, Flávio, 244
Iório, Átila, 150, 205, 417
Ita (namorada), 64
Ivens, Jori, 165
Ivernel, Daniel, 157

Jabor, Arnaldo, 308-9, 349
Jacob, Gilles, 279-81
Jaguar, 225
Jambo, Carlos, 89
Jardim, doutor, 61
João Paulo II, papa, 322
Jobim, Tom, 162, 185, 188-9, 234
Jobs, Steve, 276
Johnson, Randal, 197, 403, 418, 420, 423
Jorge, Ismael, 62
Joyce, James, 257

Kadiwéu, Moxuara, 281
Kahane, Roger, 137, 141
Kamaiurá, Tucumã, 277
Kant, Immanuel, 19
Karen (colega), 64
Karmitz, Marin, 129, 264-5
Kast, Pierre, 162-3, 167, 183, 211, 214, 226, 240
Katia (amante de Frank d'Estange), 141
Keller, Marthe, 335
Kennedy, John F., 288
Khan, Gulamo, 104
Khouri, Walter Hugo, 197, 209
Khrushchov, Nikita, 239
Kiarostami, Abbas, 427

458 RUY GUERRA: PAIXÃO ESCANCARADA

Klein, William, 165
Kluge, Alexander, 240
Knopfli, Rui, 41, 47, 53, 59, 63-7, 69, 71, 73, 77, 143, 147, 152, 156-9, 356-70
Kollwitz, Käthe, 339
Konder, Leandro, 242
Kosta (colega), 158
Kounen, Jan, 427
Kubitschek, Juscelino, 13
Kubrick, Stanley, 169
Kuleshov, Lev, 139
Kurosawa, Akira, 244, 391, 405, 427
Kusnetzoff, Hugo, 202
Kusturica, Emir, 394

L'Herbier, Marcel, 129, 132-3
La Fontaine, Jean de, 56, 145, 369
Lacerda, Carlos, 196, 211-2
Lacerda, Luiz Carlos (Bigode), 226-7
Lacreta, Idê, 172, 266, 411
Lacreta, Rose, 228, 245-6, 330
Laet, Bruno, 342
Lage, Mário, 49
Lamarca, Carlos, 364
Lamarr, Hedy, 51
Lambo, 58-9
Lamorisse, Robert, 142
Lancaster, Burt, 339
Lang, Fritz, 135
Lang, Jack, 264, 267
Langa, Eduardo, 375
Langlois, Henri, 132
Lara, Xuxo, 93, 117
Latorraca, Ney, 266-8, 395
Latuada, Alberto, 157
Laureano, Ricarda, 48, 72
Leaming, Barbara, 22
Leão, Danuza, 226-7
Leão, Nara, 14, 174, 183-4, 186, 198, 204, 211, 219, 223-5, 230-3, 382
Leduc, Paul, 289
Lelouch, Claude, 163-5
Lemos, Virgílio de, 49, 53, 62, 65, 70, 73, 77, 174, 279, 356, 370, 373
Lênin, Vladímir, 41, 239
Leone, Sergio, 244, 254
Leporace, Fernando, 234
Leuenroth, Cícero, 187
Lévay, Cláudia, 363
Lewgoy, José, 156-7, 159
Lichi (Eliseo Alberto Diego), 298
Lima, Jorge de, 62, 66
Lima, Paulo M., 271

Lima Júnior, Walter, 182, 190, 210, 216, 349
Lima Sobrinho, Barbosa, 237
Lisboa, Eugénio, 71, 77
Littín, Miguel, 289
Litvak, Anatole, 68
Liuzzi, Carlos, 182, 184
Loach, Ken, 421
Lobo, Edu, 162, 167, 183, 185, 188, 232-6, 270, 307, 329, 379-83, 386
Lobo, Fernando, 185, 224, 232
Lodz, Jean, 129
Lonsdale, Michael, 263
Lopes, Bertina, 77
Lopes, Manoel, 200
Lopez (professor), 132
López, Charo, 301
Lorenzi, Stellio, 132
Losey, Joseph, 240
Loureiro, Oswaldo, 198
Luiz (Bando da Lua), 185
Lumière, Auguste, 128, 130
Lumière, Louis, 128, 130, 132
Lumumba, Patrice, 41
Luraschi, Luigi, 170
Luraschi, Tony, 170-2
Lutfi, Dib, 210, 245, 248, 250, 266, 395, 408
Lynch, David, 394
Lyra, Carlos, 224-5, 234, 287, 381

MacDowell, Cláudio, 289, 298-9, 325
Machado, José Pedro, 370
Machado, Paulo Matta, 250
Machel, Graça, 99, 120
Machel, Josina, 60
Machel, Samora, 60, 81-3, 86-7, 100, 105-8, 110-1, 114-5, 119-21, 422
Magalhães, Ana Maria, 183, 189, 226
Magalhães Lins, José Luiz de, 200
Magalhães Pinto, 200
Maia, Juarez da, 86
Makavejev, Dusan, 405
Malangatana, 174
Malfille, Jean Pierre, 132
Malle, Louis, 132, 146, 170, 174, 195, 240
Mamberti, Cláudio, 272
Mandela, Nelson, 105
Mann, Anthony, 208
Manzon, Jean, 273
Marais, Jean, 157-9
Marambio, Max, 268, 299
Marcorelles, Louis, 138, 197
Marcos (motorista), 331
Margarida (Guida), 61, 64, 70, 77, 127, 391

ÍNDICE ONOMÁSTICO 459

Marivir (amante), 147
Marker, Chris, 164-6
Martí, José, 287
Martin, Gerald, 291
Martins, Domingo, 84, 147
Martins, Hermínio, 71, 77
Marx, Groucho, 173
Marx, Karl, 41
Mascarenhas, Olavo, 249
Mascarenhas, Teresa, 249
Mascelli, Joseph V., 260
Matarazzo, Maysa, 162, 180, 222, 235
Mattos, Carlos Alberto, 342
Mayrink, Geraldo, 364
Mazzaropi, 189, 245
Mazzotti, Luciana, 314-5, 325, 333
McNally, Maureen, 167
Medeiros, Leonardo, 337-341, 395, 410, 417
Médici, Emílio Garrastazu, 239
Méliès, George, 128, 427
Melville, Herman, 163, 171, 427
Melville, Jean-Pierre, 240
Mendes, Antônio Luiz, 93, 266
Mendes, Chico, 270
Mendes, João, 43, 71
Mendes, Orlando, 43
Mendes de Almeida, Napoleão, 355
Mendonça, Labieno (Labi), 93, 108, 110-1, 116, 122, 284
Menescal, Roberto, 183, 232
Meneses, Adélia Bezerra de, 365
Meppiel, Jacqueline, 166
Merten, Luiz Carlos, 405
Mettra, Claude, 132
Miéville, Anne-Marie, 87, 90
Migliaccio, Flávio, 198
Miguel, João, 342
Milestone, Lewis, 126, 359-60
Miller, Arthur, 227
Miranda, Carmen, 30
Mitry, Jean, 131-2
Mitterrand, Danielle, 267
Mitterrand, François, 267
Modigliani, Amedeo, 63
Molière, 366
Monceaux, François, 267
Mondlane, Gabriel, 92, 94, 106
Monicelli, Mario, 240
Montand, Yves, 130
Montenegro, Fernanda, 238, 255
Montezuma, 181, 197
Moon, Scarlett, 186
Moraes, Mariana de, 289

Moraes, Vinicius de, 161, 183, 185, 186-8, 222, 224, 232, 270, 378, 380-1, 385
Moro, Russ, 165
Motta, Nelson, 14, 183, 232, 379-80, 382
Moura, Edgar, 94, 247, 250, 268, 275, 281
Moustaki, Georges, 386
MPB4, 234, 238, 307
Mugabe, Robert, 41
Munk, Andrzej, 127
Murnau, F. W., 424

Nandi, Ittala, 229, 236, 245
Nanni, Rodolfo, 133
Nascimento, Milton, 117, 188, 214, 234, 247-8, 382, 387-8
Nascimento Silva, Luiz Roberto, 28, 218, 267, 280, 282-3, 397
Navarro, Tino, 315
Nepomuceno, Eric, 17, 78, 187, 263, 313, 327, 334, 383, 401
Neschling, John, 277
Neschling, Pedro, 276
Neves, David, 194, 197, 199, 210, 212, 242
Niagassas, 158
Nichols, Mike, 240
Niemeyer, Carlinhos, 192-3
Niemeyer, Oscar, 192
Nogar, Rui, 370
Nogueira (casal), 133
Nogueira, Teresa Sá, 83
Nourry, Philippe, 163, 183
Nunes, Bené, 187, 234
Nunes, Dulce, 187, 234
Nunes, Rogério, 237, 241
Nyerere, Julius, 41

Ohana, Cláudia, 14, 42, 118, 262-3, 266-8, 284, 330
Ohana, Nazaré, 262
Ohtake, Tomie, 276
Oliveira, Diogo, 342
Oliveira, Manoel de, 427
Oliveira, Zé Carlos, 188
Olodum, 284
Ophüls, Marcel, 241
Ophüls, Max, 142
Orff, Carl, 168
Oricchio, Luiz Zanin, 421, 427
Orico, Clara, 160
Orico, Oswaldo, 160, 198
Orico, Vanja, 157, 160-1, 181, 189, 198
Ornelas, Nivaldo, 324
Oroz, Silvia, 194, 202

Otelo, Grande, 68
Outranys, Michel, 132

Pachinauapa, Raimundo Domingos, 102-4
Paiva, Theotônio de, 365
Palance, Jack, 170
Papas, Irene, 262-4, 303
Paranaguá, Paulo, 164, 209, 249, 419
Parra, Violeta, 287
Patraquim, Luís Carlos, 109, 363, 370
Paulo José, 169, 193, 228, 243-8
Peck, Gregory, 145
Pedro, Antônio, 385
Pedroso, Bráulio, 188, 328-9
Pedroso, Marilda, 188, 235, 328-9
Peixoto, Fernando, 236, 238, 243, 256, 364-5
Peixoto, Mario, 427
Pelegri, Claude, 140-1, 145
Pelegri, Pierre, 140-1, 145, 159-60, 166-7, 192, 200
Peltier, Kenout, 167, 174, 260, 266
Peña, Alquimia, 269, 289, 292, 294, 296-7
Penderecki, Krzysztof, 168
Penn, Arthur, 240
Pepetela, 118
Pereio, Paulo César, 202, 204, 252, 254-5
Pereira, Eurico, 48
Pereira, Mário João Coelho (pai), 47-56, 65, 69, 72, 148-9, 152
Pereira, Rola, 61
Pereira, Tereza, 144-5, 153
Pereira Júnior, José Maria (Pereira Cão), 48
Person, Luís Sérgio, 209
Perugorría, Jorge, 321, 325, 417
Pessoa, Fernando, 61, 67, 78, 213, 315, 355, 367
Petri, Elio, 240
Pialat, Maurice, 174
Picasso, Pablo, 67, 216
Piccolo, Ernesto, 366
Pimenta, Pedro, 39, 90, 92-3, 96-8, 100, 109, 112
Pina (colega), 64
Pitanga, Antonio (Sampaio), 414
Pixinguinha, 30
Poe, Edgar Allan, 260, 350
Poitier, Sidney, 170
Polanah, Rui, 80, 83-5, 182-3, 203, 226, 242-3, 248
Polanski, Roman, 127
Pollack, Sidney, 240
Pollet, Jean-Daniel, 163
Pomar, Júlio, 276
Pontecorvo, Gillo, 165
Pontes, Paulo, 256
Pope, Edward, 167

Portella, Eduardo, 241
Porto, Sérgio (Stanislaw Ponte Preta), 184
Powell, Baden, 14, 162, 183, 186, 234, 381
Power, Tyrone, 60, 188
Prata, Mario, 14, 156, 256-7, 309-10
Prestes, Luiz Carlos, 258
Prieto, Carlinhos, 253
Pudovkin, Vsevolod, 134-5

Quéffélean, Alain, 166, 174, 260, 262-3
Queiroz, Cyro, 147, 156-7
Quinderé, Maneco, 257
Quinn, Anthony, 15
Quinteto Violado, 117

Rabatoni, Tony, 194
Raia, Cláudia, 275, 281
Ramos, Graciliano, 67
Ramos, Tony, 342
Rangel, Flávio, 186
Rangel, Helder, 253
Rangel, Ricardo, 69, 77
Ray, Nicholas, 62, 169
Ray, Satyajit, 419
Reagan, Ronald, 289-90, 375-7
Rebelo, Jorge, 86, 89, 91-2, 97, 101-2
Redford, Robert, 269
Redol, Alves, 308
Regina, Elis, 117, 232, 382-3
Rego, José Lins do, 67, 188
Reis, Elpídio, 196
Remarque, Erich Maria, 359
Renoir, Jean, 135, 139, 335, 427
Resnais, Alain, 132, 165, 174, 240
Ribeiro, Isabel, 251-2
Ribeiro, João, 110, 113, 305
Ribeiro, João Ubaldo, 250, 366
Richers, Herbert, 199
Rimsky-Korsakov, Nikolai, 55
Ríos, Humberto, 263
Ripper, Luiz Carlos, 255
Risi, Dino, 394
Rist, Peter, 405, 426
Rivette, Jacques, 165
Roberto Carlos, 26, 238
Robichet, Théo, 166-7
Robson, Mark, 68
Rocha, Daniel, 370
Rocha, Glauber, 16, 163-4, 190-1, 193, 199-200, 205-7, 210-8, 230-1, 240-1, 243, 288, 367, 404-5, 419, 427
Rocha, Lídio, 70
Rodrigues, Nelson, 193, 198, 223

Rohmer, Eric, 128
Rolão, Mário, 69
Ronet, Maurice, 260
Roniquito (Ronald Wallace Chevalier), 186
Roquete, delegado, 51, 71
Rosa (babá), 53, 58-9, 72, 74, 357, 372
Rosa, Guimarães, 367
Rosado, general, 41-2
Rosas, doutor, 61
Rosemberg, Freddy, 244-5
Rosemburgo, Regina, 231
Rosi, Francesco, 240, 291, 405, 419, 427
Rossellini, Roberto, 68, 136
Rouch, Jean, 87
Roullet, Serge, 163
Rouquier, Georges, 156-7
Rousseau, Madeleine, 132
Rozales, Ricardo, 299-301, 304, 319, 410
Ruschel, Alberto, 189
Russell, Ken, 240

Sá, Wanda, 188, 232, 235, 327, 329, 383
Sabag, Fábio, 198, 340
Sachs, Albie, 105
Sadoul, Georges, 129, 131-2
Salcy (professor), 135
Saldanha, Jorge, 279
Saldívar, Dasso, 295
Sales Gomes, Paulo Emílio, 16, 161, 197, 199, 230, 392, 413,425-6
Salgari, Emilio, 55, 400
Salles, Murilo, 93
Salles Jr., Walter (Waltinho), 276
Salles Pinto, Ionita, 225
Salles Pinto, Solange, 225
Sanjinés, Jorge, 289
Santos, Joaquim Ferreira dos, 180, 255
Santos, Lucélia, 276
Santos, Marcelino dos, 81
Santos, Moacir, 206
Santos, Nelson Pereira dos, 189-90, 193, 198, 201
Santos, Roberto, 189, 243
Santos Pereira, irmãos, 133
Sanz, José, 181-2, 185, 190, 208
Sanz, Sérgio, 181, 184-5, 190, 192-3, 207-8, 216, 219, 396, 404, 411
Sapaim, pajé, 277
Saraceni, Paulo César, 200, 211-2
Sarmento, José, 93
Saroyan, William, 67
Sartre, Jean-Paul, 163, 228, 257
Saúte, Nelson, 363
Sautet, Claude, 170

Schefer, Raquel, 251
Schlöndorff, Wolker, 240
Schwarz, Roberto, 422
Schwarzstein, Jacques, 93, 100
Schygulla, Hanna, 301-5
Scorsese, Martin, 212, 214
Scott, Ridley, 427
Seban, Paul, 132, 134-7, 141, 143
Seidl, Ulrich, 427
Sena, Nuno, 262, 314, 418, 423
Senna, Orlando, 201, 207, 265, 291, 398
Sérgio Ricardo, 187, 191, 204-5, 210, 224, 231, 379
Serzedelo, Fernando, 319
Severo, Marieta, 188, 229, 236, 329-30
Sfat, Dina, 243, 245
Sganzerla, Rogério, 268
Shakespeare, William, 143, 245, 427
Shindo, Kaneto, 240
Sibelius, Jean, 55, 69
Signoret, Simone, 262
Silva, Carlos, 84
Silva, Fernando, 101, 116, 118, 265, 302-3
Silva, Guedes da, 63, 73
Silveira, Moacir, 386
Simão, Catarina, 104
Simão, Luís, 104
Simões, Edmundo, 77
Simon, Paul, 284
Simone (esposa de Frank d'Estange), 141
Simone, 307
Sinatra, Frank, 130
Siodmak, Robert, 68
Siqueira, Marta, 93, 107
Skolimowski, Jerzy, 405
Smith, John, 398
Soares, Américo, 95, 104
Soares, Gualter, 77
Soares, Paulo Gil, 200
Solberg, Cadico, 333
Soledade, Paulinho, 186
Sörensen, Carlos Haraldo, 146
Sosa, Mercedes, 287
Sousa, Noémia de, 77, 370
Souza (Machava), 57
Souza, Camilo de, 92-3, 96, 100-2, 109
Souza Barros, Carlos Alberto de, 162
Souza e Silva, Antônio, 39
Sroulevich, Ney, 249, 254
Stam, Robert, 404, 408
Steen, Edla van, 194
Steinbeck, John, 67
Stevens, George, 242
Stewart, Alexandra, 163

462   RUY GUERRA: PAIXÃO ESCANCARADA

Stockwell, Dean, 170
Stone, Harry, 214
Strasberg, Lee, 167
Strasberg, Susan, 167
Straub, Jean-Marie, 240
Stroppiana, Bruno, 315, 318, 325, 336
Styron, William, 263
Suassuna, Ariano, 368
Sued, Ibrahim, 187
Sueli (Neni), 330-2
Suzete (colega), 64
Suzuki, Kunio, 113

Tarso de Castro, 184,186, 188
Tati, Jacques, 142
Tavares, Gerson, 194
Tavares, Mair, 266-8, 273, 277-9, 323
Tavernier, Bertrand, 164
Taviani, irmãos, 94
Teixeira (Machava), 57
Teixeira, Aurélio, 191
Telles, António da Cunha, 314
Tennyson, Alfred, 427
Tessonneau, Rémy, 129, 131, 137-8, 152, 155
Théokary, Démosthènes, 140-1
Thirard, Paul-Louis, 164
Thiré, Cecil, 182, 189, 198, 200, 210, 230, 268, 428
Thomaz, Omar, 385
Thompson, Howard, 248, 424
Tiso, Wagner, 248
Torres, Fernanda, 271-2, 274-8, 280-1
Torres, Fernando, 236-8, 255
Torres, Miguel, 190, 192-4, 200-2, 206, 214
Tri, Than Trong, 130, 139
Triana, Jorge Ali, 292
Trintignant, Jean-Louis, 132
Trueba, Fernando, 22
Truffaut, François, 128, 181, 197
Trumbo, Dalton, 170
Tsé-tung, Mao, 41
Tutu, Desmond, 105

Ureta, Raúl, 304-5, 396

Valadão, Jece, 193-4, 196-8, 214, 231, 394, 410
Valle, Marcos, 183, 232, 234, 381
Valli, Alida, 127
Valverde, Rafael, 210
Vamos, Margarida, 259, 274
Vaneck, Pierre, 132, 260, 263
Varda, Agnès, 165
Vargas, Getúlio, 16, 149, 152, 269
Vargas Llosa, Mario, 170, 214, 291, 400

Veloso, Caetano, 28, 387
Veloso, Jacinto, 81, 83, 87, 91, 103, 108-9, 112, 119
Veloso, Tereza, 119
Verger, Pierre, 192
Vergueiro, Carlinhos, 188, 266
Verhoeven, Michael, 240, 242
Veríssimo, Érico, 66
Verissimo, Luis Fernando, 55
Verne, Jules, 55
Viana, Zelito, 190, 199
Vianna Filho, Oduvaldo (Vianinha), 198, 216, 256
Viany, Alex, 66, 190, 193, 207, 212, 218
Vicente, Gil, 379
Videla, Adolfo García, 121
Vieira, Cláudio, 204
Vierny, Sacha,132
Vigo, Jean, 132
Vigo, Luce, 132
Viola, Paulinho da, 333
Viré, Pierre, 157
Visconti, Luchino, 16, 135, 339
Vitoux, Frédéric, 164
Vitti, Monica, 127
Vittorini, Elio, 135-6

Wajda, Andrzej, 127, 405
Waldemar Henrique, 146, 159, 189
Wayne, John, 170, 197, 290, 375-6
Wehe, Oliver, 263
Weill, Kurt, 265
Weinstein, Harvey, 263
Welles, Orson, 22-3, 67-8, 70, 135, 142, 394, 427
Werneck Sodré, Nelson, 237, 420
Whitman, Stuart, 167
Wilde, Oscar, 17
Wilder, Billy, 335
Williams, Esther, 15
Winckler, Richard, 167
Wise, Robert, 68, 427

Xavier, Ismail, 407-8, 413, 419, 425
Xavier, Nelson, 204, 214, 249-51, 255, 419

Zagallo, Fernando, 319-23, 336-8, 341, 396
Zaverucha, Vera, 93
Zeffirelli, Franco, 214
Zervos, Georges, 158
Zingg, David Drew, 190
Zingg, Gérard, 167-8, 173-4, 229, 260
Zingg, Vivianne, 168, 173-4, 226, 229
Zinnemann, Fred, 68
Zoulas, Costa, 158
Zulawski, Andrzej, 427

Sobre a autora

Formada em História na Faculdade de Filosofia, Ciências e Letras Sedes Sapientiae, comecei minhas pesquisas sobre a história política brasileira do século XX em 1965 – ano da criação do Mestrado em História na USP. Então orientada por Sérgio Buarque de Holanda, por fim defendi tanto mestrado quanto doutorado na Pontifícia Universidade Católica de São Paulo (PUC-SP). Esses trabalhos foram publicados respectivamente como *Getúlio Vargas e a oligarquia paulista* (Brasiliense, 1979) e *Tenentismo e revolução brasileira* (Brasiliense, 1992); deles resulta uma análise desmistificadora da chamada Revolução Constitucionalista de 1932; na mesma temática, publiquei ainda *Memória paulista* (Edusp, 1997).

Lecionei na PUC-SP de 1973 até 1987, quando passei a fazer parte do corpo docente do Departamento de História da Universidade Estadual de Campinas (Unicamp). Tendo iniciado a docência nos antigos ginásio e secundário, preocupei-me com a divulgação do conhecimento histórico fora da torre de marfim da universidade: a convite de Caio Graco Prado, redigi *O que é História* (Brasiliense, 1980, diversas reimpressões); na PUC-SP, coordenei com Helenice Ciampi o projeto do qual resultou *O ensino de História: revisão urgente* (Brasiliense, 1986; e Educ, 2000, 2 reimpressões).

Nos anos 1990 mergulhei nos problemas teóricos das biografias, redigindo artigos em livros e revistas e dando palestras sobre o tema. Com aquele meu olhar de fora da academia, organizei o álbum interativo *Memórias de uma avó* (Ateliê, 1997, com reimpressões), para estimular a redação de lembranças familiares. Meu *début* na elaboração de biografias foi *Em busca de Gabrielle* (Alameda, 2009).

"Ruy: te mando esta lembrança em meus 75 anos,
mas é válida até os 100 (teus e meus). Com um abraço eterno, eterno e eterno. Gabo, 2006." Dedicatória
de Gabriel García Márquez, o Gabo, a Ruy Guerra,
em seu livro de memórias *Viver para contar* (2002).

Publicado em 2017, quando se completam cinquenta anos do
lançamento de *Cem anos de solidão*, de Gabriel García Márquez, este livro foi composto em Adobe Garamond Pro, corpo
11/13,2, e impresso em papel Avena 70 g/m² na gráfica Rettec
para a Boitempo, em julho, com tiragem de 2 mil exemplares.